부동산 개발금융 실무 길잡이

- 금융기관 종사자라면
이 정도는 알아야 하지 않을까? -

이영석 · 김종필

법 영 사

책을 펴내면서

부동산 개발과 관련된 금융을 이해하려면 어떤 책이 좋을까?

부동산 개발 금융과 관련된 업종에 종사하고 있지만 부동산 개발 금융에 대한 기본적인 지식을 갖출 수 있는 책을 찾을 수가 없었고, 부동산 신탁에 대해 제대로 설명하고 있는 신탁 실무 교본과 같은 책 또한 찾아 볼 수 없었습니다. 왜 이런 책이 없을까? 이런 책이 있다면 부동산과 관련된 업무를 좀 더 체계적으로 배울 수 있을 텐데 하는 고민의 연속이 글을 쓰기 시작하게 된 계기가 되었습니다.

저는 1997년 주택은행을 시작으로 현재 대신금융그룹의 계열사인 대신저축은행의 기업금융본부에서 부동산 개발 금융과 관련된 업무를 담당하고 있습니다. 신입사원 및 직원들의 교육을 위해 부동산과 관련된 다양한 서적을 찾아보았지만 부동산 개발 금융과 관련된 부동산 이론과 실무의 길잡이가 될 만한 교재를 발견하기가 쉽지 않았습니다. 부동산 기업금융을 담당하는 직원이라면 적어도 이 정도는 알아야 하지 않을까 생각하면서 오랫동안 조금씩 모아두었던 자료들을 정리하기 시작하였습니다. 직원들의 역량강화를 위해 부동산 개발사업과 관련된 법률과 사례 위주의 직원 교육용 교재를 작성하여 부동산 PF대출, 부동산 개발 사업의 절차도, 부동산 등기법, 건축물의 분양에 관한 법령 등을 교육하면서 부동산 개발 금융에 대한 체계적인 교육을 위한 교재의 필요성을 피부로 느꼈습니다.

제가 20년 이상 부동산 개발 금융과 관련된 실무를 담당하면서 알게 된 지식과 경험을 책 한권에 모두 담을 수는 없지만, 부동산 개발 금융과 관련된 업무를 배우기 위해 어디서부터 어떻게 배워야 할까? 이렇게 하면 조금 더 이해하기 쉽지 않을까? 방향성만이라도 알기 쉽게 보여주면 어떨까? 여러 방면으로 생각한 결과 가장 효과적인 방법은 실제 사례를 중심으로 부동산 개발 금융의 기초를 다지는 것이 가장 바람직하다고 생각하였습니다.

부동산 개발 금융을 배우고자 하시는 분들은 부동산의 개념부터 배워나가야 함이 당연한 순서이며, 부동산 개발과 관련된 법령을 이해하고, 부동산 시행에 관한 절차, 부동산 신탁에 대한 제반 지식 및 구조도를 이해하고, 부동산의 분양과 관련된 실무 지식을 학습하여 부동산의 개발, 분양, 입주에 이르기까지 부동산 개발 금융의 이론 및 실무 능력을 키워나가야 합니다.

부동산 개발 금융에 대한 기초 지식 향상을 위해 부동산 PF 대출의 정의, 용어, 절차도, 상담 및 실무 매뉴얼을 시작으로 부동산 등기의 이해를 돕기 위해 실제 부동산 등기사항 전부 증명서를 첨부하여 부동산 등기법 상 등기부의 용어 및 등기사항을 해석하고, 부동산 개발에 있어 반드시 필요한 부동산 신탁에 대한 정의, 종류, 절차, 신탁계약서 등을 통해 부동산 개발 금융에 대한 기초적인 지식을 습득하고 실무에 활용할 수 있도록 책을 구성하였습니다.

이 책은 시행사의 토지 확보부터 각종 인·허가, 사업성 검토 및 등기부 분석, 부동산 신탁 방식, 금융기법 등을 금융기관의 입장에서 분석하고 부동산 개발 금융의 리스크를 찾아내어 해결 방안을 강구하기 위해 금융기관 직원이 반드시 알아야 할 부동산 개발금융의 매뉴얼로서 부동산 개발 금융과 관련된 업무에 종사하는 사람들이 브릿지론(Bridge Loan)이나 프로젝트 파이낸싱(Project Financing)을 위한 금융구조의 분석 및 의사 결정을 할 때 참고 자료로 활용할 수 있는 기본적인 지침서가 되었으면 하는 바램입니다.

이 책을 통해 부동산 개발금융과 관련된 업무에 종사하는 분들의 담당 업무에 조금이나마 참고가 되고 도움이 되길 바라며, 부족한 내용에 대한 질책과 충고에 대해 언제든지 기쁜 마음으로 받아들일 준비를 하고 있겠습니다. 이 책이 출판되기까지 물심양면으로 지원해 주신 대신금융그룹 이어룡 회장님, 양홍석 부회장님, 대신증권 오익근 대표님과 집필을 적극적으로 지원해주신 대신저축은행 이경제 대표님의 임직원 여러분께 진심으로 감사드립니다. 또한 이 책의 공동저자인 하나자산신탁의 김종필 본부장과 많은 양의 원고임에도 불구하고 감수를 책임져주신 법무법인 명신의 이기웅 대표 변호사께 마음으로부터 감사를 드립니다. 그리고 출판사인 법영사 고호균 대표님과 항상 곁에서 아낌없이 성원해 준 가족들에게도 감사의 인사를 드립니다.

저자 이 영 석

책을 펴내면서

서른 즈음의 제 모습이 떠올랐습니다.

선배들이 시키는 대로, '업무매뉴얼'에 따라 야근을 밥먹듯이 시간에 쫓기며 업무를 처리 했었습니다. 왜 이런 용어를 쓰는지? 왜 이런 절차에 따르는지? 왜 이런 서류가 필요한지? 왜 업무매뉴얼은 이런 것인지? 그 '왜?'라는 질문자체 떠올릴 틈도 없이 앞선 기안을 배껴 정신없이 따라가기 급급했습니다. 신세민기에는 미쳤던 시간이었으니까요.

고참 대리가 되어서야 그 '왜?'라는 질문에 스스로 답하기 위하여, 이해에 갈급하여 찾아볼 여력이 생기게 되었고, 또 한참의 시간이 흘러 과장 무렵에서야 그때 그게 이거였구나 하면서 전체적인 시야가 확보하게 되었습니다.

나는 이제야 이해하고 눈이 떠지기 시작했지만...

정작 나는 그들의 뒷자리에 앉아서, 예전의 제 모습과 똑같은 모습으로 그 '왜?'라는 질문도 못하고, 업무를 따라가기 급급한 또 다른 '나'인 후배들이 나와 같은 고민을 하고 있는 모습을 지켜보고 있습니다.

어디서부터 설명해줘야 하지? 어떻게 하면 나와 같은 시행착오와 고민을 줄여줄 수 있지? 이제는 이러한 고민을 하게 됩니다. 나처럼 하지 않게 하기 위하여...

책을 냅니다. 하지만 한심할 정도로 부족하고 서툰 내용인 것을 너무나 잘 알고 있습니다. 그래도 책을 내봅니다. 예전의 나와 같은 모습을 하고 '왜'라는 질문자체를 하지 못하고 이해도 못한 채 업무에 임하고 있을 또 다른 나들을 위해서...

부족한 이 책이 출간되기까지 너무나 좋은 스승님, 선배님, 동료,

후배님 들을 만났습니다. 가르쳐주시고 도와주셔서 고맙습니나.

많은 배려와 지원을 아끼지 않으신 존경하는 이창희 사장님, 고마우신 민관식 그룹장님, 라균채 그룹장님을 비롯한 최고의 신탁회사 '하나자산신탁' 임직원 여러분들과 성동진 팀장을 비롯한 우리부서 형제들에게 특별한 감사를 표현합니다.

또한, 퇴직 전에 책 한권, 이름 한번은 남기고 멋지게 업계를 떠나야 하지 않겠냐고 이끌어준 우리 형 이영석 본부장과 바쁜 와중에도 친구 잘못 만난 죄로 함께 해준 '법무법인 명진' 이기봉 대표변호사, 형제애로 책이 나오도록 응원해준 '영알모(영석이형을 알고 지내는 사람들의 모임)'회원들에게 존경과 고마움을 보냅니다.

부족함에도 이 업을 하는 사람들에게 반드시 필요하다며 부족한 부분까지 채워주며 흔쾌히 책을 출간해준 40년 전통의 법학서적 전문출판사 '법영사'의 고호균 대표께 감사의 인사를 드립니다.

끝으로 가족들과 내 사람에게 사랑을 표현합니다. 사랑합니다.

저자 김 종 필

추 천 사

부동산 프로젝트 파이낸싱(PF)은 부동산 개발 관련 특정 프로젝트의 사업성을 평가하여 그 사업에서 발생할 미래 현금흐름을 차입금 상환의 주된 재원으로 하는 금융을 의미합니다. 아파드, 주상복합, 상가 등을 건축하면서 장래에 발생할 분양수입금을 바탕으로 금융기관에서 대출 형태로 자금을 조달하는 방식입니다. PF 금융구조가 부동산 개발사업에 본격적으로 활용되기 시작한 것은 1990년대 후반 우리나라가 외환위기를 거친 이후부터인데, 현재는 시행사가 PF대출을 받고 시공사가 지급보증하는 형태가 가장 일반적이라고 할 수 있습니다.

이러한 부동산 개발사업은 다양한 법령에 근거하여 다양한 모습으로 진행되고 있습니다. 그 대표적인 것이 주택법에 따른 주택개발사업, 도시 및 주거 환경 정비법에 따른 각종 정비사업, 건축물의 분양에 관한 법률에 따라 분양절차를 규율 받는 상가 기타 오피스텔 등 건축물의 개발사업입니다. 그리고 그에 관한 사업비 조달은 위와 같이 개발사업의 수익성 자체를 담보로 한 PF 금융의 방식으로 이루어지는데, 이와 관련하여 사업부지 및 그 위에 새로이 조성될 건축물의 담보화가 요구되며 나아가 분양절차 기타 관련 금원에 대한 관리 및 통제 등 PF 대출금융기관의 개발사업 감독 필요성이 제기됩니다. 이를 위하여 현재의 부동산 PF 금융은 부동산 신탁제도와 불가분의 관계를 맺고 있습니다. 즉, 채권자인 대출금융기관의 담보취득 및 신탁의 법리에 따른 도산절연이 가능하고, 신뢰성 있는 신탁회사에 의한 담보관리 내지 사업관리가 가능하다는 점, 신탁목적물과 관련한 현금흐름을 신탁회사를 통하여 통제할 수 있다는 점 등 신탁제도의 장점을 활용하고자, 현재의 부동산 PF 금융구조는 대다수의 경우 담보신탁, 토지신탁(개발신탁)과 같은 신탁제도와 결부되어 진행되고 있습니다.

이 책은 대출금융기관 및 신탁회사 실무자의 입장에서, 위와 같은 PF

금융의 쟁점을 크게 10장으로 나누어 검토하고 있습니다. 제1장은 총론으로서 부동산 PF 금융의 의미와 금융기관 실무사의 입장에서 검토하여야 할 각종 규준, 업무매뉴얼 등을 살펴보고 있습니다. 제2장은 부동산등기법을 다루면서, 부동산 PF의 기초가 되는 사업부지 및 건물의 등기부와 관련하여 금융실무자가 알아야 할 부동산등기법의 각종 규정을 사례 위주로 검토하고 있습니다. 제3장에서는 부동산 개발사업의 일반 절차를 총론 형식으로 개관하고 있는데, 부동산 개발사업은 위와 같이 다양한 법령에 근거하여 여러 가지 형식으로 진행되므로 개별적인 개발사업 유형별로 이를 살펴볼 필요가 있습니다. 그에 따라, 제4장에서는 개발사업 관련 법률 중 가장 대표적 법률인 주택법과 관련하여 금지사항등기 및 주택도시보증공사와의 신탁계약과 분양보증을, 제5장에서는 개발사업 중 상가, 오피스텔 등 개발사업을 규율하는 건축물의 분양에 관한 법률을 검토하고 있습니다. 나아가 현재의 부동산 PF 금융과 불가분의 관계에 있다고 평가되는 부동산 신탁과 관련하여, 제6장에서는 대출금융기관의 관점에서 숙지하여야 할 사항들을 정리하고 있으며, 제7장에서는 부동산신탁회사의 입장에서 각종 부동산 신탁 상품과 그 유형별 쟁점들에 관하여 서술하고 있습니다. 이외에 부동산 개발사업과 관련한 쟁점으로서, 제8장에서는 국토의 계획 및 이용에 관한 법률을 개관하고, 제9장에서는 주택법상 지역주택조합을, 제10장에서는 기타 유형의 건축물에 관한 관련법 내용을 살펴보고 있습니다.

부동산 PF 금융 및 관련 신탁제도에 대한 책은 그동안 학계의 전문가들이 기술한 전문서적 외에는 찾아보기 어려웠습니다. 이를 대출금융기관과 신탁회사 실무자의 입장에서 서술한 이 책을 대하며 반가움과 새로움을 동시에 느낄 수 있었습니다. 오랜 실무 경험과 그 과정에서 고민했던 많은 쟁점들을 정리하고 그 지식을 업계 실무자들과 공유하고자 노력한 두 분 저자의 노고에 경의를 표하며, 관련 실무자들께 일독을 권합니다.

변호사 이 기 봉

차 례

제1장 PF 대출

1. PF대출의 이해

일반적으로 부동산에 관심을 갖고 있는 사람이라면 PF대출이란 말을 한 번도 들어보지 않은 사람은 없을 것이라고 생각한다. 우리 주변에 있는 아파트, 상가, 오피스텔 등 일정 규모 이상의 건축물을 건축하기 위해서는 실제로 자기자금 만으로 건축한다는 것은 거의 불가능하기 때문에 타인 자금을 조달하여 사업부지를 매입하고, 착공, 분양, 준공절차를 통해 건축물을 신축하고 있으며 이러한 건축에 필요한 토지구입자금 및 공사비 대출을 PF대출이라고 생각하면 쉽게 이해할 수 있을 것 같다. 본 장에서는 프로젝트 파이낸싱의 정의, 용어, 구조도, 리스크 등에 대해 알아보고자 한다.

(1) PF대출의 정의

① 금융위원회 금융용어사전 상 PF대출이란 은행 등 금융기관이 사회간접자본 등 특정사업의 사업성과 장래의 현금흐름을 보고 자금을 지원하는 금융기법을 말한다. 일반적인 대출의 경우 은행은 부동산담보나 지급보증이 있어야 대출하지만, 프로젝트 파이낸싱(PF)의 경우 일체의 담보가 없는데 이는 수십억 내지 수백억 원의 초대형 융자인 경우가 많기 때문에 다수의 은행에 의한 협조융자형태를 취하기 때문이다. 상호저축은행의 경우 아파트, 상가 등 분양형 부동산 개발과 관련하여 건설시행사에게 토지매입자금 등을 대출하고 인허가 및 사업승인 후 제1금융권 대출, 분양대금 등으로 대출금을 회수하는 금융기법으로 정의하고 있다.

② 은행권 리스크관리 모범규정 상 "부동산 PF대출"이라 함은 특정 부동산 사업에 필요한 자금을 그 사업에서 발생하는 현금흐름을 상환재원으로 하여 취급하는 대출을 말한다고 정의하고 있다.

③ 상호저축은행 중앙회 표준규정 상 "PF대출"이란 부동산 프로젝트의 사업성을 평가하여 그 사업에서 발생할 미래 현금흐름을 차입원리금의 주된 상환재원으로 하는 신용공여라고 정의하고 있다.

④ 시사경제용어사전 상 "PF대출"은 금융기관이 돈을 빌려줄 때 자금조달의 기초를 프로젝트를 추진하려는 사업주의 신용이나 물적담보에 두지 않고 프로젝트 자체의 경제성에 두는 금융기법으로 부동산개발을 전제로 한 토지매입 자금대출(브릿지대출), 인허가·분양 및 부동산 개발 관련 공사비를 포함하여 개발에 소요되는 비용에 대한 대출(본PF)등을 말한다.

⑤ "PF대출"을 여러 가지로 정의하고 있으나 종합적으로 정의하면 특정 부동산 프로젝트에 대한 사업타당성(분양성)을 평가하여 그 사업에서 발생하는 미래의 현금을 상환재원으로 금융기관이 자금을 지원하는 금융기법이라고 정의할 수 있다.

(2) PF대출의 종류

PF대출의 종류에는 사업자 대출 중 부동산 개발을 전제로 한 일체의 토지매입 자금대출(통상 브릿지대출) 및 본 PF 대출, 형식상 수분양자 중도금·잔금 대출이나 사실상 부동산 개발 관련 기성고 대출, 시공사에 대한 대출(어음할인 포함) 중 사업부지 매입 및 해당 사업부지 개발에 소요되는 대출(운전자금대출은 제외) 등이 있다. 참고로 저축은행 부동산 PF대출 취급규정에 의하면 PF대출은 대상사업의 적정소요자금 범위 내에서 취급하여야 하며, 적정 소요자금은 토지 또는 부동산 매입비, 건축비, 사업비 등 대상사업의 총 소요자금과 현금흐름을 감안하여 정한다고 규정하고 있다.

(3) PF대출 관련 용어

① "사업시행자"란 해당 사업을 수행하는 시행회사를 말한다(시행사 또는 사업주체).

② "대주단"이란 사업시행자에 대한 대출지원을 목적으로 구성된 금융회사들의 집단을 말한다.

③ "주간사"란 사업시행자로부터 대출신청을 받은 금융회사로서 대출조건 협상 및 채권보전과 관련된 법률서류 작성에서 주도적인 역할을 하며, 참여금융회사를 모집하여 대주단을 구성하는 금융회사를 말한다(주간사는 증권사, 1·2금융권 등). 또한, 주간사 업무를 수행함에 있어 단독으로 자금주선 업무를 수행하기 어렵다고 판단되거나 시장환경이 불안정하다고 판단되는 경우에는 다른 금융회사 등과 공동으로 주간사 업무를 수행할 수 있다(공동 주간사).

④ "대리은행"이란 대출약정을 체결한 후 사업시행자에게 원활히 자금이 제공될 수 있도록 대주단을 대리하여 대출실행 및 사후관리를 담당하는 금융회사를 말한다.

⑤ "위탁자"란 소유재산(부동산)을 일정한 목적 하에 수탁사에게 인도하는 자를 말한다.

⑥ "수탁자"란 신탁회사를 말하며, 신탁재산을 수탁하여 신탁목적에 따라 관리·처분하는 자를 말한다.

⑦ "시공사"란 시행사나 지차체, 재건축조합, 재개발조합 등으로부터 건축물의 공사를 위탁 또는 수주받아 공사를 담당하는 건설회사를 말한다.

(4) PF대출의 기본 구조도

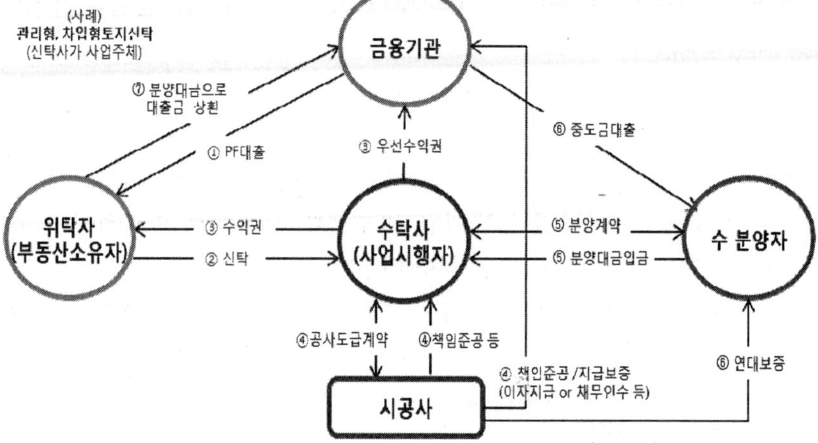

① 상기 구조도는 일반적인 관리형토지신탁, 차입형토지신탁의 다양한 대출구도 중 기본적인 구조도이며, 시공사의 PF대출에 대한 책임준공, 지급보증, 채무인수 등은 대출구조에 따라 달라질 수 있다.

② 관리형토지신탁 및 차입형토지신탁은 사업주체가 신탁사이므로 신탁사가 공사도급계약 등에 당사자가 되며, 건축물 준공 시에도 사업주체인 신탁사가 보존등기의 주체가 된다.

③ 수분양자에 대한 시공사의 연대보증 또한 대출취급시 달라질 수 있는 사항이므로 구조도에 얽매여 대출을 판단하는 것은 지양하여야 한다.

(5) PF대출 리스크관리 모범규준

① 목적

금융감독원은 전국은행연합회 및 은행권과 공동으로 PF 리스크관리 체계 선진화를 위한 "부동산 PF 리스크관리 모범규준을 마련하였으며, 저축은행 또한 PF대출에 대한 리스크관리를 통해 부실을 예방하고 경영건전성을 제고하는데 필요한 사항을 정함을 목적으로 PF대출 리스크관리 모범규준을 마련하였다.

② 내부통제 조직체계

가. 금융기관(은행권)은 부동산 PF 리스크 관리를 위해 내부통제절차를 확립하여야 한다. 견제와 균형의 원칙에 따라 부동산 PF 관련 신용정책, 영업, 심사업무는 각각 독립된 조직에서 수행함을 원칙으로 한다.

나. 저축은행은 PF대출에 대한 효율적인 리스크관리를 위해 내부통제절차를 수립하여야 한다. 저축은행은 PF대출 내부통제절차, 조직, 의사결정기구 설치 및 운영방안 등에 대한 규정 및 관리체계를 구축하여야 한다.

다. 내부통제 관리체계

1) 은행권 예시

구 분	관련업무	비 고
신용(여신)정책	현황 모니터링, 통제·관리	
재무 및 전략	적절한 자본 배분	
리스크관리	부동산 PF 관련 Exposure 한도 설정 및 통제관리	
심 사	부동산 PF 심사	담당 심사역 양성
영 업	부동산 PF 마케팅 금융구조 설계	
사후관리	관리사업장 관리	

2) 저축은행 예시

구 분	내 용
영 업	여신계획·실행, 마케팅, 자금관리
심 사	사업성 분석, 여신구조 및 리스크 분석

리스크관리	Exposure 한도 설정 및 통제관리
사후관리	정상·관리사업장 관리
의사결정기구	사업계획, 심사보고서 등의 승인

③ PF대출 심사 및 승인 절차

가. 은행권

1) 금융기관은 부동산 PF 심사 및 절차가 포함된 여신규정 체계를 구축하여야 한다.

2) 금융기관은 부동산 PF 관련 담당 심사역제도 도입 등 심사의 전문성 제고에 노력한다.

3) 금융기관은 부동산 PF 관련 신용평가 모형을 운용하여야 한다.

* 신용평가 모형은 재무적 역량, 자산의 특성, 사업주 및 개발자의 역량, 채권보전책 등의 항목을 종합적으로 고려하여 설계 및 운영되어야 한다.

《신용평가 모형 평가항목》

구 분	주요내용
재무적 역량	시장상황, DSCR(Debt Service Coverage Ratio), 스트레스분석 등
자산의 특성	입지, 인허가 상황, 설계 및 건물상태(명도 문제) 등
사업주/개발자의 역량	사업주 및 개발자의 신용도, 유사 부동산에서의 업력 및 실적, 명성 등
채권보전책	담보권 및 보증인의 성격, 부보 범위의 적절성 등

※ 단, 은행별 특성에 따라 세부평가항목을 달리 운영할 수 있다.

4) 금융기관은 부동산 PF대출 취급 시 사업성 분석을 하여야 한다.

1. 사업성 분석 시에는 대상 프로젝트의 실현가능성, 미래 현금흐름 등을 포함한 위험요소를 종합적 검토하여야 한다.
2. 부동산 PF 관련 사업성 분석은 사업성 검토를 포함한 검토의견서를 작성하여야 하며, 필요한 경우에는 외부 전문기관에 의뢰하여 평가할 수 있다.

《주요 사업성 분석 항목 및 활용도구(예시)》

구성요소		분석내용	검토방법
기초분석	입지분석	부동산 자체 내부환경 분석 주변 환경 분석	문헌 분석 개발대상 부동산현지 답사
	법규분석	부동산관련 법규 조회 분석	관련법규 조사 분석 설계법인 및 인허가 주체문의
	시장분석	주변 부동산 거래가격 분석 지역 부동산가격 동향 분석 개발 추진현황 분석	KB부동산 시세 등 통계자료 조회
	기타	인구, 주택보급률, 도시계획 등 제반 인구, 지리 통계분석	각종 통계자료조회
마케팅 분석	분양평형분석	지역 주택 평형 구성 지역 소득수준 분석 수요자 성향 분석	각종 통계자료 분석 중개업소 탐문
	분양가격분석	기존 주택, 상가 거래가격 최근 분양가격 분석	중개업소 면접·전화 인터뷰 통계자료 분석
	분양률 추정 분석	주택경기 동향 분석 최근 분양사례 분양률 분석	통계자료 분석 업체 문의
재무분석	수입산정	분양가격	자체 현금흐름표 작성을 통한 재무적 분석
	비용산정	토지관련비용 공사지 각종 제세 공과금 분양관련 비용 일반 관리비 등	
	수익성분석	현금흐름 순현재가치 내부수익율 매출이익율	
	민감도분석	분양율 분양가격 비용상승 금융비용	

나. 저축은행

1) 저축은행은 당해 PF사업에 소요되는 사업자금의 20% 이상을 자기자본으로 조달할 수 있는 차주에 대해서만 PF대출을 취급할 수 있다.

2) 저축은행은 공공 PF사업 등 정부 및 공공기관이 시행하는 PF사업에 대해서는 자기자본 조달의무 적용을 배제한다.

3) 저축은행은 PF대출 취급시 사업계획의 타당성 심사에 필요한 내부 심사기준을 마련하여야 하며, 동 기준에 의거 객관적·공정한 PF대출심사를 통해 부실이 발생하지 않도록 하여야 한다.

* 저축은행 표준규정집 부동산 PF 대출취급규정 제6조(사업타당성검토) : PF대출 취급 시 사업타당성 검토가 선행되어야 하며, 필요한 경우에는 외부 전문기관에 의뢰하여 사업타당성을 평가할 수 있다. 다만, 대주단 참여 여신은 해당 금융기관에서 실시한 사업타당성 검토를 원용할 수 있다.

4) 저축은행은 50억원 이상 거액 및 해외 PF대출에 대해서는 외부전문가의 자문 등 전문성을 보완할 수 있는 절차를 마련하여야 한다. 다만, 주관 금융기관이 외부자문을 실시한 경우 동 자문으로 대체할 수 있다.

5) 저축은행은 PF사업 진행과정에서 예상되는 제반리스크를 철저히 분석·관리하여 PF대출 부실화 가능성을 사전에 예방하여야 한다.

6) 저축은행 의사결정기구(여신위원회 등)는 PF대출 심사조직, 리스크관리조직 등의 의견을 종합적으로 검토하여 PF대출 승인여부를 결정하여야 한다.

7) 의사결정기구는 PF대출 승인 시 대출원리금 상환이 가능하다는 사실을 객관적인 증빙서류 등에 의거 확인하여야 한다.

《리스크관리 주요 내용》

구 분	내 용
사업승인 위험	- 사업부지의 완전 소유권 확보 및 사업승인 여부가 대출 회수기간, 해당 담보물건의 가치산정에 중요한 요인이므로 사업계약 일정 이내에 사업부지 확보 및 사업승인 가능성 - 사업승인 지연으로 본 PF대출 전환이 연기되어 연체발생 가능성 증가로 인한 추가 이자부담 등으로 사업성 저하 가능성 등
시행사 위험	- 대출금 상환능력은 1자적으로 시행사의 신용위험에 의해 결정되므로 시행사의 자금조달능력, 사업경험, 재무현황 등을 종합적으로 감안 시 대출 원리금 상환이 어려워질 가능성 등
시공사 및 준공위험	- 시공사를 선정하지 못하거나 지연되어 정상적으로 사업이 진행되지 않아 본 PF대출 전환이 연기되어 대출 원리금 상환이 어려워질 가능성 - 시공능력이 떨어지거나 재무상태가 어려운 시공사를 통해 사업을 진행하여 사업계약 일정 이내에 준공하지 못하거나 공사지연 등으로 사업성 저하되어 대출 원리금 상환이 어려워질 가능성 등
분양 위험	- 분양률이 사업계획 수준에 미달하여 대출원리금 상환이 어려워질 가능성 - 높은 분양가, 해당지역 주택 수요 감소 및 부동산 경기 침체 등으로 분양률이 사업계획에 미달할 가능성 등
해외 PF대출 위험	- 진출국 리스크, 현지 부동산 및 일반 경기상황, 환율변동 및 환헤지, 조세제도, 외화 유출입 제한 등으로 대출 원리금 상환이 어려워질 가능성 등

④ Exposure 관리

가. 은행권

1) 금융기관은 리스크관리를 위한 위험허용한도를 설정하고 한도를 초과하지 않도록 여신실행을 통제하는 절차와 정책을 마련해야 한다.

㉠ 리스크관리협의회, 여신위원회 등 금융기관내 경영진 의사결정기구에서 한도를 설정하여야 한다.

㉡ 경영진은 부동산 PF의 리스크 수준을 인지하고 내부통제절차를 확립하여야 한다.

《부동산 PF 총량 한도관리》

구 분	부동산 PF 한도관리	업종(건설·부동산업) 한도관리
목 적	실질적인 부동산 PF관리를 위한 한도설정	부동산 PF를 포함한 관련 업종의 총량을 일정범위 이내로 제한
설정방법	부동산 PF에 대한 위험허용한도를 인지하고 Exposure 한도 설정	위험허용한도를 감안하여 편중리스크를 방지하기 위한 업종별 Exposure 한도 부여
관리방법	리스크관리협의회, 여신위원회 등 경영진 의사결정기구에서 결정 Exposure 운영 현황을 정기적으로 모니터링하여 경영진에 보고	

2) 금융기관은 영업과 독립된 부서로 하여금 부동산 PF에 대한 위험수준을 파악할 수 있도록 부동산 PF 현황을 모니터링하고 관리하도록 하여야 한다.

3) 금융기관은 부동산 PF에 대하여 시공사가 신용보강한 간접 Exposure 관리를 위한 통제 및 절차를 마련하여야 한다.

* 건설사(시공사)의 간접 Exposure 관리를 위한 통제 및 절차를 마련하여야 한다.

《시공사 간접 Exposure 관리》

구 분	간접 Exposure 한도관리	Total Exposure 한도관리 (간접 Exposure 포함)
목 적	시공사가 신용보강한 간접 Exposure 관리를 위한 통제	건설사의 실질 Exposure 관리를 위한 직·간접 Exposure 통합관리
설정방법	간접 Exposure에 대하여 합리적인 한도관리	회사의 상환능력 등을 감안하여 통합한도 설정
관리방법	부동산 PF 대출시 한도확인 및 승인절차 구성	

※ 다만, 은행별 특성에 따라 달리 운영할 수 있다.

나. 저축은행

1) 저축은행은 PF대출 리스크관리를 위해 Exposure 한도를 설정하여야 하며, 한도를 초과하지 않도록 한도 확인 및 승인 등 관리절차

와 정책을 마련하여야 한다.

2) PF대출 Exposure 한도는 여신위원회, 『금융회사의 지배구조에 관한 법률』에 따른 위험관리위원회, 이사회 등 경영진 의사결정기구에서 설정하여야 한다.

3) Exposure 한도는 관련 법규에서 정하는 PF대출 및 부동산 관련 대출비중 등을 초과해서는 아니 된다.

《PF대출 총량 한도관리》

구 분	PF대출 한도관리	업종(건설,부동산업) 한도관리
목 적	실질적인 부동산 PF관리를 위한 한도설정	PF대출을 포함한 관련 업종의 총량을 일정범위 이내로 제한
설정방법	PF대출에 대한 위험허용 한도를 설정하고 Exposure 한도 설정	위험허용한도를 감안하여 편중리스크를 방지하기 위한 업종별 Exposure 한도 부여
관리방법	여신위원회, 리스크관리협의회 등 경영진 의사결정기구에서 결정 Exposure 운영 현황을 정기적으로 모니터링하여 경영진에 보고	

4) 저축은행은 직, 간접 Exposure를 포함한 Total Exposure를 설정·관리하여야 하며, 필요한 경우 거래상대방별·지역별·국가별 Exposure 한도 등을 별도로 설정·관리할 수 있다.

5) 저축은행은 Exposure가 특정한 차주, 지역, 국가 등에 편중되지 않도록 Exposure 한도를 관리하여야 한다.

《시공사 간접 Exposure 관리》

구 분	간접 Exposure 한도관리	Total Exposure 한도관리 (간접 Exposure 포함)
목 적	시공사가 신용보강한 간접 Exposure 관리를 위한 통제	건설사의 실질 Exposure 관리를 위한 직·간접 Exposure 통합관리
설정방법	간접 Exposure에 대하여 합리적인 한도관리	시공사의 상환능력 등을 감안하여 통합한도 설정
관리방법	PF대출 취급시 Exposure 한도 확인 및 한도 범위내 승인 Exposure가 특정 차주·분야에 집중되지 않도록 관리	

※ 저축은행별 특성에 따라 세부내역은 달리 운영할 수 있다.

6) 리스크 관리조직은 정기적으로 Exposure 한도 관리현황을 모니터링하고 의사결정기구에 보고하여야 한다.

7) 의사결정기구는 한도 준수 여부를 정기적으로 확인하고, 한도초과 시 Exposure 한도 축소 등 필요한 조치를 취하여야 한다.

⑤ 사후관리

가. 은행권

1) 부동산 PF에 대한 사후관리 절차를 설정하고 각 사업장별 정기적인 모니터링 및 사후관리를 수행하여야 한다.

* 부실징후 등 관리대상 사업에 대해서는 사유별 사후관리 방안을 마련한다.

2) 부동산 PF 관련 사업장의 사후관리업무는 영업을 담당하지 않는 조직에서 독립적으로 수행한다.

《모니터링 등 사후관리 내용》

구 분	내 용	비 고
정상사업장	- 자금관리 약정내용에 따라 자금관리 - 주기적으로 사업장을 방문하여 사업진행 상황 점검 - 여신승인조건 및 Covenant(계약) 준수 여부 관리	
관리사업장	- 관리사업장 선정 및 관리기준에 따라 사후관리 이행	부도사업장 등
모니터링	- 지역별, 시공사별, 형태별 등 현황 및 자산건전성, 연체율, 사업장 관리실태 등 정기적 모니터링 실시	

나. 저축은행

1) 저축은행은 PF대출에 대한 사후관리절차를 마련하고, 사업장별 모니터링 및 사후관리를 수행하여야 한다.

* 참고 : 저축은행은 PF대출 취급건별 전담직원을 지정, 배치하고 "PF대출사후관리카드"를 작성하여 관련 프로젝트의 인허가 진행상황,

분양현황, 공사진척도 등을 상시 모니터링하여야 하며, 월 1회 이상 사업현장을 방문하는 등 PF대출 사후관리에 철저를 기하여야 한다.

2) PF대출 사후관리는 영업을 담당하지 않는 조직에서 독립적으로 수행하여야 한다.

3) 저축은행은 PF대출에 대한 효율적인 사후관리를 위해 PF대출 취급건별로 전담직원을 지정, 배치하여야 한다.

《모니터링 등 사후관리 내용》

구 분	내 용
모니터링	- 지역별, 시공사별, 형태별 등 현황 및 자산건전성, 연체율, 사업장 관리실태 등 정기적 모니터링 실시
정상사업장	- 자금관리 약정내용에 따라 자금관리 - 주기적으로 사업장을 방문하여 사업진행 상황 점검 - 여신승인조건 및 계약내용 준수 여부 관리
관리사업장	- 관리사업장 선정 및 관리기준에 따라 사후관리 이행 - 부실화시 채권회수를 위한 매각·상각 등 대응방안 마련

※ 저축은행별 특성에 따라 세부내역은 달리 운영할 수 있다.

2. PF대출 업무매뉴얼

금융기관은 시행사, 시공사, 증권사, 신탁사 등과 개발사업의 진행 및 금융 조달에 대한 협의를 통해 금융조건을 확정하고 대출승인절차를 득한 후 PF대출을 실행하게 되는데 본 장에서는 PF대출 진행 방법과 개발사업의 진행에 따라 사업부지의 매입부터 건축물의 준공에 이르기까지 사업진행 과정을 순차적으로 작성하여 개발사업에 따른 PF대출에 대한 이해도를 높이고자 한다.

(1) 사업부지의 매입(물색)

① 개발 목적에 대한 이해

공동주택, 주상복합, 오피스, 오피스텔과 도시형생활주택, 일반상가, 조합주택, 아파트형 공장, 도시개발사업 등 개발사업의 목적을 파악하여야 한다.

② 자기자본 규모

자기자본(Equity) 규모를 파악하여 사업부지를 물색한다(시행사 입장).

③ 사업부지 확인

1) 개발 컨셉 및 자기자본에 부합하는 사업부지 물색

2) 사업부지 계약 시 개발 컨셉과 인허가 가능 여부 확인 후 계약(예상 사업부지의 등기부, 토지이용계획 확인원 등을 징구하여 인허가 가능여부 판단)

3) 용도지역, 용도지구, 지구단위계획구역, 도시개발구역 등 지역, 지구에 따른 개발 가능성 파악(지역, 지구 종 변경 가능여부 확인 필요)

④ 매매계약 전 주의사항

1) 농지취득자격증명 필요여부

2) 건축사무소에 가설계를 요청하여 인허가 및 사업성(건폐율, 용적률) 여부 확인

3) 지상 건축물의 명도 처리 방법

4) 토지거래허가구역 여부(토지거래계약 허가증)

5) 소유자가 다수인 경우(공유, 총유(종중)) 매매 계약 시 관련 법령 및 서류 검토

(2) 사업부지 계약

① 등기사항 전부 증명서 상 매도인 지위 확인 후 계약

본인 유무 확인, 대리인 계약시 위임장, 인감증명서 등 확인하여야 한다.

② 계약금 및 중도금 납부 방법 확정 후 계약

1) 계약금은 통상 매매대금의 10% 납부(금융기관 증명을 위해 on-line으로 처리하며, 영수증은 따로 수령)

2) 매도인이 계약금 외 중도금 요청 시 사업부지 위 지상 건물의 임대보증금, 명도관련 권리금 및 등기사항증명서 상 갑구, 을구의 제한물권 사항 등 하자사항 정리 유무 확인 후 하자정리 방안을 확정하고 중도금을 지급하거나 기존 임대차의 임대보증금 등을 중도금으로 대체한다.

(3) 건축 인허가(사업계획승인) 및 사업부지 잔금 납부

① 건축 인허가 진행

1) 사업부지 계약시점에 건축설계사무소 및 시공사 선정 또는 시공사 MOU(양해각서)를 체결한다.

2) 사업부지에 맞는 건축설계를 반영하여 관할관청에 건축허가(사업계획승인) 가능여부를 확인한다.

② 건축허가(사업계획승인) 접수

1) 건축설계도서, 소유권확보서류, 건축허가신청서 등 서류 준비 후 건축허가 접수를 한다.

2) on-line 신청(건축규모에 따른 관할시, 군, 구) 접수가 가능하다.

3) 매매잔금 납부 후 매수인 또는 신탁사 명의(건축주 변경)로 건축허가 접수하거나 현 매도인 명의로 접수하여 매수인으로 소유권 이전등기 완료 후 매수인 또는 신탁사 명의로 건축주 명의 변경(금융기관의 대출조건에 부합한 건축주 명의변경 할 것) 한다.

③ 매매잔금 납부

1) 매매잔금의 납부는 on-line으로 입금한 후 대출진행 시 증명자료로 활용하여야 한다.

2) 잔금 납부와 동시에 브릿지 대출 혹은 본 PF대출 진행 시 근저당권 설정이나 신탁등기 방식을 취하며, 등기와 관련된 사항은 금융기관 협약 법무사를 통해 등기가 이루어진다.

3) 통상적으로 대출금 일부를 포함하여 잔금을 납부함으로 대출금 외 자기자금 투입금은 해당 금융기관의 매수인 계좌로 입금한 후 금융기관이 대출을 실행하여 대출금과 자기자금을 합산하여 매수인 명의로 매매잔금을 매도인에게 송금하는 방식을 취한다.

(4) 시공사 선정 및 사업성 분석

① 사업규모에 적합한 적정 시공사 선정

시공사의 재무상태, 시공능력 보유업체 선정(책임준공 가능 여부 금융기관 판단) 후 공사 도급 관련 협의(공사비의 적정성 등)를 진행한다.

② 사업부지 감정 및 사업성 평가 보고서 의뢰

감정평가기관에 사업부지 감정 및 감정평가기관 또는 회계법인 등에 사업성 분석(평가) 보고서를 의뢰한다.

③ 시행사 자기자본 투입율 확인

제1금융권 및 캐피탈사 등은 자기자본(Equity) 투입비율을 산정하지 않으나 저축은행의 경우 해당 사업의 총사업비 대비 자기자본(Equity) 20% 이상을 투입하는 조건이 선행되어야 PF대출을 진행할 수 있다.

④ 사업성 분석(평가)

1) 사업성 분석 보고서를 통한 입지 및 분양성 검토

2) 금융권의 영업팀 및 심사부서 현장 방문시 부동산 중개업소 방문·시세 조사를 통한 사업부지 가격 및 분양성 검토

3) 분양가, 공사비, 예비비 등 사업수지 분석

(5) 시공사 책임준공 및 도급계약 체결

① 금융기관과 시행사가 합의한 적정 시공사 선정 후 도급계약 체결

1) 금융기관은 시공사의 재무상태, 공사비의 적정성, 공사비 유보금, 공사비 지급방법 등 대출 취급조건에 부합한 시공사인 경우 시행사와 합의 후 도급계약을 체결하여야 한다.

2) 금융기관이 본 PF 진행시에 공사비 지급방법은 분양불 또는 기성불로 지급할 수 있으며 통상 기성불로 지급함을 원칙으로 하나 시공사의 등급, 시공업력 등을 감안하여 판단하여야 한다.

3) 공사 선급금 및 공사비 유보(총 공사비의 10%~20%)를 협의한다.

② 시공사의 책임준공 확약, 책임준공 미이행시 채무인수 또는 연대보증, 이자지급보증 등 시공사가 수용할 수 있는 범위 내에서 금융기관의 제시 조건을 협의하여야 한다.

(6) 브릿지대출 또는 본PF대출 실행

① 브릿지대출

1) 본PF 대출 실행 전에 사업부지 일부 또는 사업부지 전체의 토지 소유권을 확보하기 위한 대출 (명도, 인허가 지연 등을 대비하기 위한 일시적인 대출)로 사업부지 전체 확보 가능 여부 및 인허가 가능 여부를 확인하고 감정가 대비 LTV 등을 고려하여 경·공매 등을 통한 강제환가 시에도 대출금 상환에 무리가 없다고 판단할 경우 브릿지 대출을 실행하고 있다.

2) 금융기관별 브릿지대출 실행 시 시공사의 착공금지 조건을 추가하여 시행사, 시공사에 의한 임의분양을 금지시키는 조건을 부여한다 (금융기관의 입장에서 브릿지대출인 경우 본 PF대출을 통한 대출금으로 대출원리금을 상환 받는 것이 목적이므로 본 PF대출로 인한 정상적인 공사 착공시 제한물권[유치권등]을 배제하고자 착공금지 조건을 추가하는 경우가 있다).

② 본 PF 대출

1) 브릿지대출 이후 본 PF대출

2) 브릿지대출 없이 사업부지 계약 상태에서 잔금 및 공사비 확보를 위한 본 PF대출

3) 본 PF대출 시 금융기관 취급조건 및 징구서류

- 대출이자, 취급수수료 및 참여수수료 등 확정
- 시공사 연대보증, 책임준공 확약, 채무인수, 이자지급보증 등 확정
- 공사비 유보 금액 및 공사비 집행방법 확정
- 신탁방식 확정
- 대리사무계약 및 하도급업체 직불 조건 방법 확정
- 건설공사보험 가입, 공사도급계약서에 따른 공사비 집행 관련 방법 확정
- 유치권, 시행권, 시공권 포기각서 징구
- 저축은행인 경우 총사업비 대비 자기자본 투입률 20% 이상(취급 선행조건) 확인 후 기표
- 사업성(분양성) 평가 보고서 징구
- 대출신청 서류 명세 징구(사업자 등록증, 이사회의사록 등)

기타 금융기관 승인조건에 따른 징구서류

③ PF 대출 수수료

PF 대출 실행시 대주단의 각 금융기관의 역할에 따라 수수료의 종류에 차이가 있다.

주선(주간사) 수수료	PF사업의 주간사로서 대주단을 구성하여 금융조건을 제시하고 참여은행을 확정하는 등의 업무를 수행하고 해당 대출금이 원활히 인출되어 상환될 때까지 여신의 사후관리 업무를 총괄하는 등의 서비스 대가로 수입하는 수수료
대리은행수수료	신디케이션의 대리은행으로 지정되어 자금관리 등 제반 사후관리 업무서비스를 제공하는 대가로서 수입하는 수수료

자문수수료	PF사업 시행사를 위하여 사업타당성을 분석하고 자금조달 방안을 제시하거나 계획 등을 검토하고 금융 및 법률적인 자문 등을 수행하는 등 사업시행 전 해당 사업의 위험을 최소화시키고 사업의 성공을 위한 제반 서비스를 제공하는 대가로서 수입하는 수수료 ※ 저축은행은 투자자문업 등록이 되어 있지 않아 내출 미참여 시 자문수수료 수취 불가
참여수수료	신디케이션의 참여기관으로서 여신을 제공하는 등 계약에 명시된 대주로서 의무를 수행하는 대가로 수입하는 수수료
한도약정수수료 / 약정한도 미사용수수료	차주사와 별도 약정에 의한 한도 약정 또는 약정한도 미사용 수수료 계약에 의한 수수료

(7) 체크포인트

① 사업성 평가보고서(외부기관)

사업성평가보고서는 통상 회계법인, 감정평가법인 등을 통해 평가보고서를 작성하게 하고, 사업성평가보고서 상 분양가격의 적정성에 대한 객관적인 판단을 통해 대출금의 상환 가능성을 추정하고 대출금의 안정적인 상환방법을 강구한다.

② 자기자본(Equity)의 투입 비율

1) 금융기관은 차주의 자기자본 투입비율을 통해 차주의 사업의지를 평가하고자 하는 경향이 있어 자기자본비율에 따라 대출 상환 가능성 여부를 평가하고, 자기자금 투입율에 따라 대출금리 또한 변동하고 있다.

2) 저축은행인 경우 총 필요경비(공사비 등)의 20%이상 자기자본을 투입해야 PF대출을 취급할 수 있게 규정되어 있어 자기자본 비율이 상당히 중요하며, 수익권에 대한 수익권 질권 등을 통한 자기자본(Equity) 조달을 자기자본으로 인정하는 기관도 있다.

3) 청약분의 본 계약 전환 가능 여부(가청약에서 본 계약 전환)에 따

라 분양성이 달라질 수 있어 청약에 대한 본계약 여부가 중요한 포인트로 간주되기도 한다(금융기관에 따라 청약분의 계약 전환 시 분양 계약금을 자기자본으로 인정하는 기관도 있다).

4) 제1금융권, 캐피탈사, 생명보험사 등 금융기관은 저축은행처럼 자기자본(Equity) 20%룰을 적용받지 않아 선·중·후순위 대출기관의 금융조건이 대출승인의 중요한 판단기준이 된다.

③ 시공사의 책임 준공 가능성

1) 금융기관 PF대출 실행 시 시공사(건설사)의 건축물 준공 가능성이 중요한 체크포인트이다. 금융기관은 건축물의 분양가능성을 대출원리금 회수의 중요한 판단기준으로 평가하지만 분양률이 저조하더라도 건물이 완공되어야 담보대출로 전환하거나 타행 대환, 경, 공매 등을 통해 대출금을 회수할 가능성이 높아짐으로 시공사의 책임준공 가능성을 간과할 수 없다.

2) PF대출 실행 후 분양률이 100%인 사업장인 경우에도 시공사의 디폴트(부도, 공사중지) 등 사유로 장래의 담보물이 준공이 지연될 경우 대출원리금 상환 리스크가 상당히 높아진다.

3) 시공사의 시공업력, 도급순위, 신용등급, 재무건전성 등이 만족스럽지 않을 경우 관계사 또는 대체시공사의 연대 책임준공확약 등을 통해 채권보전을 강화하고 있다.

4) 시공사의 책임준공이 불확실할 경우 신탁사의 책임준공확약이 PF대출 선행조건으로 추가되는데, 이 경우 책임준공의 범위 및 책임준공확약의 조건 등을 충분히 검토하여야 한다.

④ 공사비 확보 여부

1) 금융기관은 시공사의 신용등급, 업력 등에 따라 공사비의 확보비율을 산정하여 대출을 실행하고 있으며, 통상 필수사업비의 80~90% 이상 공사비를 확보하는 구조를 선호하며, 도급계약서 기준 도급비의 10~20%의 공사비를 유보시켜 시공사(건설사)의 책임준공 의무를 우회적으로 강제하고 있다.

2) 도급공사비 지급방법에 따라 분양불, 기성불로 지급하고 있으나 부동산 경기 변동성을 고려하여 분양불인 경우 분양률 저조 시 시공사는 공사비 조달을 위해 자기자본 또는 시공사의 신용공여를 통한 차입금으로 시공비를 조달하여야하기 때문에 공사중지, 시공사 부도 등 디폴트 가능성이 높아질 우려가 있어 일반적으로 공사의 기성에 따라 1-3개월 단위로 감리보고서에 의한 기성불로 공사비를 지급하고 있다.

⑤ 중도금 대출

1) 분양사업장인 경우 수분양자가 자기자금으로 분양대금 전액을 납부할 가능성이 낮으며 통상적으로 중도금 대출을 통해 분양대금을 조달하고 있다.

2) 입주자모집공고 또는 분양공고 상 분양대금 납입비율은 공동주택(오피스텔 포함)인 경우 계약금 10%~20%(자납), 중도금 50~60%, 잔금 30~40% 이며, 상가인 경우 계약금 10%~20%(자납), 중도금 20%~30%, 잔금 40%~50% 이다.

3) 정부의 부동산 정책의 변화에 따라 공동주택 중도금 대출에 대한 대출규제가 강화되어 중도금 대출은 비규제지역, 규제지역(조정대상지역, 투기과열지구) 및 분양가에 따라 대출 비율이 다르며, 주택의 소유여부(무주택자, 다주택자), 소득수준에 따라 달리 적용될 수 있으므로 입주예정자 또는 일반분양을 위한 청약시 중도금 대출 비율 및 대출가능여부를 반드시 확인할 필요가 있다. 또한 부동산 정책 변화에 따라 대출가능여부와 대출 비율이 다르게 적용됨으로 청약 및 분양 계약시 중도금 대출에 대한 정보를 철저히 확인할 필요가 있다.

4) 중도금대출 승인 여부(1금융권, 2금융권 등)

PF사업장은 수분양자의 중도금을 수납하여 대출금 상환, 시공사의 공사비 지급, 시행사의 운영경비, 분양수수료 등을 지급하므로 중도금 대출 승인여부와 중도금대출 승인기관을 필히 확인하여야 한다. 분양사업장의 입지, 분양률, 시공사의 중도금에 대한 연대보증, 채무인수 등 조건에 따라 중도금대출 승인여부가 결정되고 있으며, 입주자모집공고 상 중도금대출의 이자 납부 방식(무이자, 이자 후불제 등), 중도금 대출기관의 선정 의무 등 제반 사항에 대하여 모집공고 내용을 정확히 파악할 필요가 있다.

5) PF대출 금융기관의 대출금에 대한 상환재원은 분양수입금이 대부분을 차지하고 있는 바 금융기관의 담당자는 분양률 즉 분양대금 납입 현황(자납 비율/중도금 대출 비율)을 신탁사 또는 수분양자 분양수입금을 관리하고 있는 대리사무기관을 통해 주기적으로 확인하여야 한다.

⑥ 사업부지 신탁 방식

PF대출시 사업부지에 대한 부동산 신탁방식은 관리형·차입형 토지신탁과 분양관리신탁이 있으며, 관련된 부동산신탁에 대한 자세한 설명은 별도의 장을 마련하여 설명하기로 한다.

가. 관리형토지신탁 or 차입형 토지신탁

1) 공동주택인 경우 주택도시보증공사(HUG)에 신탁하는 방식을 제외하고는 사업부지를 관리형·차입형토지신탁으로 부동산신탁사에 신탁한다.

2) 금융기관의 입장에서 이 방식은 사업주체를 신탁사로 변경하여 사업을 진행하기 때문에 신탁사가 사업주체로서 보존등기의 주체가 되므로 건축물 준공에 대한 리스크와 준공 후 담보취득에 대한 리스크를 줄일 수 있다. 관리형·차입형 토지신탁이 아닌 경우 시행사가 사업주체이므로 시행사가 건축물에 대한 보존등기를 하고 준공 후 금융기관의 근저당권 설정 또는 담보신탁으로의 전환에 대하여 시행사의 동의가 있어야 적기에 채권을 보전할 수 있기 때문에 시행사의 비협조, 시공사와의 분쟁, 제3채권자의 출현 등이 발생할 경우 PF 대출 금융기관 입장에서는 채권 보전 및 대출원리금 회수 리스크가 발생할 수 있다.

3) 금융기관들은 채권보전의 불확실성을 해소하고자 공동주택이 아닌 오피스텔, 오피스, 상가 등의 건축물에 대한 PF 대출인 경우에도 「건축

물 분양에 관한 법률」에 따른 분양요건인 단순 분양관리신탁이 아닌 토지신탁 방식을 선호하고 있는데 사업주체를 신탁사로 변경하는 것이 채권보전에의 안정성을 확보하는데 유리하기 때문이다.

나. 분양관리신탁

1) 공동주택이 아닌 건축물은 「건축물 분양에 관한 법률」에 의한 분양관리신탁 및 대리사무를 통해 선분양을 할 수 있다고 규정하고 있으므로 분양관리신탁을 통해 분양하는 방식을 취해야 한다. 물론 토지신탁방식으로 사업을 진행하는 경우에는 분양관리신탁이 포함된다고 볼 수 있음에 따라 당연히 선분양할 수 있으며, 분양을 위해서는 최소한 분양관리신탁은 해야 분양할 수 있다는 의미이다.

2) 금융기관에서는 사업주체가 시행사(위탁자 또는 차주)이므로 시행사의 의무 불이행, 부도 등 사유 발생 시 건축물의 준공여부, 후취 담보취득 여부 등의 불확실성이 크기 때문이며 사업부지의 입지, 시공사의 신용등급, 지급보증조건 등에 따라 선별적으로 분양관리신탁을 통해 사업부지를 신탁하고 PF대출을 취급하고 있다.

(8) 착공신고(착공신고필증 수령)

① 착공계 제출 후 분양승인(분양신고) 신청

② 착공신고필증 교부(1~3일 소요)

③ 시공사가 착공계를 제출하고 분양을 진행하는 것이 정상적인 사업진행 방식이나 브릿지대출 취급 시에는 착공계는 제출하되 본 PF대출 실행 전까지는 실제 착공 금지 조건을 대출약정서 또는 사업약정서 상에 추가하고 있다. 착공금지 조건을 내세우는 이유는 브릿지대출은 사업부지 확보를 목적으로 하는 경우가 많고 시공사의 연대보증 등 채권보전책이 미비한 경우 착공계 제출 후 실제 착공 시 사업부지의 위 지상에 유치권 등 제한물권이 발생할 개연성이 있어 원천적으로 이를 차단하려는 목적이 숨어있다.

④ 분양승인 전 착공신고에 대하여는 건축법 21조(착공신고 등) 및 건축물분양에 관한 법률 제4조(분양시기 등)을 참조하면 된다.

(9) 건축법 상 분양승인, 주택법 상 입주자모집공고 승인

① 공동주택이 아닌 건축물의 경우, 건축물 분양에 관한 법률, 시행령, 시행규칙에 의한 분양신고 기준을 준수한다.

② 주택법 상 공동주택인 경우 주택공급에 관한 규칙을 준수(입주자 모집 공고안)한다.

③ 분양신고 전 주택도시보증공사의 분양보증서의 수령이 가능한지 여부를 확인한다.

1) 분양신고 시 오피스텔, 업무시설, 상가 등은 주택도시보증공사의 분양보증이 필수사항이 아니지만 2014년 주택도시보증공사에서 오피스텔 등 분양보증상품이 출시되어 분양보증이 가능함으로 분양보증서 수령 여부를 확인하여야 한다.
2) 공동주택은 입주자 모집공고 승인 신청 시 주택분양보증서를 반드시 첨부하여야한다.
3) 오피스텔, 도시형 생활주택, 상가가 혼재되어 있는 경우 사안 별로 보증서 발급이 가능하다.
4) 분양보증서를 발급 받은 경우 주택도시보증공사가 계약금 및 중도금에 대한 보증을 해주기 때문에 금융기관 입장에서 채권보전이 확실시 되어 중도금 대출의 취급이 용이하다.

(10) 분양광고(공개모집) / 공동주택인 경우 '입주자모집공고'

① 일간신문에 1회 이상 게재(건분법)하여야 한다.

② 건축물 분양에 관한 법률 제6조(분양방법 등) ⑤항 "분양받을 자를 선정하고 남은 부분이 있는 경우에는 그 남은 부분에 대하여 분양받을 자를 선정할 때에는 대통령령으로 정하는 방법으로 한다."

③ 건축물 분양에 관한 법률 시행령 9조(분양계약서) 13의 ②항 "상기 건축물 분양에 관한 법률 제6조(분양방법 등) ⑤항 전단에 따라 분양사업자는 분양계약 등을 체결하고 남은 부분이 있는 경우에는 수의계약으로 분양할 수 있다."

④ 주택공급에 관한 규칙 제21조(입주자모집 공고)에 의한 입주자 모집공고 시 해당 주택건설지역 주민이 널리 볼 수 있는 일간신문, 관할시·군·자치구의 인터넷 홈페이지 또는 해당 주택건설 지역 거주자가 쉽게 접할 수 있는 일정한 장소에 게시하여 공고하여야 한다. 다만, 수도권 및 광역시에서 100호 또는 100세대 이상의 주택을 공급하거나 시장·군수·구청장이 투기 및 과열경쟁의 우려가 있다고 인정하는 경우에는 일간신문에 공고하여야 하며, 시장·군수·구청장은 인터넷에 게시하게 할 수 있다.

⑤ 입주자모집공고는 최초 청약 신청 접수일 10일 전에 해야 한다.

(11) 임시사용승인

건축주가 건축물에 대한 준공검사를 받기 전에 공사가 완료된 부분에 한해 임시로 사용할 수 있도록 승인을 한 것으로 “가사용승인”이라 하였으나 1992년부터 “임시사용승인”으로 바뀌었다.

① 건축법 제22조(건축물의 사용승인)

1. 건축주가 건축물의 건축공사를 완료(하나의 대지에 둘 이상의 건축물을 건축하는 경우 동별 공사를 완료한 경우를 포함한다)한 후 그 건축물을 사용하려면 공사감리자가 작성한 감리완료보고서와 국토교통부령으로 정하는 공사완료도서를 첨부하여 허가권자에게 사용승인을 신청하여야 한다.

2. 허가권자는 제1항에 따라 사용승인신청을 받은 경우 국토교통부령으로 정하는 기간에 다음 각호의 사항에 대한 검사를 실시하고, 검사에 합격된 건축물에 대하여는 사용승인서를 내주어야 한다.

① 사용승인을 신청한 건축물이 이 법에 따라 허가 또는 신고한 설계도서대로 시공되었는지의 여부

② 감리완료보고서, 공사완료도서 등의 서류 및 도서가 적합하게 작성되었는지의 여부

③ 건축주는 제2항에 따라 사용승인을 받은 후가 아니면 건축물을

사용하거나 사용하게 할 수 없다. 다만, 다음 각호의 어느 하나에 해당하는 경우에는 그러하지 아니하다.

1) 허가권자가 제2항에 따른 기간 내에 사용승인서를 교부하지 아니한 경우
2) 사용승인서를 교부 받기 전에 공사가 완료된 부분이 건폐율, 용적률, 설비, 피난·방화 등 국토교통부령으로 정하는 기준에 적합한 경우로서 기간을 정하여 대통령령으로 정하는 바에 따라 임시로 사용승인을 한 경우

② 건축법 시행령 제17조(건축물의 사용승인)

1. 건축주는 사용승인서를 받기 전에 공사가 완료된 부분에 대한 임시사용의 승인을 받으려는 경우에는 국토교통부령으로 정하는 바에 따라 임시사용승인신청서를 허가권자에게 제출(전자문서에 의한 제출을 포함한다)하여야 한다.

2. 허가권자는 임시사용승인 신청서를 접수한 경우에는 공사가 완료된 부분이 건축법에 따른 기준에 적합한 경우에만 임시사용을 승인할 수 있으며, 식수 등 조경에 필요한 조치를 할 것을 조건으로 임시사용을 승인할 수 있다.

3. 임시사용승인의 기간은 2년 이내로 한다. 다만, 허가권자는 대형건축물 또는 암반공사 등으로 인하여 공사기간이 긴 건축물에 대하여는 그 기간을 연장할 수 있다. (이하 생략)

③ 주택법 시행령 제56조(임시 사용승인)

1. 주택건설사업의 경우 : 건축물의 동별로 공사가 완료된 경우

2. 대지조성사업의 경우 : 구획별로 공사가 완료된 경우

3. 임시사용승인대상인 주택 또는 대지가 사업계획의 내용에 적합하고 사용에 지장이 없는 경우에만 임시사용을 승인할 수 있다. 단, 임시사용승인의 대상이 공동주택인 경우 세대별로 임시 사용승인을 할 수 있다.

(12) 사용승인(준공)

① 신축된 건물의 사용을 승인하는 것으로 "사용승인" 허가를 받았다는 것은 건축물로 인정받았다는 의미로 보존등기와는 다른 개념이다.

② 준공검사, 준공허가, 사용검사 등 다양한 용어로 사용되고 있으나 "사용승인"이 정확한 표현이다.

③ 주택법 제49조(사용검사 등) 사업계획을 승인받은 경우 완공된 주택에 대하여 공구별로 사용검사(분할 사용검사)를 받을 수 있고, 사업계획 승인 조건의 미이행 등 대통령령으로 정하는 사유가 있는 경우에는 공사가 완료된 주택에 대하여 동별로 사용검사(동별 사용검사)를 받을 수 있다. 사업주체가 사용검사를 받았을 때에는 해당 사업의 사용승인·준공검사 또는 준공인가 등을 받은 것으로 한다.

④ 사용승인서 교부 및 건축물대장 생성→사용승인일로부터 60일 이내 취득세 납부→사용승인일로부터 60일 이내 보존등기

(13) 보존등기

① 미등기부동산에 최초로 하는 등기로 보존등기를 하게 되면 그 부동산에 관한 등기용지가 새로 개설된다는 것으로 등기사항전부증명서(등기부)가 생성된다는 의미이다.

② 보존등기는 새로운 건축물의 사용승인일로부터 60일 이내에 보존등기를 하여야 하며, 이를 이행하지 않을 경우 과태료가 부과된다.

③ 보존등기는 부동산의 취득세 납부기일이 취득일(잔금납부일)로부터 60일과 동일하게 사용승인일로부터 60일 이내 보존등기를 하여야 한다.

3. PF대출 실무 매뉴얼

PF대출을 실행하기 위해서 금융기관은 대출의뢰인에 따라 상담내용

및 상담절차를 달리 적용하여야 하며 대출 상담시 기본적으로 확인해야 할 사항과 대출기표에 이르기까지 대출서류 검토, 대출 심사 절차 등에 대해 살펴보고 대출금 기표 시까지의 과정에 대해 알아보기로 하자.

(1) PF 대출 상담

① 사업부지의 계약 여부를 확인하고, 계약과 관련된 투입자금과 대출요청액을 질의한다.

② 사업부지(일부 or 전부)의 확보율을 질의하고 사업계획서 등 자료를 요청한다.

③ 건축 인허가 진행단계 및 사업진행 경과 과정에 대한 설명을 듣고 추가로 투입 가능한 자기자금 여력을 확인한다.

④ 사업계획에 따른 인허가 진행 여부에 따라 토지잔금에 대한 브릿지 대출인지 계약금 납부 후 잔금 대출과 동시에 본PF 대출을 요청하는 것인지를 확인하고 추가 자료를 요청한다.

(2) 대출의뢰시 사전 준비단계

① 대출 의뢰인이 증권사, 토지소유자, 시행사 등에 따라 별도로 미팅을 준비해야 한다.

② 증권사를 통한 대출 접수 시 증권사는 금융기관에 대출 접수 시 일반적으로 IM(Imformation Memorandum)을 작성하여 방문하므로 IM자료에 시행사의 사업부지 확보 여부, 감정평가, 사업성(분양성)평가 등 기본적인 대출 구도를 확정하여 대출을 의뢰하는 경우가 많아 IM을 통해 대출 가능 여부를 쉽게 파악할 수 있다.

③ 토지소유자, 시행사 등을 통한 대출 접수 시 – 미팅 전 사업부지에 대한 기본정보를 받아 등기사항전부증명서, 토지이용계획확인원, 공시지가, 감정평가 전례 등 사업부지의 현황에 대해 사전 조사를 시작하고 사업계획서가 있는 경우에는 사업인허가 가능성 및 분양 가능성에 대해서도 사전에 검토할 필요가 있다.

(3) 사업시행자 미팅

① 시행사는 사업부지 매입시 사업계획을 구상하고 건축사무소에 가설계를 통한 건축 규모를 검토하고, 사업수지 분석을 담은 사업계획서를 작성한다. 사업계획서가 작성되어있는 경우 사업계획에 따른 대출규모, 사업규모, 공사비규모, 시공사 선정 등에 대해 논의한다.

② 사업계획서가 완성되어 있지 않는 경우 브릿지대출로 간주하여 상담하고, 예상 사업계획 및 사업수지에 대해 논의할 필요가 있다.

③ 금융기관은 시행사(차주)가 법인인 경우와 개인사업자인 경우에 따라 금융기관별 차주에 대한 대출한도에 차이가 있는데 저축은행은 법인의 대출금액 최대한도가 100억원, 개인사업자는 최대한도가 50억원이며, 2021년 상호저축은행법 개정으로 자산규모 1조원 이상 대형 저축은행은 신용공여 확대로 법인의 대출금액 최대한도 120억원, 개인사업자 최대한도 60억원으로 변경되었다. 한편, 대출규모에 따라 컨소시엄을 통해 대출금 조달방법을 달리 강구하여야 하며, 주간사 수수료, 취급수수료, 한도약정수수료 등을 감안하여 올인코스트(All-in-cost)개념으로 대출 금리를 협의하여야 하며, 대출금리 및 대출조건 협의시 시행사의 자기자본 투입률, 시공사 선정 및 도급계약관련 협의 여부, 시공사 개런티(Guarantee) 여부, 감정평가 금액, 사업성 평가 등에 따라 대출조건 및 대출금리가 변동될 수 있음을 고지하고 통상적인 조건 및 시장금리를 추정하여 제시하여야 한다.

④ 미팅 시 준비된 일체의 서류를 수령(인허가 관련서류 및 사업계획서 등)한다.

⑤ 사업계획서 상 사업비 대비 자기자본 투입률 및 추가 자금 조달 방안을 확인한다.

⑥ 미팅 종결 전 대출 진행 절차 및 소요시간 등에 대한 기본적인 정보를 제공해야한다.

※ 참고 : 상호저축은행법 시행령 개정(2021년 7월27일 시행)

제9조(개별차주 등에 대한 신용공여의 한도)

1. 법 제12조1항(상호저축은행은 개별차주에게 해당 상호저축은행의 자기자본의 100분의 20 이내에서 대통령령으로 정하는 한도를 초과한 신용공여를 할 수 없으며, 금융위원회가 정하는 바에 따라 연결 재무제표를 작성하여야 하는 계열관계에 있는 상호저축은행(이하 "동일계열상호저축은행"이라 한다)의 개별차주에 대한 신용공여 합계액은 연결 재무제표에 따른 자기자본의 100분의 20 이내에서 대통령령으로 정하는 한도를 초과할 수 없다.)에서 "상호저축은행의 자기자본의 100분의 20 이내에서 대통령령으로 정하는 한도"란 그 상호저축은행의 자기자본의 100분의 20 이내의 금액으로서 다음 각호의 구분에 따른 금액을 말한다.

① 법인에 대한 신용공여 : 100억원(직전 회계연도 말의 재무상태표상 자산총액이 1조원 이상인 상호저축은행의 경우에는 120억원)

② 법인이 아닌 사업자에 대한 신용공여 : 50억원(직전 회계연도 말의 재무상태표상 자산총액이 1조원 이상인 상호저축은행의 경우에는 60억원)

(4) 대출 검토 서류징구 및 확인사항

① 시행사 관련 자료(사업자등록증, 재무정보, 주주명부, 정관 등)

② 사업부지 매매계약서, 사업부지 지적도 등

③ 토지 계약금, 중도금, 잔금 등 지급시기에 따른 납부 영수증

④ 건축 인허가 관련서류

⑤ 시행사 추가 자금 투입 여력 확인

⑥ 사업계획서, 시공사 도급계약서, 차주 및 시공사 재무정보

⑦ 시공사 책임준공 확약, 채무인수, 연대보증 가능 여부에 대한 의견

(5) 대출 검토 및 협의

① 현장 방문 후 사업부지에 대한 감정평가 및 사업성(분양성)평가보고서 의뢰

② 사업계획서 및 사업성평가보고서 비교 후 공사비 및 분양가 적정성 검토

③ 건축 인허가 확인 및 대출기간 산정(건축공정 및 입주기간 고려)

④ 신탁방식 협의(토지신탁으로 진행시 선순위 변경 사항 고시 및 절차 설명)

⑤ 사업수지 상 예비비, 시행사 운영비 등 인정 후 신탁사를 통한 지급 절차 설명

⑥ 부가세 환급계좌 신탁사 관리 및 신탁계약서(안) 검토

⑦ 분양률에 따른 강제할인분양 조건 협의

⑧ 대출금리, 주간, 취급 수수료 확정 및 추가 자기자본 투입금 산정

⑨ 시공사 선급금 10% 지급요청 시(선급금 공사이행보증서 징구)

⑩ 대출금 중 일반자금대출, 종합통장대출 비율 산정 및 대주단 구성 방안 마련

⑪ 분양에 따른 대출금상환 적립비율 산정

⑫ 총 공사비 중 일부 유보 시(약 10~20%) 공사비 확보비율 산정 (공사비 유보율 협의)

⑬ 건설공사보험 가입(직접공사비의 100%)에 대한 설명

⑭ 시공사 책임준공확약 조건 및 책임준공 미이행시 채무인수, 연대보증 등 협의

(6) 사전협의(심사부)

① 대출 제반서류 검토 및 대출조건 확정 시 협의

② 사전협의 시 추가 제시조건 수렴 후 반영 가능여부 확인

③ 사전협의 사항 조율 완료 후 여신신청서 접수

(7) 여신신청서 접수

사전협의 시 제시된 조건 및 협의된 조건 반영 후 여신신청서 접수

(8) 여신심사 진행

① 심사팀 사업부지 현장 조사

② 시행사 미팅 및 부동산 시세, 분양성 조사 등 담당심사역 여신

심의서 작성 후 여신심사협의회 상정

(9) 여신심의위원회

① 여신심사협의회 의결 후 여신심의위원회 부의

② 여신심의위원회 추가 조건 제시 시 여신담당팀은 조건수렴 가능 여부 확인

(10) 대출실행

① 여신심의위원회 결의 시 제시 의견 반영 후 대출승인서를 수령하고 자서 및 기표

② 자기자본 투입비율 확인, 국세, 지방세 등 완납증명서 징구 후 기표

③ 대출 실행일 당일 신탁사로부터 우선수익권증서(사본) 수령 또는 근저당권서류 접수 번호 확인

(11) 대출실행 후 점검사항

① 신탁원부와 대출취급조건을 대조하여 우선수익자 및 우선수익권 금액 확인

② 근저당권인 경우 등기사항전부증명서 상 근저당권 채권최고액 설정금액 확인

③ 기표 전 신탁사에서 금융기관에 제시한 신탁계약서와 등기된 신탁원부의 일치 여부 확인

제 2 장 부동산등기법

1. 부동산등기 관련 용어

부동산 등기사항전부증명서는 건물 등기부와 토지등기부로 구분되어 있고 건물등기부와 토지등기부는 표제부, 갑구, 을구로 구분하여 부동산에 관한 권리관계 및 현황을 상세히 기재하고 있으며 부동산 등기사항전부증명서의 등기사항을 이해하고 권리관계를 분석하기 위해서는 반드시 등기용어에 대한 기본 지식을 갖추어야 하므로 본 장을 통해 부동산 등기사항전부증명서에 기입되는 등기사항 및 부동산 등기에 사용되는 용어에 대해 알아보기로 하자.

(1) 가등기

부동산물권에 해당하는 권리의 설정, 이전, 변경, 소멸의 청구권을 보전하기 위하여 예비로 하는 등기를 말한다.

(2) 본등기

가등기에 대응되는 개념으로 가등기에 의해 그 순위가 보존되는 종국등기를 말하며, 종국등기는 등기의 본래의 효력, 즉 물권변동의 효력을 발생시키는 등기를 말한다.

(3) 소유권 보존등기

소유권 보존등기란 미등기부동산에 최초로 하는 등기로 보존등기를 하게 되면 그 부동산에 관한 등기용지가 새로 개설된다는 의미이다.

① 토지소유권 보존등기란 미등기 토지에 최초로 등기부를 개설하는 것을 말한다.

② 건물소유권 보존등기란 미등기 건물에 최초로 등기부를 개설하는 것을 말한다.

③ 직권에 의한 소유권보존등기란 미등기 부동산에 소유권처분제한의 등기촉탁이 있는 경우 등기관이 직권으로 보존등기를 실행하는 것을 말한다.

(4) 소유권 이전등기

부동산의 소유자가 변동되는 경우에 관련 내용을 해당 부동산 등기부에 기재하는 것을 말한다.

① 법률행위를 원인으로 한 소유권 이전등기 : 매매, 증여, 사인증여, 재산분할, 양도담보, 교환, 계약의 해제, 현물출자, 대물변제 등을 원인으로 한 소유권 이전등기

② 법률규정에 의한 소유권이전등기 : 『공익사업을 위한 토지 등의 취득 및 보상에 관한 법률』에 의한 토지 등의 수용, 『자산유동화에 관한 법률』에 의한 유동화 자산의 양도 등의 설정, 상속, 판결, 경매를 원인으로 한 소유권 이전등기

(5) 지상권

타인의 토지에 건물 기타 공작물이나 수목을 소유하기 위해 그 토지를 사용하는 권리를 말하며, 토지소유자와 지상권자의 지상권 설정계약과 등기에 의해 취득한다.

① 설정등기란 지상권을 설정하는 등기를 말한다.

② 변경등기란 지상권 설정의 목적(공작물 또는 수목), 존속기간, 지료, 지료의 지급시기 등을 변경할 경우에 하는 등기를 말한다.

③ 말소등기란 존속기간의 만료, 혼동, 소멸시효의 완성, 선순위 담보권의 실행으로 인한 경매, 당사자 간의 약정소멸사유 발생, 지상권 설정자의 소멸청구 등으로 지상권이 소멸한 경우에 하는 등기를 말한다.

(6) 구분지상권

건물 또는 공작물 등을 소유하기 위하여 타인 소유토지의 일정범위의 지하 또는 공간을 사용하는 권리로서의 지상권을 구분지상권이라 한다. 다만, 성질상 수목의 소유를 목적으로 구분지상권설정을 할 수는 없으며, 구분지상권은 그 권리가 미치는 지하 또는 공간의 상하의 범위를 정하여 등기할 수 있다.

(7) 지역권

일정한 목적을 위해 타인의 토지를 자기토지의 편익에 이용하는 권리로 토지 소유자와 지역권자의 지역권 설정계약과 등기에 의해 취득하는 권리를 말한다.

(8) 전세권

해당 부동산의 전부에 대해 후순위권리자, 기타 채권자보다 전세금을 우선변제 받을 권리를 말한다.

(9) 임차권

임대인에게 목적물을 사용·수익하게 할 것을 요구할 수 있는 임차인의 권리를 말하며, 물권이 아닌 채권이다. 그러나 부동산이 임대차에 있어서는 임차인의 법률상의 지위를 보호 강화하기 위해 부동산임차권에 본래 물권에게만 주어졌던 성질이 인정되고 있는데 이러한 현상을 임차권의 물권화라고 한다.

(10) 저당권

채무자 또는 제3자가 점유를 이전하지 않고 채무의 담보로 제공한 부동산에 대해 다른 채권자보다 자기 채권의 우선변제를 받을 권리를 말한다.

(11) 권리질권

양도할 수 있는 재산권을 목적으로 하는 질권을 권리질권이라고 한다. 부동산의 사용, 수익을 목적으로 하는 권리, 소유권, 지역권, 광업권 및 어업권은 목적이 되지 않는다. 동산 외의 재산권을 목적으로 하는 질권으로 채권, 주식, 무체재산권이 권리질권의 목적이 된다.

(12) 가압류

법원이 채권자를 위하여 장래에 강제집행을 할 목적으로 채무자의 재산을 임시로 확보하는 방법으로 빚을 갚아야 할 채무자가 가지고 있는 부동산 등 재산을 숨기거나 팔아버릴 염려가 있다고 생각할 때 채권자가 그 부동산 등 다른 재산을 임시로 압류하는 법원의 처분을 말한다.

(13) 가처분

가처분이란 피해에 대한 배상이 아니라 법원의 재판으로 어떤 행위를 임시로 요구하는 것을 말한다.

① 금전채권 이외의 특정물의 급여·인도를 목적으로 하는 청구권에 대한 집행을 보전하기 위하여 또는 다툼이 있는 권리관계에 대하여 임시의 지위를 정하기 위해 법원이 행하는 일시적인 명령을 말한다.

② 가처분은 특정물의 지급을 목적으로 하는 청구권에 대한 강제집행의 보존을 위하여 그 효능이 있는 것으로써 금전채권이나 금전으로 환산할 수 있는 채권의 보전을 위한 가압류와 구별된다.

(14) 기입등기

새로운 등기원인이 발생하면, 그 등기원인에 근거하여 이 새로운 사항을 등기부에 기재하는 등기를 말한다. 기입등기에는 소유권보존등기, 소유권이전등기, 지상권, 지역권, 전세권, 저당권 및 임차권 등의 설정등기가 있다.

(15) 경정등기

경정등기란 등기의 일부에 착오 또는 유루(遺漏)가 있을 때 그것을 시정하기 위하여 하는 등기를 말한다.

① 등기의 일부에 착오 또는 빠진 부분이 있을 때 그것을 시정하기 위하여 하는 등기로 어떤 등기사항에 관하여 이미 완료된 등기는 존재하고 있지만 그 등기절차에 있어서의 과오 때문에 원시적으로 착오 또는 빠진 부분이 있어서 등기와 실체관계가 일치하지 않는 경우에 그 불일치를 해소하기 위한 등기이다. 경정등기는 넓은 의미의 변경등기에 속하며, 원시적 불일치를 원인으로 한다는 점에서 좁은 의미의 변경등기가 후발적 불일치를 원인으로 한다는 것과 다르다.

② 경정등기에는 권리경정등기, 등기명의인의 표시경정등기, 부동산의 표시경정등기 등이 있다.

(16) 변경등기

변경등기란 등기가 행하여진 후에 후발적으로 등기사항에 변경이 생긴 경우에 기존등기내용의 일부를 변경하는 등기를 말한다.

① 기존의 등기를 변경하기 위하여 하는 등기로 등기와 실체관계가 부분적으로 일치하지 않을 때에 그 불일치를 해소하기 위하여 하는 등기라는 점에서 등기가 실체관계와 전면적으로 일치하지 않을 때에 그 불일치를 해소하기 위한 말소등기와 다르다. 변경등기는 넓은 의미에서는 그 불일치의 원인이 원시적으로 존재하는 경정등기를 포함하지만, 좁은 의미에서는 그 불일치의 원인이 후발적으로 존재하는 경우만을 말한다.

② 변경등기에는 표시란의 변경등기로서 부동산의 변경등기, 부동산의 표시의 변경등기와 대지권의 변경등기가 있고, 사항란의 변경등기로서 권리의 변경등기와 등기명의인의 표시의 변경등기가 있다.

(17) 말소등기

말소등기란 기존의 등기가 원시적 또는 후발적 사유로 실체관계와 전혀 부합하지 않게 되어 등기사항의 전부가 부적법하게 된 때에 그 등기의 전부를 소멸시키기 위하여 하는 등기를 말한다.

① 기존의 등기의 전부를 말소하는 등기로 어느 부동산의 기존 등기 전부를 소멸시키는 등기를 말소등기라 한다. 말소등기는 원칙적으로 등기권리자와 등기의무자가 공동으로 신청하는 것이지만, 등기한 권리가 어느 사람의 사망으로 소멸한 경우, 등기의무자의 행방불명, 가등기의 말소의 신청이나 가등기명의인의 승낙서 또는 이에 대항할 수 있는 재판의 등본을 첨부한 경우에는 등기상의 이해관계인이 가등기의 말소를 신청하는 경우에는 단독신청이 인정된다. 등기를 말소할 때는 말소의 등기를 한 후 말소할 등기를 붉은 선으로 지워야 한다. 실무상 붉은 선으로 지운다고 하여 주말(朱抹 붉을 주 / 지울 말)이라고 한다.

② 말소등기에는 매매가 무효·취소·해제된 경우의 소유권 말소등기, 채무를 변제한 경우의 저당권 말소등기, 지상권의 존속기간이 만료된 경우의 지상권 말소등기 등이 있다.

(18) 회복등기

등기부의 전부 또는 일부가 멸실되었다가 회복절차에 따라 회복시키는 등기를 말한다. 천재지변 등에 의한 멸실 회복등기와 구 등기가 부적법하게 말소된 경우에 하는 말소회복등기가 있다.

(19) 멸실등기

1필의 토지나 1개의 건물 등 1개 부동산 전체가 멸실하거나 존재하지 않는 건물에 대한 등기가 있는 경우에 행하여지는 등기를 말하며, 지적의 감소 및 건평의 축소 등 일부 멸실의 경우는 면적 또는 건물의 표시에 대한 변경등기가 행하여질 뿐이고, 멸실등기에는 해당되지 않는다.

(20) 대위등기

채권자가 등기권리자 또는 등기의무자를 대신하여 하는 등기를 말한다. 채무자가 채무 회피를 목적으로 미등기한 부동산에 채권자가 등기하여 권리행사를 할 수 있게 하는 것이다. 채부자를 대위하여 등기를 신청할 때는 신청서에 채권자와 채무자의 성명 또는 명칭, 주소 또는 사무소와 대위원인을 적고 대위원인을 증명하는 서면을 첨부해야 한다

(21) 촉탁등기

법원이나 관공서가 등기관에게 촉탁하는 등기를 말하는 것으로 등기는 원래 당사자의 신청에 의하는 것이 원칙이지만 법률의 규정이 있는 때에는 촉탁등기를 할 수 있는데 예고등기, 파산등기 등이 이에 해당한다. 경매절차에 있어서는 경매신청기입등기, 경매취하등기, 대금납부에 따른 소유권이전등기 등이 촉탁등기의 예이다.

(22) 예고등기

등기원인의 무효 또는 취소에 의한 등기의 말소 또는 회복의 소가 제기된 경우에 이를 제3자에게 경고하기 위하여 수소법원의 촉탁으로 행하여지는 등기였다. 2011년4월12일 부동산 등기법이 개정되면서 삭제·폐지되었다.

① 예고등기는 어떤 부동산에 대한 기존등기에 관하여 어떤 소의 제기가 있었다는 사실을 공시함으로써 제3자에게 경고를 준다는 사실상의 효과를 가질 뿐이며, 등기 본래의 효력인 물권변동의 효력발생과는 아무런 관계가 없는 특수한 등기이다. 따라서 예고등기가 있다고 해서 그 부동산에 관하여 처분금지의 효력이 생기지는 않는다. 또

한 소송이 반드시 정당한 이유에 기하여 제기된다고도 할 수 없으므로, 예고등기가 있더라도 그 소송제기의 이유가 되는 등기원인의 무효 또는 실효가 진정으로 존재한다는 추정을 생기게 하지도 않는다.

② 주의할 것은 등기원인의 취소에 의한 소에 관하여는 그 취소를 가지고 선의의 제3자에게 대항할 수 있는 경우이어야 한다. 따라서 착오나 사기 강박에 의한 의사표시의 취소와 같이 선의의 제3자에게 대항하지 못하는 경우에는 예고등기가 허용되지 않는다.

(23) 부기등기

독립의 순위번호를 사용하지 않고 주등기의 번호를 그대로 사용하되 다만 그 번호의 아래에 "부기 몇 호"라고 기재하여 행하여지는 등기를 말한다.

① 부기등기의 목적

1) 어떤 등기가 주등기(기존등기)와 동일한 순위나 효력을 가진다는 것을 명백히 공시하려고 할 때 한다. 주로 소유권 이외의 권리의 이전등기 시 부기등기로 한다.

2) 어떤 등기가 기존등기와 동일성을 가진 등기임을 표시하고자 할 때 한다. 주로 변경등기나 경정등기는 부기등기의 형식으로 한다.

② 부기등기의 순위

1) 부기등기의 순위는 주등기의 순위에 의한다. 각 부기등기의 순위는 그 주등기 상호간의 순위에 의한다.

2) 부기등기 상호간의 순위는 그 전후에 의한다. 1개의 주등기에 여러 개의 부기등기가 있는 경우에 그 부기등기 상호간의 순위는 그 등기의 순서에 의한다.

(24) 환매특약등기

환매권이 설정되어 있다고 표시하는 등기를 말한다. 목적물이 부동산일 경우는 매매등기와 동시에 환매권의 보유를 등기하여야 하며, 동시에 하지 않은 등기는 무효이다. 환매특약등기를 하면 제3자에게 효력이 미치므로 환매기간 중에 제3자가 목적물을 취득하더라도 제3자에게도 환매권을 실행할 수 있다. 환매특약 등기를 신청할 경우에는 신청서에 매수인이 지급한 대금 및 매매비용을 적고 등기원인에 환매기간이 정해져 있으면 그 환매기간을 적어야 한다.

(25) 총유

하나의 물건을 권리능력 없는 사단이 소유하는 공동 소유의 한 형태로 같은 공동소유 형태인 공유·합유와 대비되는데, 단체적 색채가 가장 강한 공동소유형태이다. 즉 다수인이 하나의 단체로서 결합되어 있고, 목적물의 관리·처분은 단체 자체의 권한으로 하지만, 단체의 구성원들은 일정한 범위 내에서 각각 사용·수익의 권한 만을 가지는 공동소유형태이다. 한국에는 지금도 종중 또는 문중 재산에 총유 형태가 존재한다. 민법은 “법인이 아닌 사단의 사원이 집합체로서 물건을 소유할 때에는 총유로 한다”고 되어 있고 총유물의 관리 및 처분은 사원총회의 결의에 의하며, 각 사원은 정관 및 기타의 규약에 의해 총유물을 사용·수익할 수 있고, 총유물에 관한 사원의 권리·의무는 사원의 지위를 취득·상실함으로써 취득·상실된다.

(20) 공유

물건을 지분에 의하여 수인이 소유하는 형태로 공동소유의 형태 중 가장 기본·보편적인 것이다. 공유자가 물건을 공동으로 소유하고 있다는 것 이외에는 공유자 상호간에 단체적 구속이 없고 개인적 색채가 강하다. 공유자의 권리는 공유물의 전체에 미치며, 공유물의 보존은 각자의 단독으로 하며, 공유물의 이용·개량은 지분의 과분수로 한다. 공유물의 사용 수익은 공유물 전부를 지분의 비율로 하고, 공유물의 처분·변경은 전원의 동의로써 한다.

(27) 합유

합유란 법률규정이나 계약에 의하여 수인이 조합체로서 물건을 소유하는 형태로서, 공유와 총유의 중간에 있는 공동소유관계를 말한다.

① 수인이 조합체로서 물건을 소유하는 소유형태로 개인의 색채가 강한 공유와 단체적 색채가 강한 총유의 중간형태이며, 합유자간의 단체적 구속력이 강한 점에서 총유와 비슷하고, 합유자가 지분을 가지는 점에서는 공유와 비슷하며 총유와는 다르다. 합유자의 지분은 공동목적을 위하여 구속되어 있으므로 지분을 공유처럼 자유로이 처분하지 못한다. 또한 분할의 청구도 할 수 없는 점에서 공유지분과는 다른 특색을 가진다.

② 민법상 법률의 규정으로 합유관계가 성립하는 것은 조합재산과 수탁자가 수인이 있는 경우의 신탁재산의 두 경우로 합유물을 처분 또는 변경함에 있어 합유자 전원의 동의가 있어야 하되, 보존행위는 각자가 할 수 있다. 또한 전원의 동의 없이 합유물의 지분을 처분하지 못하여, 합유물의 분할을 청구하지 못하며, 조합체의 해산 또는 합유물의 양도로 인하여 종료하며, 이 경우의 합유물 분할은 공유물의 분할에 관한 규정을 준용한다.

(28) 법정지상권

당사자의 설정계약이 없어도 법률 규정으로 당연히 발생하는 지상권을 말하며, 토지와 그 위의 건물을 소유하고 있는 자가 그 한쪽에만 저당권을 설정했을 때에는 경매의 결과 토지와 건물이 각각 다른 사람의 소유에 속하는 경우가 많다. 이러한 건물은 타인의 토지 지상에 이유 없이 존재하게 되어 이를 철거하지 않을 수 없게 되는 것이다. 그러므로 민법은 이와 같은 경우에는 토지 소유자는 건물 소유자를 위해서 그 토지에 지상권을 설정한 것으로 보고 건물을 철거하지 않아도 되게 했다. 그러나 토지에 저당권을 설정한 당시에는 없던 건물이 세워졌을 때에는 절대로 법정지상권의 성립은 인정되지 않는다.

① 법정지상권이 인정되는 경우

1) 대지와 건물의 소유자가 동일할 때 건물에만 전세권을 설정했는데 그 후 대지소유자가 변경된 경우

2) 토지와 건물이 동일인 소유였다가 경매로 토지와 그 지상 건물이 각기 다른 소유자에게 속하게 된 경우

3) 입목의 경매나 그 밖의 사유로 인해 토지와 그 입목이 각각 다른 소유자에게 속하게 된 경우

② 법정지상권이 인정되지 않는 경우

1) 단순한 지상 구조물 즉 자전거보관소, 파이프배관, 유류탱크, 집진설비, 컨테이너 등은 인정되지 않는다.

2) 건축이 완료되지 않는 건축물 즉 터파기 공사 후 설치된 철골구조물, 건축물의 외관을 제대로 갖추지 않은 경우 등은 인정되지 않는다.

(29) 분묘기지권

토지소유자가 아니면서 일정한 토지 위에 조상의 묘를 둔 자가 그 토지에 묘를 계속 둘 수 있는 권리로 지상권과 비슷한 관습법상의 권리이다. 분묘를 수호하고 제사하는 목적을 달성하는데 필요한 범위 내에서 다른 사람의 토지를 사용할 수 있는 권리로 당사자 사이에 특별한 사정이 없는 한 그 분묘가 존속하는 동안에는 계속 유지된다. 연고자가 없는 무연분묘이거나 분묘기지권이 없는 분묘인 경우에는 관할 특별자치도·시군·구청장에게 개장허가를 신청해서 허가를 받은 후 분묘에 매장된 시체 또는 유골을 개장할 수 있다.

(30) 제한물권

일정한 목적을 위하여 타인의 물건에 대해 제한적 지배를 허용하는 물권이다. 민법상 제한 물건은 용익물권(지상권, 지역권, 전세권)과 담보

물권(유치권, 저당권, 질권)으로 나눈다.

(31) 공장저당

공장에 속하는 재산상에 설정하는 특수한 저당권으로서 공장저당권에 의하여 설정된 저당을 말한다. 공장 및 광업재단 저당법은 공장재단저당과는 별개로 재단을 구성함이 없이 기계·기구 등을 부동산과 함께 저당권의 목적으로 하는 제도를 인정하고 있다. 이를 일반적으로 협의의 공장저당이라고 한다.

(32) 강제경매

민사집행법상의 부동산에 대한 강제집행절차의 하나로 법원에서 채무자의 부동산을 압류·매각하여 그 대금으로 채권자의 금전채권의 만족에 충당하는 절차를 말한다.

① 부동산 강제집행 방법의 하나로서, 채무자의 부동산을 경매하여 그 대가를 채권자에 대한 변제에 충당하는 방법이다. 부동산에 대한 강제경매를 기본으로 하며, 여기서 부동산이란 부동산 이외에 특별법에 의해 부동산으로 간주되거나 부동산의 규정이 적용 또는 준용되는 것을 포함한다. 즉 강제경매는 채권자가 채권을 증명하는 판결문과 같은 서류를 법원에 제출하여 채무자 소유의 부동산에 대한 환가를 위해 경매절차를 진행시켜 달라는 경매신청에 따라 진행되는 경매를 말한다. 반면 임의경매는 저당권과 같은 담보권 실행을 위해 부쳐진 경매이다. 임의경매와 비교할 때에 채무명의가 필요하다는 점과 경매절차가 유효하면 어떤 경우에도 경락인에게 소유권이 넘어간다는 공신적 효과가 있다는 점이 특징이다.

② 강제경매는 집행력 있는 정본이 존재하는 경우에 한하여 국가의 강제집행권의 실행으로서 실시되므로 일단 유효한 집행력 있는 정본에 기하여 매각절차가 완료된 때에는 그 집행권원에 표상된 실체상의 청구권이 당초부터 부존재·무효라든가 매각절차 완결 시까지 변제 등의 사유로 인하여 소멸되거나 재심에 의하여 집행권원이 폐기된 경우

라도 매각절차가 유효한 매수인은 유효하게 소유권을 취득함으로 강제경매는 공신적 효과가 있다.

(33) 임의경매

채무자의 채무불이행시 채권자가 담보로 제공받은 부동산에 설정한 저당권, 근저당권, 전세권, 담보가등기 등의 담보권을 실행하여 자신의 채권을 회수하는 법적절차를 말한다. 강제경매와 달리 별도의 재판을 거치지 않고 곧바로 법원에 경매신청을 할 수 있다.

① 일반적으로 담보권의 실행을 위한 경매를 말한다. 채무자가 채무를 임의로 이행하지 않을 때 근저당권 또는 전세권 등의 담보권을 가진 채권자가 담보권을 행사하여 담보의 목적물을 경매로 매각한 다음 매각대금에서 다른 채권자 보다 먼저 채권을 회수하는 강제집행 절차이다.

② 임의경매는 담보권자의 담보권에 기한 경매의 실행을 국가기관이 대행하는 것에 불과하므로 담보권에 이상이 있으면 매각허가결정의 효력에 영향을 미치며 경매의 공신적 효력은 부정됨이 원칙이며, 강제경매와 달리 담보권 및 피담보채권의 존부를 심사하여 담보권의 부존재·무효, 피담보채권의 불발생·소멸 등과 같은 실체상의 하자가 있으면 경매개시 결정을 할 수 없다.

※ 강제·임의경매 개시결정시 등기사항 전부 증명서

16	강제경매 개시결정	2020년2월5일 제7962호	2020년2월3일 부산지방법원 서부지원의 강제경매개시결정(2020타경 100506)	채권자 이창연 72****-1****** 서울특별시 강남구 삼성로 100
17	임의경매 개시결정	2020년8월18일 제48188호	2020년8월18일 부산지방법원 서부지원의 임의경매개시결정(2020타경5830)	채권자 주식회사 대신은행 110***-1****** 서울특별시 중구 삼일대로 343

(34) 물권

특정한 물건을 직접 배타적으로 지배하는 것을 내용으로 하는 권리, 소유권, 지상권, 지역권, 전세권과 같은 용익물권, 유치권, 질권, 저당권과 같은 담보물권, 그리고 사실상 지배관계에서 발생하는 점유권 등을 총칭하여 물권이라고 한다. 물권은 채권과 함께 중요한 재산권에 속하지만 물권은 채권에 비하여 광범하고 강한 효력을 가진다.

(35) 질권

채무자 또는 제3자(물상보증인)로부터 받은 채권의 담보가 (근)저당권인 경우에 설정하는 등기를 말한다. 권리질권의 등기는 (근)저당권의 부기등기로 한다.

(36) 지역권

일정한 목적을 위하여 타인의 토지를 자기토지의 편익에 이용하는 물권이다. 즉, 자기토지의 편익을 위하여 타인의 토지를 통행하고(통행지역권) 타인의 토지의 물을 인수하고(인수지역권) 타인의 토지에 조망을 해칠만한 일정한 높이 이상의 건물을 세우지 못하게 하는 것(관망지역권)과 같다. 이 경우 편익을 받는 토지를 요역지, 편익을 제공하는 토지를 승역지라고 한다.

(37) 담보물권

채권담보를 위하여 물건이 가지는 교환가치의 지배를 목적으로 하는 물권이며, 민법상 유치권, 질권, 저당권의 3가지가 있다. 그 밖에 민법은 전세권자에게 전세금의 반환을 확보해주기 위해서 전세권을 용익물권인 동시에 일정의 담보물권으로 하고 있다. 그리고 담보물권 중 유치권은 법률에 의하여 일정한 요건이 갖추어 질 때에 당연히 성립하는 법정담보물권이며, 질권과 저당권은 원칙적으로 당사자의 설정

행위에 의하여 성립하는 약정담보물권이다.

(38) 용익물권

타인의 토지 또는 건물을 일정한 목적을 위하여 사용·수익할 수 있는 물권으로서 민법상의 용익물권은 지상권, 지역권, 전세권의 세 가지가 있다.

(39) 유치권

유치권은 타인의 물건이나 유가증권을 점유한 자가 그 물건이나 유가증권에 관하여 생긴 채권이 변제기에 있는 경우에 그 채권을 변제받을 때까지 그 물건이나 유가증권을 유치할 수 있는 권리를 말한다.

① 민법 320조에서는 “타인의 물건 또는 유가증권을 점유하는 자는 그 물건이나 유가증권에 관하여 생긴 채권이 변제기에 있는 경우에는 변제를 받을 때까지 그 물건 또는 유가증권을 유치할 권리가 있다”라고 규정하고 있다.

② 유치권은 법정 담보물권으로 유치권자는 별제권과 경매권(임의경매)을 가지나 경매 시 우선변제권이 없으며, 배당 요구도 할 수 없다. 다만 다른 채권자가 그 물건을 경매에 붙여 낙찰되었을 경우 경락인이 그 채권액 만큼 지급하지 않으면 계속하여 유치할 수 있어 유치권도 변제를 받을 수 있다.

(40) 임차권등기명령

임대차 종료 후 보증금을 반환 받지 못한 임차인에게 단독으로 임차권 등기를 할 수 있도록 한 제도로 임차인이 개인 사정으로 먼저 이사를 가더라도 대항력 및 우선변제권을 상실하지 않도록 하기 위해 1999년 개정법에 새롭게 도입되었다.

(41) 임차권등기명령에 의한 임차권등기

임대차가 종료된 후 보증금을 반환 받지 못한 임차인은 임차주택의 소재지를 관할하는 지방법원, 지방법원지원 또는 시군법원에 임대차등기명령을 신청할 수 있다. 임차권 등기명령은 판결에 의한 때에는 선고를 한 때, 결정에 의한 때에는 상당한 방법으로 임대인에게 고지를 한 때에 그 효력이 발생하는데, 법원은 임차권등기명령의 효력이 발생하면 지체 없이 촉탁서에 재판서 등본을 첨부하여 등기관에게 임차권등기의 기입을 촉탁하여야 한다.

※ 임차권등기명령에 의한 임차권등기 등기사항전부증명서

[집합건물] 전라북도 군산시 산북동 3644 하나리움시티 제 110동 10층 1004호

순위 번호	등기목적	접 수	등기원인	권리자 및 기타사항
5	주택임차권	2020년9월18일 제36796호	2020년9월14일 전주지방법원 군산지원의 임차권등기명령 (2020카임275)	임차보증금 금110,000,000원 차임 없음 범위 전유부분 건물의 전부 임대차계약일자 2018년8월8일 주민등록일자 2018년9월7일 점유개시일자 2018년9월7일 확정일자 2018년8월8일 임차권자 김동기 751111-1234567 서울특별시 중구 삼일대로 343

(42) 폐쇄등기부

폐쇄등기부란 새로운 등기부에 옮겨 적은 후 보관되는 등기부를 말하는 것으로 폐쇄등기부는 권리관계의 현존을 공시하는 것은 아니며, 등기용지가 새로운 등기용지에의 이기전사(移記傳寫), 합필(合筆), 부동산멸실 등의 사유로 그 기재가 말소되어 구 등기용지가 폐쇄되고 편철된 것을 말한다.

① 등기부를 전부 신등기부에 이기한 때에는 구 등기부는 폐쇄한

다. 또 어느 부동산에 관한 등기용지상의 등기를 신등기용지에 이기한 때에는 전 등기용지는 폐쇄한다.

② 등기부를 폐쇄하게 되는 사유로는 등기부 멸실 방지처분으로서의 신등기부에의 이기와 등기부의 카드화 작업에 따른 등기카드에의 이기를 들 수 있고, 등기용지의 폐쇄 사유는 위의 사유 외에 부동산의 멸실등기, 합필 또는 건물의 합병등기, 토지의 하천화, 등기용지의 매수과다로 인해 신등기 용지에의 이기 등이 있다. 위와 같은 원인으로 인해 폐쇄된 등기부를 폐쇄등기부라 한다.

(43) 대지권

전유부분과 일체성을 가지는 대지사용권을 대지권이라고 하는데 이는 등기하지 않으면 제3자에게 대항하지 못한다. 부동산 등기법상 대지권은 건물과 분리하여 처분할 수 없는 것을 말하며, 신청서에 그 권리의 표시를 기재하여야 한다. 부동산 등기법은 대지권의 목적인 토지의 표시를 1동의 건물의 표제부에 하고 대지권은 구분건물의 표제부에 표시하는 것으로 되어 있다.

(44) 확인서면

등기의무자의 권리에 관한 등기필증(집문서, 땅문서 등)이 멸실된 경우에 등기의무자 또는 그 법정대리인의 등기소 출석에 갈음하여 위임에 의한 대리인(변호사 또는 법무사에 한함)이 신청시 상의 등기의무자 또는 법정대리인으로부터 위임 받았음을 확인하는 서면 2통을 첨부하여 등기를 신청할 수 있다. 그러한 서면을 확인서면이라고 한다.

(45) 환지처분

농업기반정비사업, 토지개발사업 등의 시행자가 환지계획에 따라 사업시행 전의 토지(종전토지)를 대신하여 사업시행 후의 새로운 토지(환지)를 교부하거나, 종전 토지와 환지에 관한 권리 사이의 과부족으로 인하여 생긴 이해관계의 불균형을 금전으로 청산하는 행정처분을 말한다.

(46) 토지대장

토지의 현황을 명확하게 하기 위하여 토지의 소재지 지번, 지목, 지적 및 소유자의 주소, 성명 등을 등록하는 공부를 말하며, 지적대장이라 한다. 지적공부의 일종으로 특별시·광역시·시·군에 비치한다. 토지에 관한 사실상의 상황을 명확하게 한다는 점에서 토지에 대한 권리관계를 공시하는 토지등기부와 구별된다. 이 두 장부는 그 기재 내용에 있어 서로 일치되어야 하므로 부동산의 상황에 변동이 생긴 때는 먼저 대장등록을 변경한 이후에 등기부를 변경하게 된다(통상 대장우선주의라고 한다).

(47) 건축물대장

건축물 및 그 부지에 관한 현황을 관리하는 대장을 말하며 건축물 소재지 시·군·구청장이 관리한다.

(48) 임야대장

지적 법률에 기초하여 정부가 비치하는 장부를 말한다. 임야에 관해 토지 대장에 등록되지 않은 토지를 등록하는 서류의 하나로 토지 소재, 지번, 축척, 비고, 토지 표시, 소유자, 등급 수정 연월일, 토지 등급 등으로 구성되어 있으며, 산림과 산림 외의 숲이나 습지, 황무지 등의 토지를 말한다.

2. 토지의 지목

지목은 부동산 등기사항 전부증명서, 토지대장, 임야대장, 지적도, 임야도 등에 당연히 표시되어야 하는 사항으로 본 장을 통해 지목의 의미와 지목의 종류 및 설정·표시 방법 등에 대해 알아보기로 한다.

(1) 지목

지목이란 토지의 주된 용도에 따라 토지의 종류를 구분하여 "지적공부"에 등록한 것을 말한다. "지적공부"란 토지대장, 임야대장, 공유지연명부, 대지권등록부, 지적도, 임야도 및 경계점좌표등록부 등 지적측량 등을 통하여 조사된 토지의 표시와 해당 토지의 소유자 등을 기록한 대장 및 도면을 말한다(공간정보의 구축 및 관리 등에 관한 법률).

(2) 지목의 구분(공간정보의 구축 및 관리 등에 관한 법률 시행령)

지목은 토지의 쓰임새에 따라 28개 지목으로 구성되어 있다.

① 전

물을 상시적으로 이용하지 않고 곡물·원예작물(과수류는 제외)·약초·뽕나무·닥나무·묘목·관상수 등의 식물을 주로 재배하는 토지와 식용으로 죽순을 재배하는 토지

② 답

물을 상시적으로 직접 이용하여 벼·연(蓮)·미나리·왕골 등의 식물을 주로 재배하는 토지

③ 과수원

사과·배·밤·호두·귤나무 등 과수류를 집단적으로 재배하는 토지와 이에 접속된 저장고 등 부속시설물의 부지. 다만, 주거용 건축물의 부지는 "대"로 한다.

④ 목장용지

다음 각 목의 토지. 다만, 주거용 건축물의 부지는 "대"로 한다.

1) 축산업 및 낙농업을 하기 위하여 초지를 조성한 토지

2) 「축산법」 제2조제1호에 따른 가축을 사육하는 축사 등의 부지
3) 가목 및 나목의 토지와 접속된 부속시설물의 부지

⑤ **임야**

산림 및 원야(原野)를 이루고 있는 수림지·죽림지·암석지·자갈땅·모래땅·습지·황무지 등의 토지

⑥ **광천지**

지하에서 온수·약수·석유류 등이 용출되는 용출구(湧出口)와 그 유지(維持)에 사용되는 부지. 다만, 온수·약수·석유류 등을 일정한 장소로 운송하는 송수관·송유관 및 저장시설의 부지는 제외한다.

⑦ **염전**

바닷물을 끌어들여 소금을 채취하기 위하여 조성된 토지와 이에 접속된 제염장(製鹽場) 등 부속시설물의 부지. 다만, 천일제염 방식으로 하지 아니하고 동력으로 바닷물을 끌어들여 소금을 제조하는 공장시설물의 부지는 제외한다.

⑧ **대**

1) 영구적 건축물 중 주거·사무실·점포와 박물관·극장·미술관 등 문화시설과 이에 접속된 정원 및 부속시설물의 부지
2) 「국토의 계획 및 이용에 관한 법률」 등 관계 법령에 따른 택지조성공사가 준공된 토지

⑨ **공장용지**

1) 제조업을 하고 있는 공장시설물의 부지
2) 「산업집적활성화 및 공장설립에 관한 법률」 등 관계 법령에 따른 공장부지 조성공사가 준공된 토지
3) 가목 및 나목의 토지와 같은 구역에 있는 의료시설 등 부속시설물의 부지

⑩ 학교용지

학교의 교사(校舍)와 이에 접속된 체육장 등 부속시설물의 부지

⑪ 주차장

자동차 등의 주차에 필요한 독립적인 시설을 갖춘 부지와 주차전용 건축물 및 이에 접속된 부속시설물의 부지. 다만, 다음 각 목의 하나에 해당하는 시설의 부지는 제외한다.

1) 「주차장법」 제2조제1호 가목 및 다목에 따른 노상주차장 및 부설주차장(「주차장법」 제19조제4항에 따라 시설물의 부지 인근에 설치된 부설주차장은 제외한다)

2) 자동차 등의 판매목적으로 설치된 물류장 및 야외전시장

⑫ 주유소용지

다음 각 목의 토지. 다만, 자동차·선박·기차 등의 제작 또는 정비공장 안에 설치된 급유·송유시설 등의 부지는 제외한다.

1) 석유·석유제품, 액화석유가스, 전기 또는 수소 등의 판매를 위하여 일정한 설비를 갖춘 시설물의 부지

2) 저유소(貯油所) 및 원유저장소의 부지와 이에 접속된 부속시설물의 부지

⑬ 창고용지

물건 등을 보관하거나 저장하기 위하여 독립적으로 설치된 보관시설물의 부지와 이에 접속된 부속시설물의 부지

⑭ 도로

다음 각 목의 토지. 다만, 아파트·공장 등 단일 용도의 일정한 단지 안에 설치된 통로 등은 제외한다.

1) 일반 공중(公衆)의 교통운수를 위하여 보행이나 차량운행에 필요한 일정한 설비 또는 형태를 갖추어 이용되는 토지

2)「도로법」 등 관계 법령에 따라 도로로 개설된 토지
3) 고속도로의 휴게소 부지
4) 2필지 이상에 진입하는 통로로 이용되는 토지

⑮ 철도용지

교통 운수를 위하여 일정한 궤도 등의 설비와 형태를 갖추어 이용되는 토지와 이에 접속된 역사(驛舍)·차고·발전시설 및 공작창(工作廠) 등 부속시설물의 부지

⑯ 제방

조수·자연유수(自然流水)·모래·바람 등을 막기 위하여 설치된 방조제·방수제·방사제·방파제 등의 부지

⑰ 하천

자연의 유수(流水)가 있거나 있을 것으로 예상되는 토지

⑱ 구거

용수(用水) 또는 배수(排水)를 위하여 일정한 형태를 갖춘 인공적인 수로·둑 및 그 부속시설물의 부지와 자연의 유수(流水)가 있거나 있을 것으로 예상되는 소규모 수로부지

⑲ 유지(溜地)

물이 고이거나 상시적으로 물을 저장하고 있는 댐·저수지·소류지(沼溜地)·호수·연못 등의 토지와 연·왕골 등이 자생하는 배수가 잘 되지 아니하는 토지

⑳ 양어장

육상에 인공으로 조성된 수산생물의 번식 또는 양식을 위한 시설을 갖춘 부지와 이에 접속된 부속시설물의 부지

㉑ **수도용지**

물을 정수하여 공급하기 위한 취수·저수·도수(導水)·정수·송수 및 배수 시설의 부지 및 이에 접속된 부속시설물의 부지

㉒ **공원**

일반 공중의 보건·휴양 및 정서생활에 이용하기 위한 시설을 갖춘 토지로서 「국토의 계획 및 이용에 관한 법률」에 따라 공원 또는 녹지로 결정·고시된 토지

㉓ **체육용지**

국민의 건강증진 등을 위한 체육활동에 적합한 시설과 형태를 갖춘 종합운동장·실내체육관·야구장·골프장·스키장·승마장·경륜장 등 체육시설의 토지와 이에 접속된 부속시설물의 부지. 다만, 체육시설로서의 영속성과 독립성이 미흡한 정구장·골프연습장·실내수영장 및 체육도장과 유수(流水)를 이용한 요트장 및 카누장 등의 토지는 제외한다.

㉔ **유원지**

일반 공중의 위락 휴양 등에 적합한 시설물을 종합적으로 갖춘 수영장·유선장·낚시터·어린이놀이터·동물원·식물원·민속촌·경마장·야영장 등의 토지와 이에 접속된 부속시설물의 부지. 다만, 이들 시설과의 거리 등으로 보아 독립적인 것으로 인정되는 숙식시설 및 유기장(遊技場)의 부지와 하천·구거 또는 유지「공유(公有)인 것으로 한정한다」로 분류되는 것은 제외한다.

㉕ **종교용지**

일반 공중의 종교의식을 위하여 예배·법요·설교·제사 등을 하기 위한 교회·사찰·향교 등 건축물의 부지와 이에 접속된 부속시설물의 부지

㉖ 사적지

문화재로 지정된 역사적인 유적·고적·기념물 등을 보존하기 위하여 구획된 토지. 다만, 학교용지·공원·종교용지 등 다른 지목으로 된 토지에 있는 유적·고적·기념물 등을 보호하기 위하여 구획된 토지는 제외한다.

㉗ 묘지

사람의 시체나 유골이 매장된 토지, 「도시공원 및 녹지 등에 관한 법률」에 따른 묘지공원으로 결정·고시된 토지 및 「장사 등에 관한 법률」 제2조9호에 따른 봉안시설과 이에 접속된 부속시설물의 부지. 다만, 묘지의 관리를 위한 건축물의 부지는 "대"로 한다.

㉘ 잡종지

다음 각 목의 토지. 다만, 원상회복을 조건으로 돌을 캐내는 곳 또는 흙을 파내는 곳으로 허가된 토지는 제외한다.

1) 갈대밭, 실외에 물건을 쌓아두는 곳, 돌을 캐내는 곳, 흙을 파내는 곳, 야외시장 및 공동우물

2) 변전소, 송신소, 수신소 및 송유시설 등의 부지

3) 여객자동차터미널, 자동차운전학원 및 폐차장 등 자동차와 관련된 독립적인 시설물을 갖춘 부지

4) 공항시설 및 항만시설 부지

5) 도축장, 쓰레기처리장 및 오물처리장 등의 부지

6) 그 밖에 다른 지목에 속하지 않는 토지

(3) 지목의 설정방법

① 필지마다 하나의 지목을 설정할 것

② 1필지가 둘 이상의 용도로 활용되는 경우에는 주된 용도에 따라 지목을 설정할 것

(3) 부지가 일시적 또는 임시적인 용도로 사용될 때에는 지목을 변경하지 아니한다.

(4) 지목의 표기방법

지목을 지적도 및 임야도에 등록하는 때에는 다음의 부호로 표기하여야 하며, 토지대장, 임야대장에는 정식 명칭을 사용한다(공간정보의 구축 및 관리 등에 관한 법률 시행규칙).

지목	부호	지목	부호	지목	부호	지목	부호
전	전	대	대	철도용지	철	공원	공
답	답	공장용지	장	제방	제	체육용지	체
과수원	과	학교용지	학	하천	천	유원지	원
목장용지	목	주차장	차	구거	구	종교용지	종
임야	임	주유소용지	주	유지	유	사적지	사
광천지	광	창고용지	창	양어장	양	묘지	묘
염전	염	도로	도	수도용지	수	잡종지	잡

3. 부동산등기법의 주요 내용과 부동산 등기부의 해석

등기부는 한 사람의 이력서와 유사하다. 이력서가 그 사람이 언제 태어나서 어느 학교를 졸업하고 어떤 직장을 다니면서 무엇을 했는지에 대한 대략적인 내용이 들어가 있듯이 등기부는 언제 토지가 생성되어 건물을 신축, 개축, 멸실하고 언제 다른 사람한테 어떤 가격으로 매매되었는지 등 다양한 등기 사항을 기록하고 있어 부동산의 이력서라 할 수 있다. 부동산을 개발하거나 사용, 수익을 하기 위해서는 부동산에 대한 등록부인 등기사항 전부증명서(등기부)를 통해 부동산의 생성 내역, 거래내역 등 부동산의 이력을 반드시 확인하여야 하며 등기 사항을 정확히 분석할 수 있어야 부동산 거래에 있어 손해나 피해를 줄일 수 있다.

우선 부동산등기법에 대한 기본적인 지식을 갖추어야 등기부를 정확히 분석할 수 있으므로 부동산 등기의 기초가 되는 부동산등기법에 관한 주요 내용부터 알아보기로 하며, 해당 등기사항에 대해서는 사례를 통해 분석해 보기로 하자.

(1) 부동산등기법 총칙

① 부동산등기법 제2조(정의)

1. "등기부"란 전산정보처리조직에 의하여 입력·처리된 등기정보자료를 대법원규칙으로 정하는 바에 따라 편성된 것을 말한다(바인더형식의 수기 등기부에서 2002년 9월 30일에 등기 전산화 작업이 완료됨. 등기부가 전산이기 되기 전에는 수기에 의한 방식으로 등기부를 작성했으며, 그 등기부를 등사(복사)하여 교부하였기에 통상 등기부등본이라 불려왔다).

2. "등기부부본자료"란 등기부와 동일한 내용으로 보조기억장치에 기록된 자료를 말한다.

3. "등기기록"이란 1필의 토지 또는 1개의 건물에 관한 등기정보자료를 말한다.

4. "등기필정보"란 등기부에 새로운 권리자가 기록되는 경우에 그 권리자를 확인하기 위하여 제11조 제1항에 따른 등기관이 작성한 정보를 말한다.

② 제3조 등기할 수 있는 권리

권리의 보존, 이전, 설정, 변경, 처분의 제한 또는 소멸에 대한 권리를 가리킨다.

1. 소유권 : 물건을 전면적으로 지배할 수 있는 권리

2. 지상권 : 타인의 토지에 건물 기타 공작물이나 수목을 소유하기 위해 그 토지를 사용하는 권리를 말하며, 토지 소유자와 지상권자의 지상권 설정계약과 등기에 의해 취득

3. 지역권 : 일정한 목적을 취해 타인의 토지를 자기토지의 편익에 이용하는 권리로 토지소유자와 지역권자의 지역권 설정계약과 등기에

의해 취득

4. 전세권 : 전세금을 지급하고 타인의 부동산을 점유해 그 부동산의 용도에 좇아 사용·수익하는 권리

5. 저당권 : 채무자 또는 제3자가 점유를 이전하지 않고 채무의 담보로 제공한 부동산에 대해 다른 채권자보다 자기채권의 우선변제를 받을 권리

6. 권리질권 : 동산 외의 재산권을 목적으로 하는 질권(예: 근저당권부 질권)

7. 채권담보권 : 담보로 제공한 채권의 소유권을 채권자에게 이전하고 기일에 채무자가 채무를 상환하게 되면 그 소유권을 다시 회복하는 권리

8. 임차권 : 임차인이 목적물을 사용·수익할 수 있는 권리

③ 제4조 권리의 순위

1. 같은 부동산에 관하여 등기한 권리의 순위는 법률에 다른 규정이 없으면 등기한 순서에 따른다. 등기한 순서란 갑구, 을구의 순위번호를 기준으로 보면 된다.

2. 등기의 순서는 등기기록 중 같은 구(區)에서 한 등기 상호간에서는 순위번호에 따르고 다른 구(區)에서 한 등기 상호간에는 접수번호에 따른다. 갑구의 등기 중 순서는 순위번호, 을구의 등기 중 순서도 순위번호에 따르나 다른 구(區) 즉 갑구와 을구 사이에 순위를 따질 경우에는 등기원인 날짜가 아닌 접수번호에 따라 순위가 정해진다는 뜻이다.

④ 제5조 부기등기의 순위

부기등기의 순위는 주등기의 순위에 따른다, 다만 주등기에 관한 부기등기 상호간의 순위는 그 등기순서에 따른다. 즉 순위번호 1이 주등기이면, 순위번호란에 1-1이면 순위번호 1-1은 순위번호 1의 부기등기이며, 순위번호 1-1은 순위번호 2보다 순위가 높다는 뜻이며, 부기등기 1-1 ,1-2, 1-3일 경우는 부기등기의 순위는 등기순서에 따른다

는 뜻이다.

⑤ 제11조 등기사무의 처리

1. 등기사무는 등기소에 근무하는 법원서기관·등기사무관·등기주사 또는 등기주사보(법원사무관·법원주사 또는 법원주사보 중 2001년 12월 31일 이전에 시행한 채용시험에 합격하여 임용된 사람을 포함한다) 중에서 지방법원장(등기소의 사무를 지원장이 관장하는 경우에는 지원장을 말한다. 이하 같다)이 지정하는 자[이한 "등기관"이라 한다]가 처리한다.

2. 등기관은 등기사무를 전산정보처리조직을 이용하여 등기부에 등기사항을 기록하는 방식으로 처리하여야 한다.

3. 등기관은 접수번호의 순서에 따라 등기사무를 처리하여야 한다.

4. 등기관이 등기사무를 처리한 때에는 등기사무를 처리한 등기관이 누구인지 알 수 있는 조치를 하여야 한다.

⑥ 제14조 등기부의 종류 등

1. 등기부는 토지등기부와 건물등기부로 구분한다.

2. 단독주택, 다중주택, 다가구주택 등 집합건물(구분건물)이 아닐 경우에는 등기부가 토지와 건물로 구분되어 있으며, 집합건물인 경우 1개의 등기부로 되어있다.

⑦ 제15조 물적편성주의

1. 등기부를 편성할 때에는 1필의 토지 또는 1개의 건물에 대하여 1개의 등기기록을 둔다. 다만, 1동의 건물을 구분한 건물에 있어서는 1동의 건물에 속하는 전부에 대하여 1개의 등기기록을 사용한다. 위 제14조의 설명처럼 집합건물은 1개의 등기부, 그 외 건물에 대해서는 2개의 등기부로 되어있다는 의미이다.

2. 등기기록에는 부동산의 표시에 관한 사항을 기록하는 표제부와 소유권에 관한 사항을 기록하는 갑구 및 소유권 이외의 권리에 관한 사항을 기록하는 을구를 둔다.

위 법 조항에 따라 소유권에 관한 이전, 소유권을 제한하는 가처분,

압류 등 소유권과 관련된 사항의 기록은 갑구에 등재되며, 소유권 이외의 권리 즉 전세권설정, 근저당권설정, 지상권설정 등 소유권 이외의 권리사항의 기록은 을구에 등재한다는 의미이다.

⑧ 제22조 신청주의

1. 등기는 당사자의 신청 또는 관공서의 촉탁에 따라 한다.

2. 등기는 신청하지 않을 경우 등기하지 않는다는 신청주의의 입장이며, 촉탁이란 대등한 지위의 관청간에 행하여지는 위임이란 뜻으로, 예를 들면 국세징수법에 의한 압류등기인 경우 촉탁등기로 이루어진다.

(2) 표시에 관한 등기

① 토지의 표시에 관한 등기

제34조 등기사항　등기관은 토지 등기기록의 표제부에 다음 각 호의 사항을 기록하여야 한다.

1. 표시번호
2. 접수연월일
3. 소재와 지번
4. 지목
5. 면적
6. 등기원인

가. 토지 표제부 등기사항전부증명서

[토지] 충청남도 서산시 성연면 일람리 1089

[표 제 부] (토지의 표시)					
표시번호	접 수	소재지번	지 목	면 적	등기원인 및 기타사항
1	2014년6월11일	충청남도 서산시 성연면 일람리 1089	대	~~43479.2㎡~~	

2	2018년1월3일	충청남도 서산시 성연면 일람리 1089	대	42791㎡	분할로 인하여 대 310.3㎡를 충청남도 서산시 성연면 일람리 1089-1, 대 377.9㎡를 동소 1089-2에 이기

나. 토지 표제부 등기사항전부증명서 해석 (표시번호 2)

1. 표시번호 : 2
2. 접수연월일 : 2018년 1월 3일
3. 소재와 지번 : 충청남도 서산시 성연면 일람리 1089
4. 지목 : 대
5. 면적 : 42791㎡
6. 등기원인 : 분할로 인하여 대 310.3㎡를 충청남도 서산시 성연면 일람리 1089-1,대 377.9㎡를 동소 1089-2에 이기 (이 의미는 표시번호 1번의 면적 43,479.2㎡를 분할하여 1089-1에 310.3㎡, 1089-2에 377.9㎡을 옮겼다는 것으로 본건 지번의 면적은 43,479.2㎡-310.3㎡-377.9㎡= 42,791㎡이라는 의미임)

② 건물의 표시에 관한 등기

제40조 등기사항

1. 등기관은 건물 등기기록의 표제부에 다음 각 호의 사항을 기록하여야 한다.

① 표시번호

② 접수연월일

③ 소재지번 및 건물번호. 다만, 같은 지번 위에 1개의 건물만 있는 경우에는 건물번호는 기록하지 않는다

④ 건물의 종류 및 구조와 면적, 부속건물의 종류 및 구조와 면적도 함께 기록한다.

⑤ 등기원인

⑥ 도면의 번호[같은 지번 위에 여러 개의 건물이 있는 경우와 『집합건물의 소유 및 관리에 관한 법률』 제2조 제1호의 구분소유권의 목적이 되는 건물(이하 “구분건물”이라 한다)인 경우로 한정한다]

2. 등기할 건물이 구분건물인 경우에 등기관은 제1항 제3호의 소재,

지번 및 건물번호 대신 1동 건물의 등기기록의 표제부에는 소재와 지번, 건물명칭 및 번호를 기록하고 전유부분의 등기기록의 표제부에는 건물번호를 기록하여야 한다.

3. 구분건물에 『집합건물의 소유 및 관리에 관한 법률』제2조 제6호의 대지사용권으로서 건물과 분리하여 처분할 수 없는 것[이하 "대지권"이라 한다]이 있는 경우에는 등기관은 제2항에 따라 기록하여야 할 사항 외에 1동 건물의 등기기록의 표제부에 대지권의 목적인 토지의 표시에 관한 사항을 기록하고 전유부분의 등기기록의 표제부에는 대지권의 표시에 관한 사항을 기록하여야 한다.

4. 등기관이 제3항에 따라 대지권등기를 하였을 때에는 직권으로 대지권의 목적인 토지의 등기기록에 소유권, 지상권, 전세권 또는 임차권의 대지권이라는 사항을 기록하여야 한다.

가. 단독주택 건물의 등기부 표제부

위 제40조의 등기사항은 단독주택과 집합건물의 등기사항 전부 증명서를 잘 설명한 내용이다. 아래의 단독주택 등기부와 집합건물의 등기부를 보면서 차이점을 확인해보기로 하자. 참고로 집합건물(구분건물)이 아닌 단독주택의 건물 등기부 사항은 토지(대지권 등 사항이 없음)에 대한 등기사항이 기록되지 않고 오로지 건축물에 관한 내용만 담겨 있다. 토지에 대한 등기 사항이 토지 등기부에 기록되기 때문이다.

1) 단독주택 건물 표제부 등기사항 전부증명서

[건물] 강원도 속초시 노학동 1265-49

[표 제 부] (건물의 표시)				
표시번호	접 수	소재지번	권리자 및 기타사항	등기원인 및 기타사항
1	~~2003년12월24일~~	~~강원도 속초시 노학동 1265-49~~	~~일반철골조~~ ~~철근콘크리트지붕 2층~~ ~~단독주택~~ ~~1층 6.48㎡~~ ~~2층 92.7㎡~~	

2	2004년4월17일	강원도 속초시 노학동 1265-49	일반철골조 철근코크리트지붕 2층 단독주택 1층 6.48㎡ 2층 114.3㎡	증축

2) 단독주택 건물 등기사항전부증명서 표제부 사례 해석

㉠ 표시번호 : 표시번호로 1, 2가 표시되어 있으며 2004년 증축을 통해 1번 표시번호가 말소되어 있다.

㉡ 접수연월일 : 표시번호 "1"에 2003년 12월 24일 즉 이 날짜에 건축물을 완공하고, 표시번호 "2" 의 2004년 4월 17일에 증축이 완료되어 표시번호 1번을 말소하였다.

㉢ 소재지번 및 건물번호 : 1개의 건물인 경우 건물번호가 없기 때문에 소재지번인 강원도 속초시 노학동 1265-49인 소재지번 만 기록되어 있다.

㉣ 건물내역 : 건물의 종류는 단독주택, 건물의 구조는 일반철골조, 면적은 1층 6.48㎡, 2층은 92.7㎡, 부속건물은 없으며 증축을 통해 2층은 92.7㎡에서 114.3㎡로 증축하였다.

위 등기사항 중 1층 면적을 보면 6.48㎡(약1.96평)으로 주택으로 사용될 면적이 아니라는 것을 추정할 수 있다(창고 등 용도로 사용했을 가능성이 높음).

㉤ 등기원인 : 표시번호 1에 등기원인이 없다는 것은(보존등기시 등기원인을 기록하지 않는다) 새로 신축한 건물로 추정할 수 있으며, 그 다음해 2004년4월17일 증축 등기가 되어 표시번호 2번의 등기원인이 증축으로 되어 있음을 알 수 있다.

㉥ 도면의 번호 : 같은 지번에 여러 개의 건물이 아닌 1개의 건물로 구성되어 있어 도면 번호가 없다.

나. 집합건물(구분건물)의 등기부 표제부

1) 집합건물 표제부 등기사항전부증명서(말소사항 포함)

[집합건물] 서울특별시 영등포구 신길동 4958외 1필지 보라매에스케이뷰 제112동 10층 제1004호

[표 제 부] (1동의 건물의 표시)

표시번호	접 수	소재지번, 건물명칭 및 번호	건물내역	등기원인 및 기타사항
1	2020년 12월29일	서울특별시 영등포구 신길동 4958,4958-1 보라매에스케이뷰 제112동 [도로명주소] 서울특별시 영등포구 여의대방로 35가길 19	철근콘크리트구조 (철근)콘크리트지붕 29층 공동주택(아파트) 1층 347.824㎡ 2층 324.275㎡ 3층 419.051㎡ 4층 419.051㎡ 5층 419.051㎡ 6층 419.051㎡ 7층 419.051㎡ 8층 419.051㎡ 9층 419.051㎡ 10층 419.051㎡ 11층 419.051㎡ 12층 419.051㎡ 13층 419.051㎡ 14층 419.051㎡ 15층 419.051㎡ 16층 419.051㎡ 17층 419.051㎡ 18층 419.051㎡ 19층 419.051㎡ 20층 419.051㎡ 21층 419.051㎡ 22층 419.051㎡ 23층 419.051㎡ 24층 419.051㎡ 25층 419.051㎡ 26층 419.051㎡ 27층 419.051㎡ 28층 419.051㎡ 29층 419.051㎡	도시및주거환경 정비사업시행으로 인하여

(대지권의 목적인 토지의 표시)				
표시번호	소재지번	지 목	면 적	등기원인 및 기타사항
1	1. 서울특별시 영등포구 신길동 4958 2. 서울특별시 영등포구 신길동4958-1	대 대	45490.2㎡ 13583.4㎡	2020년12월29일 등기

[표 제 부] (전유부분의 건물의 표시)				
표시번호	접 수	건물번호	건물내역	등기원인 및 기타사항
1	2020년12월29일	제10층 제1004호	철근콘크리트구조 84.98㎡	
(대지권의 표시)				
표시번호	대지권 종류		대지권 비율	등기원인 및 기타사항
2	1, 2 소유권대지권		59073.6분의 42.76	2020년12월11일 대지권 2020년12월29일 등기

2) 집합건물 등기사항전부증명서 표제부 사례 해석

부동산은 개발 사업을 통해 공동주택, 오피스텔, 주상복합, 오피스 등 건축물을 신축하여 분양하고 있으며 분양하는 대부분의 건축물의 등기부가 집합건물의 등기부라고 생각하면 된다. 표제부 상 1동의 건물의 표시와 전유부분의 건물의 표시를 위해 1개의 등기부에 2개의 표제부가 있으며, 각 항목을 부동산 등기법 제40조와 비교하면서 등기사항 전부증명서를 이해하도록 하자.

㉠ 집합건물인 경우 표제부에는 단독주택의 표제부 옆에 “건물의 표시”로 기재하는 것과 달리 1동의 건물의 표시로 기재하고 단독주택의 건물 등기부 상 표제부와 동일하게 표시번호, 접수연월일, 건물내역, 등기원인은 기재하되 표제부의 “1동의 건물의 표시”에 건물의 소재와 지번, 건물명칭 및 번호를 기록한다.

㉡ 전유부분의 표제부에는 건물번호를 기록(제10층 제1004호)하고 전유 부분의 건물내역에 전용면적[84.98㎡(25.7평) 약 분양면적 32평]을 기

록한다. 갑구 1번을 보면 이 아파트는 등기목적과 접수연월일을 통해 2020년 12월 29일 보존등기가 되었다는 것을 알 수 있다. 보존등기시 등기원인은 생략되기 때문에 등기원인은 없고, 등기목적과 접수연월일만 기록한다.

㉢ 집합건물은 대지와 건물을 분리하여 소유하거나 처분할 수 없으므로 대지사용권 즉 "대지권"의 목적인 토지의 표시가 기록되어야 한다. 첫번째 표제부 상 "대지권의 목적인 대지의 표시"에 공동주택의 전체 대지면적을 기록하였고, 2번째 표제부에는 전유부분의 대지권의 표시에 관한 사항을 기록하였다. 전유부분의 대지권은 공동주택의 전체 대지면적에 대한 구분소유자의 대지소유권이 얼마인가를 표시하는 것으로 소유권에 대한 대지권 즉 소유권 대지권이 전체 대지면적 59073.6(약 17,870평) 분의 42.76(약12.9평) 임을 표시한 것이다.

다. 멸실등기

제43조 멸실등기의 신청

1. 건물이 멸실된 경우에는 그 건물 소유권의 등기명의인은 그 사실이 있는 때부터 1개월 이내에 그 등기를 신청하여야 한다.

2. 제1항의 경우 그 소유권의 등기명의인이 1개월 이내에 멸실등기를 신청하지 아니하면 그 건물대지의 소유자가 건물 소유권의 등기명의인을 대위하여 그 등기를 신청할 수 있다.

3. 구분건물로서 그 건물이 속하는 1동 전부가 멸실된 경우에는 그 구분건물의 소유권의 등기명의인은 1동 건물에 속하는 다른 구분건물의 소유권의 등기명의인을 대위하여 1동 전부에 대한 멸실등기를 신청할 수 있다.

1) 건물 멸실등기 등기사항 전부증명서

[건물] 서울특별시 중구 쌍림동 111-2

[표 제 부] (1동의 건물의 표시)				
표시번호	접 수	소재지번, 건물명칭 및 번호	건물내역	등기원인 및 기타사항

1	1986년3월21일	서울특별시 중구 쌍림동 111-2	벽돌조 슬래브 및 시멘트 블록조 슬래브지붕 3층 주택 1층 50.83㎡ 2층 52.03㎡ 3층 23.32㎡ (주택) 구조 1, 2층 벽돌조 슬래브 3층 시멘트 블록 슬래브	도면편철장 제2책200호
				부동산등기법 제177조의 6 제1항의 규정에 의하여 2000년05월29일 전산이기
2	2019년1월18일			2018년12월28일 멸실
				2번 등기하였으므로 본 등기기록 폐쇄 2019년1월18일

2) 멸실등기 신청사유 및 열람방법

㉠ 부동산 개발사업을 진행할 때 건물 철거 후 공사착공을 해야 하는데 건물을 멸실하고도 건물 등기부가 존재하는 경우가 가끔 발생한다. 이는 부동산등기법 제22조에 의거 등기는 신청주의이므로 신청하지 않으면 멸실된 건물이라도 그대로 건축물에 대한 등기가 살아있는 것처럼 등기부가 존재하기 때문에 멸실등기를 반드시 신청해야 한다.

㉡ 위 등기부에서 보듯이 건물이 멸실되면 표시번호 2번의 "등기원인 및 기타사항"란에 멸실등기와 함께 등기기록이 폐쇄된다.

㉢ 멸실(폐쇄)된 등기부를 열람하고자 할 때 인터넷등기소에서 폐쇄등기부를 열람하여야 하며, 아래의 열람방법대로 클릭하여 출력하면 폐쇄등기부를 열람할 수 있다.

3) 폐쇄등기부 열람방법(대법원 인터넷 등기소 화면)

주소와 지번 입력 후 전산폐쇄조회 클릭 후 하단의 상태 "폐쇄" 확인 후 선택 클릭한다.

◉ 부동산구분 [건물 ☑] ◉ 시/도 [서울특별시 ☑] ◉ 리/동 [쌍림동] ◉ 지번 [110-1]

☐ 공동담보/전세목록 ☐ 매매목록 ☑ 전산폐쇄포함

◉ 공동담보/전세목록, 매매목록을 등기기록에 포함하려면 해당선택옵션을 체크하세요.

◉ 결제대상 부동산을 보시려면 결제대상 부동산목록보기를 클릭하세요.

- 건물 부동산 소재지번 선택

◉ 열람을 원하시는 부동산의 선택버튼을 눌러주십시오.

◉ 상태표시

[현행] : 유효한 등기사항을 포함하고 있는 현재 유효한 등기사항증명서

[폐쇄] : 등기사항증명서 전산화 이후 분필, 합병, 멸실등으로 인해 폐쇄되어 현재 유효하지 않은 등기사항증명서

◉ 소유자의 정보는 참고용입니다.

경우에 따라(소유자개명으로 인한 표시변경 등)정확하지 않을 수 있으니 등기사항증명서를 열람발급 받아 확인하시기 바랍니다.

부동산고유번호	부동산 소재지번	소유자	상 태	선 택
113-1996-758460	서울특별시 중구 동호로 318-4[쌍림동 110-1]	대***~	폐쇄	선택

(3) 권리에 관한 등기

① 제48조 등기사항

1. 등기관이 갑구 또는 을구에 권리에 관한 등기를 할 때에는 다음 각 호의 사항을 기록하여야 한다.

① 순위번호

② 등기목적

③ 접수연월일 및 접수번호

④ 등기원인 및 그 연월일

⑤ 권리자

2. 제1항 제5호의 권리자에 관한 사항을 기록할 때에는 권리자의 성명 또는 명칭 외에 주민등록번호 또는 부동산 등기용 등록번호와 주소 또는 사무소 소재지를 함께 기록하여야 한다.

3. 법인 아닌 사단이나 재단 명의의 등기를 할 때에는 그 대표자나 관리인의 성명, 주소 및 주민등록번호를 함께 기록하여야 한다.

4. 권리자가 2인 이상인 경우에는 권리자별 지분을 기록하여야 하고 등기할 권리가 합유인 때에는 그 뜻을 기록하여야 한다.

② 제52조 부기로 하는 등기

등기관이 다음 각 호의 등기를 할 때에는 부기로 하여야 한다. 다만, 제5호의 등기는 등기상 이해관계 있는 제3자의 승낙이 없는 경우에는 그러하지 아니하다.

1. 등기명의인 표시의 변경이나 경정의 등기
2. 소유권 외의 권리의 이전등기
3. 소유권 외의 권리를 목적으로 하는 권리에 관한 등기
4. 소유권 외의 권리에 대한 처분제한 등기
5. 권리의 변경이나 경정의 등기
6. 제53조의 환매특약등기
7. 제54조의 권리소멸약정등기
8. 제67조제1항 후단의 공유물 분할금지의 약정등기
9. 그 밖에 대법원규칙으로 정하는 등기

③ 제53조 환매특약의 등기

등기관이 환매특약의 등기를 할 때에는 다음 각 호의 사항을 기록하여야 한다. 다만, 제3호는 등기원인에 그 사항이 정하여져 있는 경우에만 기록한다.

1. 매수인이 지급한 대금
2. 매매비용
3. 환매기간

가. 환매특약이란 소유권이전등기와 동시에 부기등기하는 형식이며 환매권자가 환매권을 행사할 수 있으며, 제3자에게 대항할 수 있어 환매기간 내에 본 부동산이 제3자에게 매매되더라도 환매권자는 제3

자는 상대로 환매권(되사는 권리)을 행사할 수 있다.

나. 환매특약 등기사항 전부증명서

[토지] 충청남도 아산시 배방읍 공수리 287-5

[표 제 부] (토지의 표시)					
표시번호	접 수	소재지번	지 목	면 적	등기원인 및 기타사항
1	~~1996년11월22일~~	~~충청남도 아산시 배방읍 공수리 287-5~~	~~임야~~	~~41㎡~~	 부동산등기법 제177조의 6 제1항의 규정에 의하여 2001년08월09일 전산이기
2		충청남도 아산시 배방읍 공수리 287-5	임야	41㎡	2009년5월1일 행정구역명칭변경으로 인하여 2009년5월1일 등기

[갑 구] (소유권에 관한 사항)				
순위번호	등기목적	접 수	등기원인	권리자 및 기타사항
1 (전 2)	소유권이전	1997년6월13일 제19786호	1997년5월23일 환매특약부 매매	소유자 주식회사동우개발 110***-1****** 서울 강남구 삼성동 100
1-1 (전 2-1)	환매특약	1997년6월13일 제19786호	1997년5월23일 환매특약	환매대금 금 팔백이십만원 환매기간 1997년5월23일부터 5년 환매권자 국 관리청 산림청 253

다. 환매특약 등기사항 전부증명서 해석 및 환매특약 등기의 특징

1) 환매특약 내용(갑구 순위번호 1번의 부기등기 1-1 환매특약)

㉠ 매수인이 지급한 대금 즉 환매대금 : 팔백이십만원

㉡ 환매기간 : 1997년 5월 23일부터 5년

㉢ 환매권자 : 국 (관리청 : 산림청)

2) 환매특약 등기의 특징

㉠ 환매특약등기는 매매로 인한 소유권이전 등기와 동시에 신청한다.

㉡ 매도인이 등기권리자, 매수인이 등기의무자가 되어 공동으로 신청한다.

㉢ 동일한 순위번호에 소유권이전 등기의 부기등기 형식으로 표기한다.

㉣ 환매권을 행사하면 환매특약 등기 이후의 등기는 효력을 상실하며 말소 처리된다. 환매기간은 부동산은 5년(동산은 3년)을 초과할 수 없으며, 5년을 초과하여 약정하였더라도 5년으로 단축되며, 강행규정으로 환매기간이 끝나면 환매권 행사가 불가능하다.

㉤ 환매특약의 등기 말소 시 매도인인 등기권리자와 매수인인 등기의무자가 공동으로 말소 신청하여야 한다.

㉥ 환매권을 행사하여 환매권자에게 소유권이전등기가 경료된 경우 등기관은 직권으로 환매특약등기를 말소하여야 한다.

㉦ 환매특약의 등기원인 및 기타사항 란에 환매대금, 환매기간, 환매권자가 표시된다.

(4) 소유권에 관한 등기

① 제64조 소유권 보존등기의 등기사항

등기관이 소유권보존등기를 할 때에는 제48조 제1항 제4호(등기원인 및 그 연월일)에도 불구하고 등기원인과 그 연월일을 기록하지 아니한다.

가. 토지의 소유권보존 등기 등기사항 전부증명서

[토지] 충청남도 서산시 성연면 일람리 1089

[표 제 부] (토지의 표시)					
표시번호	접 수	소재지번	지 목	면 적	등기원인 및 기타사항
1	2014년6월11일	충청남도 서산시 성연면 일람리 1089	대	43479.2㎡	

2	2018년1월3일	충청남도 서신시 성연면 일람리 1089	대	42/91㎡	분할로 인하여 대 310.3㎡를 충청남도 서신시 성연면 일람리 1089-1, 대 377.9㎡를 동소 1089-2에 이기

[갑 구] (소유권에 관한 사항)				
순위번호	등기목적	접 수	등기원인	권리사 및 기디사항
1	소유권보존	2014년6월11일 제23609호		소유자 주식회사대신에이엠씨 100***-1****** 서울특별시 삼성동 100
2	소유권이전	2014년6월11일 제23616호	2014년6월11일 신탁	수탁자 주식회사 대신자산신탁 110***-1****** 서울특별시 ~~중구~~ 삼일대로 343
				~~신탁~~ ~~신탁원부 제2014-257호~~
3	소유권이전	2015년7월23일 제29747호	2015년7월23일 신탁재산의귀속	소유자 주식회사대신에이엠씨 100***-1****** 서울특별시 삼성동 100
				2번 신탁등기말소 원인 신탁재산의 귀속
4	소유권이전	2015년7월23일	2014년8월13일	소유자 대신주택주식회사 200***-1****** 서울특별시 여의도동 100

나. 토지 소유권보존 등기 등기사항 전부증명시 해석

1) 갑구 순위번호 1번을 보면 토지 소유권 보존 시 등기목적과 접수연월일 및 접수번호가 기재되어 있으며 소유권 보존과 관련하여 “등기원인” 란에 등기원인 및 그 연월일은 등기기록하지 않고 있다.

2) 갑구 순위번호 1번 접수란에 토지 “소유권보존일” 2014년 6월 11일로 기재되어 있으며 등기원인은 표시하지 않고, 권리자 및 기타사항 란에 소유자에 대한 사항을 기록하였다. 택지개발사업, 도시개발사업 등으로 토지가 생성되면 토지의 지번이 새로 부여되는데 지번이 부여되어 등기기록 되는 날을 보존등기일로 표시한다.

다. 집합 건물의 소유권보존 등기사항 전부증명서

[집합건물] 충청남도 서산시 성연면 일람리 1089 서산테크노밸리 고운라피네 제101동 제8층 제804호

[표 제 부] (전유부분의 건물의 표시)				
표시번호	접 수	건물번호	건물내역	등기원인 및 기타사항
1	2018년3월12일	제8층 804호	철근콘크리트구조 84.6603㎡	

(대지권의 표시)			
표시번호	대지권종류	대지권비율	등기원인 및 기타사항
2	1. 소유권대지권	42791분의 59.272	2017년2월11일 대지권 2018년3월12일 등기

[갑 구] (소유권에 관한 사항)				
순위번호	등기목적	접 수	등기원인	권리자 및 기타사항
1	소유권보존	2018년3월12일 제9652호		소유자 대신주택주식회사 200***-1****** 서울특별시 여의도동 100

라. 집합건물 소유권보존 등기사항 전부증명서 해석

1) 건물에 대한 소유권 보존 등기시에도 등기원인은 기재하지 않는다.

2) 충청남도 서산시 성연면 일람리 1089의 토지 토지등기부를 보면 ㈜대신에이엠씨가 2014년6월11일 소유권 보존등기 후 갑구 순위번호 4번 2015년 7월 23일 토지소유권을 대신주택㈜가 소유권을 이전 받아 건축물을 시공하고 준공검사 후 위 집합건물 등기부 갑구 1번 2018년 3월 12일에 건물의 소유권 보존 등기가 이루어졌음을 알 수 있다.

3) 공동주택(아파트)인 경우 건축물의 착공 및 분양 후 통상 약 2년6개월~3년(건축기간)이 경과한 시점에 소유권 보존이 이루어진다.

② 제65조 소유권보존등기의 신청인

미등기의 토지 또는 건물에 관한 소유권보존등기는 다음 각 호의 어느 하나에 해당하는 자가 신청할 수 있다.

1. 토지대장, 임야대장 또는 건축물대장에 최초의 소유자로 등록되어 있는 자 또는 그 상속인, 그 밖의 포괄승계인

2. 확정판결에 의하여 자기의 소유권을 증명하는 자

3. 수용으로 인하여 소유권을 취득하였음을 증명하는 자

4. 특별자치도지사, 시장, 군수, 또는 구청장(자치구의 구청장을 말한다)의 확인에 의하여 자기의 소유권을 증명하는 자(건물의 경우로 한정한다)

③ 제68조 거래가액의 등기

등기관이 『부동산거래신고등에 관한 법률』 제3조 제1항(부동산의 매매계약)에서 정하는 계약을 등기원인으로 한 소유권이전등기를 하는 경우에는 대법원 규칙으로 정하는 바에 따라 거래가액을 기록한다.

가. 거래가액 표시 등기사항 전부 증명서

[갑 구] (소유권에 관한 사항)				
순위번호	등기목적	접 수	등기원인	권리자 및 기타사항
1	소유권보존	2010년3월12일 제9652호		소유자 대신주택주식회사 200***-1****** 서울특별시 여의도동 100
2	소유권이전	2018년3월12일 제9653호	2018년3월12일 신탁	수탁자 주식회사 대신사신신탁 110***-1****** 서울특별시 중구 삼일대로 343
				~~신탁~~ ~~신탁원부 제2018-1225호~~

3	소유권이전	2019년2월28일 제6845호	2019년2월28일 신탁재산의 귀속	소유자 대신주택주식회사 200***-1****** 서울특별시 여의도동 100
				2번 신탁등기말소 원인 신탁재산의 귀속
4	소유권이전	2019년2월28일 제6847호	2019년2월1일 매매	소유자 이재민 74****-1****** 경기도 고양시 화정동 123 거래가액 금 219,210,000원

나. 거래가액 등기사항 전부 증명서 해석

1) 갑구 순위번호 1번 사업주체인 시행사가 2018년 3월 12일 소유권보존한 후 갑구 순위번호 4번의 등기목적 "소유권 이전"으로 주택을 개인인 이재민에게 매매하였다.

2) 갑구 순위번호 4번의 등기원인 란에 "매매"로 표시되어 있고 등기원인일 즉 계약일 2019년 2월 1일, 잔금일(접수일)이 2019년 2월 28일로 기재되어 있는 바 2019년 2월 28일에 소유권이 이전되었음을 등기사항을 통해 알 수 있다.

3) 거래가액은 갑구 순위번호 4번 "권리자 및 기타사항"란에 매매된 거래가액 219,210,000원이 표시되어 있다.

(5) 용익권에 관한 등기

① 第69조 지상권의 등기사항

등기관이 지상권설정의 등기를 할 때에는 제48조에서 규정한 사항 외에 다음 각호의 사항을 기록하여야 한다. 다만, 제3호부터 제5호까지는 등기원인에 그 약정이 있는 경우에만 기록한다.

1. 지상권설정의 목적
2. 범위
3. 존속기간
4. 지료와 지급시기
5. 『민법』 제289조의2 제1항(지하 또는 지상의 공간은 상하의 범위를 정하여 건물 기타 공작물을 소유하기 위한 지상권의 목적으로 할 수 있다. 이

경우 설정행위로써 지상권의 행사를 위하여 토지의 사용을 제한할 수 있다) 후단의 약정

6. 지상권설정의 범위가 토지의 일부인 경우에는 그 부분을 표시한 도면의 번호

가. 지상권설정 등기사항 전부 증명서(갑구 순위번호 4번)

[토지] 경기도 양평군 양서면 도곡리 222

[을 구] (소유권 이외의 권리에 관한 사항)				
순위번호	등기목적	접 수	등기원인	권리자 및 기타사항
3	근저당권 설정	2021년4월2일 제15685호	2021년4월2일 설정계약	채권최고액 금 351,000,000원 채무자 홍길동 경기도 양평군 양서면 용담리 1 근저당권자 대신농업협동조합 100***-1****** 경기도 양평군 양서면 용담리 100
4	지상권설정	2021년4월5일 제15895호	2021년4월5일 설정계약	목적 건물 기타공작물이나 수목의 소유 범위 토지의 전부 존속기간 2021년 4월 5일부터 만30년 지료 없음 지상권자 대신농업협동조합 100***-1****** 경기도 양평군 양서면 용담리 100

나. 지상권 설정 등기사항 전부 증명서(갑구 순위번호 4번의 해석)

1) 지상권설정의 목적 : 건물 기타 공작물이나 수목의 소유

2) 범위 : 토지의 전부

3) 존속기간 : 2021년 4월 5일부터 만30년

4) 지료와 지급시기 : 지료 없음(대출 취급 후 근저당권자의 동의없이 지상에 건물, 수목 등 유치권 발생을 방지하기 위해 지상권을 설정하고 있음)

5) 지상권자 : 대출 금융기관이 나대지 또는 주택이 아닌 사업부지에 대출을 할 경우 근저당권을 설정하면서 동시에 지상권을 설정하는 것이 일반적이며, 본 건 사례는 순위번호 3번 접수일인 2021년 4월 2일 근저당권 설정 후 3일 뒤인 2021년 4월 5일에 지상권이 설정되었

는데 아마도 금융기관에서 지상권 실정을 누락하고 추후에 설정한 것으로 보인다. 등기법 상 지상권자는 등기사항이 아니지만 일반적으로 근저당권자의 표시와 동일하게 지상권자를 표시하고 있다.

② 제72조 전세권 등의 등기사항

가. 등기관이 전세권설정이나 전전세의 등기를 할 때에는 제48조에서 규정한 사항 외에 다음 각호의 사항을 기록하여야 한다. 다만, 제3호부터 제5호까지는 등기원인에 그 약정이 있는 경우에만 기록한다.

1. 전세금 또는 전전세금
2. 범위
3. 존속기간
4. 위약금 또는 배상금
5. 『민법』 제306조(전세권자는 전세권을 타인에게 양도 또는 담보로 제공할 수 있고 그 존속기간 내에서 그 목적물을 타인에게 전전세 또는 임대할 수 있다. 그러나 설정행위로 이를 금지한 때에는 그러하지 아니하다) 단서의 약정
6. 전세권설정이나 전전세의 범위가 부동산의 일부인 경우에는 그 부분을 표시한 도면의 번호

나. 전세권 설정 등기사항 전부 증명서

[건물] 서울특별시 서초구 서초동 1317-23 지티타워

[을 구] (소유권 이외의 권리에 관한 사항)				
순위번호	등기목적	접 수	등기원인	권리자 및 기타사항
46	전세권설정	2018년9월7일 제165060호	2018년9월6일 설정계약	전세금 금1,213,000,000원 범 위 10층 중 북쪽방향 492.24㎡ (10층1호) 존속기간 2018년 10월22일부터 2023년10월31일까지 전세권자 오케이주식회사 1*****-1****** 서울시 서초구 서초동 100 도면 제2018-432호

다. 전세권설정 등기사항 전부 승낙서 해석

1) 전세금 : 금 1,213,000,000원

2) 범위 : 10층 중 북쪽 방향 492.24㎡(10층1호) "구분건물이 아닌 경우 범위를 특정하여야 하며, 층 또는 특정된 면적을 표기하여야 한다."

3) 존속기간 : 2018년 10월 22일부터 2023년 10월 31일 까지

4) 전세권자 : 전세금을 지급한 전세권자의 명칭 및 주소 기재

5) 위약금 또는 배상금 : 당사자 간 임대차(전세) 계약서의 내용임으로 통상 등기부에 기재하지 않는다.

6) 표시한 도면의 번호 : 도면 제 2018-432호

(6) 담보권에 관한 등기

① 제75조 저당권의 등기사항

가. 등기관이 저당권설정의 등기를 할 때에는 제48조에서 규정한 사항 외에 다음 각 호의 사항을 기록하여야 한다.

1) 채권액

2) 채무자의 성명 또는 명칭과 주소 또는 사무소 소재지

3) 변제기

4) 이자 및 그 발생기·지급시기

5) 원본(元本) 또는 이자의 지급장소

6) 채무불이행으로 인한 손해배상에 관한 약정

7) 『민법』 제358조(저당권의 효력은 저당부동산에 부합된 물건과 종물에 미친다. 그러나 법률에 특별한 규정 또는 설정행위에 다른 약정이 있으면 그러하지 아니하다) 단서의 약정

나. 등기관은 제1항의 저당권의 내용이 근저당권(根抵當權)인 경우에는 제48조에서 규정한 사항 외에 다음 각 호의 사항을 기록하여야 한다. 다만, 제3호 및 제4호는 등기원인에 그 약정이 있는 경우에만 기록한다.

1) 채권의 최고액

2) 채무자의 성명 또는 명칭과 주소 또는 사무소 소재지

3) 『민법』 제358조(저당권의 효력은 저당부동산에 부합된 물건과 종물에 미친다. 그러나 법률에 특별한 규정 또는 설정행위에 다른 약정이 있으면 그러하지 아니하다) 단서의 약정

4) 존속기간

다. 근저당권(根抵當權) 설정 등기사항 전부 증명서

[집합건물] 경상남도 함안군 칠원읍 구성리 798-2 칠원아파트 제4층 제402호

[을 구] (소유권 이외의 권리에 관한 사항)				
순위번호	등기목적	접 수	등기원인	권리자 및 기타사항
3	근저당권 설정	2021년4월1일 제6346호	2021년4월1일 설정계약	채권최고액 금 44,400,0000원 채무자 공병호 경상남도 함안군 칠원면 구성리 100 근저당권자 대신신용협동조합 100***-1****** 경상남도 함안군 칠원면 구성리 123

라. 근저당권설정 등기사항 전부 증명서 해석

1. 채권최고액 : 금44,400,000원
2. 채무자의 성명 또는 명칭과 주소 또는 사무소 소재지 : 권리자 및 기타사항 확인
3. 부동산등기법의 내용과 달리 채권자의 성명, 명칭은 통상 기록한다. 채무자 또는 대위변제자 등이 채권자를 알 수 있도록 등기가 기록되어 있다.
4. 존속기간은 근저당권 설정계약서에 표시되어 있으며, 금융기관인 경우 통상 장래지정형으로 존속기간을 달리 정하지 않고 있어 존속기간의 표시는 생략한다.
5. 권리자 및 기타사항의 채권최고액 44,400,000원은 금융기관이 대출을 취급하면서 통상 대출원금의 120%~130%로 채권의 최고액을 설정하는 것으로 채권최고액을 12 또는 13으로 나누고 10을 곱하면 대출원금을 산출할 수 있다. 즉 44,400,000원/12=3,700,000원*10=37,000,000원(대출원금)으로 대출원금을 산출한다. 개인이 근저당권자일 경우에 정확히 산출되지 않는 경우도 있으나 이러한 산식으로 대출원금의 수준을 추정할 수 있다.

② 제76조 저당권부 채권에 대한 질권 등의 등기사항

가. 등기관이 『민법』 제348조(저당권으로 담보한 채권을 질권의 목적으로 한때에는 그 저당권등기에 질권의 부기등기를 하여야 그 효력이 저당권에 미친다)에 따라 저당권부채권에 대한 질권의 등기를 할 때 제48조에서 규정한 사항 외에 나음 각 호의 사항을 기록하여야 한다.

1. 채권액 또는 채권최고액
2. 채무자의 성명 또는 명칭과 주소 또는 사무소 소재지
3. 변제기와 이자의 약정이 있는 경우에는 그 내용

나. 등기관이 『동산·채권 등의 담보에 관한 법률』 제37조(채권담보권)에 관하여는 그 성질에 반하지 아니하는 범위에서 동산담보권에 관한 제2장(동산담보권)과 『민법』 제348조(저당권으로 담보한 채권을 질권의 목적으로 한때에는 그 저당권등기에 질권의 부기등기를 하여야 그 효력이 저당권에 미친다) 및 제352조(질권설정자의 권리처분제한) "질권설정자는 질권자의 동의 없이 질권의 목적된 권리를 소멸하게 하거나 질권자의 이익을 해하는 변경을 할 수 없다"에서 준용하는 『민법』 제348조에 따른 채권담보권의 등기를 할 때에는 제48조에서 정한 사항 외에 다음 각 호의 사항을 기록하여야 한다.

1. 채권액 또는 채권최고액
2. 채무자의 성명 또는 명칭과 주소 또는 사무소 소재지
3. 변제기와 이자의 약정이 있는 경우에는 그 내용

다. 근저당권부 질권 등기사항 전부 증명서

[집합건물] 경기도 부천시 역곡동 226-15 에버그린아파트 제1층 101호

[을 구] (소유권 이외의 권리에 관한 사항)				
순위번호	등기목적	접 수	등기원인	권리자 및 기타사항
8	근저당권설정	2019년7월16일 제60405호	2019년7월16일 설정계약	채권최고액 금 90,000,000원 채무자 이대신 서울특별시 중구 삼일대로 100

				근저당권자 유한회사 대신금융대부 200***-0***** 서울특별시 서초구 서초동 111
9	8번근저당권 부채권 근질권설정	2019년8월21일 제70485호	2019년8월21일 설정계약	채권최고액 금 90,000,000원 채무자 유한회사 대신금융대부 서울특별시 서초구 서초동 111 채권자 주식회사대신저축은행 110***-1****** 서울특별시 중구 삼일대로 343

라. 순위번호 9번 근저당권부채권 근질권설정 등기사항 해석

1) 근저당권부 채권에 대한 질권을 설정할 때 근저당권 등기에 대한 질권의 부기등기를 해야 한다. 순위번호 9번의 접수연월일은 2019년 8월 21일 즉 이 날짜에 대신저축은행에서 근저당권부채권 근질권설정 후 대출을 기표했다는 사실을 알수 있다. 채권보전은 순위번호 9번 "등기목적"란에 8번 근저당권부채권 근질권설정으로 표기되어 있는데 8번 근저당권이 담보라는 의미이다

2) 채무자는 (유) 대신금융대부, 채권자는 (주) 대신저축은행이다.

3) 채권최고액은 금90,000,000원으로 순위번호 8번 기 근저당권이 채권최고액과 동일하다. 채무자인 대신금융대부가 순위번호 8번 개인을 이 대신을 채무자로 한 근저당권을 담보로 대신저축은행에서 대출을 받았다는 의미이다.

4) 채무자의 성명 또는 명칭과 주소 또는 사무소 소재지 : 채무자 이대신과 주소가 기재되어 있다.

5) 변제기와 이자의 약정이 있는 경우에는 그 내용 : 순위번호 8번 근저당권설정 당시 변제기와 이자의 약정은 근저당설정계약서에 표기되어 있으며, 근저당권의 결산기는 일반적으로 장래지정형으로 표기하여 결산기를 정하지 않기 때문에 기록되어 있지 않다.

③ 제78조 공동저당의 등기

1. 등기관이 동일한 채권에 관하여 여러 개의 부동산에 관한 권리를 목적으로 하는 저당권설정의 등기를 할 때에는 각 부동산의 등기

기록에 그 부동산에 관한 권리가 다른 부동산에 관한 권리와 함께 저당권의 목적으로 제공된 뜻을 기록하여야 한다.

2. 등기관은 제1항의 경우에 부동산이 5개 이상인 때에는 공동담보목록을 작성하여야 한다.

3. 제2항의 공동담보목록은 등기기록의 일부로 본다.

4. 등기관이 1개 또는 여러 개의 부동산에 관한 권리를 목적으로 하는 저당권설정의 등기를 한 후 동일한 채권에 대하여 다른 1개 또는 여러 개의 부동산에 관한 권리를 목적으로 하는 저당권설정의 등기를 할 때에는 그 등기와 종전의 등기에 각 부동산에 관한 권리가 함께 저당권의 목적으로 제공된 뜻을 기록하여야 한다. 이 경우 제2항 및 제3항을 준용한다.

가. 공동저당 등기사항 전부 증명서 및 공동 담보목록

[토지] 경상남도 함안군 칠복면 가연리 산 172-5

[을 구] (소유권 이외의 권리에 관한 사항)				
순위번호	등기목적	접 수	등기원인	권리자 및 기타사항
3	근저당권 설정	2017년12월6일 제24058호	2017년12월6일 설정계약	채권최고액 금 70,000,000원 채무자 이대신 서울특별시 중구 삼일대로 100 근저당권자 한나라 80****-1****** 경상남도 함안군 칠복면 가연리 100 공동담보목록 제2017-461호

목록번호	2017-461				
일련번호	부동산에 관한 권리의 표시	관할등기소명	순위번호	기타사항	
				생성원인	변경/소멸
1	[토지] 경상남도 함안군 칠복면 가연리 산172-5	창원지방법원 함안등기소	3	2017년12월6일 제24058호 설정계약으로 인하여	
2	[토지] 경상남도 함안군 칠복면 가연리 산172-6	창원지방법원 함안등기소	3	2017년12월6일 제24058호 설정계약으로 인하여	

3	~~[토지] 경상남도 함안군 칠북면 가연리 산172-19~~	~~창원지방법원 함안등기소~~	3	~~2017년12월6일 제24058호 설정계약으로 인하여~~	2018년2월7일 제2285호 일부포기
4	[토지] 경상남도 함안군 칠북면 가연리 1025-2	창원지방법원 함안등기소	3	2017년12월6일 제24058호 설정계약으로 인하여	
5	[토지] 경상남도 함안군 칠북면 가연리 1124-2	창원지방법원 함안등기소	3	2017년12월6일 제24058호 설정계약으로 인하여	

나. 공동저당 및 공동담보목록 등기사항전부증명서의 해석

위 등기부는 공동저당과 공동담보목록이 등기된 등기부이며, 근저당권 설정 시 공동담보목록의 생성 및 변경/소멸에 대한 내용이다.

1) 을구 순위번호 3번의 근저당권자는 여러 개의 부동산에 대해 담보 취득을 목적으로 5개 이상의 부동산에 근저당권을 설정하였으므로 공동담보목록이 작성되어 있다.

2) 공동담보의 부동산이 5개 이상일 경우 공동담보목록을 작성하여야 하며, 을구 순위번호 3번의 "권리자 및 기타사항"란을 보면 공동담보목록 제2017-461호가 기재되어 있는데, 공동담보목록은 등기기록의 일부로 보며 동일한 채권에 관한 공동담보물임을 알리는 표시이다.

3) 공동담보 목록번호 상 일련번호 3번의 기타사항에 "일부포기"로 표시되어 있는 것은 공동담보목록 중 1개의 부동산이 매매 등을 통해 대출금 중 일부를 상환함에 따라 일부포기로 기재되어 있다.

(7) 신탁에 관한 등기

① 제81조 신탁등기의 등기사항

등기관이 신탁등기를 할 때에는 다음 각 호의 사항을 기록한 신탁원부를 작성하고, 등기기록에는 제48조에서 규정한 사항 외에 그 신탁원부의 번호를 기록하여야 한다.

1. 위탁자, 수익자 및 수탁자의 성명 및 주소(법인인 경우에는 그 명칭 및 사무소 소재지를 말한다)

2. 수익자를 지정하거나 변경할 수 있는 권한을 갖는 자를 정한 경우에는 그 자의 성명 및 주소(법인인 경우에는 그 명칭 및 사무소 소재지를 말한다)

3. 수이자를 지정하거나 변경할 방법을 정한 경우에는 그 방법

4. 수익권의 발생 또는 소멸에 관한 조건이 있는 경우에는 그 조건

5. 신탁관리인이 선임된 경우에는 신탁관리인의 성명 및 주소(법인인 경우에는 그 명칭 및 사무소 소재지를 말한다)

6. 수익자가 없는 특정의 목적을 위한 경우에는 그 뜻

7. 『신탁법』제3조 제5항에 따라 수탁자가 타인에게 신탁을 설정하는 경우에는 그 뜻

8. 『신탁법』제59조 제1항에 따른 유언대용신탁인 경우에는 그 뜻

9. 『신탁법』제60조에 따른 수익자연속신탁인 경우에는 그 뜻

10. 『신탁법』 제78조에 따른 수익증권발행신탁인 경우에는 그 뜻

11. 『공익신탁법』 에 따른 공익신탁인 경우에는 그 뜻

12. 『신탁법』 제114조 제1항에 따른 유한책임신탁인 경우에는 그 뜻

13. 신탁의 목적

14. 신탁재산의 관리, 처분, 운용, 개발, 그 밖의 신탁 목적의 달성을 위하여 필요한 방법

15. 신탁종료의 사유

16. 그 밖의 신탁 조항

제1항의 제5호, 제6호, 제10호 및 제11호 사항에 관하여 등기를 할 때에는 수익자의 성명 및 주소를 기재하지 아니할 수 있다.

제1항의 신탁원부는 등기기록의 일부로 본다.

② 제82조 신탁등기의 신청방법

1. 신탁등기의 신청은 해당 부동산에 관한 권리의 설정등기, 보존등기, 이전등기 또는 변경등기의 신청과 동시에 하여야 한다.

2. 수익자나 위탁자는 수탁자를 대위하여 신탁등기를 신청할 수 있

다. 이 경우 제1항은 적용하지 아니한다.

3. 제2항에 따른 대위등기의 신청에 관하여는 제28조 제2항을 준용한다.

③ 제87조 신탁등기의 말소

1. 신탁재산에 속한 권리가 이전, 변경 또는 소멸됨에 따라 신탁재산에 속하지 아니하게 된 경우 신탁등기의 말소신청은 신탁된 권리의 이전등기, 변경등기 또는 말소등기의 신청과 동시에 하여야 한다.

2. 신탁종료로 인하여 신탁재산에 속한 권리가 이전 또는 소멸된 경우에는 제1항을 준용한다.

3. 신탁등기의 말소등기는 수탁자가 단독으로 신청할 수 있다.

4. 신탁등기의 말소등기의 신청에 관하여는 제82조제2항 및 제3항을 준용한다.

(8) 가등기에 관한 등기

① 제88조 가등기의 대상

가등기는 제3조 각 호의 어느 하나에 해당하는 권리의 설정, 이전, 변경 또는 소멸의 청구권을 보전하려는 때에 한다. 그 청구권이 시기부(始期附) 또는 정지조건부(停止條件附)일 경우나 그 밖에 장래에 확정될 것인 경우에도 같다.

② 제89조 가등기의 신청방법

가등기권리자는 제23조 1항에도 불구하고 가등기의무자의 승낙이 있거나 가등기를 명하는 법원의 가처분명령이 있을 때에는 단독으로 가등기를 신청할 수 있다.

③ 제91조 가등기에 의한 본등기의 순위

가등기에 의한 본등기를 한 경우 본등기의 순위는 가등기의 순위에 따른다.

가. 가등기 등기사항 전부 증명서(소유권이전 청구권 가등기)

[토지] 강원도 원주시 문막읍 궁촌리 1027

[표 제 부] (토지의 표시)					
표시번호	접 수	소재지번	지 목	면 적	등기원인 및 기타사항
1 (전 3)	1996년12월31일	강원도 원주시 문막읍 궁촌리 1027	전	1534㎡	
					부동산등기법 제177조의 6 제1항의 규정에 의하여 2000년 06월13일 전산이기

[갑 구] (소유권에 관한 사항)				
순위번호	등기목적	접 수	등기원인	권리자 및 기타사항
1 (전 8)	소유권 이전청구권 가등기	1988년10월18일 제300005호	1988년10월18일 매매계약	권리자 이성수 72****-1****** 서울특별시 광진구 구의동 10
	소유권이전	1996년12월31일 제47919호	1988년10월18일 매매	소유자 이성수 72****-1****** 서울특별시 광진구 구의동 10
				부동산등기법 제177조의 6 제1항의 규정에 의하여 2000년06월13일 전산이기

나. 가등기에 의한 본등기 등기사항 전부 증명서 해석

1) 갑구 순위번호 1번 등기목적란의 소유권이전청구권 가등기는 1988년 10월 18일 등기원인을 "매매 예약" 즉 매매를 약속하고 매매계약에 따른 계약금 등을 지급하고 소유권이전 청구권을 가등기권자(권리자)가 가진다는 의미로 소유권이전 청구권 가등기 이후 소유권에 관한 제한사항이 발생하더라도 소유권이전 청구권 가등기 접수일을 기준으로 가등기에 의한 본등기로 소유권이전을 할 수 있는 등기사항이다.

2) 부동산 등기법 제91조에 의거 "가등기에 의한 본등기를 한 경우에는 가등기의 순위에 따른다"고 되어 있듯이 갑구 순위번호 1번 란

의 등기목적 "소유권이전"을 확인하면 가등기권자가 본등기를 통해 "등기원인"은 매매, "등기원인일"은 소유권이전가등기의 등기원인일(1988년 10월 18일)과 동일한 날짜이며 본등기에 의해 1996년 12월 31일에 소유권이전이 이루어졌다. 즉 부동산 매매를 위해 1988년 10월 18일 계약금을 지급하고 "소유권이전청구권가등기"한 후 1996년 12월 31일에 잔금 등을 납부하고 소유권을 이전받았다는 의미이다.

3) 등기부가 전산화(전산이기) 되기 전에는 본등기시 수기에 의한 본등기를 기입하였기 때문에 접수일 대로 등기기록이 되어 순위번호 1번 란에 소유권이전을 표시할 수 없었으나 등기부가 전산화되어 전산화된 이후에는 상기의 방법대로 순위번호 1번과 동일한 순위로 소유권이전청구권 가등기 다음 본등기로 인한 가등기권자의 소유권이전을 등기기록 할 수 있어 가등기에 의한 본등기라는 것을 쉽게 이해할 수 있다.

(9) 가처분에 관한 등기

① 제94조 가처분등기 이후의 등기의 말소

1. 『민사집행법』 제305조 제3항 [가처분으로 부동산의 양도나 저당을 금지한 때에는 법원은 제293조(부동산가압류 집행)의 규정을 준용하여 등기부에 그 금지한 사실을 기입하게 하여야 한다.]에 따라 권리의 이전, 말소 또는 설정등기청구권을 보전하기 위한 처분금지가처분등기가 된 후 가처분채권자가 가처분 채무자를 등기의무자로 하여 권리의 이전, 말소 또는 설정의 등기를 신청하는 경우에는 대법원 규칙으로 정하는 바에 따라 그 가처분등기 이후에 된 등기로서 가처분채권자의 권리를 침해하는 등기의 말소를 단독으로 신청할 수 있다.

2. 등기관이 제1항의 신청에 따라 가처분등기 이후의 등기를 말소할 때에는 직권으로 그 가처분등기도 말소하여야 한다.

3. 등기관이 제1항의 신청에 따라 가처분등기 이후의 등기를 말소하였을 때에는 지체 없이 그 사실을 말소된 권리의 등기명의인에게 통지하여야 한다.

가. 가처분 등기사항 전부 증명서

[토지] 울산광역시 울주군 온산읍 삼평리 316-21

[갑 구] (소유권에 관한 사항)				
순위번호	등기목적	접 수	등기원인	권리자 및 기타사항
5	가처분	2019년7월5일 제100053호	2019년7월5일 울산지방법원의 가처분결정 (2019카단1557)	피보전권리 사해행위취소로 인한 소유권이전등기 말소등기청구권 채권자 대신캐피탈 주식회사 110***-1****** 서울특별시 중구 삼일대로 343 금지사항 매매, 증여, 전세권, 저당권, 임차권의 설정 기타일체의 처분행위 금지

나. 가처분 등기사항 전부 증명서 해석

1) 가처분은 금전채권 이외 청구권의 강제집행을 보전하기 위하여, 또는 현재의 권리관계가 바뀌면 당사자가 권리를 실행하지 못하거나 권리의 실행이 곤란해 질 염려가 있을 경우에 채권자가 입게 될 손해를 사전에 예방하기 위해 법원이 내리는 일시적인 명령으로 부동산 점유이전금지 가처분과 부동산 처분금지가처분이 있다.

2) 가처분권자가 본안소송에서 승소하고 그 확정판결(화해, 조정 등)의 정본을 첨부하여 권리의 이전, 말소 또는 설정의 등기를 신청할 수 있으며, 가처분등기 이후의 등기를 말소할 때에는 직권으로 그 가처분등기도 말소하여야 한다.

3) 위 갑구 순위번호 5번 권리자 및 기타사항을 보면 금지사항에 "매매, 증여, 전세권, 저당권, 임차권의 설정 기타 일체의 처분행위 금지"가 되어 있다. 등기목적이 가처분임으로 가처분의 본안소송에 따라 가처분 후 제한 물권이 말소될 수 있음을 알리고 있는 내용이다.

제 3 장 부동산 개발사업 절차도

부동산을 개발하기 위해서 시행사는 사업부지를 물색하여 사업성 검토 후 건축 인허가를 득하고, 시공사를 선정하여 건축물을 분양하고 시공 및 건축물을 완공하는 단계의 절차를 진행하는데, 부동산 개발사업과 부동산 개발금융을 이해하기 위해서는 부동산 개발사업의 절차도에 대한 기본적인 지식을 갖추어야 한다. 부동산 개발사업의 시작부터 사업 정산시까지의 절차도를 통해 개발사업의 진행 과정을 살펴보기로 하자.

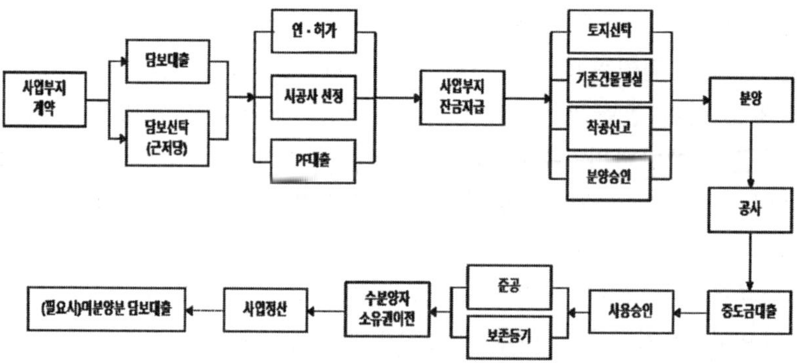

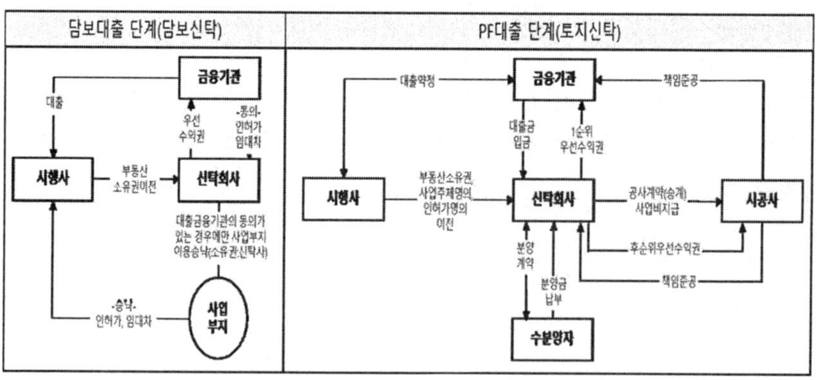

1. 사업부지 매입

사업부지 계약 후 PF대출을 요청한 경우

(1) 사업부지 전체 확보 가능여부 확인(미확보 시 매도청구 가능여부 검토)

(2) 계약금 납부 영수증(금융기관 영수증) 수령

(3) 잔금 지급일 경과 확인 (계약서 상 특약사항 등 확인)

(4) 명도 확인 (세무서 발행 주택·상가건물임대차 확인서 징구)

(5) PF대출 시 소요자금(총사업비) 대비 자기자본 투입비율 산정 (금융기관별로 자기자본 투입비율 조건에 차등이 있음)

2. 건축인·허가(공동주택인 경우 사업계획승인)

(1) 건축인·허가 가능 여부(토지이용계획서 확인 등)

(2) 현 소유자(매도인)가 건축허가 신청한 경우

① 매수인으로 소유권 이전 시 매도인에서 매수인으로 건축주 명의변경

② 매수인으로 소유권 이전 시 신탁방식에 따라 신탁사로 건축주 명의변경

(3) 건축허가 신청시 통상 7~30일 소요

(4) 건축신고필증 수령 및 건설공사보험 가입(대주단 조건)

3. 건축물 멸실신고

철거 예정일 7일전 신고(구청 건축과)

4. 착공신고

(1) 착공계 제출 시 착공필증 교부

(2) 브릿지대출 실행 시는 금융기관은 착공금지 조항 삽입 및 착공 시 기한이익 상실 조항 삽입

5. 분양승인, 분양신고(공동주택-입주자모집공고 승인신청)

(1) 건축물분양에 관한 법률, 시행령, 시행규칙에 의한 분양신고 기준 준수

(2) 분양신고 전 주택도시보증공사의 보증서 수령 여부 확인

(3) 분양승인 전 착공신고 (건축물 분양에 관한 법률 제4조 및 건축법 제21조 참조)

6. 분양광고(공개모집) / 공동주택인 경우-입주자 모집공고

(1) 건축물분양에 관한 법률 시행령 8조(분양 광고 등) 제2항

분양사업자는 분양 광고를 전국을 주된 보급지역으로 하는 일간신문 또는 해당 사업장이 위치한 지역을 주된 보급지역으로 하는 일간신문에 1회 이상 게재하여야 한다. 다만, 분양분이 100실 미만인 오피스텔의 경우 해당 사업장이 위치한 시·군·자치구의 인터넷 홈페이지에 게시하는 방법으로 분양 광고를 할 수 있다. <개정 2017.10.17.>

(2) 건축물 분양에 관한법률 시행령 9조(분양계약서) 제2항

건축물 분양에 관한 법률 제6조제5항 전단에 따라 분양사업자는 분양계약 등을 체결하고 남은 부분이 있는 경우에는 수의계약(隨意契約)으로 분양할 수 있다.

※ 구법) 3회 이상 공개모집광고 후 미계약분은 수의계약이 가능

7. 중도금대출

(1) 분양공고, 입주자 모집공고 상 중도금 대출의 자납, 무이자, 이자 후불제 등 확인

(2) 중도금 대출기관의 선정 의무 및 대출 조건 등 확인

8. 입주예정일 통지

(1) 준공일(사용승인) 전 입주예정안내문 발송

(2) 입주자 사전점검일

(3) 입주예정일 표시

(4) 입주지정기간(2개월)

(5) 수분양자의 사전점검에 따른 하자 보수 기간을 감안하여 입주지정기간은 통상 2개월이다.

9. 사용승인(준공)

(1) 사용승인서 교부 및 건축물대장 생성→사용승인일로부터 60일 이내 취득세 납부→사용승인일로부터 60일 이내 보존등기

(2) 시공사는 보존등기 완료 시(약정에 따라 사용승인) 책임준공 면제 조건이 있다.

※ 금융기관 입장에서는 임시사용, 사용승인 후에도 보존등기가 지체될 우려가 있으므로 책임준공확약은 보존등기 완료시까지로 대출약정을 체결하는 경우가 많다. 사용승인만 득하고 보존등기가 진행되지 않아 등기부가 생성되지 않으면 담보물의 환가가 용의하지 않기 때문이다.

10. 보존등기

(1) 주택도시보증공사에 신탁한 경우 건축물 보존등기 시 사업주체인 시행사가 보존등기를 경료한다.

"주택법 61조 저당권설정 등의 제한"의 금지사항(부기등기)을 참조하여 채권보전책을 강구하여야 한다.

(2) 관리형토지신탁 또는 차입형토지신탁에 따라 사업주체가 신탁사인 경우 신탁사 명의로 보존등기를 경료한다.

사업부지를 신탁한 후 신탁사가 건축물의 보존등기를 경료하므로 토지, 건물 모두 신탁되는 효과가 있어 PF대출 관련 금융기관은 채권보전책을 따로 강구할 필요가 없다.

(3) 분양관리신탁인 경우 시행사가 사업주체이므로 시행사 명의로 보존등기를 경료한다.

(4) 공동주택의 경우 금융기관은 "주택법61조 저당권설정 등의 제한"의 금지사항을 참조하여 채권보전책을 강구하여야 한다.

(5) 수분양자가 중도금 대출을 받은 경우 보존등기(입주예정일) 시점에 대출금을 상환하거나 담보대출로 전환하여 잔금 납부 및 입주 개시할 수 있다.

11. 사업정산

(1) 수분양자의 분양대금 납부완료 시 : 수분양자의 분양대금이 완납된 경우 사업수지상 필요경비(대출원리금, 공사비, 신탁수수료 등)를 제외하고 위탁자(수익자) 또는 원 사업시행자에게 사업이익 배당 후 사업종료

(2) 수분양자의 분양대금 일부납입 시 :

① 분양대금이 일부만 납입된 경우 대출원리금 전액을 상환할 수 없으므로 미분양 담보대출로 전환하거나 타행을 통한 대환대출

로 대출금을 상환하여야 한다.

② PF대출 취급 후 건축물이 보존등기 완료된 경우 분양률에 따라 건축물의 담보가치가 LTV 50%~70% 정도이므로 대환대출 또는 할인분양으로 대출원리금을 상환할 수 있다.

③ 분양률이 저조하여 미분양이 발생할 경우 공사비보다 대출원리금이 선순위이므로 시공사는 공사비 수령을 위해 시행사와 협의를 거쳐 금융기관 대출금 상환 후 미수공사대금을 준공된 건물 즉 대물로 취득할 수 있으며, 시공사가 공사비 회수를 위해 신탁사에 시공사 요청에 의한 공매 진행 후 시공사가 낙찰 받거나 공매대금으로 공사비를 수령하는 경우도 있다.

④ 금융기관 입장에서 분양대금 미납, 미분양 등으로 대출원리금 상환 지체시 공매 또는 시공사 대위변제 등으로 대출원리금을 상환받고 있으며, 사업정산은 통상적으로 사업주체인 신탁사가 금융기관 대출원리금 상환 후 사업정산 잉여분에 대해 위탁자 또는 수익자에게 지급한다.

제 4 장　주택법

본 장에서는 주택법 제61조(저당권설정 등의 제한)의 금지사항등기와 등기사항 전부증명서 상 금지사항등기(부기등기)의 내용을 중심으로 설명하고자 한다.

금지사항등기(부기등기)는 주택을 분양받은 수분양자 및 입주예정자를 보호하기 위해 토지 및 준공 후 주택에 대하여 등기사항증명서에 부기등기를 등기사항으로 기록하고 있으며, 사업주체가 사업부지를 신탁하는 방식에 따라 부기등기의 등기기록 방식이 상이하며 신탁방식에 따라 부기등기를 생략할 수도 있다. 부기등기의 정확한 의미를 이해하고 개발사업을 위한 사업부지의 등기부 상 금지사항등기와 주택이 준공되었을 경우 등기부 상 금지사항등기에 대해 사례를 통해 자세히 알아보기로 하자.

1. 금지사항등기(부기등기)

주택법 상 금지사항등기(부기등기)를 설명하기 전에 부동산 등기법 상 부기등기의 의미를 우선 이해하고 주택법의 금지사항등기(부기등기)를 살펴보기로 하자.

부동산등기법 상 부기등기란 독립의 순위번호를 사용하지 않고 주등기의 번호를 그대로 사용하되 다만 그 번호의 아래에 “부기 몇 호”라고 기재하여 행하여지는 등기를 말한다. 부기등기의 목적은 어떤 등기가 주등기(기존등기)와 동일한 순위나 효력을 가진다는 것을 명백히 공시하려고 할 때 하며, 주로 소유권 이외의 권리의 이전등기 시 부기등기로 한다.

부기등기의 순위는 주등기의 순위에 의한다. 각 부기등기의 순위는 그 주등기 상호간의 순위에 의하며 부기등기 상호간의 순위는 그 전후에 의한다. 1개의 주등기에 여러 개의 부기등기가 있는 경우에 그 부기등기 상호간의 순위는 그 등기의 순서에 의한다. 즉 부동산 등기법 제5조 부기등기의 순위는 주등기의 순위에 따르되 다만, 주등기에 관한 부기등기 상호간의 순위는 그 등기순서에 따른다. 그러므로 순위번호 1이 주등기이고 순위번호란에 1-1이면 순위번호 1-1은 순위번호 1의 부기등기이며, 순위번호 1-1은 순위번호 2보다 순위가 높다는 뜻이며, 부기등기 1-1 ,1-2, 1-3일 경우는 부기등기의 순위는 등기순서에 따른다는 뜻이다.

주택법 개정 전에는 주택법 "제40조 부기등기(금지사항등기)"에서 부기등기를 설명하였으나, 주택법 상 부기등기는 단순한 부기등기가 아니라 수분양자 보호를 위해 저당권 설정 등을 제한한다는 의미가 목적이므로 2016년 8월 11일 공포, 2016년 8월 12일 개정 시행된 주택법에서 위 조항과 같이 "제61조 저당권 설정등의 제한"으로 변경되었다.

간단히 말하자면 주택을 분양하기 위해서는 입주예정자의 보호 장치가 제일 우선시 되어야 하기 때문에 위 조항은 수분양자를 보호하기 위해 토지와 건물에 수분양자 동의 없이 저당권 등을 설정할 수 없도록 하는 것을 목적으로 하며, 입주예정자가 주택이 준공된 후 무사히 입주할 수 있는 토대를 만들고자 만든 법률이라고 생각하면 된다. 우선 법률 조항을 숙지하고 사례를 통해 주택법 상 금지사항등기(부기등기)를 살펴보도록 하자.

(1) 주택법 제61조(저당권설정 등의 제한)

① 사업주체는 주택건설사업에 의하여 건설된 주택 및 대지에 대하여는 입주자 모집공고 승인 신청일(주택조합의 경우에는 사업계획승인 신청일을 말한다) 이후부터 입주예정자가 그 주택 및 대지의 소유권이전등기를 신청할 수 있는 날 이후 60일까지의 기간 동안 입주예정자의 동의 없이 다음 각 호의 어느 하나에 해당하는 행위를 하여서는 아니

된다. 다만, 그 주택의 건설을 촉진하기 위하여 대통령령으로 정하는 경우에는 그러하지 아니하다.

1) 해당 주택 및 대지에 저당권 또는 가등기담보권 등 담보물권을 설정하는 행위
2) 해당 주택 및 대지에 전세권·지상권(地上權) 또는 등기되는 부동산임차권을 설정하는 행위
3) 해당 주택 및 대지를 매매 또는 증여 등의 방법으로 처분하는 행위

② 제1항에서 "소유권이전등기를 신청할 수 있는 날"이란 사업주체가 입주예정자에게 통보한 입주가능일을 말한다.

③ 제1항에 따른 저당권설정 등의 제한을 할 때 사업주체는 해당 주택 또는 대지가 입주예정자의 동의 없이는 양도하거나 제한물권을 설정하거나 압류·가압류·가처분 등의 목적물이 될 수 없는 재산임을 소유권등기에 부기등기(附記登記)하여야 한다. 다만, 사업주체가 국가·지방자치단체 및 한국토지주택공사 등 공공기관이거나 해당 대지가 사업주체의 소유가 아닌 경우 등 대통령령으로 정하는 경우에는 그러하지 아니하다.

④ 제3항에 따른 부기등기는 주택건설대지에 대하여는 입주자 모집공고 승인 신청(주택건설대지 중 주택조합이 사업계획승인 신청일 까지 소유권을 확보하지 못한 부분이 있는 경우에는 그 부분에 대한 소유권이전등기를 말한다)과 동시에 하여야 하고, 건설된 주택에 대하여는 소유권보존등기와 동시에 하여야 한다. 이 경우 부기등기의 내용 및 말소에 관한 사항은 대통령령으로 정한다.

⑤ 제4항에 따른 부기등기일 이후에 해당 대지 또는 주택을 양수하거나 제한물권을 설정 받은 경우 또는 압류·가압류·가처분 등의 목적물로 한 경우에는 그 효력을 무효로 한다. 다만, 사업주체의 경영부실로 입주예정자가 그 대지를 양수받는 경우 등 대통령령으로 정하는 경우에는 그러하지 아니하다.

⑥ 사업주체의 재무상황 및 금융거래 상황이 극히 불량한 경우 등 대통령령으로 정하는 사유에 해당되어 「주택도시기금법」에 따른 주택

도시보증공사(이하 "주택도시보증공사"라 한다)가 분양보증을 하면서 주택건설대지를 주택도시보증공사에 신탁하게 할 경우에는 제1항과 제3항에도 불구하고 사업주체는 그 주택건설대지를 신탁할 수 있다.

⑦ 제6항에 따라 사업주체가 주택건설대지를 신탁하는 경우 신탁등기일 이후부터 입주예정자가 해당 주택건설대지의 소유권이전등기를 신청할 수 있는 날 이후 60일까지의 기간 동안 해당 신탁의 종료를 원인으로 하는 사업주체의 소유권이전등기청구권에 대한 압류·가압류·가처분 등은 효력이 없음을 신탁계약조항에 포함하여야 한다.

⑧ 제6항에 따른 신탁등기일 이후부터 입주예정자가 해당 주택건설대지의 소유권이전등기를 신청할 수 있는 날 이후 60일까지의 기간 동안 해당 신탁의 종료를 원인으로 하는 사업주체의 소유권이전등기청구권을 압류·가압류·가처분 등의 목적물로 한 경우에는 그 효력을 무효로 한다.

(2) 법률 조항의 의미

주택법 제61조(저당권설정 등의 제한) 제1항은 "사업주체는 주택건설사업에 의하여 건설된 주택 및 대지에 대하여는 입주자 모집공고 승인 신청일(주택조합의 경우에는 사업계획승인 신청일을 말한다) 이후부터 입주예정자가 그 주택 및 대지의 소유권이전등기를 신청할 수 있는 날 이후 60일까지의 기간 동안 입주예정자의 동의 없이 다음 각 호의 어느 하나에 해당하는 행위를 하여서는 아니 된다"라고 정하고 있는데, 그 의미부터 살펴보자.

① 위 조항은 일반 공동주택의 경우 입주자 모집공고 승인 신청일로, 주택조합의 경우 사업계획승인 신청일로 구분하여 표시하고 있는데 그 이유는 공동주택 등 주택법을 적용받는 개발사업의 인허가 과정에 있어 필수적으로 주무관청의 사업계획승인을 득하고 모집공고를 통해 분양하는 것이 일반적인 과정이나 주택조합은 재건축주택조합, 지역주택조합 등 조합 구성원들의 차이는 발생할 수 있으나 사업주체가 시행사가 아닌 주택조합으로서 조합원들이 주택조합을 설립하여

조합원들의 분담금으로 주택을 건립하므로 분양을 위한 입주자 모집공고라는 절차가 생략되기 때문이다. 따라서 위 조항은 등기사항 전부증명서 상 부기등기의 등기원인과 그 날짜를 기입하기 위해 일반분양사업은 입주자모집공고 승인신청일로 표시하고 주택조합사업은 사업계획 승인신청일로 구별하여 표시한 것이다.

② 제61조 제1항에서 입주예정자가 그 주택 및 대지의 소유권이전등기를 신청할 수 있는 날 이후 60일까지의 기간 동안 입주예정자의 동의 없이 다음 각 호의 어느 하나에 해당하는 행위를 하여서는 아니 된다는 것은, 수분양자 또는 조합원 등 입주예정자가 주택이 준공되어 등기사항전부증명서에 소유자로 등재가 가능한 날 이후 60일까지는 소유권이전등기 또는 보존등기(주택조합)를 제한할 수 있는 저당권 등을 설정할 수 없도록 하여 입주예정자가 정상적으로 소유권을 취득하고 입주를 할 수 있도록 입주예정자를 보호하겠다는 의미이다. 한편, 위 60일이 경과되면 입주예정자가 자신의 권리를 포기하였으므로 보호할 필요가 없다는 의미이기도 하다.

③ 주택법 제61조 제2항에서 "소유권이전등기를 신청할 수 있는 날"이란 사업주체가 입주예정자에게 통보한 입주가능일을 말하며, 사업주체는 입주예정자의 소유권 취득 및 입주를 위해 통상 2개월 전에 입주가능일을 통보하여 입주 전 분양주택의 공사 하자에 대해 점검하고 입주토록 하고 있다.

④ 주택법 제61조 제8항에서 "입주예정자가 해당 주택건설대지의 소유권이전등기를 신청할 수 있는 날 이후 60일까지의 기간 동안 해당 신탁의 종료를 원인으로 하는 사업주체의 소유권이전 등기청구권을 압류·가압류·가처분 등의 목적물로 한 경우에는 그 효력을 무효로 한다."라는 것은 소유권이전등기를 신청할 수 있는 날 이후 60일까지 발생한 저당권등 제한은 무효라는 의미로 실무에서는 등기소에서 저당권 등 제한물권의 등기 자체의 접수를 받아주지 않는다고 생각하면 되고, 소유권이전등기를 신청할 수 있는 날 이후 60일이 경과되면 부기등기의 효력이 상실된다는 의미를 담고 있다.

(3) 부기등기(금지사항등기) 시점

① 주택건설대지 : 사업부지인 대지는 입주자모집공고승인신청일을 기준으로 하지만 입주자 모집공고에 맞춰 관할등기소에 등기신청하기 때문에 등기원인이 되는 입주자 모집공고일과 등기접수일은 다르게 표시될 수 있다.

② 주택 : 사업부지에 주택을 준공하여 보존등기와 동시에 금시사항등기(부기등기)를 한다.

2. 사업부지 및 주택의 부기등기

(1) 아산 모종동 사업부지(공동주택용지)

등기목적 : 금지사항등기
등기원인 : 2006년3월7일 주택건설 사업계획승인
(등기원인이 주택건설 사업계획승인으로 표시되어 있는 경우에는 주택조합이라는 의미임)
등기접수일 : 2006년5월12일
등기내용 :
"이 토지는 주택법에 따라 입주자를 모집한 토지(주택조합의 경우에는 주택건설사업계획 승인이 신청된 토지를 말한다)로서 입주예정자의 동의를 얻지 아니하고는 당해 토지에 대하여 양도 또는 제한물권을 설정하거나 압류, 가압류, 가처분 등 소유권에 제한을 가하는 일체의 행위를 할 수 없음."
소유권이전 : 2006일5월12일 수탁자 대한주택보증주식회사

(2) 경남 사천 사업부지(공동주택용지)

소유권이전 : 2017년3월17일 주택도시보증공사

등기목적 : 소유권이전

등기원인 : 신탁
등기접수일 : 2017년3월17일
권리자 및 기타사항 : 수탁자 주택도시보증공사 신탁원부 제2017-502호

◈ 사례①과 사례②의 해석

공동주택 사업부지를 주택도시보증공사에 신탁할 경우 등기사항 전부증명서의 "갑구" 소유권에 관한 사항에 기록된 내용인데, 사례①은 구 주택법에 따른 예전 방식으로 대한주택보증㈜(현 주택도시보증공사에 해당함)로 신탁할 경우에 금지사항등기 내용을 등기부에 반드시 기재하였으며, 사례②는 현행 주택법에 따라 주택도시보증공사로 사업부지를 신탁한 사례로 금지사항등기의 내용이 신탁원부에 기재되어 있어 금지사항등기(부기등기)를 생략하고 주택도시보증공사로 신탁되어 있다는 사실만 등기사항에 표시하고 있는 방식이다. 사례①의 방식은 현재 사용하고 있지 않는 방식이다.

(3) 강원도 동해 사업부지(공동주택용지)

등기목적 : 금지사항등기
소유권이전 : 2017년12월6일 수탁자 한국자산신탁㈜ 신탁원부 제2017-192호
등기원인 : 2018년1월16일 입주자모집공고
(등기원인이 "입주자모집공고"라는 것은 주택조합사업이 아닌 일반분양사업이라는 의미임)
등기접수일 : 2018년1월19일
등기내용 :
"이 토지는 주택법에 따라 입주자를 모집한 토지(주택조합의 경우에는 주택건설사업계획 승인이 신청된 토지를 말한다)로서 입주예정자의 동의를 얻지 아니하고는 당해 토지에 대하여 양도 또는 제한물권을 설정하거나 압류, 가압류, 가처분 등 소유권에 제한을 가하는 일체의 행위를 할 수 없음."

◈ 주택도시보증공사로 신탁할 경우에만 금지사항등기(부기등기)를

생략할 수 있으며, 부동산 신탁사로 신탁할 경우에는 반드시 등기사항전부증명서의 갑구에 금지사항등기를 부기등기 하여야 한다.

(4) 공동주택의 보존등기(충남 서산 공동주택)

> 등기목적 : 금지사항등기
> 등기원인 : 2015년8월28일 입주자모집공고승인신청
> 등기접수일 : 2018년3년12일(보존등기일)
> 등기내용 :
> "이 주택은 부동산등기법에 따라 소유권보존등기를 마친 주택으로서 입주예정자의 동의를 얻지 아니하고는 당해 주택에 대하여 양도 또는 제한물권을 설정하거나 압류·가압류·가처분 등 소유권에 제한을 가하는 일체의 행위를 할 수 없음"

(5) 미분양주택인 경우

① 당해 주택의 입주자로 선정된 지위를 취득한 자가 없는 경우 즉 입주예정자가 없는 미분양주택인 경우 등기사항전부증명서의 금지사항등기에서 말하는 입주예정자가 없어 부기등기의 효력은 상실되므로 사업주체(시행사)가 주택에 대한 보존등기를 완료한 후 재분양(매매)을 통해 소유권이전이 가능하고, 시공사의 공사비 또는 기 대출금을 상환하기 위해 미분양주택을 담보로 대출을 받을 수 있기 때문에 당연히 근저당·신탁·가압류·가처분 등 제한물권을 설정할 수 있다.

② 부기등기(금지사항등기)는 수분양자를 보호하고자 하는 취지이므로 등기사항전부증명서 상 미분양주택에 대해 금지사항등기가 기입되어 있더라도 입주예정자가 없는 경우에는 부기등기의 효력이 없다. 입주예정자, 즉 수분양자의 보호를 위해 금지사항등기는 사업주체의 소유권보존과 동시에 부기등기한다.

(6) 부기등기의 실효

소유권이전등기를 신청할 수 있는 날로부터 60일 경과 시 부기등기(금지사항등기)의 효력이 상실되므로 금융기관의 입장에서는 60일 경과 시점까지 대출금 미상환 시 채권보전을 위해 준공된 건축물에 근저당권 설정 등의 사전준비가 필요하다.

(7) 준공에 따른 보존등기

① 사업부지가 주택도시보증공사로 신탁되어 있는 경우 주택의 보존등기 시 사업부지의 신탁을 해지한 후 사업주체 명의로 건축물의 보존등기를 해야 한다. 즉 공동주택 분양 시 공동주택의 사업부지를 주택도시보증공사로 신탁을 원인으로 한 소유권이전등기 경료 후 분양하였으므로 사업부지의 소유권이 보존등기 전까지 주택도시보증공사로 귀속되어 있다가, 공동주택의 보존등기와 동시에 위와 같은 주택도시 보증공사명의의 사업부지 소유권은 신탁재산의 귀속을 원인으로 사업주체에게 이전하고 금지사항등기(부기등기)를 말소하여야 하며, 그와 동시에 사업주체 명의로 보존등기 후 수분양자에게 소유권이전 절차를 이행하여야 한다.

② 사업부지가 부동산신탁사로 소유권 이전된 관리형토지신탁 또는 차입형 토지신탁 사업인 경우 사업주체인 신탁사의 명의로 건물을 보존등기하고 수분양자에게 소유권이전 절차를 진행한다.

③ 공동주택의 보존등기시 사업부지가 주택도시보증공사에 신탁된 경우 또는 부동산 신탁사에 신탁된 경우를 불문하고 사업부지의 부기등기 말소와 동시에 공동주택의 등기사항 전부증명서에 금지사항등기(부기등기)를 하여야 한다. 부기등기의 목적은 공동주택이 준공되어 수분양자로 소유권이 이전되는 것이기 때문이다.

3. 주택법 "제61조 저당권설정 등의 제한" 등기사항 전부증명서 사례

주택개발사업 진행시 사업부지(토지)의 부기등기 및 건축물 준공시 주택의 보존등기에 따른 부기등기와 관련하여 등기사항 전부증명서를 보면서 등기사항을 해석해 보기로 하자.

(1) 부동산신탁사로 신탁된 사업부지의 등기사항 전부증명서

[토지] 강원도 동해시 단봉동 13

[갑 구] (소유권에 관한 사항)				
순위번호	등기목적	접 수	등기원인	권리자 및 기타사항
3	소유권이전	2017년12월6일 제12914호	2017년10월20일 매매	소유자 주식회사 대신개발 110***-1****** 서울특별시 동작구 사당동 105 거래가액 금700,000,000원
4	소유권이전	2017년12월6일 제12944호	2017년12월6일 신탁	수탁자 주식회사 대신자산신탁 110***-1****** 서울특별시 중구 삼일대로 343
				신탁 신탁원부 제2017-192호
4-1	금지사항 등기	2018년1월19일 제726호	2018년1월16일 입주자모집공고	이 토지는 주택법에 따라 입주자를 모집한 토지(주택조합의 경우에는 주택건설 사업계획 승인이 신청된 토지를 말한다)로서 입주예정자의 동의 없이는 양도하거나 제한물권을 설정하거나 압류, 가압류, 가처분 등 소유권에 제한을 가하는 일체의 행위를 할 수 없음.

◈ 수탁사가 부동산 신탁사인 경우 등기사항 전부증명서 해석

① 상기 등기사항 전부증명서는 일반적으로 관리형토지신탁 또는

차입형토지신탁 방식으로 사업을 진행할 때 열람할 수 있는 부동산 등기부이며, 이 경우 수탁자인 부동산신탁사로 소유권이전(신탁)을 하면서 사업주체를 시행사에서 신탁사로 변경한다. 단, 주택도시보증공사로 소유권이전(신탁)을 할 때에는 시행사에서 주택도시보증공사로 사업주체 명의변경을 하지 않는다.

② 갑구 순위번호 4번을 보면 신탁을 등기원인으로 부동산 신탁사로 소유권이전을 하였으며 권리자 및 기타사항에 신탁 및 신탁원부 제2017-192호가 기록되어 있다. 신탁원부 제2017-192호를 등기소에서 발급 받아보면 위탁자, 우선수익권자, 채권자, 채무자, 신탁계약내용, 특약사항 등을 확인할 수 있다. 또한 신탁사로 소유권이전과 동시에 반드시 금지사항등기(부기등기)를 병기하여야 한다. 위 사례와 달리 사업부지를 주택도시보증공사에 신탁한 경우에는 갑구의 순위번호 4-1과 같이 금지사항등기(부기등기)를 하거나 생략할 수 있으며, 일반적으로 생략한다.

③ 갑구 순위번호 4번 등기원인은 "신탁"이라고만 표시되어 있고 권리 및 기타사항에 수탁자의 명의와 신탁이 되어 있다는 사실만 표기되어 있을 뿐 담보신탁인지, 처분신탁인지, 토지신탁인지 어떤 신탁인지 확인할 방법이 없기 때문에 신탁원부를 청구하여 신탁방식이 차입형 토지신탁(개발신탁으로도 불림) 또는 관리형 토지신탁인지 어떤 내용이 포함되어 있는지 검토할 필요가 있다. 차입형, 관리형 토지신탁의 사업주체는 원 건축주인 시행사에서 신탁사로 사업주체 명의변경을 통해 신탁사가 사업주체가 되지만, 주택도시보증공사로 신탁이 되어 있을 경우에는 등기사항 전부증명서 상 소유권은 주택도시보증공사로 되어 있지만 사업권은 시행사가 갖고 있어 사업주체는 시행사라는 점을 인지하고 있어야 한다.

④ 본건 사례의 갑구 순위번호 4-1 금지사항등기를 보면 등기원인이 입주자 모집공고로 되어 있고, 권리자 및 기타사항에 "이 토지는 주택법에 따라 입주자를 모집한 토지(주택조합의 경우에는 주택건설사업계획승인이 신청된 토지를 말한다)로서 입주예정자의 동의 없이는 양도하거나 제한 물권을 설정하거나 압류, 가압류, 가처분 등 소유권에 제

한을 가하는 일체의 행위를 할 수 없음"이라고 되어 있으므로 신탁사로 소유권이전과 동시에 부기등기가 병기되어 있는 사업방식은 신탁원부 확인 전이라도 차입형 또는 관리형 토지신탁 방식임을 추측할 수 있다.

주택도시보증공사에 신탁을 하게 되면 금지사항등기(부기등기)를 생략할 수 있으므로 등기사항전부증명서 상 금지사항등기(부기등기)가 없더라도 잘못되었다고 생각할 필요가 없다.

주택법에 의한 사업계획승인 시 즉 공동주택을 분양할 때는 반드시 주택도시보증공사로부터 분양보증 및 분양승인을 득해야 입주자 모집 공고를 할 수 있으므로 등기부 상 주택도시 보증공사의 분양보증 및 분양승인을 득했는지 표면적으로 드러나지 않더라도 금지사항등기가 되어있으면 분양보증 및 분양승인을 받았다고 간주할 수 있다.

(2) 본건 사례와 같이 대신자산신탁을 소유자(신탁)로 하고 금지사항등기를 하는 방식으로 사업을 진행하는 방식과 주택도시보증공사로 신탁하여 사업을 진행하는 방식의 차이를 살펴보자.

① 차입형토지신탁이나 관리형토지신탁방식은 갑구 순위번호 3번 권리자 및 기타사항란 상 소유자 겸 위탁자인 대신개발을 대신하여 수탁자인 신탁사가 본건 사업을 진행하는 사업주체로서의 역할을 수행하기 때문에 사업주체는 소유자겸 위탁자인 대신 개발이 아닌 수탁자인 대신자산신탁임을 인지하여야 한다. 즉, 이는 사업주체인 대신자산신탁이 모든 시행권 및 소유권을 갖고 사업을 진행하는 방식이다. 대신자산신탁은 사업주체 겸 수탁자이므로 건축물 준공 시 수분양자로부터 분양대금(계약금, 중도금, 잔금)을 수령 후 수분양자에게 소유권을 이전 할 의무가 있다.

② 공동주택을 분양할 시 주택도시보증공사의 분양보증이 분양절차를 진행할 수 있는 선결조건 내지 의무사항이므로 분양보증을 반드시 받아야 한다.

분양보증 시 주택도시보증공사는 수분양자 보호를 위해 차입형, 관리형 토지신탁방식 또는 주택도시보증공사에 수탁하는 방식을 불문하고 주택도시보증공사와 주택공급신탁계약서를 체결하도록 하고 있다. 차입형, 관리형 토지신탁 방식일 경우 주택공급신탁계약서를 징구하지만 수탁자가 부동산신탁사이므로 등기사항전부증명서 상 확인되는 것은 부동산신탁사를 수탁자로 하여 신탁이 되어있다는 사실과 금지사항등기(부기등기)가 되어 있다는 사실 뿐이며, 그 외에 주택도시보증공사와의 주택공급 신탁계약 체결 여부를 등기부상 확인할 수는 없다.

③ 사업부지가 주택도시보증공사로 신탁되면, 권리자 및 기타사항에 수탁자를 주택도시보증공사로 하여 신탁되어 있다는 취지 및 신탁원부의 번호가 기재되어 있으며, 등기부 상 금지사항등기(부기등기)가 생략되어 있는 경우가 많다. 신탁원부를 징구해보면 신탁원부 내용이 주택공급신탁계약서와 동일하다는 것을 확인할 수 있고 부동산신탁사의 신탁원부에 준하는 내용이 계약서에 포함되어 있음을 알 수 있다. 주택공급계약서에 대해서는 별도로 주택공급계약서를 보면서 설명하기로 하자.

④ 주택도시보증공사 입장에서 차입형, 관리형 토지신탁 사업방식은 공신력 있는 부동산신탁사가 수탁자 겸 사업주체이므로 사업주체의 안정성(재무상태 등)을 확보한 상태에서 분양보증을 하는 방식으로, 사업부지가 주택도시보증공사에 수탁되어 있지 않더라도 사업주체인 부동산신탁사와 주택공급신탁계약을 체결함으로서 본 건 사업을 주택도시보증공사가 전반적으로 통제할 수 있다. 주택도시보증공사가 통제할 수 있다는 뜻은 본 건 사업장에 보증사고가 발생하면 주택도시보증공사는 시행권 및 사업부지 처분, 시공사 선정, 수분양자의 계약금, 중도금 반환 등 사업 전반에 관해 권리를 행사할 수 있다는 의미이다. 또한 등기사항 전부증명서 상 금지사항 등기가 되어 있어 본건 공동주택의 준공 전까지 어떤 제한물권이 발생할 개연성이 없으며, 사업주체가 신탁사라 위탁자 보다 더 신뢰할 수 있는 점 등을 감안 시 중복신탁을 하지 않고도 수분양자를 보호할 수 있어 등기부 상 주택도시보증공사에 관련된 내용이 포함되어 있지 않다.

(3) 채권자(대주단) 입장에서, 사업부지가 부동산신탁사로 신탁되어

있을 경우와 주택도시보증공사로 신탁되어 있을 경우 공동주택 소유권 보존과 관련하여 채권보전 상 차이점에 대해 살펴보기로 하자.

① 부동산신탁사가 수탁사인 경우 보존등기 시

가. PF 대주단 관점

공동주택의 분양률이 높은 경우에는 분양수입금으로 통상 PF 대출 원리금 전액이 상환된다. 분양률이 낮아 PF대출금이 전액 상환되지 않는 경우 부동산신탁사가 사업주체로서 보존등기를 하기 때문에 미분양물건에 대해 자동적으로 신탁등기가 되어 특별한 채권보전 등기 설정 없이 담보물건이 취득된다(사업부지는 신탁이 되어 있으며 건축물 준공시 그 보존등기를 부동산신탁사가 하기 때문에 건물도 추가 신탁이 된다는 의미임). 물론 미분양물건에 대해 할인분양, 매각 또는 담보대출 전환 등으로 대출금을 상환 받아야 한다는 단점이 있으며, 부동산 경기에 따라 주택가격 하락에 따른 대출금 손실이 발생할 수도 있다.

나. 중도금 대주단 관점

1) 중도금대출은 PF대출과는 달리 수분양자에 대한 신용대출이지만 부동산신탁사가 보존등기를 함으로써 분양된 물건의 담보취득에 관한 권한을 갖게 된다. 통상적으로 수분양자는 입주 시 1금융권을 통한 담보대출로 전환하면서 중도금을 상환하게 되지만, 계약해제 또는 계약해지 시 수분양자 분양물건에 대한 담보권을 취득할 수 있는 가에 대한 이슈가 발생한다.

2) 수분양자가 분양받은 주택에 대한 계약해제 또는 해지시 수분양자의 중도금 대출금이 상환되어야만 위탁자 또는 PF대주단이 소유권(담보권)을 주장할 수 있기 때문에 상당 기간 동안 대출금 상환이 지연될 가능성이 높으나 계약의 해제, 해지에도 불구하고 분양된 주택이 신탁되어 있어 담보취득의 효력이 발생하며, 대출 기관 입장에서 비교적 안전하게 대출금을 상환 받을 수 있다.

② 주택도시보증공사가 수탁자인 경우 보존등기 시

1) 부동산신탁사가 수탁자인 경우와 달리, 사업부지가 주택도시보증공사로 수탁되어 있는 경우 보존등기 주체는 사업주체인 시행사(위탁자)가 되며 시행사가 소유권 보존등기를 한다.

주택도시보증공사는 주택법에 따라 공동주택 분양 시 분양보증을 필수적으로 하고 있는데 "보증기간"은 당해 주택사업의 입주자 모집공고승인일로부터 건물 소유권보존등기일(사용검사 또는 당해 사업장의 공동주택 전부에 대한 동별 사용검사를 받은 경우에 한함)까지로 정하고 있으며, 보증범위 또한 계약금 및 중도금에 한한다. 따라서 보존등기가 완료되면 주택도시보증공사는 보증책임이 없다. 즉 보존등기가 완료되면 분양보증이 면제된다는 의미이다.

2) 금융기관의 입장에서 주택도시보증공사의 보증범위가 계약금, 중도금이며, 보증하는 기간이 보존등기 완료시까지라는 것을 명심해야 한다. 부동산신탁사가 수탁자인 경우는 보존등기를 부동산신탁사가 함으로써 자동적으로 채권보전이 완성된다고 할 수 있으나 주택도시보증공사에 수탁된 경우 보존등기와 동시에 주택도시보증공사의 보증효력은 없어지고 금지사항등기로 인해 제한물권(근저당권 등)을 설정할 수 없는 상태에서 어떻게 채권보전을 해야 할지 고민하지 않을 수 없다. 금융기관 입장에서는 주택법 제61조 "저당권설정 등의 제한" 조항에 따라 소유권이전등기를 신청할 수 있는 날로부터 60일 경과시 금지사항등기(부기등기)의 효력이 상실되므로, 60일 경과시점에 맞춰 PF 대출, 중도금 대출금 미 상환에 따른 담보취득 절차를 통한 채권보전책을 강구해야 한다.

가. PF 대주단 관점

1) 브릿지대출인 경우 본PF와 동시에 사업부지가 주택도시보증공사로 신탁될 때 통상 브릿지 대출 대주단은 대출금을 상환 받으려고 한다. 왜냐하면 주택도시보증공사로 소유권이 이전될 경우 사업부지인 담보물에 대한 근저당 설정 또는 신탁을 통한 우선수익권증서를 징구

할 수가 없고 그에 따라 시행사(위탁자) 또는 시공사의 신용대출 형태로 전환되기 때문이다. 공동주택 분양시 등기부의 을구에 제한물권 등이 있는 경우 사업계획승인신청·분양보증·분양신고를 할 수 없기 때문에 기존 대출에 의한 담보신탁, 근저당 설정 등을 말소하여야 한다.

2) 시행사가 자기자본 여력이 있는 경우(자체사업으로 공동주택을 분양할 경우) 사업부지를 주택도시보증공사에 신탁하고 시행사가 사업주체가 되어 진행하는 방식을 선호하며 분양률에 따라 분양수입금의 유동화(ABL) 또는 공사대금 유동화를 통해 공사비를 조달하여 공사를 진행한다. 시행사의 자본 여력이 없는 경우 부동산신탁사에 신탁을 하는 차입형, 관리형 토지신탁 방식을 활용하여 토지비, 공사비 등 차입을 통한 사업진행을 선호할 수 밖에 없다.

3) PF대출금은 통상 분양수입금으로 전액 상환되는 경우가 일반적이나, 분양률이 저조하여 일부 대출금이 남아 있는 경우 미분양 물건의 담보대출을 통해 PF대출금을 상환받거나 준공 후 미분양 주택에 대해 근저당설정 또는 담보신탁을 통한 우선수익권으로 채권보전을 한다. 이 경우 주택법 제61조의 의미를 정확히 이해하면서 채권보전 조치를 해야 한다.

4) 미분양주택인 경우 입주예정자가 없어 부기등기의 효력이 미치지 않기 때문에 보존등기와 동시에 근저당설정 또는 담보신탁을 통해 채권보전을 해야 한다. 또한 계약해제, 해지 절차가 일어날 개연성이 있기 때문에 소유권이전 가능일로부터 60일 경과 시점에 채권보전절차를 이행하여야 한다. 60일 경과 후에는 시행사(위탁자)의 다른 채권자가 제한 물권을 설정할 수 있으므로 채권의 다툼이 일어날 수 있다.

나. 중도금 대주단 관점

1) 중도금 대출기관의 입장에서 소유권보존등기 전 시공사의 디폴트 등 기한이익 상실 사유가 발생하더라도 주택도시보증공사가 공동주택의 계약금 및 중도금 범위 내에서 보증을 해주기 때문에 공동주택의 중도금 대출은 금융기관에서 선호하는 대출이다. 다만 부동산경기 위축 또는 보존등기 후에도 수분양자가 잔금을 납부하지 않아

수분양자로 소유권이전이 이루어지지 않으면 대환대출, 담보대출 전환을 할 수 없어 대출금 상환이 지연되는 경우가 발생할 수 있다. 중도금 대출 시 대주단은 보존등기와 동시에 1순위 근저당을 설정할 수 있는 약정을 미리 체결해 두지만 부동산 등기는 약정서대로 자동으로 등기가 되는 것이 아니라 신청에 의해 등기부에 기재되어야 등기의 효력이 이루어지기 때문에 부기등기의 효력이 상실되는 시점에 반드시 근저당설정 또는 담보신탁 등을 통해 채권을 보전해야 선순위를 주장할 수 있다는 점을 명심해야 한다.

2) 보존등기 후 수분양자의 잔금 미납 시 대출금 회수가 지연될 수 있으며, 보존등기와 동시에 주택도시보증공사의 보증의무가 면제되기 때문에 보존등기 전 수분양자의 계약해제 또는 해지 세대에 대해 우선 사업주체(시행사) 또는 시공사로부터 대위변제 등을 통해 대출금을 상환받아야 하며, 중도금 대출금 일부 미상환시 보존등기와 동시에 미분양 물건에 대해 사업주체(시행사) 및 시공사와 협의하여 담보취득(보존등기와 동시에 신탁 또는 근저당설정)을 반드시 하여야 한다. 앞에서도 언급한 내용으로 금지사항등기(부기등기)효력은 입주예정자가 있는 분양분에 대해서만 효력이 있으므로 금지사항등기가 표시되어 있더라도 담보취득이 가능하다.

다. 요점 정리

1) 부기등기(금지사항등기)는 주택도시보증공사가 수분양자를 보호하기 위해 계약금 및 중도금에 대해 공동주택 준공 시까지 보증하는 것으로 준공과 동시에 주택도시보증공사의 보증의무가 면제된다.

2) 중도금 대주단 입장에서 준공과 더불어 수분양자가 잔금납입을 통한 소유권이전과 더불어 1금융권 또는 당해 중도금 대출을 담보대출로 전환하지 않는 이상 대주단은 단지 수분양자의 신용대출 상태에서 대출금 상환을 기다려야 할 수도 있다.

3) 보존등기는 사업주체(시행사)가 소유권 보존등기를 경료하므로 100% 분양 사업장이 아닌 경우 미분양세대가 존재한다. 미분양세대는 입주예정자가 없으므로 금지사항등기가 소유권에 대한 제한 또는 소유

권 이외에 대한 제한이 효력이 상실되어 담보를 취득할 수 있다. 일반적으로 중도금대출 취급 시 사업주체(시행사) 및 시공사 연대보증을 통한 신용보강을 하고 있으므로 사업주체 및 시공사의 동의를 받아 미분양세대에 대해 담보취득을 함으로써 대출금 상환을 대비해야 한다.

4) 수분양자가 계약을 해제 또는 해지하지 않은 상태에서 대출이자를 납입하지 않고 입주를 지연하고 있더라도 60일 경과와 동시에 담보취득 절차를 취해야 하며, 만약 담보취득에 대해 사업주체(시행사)가 동의하지 않을 경우 가압류 등을 통해서라도 채권확보를 강구해야 한다.

5) 사업주체(시행사)가 보존등기 후 미분양주택 또는 분양된 주택 중 계약해제, 해지 등의 사유로 미분양화 된 주택에 대해 담보대출로 대출금을 상환하고자 할 경우에도 위 주택법 제61조를 잘 이해하고 담보취득 절차를 이행하고, 담보취득 전 세대별 수분양자의 중도금 대출에 대해 세대별 계약해제 또는 해지시는 사업주체 또는 시공사로 하여금 대위변제 하도록 유도하여야 한다.

6) 수분양자의 대출금이 미상환 상태에서 공동주택의 보존등기 시 미분양세대에 대해서는 근저당 설정 또는 담보신탁을 통해 담보를 취득하고, 수분양자 미입주 세대에 대해서도 금지사항등기 효력 상실일 당일 담보취득(채권보전)을 할 수 있도록 사전에 준비해야 한다.

(4) 주택도시보증공사(HUG)로 신탁된 일반분양 사업부지의 등기사항 전부증명서

[토지] 경상남도 사천군 사남면 유천리 108

[표 제 부] (토지의 표시)					
표시번호	접 수	소재지번	지 목	면 적	등기원인 및 기타사항
1	1984년6월14일	경상남도 사천군 사남면 유천리 108	답	1907㎡	
					부동산등기법 제177조의 6 제1항의 규정에 의하여 2002년 08월22일 전산이기

[갑 구] (소유권에 관한 사항)				
순위번호	등기목적	접 수	등기원인	권리자 및 기타사항
3	소유권이전	2017년3월17일 제9611호	2016년11월15일 매매	소유자 주식회사 대신개발 110***-1****** 서울특별시 동작구 사당동 105 매매목록 제2017-328
4	소유권이전	2017년3월17일 제9632호	2017년3월17일 신탁	수탁자 주택도시보증공사 18****-11***** 부산광역시 남구 문현금융로 40
	신탁			신탁원부 제2017-502호

[을 구] (소유권 이외의 권리에 관한 사항)
기록사항 없음

◈ 수탁사가 주택도시보증공사인 경우 등기사항 전부증명서 해석

① 위 등기사례의 갑구 순위번호 4번을 보면 등기원인을 신탁으로 시행사로부터 주택도시보증공사로 신탁(소유권이전)되었다는 것을 알 수 있다. 갑구 순위번호 3번 시행사의 소유권이전 접수일이 2017년 3월 17일로 소유권이전과 동시에 주택도시보증공사에 신탁되었음을 확인할 수 있다. 표제부의 순위번호 1번의 면적이 1,907㎡(약577평)로 되어있어 공동주택의 사업부지가 아닌가 의심할 수도 있지만 사업부지의 여러 필지를 순차적으로 매수할 경우 필지별로 소유권이 주택도시보증공사로 이전되므로 적은 면적들도 이런 방식으로 이전된다.

② 갑구 순위번호 4번 주택도시보증공사로 소유권 이전됨과 동시에 권리자 및 기타사항에 신탁원부 제2017-502호만 기재되어 있다. 신탁원부를 등기소에서 발급받으면 신탁원부의 내용이 주택공급신탁계약서와 동일하며 신탁원부의 계약 내용이 주택사업을 전반적으로 통제할 수 있어 부기등기(금지사항등기)를 생략하였다. 이전에도 설명한 바 있듯이 주택도시 보증공사로 신탁될 경우 부기등기(금지사항등기)가 기입되어 있는 경우도 있으나 일반적으로 생략된다.

(6) 주택도시보증공사로 신탁된 주택조합의 사업부지 등기사항 전부증명서

[토지] 대구광역시 수성구 범어동 189-2

[표 제 부] (토지의 표시)					
표시번호	접 수	소재지번	지 목	면 적	등기원인 및 기타사항
1 (전 4)	1980년4월1일	대구광역시 수성구 범어동 189-2	대	343.6㎡	
					부동산등기법 제177조의 6 제1항의 규정에 의하여 1999년 08월13일 전산이기

[갑 구] (소유권에 관한 사항)				
순위번호	등기목적	접 수	등기원인	권리자 및 기타사항
3	소유권이전	2015년10월10일 제206982호	2015년4월15일 매매	소유자 김성진 52****-1****** 경기도 수원시 매탄동 100
4	소유권이전	2016년12월22일 제206985호	2016년12월21일 매매	소유자 수성지역주택조합 2215-**123 대구광역시 수성구 동대구로 100 대표자 최유석 대구광역시 서구 중리동 100 매매목록 제2016-6685호
5	소유권이전	2016년12월22일 제206997호	2016년12월21일 신탁	수탁자 주식회사 대신자산신탁 110***-1****** 서울특별시 중구 삼일대로 343
	~~신탁~~			~~신탁원부 제2016-7800호~~
6	소유권이전	2018년8월22일 제132820호	2018년8월21일 신탁재산의 귀속	소유자 수성지역주택조합 2215-**123 대구광역시 수성구 동대구로 100 대표자 최유석 대구광역시 서구 중리동 100
	5번 신탁등기 말소		신탁재산의 귀속	

7	소유권이전	2018년8월24일 제134130호	2018년8월22일 신탁	수탁자 주식회사 대신자산신탁 110***-1****** 서울특별시 중구 삼일대로 343
	~~신탁~~			~~신탁원부 제2018-9889호~~
8	소유권이전	2019년5월14일 제69245호	2019년5월13일 신탁재산의 귀속	소유자 수성지역주택조합 2215-**123 대구광역시 수성구 동대구로 100 대표자 최유석 대구광역시 서구 중리동 100
	7번 신탁등기 말소		신탁재산의 귀속	
9	소유권이전	2019년5월14일 제69246호	2019년5월13일 신탁	수탁자 주택도시보증공사 18****-11***** 부산광역시 남구 문현금융로 40
	신탁			신탁원부 제2019-6698

[을 구] (소유권 이외의 권리에 관한 사항)
기록사항 없음

◈ 수탁사가 주택도시보증공사인 지역주택조합 등기 사례 해석

① 갑구 순위번호 4번을 보면 매매를 등기원인으로 토지의 소유권이 지역주택조합으로 이전되었다.

소유자가 매매를 원인으로 지역주택조합에 소유권을 이전하였는데 지역주택조합원 중 토지 또는 건물을 소유한 조합원은 지역주택조합에 매매의 형식으로 소유권을 이전하면서 조합원 자격을 유지하는 것이 일반적이고 매매가격은 조합원 분양가와 비교하여 정산한다. 통상 1주택을 보장받아 조합원 자격을 유지하고 초과되는 금액은 현금으로 보상받는다. 조합원이 지역주택조합에 매매하는 것 또한 신탁으로 간주되므로 사업주체가 주택조합이 되고 보존등기 시 조합원 명의로 보존등기가 되며, 조합원이 아닌 경우 주택조합으로 보존등기 된다.

② 갑구 순위번호 7번을 보면 소유자인 수성지역주택조합에서 등기원인을 신탁으로 하여 대신자산신탁에 신탁을 한 경우인데 예전에는 지역주택조합이든 재건축주택조합이든 조합은 조합원의 재산을 신탁받는 것으로 보아 조합에서 부동산신탁사로 신탁하는 것을 2중 신탁

으로 간주하여 신탁이 불가능하였으나, 주택조합이 조합원의 재산으로 대출(부대시 허용)을 받을 경우에는 근저당권 설정을 통해 대출이 가능한데 담보신탁은 불가능하다는 것이 문제시 되어, 담보신탁인 경우에도 신탁을 통해 대출을 받을 수 있게 되었다. 하지만 주택법 제21조(대지의 소유권확보 등)에 의거 "주택건설사업계획의 승인을 받으려는 자는 해당주택건설대지의 소유권을 확보하여야 한다"는 단서 조항이 있어 사업계획승인 시 소유권은 다시 주택조합으로 이전되어야 하기 때문에 갑구 순위번호 8번 등기원인을 "신탁재산귀속"으로 하여 2019년 5월 14일 신탁등기를 말소하고 주택조합으로 소유권을 귀속시키면서, 동일한 날(2019년 5월 14일)에 주택도시보증공사로 소유권을 이전하였다. 지역주택조합이 주택도시보증공사로 소유권을 이전하였다는 의미는 예정 세대수 중 조합원분을 제외한 세대를 일반분양으로 전환하겠다는 의미이다.

③ 갑구 순위번호 9번에서 수탁자를 주택도시보증공사로 등기원인을 "신탁"으로 하여 소유권이전을 한 것은 본 지역주택조합이 조합원분양 외 일반분양을 하기 위해 주택도시보증공사로 소유권을 이전하였다고 보면 된다. 지역주택조합원이 100% 모집된 경우 주택예정세대수 중 일반분양을 할 세대가 존재하지 않아 분양보증이 필요하지 않으며, 일반분양세대수가 30세대 미만인 경우에는 주택도시보증공사의 분양보증이 필수조건이 아니므로 신탁을 원인으로 주택도시보증공사로 소유권을 이전할 필요가 없다. 조합원들이 모여 자기 분담금으로 주택을 건설하기 때문에 조합원들은 수분양자가 아니라 소유자 겸 입주예정자의 지위를 가지고 있으므로 일반분양의 수분양자 보호 목적의 분양보증은 의미가 없으며, 30세대 미만의 일반분양은 리스크가 없다고 판단하여 임의분양을 허용한 것이다. 일반분양인 경우 주택도시보증공사는 수분양자 보호를 위해서 소유권을 수탁받고 수탁받을 시 을구의 제한물건 등이 말소된 상태에서 수탁을 받으며, 수분양자 보호를 위해 분양보증을 한다. 보증범위 또한 수분양자의 계약금 및 중도금에 한정하고 있는데, 지역주택조합원의 분담금은 수분양자의 분양대금으로 간주되지 않아 주택도시보증공사가 분양보증하지 않는다

는 점을 명심해야 한다.

④ 을구의 소유권 이외의 권리에 관한 사항에 제한물권이 존재하지 않는 것은 일반분양을 위해서 주택도시보증공사에 신탁하거나 부동산 신탁사에 차입형, 관리형 토지신탁을 할 경우 입주예정자 보호를 위해 제한물권을 전부 말소하여야 하기 때문에 을구는 존재하지 않는다고 생각하면 된다.

(6) 공동주택 보존등기시 등기사항 전부증명서

① 소유권보존과 금지사항 등기

[집합건물] 부산광역시 부산진구 전포동 362-65 전포 유림노르웨이숲 제11층 제1108호

(대지권의 목적인 토지의 표시)				
표시번호	소재지번	지 목	면 적	등기원인 및 기타사항
1	1. 부산광역시 부산진구 전포동 362-65	대	1936.7㎡	2019년5월30일 등기

[표 제 부] (전유부분의 건물의 표시)				
표시번호	접 수	건물번호	건물내역	등기원인 및 기타사항
1	2019년5월30일	제11층 1108호	철근콘크리트구조 공동주택 59.67㎡	
(대지권의 표시)				
표시번호	대지권종류		대지권비율	등기원인 및 기타사항
1	1. 소유권대지권		1936.7분의 9.84	2019년5월14일 대지권 2019년5월30일 등기

[갑 구] (소유권에 관한 사항)				
순위번호	등기목적	접 수	등기원인	권리자 및 기타사항
1	소유권보존	2019년5월30일 제23129호		소유자 주식회사 대신건설 110***-1****** 서울특별시 동작구 사당동 105

1-1	금지사항등기			이 주택은 부동산등기법에 따라 소유권보존등기를 마친 주택으로서 입주예정자의 동의 없이는 양도하거나 제한물권을 설정하거나 압류, 가압류, 가처분 등 소유권에 제한을 가하는 일체의 행위를 할 수 없음. 2019년5월30일 부기

[을 구] (소유권 이외의 권리에 관한 사항)
기록사항 없음

◎ 공동주택 소유권 보존시 등기사항 전부증명서 해석

1) 등기사항전부 증명서 갑구 순위번호 1번란에 등기목적을 소유권 보존 즉 건물을 신축하여 시행사(사업주체)가 2019년 5월 30일에 소유권보존 등기를 완료했다. 건설사가 사업주체로서 시행과 시공을 같이 하는 것을 통상 자체사업이라고 하는데 시행사 겸 시공사인 대신건설이 자체사업으로 공동주택을 준공하여 소유권보존등기를 경료한 등기사례이며, 공동주택 사업은 주택도시보증공사에 의무적으로 분양보증을 받아 입주자를 모집하며 입주예정자 보호를 위해 건축물 보존등기시 금지사항등기를 병기한다.

이 사례는 소유권 보존을 신탁사 명의로 하지 않았으므로 차입형, 관리형 토지신탁에 의한 사업방식이 아닌 주택도시보증공사에 신탁하는 방식임을 알 수 있고 공동주택의 소유권보존 시 도지에 대한 주택도시보증공사의 신탁을 해지되고 시행사(사업주체)가 보존등기의 주체가 되는 사례이다.

2) 갑구 순위번호 1-1 금지사항등기는 갑구 순위번호 1번의 부기등기로 소유권 보존일자인 2019년 5월 30일 보존등기와 동시에 금지사항등기를 하여 입주예정자가 일정기간 동안 소유권이전등기를 할 수 있도록 입주예정자를 보호하겠다는 의미이다. 금지사항등기일은 권리자 및 기타사항의 하단에 “2019년 5월 30일 부기”라고 표시되어 있다.

② 공동주택의 소유권보존시 토지 등기사항 전부증명서의 변동사항

[갑 구] (소유권에 관한 사항)				
순위 번호	등기목적	접 수	등기원인	권리자 및 기타사항
69	소유권이전	2016년12월29일 제77161호	2016년12월28일 신탁	수탁자 주택도시보증공사 18****-11***** 부산광역시 남구 문현금융로 40
	~~신탁~~			~~신탁원부 제2016-2365~~
70	소유권이전	2019년5월21일 제21665호	2019년5월21일 신탁재산의 귀속	소유자 주식회사 대신건설 110111-1234567 서울특별시 동작구 사당동 105
순위번호 71~73 생략				
74	소유권대지권			건물의 표시 부산광역시 부산진구 전포동 362-65 전포유림노르웨이숲 철근콘크리트구조(철근) 콘크리트지붕26층 공동주택 1층 848.16㎡ 2층 745.19㎡ 3층 661.85㎡ 4층 661.85㎡ 5층 661.85㎡ 6층 661.85㎡ 7층 661.85㎡ 8층 661.85㎡ 9층 661.85㎡ 10층 661.85㎡ 11층 661.85㎡ 12층 661.85㎡ 13층 661.85㎡ 14층 661.85㎡ 15층 661.85㎡ 3층 661.85㎡ 16층 661.85㎡ 17층 661.85㎡ 18층 661.85㎡ 2019년5월30일 등기

㉮ 공동주택의 소유권보존시 등기사항 전부증명서 해석(토지등기부로 일부분만 발췌)

1) 갑구 순위번호 69번을 보면 토지소유권 취득 후 일반분양을 하기 위해 토지(사업부지)를 2016년 12월 29일 주택도시보증공사로 소유권이전(신탁)을 하였다.

2) 갑구 순위번호 70번을 보면 신탁재산의 귀속에 따라 주택도시보증공사에서 사업주체(시행사)인 대신건설로 2019년 5월 21일 소유권을 이전하였으며, 이는 건축물의 준공에 따른 토지 소유권이전이란 의미이며 사업주체가 사업부지를 2016년 12월 29일 주택도시보증공사에 신탁한 후 약 2년 5개월이 경과된 시점에 건축물 준공에 따른 보존등기를 위해 사업부지에 대한 주택도시보증공사의 신탁을 해지하고 위탁자인 사업주체에게 소유권을 되돌려 준 것이다.

3) 갑구 순위번호 74번을 보면 등기목적이 소유권대지권으로 표시되어 있다. 소유권대지권이란 뜻은 구분건물에 사업부지인 대지를 각 세대에 안분하여 대지의 권리를 나눈다는 것으로 각 세대에 대지권을 부여한다는 의미이다. 권리자 및 기타사항을 보면 건물의 표시에 따른 즉 지하3층~지상 18층 건물에 "2019년 5월 30일 등기"로 기재하고 등기목적이 소유권 대지권으로 세대별로 대지권을 부여하였음을 표시한다. 소유권대지권 등기는 토지(사업부지)에 건축물을 준공하고 건축물에 대지권을 입혀 집합건물을 만들기 위한 절차로, 소유권 대지권 부여일인 2019월 5월 30일에 공동주택의 보존등기가 이루어졌음을 알 수 있다. 또한 앞장에서 설명했듯이 집합건물 등기사항전부증명서의 표제부 상 갑구 1번 소유권보존일이 2019년 5월 30일로 되어 있는 것은 대지권부여일에 공동주택의 보존등기가 이루어졌다는 의미이다. 택지개발지구나 도시개발사업인 경우 건물 준공 후 수년 후에 대지(토지)의 준공이 완료되는 경우도 있는데, 대지 준공시점에 대지권이 부여되므로 이 경우 건물 준공 시 공동주택 등기부의 전유부분 표제부의 대지권의 표시에 "별도등기 있음"으로 기재하였다가 대지권 부여시 별도등기를 말소한다.

4) 소유권대지권 부여일이 2019년 5월 30일인 것을 알고 위 본건 사

례의 구분건물 부산 전포동 362-15 전포 노르웨이 숲 1108호의 갑구 1번의 소유권 보존일 2019년 5월 30일과 대조해보면 토지와 건물에 대한 공동주택의 건축과정을 등기사항전부증명서를 통해 알 수 있다.

5) 사업주체가 대신건설(가칭)로 실제 사업개요를 확인해 보면 아파트 147가구, 오피스텔 48실 및 근린생활시설로 구성되어 있는데 건설사가 시행사 겸 시공사로 본 건 건축물을 자체사업으로 개발하였다는 것을 알 수 있다. 정확한 내용을 확인하고 싶다면 갑구 69번 주택도시보증공사의 신탁 원부 제2016-2365호를 열람하면 알 수 있다.

③ 소유권보존시 금지사항등기와 수분양자로의 소유권이전등기

[집합건물] 경기도 화성시 봉담읍 수영리 674 우방아이유쉘1단지 제101동 제1층 101호

(대지권의 목적인 토지의 표시)				
표시번호	소재지번	지 목	면 적	등기원인 및 기타사항
1	1. 경기도 화성시 봉담읍 수영리 674	대	25099㎡	2016년7월7일 등기

[표 제 부] (전유부분의 건물의 표시)				
표시번호	접 수	건물번호	건물내역	등기원인 및 기타사항
1	2016년7월7일	제1층 101호	철근콘크리트구조 59.9983㎡	
(대지권의 표시)				
표시번호	대지권종류		대지권비율	등기원인 및 기타사항
1	1. 소유권대지권		25099분의 39.0813	2016년7월7일 대지권 2016년7월7일 등기

[갑 구] (소유권에 관한 사항)				
순위번호	등기목적	접 수	등기원인	권리자 및 기타사항
1	소유권보존	2016년7월7일 제23129호		소유자 우리건설 주식회사 110***-1****** 서울특별시 서초구 서초동 100

~~1-1~~	~~금지사항등기~~			~~이 주택은 부동산등기법에 따라 소유권보존등기를 마친 주택으로서 입주예정자의 동의를 얻지 아니하고는 당해 주택에 대하여 양도 또는 제한물권을 설정하거나 압류, 가압류, 가처분 등 소유권에 제한을 가하는 일체의 행위를 할 수 없음.~~ ~~2016년7월7일 부기~~
2	소유권이전	2016년8월19일 제141112호	2013년12월17일 매매	소유자 박진영 81****-1****** 경기도 수원시 정자동 100 거래가액 200,000,000원

◈ 공동주택의 준공에 따른 등기사항증명서의 표제부 및 갑구 해석

1) 공동주택 101호의 표제부에는 전유부분의 건물의 표시와 전유부분의 대지권의 표시로 구성되어 있다. 전유부분의 건물의 표시란 "건물내역"에는 59.9983㎡(약18평)로 기재되어 있는데 전용면적으로 나타낸 것으로 공유면적 등을 포함하면 분양면적은 약 24평 정도로 보면 된다. 대지권의 표시란의 "대지권의 종류"는 소유권대지권으로 표기하고 "대지권비율"은 25099분의 39.0813으로 되어있는데 25099(약7,592평)는 사업부지(토지)의 면적을 뜻하고 39.0813(약11.8평)은 사업부지 중 101호에 부여된 토지면적을 말한다. 즉 101호 소유자의 토지 소유권이 39.0813(약11.8평)이라는 의미이다.

2) 표제부의 "전유부분의 건물의 표시"란 표시번호 1번의 접수일 2016년7월7일과 갑구 순위번호 1번 소유권 보존일이 동일한 이유는 소유권 보존일에 건축물 등기부가 생성되어 등기사항을 기록하였다는 의미이다.

3) 갑구 순위번호 1번에 사업주체가 소유권을 보존하면서 주등기인 순위번호 1번의 부기등기로 순위번호 1-1 금지사항등기를 하였다. 주택법 제61조(저당권 설정 등의 제한)에 근거하여 주택의 보존등기와 동시에 금지사항 등기를 한 사례이다.

4) 보존등기일과 동일한 날짜에 갑구 순위번호 1번의 1-1부기등기(금지사항등기)를 하여 일정기간 수분양자의 소유권이전에 대한 안전을

보장하고 있다.

5) 갑구의 순위번호 2번의 등기원인이 2013년 12월 17일 매매로 되어있는 것은 수분양자의 분양계약일로 간주하면 되고, 등기접수일인 2016년 8월 19일은 수분양자가 분양잔금을 납부하고 소유권을 이전한 날짜로 생각하면 된다.

6) 갑구 순위번호 1번의 소유권 보존일은 2016년 7월 7일로 소유권 보존과 동시에 순위번호 1-1 금지사항등기를 하였는데 이 금지사항등기는 주택법 제61조(저당권 설정 등의 제한)에 의거 입주예정자가 그 주택의 소유권이전등기를 신청할 수 있는 날 이후 60일까지의 기간 동안 입주예정자의 동의 없이 제한물건 등을 설정할 수 없도록 강제하겠다는 의미로, 입주예정자의 소유물이니 이 기간에는 입주예정자가 소유권 이전할 때까지 어떠한 행위도 하지 말라는 뜻이다.

7) 공동주택의 입주일이 도래하면 사업주체가 입주예정자에게 통상 2개월 전에 입주예정통지서를 발송하는데 입주예정자는 입주예정 기간동안 자기자금 또는 금융기관 대출을 통해 입주 잔금을 조달하여 사업주체의 계좌 또는 신탁계좌에 납부하여야 하며, 잔금 납부 완료 시 분양받은 호실의 소유권 이전 관련서류와 해당 호실의 KEY를 받을 수 있다. 대출을 받아 잔금을 납부할 경우 분양받은 호실에 대한 금융기관의 대출 확인서(중도금→담보대출 전환)를 첨부하여야 소유권 이전 서류와 KEY를 수령할 수 있다.

8) 본 건 등기 사례의 소유권 이전 가능일은 소유권보존일인 2016년 7월 7일로 볼 수 있으며, 입주예정자(수분양자)는 소유권 이전 가능일로부터 60일 전인 2016년 8월 19일에 소유권이전등기를 완료하였다. 입주예정자(수분양자)가 소유권을 취득하였으므로 주택법 제61조(저당권 설정 등의 제한)의 금지사항등기의 효력은 의미가 없으며 소유권이전과 동시에 당연 말소된다.

(7) 공동주택 보존등기시 분양세대와 미분양세대의 등기사항 전부증명서

① 분양세대

[집합건물] 충청남도 서산시 성연면 일람리 1089 서산테크노밸리 고운라피네 제103동 제8층 제804호

[표 제 부] (1동의 건물의 표시)				
표시번호	접 수	소재지번, 건물명칭 및 번호	건 물 내 역	등기원인 및 기타사항
1	2018년3월12일	충청남도 서산시 성연면 일람리 1089 서산테크노밸리 고운라피네 제103동 [도로명주소] 충청남도 서산시 성연면 성연3로 57-30	철근콘크리트구조 (철근)콘크리트지붕 16층 공동주택 1층 100.1504㎡ 2층 436.8872㎡ 3층 436.8872㎡ 4층 436.8872㎡ 5층 436.8872㎡ 6층 436.8872㎡ 7층 436.8872㎡ 8층 436.8872㎡ 9층 436.8872㎡ 10층 436.8872㎡ 11층 436.8872㎡ 12층 4436.8872㎡ 13층 436.8872㎡ 14층 436.8872㎡ 15층 436.8872㎡ 16층 436.8872㎡	

(대지권의 목적인 토지의 표시)				
표시번호	소재지번	지 목	면 적	등기원인 및 기타사항
1	충청남도 서산시 성연면 일람리 1089	대	42791㎡	2018년3월12일 등기

[표 제 부] (전유부분의 건물의 표시)				
표시번호	접 수	건물번호	건물내역	등기원인 및 기타사항
1	2018년3월12일	제8층 제804호	철근콘크리트구조 84.6603㎡	

(대지권의 표시)			
표시번호	대지권종류	대지권비율	등기원인 및 기타사항
1	1 소유권대지권	42791분의 59.272	2018년2월11일 대지권 2018년3월12일 등기
2			~~별도등기 있음~~ ~~1토지(갑구 8-1번~~ ~~금지사항등기)~~ ~~2018년3월12일등기~~
3			2번 별도등기 말소 2018년5월4일 등기

[갑 구] (소유권에 관한 사항)				
순위번호	등기목적	접 수	등기원인	권리자 및 기타사항
1	소유권보존	2018년3월12일 제9652호		소유자 대신주택 주식회사 200***-1****** 서울특별시 여의도동 100
~~1-1~~	~~금지사항등기~~		~~2015년8월28일~~ ~~입주자모집공고~~ ~~승인신청~~	~~이 주택은부동산등기법에 따라 소유권보존등기를 마친 주택으로서 입주예정자의 동의 없이는 양도하거나 제한물권을 설정하거나 압류, 가압류, 가처분 등 소유권에 제한을 가하는 일체의 행위를 할 수 없음.~~ ~~2018년3월12일 부기~~
2	소유권이전	2018년5월4일 제17835호	2017년3월9일	조귀성 721010-1234567 서울 동작구 상도동 100 거래가액 금245,200,000원
3	1-1번 금지사항등기말소			2번 소유권이전등기로 인하여 2018년5월4일 등기

◇ 공동주택 보존등기시 분양세대 등기사항 전부증명서 해석

1) 본 건 등기부는 충남 서산테크노밸리 A2b 블록 고운디피에 총 758세대가 2018년 3월 12일 보존등기 되면서 생성된 세대의 등기부이며, 등기부 상 지번인 충청남도 서산시 성연면 일람리 1089는 택지개발지구의 토지가 준공되면서 새롭게 부여된 지번(신지번)이다.

2) 갑구 순위번호 1번을 보면 사업주체(시행사)가 2018년 3월 12일 소유권을 보존하였다.

3) 갑구 순위번호 1의 등기 목적이 소유권보존인 경우에는 등기원인을 기재하지 않으며, 갑구 순위번호 1-1은 갑구 순위번호 1의 부기등기이므로 등기접수일은 주등기인 순위번호 1에 따르기 때문에 접수일이 기록되어 있지 않다. 갑구 순위번호 1번의 등기목적이 소유권보존이므로 소유권보존과 함께 주택법 제61조 “저당권설정 등의 제한”에 의거 등기목적을 금지사항등기로 하며, 권리자 및 기타사항에 부기등기의 내용을 기입하였다.

4) 갑구 순위번호 1-1 등기목적을 “금지사항등기”로 하고 권리자 및 기타사항 란에 “이 주택은 부동산등기법에 따라 소유권보존등기를 마친 주택으로서 입주예정자의 동의를 얻지 아니하고는 당해 주택에 대하여 양도 또는 제한물권을 설정하거나 압류, 가압류, 가처분 등 소유권에 제한을 가하는 일체의 행위를 할 수 없다. 2018년 3월 12일 부기”라고 기입등기한다.

5) 갑구 순위번호 1-1의 등기원인은 2015년 8월 28일 입주자 모집공고 승인신청으로 표시되어 있다. 일반분양 사업장은 사업부지 확보 후 사업계획승인과 더불어 분양을 하기 위해서는 입주예정자 보호가 필수적이므로 등기목적을 “금지사항등기”로 표기하고 권리자 및 기타사항에 “이 토지는 주택법에 따라 입주자를 모집한 토지(주택조합의 경우에는 주택건설사업계획승인이 신청된 토지를 말한다)로서 입주예정자의 동의 없이는 양도하거나 제한 물권을 설정하거나 압류, 가압류, 가처분등 소유권에 제한을 가하는 일체의 행위를 할 수 없음”으로 표기한다. 그런데 위 사례는 소유권 보존된 주택인데 등기원인을 2015년 8

월 28일 입주자모집공고승인신청으로 하고 권리자 및 기타사항란에는 "이 주택은 부동산등기법에 따라 소유권보존등기를 마친 주택으로서 입주예정자의 동의를 얻지 아니하고는 당해 주택에 대하여 양도 또는 제한물권을 설정하거나 압류, 가압류, 가처분 등 소유권에 제한을 가하는 일체의 행위를 할 수 없다. 2018년 3월12일 부기"라고 되어 있어 이해하기가 어렵다. 이해를 돕자면 소유권 보존등기 시 등기원인은 생략하는데 위 사례의 경우 생략하지 않고 등기원인이 존재한다. 그 이유는 표제부(대지권의 표시)의 표시번호 2번의 등기원인 및 기타사항에 "별도등기 있음" 즉 보존등기일인 2018년 3월 12일에 소유권대지권을 부여하면서 전유부분의 표제부 상 "등기원인 및 기타사항"란에 토지에 별도의 등기가 있다는 것을 기입하였고, 그 별도등기의 원인이 2015년 8월 28일 입주자 모집공고 신청에 의한 "금지사항등기"임을 나타내고 있기 때문이다. 사업부지의 금지사항등기가 말소되지 않은 상태에서 주택의 보존등기가 이루어진 사례라고 생각하면 된다. 표제부(대지권의 표시)의 표시번호 3번의 등기원인 및 기타사항을 보면 2018년 5월 4일에 별도등기가 말소되었는데 공동주택의 보존등기일로부터 약2개월 경과한 시점에 별도등기가 말소되었다. 택지개발지구의 사업부지는 토지의 준공이 건축물의 준공보다 다소 늦어지는 경향이 있고 신지번을 부여받아야 대지권을 부여할 수 있으므로 신지번 부여 후 입주예정자의 소유권이전일인 2018년 5월4일에 금지사항등기 및 별도등기가 말소되었다.

② 미분양세대

[집합건물] 충청남도 서산시 성연면 일람리 1089 서산테크노밸리 고운라피네 제112동 제16층1601호

[표 제 부] (1동의 건물의 표시)				
표시번호	접 수	소재지번, 건물명칭 및 번호	건물내역	등기원인 및 기타사항
1	2018년3월12일	충청남도 서산시 성연면 일람리 1089 서산케크노밸리	철근콘크리트구조 (철근)콘크리트지붕 16층 공동주택	

		고운리피에 제112동 [도로명주소] 충청남도 서산시 성연면 성연3로 57-30	1층 100.1504㎡ 2층 436.8872㎡ 3층 436.8872㎡ 4층 436.8872㎡ 5층 436.8872㎡ 6층 436.8872㎡ 7층 436.8872㎡ 8층 436.8872㎡ 9층 436.8872㎡ 10층 436.8872㎡ 11층 436.8872㎡ 12층 4436.8872㎡ 13층 436.8872㎡ 14층 436.8872㎡ 15층 436.8872㎡ 16층 436.8872㎡	

(대지권의 목적인 토지의 표시)

표시번호	소재지번	지 목	면 적	등기원인 및 기타사항
1	충청남도 서산시 성연면 일람리 1089	대	42791㎡	2018년3월12일 등기

[표 제 부] (전유부분의 건물의 표시)

표시번호	접 수	건물번호	건물내역	등기원인 및 기타사항
1	2018년3월12일	제16층 제1601호	철근콘크리트구조 84.6603㎡	

(대지권의 표시)

표시번호	대지권종류	대지권비율	등기원인 및 기타사항
1	1 소유권대지권	42791분의 59.272	2018년2월11일 대지권 2018년3월12일 등기
2			~~별도등기 있음 1토지(갑구 8-1번 금지사항등기) 2018년3월12일등기~~
3			2번 별도등기 말소 2019년2월28일 등기

[갑 구] (소유권에 관한 사항)				
순위 번호	등기목적	접 수	등기원인	권리자 및 기타사항
1	소유권보존	2018년3월12일 제9652호		소유자 대신주택 주식회사 200***-1****** 서울특별시 여의도동 100
2	소유권이전	2018년3월12일 제9653호	2018년3월12일 신탁	수탁자 주식회사 대신자산신탁 110***-1****** 서울특별시 중구 삼일대로 343
				~~신탁~~ ~~신탁원부 제2018-1225호~~
3	소유권이전	2019년2월28일 제6845호	2019년2월28일 신탁재산의 귀속	소유자 대신주택 주식회사 200***-1****** 서울특별시 여의도동 100
				2번 신탁등기 말소 원인 신탁재산의 귀속
4	소유권이전	2019년2월28일 제6847호	2019년2월1일 매매	소유자 원진아 85****-2****** 서울 동작구 노량진동 123 거래가액 금219,210,000원

[을 구] (소유권 이외의 권리에 관한 사항)				
순위 번호	등기목적	접 수	등기원인	권리자 및 기타사항
3	근저당권설정	2019년2월28일 제6848호	2019년2월28일 설정계약	채권최고액 금 146,300,000원 채무자 원진아 서울 동작구 노량진동 123 근저당권자 주식회사대신저축은행 110***-1****** 서울특별시 중구 삼일대로 343

◈ 공동주택 보존등기시 미분양세대 등기사항 전부증명서 해석

1) 본 건 등기부의 갑구 순위번호 1은 사업주체(시행사)인 대신주택이 2018년 3월 12일 소유권을 보존하고 당일 대신자산신탁으로 소유권을 이전하였다. 여기서 주의할 점은 입주예정자가 있는 경우 소유권보존등기와 동시에 주택법 제61조의 금지사항등기(부기등기)가 기입되어야 하는데 신탁사로 소유권이 이전되었다는 것은 입주예정자(수분

양자)가 없는 미분양주택이거나 분양해제 또는 해지되어 미분양처리된 주택이라는 것을 알 수 있다.

2) 분양세대의 사례와 달리 소유권보존등기와 동시에 금지사항등기가 부기등기 되어 있지 않은 것은 금지사항등기는 입주예정자를 보호하기 위한 등기사항이지 입주예정자가 없는 세대까지 보호할 필요가 없고 주택도시보증공사 입장에서도 입주예정자에 대해서만 분양보증을 하므로 금지사항등기를 할 필요가 없기 때문이다.

3) 갑구 순위번호 2를 보면, 시행사가 소유권보존등기와 동시에 신탁을 등기원인으로 부동산신탁사에 소유권을 이전하였다. 부동산신탁사에 소유권을 이전하였다는 의미는 사업주체가 담보대출 목적으로 공동주택을 담보로 제공하여 담보신탁 방식으로 대출을 받았거나, 담보신탁을 통해 PF 대출, 중도금 대출 또는 공사비 미수금의 담보목적으로 금융기관이나 시공사에게 주택을 담보로 제공하였다는 것을 간접적으로 나타내고 있으며 신탁원부를 발급받아 보면 정확한 내용을 확인할 수 있다.

4) 갑구 순위번호 4를 보면 시행사가 미분양세대를 매매하면서 2019년 2월 28일 부동산신탁사로부터 신탁재산의 귀속을 통해 다시 소유권을 이전받고 그 소유권이전과 동시에 매수인에게 소유권을 이전하고 있다. 미분양세대를 신탁사의 부동산 공매방식이 아닌 사업주체(위탁자)가 매도인이 되는 매매방식으로 미분양세대를 소유권이전 하는 경우에는 매매계약서의 당사자인 사업주체와 매수인이 매매계약서를 작성해야 하는데 매수인의 등기원인인 매매계약일이 2019일 2월 1일이고 잔금일이 2019년 2월 28일로 기입되어 있는 것을 보면 매매계약 당시 소유자는 부동산신탁사임을 알 수 있다.

매수인은 계약금을 신탁사의 신탁계좌로 송금하거나 매도인(사업주체)에게 송금한 뒤, 매매 잔금을 신탁사 또는 매도인(사업주체)에게 납부하며, 신탁사가 신탁재산의 귀속 방식으로 신탁을 해지하고 시행사(사업주체)에서 매수인으로 소유권을 이전하는 방식을 취한다. 매수인의 입장에서는 현재 소유자인 신탁사에게 계약금 및 매매잔금을 송금하는 방식으로 계약을 체결해야 소유권 이전의 안정성을 확보할 수 있기 때문에 반드시 등기부 상 소유자에게 계약금 및 잔금을 지급하여야 소유권 취득에 문제가 발생하지 않는다.

5) 담보신탁인 경우 일반적으로 채권자인 우선수익권자가 존재하며, 우선수익자의 동의 없이 신탁을 해지할 수 없으므로 매매 계약시 계약금 및 잔금으로 대출금을 상환하여야 하며, 대출금을 상환받은 금융기관인 우선수익권자가 신탁사에 신탁해지 동의서를 송부하고, 신탁사는 신탁해지 동의서를 확인한 후 사업주체에게 신탁재산을 귀속시킴과 동시에 소유권이전 절차를 이행하는 방식으로 소유권이 이전된다.

6) 미분양세대의 신탁은 담보신탁인 경우가 일반적인데 갑구 순위번호 2의 "권리자 및 기타사항"란의 신탁원부 제2018-1225를 등기소에서 징구해 보면 금융기관으로부터 대출을 받아 담보로 제공한 것임을 알 수 있다. 신탁해지를 위해서는 우선수익권자인 채권자의 동의가 필수적이며, 신탁해지시 위탁자인 원소유자에게 신탁재산이 귀속된다. 채권자인 금융기관의 대출조건에 따라 분양가 전액, 분양가의 90%, 감정가의 90~100% 등 다양한 조건에 따라 담보물을 해지할 수 있기 때문에 매매대금 전액을 신탁사에 입금하지 않더라도 신탁은 해지 될 수 있다. 담보신탁인 경우에는 신탁사가 미분양세대의 매매대금에 대한 대리사무(매매대금 관리)를 하지 않는 경우가 많으며, 대리사무가 없는 경우 매수인은 매도인(사업주체) 및 신탁사와 협의하여 우선수익자(금융기관)에 개설된 매도인 계좌로 매매잔금을 송금하고 우선수익자(금융기관)가 신탁해지 동의서를 작성하여 신탁사에 송부하면 신탁사가 신탁재산의 귀속을 등기원인으로 신탁재산을 매도인(사업주체)에 이전함과 동시에 매수인에게 소유권을 이전하는 방식을 취해야 한다.

◈ 보존등기 후 소유권 이전 등기사항 전부증명서 해석

1) 을구 순위번호 3을 보면 등기목적이 근저당권 설정으로 되어있으며, 근저당권 설정일이 2019년 2월 28일로 신탁등기 말소일 및 매수인의 소유권이전일과 동일하다는 것은 본 건 부동산의 매수자가 근저당권자인 대신저축은행으로부터 대출을 받아 잔금을 납부하면서 소유권을 이전을 받았다는 것을 알 수 있다.

2) 만약 남수가 융자하지 않으면 금융기관 등으로부터 대출을 받지 않고 본인 자금으로 매매대금을 납부하고 소유권을 이전하였다고 판단하면 된다.

4. 주택공급신탁계약서

주택법 상 공동주택을 분양하기 위해서는 우선 토지(사업부지)를 시행사 또는 주택조합이 부동산신탁사에 신탁하는 경우와 주택도시보증공사에 신탁하고 분양하는 경우로 구분할 수 있는데, 아래 사례는 사업부지를 주택도시보증공사에 신탁했을 경우의 등기사항증명서로 주택도시보증공사로 소유권이전 시 등기사항과 신탁원부의 내용을 알아보고자 한다.

(1) 주택도시보증공사로 신탁된 등기사항전부증명서

[토지] 전라북도 완주군 이서면 은교리 653-4

[갑 구] (소유권에 관한 사항)				
순위번호	등기목적	접 수	등기원인	권리자 및 기타사항
9	소유권이전	2017년5월24일 제52876호	2017년5월22일	소유자 대신지역주택조합 3511-12345 서울특별시 중구 삼일대로 343 대표자 이승호 721234-1234567 경기도 김포시 걸포동 100
~~10~~	~~소유권이전~~	~~2017년10월16일 제100813호~~	~~2017년9월28일 신탁~~	~~수탁자 주식회사 대신자산신탁 110***-1****** 서울특별시 중구 삼일대로 343~~ ~~신탁 신탁원부 제2017-3940호~~
11	10번 소유권 이전등기 말소	2018년1월17일 제5246호	2017년12월14일 합의해제	

12	소유권이전	2018년1월17일 제5247호	2018년1월8일 신탁	수탁자 주택도시보증공사 184123-0001234 부산광역시 남구 문현금융로 40
				신탁 신탁원부 제2018-30호

◈ 주택도시보증공사로 소유권이전 등기사항 전부증명서 해석

1) 갑구 순위번호 10번을 보면 지역주택조합에서 부동산신탁사로 소유권을 이전하였는데 "권리자 및 기타사항"란의 신탁원부 제2017-3940을 열람하지 않아도 이 신탁은 차입형, 관리형 토지신탁이 아닌 담보신탁임을 알 수 있다.

지역주택조합사업의 사업주체는 주택조합이기 때문에 신탁사로 사업주체 변경이 필수인 차입형, 관리형 토지신탁 방식의 신탁방식을 취할 수 없으므로 담보신탁 외에 다른 신탁을 할 수 없다.

2) 지역주택조합이 추가 조합원 모집과 병행하여 토지를 매입하기 위해 조합명의의 토지를 담보로 제공하고 브릿지대출을 받으면서 담보신탁을 한 것으로 추정되며, 지역주택조합이 분양을 하기 위해서는 사업계획승인 및 시공사 선정이 완료된 후 본 PF실행 시 사업부지를 주택도시보증공사에 신탁하여 분양절차를 이행해야 한다.

3) 갑구 순위번호 12의 "권리자 및 기타사항"란을 보면 주택도시보증공사에 신탁하고 신탁원부 제2018-30호가 표시되어 있으며, 신탁원부를 등기소에서 발급 받아보면 신탁원부의 내용이 주택공급신탁계약서와 동일하다는 것을 알 수 있다.

4) 토지(사업부지)가 주택도시보증공사로 신탁될 경우 금지사항등기(부기등기)는 생략한다.

(2) 주택공급신탁계약서(신탁원부)

아래 첨부된 주택공급신탁계약서는 위 등기사항 전부증명서(전라북도 완주군 이서면 은교리 653-4)의 갑구 12번 권리자 및 기타사항란의 신탁원부 제2018-30호를 등기소에서 징구한 신탁원부의 내용이며, 지역

주택조합의 토지가 주택도시보증공사에 신탁되었을 경우 신탁업무의 사례로 신탁업무의 주 내용이 주택공급신탁계약서로 이루어져 있음을 보여주고 있다.

[별지서식 제70호] (제60조 관련)
<개성 2009.9.29., 2011.12.27., 2014.9.5.><개페정리 2015.6.30.>

주택공급신탁계약서

위탁자겸 수익자 대신지역주택조합(이하 "갑"이라 한다)와 수탁자겸 수익자 주택도시보증공사(이하 "을"이라 한다)은 아래와 같이 신탁계약을 체결한다.

제1조 (용어의 정의) 이 계약서에서 사용하는 용어의 정의는 다음 각 호와 같다.

1. "분양보증"이라 함은 주택분양보증, 주상복합주택분양보증 또는 주택임대보증을 말한다.
2. "인·허가"라 함은 주택법에 따른 사업계획승인, 건축법에 따른 건축허가 또는 이에 준하는 주택건설사업 시행 관련 인·허가를 말한다.
3. "공급"이라 함은 분양 또는 임대를 말한다.
4. "주택등"이라 함은 주택, 부대시설, 복리시설, 주상복합주택 및 오피스텔 등을 말한다.
5. "보증이행"이라 함은 분양이행 또는 환급이행을 말하며, 주택임대보증의 경우에는 임대이행 또는 환급이행을 말한다.

제2조 (신탁부동산)
신탁부동산은 "갑"이 인·허가를 얻어 주택건설사업을 하고자 하는 별지 <신탁부동산목록> 기재의 토지(인·허가서상의 진입도로 및 기부채납 대상 토지를 포함한다. 이하 "토지"라 한다) 및 동 토지 위에 건축중이거나 건축된 건물을 말한다.

제3조 (신탁목적)
이 신탁의 목적은 "갑"이 토지위에 인·허가 내용에 따라 주택등을 건설하여 수분양자에게 공급계약을 이행하거나, "갑"이 공급계약을 이행할 수 없는 경우 주택도시기금법시행령 제21조 제2항 제1호에 따라 분양보증을 한 "을"이 보증이행을 목적으로 신탁부동산을 관리·공급 및 처분(토지나 주택등의 소유권이전을 포함한다. 이하 같다)하는 데에 있다.

제4조 (신탁 및 신탁공시)
① "갑"은 토지를 "을"에게 신탁하고, "을"은 이를 인수한다.
② "갑"과 "을"은 신탁계약을 체결한 후 지체 없이 토지에 대하여 신탁을 원인으로 한 소유권이전등기 및 신탁등기를 하여야 하고 건물은 완공된 후에 신탁등기를 한다. 이 경우에 발생되는 비용은 "갑"이 부담한다.

제5조 (하자담보책임 등)

① "갑"은 신탁기간 중 또는 신탁종료 후 그 신탁한 토지의 하자 및 그 하자가 있음을 원인으로 하여 발생된 손해에 대하여 책임을 진다.
② "을"은 선량한 관리자의 주의로서 신탁부동산을 관리한 경우에는 신탁기간 중 또는 신탁종료 후 신탁 부동산에 대하여 발생된 하자 및 그 하자가 있음을 원인으로 "갑" 또는 수익자와 제3자에게 발생된 손해 등에 대하여 책임을 지지 아니한다.

제6조 (주택의 건설 및 공급)
① "갑"은 사업주체 또는 건축주로서 "주택등"을 건설·공급한다.
② "갑"은 제1항에 따른 공급 전에 반드시 "을"의 분양보증을 받아야 한다.

제7조 (승계사업등)
① "갑"이 부도·파산 또는 회생절차개시신청 등으로 공급계약의 이행이 불가능하다고 "을"이 인정하여 "을" 또는 "을"이 지정하는 자로 사업주체 변경의 신청(건축주변경 포함) 등 승계사업을 하는 경우 "갑"은 이에 이의를 제기할 수 없다.
② "을" 또는 "을"이 지정하는 자는 제1항의 신탁사무로서 분양보증의 이행을 위하여 신탁부동산의 관리·공급 및 처분에 대한 사무를 처리한다.
③ 주택임대보증의 경우로 "을"이 승계사업자로서 사업을 완료할 경우에는 임대계약상의 임대기간 동안 "을"이 임대인으로서의 권리·의무를 행사한다.

제8조 (신탁부동산의 관리·운용 및 처분)
① 제6조의 경우 "을"은 다음 각 호의 방법에 의하여 신탁부동산을 관리·운용한다.

제9조 (수탁자의 주의의무)
"을"은 주택등 건축공사, 신탁부동산의 관리·운용·처분 기타 신탁사무에 대하여 선량한 관리자의 주의로서 처리한 경우에는 "갑" 및 수익자에게 손해가 발생되더라도 그 책임을 지지 아니한다.

제10조 (소송의무의 면책)
"을"은 "갑"의 요청에 의하여 이를 승낙한 경우를 제외하고는 신탁재산에 관한 소송행위를 할 의무를 지지 아니한다. 다만, "을"이 신탁계약 수행과 관련하여 소송행위를 할 필요가 있다고 판단할 경우에는 그러하지 아니하다.

제11조 (신탁원본)
신탁원본은 다음 각 호와 같다.
1. 신탁부동산 및 신탁금
2. 신탁부동산의 분양대금, 임대보증금, 임대료, 분양전환금 등 신탁부동산으로부터 취득하는 금전
3. 신탁부동산의 물상대위로 취득한 재산
4. 기타 전 각호에 준하는 자산

제12조 (신탁수익)
신탁부동산의 분양대금, 임대보증금, 임대료, 분양전환금, 신탁부동산의 처분금액 및 기타 신탁재산에 속하는 금전의 운용수익 및 이에 준하는 것을 신탁수익으로 한다.

제13조 (수익자)

① 이 신탁계약에 있어서의 원본수익자는 "갑" 및 "갑"의 공급계약이행을 보증한 "을"로 한다.

② 제1항의 원본수익자중 "갑"이 다음 각 호 1의 사유에 해당하는 경우에는 "갑"은 원본수익권과 기한이익을 상실한다.

1. "갑"이 "을"의 보증금지나 제한사유에 해당되어 보증이용을 할 수 없는 경우
2. 제3자가 신탁재산이나 수익권에 대하여 압류·가압류·가처분 등을 한 경우
3. "갑"이 "을"에 대한 채무를 불이행할 경우

제14조 (수익권)

① 수익자는 신탁계약에서 정한 방법으로 계산한 신탁수익을 취득한다.

② 수익자는 신탁계약 종료 시 그 정한 방법에 따라 신탁재산을 교부받는다.

제15조 (수익권증서)

① 신탁계약의 수익권을 표시하기 위한 수익권증서는 발급하지 않는 것으로 한다. 다만, 수익권증서를 따로 작성하기로 합의한 경우에는 그러하지 아니한다.

② 제1항의 수익권증서는 그 지분비율을 표시하여 분할·작성할 수 있다.

제16조 (수익권의 양도, 승계, 질권설정)

① 수익자는 "을"의 승낙 없이 수익권을 양도, 승계, 질권설정할 수 없다.

② 수익권을 양수하거나 승계한 자는 그 지분비율에 해당하는 수익자의 권리·의무를 승계한다.

③ 수익자의 변경절차에 필요한 비용은 수익자가 이를 부담한다.

제17조 (신탁재산에 속하는 금전운용방법)

① 신탁재산에 속하는 금전은 운용방법을 같이하는 다른 신탁재산에 속하는 금전과 합동 또는 단독으로 금융기관에의 예치, 국·공채, 회사채의 인수 또는 매입 기타 금융감독위원회의 인가를 받은 유가증권의 인수 또는 매입에 운용할 수 있다.

② 제1항의 운용에 의하여 취득한 신탁재산에 대하여는 신탁등기·등록 또는 신탁재산의 표시나 기재를 생략할 수 있다.

③ 신탁부동산의 공급·처분과 관련하여 취득한 분양대금, 임대보증금, 임대료, 분양전환금 등은 "을"이 판단하여 제1항에 규정된 운용방법 외에 보증이행에 필요한 용도로 사용할 수 있다.

제18조 (제비용의 지급)

① 다음 각 호의 비용은 "갑"이 지급한다.

1. 신탁재산에 대한 제세공과금(신탁사업시행과 관련된 부가가치세, 건물의 보존등기에 따른 취득세, 등록세 및 공과금, 사업부지에 대한 (간주)취득세 등) 및 등기비용
2. 설계·감리비용 및 공사대금
3. 하자보수보증수수료
4. 차입금, 임대보증금 등의 상환금 및 그 이자

5. 신탁부동산의 수신, 보존, 개량비용 및 화재보험료
6. 공급 또는 처분의 사무처리에 필요한 비용
7. 기타 전 각호에 준하는 비용

② "을"이 다음 각 호의 비용을 지급할 경우 동 비용은 신탁사무처리 비용으로 본다.
1. "을"이 분양이행 또는 임대이행을 위하여 필요한 범위에서 지급한 제1항 각 호의 비용 및 기타 비용
2. "을"이 환급이행하는 경우의 환급금 및 기타 환급이행에 따른 비용
3. 하자보수보증을 한 "을"이 하자보수보증을 이행함에 따라 발생한 대위변제금

③ "을"이 제2항의 비용을 지급하는 경우 신탁원본 또는 수익으로 지급하고, 지급할 수 없는 경우에는 "을"의 비용으로 대지급한다.

④ 제3항의 경우 "을"은 "갑"에게 청구, 수령하여 지급할 수 있으며, 필요한 경우에는 미리 "갑"에게 상당한 금액을 예탁하게 할 수 있다.

⑤ "을"이 신탁사무 처리과정에서 과실없이 받은 손해에 대하여도 비용으로 간주하여 제3항 및 제4항과 같이 처리한다.

⑥ "을"은 전 각항의 제비용을 대지급한 경우에는 그 제비용의 납입일로부터 "을"이 내규로 정한 이자율에 의한 이자를 신탁재산에서 받고, 받을 수 없는 경우에는 "갑"에게 청구할 수 있다.

제19조 (신탁재산 환가에 의한 제비용의 충당)

신탁재산에 속하는 금전으로써 신탁사무 처리상 "을"이 과실 없이 받은 손해 기타 신탁사무 처리를 위한 제비용 및 "을"의 대지급금을 충당하기에 부족한 경우에는 "갑"에게 청구하고 그래도 부족한 경우에는 "을"이 상당하다고 인정하는 방법 및 가액으로서 신탁재산의 일부 또는 전부를 매각하여 그 지급에 충당할 수 있다.

제20조 (신탁보수)

이 신탁계약에 따른 "을"의 보수는 없는 것으로 한다.

제21조 (신탁기간)

신탁기간은 신탁계약체결일로부터 5년까지로 하되 "갑"과 "을"이 협의하여 신탁기간을 연장할 수 있다. 다만, "을"이 보증을 이행할 경우 신탁기간 경과 시까지 보증이행이 완료되지 못한 경우에는 보증이행이 완료되는 시기까지 신탁기간이 연장되는 것으로 본다.

제22조 (신탁계약의 해지)

① 신탁계약은 해지할 수 없다.

② 제1항의 규정에 불구하고 부득이한 사유가 있는 경우 "갑"과 "을"은 협의하여 신탁계약을 해지할 수 있다. 이 경우 "을"은 "갑"에 대하여 해지로 인하여 발생된 손해의 배상을 청구할 수 있다.

③ "을"에게 과실이 없는 경우 "을"은 해지로 인하여 발생된 손해에 대하여 그 책임을 지지 아니한다.

제23조 (신탁종료)

신탁계약은 다음 각 호의 1에 해당하는 경우에는 종료한다.

1. 신탁의 목적을 달성한 경우
2. 신탁의 목적을 달성할 수 없는 경우
3. 신탁기간이 만료된 경우
4. 제22조에 의해 계약이 해지된 경우

제24조 (신탁종료시 신탁재산의 교부)

① “갑”이 토지위에 인·허가 내용에 따라 주택등을 건설하여 수분양자에게 공급계약을 이행하여 신탁계약이 종료된 경우에는 “을”은 신탁부동산에 대하여 신탁등기의 말소 및 “갑”에게 소유권이전등기를 행한 후, 원본과 수익을 “갑”에게 인도한다.

② “을”이 보증을 이행하여 신탁계약이 종료되는 경우에는 다음 각 호의 1에 의한다.

1. “을”이 분양이행을 할 경우 : “을”은 신탁부동산에 대하여 신탁등기의 말소 및 수분양자에게 소유권 이전등기를 하고 신탁원본과 수익을 제8조 제3항과 제4항에 따라 처리한다.
2. “을”이 임대이행을 할 경우 : “을”은 신탁원본과 수익을 제8조 제3항과 제4항에 따라 처리한다.
3. “을”이 환급이행을 할 경우 : “을”은 신탁원본과 수익을 제8조 제3항과 제4항에 따라 처리한다.

③ 신탁부동산 이외의 신탁재산에 대하여는 “을”이 정하는 방법에 의하여 금전으로 환가하여 교부한다. 다만, “을”이 상당하다고 인정할 경우에는 그 재산의 일부 또는 전부를 현존하는 상태대로 교부 할 수 있다.

④ “을”은 보증이행을 위하여 필요한 비용을 확보하기 위하여 신탁재산에 속하는 금전의 교부를 유보 할 수 있으며, 이 유보금으로도 부족할 경우에는 “을”은 그 부족금액을 “갑”에게 예탁하도록 할 수 있다.

제25조 (압류, 가압류, 가처분 등의 효력)

신탁등기일 이후부터 입주예정자가 신탁부동산의 소유권이전등기를 신청할 수 있는 날 이후 60일까지의 기간 동안 신탁의 종료를 원인으로 하는 “갑”의 소유권이전등기청구권에 대한 압류·가압류·가처분 등은 무효로 한다.

제26조 (단수처리)

신탁계약에 의한 수지계산, 신탁종료 시 교부할 원본계산, 기타 각종 계산에 있어서 10원 미만의 단수가 발생한 경우에는 그 단수금액은 절사한다.

제27조 (인감의 신고)

① “갑” 및 그 대리인 기타 신탁계약 관계자는 인감을 미리 “을”에게 신고하여야 한다. 다만, 별도의 신고가 없으면 신탁계약 시 사용한 인감을 신고된 인감으로 간주한다.

② “을”이 영수증 기타 서류에 날인한 인영을 보통의 주의를 기울여 제1항의 신고인감과 대조 후 틀림없다고 인정하여 신탁수익을 교부하거나 기타 업무를 처리한 경우에는 “을”은 인장도용, 위조 기타 일체의 사정에 불구하고 이로 인하여 발생한 손해에 대하여 그 책임을 지지 아니한다.

제28조 (통지사항)
"갑" 또는 그 포괄승계인은 다음 각 호의 1의 경우 지체 없이 그 사유를 서면으로 "을"에게 제출하고 소정의 절차를 취한다. 이 절차가 지체되어 발생된 손해에 대하여 "을"은 그 책임을 지지 아니한다.

1. 신탁계약서 및 이에 관련된 문서, 수익권증서 또는 신고된 인장의 상실
2. "갑" 또는 그 대표자나 대리인, 기타 신탁계약 관계자의 주소, 성명, 명칭, 조직, 행위능력의 변경 또는 사망
3. 대표자, 대리인, 또는 수익자의 변경
4. 기타 신탁계약에 관하여 변경된 자로부터 통지를 필요로 하는 사항이 발생된 경우

제29조 (계약의 변경)
"을"은 "갑"의 동의를 얻어 신탁계약의 일부를 변경할 수 있다.

제30조 (계약비용의 부담)
신탁계약 체결에 필요한 일체의 비용은 "갑"이 부담한다.

제31조 (계약외 사항의 처리)
신탁계약에서 정하지 아니한 사항에 대하여는 "갑"과 "을"이 협의하여 처리한다. 다만, "을"이 보증이행을 하는 경우로서 "갑"과 협의를 진행할 수 없는 경우에는 신탁의 본지를 감안하여 "을"이 단독으로 선관주의로서 신탁 사무를 처리할 수 있다.

이 계약을 증명하기 위하여 본 계약서 3부를 작성하여, "갑", "을"이 기명날인 후 각각 1부씩 보관하고, 등기소의 등록원부용 1부를 각 해당기관에 제출한다.

2018년 01월 08일

위탁자겸 수익자(갑) :
상 호 : 대신지역주택조합
대표자 : 조합장 홍 길 동 (인)
주 소 : 전라북도 전주시 완산구 효자동 대신주택

수탁자겸 수익자(을) : 주택도시보증공사 (인)

【별지】

신탁부동산 목록

번호	소 재 지	지목	면적(㎡)	비고
1	전라북도 완주군 이서면 은교리 653-15	임	671.0	본부지
2	전라북도 완주군 이서면 은교리 653-4	임	21,651.0	본부지
3	전라북도 완주군 이서면 은교리 549-21	임	5,159.0	본부지
4	전라북도 완주군 이서면 은교리 산187-67	임	2,698.0	본부지
5	전라북도 완주군 이653-13서면 은교리	임	5,980.0	기타부지
6	전라북도 완주군 이서면549-23 은교리	임	12,552.0	기타부지
7	전라북도 완주군 이서면 은652-89교리	임	1,430.0	기타부지
8	전라북도 완주군 이서면 은교리652-90	임	172.0	기타부지
9	전라북도 완주군 이서면 은교리 552-12	임	1,423.0	기타부지
10				
합 계			**51,736.0**	

【별지 1】

신탁부동산(토지) 명세서

○ 소유주 : 대신지역주택조합

○ 위 치 : 전라북도 완주군 이서면 은교리 653-15, 653-4, 549-21, 산187-67

○ 면 적 : 51,736.0㎡

○ 용도지역 : 제2종일반주거지역

○ 신탁부동산가액 : 8,929,754,000원

○ 기 타 :

【별지 2】

주택 및 부대복리시설 명세서

○ 위　　치 : 전라북도 완주군 이서면 은교리 653-15 外 3필지
○ 건축면적 : 6,031.1988㎡
○ 건립규모 : 10동(주) / 9동(부)
○ 세 대 수 : 490세대
○ 층　　수 : 지하 1층~지상 15층
○ 총사업금액 : 75,540,808,000원
○ 용 적 률 : 143.28%
○ 사업승인일 : 최초 2017년 01월 26일, 변경 2017년 11월 03일
○ 사업주체 : 대신지역주택조합
○ 시 공 자 : 대신건설 주식회사
○ 사용검사(예정일) : 2020년 01월 31일
○ 기　　타 :

(3) 주택도시보증공사로 수탁된 신탁원부의 해석

위 사례는 지역주택조합이 공동주택의 개발사업을 진행하면서 조합원 외 일반분양을 목적으로 주택도시보증공사에 토지(사업부지)를 신탁하면서 생성된 신탁원부이다.

토지가 주택도시보증공사로 신탁된 경우 소유권이전과 동시에 신탁원부가 작성되는데 신탁원부는 주택공급신탁계약서, 신탁부동산목록, 신탁부동산(토지)명세서, 주택 및 부대시설 명세서로 구성되어 있다.

① 주택공급신탁계약서는 대신지역주택조합인 "갑"과 주택도시보증공사인 "을"이 체결한 신탁계약서이다.

② 제3조(신탁목적)에서는 [신탁의 목적은 "갑"이 토지위에 인허가 내용에 따라 주택등을 건설하여 수분양자에게 공급계약을 이행하거나, "갑"이 공급계약을 이행할 수 없는 경우 분양보증을 한 "을"이 보증이행을 목적으로 신탁부동산을 관리공급 및 처분(토지나 주택등의 소유권 이전을 포함한다)하는 데에 있다]라고 규정하고 있다. "갑"은 대신지역

주택조합, “을”은 주택도시보증공사를 칭하며, 지역주택조합이 토지인 보상을 완료하고, 일반분양을 하기 위해서는 주택도시보증공사에 토지를 신탁하고 분양하기 때문에 조합원(입주예정자)이 아닌 수분양자라는 말을 사용하고 있으며, 지역주택조합의 수분양자에 대한 공급계약의 이행 여부에 따라 주택도시보증공사가 보증이행을 목적으로 신탁부동산의 처분을 포함한 전적인 권리를 갖는다는 의미로 해석하면 된다.

③ 제4조(신탁 및 신탁공시) 제2항에서는 [“갑”과 “을”은 신탁계약을 체결한 후 지체없이 토지에 대하여 신탁을 원인으로 한 소유권이전등기 및 신탁등기를 하여야 하고 건물은 완공된 후에 신탁등기를 한다]고 정하고 있는데, 건물이 완공된 후에 신탁등기를 한다는 것은 보증사고 등의 사유로 사업주체인 지역주택조합이 수분양자에게 공급계약을 제대로 이행하지 않았을 경우 완공된 건물에 대해서도 신탁등기를 하겠다는 의미이다.

④ 제6조(주택의 건설 및 공급) 제1항에서 [“갑”은 사업주체 또는 건축주로서 “주택 등”을 건설공급 한다]는 것은 지역주택조합이 사업주체(건축주)라는 것을 명확히 밝히는 문구로 주택도시보증공사에 토지(사업부지)를 신탁하여도 사업주체의 권한은 그대로 갖고 있다는 뜻이다. 동조 제2항에서 [“갑”은 제1항에 따른 공급 전에 반드시 ”을”의 분양보증을 받아야 한다]는 것은 분양을 하기 위해서는 주택도시보증공사의 분양보증이 반드시 필요하다는 의미이다.

⑤ 제13조(수익자) 제1항에서는 [이 신탁계약에 있어서의 원본수익자는 “갑” 및 “갑”의 공급계약이행을 보증한 “을”로 한다]고 정하고 있는데, 이는 일반적인 신탁계약에 있어 수익자는 소유자 겸 위탁자가 수익자가 되지만 주택도시보증공사가 분양보증을 하고 있기 때문에 신탁을 종료하고 지역주택조합에 소유권이전등기를 행할 때까지는 주택도시보증공사가 수익자의 지위를 갖는다는 의미이다.

⑥ 제19조(신탁재산 환가에 의한 제비용의 충당)의 경우, [신탁재산에 속하는 금전으로써 신탁사무 처리를 위한 제비용 및 “을”의 대지급금을 충당하기에 부족한 경우에는 “갑”에게 청구하고 그래도 부족한 경우에는 “을”이 상당하다고 인정하는 방법 및 가액으로서 신탁재산의

일부 또는 전부를 매각하여 그 지급에 충당할 수 있다]고 정하고 있다. 이는 주택도시보증공사가 이 신탁계약과 관련하여 발생한 제비용을 대지급한 경우 신탁재산을 처분하여 충당할 수 있다는 의미로 제18조(제비용의 지급)의 신탁재산에 대한 제세공과금, 사무처리비용 및 분양이행, 환급이행 등 비용과 시공사의 공사지체, 부도 등 사유로 발생한 대지급금 비용이 발생할 경우 주택도시보증공사가 신탁재산을 처분하여 충당할 수 있다는 뜻이다.

⑦ 제20조(신탁보수)에서는 [이 신탁계약에 따른 "을"의 보수는 없는 것으로 한다]고 정하고 있는데, 이는 제3조의 신탁목적에서 말했듯이 주택도시보증공사는 분양보증을 위해 수탁을 받아 보증이행을 목적으로 소유권을 취득하기 때문에 분양보증수수료는 있으나 신탁보수는 없다는 의미이다.

⑧ 제25조(압류, 가압류, 가처분 등의 효력)의 경우 [신탁등기일 이후부터 입주예정자가 신탁부동산의 소유권이전등기를 신청할 수 있는 날 이후 60일까지의 기간 동안 신탁의 종료를 원인으로 하는 "갑"(위탁자 겸 수익자)의 소유권이전등기청구권에 대한 압류·가압류·가처분 등은 무효로 한다]고 규정하고 있다. 이는 입주예정자가 일정기간동안 소유권을 취득할 수 있는 기간을 보장하기 위한 규정으로 사업부지를 주택도시보증공사(HUG)에 신탁하면 부동산신탁사에 사업부지 및 보존등기된 주택을 신탁할 경우처럼 신탁과 동시에 금지사항등기를 부기등기로 등기하지 않아도 위 제25조가 금지사항등기(부기등기)와 동일한 효력을 갖고 있다는 의미로 금지사항등기를 생략할 수 있는 근거가 된다.

⑨ 별지 표시

1. 【별지】의 신탁부동산 목록은 사업부지 및 신탁되는 토지의 소재지, 지번, 면적 등을 기재한다.
2. 【별지-1】의 신탁부동산(토지) 명세서는 소유주와 기타부지를 제외한 토지의 위치(지번)와 총 면적, 용도지역, 신탁부동산 가액 등을 기재한다.
3. 【별지-2】의 주택 및 부대복리시설명세서는 소유주와 본부지(기타부지 제외)의 위치, 건축면적, 건립규모, 총사업금액, 용적률, 사업승인일, 사업주체, 시공자, 사용검사(예정일)등을 표시하여 개발사업에 대한 사업개요를 표시한다.

5 주택도시보증공사의 분양보증

주택도시보증공사의 보증상품에는 주택분양보증, 주택사업금융보증(PF보증, 기금건설 자금대출보증), 주상복합주택분양보증, 조합주택시공보증, 주택임대보증 등 다양한 보증상품이 있으나, 본 장에서는 주택의 분양과 관련된 주택분양보증상품에 대해 살펴보고, 첨부된 주택 분양보증서를 통해 분양보증서에 표기되는 보증내용에 대해 알아보기로 한다.

(1) 주택분양보증의 주요내용

주택에 대한 분양보증의 목적은 사업주체(시행사)가 파산 등의 사유로 분양계약을 이행할 수 없게 되는 경우 수분양자가 납부한 계약금 및 중도금을 돌려받을 수 있는 안전장치로, 수분양자가 분양받은 주택에 대한 분양대금을 정상적으로 납부하면 분양주택의 준공과 무관하게 납부한 분양대금을 돌려받을 수 있어 수분양자는 분양에 따른 리스크를 줄일 수 있다.

① 보증대상

1) 주택법 제15조(사업계획의 승인)에 의한 사업계획승인을 얻어 건설하는 주택사업

2) 일반에게 분양하는 주택이 30세대 이상인 경우에 한함(부대시설 및 복리시설포함)

3) 주택조합의 조합원에게 분양되는 주택은 보증대상에서 제외

4) 건축허가를 받은 주상복합건물 및 사업계획승인을 얻은 주상복합건물 중 주택 이외의 시설은 주상복합주택분양보증 대상

② 보증채권자

입주예정자(분양계약자)

③ 보증채무자

당해 주택사업의 사업주체

④ 보증 책임(보증책임시기는 사업주체가 부도 등의 사유로 분양계약을 이행할 수 없는 경우)

주택의 분양 이행 또는 납부한 계약금 및 중도금의 환급을 책임짐

⑤ 보증금액

사업주체가 당해 주택사업의 분양계약자로부터 받게 될 계약금과 중도금을 합한 금액

⑥ 보증기간

당해 주택사업의 입주자 모집공고승인일로부터 건물소유권보존등기일(사용검사 포함)까지

⑦ 기타

가. 보증서 용도

주택공급에 관한 규칙 제20조에 의거 시장 등에게 입주자모집승인신청 시 구비되어야 할 요건 중 하나이다.

주택공급에 관한 규칙 제20조(입주자모집 승인 및 통보)의 제1항에서는 "사업주체는 입주자를 모집하려면 다음 각호의 서류를 갖추어 시장·군수·구청장의 승인을 받아야한다."라고 되어 있는데 각호의 서류 중 하나가 보증서이다.

나. 사업부지

부기등기 또는 공사 등에 신탁등기(『주택법』제61조 및 동법 시행령 제72조)

1) 주택법 제61조(저당권설정 등의 제한)

2) 주택법 시행령 제72조(부기등기 등) ① 법 제61조 제3항 본문에

따른 부기등기에는 같은 조 제4항 후단에 따라 다음 각 호의 구분에 따른 내용을 명시하여야 한다.

㉠ 대지의 경우 : "이 토지는 『주택법』에 따라 입주자를 모집한 토지(주택조합의 경우에는 주택건설사업계획승인이 신청된 토지를 말한다)로서 입주예정자의 동의 없이는 양도하거나 제한물권을 설정하거나 압류·가압류·가처분등 소유권에 제한을 가하는 일체의 행위를 할 수 없음"이라는 내용

㉡ 주택의 경우 : 이 주택은 『부동산 등기법』에 따라 소유권보존등기를 마친 주택으로서 입주예정자의 동의 없이는 양도하거나 제한물권을 설정하거나 압류·가압류·가처분등 소유권에 제한을 가하는 일체의 행위를 할 수 없음"이라는 내용

(2) 주택건설 사업부지에 대한 구비요건

① 소유권을 확보하는 것이 원칙이다. 다만 미확보 부지가 있는 경우 회사 소정의 담보물을 제공하면 보증이 가능하다.

② 사업부지에 대한 제한물권 등 말소

1) 저당권 또는 예고등기 등이 있는 경우에는 말소가 원칙이다.

2) 사업부지에 대해서는 금지사항등기 또는 공사 등에 신탁등기를 하여야 한다(『주택법』제61조 및 동법 시행령 제72조 참고).

(3) 보증신청 시 제출하여야 하는 서류

① 보증신청서

② 사업계획승인서 사본(승인조건 포함)

③ 입주자모집공고승인신청서(안)

④ 사업부지의 권리확인을 위한 서류

⑤ PF대출을 받은 경우 PF대출관련협약서 또는 PF미대출 확인서

⑥ 사업양도각서

⑦ 계획공정표(감리자가 확인한 공정표)

⑧ 공사포기 확약서

⑨ 조합주택에 대한 분양보증 신청에 따른 약정서

⑩ 공사포기 확약서

⑪ 공동사업약정서 또는 도급계약서(공동시행자이거나 시행자와 시공자가 다른 경우)

⑫ 주택공급계약서(안)

(4) 보증서 발급 후 제출하여야 하는 서류

① 입주자모집승인통보서 사본(입주자모집승인 후 7일 이내)

② 입주예정자명단 통보서

③ 주택공급계약 체결기간 종료후 매분기말 현재의 입주자명단 및 분양대금 수납현황(매분기 다음달 15일까지)

④ 감리자가 확인한 공정확인서(월1회-다음달 15일까지)

(5) 분양보증 관련 주택법 및 주택법 시행령

사업계획승인과 관련된 주택법과 주택법 시행령을 통해 사업계획승인 대상 즉 분양보증을 받아야 하는 주택의 범위 및 사업계획승인 제외 대상에 대해 관련법을 통해 개략적으로 접근해보고자 한다. 다만, 법률 전체를 나열하여 설명할 수 없어 법률조항의 일부만 기재하였으므로 반드시 각 법률조항을 찾아 조문 전체를 확인해 보기 바란다.

① 주택법 제15조(사업계획의 승인)

1. 대통령령으로 정하는 호수 이상의 주택건설사업을 시행하려는 자 또는 대통령령으로 정하는 면적 이상의 대지조성사업을 시행하려는 자는 사업계획승인신청서에 주택과 그 부대시설 및 복리시설의 배치도, 대지조성공사 설계도서 등 대통령령으로 정하는 서류를 첨부하여 사업계획승인권자에게 제출하고 사업계획승인을 받아야 한다.

다만, 주택 외의 시설과 주택을 동일건축물로 건축하는 경우 등 대통령령으로 정하는 경우에는 그러하지 아니하다(건축허가 사항).

2. 제1항에 따라 사업계획승인을 받으려는 자는 사업계획승인신청

시에 주택과 그 부대시설 및 복리시설의 배치도, 대지조성공사 설계도서 등 대통령령으로 정하는 서류를 첨부하여 사업계획승인권자에게 제출하여야 한다.

② 주택법 시행령 제27조(사업계획의 승인)

1. 주택법 제15조의 "대통령이 정하는 호수"라 함은 단독주택의 경우 30호를 말한다. 다만, 공공사업에 따라 조성된 용지를 개별필지로 구분하지 아니하고 일단(一團)의 토지로 공급받아 해당토지에 건설하는 단독주택은 50호로 한다. 이 의미는 단독주택의 경우 30호 이상, 공공사업인 경우 일단의 토지에 건설하는 단독주택은 50호 이상을 건축할 경우 사업계획승인 대상이라는 뜻이다.

2. 공동주택은 30세대(리모델링의 경우에는 증가하는 세대수를 기준으로 한다)를 말하며, 단지형 연립주택 또는 단지형 다세대주택(원룸형 주택은 제외)은 50세대로 한다. 즉 공동주택은 30세대 이상, 단지형 연립주택, 단지형 다세대주택은 50세대 이상 건축 시 사업계획승인 대상이라는 의미이다.

3. 주택법 제15조의 "대통령령으로 정하는 면적"이란 1만 제곱미터를 말한다. 이 면적 이상에 대지조성사업을 시행할 경우 사업계획승인 대상이라는 뜻이다.

③ 사업계획승인 제외 대상(주택법 제15조의 단서조항)

주택법 제15조의 "다만, 주택 외의 시설과 주택을 동일건축물로 건축하는 경우 등 대통령령으로 정하는 경우에는 그러하지 아니하다."라는 것은 다음 각 항목의 요건을 모두 갖춘 사업의 경우를 말한다.

1) "국토의 계획 및 이용에 관한 법률 시행령"에 따른 도시지역 중 준주거지역 또는 상업지역(유통상업지역은 제외)에서 300세대 미만의 주택과 주택 외의 시설을 동일 건축물로 건축하는 경우

2) 해당 건축물의 연면적에 대한 주택연면적 합계의 비율이 90퍼센트 미만인 경우

다시 말하면 사업계획 승인 제외 대상 즉 건축허가 대상은 준주거

지역 또는 상업지역(유통상업지역 제외)에 300세대 미만의 주택과 주택 외의 시설을 동일건축물로 건축하면서 연면적 중 주택의 연면적이 차지하는 비율이 90% 미만일 경우 사업계획승인 대상이 아닌 건축허가 대상이라는 것으로 주택의 연면적이 90% 미만이라는 말은 간단히 말해 상가비율이 10% 이상이라는 말이다.

(6) 주택분양보증서

실제 발급된 주택분양보증서를 보면서 보증서 내용을 살펴보기로 하자.

주택분양보증서

보증서번호 제01282018-101-0000001호 보증서출력번호 2018-0111-00000001

<table>
<tr><td>보증금액</td><td>일금</td><td colspan="3">일천오십오억이천오백삼십오만원정
₩ 105,525,350,000 —</td></tr>
<tr><td>사 업 명</td><td colspan="4">원주 단구 내안애카운티 에듀파크 1단지(주택)</td></tr>
<tr><td>보증기간</td><td colspan="4">입주자모집공고승인일부터 건물소유권보존등기일(사용검사 또는 당해 사업장의 공동주택 전부에 대한 동별사용검사 포함)까지</td></tr>
<tr><td>보증채권자</td><td colspan="4">입주예정자</td></tr>
<tr><td>주채무자
(시행자)</td><td>상호</td><td>㈜대신자산신탁</td><td>대표자</td><td>홍 길 동</td></tr>
<tr><td>특기사항</td><td colspan="4">1. 입주금납부계좌번호 : 111-222222-33333, 은행명 : 대신은행, 예금주 : ㈜대신자산신탁
2. 입주자모집공고와 주택공급계약서에는 제1호의 입주금납부계좌, 보증약관 제1조제4호(보증사고), 제3조(보증채무의 내용) 및 제4조(보증이행 대상이 아닌 채무)를 반드시 명시할 것.
3. 첨부 : 형별 보증금액 산출내역 1부.
4. 총 보증금액에는 부가계약 보증금액 0원이 포함된 금액임. 끝.</td></tr>
</table>

위 보증금은 이 보증서에 기재된 내용과 별첨 약관에 따라 우리공사가 이를 보증합니다.

(별첨 약관은 이 보증서와 일체를 이루는 것입니다)

2018년 01월 16일

주택도시보증공사
사장 영 일 보

대리인 서울동부지사장 이 재 민 (인)
담 당 자 : 성 현 국
전화번호 : 02-1111-2222
서울 중구 심일대로 343

Korea Housing & Urban Guarantee Corporation

※ 주택도시보증공사 홈페이지(인터넷보증)의 "보증서발급조회"를 통해 보증서 발급 사실을 조회, 확인할 수 있습니다.

◈ 주택분양보증서의 내용 해석

① 보증금액 ₩105,525,350,000원은 수분양자의 계약금과 중도금의 합산금액이다. 입주자 모집공고의 계약금과 중도금을 합산하면 보증금액이 산출된다.

② 사업명 원주 단구 내안애카운티 에듀파크1단지(주택) 통해 공동주택임을 알 수 있다.

③ 보증기간은 입주자모집공고승인일로부터 건물소유권보존등기일(사용검사 또는 당해 사업장의 공동주택 전부에 대한 동별사용검사 포함)까지로 되어 있는데 "입주자모집공고승인일"이란 말을 통해 본건 개발사업은 주택조합사업(사업계획승인일)이 아닌 일반분양임을 알 수 있고, 입주자모집공고승인일로부터 건물의 보존등기(사용검사 포함)를 통해 입주예정자가 정상적으로 입주할 수 있는 날까지 보증하겠다는 의미로 생각하면 된다.

④ 보증채권자는 입주예정자로 주택도시보증공사는 보증채권자인 입주예정자에 대해 분양보증을 한다는 의미이다.

⑤ 주채무자(시행사)가 부동산신탁사로 표기되어 있는 것은 신탁사가 사업주체란 의미로, 신탁사가 사업주체가 되는 개발사업은 차입형 또는 관리형토지신탁인데 본 건 사업은 관리형토지신탁을 통한 공동주택사업의 사례이다.

⑥ 특기사항에 분양수입금 관리계좌 즉 입수금 납부계좌가 사업주체인 부동산신탁사로 되어 있다는 것은, 입주예정자는 분양대금을 반드시 신탁사 명의의 입주금 납부계좌로 송금해야 분양보증을 받을 수 있다는 의미이며, 입주자모집공고와 주택공급계약서에는 입주금납부계좌, 보증약관, 보증채무의 내용, 보증이행대상이 아닌 채무를 명시하여야 하며, 보증금액 산출내역을 첨부한다는 내용이다(세부 산출내역은 사안별로 차이가 있어 생략함). 입주예정자가 분양보증서에 기재된 입주금 납부계좌로 분양대금을 납부하지 않으면 주택도시보증공사는 입주예정자에게 분양보증에 대한 책임을 지지 않겠다는 의미이다.

◈ 보증금액 산출내역서 양식(사례)

주택분양보증서 번호 제 **01282018-101-0000001** 호　　보증서출력번호 **2018-0111-00000001**

보증금액 산출내역서(일반분양)

2018년 01월 16일 발급한 보증서번호 제01282018-101-0000001호의 보증금액 산출내역으로서 위 평형별(세대별) 계약금 및 중도금 이내에서 세대별 보증책임을 부담합니다.

2018년 01월 16일

주택도시보증공사 사장
대리인 서울동부지사장 이 재 민

첨부 2) 보증금액 산출 내역서(생략)

6. 주택분양보증약관

사업주체(주채무자)는 주택도시보증공사의 주택분양보증상품에 가입하여 주택분양보증서를 발급받아야 공동주택을 분양할 수 있으며, 보증채권자인 입주예정자는 주택분양보증상품의 약관을 통해 보증사고 발생 시 주택도시보증공사의 보증책임의 범위와 보증이행방법 등 관련된 내용을 숙지하여야 한다. 우선 주택분양보증약관의 기본적인 용어를 학습하고 첨부된 주택분양보증약관을 통해 주택 분양보증의 의미를 이해하도록 하자.

(1) 주택분양보증약관의 용어

① 【보증회사】 주택도시보증공사를 말한다.

② 【주채무자】 보증서에 적힌 사업주체를 말한다(주상복합인 경우 "주채무자"는 건축주 또는 사업주체를 말한다).

③ 【분양이행】 주택법령에서 정한 주택건설기준 및 해당 사업장의 사업계획승인서, 설계도서에 따라 시공하여 입주를 마침

④ 【환급이행】 보증채권자가 납부한 계약금 및 중도금을 되돌려 줌

⑤ 【대물변제】 주채무자의 채권자가 그 채권에 대하여 주채무자가 분양하는 아파트 등에 관한 분양계약을 체결함으로써 변제에 갈음하는 것을 의미한다.

⑥ 【허위계약】 분양의사가 없는 자가 주채무자의 자금 융통 등을 돕기 위하여 명의를 빌려주어 분양계약하는 것으로 차명계약을 의미한다.

⑦ 【입주금】 주채무자가 보증채권자로부터 받은 계약금과 중도금 및 잔금을 말한다.

⑧ 【보증채권자】 보증서에 적힌 사업에 대하여 주택법령 및 『주택공급에 관한 규칙』을 준수하여 주채무자와 분양계약을 체결한 자(분양권 양수자를 포함)를 말한다. 다만, 법인이 주택을 분양받는 경우에는 주택분양계약 이전에 그 주택분양계약에 대하여 보증회사에 직접 보증편입을 요청하고 동의를 받은 법인만 보증채권자로 본다.

⑨ 【보증기간】 해당 주택사업의 입주자 모집공고 승인일(복리시설의경우신고일)부터 건물소유권 보존등기일(사용검사 또는 당해 사업장의 공동주택 전부에 대한 동별 사용검사를 받은 경우에 한함)까지를 말한다.

⑩【계속사업】 보증사고의 사유가 발생했음에도 불구하고 시공자 또는 공동사업주체가 공사를 마치거나 회생절차를 개시한 주채무자가 법원의 허가를 얻어 분양계약을 이행하는 것을 말한다.

⑪【구상권】 타인을 대신하여 채무를 변제한 경우 그 타인에 대하여 가지는 상환청구권을 의미한다.

⑫【대위(代位)】 권리의 주체 또는 객체인 지위에 대신한다는 의미로서 보증회사가 보증채권자인 분양계약자의 지위를 이어받아 채무자인 주채무자 등에게 권리를 행사함을 말한다.

⑬【보증사고】 보증사고란 보증기간내에 주채무자의 정상적인 분양계약 이행을 기대하기 어려운 상태를 말한다.

1) 주 채무자에게 부도, 파산, 사업포기 등의 사유가 발생한 경우
2) 감리자가 확인한 실행공정률이 예정공정률(주채무자가 감리자에게 제출하는 예정공정표상의 공정률을 말함) 보다 25퍼센트 이상 부족하여 보증채권자의 이행청구가 있는 경우. 단, 입주예정자가 없는 경우에는 이행청구를 요하지 않는다.
3) 감리자가 확인한 실행공정률이 75퍼센트를 초과하는 경우로서 실행공정이 정당한 사유 없이 예정공정보다 6개월 이상 지연되어 보증 채권자의 이행청구가 있는 경우
4) 시공자의 부도·파산 등으로 공사 중단상태가 3개월 이상 지속되어 보증채권자의 이행청구가 있는 경우

⑭【보증사고일】 보증사고일 함은 보증회사가 보증사고의 사유로 사고 안내문을 통지하면서 보증사고일로 지정한 날을 말합니다. 이 경우 보증회사는 이 보증서에 적힌 사업의 입주자 모집공고를 한 일간지(공고를 한 일간지가 2개 이상인 경우에는 그 중 1개 일간지를 말한다)에 실어 통보에 갈음할 수 있다.

1) 부도, 파산일, 사업포기 관련 문서접수일 등
2) 보증 채권자의 보증이행 청구접수일

⑮【보증채무의 성립】 보증회사의 보증채무는 주채무자가 보증서 발급일로부터 2월 이내에 입주자 모집공고승인(상가의 경우 신고한 때)을 얻은 때에 유효하게 성립한다.

⑯【보증의 실효】 보증서 발급 이후에 건축주 또는 사업주체가 변경된 경우에는 변경된 건축주 또는 사업주체에게 납부한 입주금에 대하여 보증의 효력이 상실된다. 다만, 사전에 서면으로 보증회사의 동의를 받은 경우에는 그러하지 아니한다.

1. 사업주체의 변경

2. 분양주택을 임대주택으로 변경

⑰【보증채무의 내용】 보증사고가 발생한 경우 보증회사는 당해 주택의 분양이행(주택법령에서 정한 주택건설기준 및 당해 사업장의 사업계획승인서 또는 건축허가서, 설계도서에 따라 시공하여 입주완료) 또는 환급이행(납부한 계약금 및 중도금의 환급) 책임을 부담한다.

⑱【보증채무의 이행방법】

가. 보증회사는 보증사고 발생한 경우 보증채권자에게 보증채무이행방법(해당 주택의 분양이행 또는 납부한 계약금 및 중도금의 환급이행) 선택에 대하여 지체없이 서면으로 최고한다. 단, 각호의 하나에 해당하는 경우에는 그러하지 않다.

1) 시공자·공동사업주체 또는 회생절차개시를 신청한 주채무자 등(이하 "시공자 등"이라 한다)이 계속사업을 원하는 경우에는 시공자 등이 분양계약을 이행할 수 있는지 여부를 보증회사가 결정할 때까지 그 최고를 유보할 수 있으며, 시공자 등이 주택분양계약의 이행이 가능한 경우에는 최고 없이 계속 사업을 진행하도록 한다.

2) 보증사고일 현재 감리자가 확인한 실행공정률이 80퍼센트 이상인 사업장의 경우에는 최고 없이 분양이행으로 결정한다.

나. 보증회사가 최고한 최고통지서를 받은 보증채권자는 보증회사의 최고통지서 발송일로부터 1월 이내에 보증채무이행방법을 선택하여 보증회사에 서면으로 알려야 한다. 이 경우 회신기한까지 회신이 없거나 그 기한을 경과한 경우에는 보증회사에 보증채무 이행방법에 대한 선택권을 위임한 것으로 본다.

다. 보증회사의 최고통지서를 받은 보증채권자의 2/3이상이 환급이행으로 선택한 경우에는 환급이행으로, 그 이외의 경우에는 분양이행으로 결정한다.

라. 문화재 발견, 토지 멸실 등의 사유로 정상 사업진행이 어려운 경우에는 환급이행으로 결정한다.

마. 보증회사는 보증사고일로부터 3월(단, 주채무자가 회생절차개시를 신청한 경우에는 회생절차개시 신청일로부터 6월)이내에 보증채무이행방법을 결정하고, 그 사실을 보증채권자에게 지체 없이 서면으로 알린다.

바. 보증채무방법이 분양이행으로 결정된 경우 보증채권자는 환급이행을 요구할 수 없으며, 환급이행으로 결정된 경우 보증채권자는 분양이행을 요구할 수 없다.

사. 보증회사는 보증채무이행방법을 환급이행으로 결정한 경우에는 그 사실을 지체없이 알리며, 보증채권자가 보증채무 이행을 위한 서류제출, 협력의무를 다한 날로부터 1개월 이내에 이미 납부한 계약금 및 중도금 중에서 보증채무이행대상이 아닌 채무를 제외한 금액을 지급한다.

아. 보증채무이행방법이 분양이행으로 결정된 경우에는 보증회사가 선정하는 자가 당해 공사를 승계 시공한다. 이 경우 보증채권자는 잔여입주금 등을 보증회사에게 납부하여야 한다.

자. 분양이행의 경우 보증회사는 원래의 입주예정일에 다음 각호의 기간을 더한 기간의 범위 내에서 새로 입주금의 납부기일과 입주예정일 및 잔여입주금 납부계좌를 지정하여 지체 없이 보증채권자에게 알린다. 단, 보증사고가 원래의 입주예정일 이후에 발생한 경우는 보증사고일에 다음 각호의 기간을 더한 기간의 범위 내에서 지정하여 알린다.

1) 보증사고일로부터 3월(단, 주채무자가 회생절차개시를 신청한 경우에는 회생절차개시 신청일로부터 6월)이내 보증채무이행방법 결정시까지의 기간
2) 실행공정률을 예정공정률에 도달시키기 위한 예정공정표상의 소요공정기간

사. 보증회사는 보증채무이행과 관련하여 협의가 필요한 경우 입주자예정자대표회의를 협의 당사자로 한다.

⑲ 기타

주택분양보증약관은 주택도시보증공사 홈페이지 사업보증▶기업보증상품약관/서식에서 다운로드 받을 수 있으며, 기업보증상품인 주택분양보증, 주상복합주택 분양보증, 주택사업 금융보증, 오피스텔 분양보증 등 다양한 보증상품의 약관도 다운로드 받을 수 있다.

(2) 주택도시보증공사의 분양보증약관

<table>
<tr><td>

주택분양보증약관

제1장 보증채무의 내용

제1조 (보증채무의 내용)
보증회사는 「주택도시기금법 시행령」 제21조 제1항 제1호 가목에 따라 주채무자가 보증사고로 분양계약을 이행할 수 없게 된 경우에 해당 주택의 분양이행 또는 환급이행 책임을 부담합니다.

> 【보증회사】 주택도시보증공사를 의미합니다. 이하 같습니다.
【주채무자】 보증서에 적힌 사업주체를 말합니다. 이하 같습니다.
【분양이행】 주택법령에서 정한 주택건설기준 및 해당 사업장의 사업계획승인서, 설계도서에 따라 시공하여 입주를 마침
【환급이행】 보증채권자가 납부한 계약금 및 중도금을 되돌려 줌

제2조 (보증이행 대상이 아닌 채무 및 잔여입주금 등의 납부)
① 보증회사는 다음 각 호의 어느 하나에 해당하는 경우(분양권 양도자와 관련하여 다음 각 호의 어느 하나에 해당하는 사유가 있는 경우를 포함)에는 보증채권자에게 보증채무를 이행하지 않습니다.
1. 천재지변, 전쟁, 내란, 그 밖에 이와 비슷한 사정으로 주채무자가 주택분양계약을 이행하지 못하여 발생한 채무
2. 주채무자가 대물변제·허위계약·이중계약 등 정상계약자가 아닌 자에게 부담하는 채무

> 【대물변제】 주채무자의 채권자가 그 채권에 대하여 주채무자가 분양하는 아파트 등에 관한 분양계 약을 체결함으로써 변제에 갈음하는 것을 의미합니다.
【허위계약】 분양의사가 없는 사가 주채무자의 자금 융통 등을 돕기 위하여 명의를 빌려주어 분양계약하는 것으로 차명계약을 의미합니다.

3. 입주자모집공고 전에 주택분양계약을 체결한 자가 납부한 입주금

> 【입주금】 주채무자가 보증채권자로부터 받는 계약금과 중도금 및 잔금을 말합니다.

</td></tr>
</table>

4. 보증채권자가 입주자모집공고에서 지정한 입주금납부계좌(입주자모집공고에서 지정하지 않은 경우에는 주택분양계약서에서 지정한 계좌를, 보증회사가 입주금납부계좌를 변경·통보한 후에는 변경된 납부계좌를 말함)에 납부하지 않은 입주금.
5. 보증회사가 보증채권자에게 입주금의 납부중지를 알린 후에 그 납부중지통보계좌에 납부한 입주금
6. 보증채권자가 입주자모집공고에서 정한 납부기일 전에 납부한 입주금중 납부기일이 보증사고일 후에 해당하는 입주금. 다만, 보증회사가 입주금을 관리(주채무자 등과 공동관리하는 경우를 포함)하는 계좌에 납부된 입주금은 제외합니다.
7. 보증채권자가 분양계약서에서 정한 계약금 및 중도금을 넘어 납부한 입주금
8. 보증채권자가 납부한 입주금에 대한 이자, 비용, 그 밖의 종속채무
9. 보증채권자가 대출받은 입주금 대출금의 이자
10. 보증채권자가 입주금의 납부지연으로 납부한 지연배상금
11. 보증사고 전에 주택분양계약의 해제 또는 해지로 인하여 주채무자가 보증채권자에게 되돌려 주어야 할 입주금. 다만, 보증사고 사유와 밀접한 관련이 있는 사유로 보증채권자가 보증사고 발생 이전에 분양계약을 해제 또는 해지한 경우는 제외합니다.
12. 주채무자가 입주자모집공고에서 정한 입주예정일 이내에 입주를 시키지 못한 경우의 지체상금
13. 「주택공급에 관한 규칙」에 따라 입주자모집공고에서 정한 주택 또는 일반에게 분양되는 복리시설의 분양가격에 포함되지 않은 사양선택 품목(예시: 홈오토, 발코니샤시, 마이너스옵션 부위, 그 밖의 마감재공사)과 관련한 금액. 다만, 사양선택 품목과 관련한 금액이 보증금액에 포함된 경우에는 제외합니다.
14. 보증채권자가 제5조의 보증채무이행 청구서류를 제출하지 않거나 제3조의 협력의무를 이행하지 않는 등 그 밖에 보증채권자의 책임있는 사유로 발생하거나 증가된 채무
15. 주채무자·공동사업주체·시공자 등과 도급관계에 있는 수급인, 그 대표자 또는 임직원 등 이해관계가 있는 자가 주채무자·공동사업주체·시공자 등에게 자금조달의 편의를 제공하기 위하여 분양계약을 체결하여 납부한 입주금
16. 주채무자·공동사업주체·시공자 또는 그 대표자 등이 보증채권자에 대한 채무상환을 위하여 납부한 입주금
17. 주채무자·공동사업주체·시공자 또는 그 대표자 등으로부터 계약금 등을 빌려 분양계약을 체결한 자가 납부한 입주금

② 보증회사가 제6조에 따라 분양이행으로 보증채무를 이행할 경우에는 보증채권자는 잔여입주금 및 제1항 제4호부터 제6호까지에 해당하는 입주금을 보증회사에 납부해야 합니다. 다만, 제1항 제6호에 해당하는 입주금 중 다음 각 호의 어느 하나에 해당하는 잔금은 그렇지 않습니다.

1. 사용검사일 이후에 보증사고가 발생한 경우 보증사고를 알리기 전까지 납부한 잔금
2. 임시사용승인일 이후에 보증사고가 발생한 경우 보증사고를 알리기 전까지

납부한 자금 중 전체 입주금의 90퍼센트 이내에 해당하는 잔금

> 【보증채권자】 보증서에 적힌 사업에 대하여 주택법령 및 「주택공급에 관한 규칙」을 준수하여 주채무자와 분양계약을 체결한 자(분양권 양수자를 포함)를 말합니다. 다만, 법인이 주택을 분양받는 경우에는 주택분양계약 이전에 그 주택분양계약에 대하여 보증회사에 직접 보증편입을 요청하고 동의를 받은 법인만 보증채권자로 봅니다. 이하 같습니다.

제3조 (보증채권자 등의 협력의무)

① 보증사고가 발생한 경우 보증회사는 보증채권자에게 보증채무의 이행에 필요한 자료의 제출, 조사의 협조 및 「주택법 시행령」에 따른 입주예정자대표회의 구성 등을 요구할 수 있으며, 보증채권자는 정당한 사유가 없으면 이에 응해야 합니다.

② 보증채권자는 보증회사가 선정한 승계사업자 또는 시공사의 공사를 방해해서는 안됩니다.

③ 분양권양수자는 양도자가 이미 납부한 입주금영수증을 지니고 있어야 합니다.

제2장 보증채무의 청구와 이행절차

제4조 (보증사고)

① 보증사고란 보증기간 내에 다음 각 호의 어느 하나에 해당하는 사유로 인하여 사회통념상 주채무자의 정상적인 주택분양계약 이행을 기대하기 어려운 상태를 말합니다.

1. 주채무자에게 부도·파산·사업포기 등의 사유가 발생한 경우
2. 감리자가 확인한 실행공정률이 예정공정률(주채무자가 감리자에게 제출하는 예정공정표상의 공정률을 말함. 이하 같음)보다 25% 이상 부족하여 보증채권자의 이행청구가 있는 경우. 다만, 입주예정자가 없는 경우에는 이행청구를 필요로 하지 않습니다.
3. 감리자가 확인한 실행공정률이 75%를 넘는 경우로서 실행공정이 정당한 사유 없이 예정공정보다 6개월 이상 지연되어 보증채권자의 이행청구가 있는 경우
4. 시공자의 부도·파산 등으로 공사 중단 상태가 3개월 이상 지속되어 보증채권자의 이행청구가 있는 경우

> 【보증기간】 해당 주택사업의 입주자모집공고 승인일(복리시설의 경우 신고일을 말함)부터 건물소유권보존등기일(사용검사 또는 해당 사업장의 공동주택 전부에 대한 동별사용검사를 받은 경우에 한함)까지를 말합니다. 이하 같습니다.

② 보증사고일은 보증회사가 제1항 각 호의 사유로 사고 안내문으로 알리면서 다음 각 호 중에서 보증사고일로 지정한 날을 말합니다. 이 경우 보증회사는 보증서에 적힌 사업의 입주자모집공고를 한 일간지(공고를 한 일간지가 2개 이상인 경우에는 그 중 1개 일간지를 말함)에 실어 통보에 갈음할 수 있습니다. 이하 같습니다.

1. 제1항 제1호의 경우에는 부도·파산일, 사업포기 관련 문서접수일 등
2. 제1항 제2호에서 제4호의 경우에는 보증이행청구 접수일

제5조 (보증채무의 이행청구)
보증채권자는 보증채무의 이행을 청구할 경우에는 보증회사에 다음 각 호의 서류를 제출해야 합니다.
1. 보증채무 이행청구서
2. 분양계약서
3. 입주금 납부영수증(무통장입금증)
4. 감리자발행공정확인서(제4조 제1항 제2호의 보증사고로 이행청구하는 경우에 한함)
5. 계약금 및 중도금 출금내역 등 그 밖에 보증회사가 필요하여 요구하는 서류

제6조 (보증채무의 이행방법)
① 보증회사는 보증사고가 발생한 경우에는 보증채권자에게 보증채무 이행방법(해당 주택의 분양이행 또는 납부한 계약금 및 중도금의 환급이행) 선택에 대하여 지체 없이 서면으로 최고합니다. 다만, 다음 각 호의 어느 하나에 해당하는 경우에는 그렇지 않습니다.
1. 시공자·공동사업주체 또는 회생절차개시를 신청한 주채무자 등(이하 "시공자 등"이라 함)이 계속사업을 원하는 경우에는 시공자 등이 주택분양계약을 이행할 수 있는지 여부를 보증회사가 결정할 때까지 그 최고를 유보할 수 있으며, 시공자등이 주택분양계약의 이행이 가능한 경우에는 최고 없이 계속사업을 진행하도록 합니다.
2. 보증사고일 현재 감리자가 확인한 실행공정률이 80퍼센트 이상인 사업장의 경우에는 최고 없이 분양이행으로 결정합니다.
② 제1항의 최고통지서를 받은 보증채권자는 보증회사의 최고통지서 발송일로부터 1월 이내에 보증채무 이행방법을 선택하여 보증회사에 서면으로 알려야 합니다. 이 경우 회신기한까지 회신이 없거나 그 기한을 지난 경우에는 보증회사에 보증채무 이행방법에 대한 선택권을 위임한 것으로 봅니다.
③ 보증회사의 최고통지서를 받은 보증채권자의 3분의2 이상이 환급이행으로 선택한 경우에는 환급이행으로, 그 이외의 경우에는 제2항에 따라 위임된 선택권을 포함하여 분양이행 또는 환급이행(3분의 2 이상에 도달한 경우에 한함)으로 결정합니다. 이 경우 같은 사업계획승인에 대하여 발급된 하나 이상의 보증은 하나의 보증으로 보아 보증채무 이행방법을 결정합니다.
④ 제1항 제2호 및 제3항에 상관없이 문화재 발견·토지멸실 등의 사유로 정상사업진행이 어려운 경우에는 환급이행으로 결정합니다.
⑤ 보증회사는 보증사고일로부터 3월(단, 주채무자가 회생절차개시를 신청한 경우에는 회생절차개시 신청일로부터 6월)이내에 제1항 제2호, 제3항 및 제4항에 따라 보증채무 이행방법을 결정하고, 그 사실을 보증채권자에게 지체 없이 서면으로 알립니다.
⑥ 제1항 제2호, 제3항 및 제4항에 따라 보증채무 이행방법이 분양이행으로 결

정된 경우 보증채권자는 환급이행을 요구할 수 없으며, 환급이행으로 결정된 경우 보증채권자는 분양이행을 요구할 수 없습니다

⑦ 보증회사는 보증채무 이행방법을 환급이행으로 결정한 경우에는 그 사실을 지체 없이 알리며, 보증채권자가 제5조 및 제3조에 따른 서류제출 및 협력의무를 다한 날로부터 1개월 이내에 이미 납부한 계약금 및 중도금 중에서 제2조 제1항의 보증이행 대상이 아닌 채무를 제외한 금액을 지급합니다.

⑧ 보증채무 이행방법이 분양이행으로 결정된 경우에는 보증회사가 선정하는 자가 해당 공사를 승계 시공합니다. 이 경우 보증채권자는 제2조 제2항의 잔여입주금 등을 보증회사에게 납부해야 합니다.

⑨ 분양이행의 경우 보증회사는 원래의 입주예정일에 다음 각 호의 기간을 더한 기간의 범위에서 새로 입주금의 납부기일과 입주예정일 및 잔여입주금 납부계좌를 지정하여 지체 없이 보증채권자에게 알립니다. 다만, 보증사고가 원래의 입주예정일 이후에 발생한 경우는 보증사고일에 다음 각 호의 기간을 더한 기간의 범위에서 지정하여 알립니다.

1. 제5항의 보증채무 이행방법 결정시까지의 기간
2. 실행공정률을 예정공정률에 도달시키기 위한 예정공정표상의 필요한 공정기간

⑩ 보증회사는 보증채무 이행과 관련하여 협의가 필요한 경우 제3조 제1항에 따라 구성된 입주예정자대표회의를 협의당사자로 합니다.

【계속사업】 보증사고의 사유가 발생했음에도 불구하고 시공자 또는 공동사업주체가 공사를 마치거나 회생절차를 개시한 주채무자가 법원의 허가를 얻어 분양계약을 이행하는 것을 말합니다. 이하 같습니다.

제7조 (분양이행시 지체배상금 및 연체료의 적용)

① 보증회사는 제6조 제9항에 따라 알린 입주예정일에 입주(임시사용승인을 포함)시키지 못한 경우에는 기납부된 입주금에 대하여 그 초과일수에 원래 분양계약서의 지체배상금률(지체기간별로 상이한 경우에는 최소 지체배상금률을 말함)과 공사 내규의 연체료율 중 낮은율을 적용하여 계산한 지체배상금을 부담합니다.<개정 2019. 7.25>

② 분양이행시 보증채권자가 납부해야 할 잔여입주금에 대한 연체료는 다음 각 호에 따라 계산합니다.

1. 보증사고 당시 납부기일이 지난 입주금 : 납부지연일수에서 입주지연기간(원래의 입주예정일로부터 분양이행 시 새로 알린 입주예정일까지의 일수)을 뺀 기간에 원래 주택분양계약서의 연체료율을 적용하여 계산합니다.
2. 보증사고 당시 납부기일이 지나지 않은 입주금 : 제6조 제9항에서 보증회사가 알린 입주금납부기일에 입주금을 납부하지 않을 경우에는 납부지연일수에 원래 분양계약서의 연체료율(연체기간별로 상이한 경우에는 최소 연체료율을 말함)과 공사 내규의 연체료율 중 낮은율을 적용하여 계산합니다.<개정 2019. 7.25>

제8조 (대위 및 구상)

① 보증회사가 보증채무를 이행한 경우에는 주채무자에게 구상권을 가지며, 보

증채권자가 주채무자에게 가지는 권리를 대위하여 가집니다.
② 보증채권자는 제1항의 권리를 보전하거나 행사하는데 필요한 서류를 보증회사에 제출하고 보증회사가 요구하는 조치를 취해야 합니다.
③ 보증회사는 보증채권자가 정당한 사유 없이 제2항에 위반한 경우에는 그 위반으로 취득하지 못한 금액을 보증채권자에게 청구할 수 있습니다.

【구상권】 타인을 대신하여 채무를 변제한 경우 그 타인에 대하여 가지는 상환청구권을 의미합니다. 이하 같습니다.
【대위(代位)】 권리의 주체 또는 객체인 지위에 대신한다는 의미로서 보증회사가 보증채권자인 분양계약자의 지위를 이어받아 채무자인 주채무자 등에게 권리를 행사함을 말합니다. 이하 같습니다.

제3장 보증채무의 성립과 효력

제9조 (보증채무의 성립)
보증회사의 보증채무는 주채무자가 보증서 발급일로부터 2월 이내에 입주자모집공고 승인을 받은 때(상가의 경우에는 신고한 때를 말함)에 유효하게 성립합니다.

제10조 (보증의 실효)
보증서 발급 이후에 보증서에 적힌 주택사업에 대하여 「주택법」 제16조에 따라 다음 각 호의 사업계획변경이 승인된 경우에는 그 변경승인일 이후에 납부한 입주금에 대하여 보증은 효력을 잃게 됩니다. 다만, 사전에 서면으로 보증회사의 동의를 얻은 경우에는 그렇지 않습니다.
1. 사업주체의 변경
2. 분양주택을 임대주택으로 변경

제4장 그 밖의 사항

제11조 (보증채무의 이행장소)
보증채무의 이행장소는 보증회사의 관할 영업점으로 합니다.

제12조 (관할법원 및 준거법)
보증에 관한 소송은 피고 소재지 법원을 관할법원(단, 보증회사가 피고가 되는 경우에는 보증회사의 관할 영업점 또는 본사 소재지 관할법원으로 함)으로 하되, 보증채권자와 보증회사 간에 별도의 합의가 있는 경우에는 그에 따르며, 이 약관에서 정하지 않은 사항은 대한민국법령에 따릅니다.

제13조 (약관의 해석)
① 보증회사는 신의성실의 원칙에 따라 공정하게 약관을 해석해야 하며 보증채권자에 따라 다르게 해석하지 않습니다.
② 보증회사는 약관의 뜻이 명백하지 않은 경우에는 보증채권자에게 유리하게

해석합니다.
③ 보증회사는 이행내용이 아닌 채무 등 보증채권자에게 불리하거나 부담을 주는 내용은 확대하여 해석하지 않습니다.

제14조(개인정보보호)
① 보증회사는 이 보증의 유지, 관리, 보증금 지급 및 대위권 행사를 위해 (신용)정보주체의 동의를 받아 개인(신용)정보를 수집, 이용, 조회 또는 제공할 수 있습니다. 다만 보증회사는 「개인정보 보호법」, 「신용정보의 이용 및 보호에 관한 법률」 등 관계 법령이 정하는 바에 따라, 다음 각 호의 어느 하나에 해당하는 경우에는 (신용)정보주체의 동의를 받지 않고 개인(신용)정보를 수집, 이용, 조회 또는 제공할 수 있습니다.<단서개정 2019.7.25.>
1. 법률에 특별한 규정이 있거나 법령상 의무를 준수하기 위해 불가피한 경우
2. 법령 등에서 정하는 소관 업무의 수행을 위하여 불가피한 경우
3. (신용)정보주체와의 계약의 체결 및 이행을 위하여 불가피하게 필요한 경우
4. (신용)정보주체 또는 그 법정대리인이 의사표시를 할 수 없는 상태에 있거나 주소불명 등으로 사전 동의를 받을 수 없는 경우로서 명백히 (신용)정보주체 또는 제3자의 급박한 생명, 신체, 재산의 이익을 위하여 필요하다고 인정되는 경우
5. 개인정보처리자(신용정보제공·이용자)의 정당한 이익을 달성하기 위하여 필요한 경우로서 명백하게 (신용)정보주체의 권리보다 우선하는 경우. 이 경우 개인정보처리자(신용정보제공·이용자)의 정당한 이익과 상당한 관련이 있고 합리적인 범위를 넘지 않은 경우에 한합니다.<개정 2019.7.25.>

② 보증회사는 보증과 관련된 개인(신용)정보를 안전하게 관리해야 합니다.<개정 2019.7.25.>

제 5 장 건축물의 분양에 관한 법률

「건축법」에 근거한 부동산 개발사업인 상가, 오피스텔, 오피스, 분양형호텔, 생활형숙박시설에 대한 분양은 「건축물의 분양에 관한 법률」(이하 "건축물분양법" 또는 "건분법")을 준수하여 분양하여야 한다. 본 장은 건축물 분양에 관한 법률, 시행령, 시행규칙 중 반드시 알아야 할 법률 조항을 중점적으로 학습하여 건축물의 분양에 대한 기본적인 법률지식을 향상시키고자 한다.

2004년 「건축물의 분양에 관한 법률」을 제정하고 2005년 「법률시행령」과 「법률시행규칙」을 제정하여, 2005년 4월 「건축물의 분양에 관한 법률」을 시행하게 되었다.

1. 건축물의 분양에 관한 법률 제정취지

이 법의 제정취지는 과거 이 법이 없었을 당시 상가, 오피스텔, 오피스 등의 분양상품은 공동주택에 비해 관련된 제도적 미비로 인해 '불법분양', '이중분양', '토지미확보 상태에서 분양', '분양대금 횡령' 등 다양한 문제가 발생하였던 바, 이를 바로 잡아 사업이 불투명한 상태에서 분양하거나 허위·과장광고 또는 분양대금의 유용 등으로 피분양자의 피해가 발생하는 것을 미연에 방지하기 위한 것으로, 건축물 분양절차 및 방법에 관한 사항을 정하여 분양받는 자를 보호하고 안정적인 사업 진행을 유도하기 위해 제정되었다고 생각하면 된다.

ㅇ제정경위ㅇ
2003.04. 굿모닝시티 사건 발생
2004.10.22. "건축물의분양에관한법률"제정 법률 제7244호

2005.04.22. "건축물의분양에관한법률시행령"제정 대통령령 제18797호
2005.04.23. "건축물의분양에관한법률시행규칙"제정 건설교통부령 제436호
2005.04.23. "건축물의분양에관한법률"시행

2. 적용 대상사업 및 적용제외 대상사업

(1) 적용 대상사업

「건축물의 분양에 관한 법률」적용 대상 사업은 쉽게 3,000㎡가 넘는 '상가'와 '오피스', 30실이 넘는 '오피스텔'과 '생활숙박시설'로 생각하면 되는데 세부적인 내용은 아래와 같다.

> 「건축법」 제11조의 규정에 의한 건축허가를 받아 건축하여야 하는 건축물로서 건축법 제22조의 규정에 의한 '사용승인' 전에 분양하는 건축물로서 다음과 같다.
> 1. 분양하는 부분의 바닥면적의 합계가 3,000㎡(907.5평) 이상 건축물
> 2. 대통령이 정하는 용도 및 규모의 건축물
> (1) 일반업무시설 중 30실 이상의 오피스텔
> (2) 생활숙박시설
> (3) 주상복합 건축물로써 주택외 용도 해당 바닥면적의 합계가 3,000㎡(907.5평) 이상 건축물
> (4) 위 열거 건축물 중 임대 후 분양전환을 조건(분양전환 시 임차인에게 우선순위를 부여하는 것 포함)으로 임대하는 건축물

(2) 적용제외 대상사업

반대로 「건축물의 분양에 관한 법률」 적용받지 않고 해당 법에 따라 분양하여야 하는 사업은 아래와 같다. 단, 관광호텔이 아닌 분양형 호텔은 「건축물의 분양에 관한 법률」을 적용받는다.

> 일정규모 이상의 건축물의 분양에 관한 법령이기는 하지만, 개별법에서 별도로 분양방법이나 절차 등을 규정하고 있는 다음 각 호의 건축물에

대해서는 적용을 하지 않는다(법 제3조 제2항)
1. 「주택법」에 의한 주택 및 복리시설
2. 「산업집적 활성화 및 공장 설립에 관한 법률」에 의한 아파트형 공장
3. 「관광진흥법」에 의한 관광숙박시설
4. 「노인복지법」에 의한 노인복지시설
5. 「공공기관의 운영에 관한 법률」에 따른 공공기관이 매입하는 업무용 건축물
6. 「지방공기업법」에 따른 지방공기업이 매입하는 업무용 건축물

(3) 사업별 비교

구 분	아파트	오피스텔	생활형숙박시설
법적인용도	공동주택	업무시설	숙박시설
관련법	주택법, 주택공급에 관한규칙	건축법, 건축물의분양에관한법률	
분 양	인터넷 청약	300실이상 인터넷청약	공개모집 (인터넷청약 비대상)
청약통장	○	×	×
주택여부	○	전입신고 시 주택으로 간주	
확정일자	○	○	×
숙박업등록	외국인관광도시 민박업 가능	×	○(숙박업)
사업자등록	×	일반 또는 주택임대사업자	일반임대사업자
전매제한	규제지역에 따라 상이		제한없음
전입신고	가능		
구분등기	개별등기		
취득세율	주택수·가액별 1.1%~12%	4.6%	
재산세기준	주택	일반 건축물	
종합부동산세	부과대상	주택 사용시 부과	원칙적 비대상
양도세 중과	중과세적용	일반세율(주택 사용시 중과)	

상품	서비스발코니	설치○ / 확장○	설치×	설치○ / 확장×
	취사여부	○	○	○
	바닥난방	○	전용85m²이하만 가능	○(관련 규정 없음)
	주차대수	1대/세대 이상 (전용30m²이하 : 0.5대/세대)	1대/세대 이상 (전용30m²이하 : 0.5대/세대)	시설면적134m²당 1대

3. 건축물의 분양에 관한 법률 내용

(1) 건축물의 분양에 관한 법률 주요 세부내용

제2조(정의) 이 법에서 사용하는 용어의 뜻은 다음과 같다.

1. "건축물"이란 「건축법」 제2조제1항제2호의 건축물을 말한다.
   <해석>→ 건축법 제2조 제1항 제2호 : "건축물"이란 토지에 정착하는 공작물 중 지붕과 기둥 또는 벽이 있는 것과 이에 딸린 시설물, 지하나 고가의 공작물에 설치하는 사무소·공연장·점포·차고·창고, 그 밖에 대통령령으로 정하는 것을 말한다.
2. "분양"이란 분양사업자가 건축하는 건축물의 전부 또는 일부를 2인 이상에게 판매하는 것을 말한다.
   다만, 「건축법」 제2조제2항에 따른 건축물의 용도 중 둘 이상의 용도로 사용하기 위하여 건축하는 건축물을 판매하는 경우 어느 하나의 용도에 해당하는 부분의 바닥면적이 제3조제1항제1호에서 정한 규모 이상에 해당하고 그 부분이 전부를 1인에게 판매하는 것은 제외한다.
   <해석>→ 건분법 상 2인이상에게 분양하지 않고 1인에게 분양하는 것은 분양으로 정의하지 않기 때문에 건분법 대상에 해당되지 않아 건분법을 적용받지 않는다.
3. "분양사업자"란 「건축법」 제2조 제1항 제12호의 건축주[건축물의 건축·대수선·용도변경, 건축설비의 설치 또는 공작물의 축조(이하 "건축물의 건축등"이라 한다)에 관한 공사를 발주하거나 현장 관리인을 두어 스스로 그 공사를 하는 자를 말한다]로서 건축물을 분양하는 자를 말한다.
   <해석>→ 건분법을 적용받는 경우 건축주(사업주체)가 신탁사가 아닌 시행사(위탁자)가 된다.
4. "분양받은 자"란 제6조제3항부터 제5항까지의 규정에 따라 분양사업자와 건축물의 분양계약을 체결한 자를 말한다.

제3조(적용 범위) ① 이 법은 「건축법」 제11조에 따른 건축허가를 받아 건축하여야 하는 다음 각 호의 어느 하나에 해당하는 건축물로서 같은 법 제22조에 따른 사용승인서의 교부(이하 "사용승인"이라 한다) 전에 분양하는 건축물에 대하여 적용한다.

1. 분양하는 부분의 바닥면적(「건축법」 제84조에 따른 바닥면적을 말한다)의 합계가 3천㎡이상인 건축물

   <해석>→ 건축물바닥면적의 합계가 3천 제곱미터(약 907평) 이하의 건축물은 건축물분양에 관한 법률의 적용대상이 아니므로 임의 분양, 임대 분양을 할 수 있다는 의미이다.

2. 업무시설 등 대통령령으로 정하는 용도 및 규모의 건축물

② 제1항에도 불구하고 다음 각 호의 어느 하나에 해당하는 건축물에 대하여는 이 법을 적용하지 아니한다. 즉 건축물 분양에 관한 법률이 아닌 타 법률에 의한 건축물은 해당 법률을 적용하여 건축한다는 의미이다.

1. 「주택법」에 따른 주택 및 복리시설
2. 「산업집적활성화 및 공장설립에 관한 법률」에 따른 지식산업센터
3. 「관광진흥법」에 따른 관광숙박시설
4. 「노인복지법」에 따른 노인복지시설
5. 「공공기관의 운영에 관한 법률」에 따른 공공기관이 매입하는 업무용 건축물
6. 「지방공기업법」에 따른 지방공기업이 매입하는 업무용 건축물

제4조(분양 시기 등) ① 분양사업자는 다음 각 호의 구분에 따라 건축물을 분양하여야 한다.

1. 「자본시장과금융투자업에관한법률」에 따른 신탁업자와 신탁계약 및 대리사무계약을 체결한 경우 또는 금융기관 등으로부터 분양보증을 받는 경우 : 「건축법」 제21조(착공신고 등)에 따른 착공신고 후
2. 해당 건축물의 사용승인에 대하여 다른 건설업자 둘 이상의 연대보증을 받아 공증받은 경우 : 골조공사의 3분의 2 이상이 완료된 후

② 제1항 제1호의 적용과 관련하여 신탁회사가 분양사업자로 되는 신탁계약이 체결된 경우에는 착공신고 후 분양을 위한 별도의 신탁계약이 필요하지 아니하다.
<해석>→ 신탁회사가 분양사업자로 되는 신탁계약이란 의미는 신탁사가 사업주체가 되는 경우로 관리형토지신탁, 차입형토지신탁(개발형토지신탁)인 경우에는 사업부지가 신탁사로 소유권이전 되기 때문에 추가로 신탁계약을 체결할 필요가 없다는 의미이다.
③ 제1항 제1호에서 "분양보증"이란 분양사업자가 파산 등의 사유로 분양계약을 이행할 수 없게 되는 경우 해당 건축물의 분양(사용승인을 포함한다)의 이행이나 납부한 분양대금의 환급(분양받은 자가 원하는 경우로 한정한다)을 책임지는 보증을 말한다(주택분양보증약관 참조)
④ 제1항 제1호에 따른 신탁계약·대리사무계약의 방법과 기준, 분양보증을 할 수 있는 금융기관 등의 종류 및 위는 대통령령으로 정한다.
⑤ 제1항 제2호에서 "다른 건설업자"란 「건설산업기본법」 제2조제7호에 따른 건설업자로서 대통령령으로 정하는 건설업자를 말한다.

⑥ 분양사업자는 건축물을 분양하려는 경우에는 건축할 대지(垈地)의 소유권을 확보하여야 한다. 다만, 건축할 대지의 소유권이 국가 또는 지방자치단체에 있거나 그 밖에 대통령령으로 정하는 경우에는 그러하지 아니하다.

⑦ 분양사업자는 제6항에 따라 소유권을 확보한 대지에 저당권, 가능기담보권, 전세권, 지상권 및 등기되어 있는 부동산임차권이 설정되어 있는 경우에는 이를 말소하여야 한다. 다만, 분양사업자가 국가 또는 지방자치단체인 경우 등 대통령령으로 정하는 경우에는 그러하지 아니하다.

<해서>→ 제4조의 ⑥, ⑦항의 내용은 수분양자 보호를 위해 사업부지의 소유권을 확보하고 사업부지에 제한물권이 없는 상대에서 분양을 해야 한다는 의미이다. 수분양자 보다 선순위인 제한 물권이 있는 경우 분양 또는 건축물 완공시 수분양자에게 소유권이전 or 수분양자의 재산권 행사가 제대로 이루어지지 않을 수 있기 때문이다.

제5조(분양신고) ① 분양사업자는 건축물을 분양하려는 경우에는 「건축법」 제11조에 따른 허가권자(이하 "허가권자"라 한다)에게 신고하여야 한다.

② 분양사업자는 세1항에 따라 분양신고를 할 때에는 신탁계약서, 대리사무계약서, 대지의 등기사항증명서 등 대통령령으로 정하는 서류를 갖추어 허가권자에게 제출하여야 한다.

③ 허가권자는 분양신고의 내용을 검토하여 이 법에 적합한 경우에는 분양신고를 수리(受理)하고 그 사실을 분양사업자에게 통보하여야 한다.

제6조(분양방법 등) ① 분양사업자는 제5조제3항에 따른 분양신고의 수리 사실을 통보받은 후에 분양 광고에 따라 분양받을 자를 공개모집하여야 한다. 이 경우 대통령령으로 정하는 용도 및 규모의 건축물에 대해서는 인터넷을 활용하여 분양받을 자를 공개모집하여야 한다.

② 제1항에 따른 분양 광고에는 건축물의 위치·용도·규모 및 내진설계 등 대통령령으로 정하는 사항이 포함되어야 한다.

③ 분양사업자는 제1항에 따른 분양 광고에 따라 분양신청을 한 자 중에서 공개추첨의 방법으로 분양받을 자를 선정하여야 한다.

④ 분양사업자는 제3항에 따라 분양받을 자로 선정된 자와 분양계약을 체결하여야 하며, 분양계약서에는 분양 건축물의 표시, 신탁계약·대리사부계약 또는 분양보증계약의 종류, 신탁업자 또는 분양보증기관의 명칭 등 분양계약의 체결에 영향을 줄 수 있는 사항으로서 대통령령으로 정하는 사항이 포함되어야 한다.

⑤ 제3항에 따라 분양받을 자를 선정하고 남은 부분이 있거나 제4항에 따라 분양계약을 체결하고 남은 부분이 있는 경우에는 그 남은 부분에 대하여 분양받을 자를 선정할 때에는 대통령령으로 정하는 방법으로 한다. 이 경우 분양받을 자로 선정된 자와의 분양계약 체결에 관하여는 제4항을 적용한다.

⑥ 제1항에 따른 공개모집의 절차, 방법 등에 필요한 사항은 대통령령으로 정한다.

<해석>→ 수분양자에 대한 공개 모집은 사업주체가 임의분양 or 임의로 수분양자를 지정하여 동·호수를 분양할 수 없다는 의미로 분양 광고를 통한 공개모집을 법적으로 강제한 것으로 보아야 한다.

제6조의2(거주자우선분양) ① 분양사업자는 「주택법」 제63조제1항에 따라 지정된 투기과열지구 또는 같은 법 제63조의2제1항제1호에 따라 지정된 조정대상지역에서 건축물을 분양하려는 경우에는 분양분의 100분의 20의 범위에서 대통령령으로 정하는 바에 따라 분양 신고일 현재 그 건축물 건설지역의 거주자(주된 사무소의 소재지가 있는 법인을 포함한다. 이하 같다)로서 분양을 신청한 자 중에서 분양받을 자를 우선 선정하여야 한다. 이 경우 분양사업자는 분양 광고에 이를 밝혀야 한다.
② 제1항은 제6조제1항에 따라 최초 공개모집이 이루어진 경우에만 적용한다.

제6조의3(분양 건축물의 전매행위 제한) ① 「주택법」 제63조제1항에 따라 지정된 투기과열지구 또는 같은 법 제63조의2제1항제1호에 따라 지정된 조정대상지역에서 대통령령으로 정하는 용도 및 규모의 건축물을 분양받은 자 또는 소유자는 분양계약을 체결한 날부터 사용승인 후 1년의 범위에서 대통령령으로 정하는 기간에는 분양받은 자의 지위 또는 건축물을 전매(매매, 증여, 그 밖에 권리가 변동되는 모든 행위를 포함하되 상속은 제외한다. 이하 같다)하거나 이의 전매를 알선할 수 없다. 이 경우 전매제한 기간은 행정구역, 「주택법」 제63조제1항에 따라 지정되는 투기과열지구 또는 같은 법 제63조의2제1항제1호에 따라 지정되는 조정대상지역 등을 고려하여 대통령령으로 다르게 정할 수 있다.
② 제1항에 해당하지 아니하는 건축물로서 분양사업자와 분양받은 자가 제6조제4항에 따른 분양계약 체결을 한 건축물의 경우에는 사용승인 전에 2명 이상에게 전매하거나 이의 전매를 알선할 수 없다.
③ 제2조제2호 단서에 따라 분양에 해당하지 아니하는 방법으로 매입한 건축물과 제3조제2항제5호 및 제6호에 해당하는 건축물의 경우에는 사용승인 전에 2인 이상에게 전매하거나 이의 전매를 알선할 수 없다.

제6조의4(분양 건축물의 계약 취소) 허가권자 또는 분양사업자는 다음 각 호의 어느 하나에 해당하는 경우에는 분양받은 자와의 계약을 취소할 수 있다.
1. 제6조의2제1항에 따른 분양을 거짓이나 그 밖의 부정한 방법으로 받은 경우
2. 제6조의3제1항 또는 제2항을 위반하여 전매한 경우

제7조(설계의 변경) ① 분양사업자는 분양한 건축물에 대하여 사용승인 전에 건축물의 면적 또는 층수의 증감(增減) 등 분양받은 자의 이해관계에 중대한 영향을 줄 수 있는 설계변경으로서 대통령령으로 정하는 설계변경을 하려는 경우에는 분양받은 자 전원의 동의를 받아야 한다.
② 분양사업자는 제1항에 따른 설계변경에 해당하지 아니하는 설계변경으로서 국토교통부령으로 정하는 설계변경을 하려는 경우에는 미리 그 내용을 분양받은 자 전원에게 알려야 한다.

제8조(분양대금의 납입) ① 분양사업자가 분양받은 자로부터 받는 분양대금은 계약금·중도금 및 잔금으로 구분한다.
② 제1항에 따른 계약금·중도금 및 잔금의 비율과 이를 받을 수 있는 시기는 대통령령으로 정한다.

제9조(시정명령) ① 허가권자는 분양사업자의 분양 광고의 내용이 제5조제1항에 따라 수리된 분양신고의 내용과 다르거나 제6조제2항에 따른 사항을 포함하지 아니하였다고 인정되는 경우에는 즉시 분양사업자에게 시정을 명하고, 그 사실을 해당 허가권자가 운영하는 정보통신망에 공표하여야 한다.

② 분양사업자는 제1항에 따른 시정명령을 받은 경우에는 시정명령을 받은 날부터 10일 이내에 시정명령을 받은 내용과 정정할 사항을 대통령령으로 정하는 방법으로 공표하여야 한다.

③ 분양사업자는 제2항에 따른 시정명령을 이행하기 전에 제6조에 따라 분양받을 자를 선정하였거나 분양계약을 체결하였을 때에는 분양받을 자로 선정된 자 또는 분양받은 자에게 제2항에 따른 공표 내용을 알려야 한다.

제10조(벌칙) ① 제5조제1항에 따른 분양신고를 하지 아니하거나, 거짓이나 그 밖의 부정한 방법으로 분양신고를 하고 건축물을 분양한 자는 3년 이하의 징역 또는 3억원 이하의 벌금에 처한다.

② 다음 각 호의 어느 하나에 해당하는 자는 1년 이하의 징역 또는 1억원 이하의 벌금에 처한다.

1. 제6조제1항을 위반하여 분양신고의 수리 사실을 통보받지 아니하고 분양 광고를 하거나 공개모집이 아닌 방법으로 분양받을 자를 모집하거나 인터넷을 활용하여 모집하여야 하는 용도 및 규모의 건축물임에도 불구하고 인터넷을 활용하지 아니하고 분양받을 자를 공개모집한 자
2. 제6조제3항을 위반하여 공개추첨의 방법에 따르지 아니하고 분양받을 자를 선정한 자
3. 제6조제4항 또는 제5항 후단을 위반하여 분양계약을 체결한 자
4. 제6조의2제1항을 위반하여 분양하거나 분양 광고를 한 분양사업자
5. 제6조의3제1항부터 제3항까지의 규정을 위반하여 전매한 자 및 이의 전매를 알선한 자
6. 제7조제1항 또는 제2항을 위반하여 분양받은 자 전원에게 동의를 받지 아니하거나 알리지 아니하고 설계변경을 한 자

(2) 건축물의 분양에 관한 법률 시행령 주요 세부내용

제1조(목적) 이 영은 「건축물의 분양에 관한 법률」에서 위임된 사항과 그 시행에 필요한 사항을 규정함을 목적으로 한다.

제2조(적용 범위) 「건축물의 분양에 관한 법률」(이하 "법"이라 한다) 제3조제1항 제2호에서 "대통령령으로 정하는 용도 및 규모"란 분양하려는 부분의 용도 및 규모가 다음 각 호의 어느 하나에 해당하는 것을 말한다.

1. 건축물의 용도가 다음 각 목의 어느 하나에 해당하는 것으로서 30실(室) 이상인 것
   가. 「건축법 시행령」 별표 1 제14호 나목 2)에 따른 오피스텔(이하 "오피스텔"이라 한다)
   나. 「건축법 시행령」 별표 1 제15호 가목에 따른 생활숙박시설
2. 주택 외의 시설과 주택을 동일 건축물로 짓는 건축물 중 주택 외의 용도로 쓰이는 바닥면적(「건축법 시행령」 제119조제1항제3호에 따라 산정(算定)한 바닥면적을 말한다. 이하 같다)의 합계가 3천제곱미터 이상인 것
   <해석>→ 건축법은 주택 외의 건축물에 관한 법률임.
3. 바닥면적의 합계가 3천제곱미터 이상으로서 임대 후 분양전환을 조건으로 임대하는 것(분양전환 시 임차인에게 우선순위를 부여하는 것을 포함한다)

제3조(신탁계약 및 대리사무계약 등) ① 법 제4조제1항제1호에 따른 신탁계약(이하 "신탁계약"이라 한다)에는 다음 각 호의 사항이 포함되어야 한다.

1. 분양받은 자의 소유권등기 전날까지의 토지와 그 정착물의 소유권 관리에 관한 사항
2. 신탁받은 소유권의 처분에 관한 사항
3. 신탁을 정산할 때에 분양받은 자가 납부한 분양대금을 다른 채권 및 수익자의 권리보다 우선하여 정산하여야 한다는 사항
   <해석>→ 건축물 분양에 관한 법률은 수분양자를 보호하기 위해 만든 법률로 분양대금 완납 시 건축물에 대한 소유권을 수분양자에게 당연히 이전하여야 하며, 분양대금을 우선적으로 보호해야 한다는 의미이다.

② 법 제4조제1항제1호에 따른 대리사무계약(이하 "대리사무계약"이라 한다)에는 다음 각 호의 사항이 포함되어야 한다.

1. 분양받은 자를 보호하기 위한 분양수입금 관리계좌의 개설에 관한 사항
   <해석>→ 분양수입금 관리계좌를 신탁사에서 대리사무계약을 기반으로 자금집행순서에 의거 투명한 자금집행을 해야한다는 의미이다.
2. 분양사업자는 분양수입금 총액을 신탁업자(「자본시장과 금융투자업에 관한 법률」에 따른 신탁업자를 말한다. 이하 같다)에게 양도하여야 한다는 사항
3. 분양대금은 신탁계약 및 대리사무계약에서 정한 토지매입비, 공사비, 설계비, 감리비 또는 그 밖의 부대사업비 등 해당 분양사업과 관련된 용도로만 사용할 수 있다는 사항

4. 그 밖에 신탁계약의 목적을 달성하기 위하여 국토교통부령으로 정하는 사항
③ 신탁업자는 제1항제1호에 따라 양도받은 분양수입금을 별도의 독립된 계정으로 회계처리하여야 하며, 신탁계약 및 대리사무계약에서 정한 목적으로만 사용하여야 한다.
④ 신탁업자가 분양받은 자로부터의 입출금, 분양계약의 해제, 주소 관리 등 분양업무를 수행하는 경우에는 그 관리 내용을 공정하고 투명하게 전산으로 관리하여야 하고, 분양 개시일부터 6개월마다 분양사업자에게 통지하여야 한다.

제4조(분양보증기관의 종류 등) ① 법 제4조제4항에 따라 분양보증을 할 수 있는 금융기관 등의 종류는 다음 각 호와 같다.
1. 「보험업법」 제4조제1항제2호 라목에 따른 보증보험을 취급하는 보험회사(이하 “보험회사”라 한다)
2. 「은행법」 제2조제2호에 따른 은행
3. 그 밖에 국토교통부령으로 정하는 기관
② 제1항에 따른 분양보증기관은 분양보증업무를 수행할 때 다음 각 호의 행위를 할 수 있다.
1. 보증심사 및 이행(재산조사를 포함한다)을 위한 조사 및 관계인에 대한 자료 제공 요청
2. 공사감리자에 대한 시공방법·공정현황·사용자재 및 자재품질 등에 관한 자료 제출 요청
3. 「건축법」 제22조에 따른 사용승인(이하 “사용승인”이라 한다) 신청 등 국토교통부령으로 정하는 보증의 이행과 관련된 업무
<해석>→ 실무 상 금융기관으로부터 보증을 받아 건축하는 경우는 없거나 불가능함으로 신탁업자와 신탁계약 체결 및 대리사무계약을 통해 선분양을 하고 있다.

제5조(연대보증을 할 수 있는 건설업자의 요건 등) 법 제4조제5항에서 “대통령령으로 정하는 건설업자”란 「건설산업기본법」 제9조제1항에 따라 종합공사를 시공하는 업종의 등록을 한 건설업자로서 다음 각 호의 어느 하나에 해당하는 건설업자를 말한다. 다만, 분양사업자와 「독점규제 및 공정거래에 관한 법률」 제2조제3호에 따른 계열회사의 관계에 있는 건설업자는 제외한다.
1. 자본금이 연대보증 대상 건설공사 계약금액의 50퍼센트 이상일 것
2. 연대보증 대상 건설공사에 해당되는 용도의 건축물을 시공한 실적이 있고, 최근 5년간 수주(受注)한 금액이 연대보증 대상 건설공사 계약금액의 2배 이상일 것

제7조(분양신고) ① 분양사업자가 법 제5조제2항에 따라 분양신고를 할 때에 분양신고서에 첨부하여야 하는 서류는 다음 각 호와 같다. 이 경우 「건축법」 제11조에 따른 허가권자(이하 “허가권자”라 한다)는 「전자정부법」 제36조제1항에 따른 행정정보의 공동이용을 통하여 해당 건축물을 건축할 대지의 토지 등기부 등본을 확인하여야 한다.
1. 신탁계약서 및 대리사무계약서 또는 분양보증서의 사본(법 제4조제1항제1호

에 따라 착공신고 후에 분양을 하는 경우로 한정한다)
2. 연대보증서 및 「건축법」 제25조에 따라 지정된 공사감리자(이하 "공사감리자"라 한다)의 공정확인서(법 제4조제1항제2호에 따라 골조공사의 3분의 2 이상을 완료한 후에 분양을 하는 경우로 한정한다)
3. 분양 광고안

② 허가권자는 분양사업자로부터 분양신고서가 제출된 경우에는 신고 접수일부터 5일 이내에 수리(受理) 여부를 결정하여야 하고, 분양신고를 수리할 때에는 분양사업자에게 국토교통부령으로 정하는 분양신고확인증을 발급하여야 한다.

제7조의2(공개모집의 방법 등) ① 법 제6조제1항 후단에서 "대통령령으로 정하는 용도 및 규모의 건축물"이란 오피스텔로서 300실 이상인 건축물을 말한다.

② 분양사업자는 법 제6조제1항 후단에 따라 인터넷을 활용하여 분양받을 자를 공개모집하는 경우 다음 각 호의 어느 하나에 해당하는 기관에 청약접수 및 분양받을 자의 선정에 관한 업무를 대행하도록 하여야 한다.
1. 「민법」 제32조에 따라 금융위원회의 허가를 받아 설립된 금융결제원
2. 다음 각 목의 기관 중 국토교통부장관이 지정하여 고시하는 기관
   가. 「공공기관의 운영에 관한 법률」 제4조에 따른 공공기관
   나. 「건설산업기본법」, 「부동산개발업의 관리 및 육성에 관한 법률」, 「주택법」 및 그 밖의 법률에 따라 설립된 협회

③ 제2항에 따라 청약접수 및 분양받을 자의 선정에 관한 업무를 수행하는 기관은 청약경쟁률을 인터넷 홈페이지 등에 게시하여야 한다.

④ 공개모집은 1일 8시간 이상으로 해야 하며, 공개추첨은 공개모집이 끝난 이후에 해야 한다.

제8조(분양 광고 등) ① 법 제6조제2항에 따라 분양 광고에 포함하여야 하는 사항은 다음 각 호와 같다. 다만, 두 번째 이후의 분양 광고로서 광고 문구에 제2호부터 제5호까지, 제5호의2, 제6호, 제10호의2 및 제16호의 사항은 분양사업장(분양 건축물의 견본 등을 설치하고 청약 안내 등을 하는 장소를 말한다. 이하 같다)에서 게시한다는 것을 밝히고 이를 포함하지 아니할 수 있다.
1. 분양신고번호 및 분양신고일
2. 대지의 지번(地番)
3. 건축물 연면적
4. 분양가격(면적별·용도별 또는 위치별로 구분할 수 있다)
5. 건축물의 층별 용도

5의2. 건축물의 내진(耐震)설계에 관한 다음 각 목의 사항
   가. 「건축법」 제48조제3항에 따른 내진성능 확보 여부
   나. 「건축법」 제48조의3제2항에 따라 산정한 내진능력

6. 분양사업자(신탁계약에 따라 「자본시장과 금융투자업에 관한 법률」에 따른 신탁업자가 분양사업자가 되는 경우에는 분양사업자와 위탁자를 말한다)·분양대행사 및 시공업체의 명칭
7. 분양대금의 관리자와 분양사업자 간의 관계

8. 신탁업자 또는 분양보증기관의 명칭(법 제4조제1항제1호에 해당하는 경우로 한정한다)
9. 시공보증을 한 둘 이상의 건설업자의 명칭(법 제4조제1항제2호에 해당하는 경우로 한정한다)
10. 준공예정일 및 입주예정일
10의2. 분양받은 자의 사용승인 전 건축물 방문에 관한 사항(건축물이 오피스텔인 경우로 한정한다)
11. 분양받을 자의 모집기간·모집방법(인터넷을 활용한 청약접수 가능 여부 및 방법을 포함한다) 및 선정 일시
12. 구분소유권에 대하여 우선적으로 공개모집을 하는 경우 그 업종, 건축물 내 위치, 전체 분양면적 중 우선 모집 면적비율, 분양받을 자의 자격제한 등 우선 공개모집의 내용에 관한 사항(제3항에 해당하는 경우로 한정한다)
13. 거주자 우선 분양에 관한 사항(법 제6조의2에 해당하는 경우로 한정한다)
14. 전매행위 제한에 관한 사항(법 제6조의3에 해당하는 경우로 한정한다)
15. 구분지상권의 설정에 관한 사항(법 제6조의제2항제5호에 해당하는 경우로 한정한다)
16. 그 밖에 국토교통부령으로 정하는 사항

② 분양사업자는 분양 광고를 전국을 주된 보급지역으로 하는 일간신문 또는 해당 사업장이 위치한 지역을 주된 보급지역으로 하는 일간신문에 1회 이상 게재하여야 한다. 다만, 분양분이 100실 미만인 오피스텔의 경우 해당 사업장이 위치한 시·군·자치구의 인터넷 홈페이지에 게시하는 방법으로 분양 광고를 할 수 있다.
③ 분양 광고는 최초 청약 신청 접수일 5일 이전에 하여야 한다.
④ 다음 각 호의 어느 하나에 해당하는 구분소유권에 대해서는 청약 자격을 제한하여 우선적으로 공개모집할 수 있다.
1. 바닥면적의 합계가 1천제곱미터 이상인 구분소유권
2. 연면적의 5분의 1 이상인 구분소유권

⑤ 분양사업장을 설치할 때에는 국토교통부장관이 정하는 기준에 따라 설치하여야 하며, 분양 광고의 내용과 다르게 견본을 설치하거나 분양 안내를 할 수 없다.

제9조(분양계약서) ① 법 제6조제4항에서 "대통령령으로 정하는 사항"이란 다음 각 호의 사항을 말한다.
1. 분양사업자, 분양대행사 및 시공업체의 명칭
2. 분양신고번호 및 신고확인증 발급일
3. 분양 건축물의 표시(전용면적·공용면적·계약면적 및 대지지분을 포함한다). 이 경우 오피스텔의 전용면적은 건축물의 외벽의 내부선을 기준으로 산정한 면적으로 하고, 2세대 이상이 공동으로 사용하는 부분으로서 다음 각 목의 어느 하나에 해당하는 공용면적을 제외하며, 바닥면적에서 전용면적을 제외하고 남는 외벽면적은 공용면적에 가산한다.
   가. 복도·계단·현관 등 오피스텔의 지상층에 있는 공용면적
   나. 가목의 공용면적을 제외한 지하층·관리사무소 등 그 밖의 공용면적
4. 분양대금 계좌번호 및 예금주, 분양대금의 관리자

5. 신탁계약 및 대리사무계약 또는 분양보증계약의 종류와 신탁업자 또는 분양보증기관의 명칭(법 제4조제1항제1호에 따라 착공신고 후 분양을 하는 경우로 한정한다)
6. 연대보증을 한 둘 이상의 건설업자의 명칭(법 제4조제1항제2호에 따라 골조공사를 3분의 2 이상 완료한 후에 분양을 하는 경우로 한정한다)
7. 분양가격, 계약금·중도금·잔금 등의 납부시기 및 납부방법(계약금, 회차별 중도금, 잔금으로 구분하여 납부일 및 납부 금융기관 등을 분명하게 밝혀야 한다)
8. 분양계약 후 건축물의 내부구조 변경에 관한 사항
9. 준공예정일 또는 입주예정일
9의2. 「집합건물의 소유 및 관리에 관한 법률」 제9조의3제2항에 따른 공정증서의 설명 및 확인에 관한 사항
10. 분양계약증명서의 고유번호
10의2. 법 제6조의3에 따른 전매행위 제한에 관한 사항
11. 분양사업자가 분양대상 건축물과 관련하여 다음 각 목의 어느 하나에 해당하는 경우에는 분양받은 자가 분양계약을 해약(解約)할 수 있다는 사항
  가. 법 제9조에 따른 시정명령을 받은 경우
  나. 법 제10조에 따라 벌금형 이상의 형을 선고받은 경우
  다. 법 제12조에 따른 과태료 부과처분을 받은 경우
12. 구분지상권의 설정에 관한 사항(법 제6조의제2항제5호에 해당하는 경우로 한정한다)
13. 그 밖에 허가권자가 필요하다고 인정하는 사항

② 법 제6조제5항 전단에 따라 분양사업자는 분양계약 등을 체결하고 남은 부분이 있는 경우에는 수의계약(隨意契約)으로 분양할 수 있다.

제9조의 2(거주자우선 분양기준) ① 삭제

② 「주택법」 제63조제1항에 따라 지정된 투기과열지구 또는 같은 법 제63조의2 제1항제1호에 따라 지정된 조정대상지역에서 분양하는 건축물 중 다음 각 호의 구분에 따른 분양분은 분양 신고일 현재 그 건축물이 건설되는 지역의 거주자로서 분양을 신청한 자 중에서 1명당 1실을 기준으로 우선 분양하여야 한다.

1. 오피스텔
  가. 분양분이 100실 이상인 경우: 분양분의 100분의 10 이상 100분의 20 이하의 범위에서 제1항 각 호의 지방자치단체의 장이 정하는 비율에 해당하는 분양분
  나. 분양분이 100실 미만인 경우: 분양분의 100분의 10 이하의 범위에서 제1항 각 호의 지방자치단체의 장이 정하는 비율에 해당하는 분양분
2. 오피스텔 외의 건축물: 분양분(제8조제4항에 따른 우선 모집분은 제외한다)의 100분의 10 이하의 범위에서 제1항 각 호의 지방자치단체의 장이 정하는 비율에 해당하는 분양분

③ 제2항에 따른 우선 분양을 신청한 자 중에서 분양받을 자로 선정되지 못한 자는 별도의 신청 절차 없이 법 제6조제3항에 따라 분양신청을 한 자에 포함한다.

제9조의3(전매행위의 제한기간 등) ① 법 제6조의3제1항 전단에서 "대통령령으로 정하는 용도 및 규모의 건축물"이란 오피스텔로서 100실 이상인 건축물을 말한다

② 법 제6조의3제1항 전단에서 "대통령령으로 정하는 기간"이란 사용 승인일부터 소유권이전 등기일 까지의 기간을 말한다. 다만, 사용 승인일부터 1년이 지난 날까지 소유권이전등기를 마치지 아니한 경우에는 사용승인일부터 1년간을 말한다.

제11조(분양대금) ① 분양사업자가 법 제8조제2항에 따라 분양받은 자로부터 받는 계약금은 분양대금의 20퍼센트 이내로 하고, 중도금은 분양대금의 70퍼센트 이내로 한다. 다만, 법 제4조제1항제2호에 해당하는 경우에는 분양사업자가 계약금·중도금 및 잔금의 비율을 따로 정할 수 있다.

② 분양대금은 다음 각 호의 구분에 따라 그 해당 시기에 받을 수 있다.

1. 계약금 : 계약 체결 시
2. 중도금: 공사감리자의 공정확인서에 의한 건축공사비(대지 매입비는 제외한다)의 50퍼센트 이상의 투입이 확인된 때를 기준으로 그 전후 각 2회 이상으로 구분하여 받을 수 있으며, 최초로 납부하는 중도금은 계약일부터 1개월이 지난 날부터 받을 수 있다.
3. 잔금 : 사용승인일 이후. 다만, 「건축법」 제22조제3항 단서에 따라 임시 사용승인을 받아 입주하는 경우에는 잔금 중 50퍼센트는 입주일에, 나머지 50퍼센트는 사용승인일 이후에 받을 수 있다.

(3) 건축물의 분양에 관한 법률 시행규칙 세부내용 주요 세부내용

제1조(목적) 이 규칙은 「건축물의 분양에 관한 법률」 및 같은 법 시행령에서 위임된 사항과 그 시행에 필요한 사항을 규정함을 목적으로 한다.

제2조(대리사무계약의 내용) 「건축물의 분양에 관한 법률 시행령」(이하 "영"이라 한다) 제3조제2항제4호에서 "국토교통부령으로 정하는 사항"이란 다음 각 호의 사항을 말한다

1. 계약금을 포함한 분양대금의 수납·관리 등
2. 부도·파산 등으로 사업 추진이 불가능한 경우 분양수입금 관리계좌의 남은 금액은 분양받은 자에게 우선하여 지급하여야 한다는 사항을 포함한 분양대금의 지출 원칙, 방법 및 용도
3. 「자본시장과 금융투자업에 관한 법률」에 따른 신탁업자(이하 "신탁업자"라 한다)가 분양사업자의 사업을 감독할 권한, 분양사업자가 신탁업자에게 자료를 제출할 의무 등
4. 자금 집행순서 및 시공사에 공사비를 지급하는 방법·시기
5. 분양계약의 관리

6. 건축공사의 공정(工程) 관리(시공사가 분양사업자에게 공사비를 청구할 때 시공사의 예정 공정계획에 비례하여 공사비를 지급할 수 있도록 신탁업자가 실제 공정 현황을 파악하는 등의 업무를 말한다)에 대한 사항
7. 분양받은 자를 위한 공사 진척 사항의 열람 및 게시 방법
8. 그 밖에 신탁업자와 분양사업자가 협의하여 정한 사항

<해석> → 분양관리신탁에서 신탁업자는 토지에 대한 소유권은 갖고 있으나 차입형·관리형토지신탁와 달리 사업주체가 아니기때문에 대리사무계약을 통해 분양대금을 수납하고 관리함으로 분양사업자(사업주체)와 협의하에 분양업무를 수행하여야 함으로 협의 사항에 대해 정의할 필요가 있다는 의미이다.

제3조(분양보증을 할 수 있는 금융기관 등) 영 제4조제1항제3호에서 "국토교통부령으로 정하는 기관"이란 다음 각 호의 기관을 말한다.
1. 「건설산업기본법」 제54조에 따라 설립된 공제조합
2. 「주택도시기금법」 제16조에 따른 주택도시보증공사

제6조(분양 광고) 영 제8조제1항제15호에서 "국토교통부령으로 정하는 사항"이란 다음 각 호의 사항을 말한다.
1. 분양대금의 납부시기
2. 청약신청금 납부금액, 납부방법 및 환불시기

- 이하 생략 -

4. 건축물의 분양에 관한 법률 적용에 따른 전후비교

「건축물의 분양에 관한 법률」 시행 이전과 이후를 비교하면 다음과 같다.

구 분	건분법 시행전	건분법 시행후
구 조	건축심의 (건축설계 : 3천㎡이상 결정) ↓ 건축허가 (대지사용권 확보) ↓ 착공신고 ↓ 중간검사 ↓ 사용검사 ↓ 소유권등기 전구간 분양가능 (건축허가 ~ 사용검사)	건축심의 (건축설계 : 3천㎡이상 결정) ↓ 건축허가 (대지사용권 확보) ↓ 착공신고 (→ 골조공사 2/3완료 후 건설업자 연대보증 → 분양신고서 제출) ↓ 분양관리신탁·대리사무 또는 분양보증 ↓ 분양신고서 제출 (대지소유권 확보) ↓ 분양신고 수리 통보 ↓ 분양광고 (공개모집) ↓ 공개추첨 (피분양자 선정) ↓ 분양계약 체결 (계약금 납입) ↓ 중도금 납입 (기성율 30%기준 2회이상) ↓ 사용검사 ↓ 잔금 납입·소유권이전 중간검사 설계변경 (피분양자 동의, 통보) → 사용검사
대지확보	확보여부 상관없음	대지 소유권 반드시 확보(제한권리 말소)

분양시기	제한없음 ※건축허가전에도 가능	1. 선분양 : 착공신고 후 ① 신탁회사와 분양관리신탁·대리사무계약을 체결한 경우 ② 금융기관 등으로부터 분양보증을 받은 경우 2. 후분양 준공이후 분양하거나, 골조공사의 2/3이상 완료하고 당해 건축물의 사용승인에 대하여 다른 건설업자 2이상의 연대보증을 받은 경우

구 분	건분법 시행전	건분법 시행후
분양신고	필요없음	분양신고서 제출 및 허가권자의 분양승인
수분양자 선정	○제한없음(선착순 등) ○수의계약 가능	○공개모집·공개추첨 원칙(청약자격 제한 우선 공개모집 가능) ○미분양분에 대하여 신고 후 수의계약 가능
Key Tenant	제한없음	바닥면적이 1,000㎡이상인 구분소유권, 연면적의 1/5이상인 구분소유권
분양광고	「표시광고의공정화에 관한법률」에 따름	구체적인 광고기준(시행령) 만족 필요 - 분양신고번호 및 일자 - 대지의 지번, 건축물의 연면적, 건축물의 층별 용도 - 분양가격(면적별, 용도별, 또는 위치별), 분양대금의 납부 시기 - 분양사업자, 분양대행사, 시공사 명칭 - 분양대금관리자와 분양사업자간 관계, 신탁회사 또는 분양보증기관 - 연대보증을 한 2이상의 건설업자 명칭(후분양시) - 준공 및 입주예정일, 수분양자 모집기간 및 선정일자 - 수분양자 자격제한 사항
분양계약	별도의 규정 없음	분양계약서에는 분양계약 체결에 중대한 영향을 미칠 수 있는 중요한 사항을 별도 규정하고 있음
분양대금 납부	별도의 규정 없음	○계약금 20%이내 : 계약 체결 시 ○중도금 70%이내 : 건축공사비 30%이상 투입확인된 때를 기준으로 2회이상 ○잔금 10% 이상 : 사용승인일 이후
설계변경	○공사도급계약에 따름 ○분양계약에 따름	○주요변경 수분양자 전원 동의 ○기타변경 수분양자 전원 통보
수분양자 보호	부도 시 대책 없음	신탁계약, 보증보험, 연대보증 중 하나를 이행하여 수분양자 보호

5. 건축물의 분양에 관한 법률상 분양 요건

(1) 「건축물의 분양에 관한 법률」에 따르면 분양사업자는 건축물을 분양하고자 하는 때에는 건축할 대지의 소유권을 확보하여야 한다.

그러나 대지의 소유권을 확보할 수 없는 상태에서 분양관리신탁을 진행하여야만 하는 경우가 있어 일부예외를 두고 있는데, 건축할 대지의 소유권이 국가 또는 지방단체에 있다든지 기타 시행령에서 별도로 정하는 다음 사항의 경우에는 대지의 소유권을 확보하지 않아도 되는 예외를 인정하고 있다(법 제4조 제6항).

① 분양사업자가 한국토지주택공사 또는 「지방공기업법」에 의하여 건축사업을 수행하기 위하여 설립된 지방공사인 경우

② 건축할 대지가 「도시개발법」등 관계법률에 의한 환지예정지인 경우

③ 「도시개발법」, 「택지개발법」등 관계법령에 의하여 조성된 택지를 공급받은 경우로서 당해 대지의 지적정리가 되지 아니하여 소유권을 확보할 수 없는 경우

(2) 「건축물의 분양에 관한 법률」에 따라 분양하고자 할 때는 건축할 대지의 완전한 소유권 확보 외에 건축할 부지에 저당권·가등기담보권·전세권·지상권 및 등기되어 있는 부동산 임차권이 설정되어 있는 때에는 이를 반드시 말소하여야만 분양할 수 있다(법 제4조 제7항).

그러나 권리설징이 불가피하거나 수분양지의 피해발생이 우려되지 않는 다음의 경우에는 제한물권 등의 설정을 허용하고 있다.

① 분양사업자가 국가지방자치단체·한국토지주택공사·한국도로공사 또는 「지방공기업법」에 의한 지방공사

② 분양사업자가 「도시및주거환경정비법」에 의한 정비조합인 경우

③ 분양보증기관의 담보권 설정

④ 담보권설정액에 상응하는 보증보험의 가입 시

6. 건분법 상 분양방법(시기) 및 절차

「건축물의 분양에 관한 법률」에 적용받는 건축물을 분양하고자 할 때 꼭 부동산신탁회사와 '분양관리신탁'을 체결하여야만 분양을 할 수 있다고 생각하는데 반드시 그런 것만은 아니다. 다른 방법으로도 분양할 수 있는데 다만 부동산신탁회사와의 '분양관리신탁'을 체결하고 분양하는 것이 현실적으로 가능하고 가장 보편화되어 있기 때문이다. 그러면, '분양관리신탁'을 포함하여 분양할 수 있는 방법을 살펴보도록 하겠다.

(1) 분양시기별 분양방법

착공신고 후 선분양	(a) 「자본시장과금융투자업에관한법률」에 따른 신탁업자(부동산신탁회사)와 신탁계약(분양관리신탁) 및 대리사무계약을 체결 ※ 관리형토지신탁을 체결하여 신탁회사가 직접 분양사업자(사업주체)로 되는 경우에는 착공신고 후 분양을 위한 별도의 '분양관리신탁'은 필요하지 아니함 (b) 금융기관 등으로부터 분양보증 ※ "분양보증"이란 분양사업자가 파산 등의 사유로 분양계약을 이행할 수 없게 되는 경우 해당 건축물의 분양(사용승인을 포함한다)의 이행이나 납부한 분양대금의 환급(분양받은 자가 원하는 경우로 한정한다)을 책임지는 보증을 말하며, 주택도시보증공사를 제외한 금융기관, 공제조합 등으로부터 분양보증을 받아 선분양하는 것은 현실적 어려우며 사례를 찾기 어려움 ※ 분양보증기관 : 「보험업법」에 의한 보험회사, 「은행법」에 의한 금융기관, 「건설산업기본법」에 의하여 설립된 공제조합, 「주택법」에 의한 주택도시보증공사

골조공사의 3분의2 이상 완료된 후 (중도분양)	○ 해당 건축물의 사용승인에 대하여 다른 건설업사 둘 이상의 연대보증(공증) ※ 연대보증을 할 수 있는 건설업자의 자격요건 (a) 자본금이 연대보증 대상 건설공사의 계약금액의 50% 이상일 것 (b) 연대보증 대상 건설공사에 해당되는 용도의 건축물을 시공한 실적이 있고, 최근 5년간 수주한 금액이 연대보증 대상 건설공사의 계약금액의 2배 이상일 것. ※ 전체건설 공사공정 : 가설공사(10%)→토목공사(15%)→건축공사(45%)→기계설비공사(15%)→전기설비공사(10%)→조경공사(5%) ※ 건축공사 공정 : 가설공사→골조공사→조적공사→석공사→방수공사→타일공사→미장공사→목공사→창호공사→유리공사→수장공사→도장공사→금속공사→지붕홈통공사
사용승인 후 분양	○ 분양사업자가 신탁계약 및 대리사무계약, 분양보증계약, 건설업자의 연대보증 가운데 어느 요건도 충족시키지 못한 경우에는 준공(사용승인) 후 분양을 하여야 함

(2) 분양신고서 및 분양신고 확인증 등 샘플

① 분양신고서 샘플

■ 건축물의 분양에 관한 법률 시행규칙 [별지 제1호서식] <개정 2020. 2. 21.>

분 양 신 고 서

(앞쪽)

접수번호	접수일	처리기간	접수일부터 5일 이내

분 양 사업자	성명(사업자명)	생년월일(사업자등록번호)	
	주소 (전화번호:)		
시공자	상호명	대표자	
	국적 또는 소속 국가명	법인등록번호	
	주소 (전화번호:)		

분 양 개 요			
대지 위치			
건축물 명칭		분양대상 연면적	
건축 허가 현황	허 가 번 호	착공 신고일	
	대지면적(㎡)	용적률(%)	건폐율(%)
	주 용 도	층 수	동 수
건 축 공 사 공 정 현 황		%(전체 건축공사 중 공정)	
분양 현황	분 양 대 상	※ 해당하는 항목에 "√"표시를 하시기 바랍니다. [ ] 전체 분양 [ ] 일부 분양([ ]층별, [ ]동별)	
	분양대상 층수	[ ] 전체 층 [ ] 일부 층(○○층~○○층)	
	분양 구획 수	분양용도	※ 층별로 적으시기 바랍니다.
	분양대금 납부시기	계약금( ), 중도금( ), 잔금( )	

신탁 등 현황	구 분	※ 해당하는 항목에 "√"표시를 하시기 바랍니다. [ ] 신 탁 [ ] 분양보증 [ ] 연대보증		
	기 관 명	법인(사업자)등록번호	주 소	전화번호
	공증일(연대보증 시)			

공개 모집 방법	청약접수 방법	※ 해당하는 항목에 "√"표시를 하시기 바랍니다. [ ] 인터넷 활용 [ ] 현 장 접 수		분양사업장 형식	[ ] 기존건축물 내 설치 [ ] 가설건축물 설치
	청약접수 기간		추 첨 일	계 약 일	
	분양사업장 주소	※ 인터넷을 활용한 청약접수 시 인터넷 주소 기재			
	청약신청금	금액	납부방법	계좌번호(예금주)	
		환불일	환불방법		

210mm×297mm[백상지(80g/㎡) 또는 중질지(80g/㎡)]

(뒤쪽)

현장운영 계획	운영인력	총 명	안내 명	접수 명	교통안전 명
[illegible] 접수 시작 시	주차공간 확보여부	[ ] 예 [ ] 아니오 (주차가능대수 : 대)		청약신청자 대기공간 확보여부	[ ] 예 [ ] 아니오 (수용가능인원 : 명)

「건축물의 분양에 관한 법률」 제5조제2항 및 같은 법 시행령 제7조제1항에 따라 위와 같이 분양 신고서를 제출합니다.

년 월 일

신고인(분양사업자) (서명 또는 인)

특별시장 · 광역시장
특별자치시장 · 특별자치도지사, 시장 · 군수 · 구청장 귀하

수수료	없음
신고인 제출서류	1. 신탁계약서 및 대리사무계약서 또는 분양보증서의 사본(「건축물의 분양에 관한 법률」 제4조제1항제1호에 따라 착공신고 후에 분양을 하는 경우로 한정합니다) 2. 연대보증서 및 「건축법」 제25조에 따라 지정된 공사감리자의 공정확인서(「건축물의 분양에 관한 법률」 제4조제1항제2호에 따라 골조공사의 3분의 2 이상을 완료한 후에 분양을 하는 경우로 한정합니다) 3. 분양 광고안 4. 「부동산개발업의 관리 및 육성에 관한 법률」 제7조에 따른 부동산개발업등록증 또는 같은 법 시행령 제7조제2항에 따라 등록사업자와 체결한 협약서(같은 법 제4조에 따라 부동산개발업 등록을 해야 하는 분양사업자만 해당한다)
담당 공무원 확인사항	1. 건축물을 건축할 대지의 토지등기사항증명서 2. 토지등기사항증명서에 「건축물의 분양에 관한 법률 시행령」 제6조제2항제5호 각 목에 따른 구분지상권이 설정되어 있는 경우 그 구분지상권자의 동의 여부

신고 안내

제출하는 곳	처리기관 (특별시 · 광역시, 특별자치시 · 특별자치도 또는 시 · 군 · 구)	처리부서	건축 허가부서

처리절차

신청서 작성 → 접수 → 검토 → 결재 → 분양신고 확인증 작성 → 분양신고 확인증 발급

신청인 / 처리기관

적용범위

법 제3조 및 시행령 제2조	1. 분양신고 대상 건축물 「건축법」 제11조에 따른 건축허가를 받아 건축해야 하는 다음 각 목의 어느 하나에 해당하는 건축물로서 같은 법 제22조에 따른 사용승인 전에 분양하는 건축물 가. 분양하는 부분의 바닥면적(「건축법」 제84조에 따른 바닥면적을 말한다. 이하 같다)의 합계가 3천제곱미터 이상인 건축물 나. 건축물의 용도가 다음의 어느 하나에 해당하는 것으로 30실(室) 이상인 것 1) 「건축법 시행령」 별표 1 제14호나목2)에 따른 오피스텔 2) 「건축법 시행령」 별표 1 제15호가목에 따른 생활숙박시설 다. 주택 외의 시설과 주택을 동일 건축물로 짓는 건축물 중 주택 외의 용도로 쓰이는 바닥면적의 합계가 3천제곱미터 이상인 것 라. 바닥면적의 합계가 3천제곱미터 이상으로서 임대 후 분양전환을 조건으로 임대하는 것(분양전환 시 임차인에게 우선순위를 부여하는 것을 포함한다) 2. 제1호에도 불구하고 다음 각 목의 건축물은 분양신고 대상에서 제외한다. 가. 「주택법」에 따른 주택 및 복리시설 나. 「산업집적활성화 및 공장설립에 관한 법률」에 따른 지식산업센터 다. 「관광진흥법」에 따른 관광숙박시설 라. 「노인복지법」에 따른 노인복지시설 마. 「공공기관의 운영에 관한 법률」에 따른 공공기관이 매입하는 업무용 건축물 바. 「지방공기업법」에 따른 지방공기업이 매입하는 업무용 건축물

벌칙 규정

법 제10조 제1항	분양신고를 하지 않거나 거짓이나 그 밖의 부정한 방법으로 분양신고를 하고 건축물을 분양한 자는 3년 이하의 징역 또는 3억원 이하의 벌금에 처하게 됩니다.
법 제10조 제2항	다음 각 호의 어느 하나에 해당하는 자는 1년 이하의 징역 또는 1억원 이하의 벌금에 처하게 됩니다. 1. 분양신고의 수리사실을 통보받지 않고 분양 광고를 하거나, 공개모집이 아닌 방법으로 분양받을 자를 모집하거나 인터넷을 활용하여 모집해야 하는 건축물임에도 불구하고 인터넷을 활용하지 않고 분양받을 자를 모집한 자 2. 공개추첨의 방법에 따르지 않고 분양받을 자를 선정한 자 3. 「건축물의 분양에 관한 법률」 제6조제4항 또는 제5항 후단을 위반하여 분양계약을 체결한 자 4. 제7조에 따른 분양을 위반하여 분양하거나 분양 광고를 한 분양사업자 5. 전매행위 제한을 위반하여 전매한 자 및 이의 전매를 알선한 자 6. 분양받은 자 전원에게 동의를 받지 않거나 알리지 않고 설계변경을 한 자

② 분양신고 확인증, 조사·검사 공무원증 샘플

■ 건축물의 분양에 관한 법률 시행규칙 [별지 제2호서식] <개정 2014.6.7>

제 호

분양신고 확인증

분양사업자 (사업자명)		생년월일 (사업자등록번호)	년 월 일 -
대지 위치		전화번호	
건축물 명칭		주용도	
분양 구획 수		분양 용도	

신탁계약, 분양보증 또는 연대보증 기관	기관명	주소	전화번호

귀하께서 「건축물의 분양에 관한 법률 시행령」 제7조제2항에 따라 제출하신 분양신고서를 검토한 결과 다음과 같이 분양신고 확인증을 발급합니다.

년 월 일

특별시장·광역시장·특별자치시장·특별자치도지사
시장·군수·구청장 [직인]

210mm×297mm[백상지 80g/㎡(재활용품)]

(앞 쪽)

제 호

조사 · 검사 공무원증

사 진
3㎝×4㎝
(모자 벗은 상반신으로 뒤 그림 없이 6개월 이내 촬영한 것)

성 명
기 관 명

55㎜×85㎜ [백상지 150g/㎡]

(뒤 쪽)

조사 · 검사 공무원증

소속/직급:
성 명:
생년월일:
유효기간: . . .부터 . . .까지

위의 사람은 「건축물의 분양에 관한 법률」 제9조의3에 따른 조사·검사 공무원임을 증명합니다.

년 월 일

기 관 장 명 의 [직인]

1. 이 사람은 「건축물의 분양에 관한 법률」 제9조의3에 따른 조사·검사를 할 수 있는 권한이 있습니다.
2. 이 증은 다른 사람에게 대여 또는 양도할 수 없습니다.
3. 이 증을 습득한 경우에는 가까운 우체통에 넣어 주십시오.

(3) 건축물의 분양에 관한 법률상 위반 시 과태료 부과기준

일반기준

① 위반행위의 횟수에 따른 과태료의 부과기준은 최근 3년간 같은 위반행위로 과태료를 부과받은 경우에 적용한다. 이 경우 위반행위에 대하여 과태료를 부과처분한 날과 다시 같은 위반행위로 적발한 날을 기준으로 위반 횟수를 계산한다.

② 위반행위가 둘 이상인 경우로서 그에 해당하는 각각의 처분기준이 다른 경우에는 그 중 무거운 처분기준에 따른다.

③ 허가권자는 해당 위반행위의 동기·내용 및 위반의 정도 등 다음에 해당하는 사유를 고려하여 제2호에서 정한 금액의 2분의 1의 범위에서 과태료 금액을 늘리거나 줄일 수 있다.

(a) 위반행위가 고의나 중대한 과실이 아닌 사소한 부주의 또는 오류로 인한 것으로 인정되는 경우

(b) 위반의 내용·정도가 경미하여 분양받은 자에게 미치는 피해가 적다고 인정되는 경우

(c) 위반행위자가 처음으로 해당 위반행위를 한 경우로서, 사업을 모범적으로 경영한 사실이 인정되는 경우

개별기준

(단위 : 만원)

위반행위	과태료금액		
	1회	2회	3회 이상
가. 법 제8조를 위반하여 분양대금을 받은 경우	2,000	5,000	10,000
나. 법 제9조제2항을 위반하여 공표를 하지 않은 경우	2,000	5,000	10,000
다. 법 제9조제3항을 위반하여 공표내용을 알리지 않은 경우	1,000	2,000	5,000
라. 법 제9조의3제1항에 따른 자료의 제출·보고를 하지 않거나, 거짓으로 제출·보고하거나, 조사 또는 검사를 거부·방해 또는 기피한 경우	100	200	300

제 6 장 대출 금융기관 관점의 부동산 신탁

1. 부동산신탁의 이해

금융기관이 대출을 취급하면서 담보를 취득하는 방법은 일반적으로 근저당권설정과 부동산 담보신탁의 두 가지 방식이 있다. 근저당권설정은 금융기관에 따라 다소 차이는 있으나 통상 대출취급과 동시에 등기사항 전부증명서(등기부)에 대출금액의 120%~130%의 채권최고액으로 근저당권을 설정하는 방식이며, 부동산 신탁을 통해 담보취득을 한 경우에는 담보신탁 등을 통해 우선수익권 1, 2, 3 순위 등 우선수익권을 취득하는 방식으로 우선수익권 증서금액 또한 대출금액의 120%~130%로 정한다. 부동산 담보신탁으로 담보를 취득할 때 일반인들은 등기부 상 신탁사로 소유권이전이 되면서 등기원인이 신탁으로만 등재되어 있어 등기부를 통해서는 금융기관에서 대출을 받았다는 내용을 인지할 수 없다. 금융기관의 대출을 확인하기 위해서는 신탁원부를 등기소에서 징구해서 신탁원부의 내용을 확인해야만 비로소 대출금액과 대출기관 등을 알 수 있으며, 금융기관은 신탁원부 상 우선수익자의 지위로 우선수익권증서를 통해 채권을 보전하고 있는 바 부동산신탁에 대한 기본적인 이해는 필수적인 사항이며, 부동산 신탁의 구조도를 이해하고 금융기관의 실무 상 주로 취급하는 담보신탁, 분양관리신탁, 관리형토지신탁, 차입형토지신탁에 대해 정확히 숙지하고 있어야 한다.

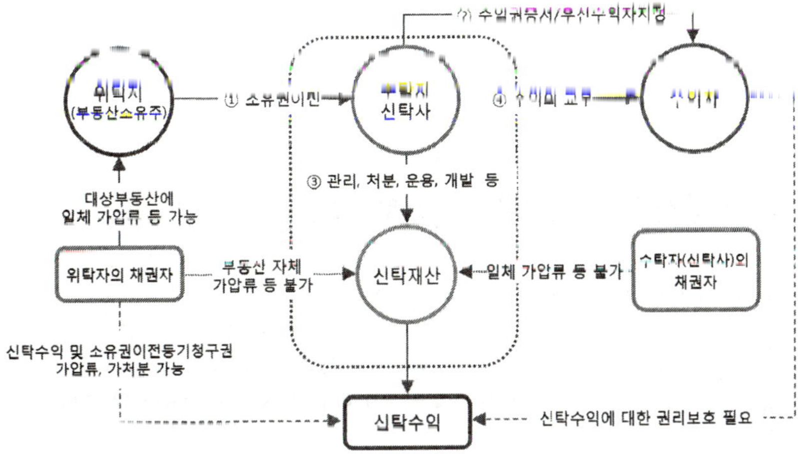

2. 부동산신탁의 용어

(1) 위탁자 : 소유재산(부동산)을 일정한 목적 하에 수탁자에게 인도하는 자

(2) 수탁자 : 신탁회사를 말하며, 신탁재산을 수탁하여 신탁목적에 따라 관리·처분하는 자

(3) 수익자 : 신탁행위에 따라 발생한 신탁이익을 받는 자(위탁자와 수익자가 상이할 수 있음)

(4) 신탁원본 : 신탁재산을 말하며, 위탁자의 소유재산(부동산) 및 소유재산에 속하는 기타 재산

(5) 수익권 : 신탁행위(관리·처분·운용·개발 등)에 의한 신탁수익과 신탁원본을 받을 수 있는 수익자의 기본권리

(6) 수익권증서 : 신탁시 수익자 지정으로 발생하는 권리증서로 신탁에 관한 권리를 표시하는 증서로 순위표시의 효력이 있으며, 신탁재산의 수익자가 수탁자에 대하여 신탁의 이익을 청구할 수 있는 채권적 권리를 표시한 증서로서 양도, 담보권 설정이 가능하며 신탁사의 사전 동의가 필요하다.

(7) 우선수익자 : 수익자 보다 우선하여 수익을 향수할 수 있는 자

로 대출 채권단은 내출 실행 시 1, 2, 3순위 등 우선수익권자로서 순위표시의 효력이 있는 우선수익권증서를 발급받아 채권 보전을 하고 있다.

3. 부동산신탁 등기사항 전부 증명서

[토지] 대전광역시 유성구 봉명동 442-4

[표 제 부] (토지의 표시)					
표시번호	접 수	소재지번	지 목	면 적	등기원인 및 기타사항
1 (전 4)	1989년1월1일	대전광역시 유성구 봉명동 442-4	대	337.9㎡	
					부동산등기법 제177조의 6 제1항의 규정에 의하여 2000년 01월06일 전산이기

[갑 구] (소유권에 관한 사항)				
순위번호	등기목적	접 수	등기원인	권리자 및 기타사항
1 (전3)	소유권이전	1990년7월30일 제54333호	1990년7월24일 매매	소유자 우[illegible]개발주식회사 160***-1****** 대전 유성구 봉명동 123
				부동산등기법 제177조의 6 제1항의 규정에 의하여 2000년 01월06일 전산이기
2	소유권이전	2018년6월22일 제50887호	2018년5월1일 매매	소유자 주식회사 대신건설 110***-1****** 서울특별시 동작구 사당동 105 매매목록 제2018-1371
3	소유권이전	2018년6월22일 제50890호	2018년6월19일	수탁자 주식회사 대신자산신탁 110***-1****** 서울특별시 중구 삼일대로 343
	신탁			신탁원부 제2018-3249
4	소유권이전	2019년5월28일 제43153호	2019년4월29일 매매	소유자 대신주택건설주식회사 200***-1******

				서울특별시 여의도동 100 매매목록 제2019-1115호
	3번 신탁 등기의 말소		신탁재산의 처분	

◈ 수탁자가 부동산신탁사인 등기사항 전부증명서 해석

① 등기사항전부증명서 상 순위번호 3번의 권리자 및 기타사항을 확인하면 부동산 신탁사로 2018년 6월 22일에 소유권이 이전됨과 동시에 등기목적란에 “신탁”임을 기재하고 신탁원부 제2018-3249호가 등기기록 되어있음을 알 수 있다. 하지만 일반인들이 보면 단지 소유권이 신탁사로 이전되었다는 사실 정도밖에 알 수 없으며, 본건 신탁이 어떤 종류의 신탁인지 확인할 방법이 없기 때문에 신탁 내용을 정확히 확인하기 위해서는 신탁원부를 반드시 징구해 보아야 한다.

② 순위번호 4번 소유권 이전되면서 순위번호 3번의 신탁원부 2018-3249가 말소되었다.

③ 신탁원부는 관할 등기소 또는 가까운 등기소를 통해 발급받을 수 있으며, 신탁원부를 발급받아 확인해 보면 신탁의 종류(담보신탁, 분양관리신탁, 관리형토지신탁, 차입형토지신탁 등) 및 대출의 규모, 대출 기관 등 다양한 정보를 얻을 수 있다.

4. 부동산신탁의 종류

(1) 담보신탁

① 부동산 위탁자(소유자)가 부동산을 부동산신탁사에 신탁한 후 신탁사가 발행한 수익권증서를 담보로 대출기관으로부터 자금을 차입하는 신탁이다.

② 부동산소유자(위탁자)가 자신 또는 타인의 채무 내지는 책임의 이행을 보장하기 위해 자기소유의 부동산을 신탁사(수탁자)에 소유권 이전(신탁) 한다.

③ 신탁사(수탁자)는 채권자(우선수익자)를 위하여 일정기간 신탁재산의 담보력이 유지·보전 되도록 관리하다가 채무가 정상적으로 이행되면 신탁재산의 소유권을 위탁자(소유자)에게 환원하고, 만약, 채무가 불이행되면 신탁재산을 환가처분(공매)하여 그 처분대금으로 우선수익자인 채권자에게 채무를 변제한 후 잔여금은 수익자에게 반환하는 부동산신탁 상품이다.

④ 담보신탁 구조도

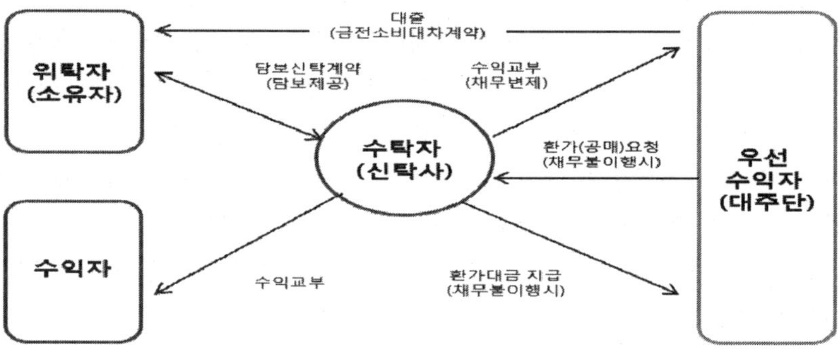

(2) 분양관리신탁

① 건축법을 적용받아 선분양을 할 경우 건축물 분양에 관한 법률에 의거하여 사업주체는 부동산신탁사와 분양관리신탁 및 대리사무계약을 체결하도록 규정되어 있는데, 분양관리신탁은 위 건축물 분양에 관한 법률에 따라 일정규모 이상의 건축물의 분양시 선분양, 허위, 과장광고 및 분양대금의 유용 등으로 인한 피해를 예방하고 수분양자를 보호하기 위한 신탁상품이다.

② 분양관리신탁은 관리형토지신탁, 차입형토지신탁과는 달리 사업주체를 신탁사로 변경하지 않고 사업주체가 개발사업을 진행하여 선분양할 때 수분양자의 분양대금을 신탁사가 대리사무계약에 의해 관리하는 상품이다.

③ 분양관리신탁 구조도

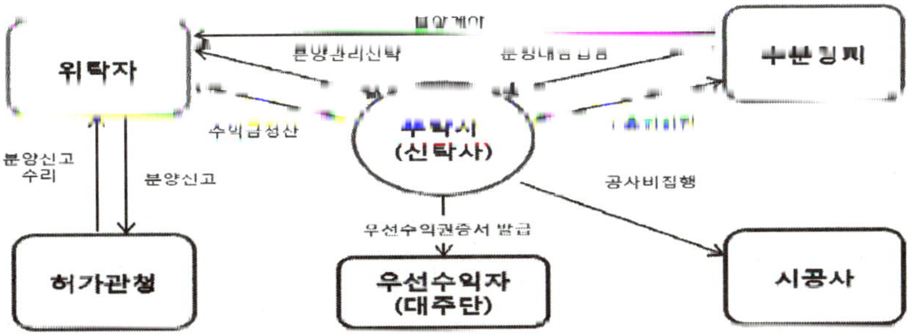

④ 분양관리신탁 구조도 해석

1) 대출약정 : 대출약정시 신탁계약을 체결하고 금융기관을 우선수익자로 지정하여 우선수익권증서를 발급한다. 우선수익권의 순위에 따라 1순위, 2순위 등 우선수익권증서를 발급한다.

2) 신탁계약체결 : 소유권확보 가능 여부 확인 및 제한물권 말소 가능여부를 확인하고 신탁계약 및 대리사무계약을 체결한다.

3) 시공사 공사도급계약 체결 및 인·허가 사항을 확인하여 정상적으로 사업이 진행되고 있는지 파악한다.

4) 분양신고신청 및 수리

5) 분양계약체결 : 분양광고에 의한 수분양자 공개 모집이 원칙이며 분양수입금 계좌는 투명한 자금관리를 위해 신탁회사 계좌를 명시하고 분양대금을 신탁회사 계좌로 입금하기로 하는 분양계약을 체결한다.

6) 자금집행 : PF대출금 및 분양대금으로 자금집행순서에 따라 공사비 등 필요경비를 집행한다.

7) 대출금 상환 및 정산 : 건축물 준공에 따라 수분양자가 잔금을 납입하면 사업주체의 동의를 받아 수분양자에게 소유권을 이전하고 사업주체(시행사)의 수익금 정산 시 우선수익자인 대주단 대출금을 상환하고 신탁을 해지한다.

(3) 관리형토지신탁

① 관리형 토지신탁은 분양관리신탁과는 달리 건축법, 주택법을 불문하고 부동산 개발사업 진행시 신탁이 가능한 상품이다.

② 관리형토지신탁은 사업주체를 부동산신탁사로 명의를 변경하여 사업을 진행하는 사업으로 신탁사가 사업주체가 된다. 다만, 차입형토지신탁(개탁)과 달리 신탁회사가 사업비 조달의무를 부담하지 않으며, 부족한 사업비는 위탁자(시행사) 또는 시공사가 조달하고 시공사가 책임준공 및 위탁자의 의무이행을 연대하는 신탁 상품이다.

③ 관리형토지신탁은 사업주체가 신탁회사이므로 금융기관의 입장에서 사업주체의 신뢰성이 확보되어 금융기관의 대출금의 상환 가능성을 높이는 효과도 있지만 건축물 준공 시 보존등기에 대한 시행사의 동의 없이 건축물이 신탁사 명의로 보존등기 되기 때문에 금융기관의 담보취득이 용의하다. 관리형 토지신탁으로 진행할 때에는 시행사(사업주체)가 인허가를 득한 경우에도 건축주 명의변경 절차를 통해 사업주체를 신탁사로 전환하여야 하며, 시행사(사업주체)의 권한을 신탁사로 이전함으로서 시공사가 건축물을 완공한 경우에도 보존등기를 득하지 못하고 수분양자가 입주하지 못하는 사태를 방지할 수 있는 상품이라 시공사를 위한 상품이라고도 불린다.

④ 관리형토지신탁 구조도

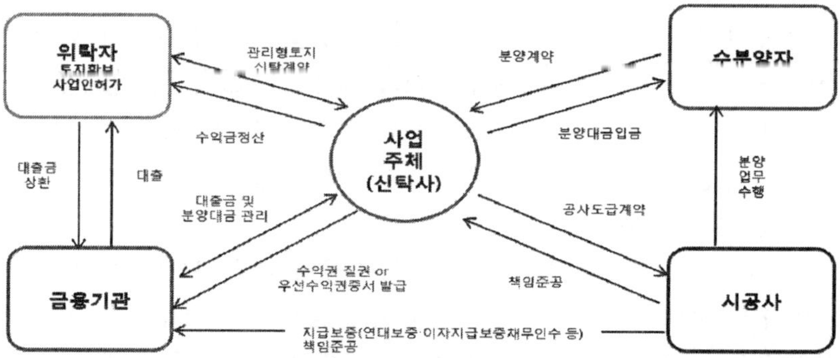

(4) 차입형 토지신탁

① 차입형토지신탁은 관리형토지신탁과는 달리 공사비 등에 대한 사업비를 신탁사가 직접 신탁사의 신용으로 차입(조달)하는 토지신탁 방식으로 신탁사의 차입금 부담 리스크를 감안하여 수수료가 높은 편

이며, 위탁자의 입장에서 준공의 위험성을 보상받을 수 있으나 수익성 측면에서는 다소 부정적이다.

② 차입형토지신탁은 사업비 조달의무가 신탁사에 있고, 신탁사가 사업주체로서 사업비를 조달하기 때문에 시행사 대비 사업비 조달 코스트(금리)를 절감할 수 있으며, 신탁사는 단순도급 방식으로 시공사와 도급계약을 체결함으로 도급공사비가 일반 관리형 토지신탁의 공사비 대비 5~10% 정도 낮은 수준에서 공사 계약을 체결할 수 있다. 관리형 토지신탁의 경우 자금조달 의무가 시행사 또는 시행사 및 시공사에 있기 때문에 시공사의 책임준공, 책임분양, 연대보증, 채무인수 등 대출 조건에 따른 리스크 및 시행사의 대출금에 대한 부담으로 도급 공사비가 높은 편이다.

③ 차입형토지신탁인 경우 분양률에 따라서 사업위험이 신탁사에 전이되어 신탁사의 자금조달 부담이 높아진다. 분양률이 낮은 경우에는 사업비(공사비) 확보를 위해 신탁사의 고유계정 또는 신탁사의 신용으로 자금을 조달하여 투입하여야 하기 때문에 신탁사의 유동성에 큰 영향을 미칠 수 있어 신탁사 입장에서도 사업성을 평가하여 선별적으로 차입형토지신탁을 하고 있다.

5. 공매업무 매뉴얼

금융기관 또는 채권자가 부동산신탁에 의한 담보취득 시 우선수익권을 취득하여 우선수익자의 지위를 득하며 채무자의 기한이익상실 등 사유 발생시 우선수익자는 신탁사에 공매를 요청하여 환가절차를 진행하게 되는데 일반적인 공매진행절차에 대해 알아보기로 하자.

(1) 공매

신탁에 있어 공매라 함은 민사집행법에 의한 경매와 국세징수법에 의한 공매와는 달리 공개 경쟁 입찰에 의한 매각을 의미한다.

(2) 환가사유

① 기한이익 상실
② 위탁자의 부도, 파산 및 사업약정의 불이행 등
③ 신탁계약 위반, 여신거래약정 위반시

(3) 환가요청

① 담보신탁인 경우 우선수익자의 환가요청에 의하여 환가를 개시함이 일반적이며, 신탁계약서 상 단독공매권 여부 등에 따라 개별 우선수익권자가 환가요청한다.

② 분양관리신탁 및 관리형토지신탁인 경우 수분양자의 피해를 방지하기 위해 우선수익자가 개발진행 중인 사업부지에 대해 일방적으로 환가요청을 할 수 없으며, 우선수익자, 시공사, 수분양자와 협의를 통해 공매진행 여부를 판단하고 공매 업무처리를 진행한다.

③ 건축물이 준공되었을 경우 미분양물건에 대한 환가 요청에 따른 공매진행은 가능하지만, 수분양자가 건축물을 분양받고 계약금 또는 중도금 납부 후 잔금 미납 중인 상태에서는 환가요청을 하더라도 공매를 진행할 수 없다. 다만, 계약해제 또는 계약해지를 통해 분양계약이 해제, 해지된 경우에는 공매를 진행할 수 있다.

(4) 이행최고

① 환가개시요건이 발생하면 발송일 기준 20일내에서 범위를 정하여 위탁자, 수익자 및 채무자에게 환가개시요건을 해소하여 줄 것을 최고하여야 한다. 우선수익자가 다수인 경우 환가를 요청하지 않은 우선수익자 및 질권자에게도 환가요청사실을 통지한다.

② 이행최고는 특별한 사정이 없는 한, 2회 이상에 걸쳐 최소 5영업일간의 기간을 정하여 하도록 하며, 5영업일간의 기간 산정은 민법상 도달주의를 원칙으로 하고 있으므로 도달시를 기준으로 산정한다.

③ 발송방법은 반드시 배달증명부 내용증명으로 발송하여야 한다.

(5) 감정평가 의뢰(필요시)

① 이행최고 기간 종료 후 감정평가를 의뢰하며, 신탁사가 지정하는 것을 원칙으로 하되, 우선수익자가 지정하는 감정기관이 있을 경우 협의하여 진행하며, 별도의 규정이 없는 한 공매 시작가는 감정평가금액의 130% 이상으로 우선수익권자와 협의하여 신탁사가 결정한다.

② 우선수익자 등이 감정평가를 희망하지 않는 경우 신탁계약일로부터 환가개시일까지 현저한 가격변동 요인이 발생하지 않은 경우에는 수익권 증서 상 재산가액의 130% ~150% 수준의 금액으로 최초 공매가격으로 책정할 수 있으나, 감정평가를 실시하지 않았을 경우 신탁부동산의 현황(점유, 부동산 변동 내역, 인·허가 사항)에 대하여 파악하기 어려워 부동산의 환가과정에서 신탁관계인이나 매수인과의 분쟁가능성이 증가할 우려가 커 가급적 감정평가를 실시하도록 유도하고 있으며, 신탁사에 따라서는 신탁계약일로부터 6개월이 경과한 경우에는 내부규정 상 감정평가를 받아 공매가격을 책정하도록 규정화되어 있다.

(6) 공매 대상

① 공매진행 시 신탁부동산 일체를 공매대상으로 하는 것이 통상적이나, 우선수익자의 요청, 수분양자의 계약관계, 법적절차 등으로 인하여 신탁재산의 일부만을 대상으로 진행할 수 있다.

② 신탁부동산에 비해 우선수익자의 채권금액이 소액인 경우에는 일부만을 환가하여도 채권 상환이 충분하다고 판단되면 일부 부동산에 대해서만 공매대상을 확정하여 위탁자 및 수익자의 권리를 보호하고 있다.

(7) 일반적인 공매 진행 과정

① 금융기관이 채무자에게 기한의 이익 상실예정통지서 또는 대출만기 안내장(상환 요청) 발송

② 기한의 이이 상실(심의조건 미이행, 대출약정 불이행, 신탁계약 불이행, 압류 등 법적절차, 이자 미납, 대출만기 경과 등)

③ 신탁사에 공매요청(최초 공매가, 공매진행 세부 사항 포함)

④ 신탁사는 공매요청서 수령 후 신탁부동산 환가절차 개시 예정 통지 및 이행최고(1차)

⑤ 신탁사는 이행최고(1차) 후 신탁부동산 환가절차 개시 예정 통지 및 이행최고(2차)

⑥ 신탁사는 이행최고 후 감정기관에 감정평가진행

⑦ 공매 감정 진행 완료 후 공매 공고

1) 공매방법 : 일반 공매 or 인터넷 전자입찰(Onbid)

2) 공매장소 : 부동산신탁사 본사, 전자입찰(Onbid)시는 Onbid 홈페이지(www.onbid.co.kr)

3) 공매공고 : 일간신문 및 신탁사 홈페이지 공고 or 전자입찰시는 신탁사 및 Onbid 홈페이지

⑧ 공매입찰

입찰보증금은 일반적으로 최저 공매가격의 10%로 하되 계약체결시점에 계약금으로 대체된다.

1. 입찰 2. 낙찰 or 유찰 → 다음 회차로 진행 3. 수의계약 → 최종회차 유찰 시 최종회차의 최저금액 이상으로 수의계약 가능

⑨ 매매계약

1) 낙찰자는 낙찰 후 3영업일 이내에 매매계약을 체결하여야 하며, 낙찰자가 기한 내에 계약을 체결하지 아니할 때는 낙찰을 무효로 하고, 입찰보증금은 당해물건의 신탁재산으로 귀속한다.

2) 매매계약 체결 시 계약서2부를 날인하여 계약금 영수증과 함께 매수인(낙찰자)에게 1부를 교부하고, 1부는 신탁사에서 보관한다.

3) 잔금납부일은 부동산거래계약 신고기한(계약체결일로부터 60일 이내)과 동일하게 60일 이내에 완납하는 것을 원칙으로 하되 신속한 공매가 요구되는 경우 30일 이내까지로 체결가능하나 매대대

금이 고액인 경우에는 잔금납부일이 너무 짧으면 [illegible] 대한 이슈가 생길 수 있어 잔금납부일은 통상 60일로 하고 있다.

⑩ 잔금 납부

1) 잔금은 매매계약서 상 지정된 계좌(신탁사계좌)로 매수인 명의로 입금하는 것이 원칙이며, 잔금 납부일 이내에 언제든지 납부 가능하나, 잔금의 선납할인은 없다.
2) 부가가치세가 있는 경우에는 부가가치세를 우신수익자에게 배당하지 않고 부가세가 정상적으로 납부될 수 있도록 신탁사가 재무회계팀과 업무협의를 거쳐 대신 납부하고 있다.
3) 매도인인 신탁사가 매수인에게 잔금영수증을 발행한다.

⑪ 소유권이전

1) 신탁사는 매수인(낙찰자)의 잔금 납부 시 소유권이전서류를 매수인에게 교부하고 소유권이전 서류수령증을 받는다.
2) 신탁사는 매수인의 잔금 납부 시 정산절차를 거쳐야 하기 때문에 우선수익권자들에게 정산예정일을 기준으로 1주일 전에 배당요구 신청서 송부를 요청하여 정산일 2~3 영업일 전까지 배당요구 신청서가 접수될 수 있도록 하고 있다.
3) 낙찰자는 신탁사로부터 소유권이전서류 수령 후 소유권이전 절차를 진행한다.

⑫ 정산

1) 신탁부동산 처분대금 정산일은 처분 잔금 수납 다음 영업일을 원칙으로 정산한다.
2) 우선수익권자 및 채권자의 채권금액, 신탁비용, 부가가치세 등 처분대금 정산표를 작성하고 우선수익자 등 이해관계인의 요구 시 신탁비용명세표 및 처분대금정산표 사본을 교부하여야 한다.
3) 우선수익권자 등의 정산금 수령계좌 확인 후 정산금을 집행한다.

⑬ 신탁종료(업무종료)

부동산신탁사는 공매절차가 완료되면 수탁하고 있던 공매물건을 매도자 지위로 낙찰자에게 소유권이전을 하면서 즉 매도인을 신탁사로 하고 매수인을 낙찰자로 하는 소유권이전을 하면서 신탁업무를 종료하게 된다.

6. 부동산 공매 사례

금융기관이 기한이익상실사유로 신탁사에 공매를 요청하고 신탁사는 공매요청에 따라 전자자산처분시스템(Onbid)을 이용한 인터넷 전자입찰 방식으로 신탁부동산 공매(입찰)공고하고 신탁부동산을 환가하는 일련의 절차를 설명하고자 한다. 아래 공매요청서 상의 공매물권은 대전 유성구 봉명동 442-4의 담보신탁 부동산에 관한 공매임으로 참조하기 바란다.

(1) 금융기관에서 신탁사에 발송한 공매요청서

문서번호 19 - 01 호
발신일자 2019. 04. 11.
수신 ㈜ 대신자산신탁
제목 위탁자 ㈜ 대신건설 담보신탁 물건 공매요청의 건

1. 귀 사의 무궁한 발전을 기원합니다.
2. 당사 발송공문 "위탁자 ㈜ 대신건설 담보신탁 물건 공매신청의 19-01 건에 의거하여 공매진행 세부사항에 대하여 아래와 같이 요청합니다.

– 아 래 –

① 공매가 : 금21,851,082,240원 [감정평가액 16,808,524,800원(가람0159-03-20005)호130%]
② 부동산 매각방법 : 일괄매각(사업인허가 및 시행권 포함)
③ 공매 진행 방법 : ONBID 방법
④ 입찰 횟수에 따른 입찰일정
1일 3회씩 2일간 총 6회차 (2019.04.22~2019.04.23)
⑤ 공매입찰 및 개찰일정

일자	회차	공매금액	비율	진행시간	개찰일자	진행시간
19.04.22	1회차	21,851,082,240	100%	10:00~11:00	19.04.23	09:00
19.04.22	2회차	19,665,974,016	90%	12:00~13:00	19.04.23	09:20

19.04.22	3회차	17,699,376,611	81%	14:00~15:00	19.04.23	09:40
19.04.23	4회차	15,929,438,953	73%	10:00~11:00	19.04.24	09:00
19.04.23	5회차	14,336,495,058	66%	12:00~13:00	19.04.24	09:20
19.04.23	6회차	12,902,845,552	59%	14:00~15:00	19.04.24	09:40

⑥ 수의계약 : 개찰결과 입찰자 없는 경우, 위탁자 및 우선수익자에게 통보 후 2019년 4월 25일 이후 최종 회차 공매최저가 이상으로 수의계약가능

⑦ 잔금납입시기 : 낙찰일 또는 수의계약일로부터 30일이내

(2) 공매 입찰 공고

신탁부동산 공매(입찰) 공고

1. 공매목적 부동산

번호	소재지
일괄매각	1. [토지] 대전광역시 유성구 봉명동 442-4 대 337.9㎡ 2. [건물] 대전광역시 유성구 봉명동 442-4, 442-5, 442-6, 442-13, 442-14, 442-15 철근콘크리트조 슬래브지붕 및 경량철골조 아연도강판지붕 9층 관광호텔 지상1층 874.97㎡, 2층 745.87㎡, 3층 851.07㎡ 4층 701.76㎡, 5층 669.56㎡, 6층 669.56㎡, 7층 669.56㎡ 8층 669.56㎡ 9층 669.56㎡ 지하1층 1031.22㎡ 2층 1031.22㎡ 3층 1067.98㎡ 3. [토지] 대전광역시 유성구 봉명동 442-5 대 484㎡ 4. [토지] 대전광역시 유성구 봉명동 442-6 대 266.1㎡ 5. [토지] 대전광역시 유성구 봉명동 442-13 대 314.7㎡ 6. [토지] 대전광역시 유성구 봉명동 442-14 대 216.5㎡ 7. [토지] 대전광역시 유성구 봉명동 442-15 대 197.6㎡ 8. [토지] 대전광역시 유성구 봉명동 442-3 대 684.2㎡ 9. [건물] 대전광역시 유성구 봉명동 442-3 철근콘크리트조 평슬래브지붕 4층 주차장, 일반음식점, 위락시설(단란주점) 기계실, 전기실,발전기실 1층 근린생활시설 423.2㎡ 방재실 9.64㎡ 2층 위락시설(단란주점) 466.29㎡, 3층 위락시설 271.113㎡ 3층 제2종근린생활시설(청소년게임제공업의시설) 213.897㎡ 4층 위락시설(당구장) 485.01㎡, 지하1층 위락시설(단란주점) 516.26㎡ 발전기실 27.66㎡, 지하2층 주차장 415.62㎡, 기계실 11.27㎡ 지하3층 주차장 374.27㎡ 기계실, 전기실 84.05㎡

2. 입찰일시 및 최저 입찰가격

회차	인터넷 입찰기간	온비드 개찰일시	최저 입찰가격	부가가치세	입찰 및 개찰장소
1	2019.4.22. 10:00 ~ 4.22. 11:00	2019.4.23. 09:00	21,851,082,240	822,925,584	온비드 (www.onbid.co.kr)
2	2019.4.22. 12:00 ~ 4.22. 13:00	2019.4.23. 09:20	19,665,974,016	740,633,026	
3	2019.4.22. 14:00 ~ 4.22. 15:00	2019.4.23. 09:40	17,699,376,614	666,569,723	
4	2019.4.23. 10:00 ~ 4.23. 11:00	2019.4.24. 09:00	15,929,438,953	599,912,751	
5	2019.4.23. 12:00 ~ 4.23. 13:00	2019.4.24. 09:20	14,336,495,058	539,921,476	
6	2019.4.23. 14:00 ~ 4.23. 14:00	2019.4.24. 09:40	12,902,845,552	485,929,328	

공매물건별 회차가 달리 적용되므로 공매공고 상세 자료를 확인하시기 바랍니다.
상기 입찰가격에는 본 사업인허가권 및 시행권이 포함되어 있습니다.
본 공매물건은 일괄매각 조건입니다.

2-1. 제한사항

구분	내용	채권최고액	채권자	채무자
1	소유권이전등기청구권압류	₩900,000,000	신--	㈜대신건설
2	소유권이전등기청구권압류	₩900,000,000	천--	㈜대신건설
3	채권압류 및 추심명령	₩806,744,528	이--	㈜대신건설
4	채권압류 및 추심명령	₩300,000,000	조--	㈜대신건설
5	소유권이전등기청구권압류	₩300,000,000	조--	㈜대신건설

상기제한사항을 포함한 공매목적부동산관련 모든 제한사항은 매수자의 책임으로 처리합니다.

주1: 공매목적부동산 및 공매관련 세부내역은 등기부등본(신탁원부) 또는 현장 확인 등을 통하여 직접 확인하시기 바랍니다.
(등기부등본상 압류나 근저당 등 제한사항이 있을 수 있으므로 꼭 확인하시기 바랍니다. 신탁사를 납부의무자로 하는 본 물건 재산세 미납에 다른 압류는 당사가 매매대금 정산 시 이를 납부합니다.)
신탁부동산 공매는 세금 체납에 따른 국세징수법에 의한 공매와 관련이 없습니다.

주2: 본 공매공고는 신탁관계인의 사정 등에 의하여 개찰 이전에 별도 공고 없이 공매가 중지 또는 취소되거나 공고 내용이 변경될 수 있으며, 이와 관련하여 당사에 일체의 이의를 제기할 수 없습니다.

주3: onbid 공매의 특성에 의거, 각 일자별 공매가 유찰된 경우에 한하여 다음 차수 공매실시 전 수의계약이 가능하며 공고문의 수의계약의 세부 조건을 확인하시기 바랍니다.

주4: 공매목적부동산이 부가가치세 납부 대상일 경우, 최저 입찰가격은 부가가치세 별도 금액입니다.

주5: 본 공매공고에서 매수인이 책임지는 사항(명도 책임, 근저당 등 제한물권 등)은 매수인이 입찰 가격 외 별도의 금액으로 책임지는 것이니 착오 없으시기 바랍니다.

주6: 실거래 신고(금액)에 대한 책임은 매수인이 지는 조건입니다.

3. 입찰에 관한 사항

가. 공매사항

1) 공매장소 : Onbid 홈페이지(www.onbid.co.kr)

2) 공매공고 : Onbid 홈페이지(www.onbid.co.kr) 및 ㈜대신자산신탁 홈페이지

3) 문의처 : ㈜ 대신자산신탁

4) 공매방법 : 본 공매입찰은 한국자산관리공사(KAMCO)가 관리·운영하는 전자자산처분시스템 (Onbid)을 이용한 인터넷 전자입찰로 입찰참가자는 입찰참가 전에 반드시 온비드에 회원가입 및 실명확인을 위한 공인인증서를 등록하여야 하며, Onbid 이용방법 및 인터넷 입찰참가자 준수규칙 등을 준수하여야 합니다.

5) 대리인이 입찰자를 대리하여 입찰 참가 불가합니다.

6) 낙찰자의 결정

7) 입찰의 성립 : 일반경쟁입찰로써 1인 이상의 유효한 입찰로써 성립(단독입찰도 유효)합니다.

8) 개찰 : 상기 일정에 따라, Onbid홈페이지에서 전자개찰합니다.

9) 낙찰자 결정 : 최저 입찰가격 이상 입찰자 중 최고가격 입찰자를 낙찰자로 결정합니다.
최고가격 입찰자 2인 이상이 동일금액일 경우에는 최고가격 입찰자들만을 대상으로 Onbid시스템에 의한 무작위 추첨으로 낙찰자를 결정합니다(입찰자는 낙찰여부를 온비드의 입찰결과 화면 등을 통하여 직접 확인할 수 있습니다).

10) 취소 등 확인 : 본 입찰은 당사 사정 발생 시 별도 공고 없이 공매가 중지 또는 취소되거나 공고 내용이 변경될 수 있으며, 입찰자는

사전에 당사로 입찰 실시 여부를 확인한 후 입찰하시기 바랍니다. 또한① 낙찰된 후 매매계약이 체결되기 전까지 채무자의 변제 등으로 공매요건이 해소되는 경우 낙찰은 취소될 수 있으며 ② 당사의 고의나 중대한 과실이 없이 공매공고 등의 중대한 오류가 있는 경우에는 낙찰이나 체결된 매매계약은 무효로 합니다. 위 ① 및 ②에서 낙찰이 취소되거나 무효된 경우 또는 매매계약이 무효된 경우 입찰보증금은 이자없이 원금만 반환합니다.

11) 부가가치세 : 공매부동산의 부가가치세는 별도이며, 낙찰가에서 감정가의 비율로 토지와 건물 비용을 계산한 후 건물비용의 10%를 부가가치세로 산정합니다. 부가가치세는 잔금납부일에 추가로 납부하여야 합니다.

12) 단, 공매목적부동산이 공동주택 전용면적 85㎡이하일 경우 부가가치세 납부대상이 아닙니다.

13) 인터넷 전자입찰의 경우 개찰이 익영업일 이후에 가능하기 때문에 1일 2차수 공매진행시 전차에서 낙찰자가 있더라도 다음 차수 공매가 자동으로 진행됩니다. 공매실시 후 익영업일 개찰결과, 전차에서 낙찰자가 결정되는 경우 다음 차수 응찰자는 응찰이 자동으로 취소됨에 유의하시기 바랍니다. 이 경우 입찰보증금은 입찰서 제출시 지정한 환불예금계좌로 개찰일 익일에 이자없이 환불됩니다.

나. 수의계약

1) 공매가 유찰될 경우 2019.04.25.부터 최종회차 공매예정가격 이상으로 하여 수의계약을 체결할 수 있으며, 수의계약 응찰자가 2인 이상일 경우 최고가 응찰자와 수의계약을 체결합니다. 공매실시 후 매각되지 아니한 물건은 수의 계약을 할 수 있고, 공매에 관한 사항(일시, 물건, 금액)은 당사 사정에 따라 변동될 수 있으니 입찰기일 전에 반드시 당사에 문의한 후 입찰에 참가하시기 바랍니다.

2) [유의사항] 공매진행 중에는 수의 계약 신청접수가 불가하며, 최종회차 입찰의 유찰확정 이후 2019.04.25일부터 수의계약 신청접수 가능

4. 입찰보증금

가. 입찰금액의 10% 이상을 인터넷입찰마감시간 전까지 Onbid 지정계좌에 입금하여야 합니다.

나. 입찰보증금 입금 및 환불시 은행 간 계좌이체 한도제한으로 10억원 이상은 타행계좌의 사용이 제한되므로 입찰참가자는 온비드 가상계좌 발급은행인 신한, KEB하나, BNK, IBK기업, 우리은행 계좌를 개설하여 사용해 주시기 바랍니다.

다. 공매개찰 결과 유찰자의 입찰보증금은 입찰서 제출시 지정한 환불예금

제하고 개찰일에 이자없이 환불되며, 별도의 송금수수료가 발생될 경우에는 입찰보증금에서 이를 공제합니다.

라. 납부계좌 추가발급을 통하여 입찰보증금을 중복 납부한 경우 온비드를 통하여 먼저 입금 확인된 금액 중 참가수수료를 제외한 금액을 입찰서상의 입찰보증금으로 보며, 뒤에 입금 확인된 금액에 대하여는 입찰보증금으로서의 효력이 인정되지 아니하고 입찰취소 또는 낙찰자결정 완료 후 입찰서 제출 시 지정한 입찰보증금 환불계좌로 이자없이 환불되며, 환불시 별도의 수수료가 발생하는 경우 납부한 금액에서 이를 공제합니다.

5. 계약체결 및 대금납부조건

가. 계약장소 : 서울특별시 중구 삼일대로 343 ㈜대신자산신탁

나. 낙찰자는 낙찰일로부터 3영업일 이내(토지거래허가 또는 신고대상물건은 주무관청으로부터 허가 또는 신고수리통보를 받은 날로부터 3일이내)에 회사 소정의 매매계약서에 의하여 계약을 체결하여야 합니다. 만일 계약을 체결하지 아니한 경우에는 낙찰을 무효로 하고 입찰보증금은 당사에 위약금(신탁재산)으로 귀속됩니다. 이 경우 부가가치세 상당액도 위약금에 포함되는 것으로 봅니다. 다만 매매계약이 체결되기 전까지 채무자의 변제 등으로 공매요건이 해소되어 낙찰이 취소된 경우 또는 관계법령의 제정·개정 및 천재지변 등에 의한 원인으로 계약체결이 불가한 경우에는 낙찰을 무효로 하고 입찰보증금은 이자없이 환불합니다.

다. 입찰보증금은 계약체결 시 매매대금으로 대체되며, 계약체결일로부터 30일 이내에 잔금을 포함한 매매대금전액(부가가치세등 포함)을 납부하여야 합니다. 만일 잔금납부기일을 지연한 경우에는 별도의 통보없이 낙찰은 무효로 하고 입찰보증금(계약금)은 당사에 위약금(신탁재산)으로 귀속됩니다.

라. 매수인은 매매대금 중 부가가치세 납부에 따른 세금계산서를 발급주체(당사는 발급주체가 아니며 수익자 또는 우선수익자가 발급주체임)로부터 교부받아야 합니다.

마. 대금납부방법

구 분	금 액	납부일	비고
계약금	매매대금의 10%	낙찰일로부터 3영업일 이내, 입찰보증금으로 대체	
잔 금	매매대금의 90%	계약체결일로부터 30일 이내	

바. 계약 시 아래와 같이 계약서류를 지참하셔서 내방하시기 바랍니다.

개 인	주민등록초본, 신분증, 인감 및 인감증명서

법 인	법인등기사항전부증명서, 대표이사 신분증, 법인인감(사용인감계 제출 시 사용인감 가능) 및 법인인감증명서
공통사항	(대리인 계약 시) 위임장(본인인감 날인), 대리인 신분증

6. 공매참가조건

가. 매수자는 매매계약 체결에 따른 부동산거래계약신고 및 소유권이전 관련비용(이전비용 및 제세공과금 등)등에 대한 책임을 부담합니다.

나. 소유권이전등기 완료 전까지 명의변경은 불가능합니다.

다. 매수자는 공매물건의 현상 그대로를 인수하여, 기존 이해관계자들의 정리는 매수자 책임으로 합니다.

라. 본 목적부동산에 존재할 수 있는 제한물권, 소송관련사항(소유권분쟁 포함), 임차권, 유치권, 기타. 이해관계인과의 민원사항 등은 매수자가 승계하여 책임 처리하는 조건입니다. 추후 이를 이유로 계약을 해지할 수 없고 매도인은 일체의 하자담조 책임을 부담하지 않습니다.
(특히, 주택임대차보호법상 주택의 인도와 주민등록 전입신고의 요건 및 상가건물 임대차보호법상 건물의 인도와 사업자등록의 요건을 갖추고 있는 임차인이 있을 시 낙찰자는 매각 대금 외에 임차보증금을 별도로 인수하여야 하는 경우가 발생할 수 있으므로 임대차관계 등에 대하여는 입찰자 책임 하에 사전조사하고 입찰에 응하시기 바랍니다.)

마. 입찰일 기준으로 공매물건의 제한권리는 매수자 책임으로 정리하되, 입찰일로부터 소유권이전등기 완료일까지 추가적인 제3자의 권리침해로 인하여 소유권이전이 불가 시에는 낙찰은 무효로 하고, 매도자는 낙찰자가 기납부한 대금을 이자없이 원금만 반환하며 이 경우 낙찰자는 일체의 이의를 제기하지 못합니다.

바. 매수자는 관계 법령에 의거 매각대상 물건의 매매계약허가, 토지거래허가 등의 적합여부를 확인한 후 응찰하여야 하며, 매매계약 체결에 다른 소유권 이전 관련비용(이전비용 및 제세공과금 등)과 토지거래허가, 부동산 거래계약신고, 용도변경 등 인·허가의 책임 및 추가비용은 매수자가 부담하여야 합니다.

사. 잔금완납일 이후 발생되는 공매목적부동산에 대한 제세공과금, 관리비 및 각종 부담금 등은 매수자가 부담합니다. 단 아래 경우에는 각 기재사항에 따라 처리합니다.

1) [특히 매매대금 완납일 전후를 불문하고 매도인(신탁사)은 공매목적부동산의 관리비, 수도, 가스, 전기비를 책임지지 않으며 매수인이 현황대로 인수하여 책임지고 처리한 조건의 매각임]

2) [공매목적부동산에 대한 재산세 및 종합부동산세는 소유권 이전일을 기준으로 그 이전 당해세는 매도인(신탁가)이 매매대금에서 정산 지

급하기로 함

아. 매매목적물에 표시되지 아니한 물건(쓰레기, 산업폐기물 포함)의 명도나 철거는 매수자 책임이며, 매매목적물에 표시된 미등기건물에 대한 행정 관청의 부과가 건물철거명령에 따른 철거책임(이행강제금, 벌과금 등 제비용 부담 포함)과 철거에 따른 매매목적물의 감소로 인한 손해도 매수자가 부담하여야 합니다.

7. 유의사항

가. 공매목적물에 대한 인도 및 명도 책임은 매수인이 부담합니다.

나. 응찰자는 공매공고, 입찰참가자 준수규칙, 매매계약서 등 입찰에 필요한 모든 사항에 관하여 입찰 이전에 완전히 이해한 것으로 간주하며, 이를 이해하지 못한 책임은 매수자에게 있습니다.

다. 현장설명은 별도로 실시하지 않으며 입찰예정자는 필히 현장 확인하여야 하며, 미확인으로 인한 책임은 매수자에게 있습니다.

라. 공매목적물 중 지목이 농지인 경우 농지법에 따라 소유권이전등기 신청시 농지취득자격증명이 필요할 수 있습니다.

마. 입찰물건의 공부 및 지적상의 하자(현황도로 등)와 환지등으로 인한 감평, 미등기건물 및 기계기구등의 행정상 규제, 구조, 규격, 품질, 수량 등이 입찰 내용과 상이한 경우에도 현상태대로 매수한 것으로 하며, 제3자 소유의 타워크레인, 가설자재 등 임대장비나 임대자재는 고지하지 아니한 경우에도 매매대상에서 제외되오니, 필히 사전에 공부의 열람과 현장을 답사하시고 그 사실 확인 후 응찰하시기 바랍니다.

바. 낙찰자로 결정되더라도 매매계약이 체결되기 전까지 채무자의 변제 등으로 공매요건이 해소되어 낙찰은 취소될 수 있습니다.

사. 매매계약을 체결하기 전에는 매수인으로서 지위가 인정되지 아니하며 매수인으로서 권리도 행사할 수 없습니다.

아. 당사의 고의나 중대한 과실이 없이 공매공고 등의 중대한 오류가 있는 경우에는 낙찰이나 체결된 매매계약은 무효로 합니다.

자. 매도자는 매각부동산에 관한 다음 각 항에서 열거하는 사항에 대하여는 책임을 지지 아니 하므로, 응찰자는 반드시 사전에 공부의 열람, 현지답사 등으로 물건을 확인하신 후 응찰하시고 미확인으로 인한 책임은 매수자에게 있습니다.

1) 매각부동산의 현황과 공부상 수량의 차이 및 물적하자(등기부등본과 현황의 차이 등)
2) 법류상 원인무효로 인한 권리상실 내지 권리제한
3) 행정상(환지,징발, 개발제한, 기타 모든 도시계획) 권리제한
4) 권리의 일부가 타인에게 속함으로써 받는 권리의 제한

5) 등기부상 목록과 현황과의 상이
6) 천재 또는 비상사태로 인한 피해
7) 민법 제569조 내지 제581조에 정한 매도인의 담보책임
8) 본 사업부지 내의 유치권 및 등기되지 않은 임대차
9) 제한사항(근저당권, 가압류, 가처분 및 지상권, 유치권, 무단점유 등) 일체의 법률적/사실적 제한사항
10) 권리관계 말소, 소송관련사항(소유권분쟁 포함)

차. 본 공매공고는 신탁관계인의 사정 등에 의하여 별도 공고 없이 임의로 취소 또는 변경할 수 있고, 공매물건의 원인채무 변제 등으로 인하여 취소될 수 있으며, 이와 관련하여 당사에 일체의 이의를 제기할 수 없으니 공매 참가 전에 꼭 확인하시기 바랍니다.

카. 공매물건에 대한 소유권이 이전된 이후라도 공매물건의 원인 무효의 사유가 있거나 제한물권의 실행, 매매계약에 민법상 무효나 취소할 수 있는 의사표시가 있는 경우 소유권을 상실할 수도 있다는 점을 유의하시고 이를 사전에 확인하시기 바랍니다.

타. 일괄매각하는 물건의 경우, 전체 매매대금의 완납되지 않은 상태에서 개별 세대(호)별 매매대금 완납을 사유로 소유권을 이전하는 것은 불가합니다.

파. 매수인은 매매계약서 검인 및 부동산거래계약신고(계약체결일 이후 60일 이내)를 거쳐 소유권이전등기를 경료하여야 하며, 위탁자의 체납조세로 인하여 매매계약서 검인이나 등기접수가 거부되는 경우 매수인의 책임과 비용부담으로 해결하여야 합니다. 이를 위반하여 매도자에게 발생한 손해에 대해 매수자는 손해배상책임을 부담합니다.

하. 매매대금이 매매계약상 약정일에 납부되지 않는 경우 이행최고 도달일로부터 2월내에 납입이 지연된 매매대금과 지연이자 및 제비용을 일시 납부할 것을 매수자에게 이행 최고하고 이행최고에도 불구하고 기한내에 매매대금 등을 일시 납부하지 아니할 경우에는 당사가 매매계약서에서 정하는 기한을 두어 매매계약해제 예고통지하고 통지기한까지도 매매대금 등이 일시 납부되지 아니할 경우에는 기한만료시에 매매계약이 자동해제됩니다.

거. 입찰진행시 Onbid 시스템 장애 및 기타 사유로 인하여 입찰 진행이 어려운 경우에는 인터넷 입찰을 연기 또는 중지할 수 있습니다.

너. 공매 관련 내용은 당사 공매입찰 참가자 준수규칙에 의하며, 동 규칙 및 매매계약서 등은 당사에 비치되어 있사오니 방문을 통해 사전에 열람하시기 바라며, 세부 사항에 대해서는 문의처로 문의하시기 바랍니다.

(3) 공매 입찰 및 낙찰(Onbid홈페이지 화면 정리)

물건정보	입찰이력	해당공고보기	해당공고물건보기
물건관리번호 : 2019-0400-063108		공고일자 : 2019-04-17	
[상가용 및 업무용건물 / 관광휴게시설]			
대전광역시 유성구 봉명동 442-4 외 5필지 관광호텔 외 3건			

현재 보시는 페이지의 정보는 이전 입찰 진행내역입니다		
개찰결과	누적상태	낙찰가/ 낙찰가율(최저입찰가대비)
낙찰	유찰5회 / 취소 0회	13,364,130,000원 103.58%

입찰이력정보

회차/차수	입찰번호	처분방식	개찰일시	최저입찰가	입찰결과	낙찰가	상세입찰결과
001/006	0001	매각	2019-04-24 09:40	12,902,845,552	낙찰	13,364,130,000원 103.58%	상세이동
001/005	0001	매각	2019-04-24 09:20	14,336,495,058	유찰		상세이동
001/004	0001	매각	2019-04-24 09:00	15,929,438,953	유찰		상세이동
001/003	0001	매각	2019-04-23 09:40	17,699,376,614	유찰		상세이동
001/002	0001	매각	2019-04-23 09:20	19,665,974,016	유찰		상세이동
001/001	0001	매각	2019-04-23 09:00	21,851,082,240	유찰		상세이동

(4) 공매 후 대출금 상환

위 공매사례는 5회 유찰 후 6회차에 낙찰된 사례이다.

1. 계약일 : 2019년 4월 29일(공휴일 감안)
2. 잔금일 : 2019년 5월 28일

3. 정산 및 대출금 상환일 : 2019년 5월 30일
4. 대주단 대출금 원금 : 125억원
5. 대출원리금(연체이자포함): 약 128억원 전액 상환 완료

(5) 공매 낙찰자 소유권이전 등기사항 전부증명서

[토지] 대전광역시 유성구 봉명동 442-4

[표 제 부] (토지의 표시)					
표시번호	접 수	소재지번	지 목	면 적	등기원인 및 기타사항
1 (전 4)	1989년1월1일	대전광역시 유성구 봉명동 442-4	대	337.9㎡	
					부동산등기법 제177조의 6 제1항의 규정에 의하여 2000년01월06일 전산이기

[갑 구] (소유권에 관한 사항)				
순위번호	등기목적	접 수	등기원인	권리자 및 기타사항
1 (전3)	소유권이전	1990년7월30일 제54333호	1990년7월24일 매매	소유자 우리온천개발주식회사 160*** 1****** 대전 유성구 봉명동 123
				부동산등기법 제177조의 6 제1항의 규정에 의하여 2000년 01월06일 전산이기
2	소유권이전	2018년6월22일 제50887호	2018년5월1일 매매	소유자 주식회사 대신건설 110***-1****** 서울특별시 동작구 사당동 105 매매목록 제2018-1371
3	소유권이전	2018년6월22일 제50890호	2018년6월19일	수탁자 주식회사 대신자산신탁 110***-1****** 서울특별시 중구 삼일대로 343
	신탁			신탁원부 제2018-3249
4	소유권이전	2019년5월28일 제43153호	2019년4월29일 매매	소유자 대신주택건설주식회사 200***-1******

				서울특별시 여의도동 100 매매목록 제2019-1115호
	3번신탁등기의 말소		신탁재산의 처분	

◈ 공매 낙찰 후 낙찰자 명의로 소유권 이전된 등기사항 전부증명서 해석

① 갑구 순위번호 4를 보면 등기원인일 2019년 4월 29일은 4월 23일 입찰하여 4월 24일 개찰 후 공매낙찰일로부터 3일 이내(공휴일제외) 계약을 체결한 날짜로 계약일이 등기원인일이 되며, 소유권이전일 2019년 5월 28일은 잔금일(입찰 후 계약일로부터 30일 이내)로 소유권이전 접수일이 된다. 갑구 순위번호 4번 등기목적의 소유권이전 아래 "3번 신탁등기말소"로 되어 있고 등기원인이 "신탁재산의 처분"으로 되어있는 것은 신탁재산이 정상적으로 위탁자로 귀속된 것이 아니라 신탁재산의 처분에 의해 신탁등기가 말소되었다는 사실을 표시하고 있다.

② 공매에 의한 신탁재산의 처분이 아닌 경우에는 신탁사가 위탁자에게 소유권을 귀속시키고 위탁자가 매수인에게 소유권을 이전하는 방식으로 소유권이 이전된다.

③ 갑구 순위번호 4의 권리자 및 기타사항의 매매목록 제2019-1115호가 기록되어 있는데 본건 공매는 일괄매각으로 공매목적 부동산이 5개 이상일 경우 등기사항 전부 증명서의 표제부, 갑구, 을구 다음으로 매매목록이 작성되어 등기부에 기록된다.

④ 매매목록

[토지] 대전광역시 유성구 봉명동 442-4

[매 매 목 록]				
목록번호	2019-1115			
거래가액	금13,867,431,592원			
일련번호	부동산의 표시	순위번호	기 타 사 항	
			등기원인	경정원인
1	[토지] 대전광역시 유성구 봉명동 442-3	5	2019년4월29일 매매	

2	[토지] 대전광역시 유성구 봉명동 442-4	4	2019년4월29일 매매	
3	[토지] 대전광역시 유성구 봉명동 442-5	4	2019년4월29일 매매	
4	[토지] 대전광역시 유성구 봉명동 442-6	4	2019년4월29일 매매	
5	[토지] 대전광역시 유성구 봉명동 442-13	4	2019년4월29일 매매	
6	[토지] 내전광역시 유성구 봉명동 442-14	4	2019년4월29일 매매	
7	[토지] 대전광역시 유성구 봉명동 442-15	4	2019년4월29일 매매	
8	[건물] 대전광역시 유성구 봉명동 442-3	4	2019년4월29일 매매	
9	[건물] 대전광역시 유성구 봉명동 442-4외 5필지	4	2019년4월29일 매매	

신탁부동산 공매(입찰)공고의 일괄매각 부동산이 갑구 순위번호 4번 등기원인 "2019년 4월 29일 매매"로 소유권이 이전되면서 발생한 매매 목록이며, 신탁사 공매 낙찰가가 13,364,130,000원인데 거래가액이 13,867,431,592원으로 표시되어 있는 것은 건물 분에 대한 부가가치세가 취득원가에 포함되어 낙찰가와 거래가액의 차이가 발생하였다는 의미로 해석하면 된다.

거래가액은 일반적으로 갑구의 권리자 및 기타사항에 기록하게 되어 있으나 매매목록이 있을 경우에는 매매목록과 함께 거래가액을 표시하고 있다.

제 7 장 부동산신탁의 이해

금융기관에서 부동산과 관련된 대출을 취급하면서 대출의 안정성을 위해 담보를 취득하는데, 가장 대표적인 담보취득 및 채권확보 방법이 ① "근저당(根抵當)"을 설정하는 방법과 ② "부동산신탁(不動産信託)"을 통해 '우선수익권'을 확보하는 방법이 있다.

"근저당"의 경우 아파트 또는 상가 1개 호실에 대한 담보대출 등 소규모 대출에 많이 사용되며, "부동산신탁"은 중대형규모 대출의 담보취득을 위한 방법에 사용되고 있다.

또한 "부동산신탁"은 신탁회사를 통해 부동산을 분양·개발·관리·처분하고자 하는 경우와 이에 따른 PF(Project Financing)대출에도 활용되고 있다.

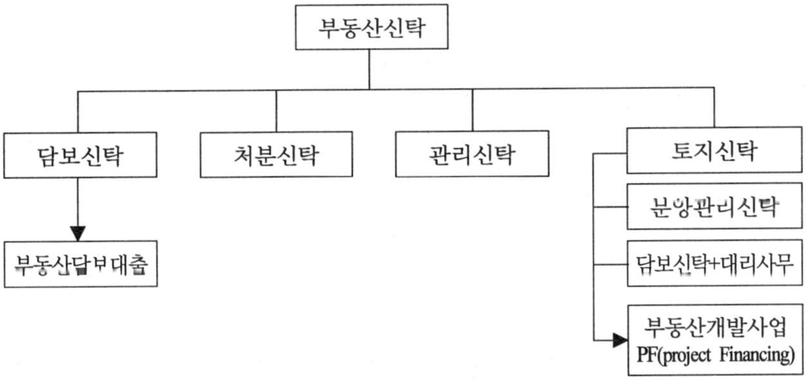

이에 따라 관련 산업 종사자들에게 "부동산신탁"에 대한 이해는 필수적이며, 본 장에서는 신탁에 대한 기본적인 이해와 가장 많이 접하게 되는 '담보신탁', '관리형토지신탁', '분양관리신탁' 위주로 "부동산신탁"을 설명하고자 한다.

1. 부동산신탁이란?

(1) 신탁의 정의

"부동산신탁"을 이해하기 위해서는 우선 '신탁'이라는 용어에 대한 이해가 선행되어야 하는데, '신탁'이란 재산권을 가진 사람(위탁자)이 자신이 보유한 재산권을 제3자(수탁자)에게 귀속시키고 그 재산(신탁재산)을 일정한 목적(신탁목적)에 따라 자기 또는 타인(수익자)을 위하여 관리·처분하게 하는 제도를 말한다. 이를 신탁의 근간이 되는 「신탁법」에서는 다음과 같이 정의하고 있다.

> **신탁법 제1조 제2항** "신탁"이란 신탁을 설정하는 자(이하 "위탁자"라 한다)와 신탁을 인수하는 자(이하 "수탁자"라 한다) 간의 신임관계에 기하여 위탁자가 수탁자에게 특정의 재산(영업이나 저작재산권의 일부를 포함한다)을 이전하거나 담보권의 설정 또는 그 밖의 처분을 하고 수탁자로 하여금 일정한 자(이하 "수익자"라 한다)의 이익 또는 특정의 목적을 위하여 그 재산의 관리, 처분, 운용, 개발, 그 밖에 신탁 목적의 달성을 위하여 필요한 행위를 하게 하는 법률관계를 말한다.

「민법」에 의한 일반적인 계약들이 계약당사자만을 구속하는 것과 달리, 신탁계약은 계약당사자인 '위탁자'와 '수탁자'뿐만 아니라, 신탁계약에 의해 '수익자'로 지정된 자에게까지도 신탁계약의 효력이 미치는 점에서 다른 계약들과 큰 차이가 있다.

신탁은 상품의 종류를 분류하기 전에 사전적인 분류로 위탁자·수탁자·수익자의 자격, 신탁의 목적·시기, 신탁재산의 형태·운용방법에 따라 신탁을 구분할 수 있는데 대표적으로 다음과 같다.

설정(設定)신탁 법정(法定)신탁	설정신탁(의사표시) : 위탁자의 자유의사에 따라 설정하는 것을 설정신탁 또는 임의(任意)신탁 법정신탁(법률) : 법률의 작용으로 발생하는 신탁관계를 법정신탁 또는 추정(推定)신탁
공익(公益)신탁 사익(私益)신탁	공익신탁(공익목적) : 학술·종교·제사·자선·체육진흥 등 공익을 목적 사익신탁(영리목적) : 일반의 개인적 이익을 목적

구분	내용
자익(自益)신탁 타익(他益)신탁	자익신탁 : 위탁자와 수익자가 동일 타익신탁 : 위탁자와 수익자 동일하지 않고 제3자가 수익을 수취하는 경우
개인(個人)신탁 법인(法人)신탁	개인신탁 : 위탁자가 개인일 경우 법인신탁 : 위탁자가 법인일 경우
영업(營業)신탁 비영업(非營業)신탁	영업신탁 : 신탁의 인수를 영업으로 하는 신탁을 영업신탁 또는 상사(商事)신탁 비영업신탁 : 신탁의 인수를 영업으로 하지 않은 신탁을 비영업신탁 또는 민사(民事)신탁
생전(生前)신탁 유언(遺言)신탁	생전신탁 : 위탁자가 생전에 수탁자와 계약으로 성립되는 것 유언신탁 : 유언으로 설정된 것을 유언신탁 또는 사후신탁(死後信託)
능동(能動)신탁 수동(受動)신탁	능동신탁 : 수탁자가 신탁재산의 관리·처분을 적극적으로 하는 신탁을 능동신탁 또는 적극(積極)신탁 수동신탁 : 수탁자가 권리(또는 名義)자에 불과할 뿐 적극적으로 신탁재산의 관리처분을 하지 않는 것을 수동신탁 또는 명의(名義)신탁·나(裸)신탁
집단(集團)신탁 개별(個別)신탁	집단신탁 : 대중으로부터 신탁목적을 같이 하는 재산을 모아서 하나의 집단으로 운용 개별신탁 : 개별적인 위탁자로부터 수탁한 재산만을 단독으로 운용
관리(管理)신탁 처분(處分)신탁	관리신탁 : 신탁재산의 관리만을 목적 처분신탁 : 처분을 목적으로 하고 처분시까지의 관리도 목적
일반(一般)신탁 특별(特別)신탁	일반신탁 : 신탁법의 적용만을 받는 일반적인 신탁 특별신탁 : 신탁법 외의 특별법의 적용을 받는 신탁
적법(適法)신탁 위법(違法)신탁	적법신탁 : 신탁의 목적이 법률에 위반되지 않은 것 위법신탁 : 신탁의 목적이 법률에 위반되는 것을 위법신탁으로 탈법(脫法)신탁·소송(訴訟)신탁·사해(詐害)신탁이 있음
선언(宣言)신탁 계약(契約)신탁	일정한 재산을 신탁재산이라고 소유자 자신이 선언함으로써 설정되는 신탁으로 그 선언행위를 신탁선언이라고 하는데, 우리나라 신탁법에는 인정되지 않으며 당사자간에 계약으로 성립되는 계약신탁만이 인정되고 있음
취소(取消可能)가능신탁 취소불가능(取消不可能) 신탁	위탁자에게 신탁계약취소권이 유보되어 있는 것과 없는 것으로 구분
금전(金錢)신탁 비금전(非金錢)신탁	신탁인수 당시 재산형태가 금전이냐 동산이냐 등에 따라 구분되며 금전의 신탁, 동산의 신탁, 유가증권의 신탁, 금전채권의 신탁, 유가증권의 신탁, 토지와 그 정착물(부동산)의 신탁, 지상권(地上權)의 신탁, 전세권(傳貰權)의 신탁, 토지임차권(土地賃借權)의 신탁 등이 있다

이 중에 부동산신탁은 금전(金錢)신탁과 비금전(非金錢)신탁으로 분류되며 다음과 같이 나눠진다.

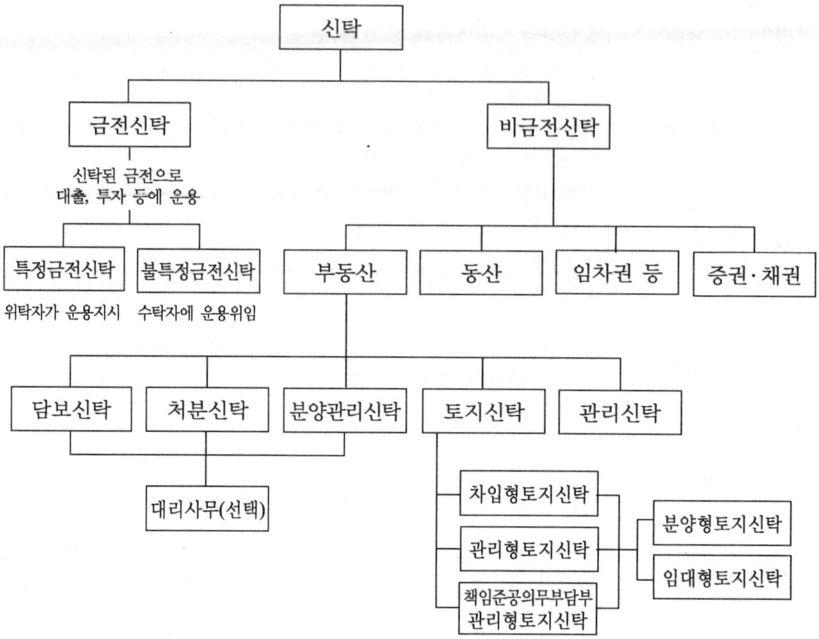

(2) 부동산신탁의 정의

그렇다면 "부동산신탁"이란 무엇인가?

간략하게 설명하자면 「신탁법」에서 정의하고 있는 '재산'을 부동산(不動産)으로만 한정하여 적용하면 이를 "부동산신탁"으로 정의할 수 있는데, 구체적으로 "부동산신탁"이라 함은 위탁자(부동산을 소유한 자)가 부동산을 일정한 목적(담보, 개발, 분양 등)하에 수탁자(신탁회사)에 신탁하여, 신탁계약에서 정한 바에 따라 수탁자로 하여금 그 부동산을 관리, 운용, 처분, 개발하여 주는 신탁상품을 말한다.

> ※ 신탁할 수 있는 부동산의 유형
>
> 관련법에 따라 부동산신탁회사가 수탁받을 수 있는 부동산의 유형은 '토지', '건물', '지상권', '전세권 및 토지의 임차권'이며, 일반적으로 '지

상권', '전세권 및 토지의 임차권'은 독립되어 수탁되는 경우가 드물고 토지 및 건물과 함께 수탁된다.

"부동산신탁"을 이해하기 위해서는 신탁의 기본 용어와 그 권리관계에 대한 이해가 필요한데, 부동산신탁의 필수적인 기본용어에 대한 풀이는 다음과 같다.

□ 위탁자 : 자신의 '부동산'을 일정한 목적(담보, 처분, 토지신탁 등) 하에 '수탁자'에게 인도(소유권이전)하는 자
□ 수탁자 : 신탁회사를 말하며, 위탁자와 수탁자간의 신탁계약에 따라 위탁자로부터 부동산을 신탁(수탁)받아 부동산을 관리·운용·처분·개발하는 자
□ 수익자 : 신탁행위에 따라 발생한 신탁이익을 받는 자(통상 수익의 수익자/원본의 수익자로 '위탁자'와 다를 수도 있음)
□ 신탁원본 : 신탁재산 및 신탁재산에 속하는 기타의 재산(신탁재산의 물상대위로 취득한 재산, 신탁재산의 처분대금, 신탁재산에 대한 보험금 등)
□ 수익권 : 신탁행위(관리·처분·운용·개발 등)에 의한 신탁수익과 신탁원본을 받을 수 있는 수익자의 기본권리

(3) 부동산신탁 신탁재산의 권리관계

"부동산신탁"을 통한 신탁의 권리관계는 아래 그림과 같으며, 기본적으로 부동산 소유권이 위탁자(부동산 소유자)로부터 수탁자(신탁회사)로 소유권이전등기 절차에 따라 '부동산 등기부'에 기입됨으로서 공시효력을 발생시켜, 제3자로부터 신탁된 부동산을 보호 및 대항할 수 있다.

이에 따라 신탁기간 중 소유자가 수탁자가 됨에 따라 신탁재산에 대한 권리침해는 현실적으로 불가능하며, 통상적으로 위탁자의 채권자 또는 신탁계약 관계자의 채권자 등은 신탁재산 자체가 아닌 아래의 부수적 권리에 대한 강제집행 등만을 할 수 있다.

① 신탁수익에 대한 가압류 : 신탁종료 시 '수익자'가 교부받을 수

익이 있는 경우에 한하여 채권자에게 가압류에 따른 교부가 가능하다.

② 소유권이전 등기 청구권 가압류 : 신탁종료 시 신탁된 부동산의 원 소유자인 '위탁자'로 소유권이전 등기를 막는 가압류로서, 금융기관(채권자) 입장에서는 신탁으로 소유권 자체가 이미 '수탁자'로 이전되어 있어 사전에 사업관계자의 동의를 받아 신탁회사에서 직접 처분 혹은 환가 진행 가능토록 약정함으로 담보 부동산에 대한 보호가 가능하다.

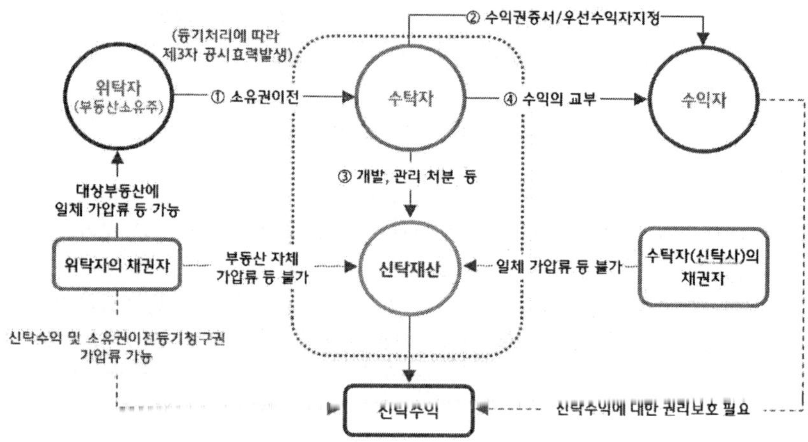

(4) 부동산신탁의 특징

① 신탁재산의 분별관리와 독립성

가. 신탁재산의 분별관리

신탁된 재산은 수탁자의 명의로 소유·관리되지만, 경제적·실질적으로는 수익자에게 귀속하는 재산이다. 따라서 신탁회사는 자신의 고유한 재산과 신탁재산을 구분하여 관리해야 한다.

나. 신탁재산의 독립성

신탁재산은 수탁자에게 귀속하지만 수익자를 위한 재산이므로, 신따서 개인의 고유재산(고유계정)과 구분될 뿐 아니라 위탁자의 개인재산으로부터도 구별되어 독립성을 가진다. 따라서 위탁자나 신탁사가 파산, 사망한 경우에도 신탁재산은 이에 포함되지 않는다.

「신탁법」 제22조에 의하여 원칙적으로 신탁재산에 대한 강제집행이나 경매가 금지되어 있다.

> ※ 신탁법 제22조(강제집행 등의 금지) 제①항 신탁재산에 대하여는 강제집행, 담보권 실행 등을 위한 경매, 보전처분(이하 "강제집행 등"이라 한다) 또는 국세 등 체납처분을 할 수 없다. 다만, 신탁 전의 원인으로 발생한 권리 또는 신탁사무의 처리상 발생한 권리에 기한 경우에는 그러하지 아니하다.
>
> ※ 신탁전의 원인(근저당 등)으로 발생한 권리 : 근저당 등 제한물권이 있는 물건을 신탁할 경우 선순위인 제한물권에 의해 강제집행(경매)가 가능하다. 따라서 신탁 진행시 제한물권 해소 이후 진행함을 원칙으로 하며, 다만 유효담보가가 충분하거나 근저당권자와 신탁상의 우선수익자가 동일할 경우 등 안정적인 경우에 한하여 신탁회사 내부 판단에 따라 신탁을 하기도 한다.

② 신탁재산의 법인격성

'민법'에서는 일정한 공익적 목적에 바쳐진 재산에 대해서도 법인격을 부여한다(민법 제32조 이하). 신탁재산은 형식적으로는 수탁자의 소유로 되어 있지만 수탁자의 고유재산과는 분별 관리하여야 하며 신탁재산 상호간에도 구별되어 마치 신탁재산 자체에 재단법인과 같은 법인격이 부여된 것과 비슷한 모습을 띤다. 그러나 별도의 법인격이 부여된 것은 아니며 다만 수탁자는 신탁재산과 고유재산 및 신탁재산 상호간에 별도의 회계계정을 마련하고 신탁재산의 납세의무자도 수탁자가 아닌 위탁자이며 수탁자는 납세관리인이 된다.

③ 양도담보

재산권을 타인에게 이전한다는 점에서는 양도담보와 신탁은 유사한 점이 있다. 그러나 양도담보는 채무자가 담보를 목적으로 자신의 재산권을 채권자에게 이전시킨 후 채무를 변제하지 않는 경우 채권자가 그 담보된 목적물로부터 채권의 만족을 얻는 제도임에 반해, 신탁은 채권, 채무관계가 없이 재산을 보전, 관리, 처분하기 위해 재산권을 신탁회사에 이전하지만 채권자에게 재산권을 이전하는 것이 아니라 신탁회사라는 중간매개체에 담보목적으로 잠시 맡겨두었다가 채무자가 채무를 이행하지 않을 경우 채권자는 환가요청을 통하여 신탁회사로부터 간접적으로 변제를 받는다는 점에서 차이가 있다.

④ 기타 특징

가. 물상대위성(物上代位性)

신탁재산의 관리·처분·멸실·훼손 기타의 사유로 수탁자가 얻은 재산은 신탁재산에 속한다(신탁법 제27조).

신탁재산은 수탁자가 신탁의 목적에 따라 관리·처분함에 따라 다른 재산권으로 변형되더라도 변형된 각각의 재산권은 신탁목적에 의해 결합되고 그대로 신탁재산을 구성한다.

나. 강제집행의 금지

신탁재산에 대하여는 강제집행 또는 경매를 할 수 없다. 다만, 신탁전의 원인으로 발생한 권리 또는 신탁사무의 처리상 발생한 권리에 기한 경우에는 예외로 한다(신탁법 제22조).

다. 신탁재산의 불혼동

신탁재산이 소유권 이외의 권리(예 : 지상권)인 경우에 수탁자가 그 목적인 재산(예 : 소유권)을 취득하여도 그 권리는 혼동으로 인하여 소멸하지 않는다(신탁법 제26조).

라. 상계금지(相計禁地)

신탁재산에 속하는 채권과 신탁재산에 속하지 아니하는 채무와는 상계하지 못한다(신탁법 제25조).

마. 수탁자의 파산과 신탁재산의 독립성

신탁재산은 수탁자의 상속재산에 속하지 아니한다(신탁법 제23조).

수탁자의 파산과는 상관없이 신탁재산은 보호된다(신탁법 제24조).

> ※ 참고 : 사해신탁(신탁법 제8조) : 채무자가 채권자를 해함을 알고 신탁을 설정한 경우 채권자는 수탁자가 선의일지라도 민법상의 취소 및 원상회복을 청구할 수 있음

(5) 부동산신탁의 대항력과 신탁등기

① 부동산신탁의 대항요건에 대하여 「신탁법」에서는 신탁의 공시가 효력발생요건이 아니라 대항요건으로 규정하고 있다. 따라서 위탁자의 채권자가 신탁에 대하여 분쟁을 제기할 경우 제3자가 선의라고 하더라도 공시의 방법을 통하였다면 신탁재산은 대항력을 보유하지만 공시의 방법을 통하지 못할 경우 제3자에 대하여 대항력을 가지지 못한다.

> **제4조(신탁의 공시와 대항)** 1. 등기 또는 등록할 수 있는 재산권에 관하여는 신탁의 등기 또는 등록을 함으로써 그 재산이 신탁재산에 속한 것임을 제3자에게 대항할 수 있다.
>
> 2. 등기 또는 등록할 수 없는 재산권에 관하여는 다른 재산과 분별하여 관리하는 등의 방법으로 신탁재산임을 표시함으로써 그 재산이 신탁재산에 속한 것임을 제3자에게 대항할 수 있다.
> 3. 제1항의 재산권에 대한 등기부 또는 등록부가 아직 없을 때에는 그 재산권은 등기 또는 등록할 수 없는 재산권으로 본다.
> 4. 제2항에 따라 신탁재산임을 표시할 때에는 대통령령으로 정하는 장부에 신탁재산임을 표시하는 방법으로도 할 수 있다.

상기 「신탁법」 제4조 제④항의 '대통령령으로 정하는 장부'는 「신탁법시행령」 제2조에서 다음과 같이 정의한다.

> **제2조(신탁재산의 표시 방법)** 「신탁법」(이하 "법"이라 한다) 제4조제4항에서 "대통령령으로 정하는 장부"란 다음 각 호의 장부를 말한다. 이 경우 제2호의 건축물대장과 제4호의 토지대장 및 임야대장은 「공간정보의 구축 및 관리 등에 관한 법률」 제76조의3에 따른 부동산종합공부로 대체할 수 있다.
>
> 1. 신탁법 제79조제1항에 따른 수익자명부
> 2. 「건축법」 제20조에 따른 가설건축물대장 및 같은 법 제38조에 따른 건

축물대장
3. 「상법」 제352조에 따른 주주명부 및 같은 법 제352조의2에 따른 전자주주명부
4. 「공간정보의 구축 및 관리 등에 관한 법률」 제71조제1항에 따른 토지대장 및 임야대장
5. 「도시개발법」 제2조제1항제2호에 따른 도시개발사업, 「농어촌정비법」 제2조제5호, 제10호 및 제18호에 따른 농업생산기반 정비사업, 생활환경정비사업 및 한계농지등의 정비사업, 「도시 및 주거환경정비법」 제2조제2호가목 및 나목에 따른 주거환경개선사업 및 재개발사업 등 법령에 따른 환지(換地) 방식의 사업을 할 때 환지, 체비지(替費地) 및 보류지(保留地)의 관리를 위하여 작성·관리하는 장부

② '신탁등기'란 신탁 재산임을 공시하기 위하여 하는 재산권의 이전 등기를 말하며, '신탁회사로 신탁계약에 따라 소유권 이전', '신탁계약의 내용이 변경', '신탁이 종료되어 소유권이 이전'되었을 때 대외적으로 신탁법에 따라 공시하는 등기를 뜻함.

(6) 부동산신탁과 혼동하기 쉬운 다른 재산관리제도와 비교

부동산신탁은 민법상의 '대리', '위탁', '위임', '도급' 등과 같이 '재산관리제도'의 일종이지만 부동산의 소유권이 수탁자에게 이전된다는 점에 큰 특징이 있다.

① '대리(代理)'의 경우에는 부동산 소유자의 명의는 변하지 않고 '대리인'은 타인의 권리를 그 자의 이름으로써 관리, 처분하는데 비하여 '신탁'의 경우에는 부동산 소유자의 명의 그 자체가 수탁자에게 이전되고 수탁자가 명의인이 되어 일정한 목적에 따라 수익자를 위하여 재산의 관리, 처분을 행하는 제도이다. 제3자에 대한 대항요건으로써 신탁재산임을 명시할 필요가 있으며, 등록원부, 신탁원부, 부동산등기부 등에 의한 방법으로 '공시'를 하고 있다.

다른 사람을 위해서 법률행위를 한다는 점은 유사하지만 대리는 제3자를 대리한다는 점을 표시하고(예컨대 '매도자 홍길동 위 대리인 ㅁㅁㅁ') 그 법률행위의 효력은 대리인이 아닌 제3자(본인)에게 귀속된다.

> 신탁의 수탁자는 자신의 이름으로 법률행위를 하고 그 효력도 자신에게 미치며 다만, 신탁재산의 증가되면 위탁자의 이익이 수익자에게 돌아갈 뿐이다.

② '위탁(委託)'은 타인이나 타기관에게 법률 또는 사실행위를 의뢰해 대신하게 하는 것으로, 자금을 맡겨서 그 운영을 부탁하거나 타인을 신뢰하여 어떤 행위를 부탁하는 것으로서, 그 내용에 따라 위임·위탁매매·운송·신탁·어음 등 여러 가지 법률관계를 발생시킨다. 위탁을 받은 사람은 위탁의 취지에 따라 자기 재량으로 사무를 처리할 수 있으며, 위탁을 한 사람과의 사이에 신임관계가 생기는 점에 특색이 있다. 위탁을 한 사람과 위탁을 받은 사람의 명칭은 법률관계에 따라서 다르다. 위임에서는 위임자·수임자라 하고, 신탁에서는 위탁자·수탁자라고 한다.

③ '위임(委任)'은 '위임하는 자'가 '위임받는 자(수임인)'에게 '사무의 처리'를 위탁하고, '위임받는 자'가 이를 승낙함으로써 성립하는 계약이다. 위임은 노무 공급계약의 일종이지만 일정한 사무의 처리라고 하는 통일된 노무를 목적으로 하는 점에 특색이 있다. 그러나 위임계약은 수임인에게 다소나마 재량의 융통성이 인정되며, 사무의 처리라고 하는 활동을 목적으로 하는 점에 특색이 있다. 위임사무는 물건의 매매나 사람의 고용과 같은 법률행위일 수도 있고, 재산의 관리, 등기의 신청과 같은 법률행위 이외의 일일 수도 있다.

④ '도급(都給)'은 당사자의 일방(수급인)이 어떤 일을 완성할 것을 약정하고, 상대방(도급인)이 그 일의 결과에 대하여 보수를 지급할 것을 약정함으로써 성립하는 계약을 말하며, 도급은 고용이나 위임과 같이 노무공급계약의 일종이나 특히 '일의 완성'을 목적으로 하는 점에 특색이 있어서 고용이나 위임과 구별된다.

⑤ '에스크로우(Escrow)'는 제3자가 쌍방대리인의 자격으로 매매에 관련된 보증금이나 보증 또는 그것에 해당하는 재산을 계약조건이 성취될 때까지 보관하고 계약조건이 성취되면 이를 양자에게 교부하는 것을 의미한다.

(7) 신탁회사의 종류

① 신탁의 관계법령

신탁관계를 정하는 법률로는 신탁에 관한 일반법률인 '신탁법'과 영리를 목적으로 신탁을 업으로 하는 신탁회사를 지도·감독하기 위한 「자본시장과금융투자업에관한법률」이 있으며, 그 밖에 담보부사채의 발행과 관련되어 제한적으로 적용되는 '담보부사채신탁법', '부동산투자회사법', '금융투자업감독규정'이 있다.

신탁법	신탁의 목적 및 정의, 신탁관계인의 자격과 권리의무, 신탁재산의 범위, 신탁의 감독에 관한 사항 등 신탁전반에 관한 사법적 법률관계를 규정하고 있다.
자본시장과금융투자업에관한법률	신탁을 전문적인 영업으로 영위하고자 하는 신탁회사의 자격요건 및 인가사항, 신탁업무의 범위, 신탁회사의 감독 및 벌칙 등에 관한 사항을 전반적으로 명시하고 있는 법률이다.
담보부사채신탁법	담보부사채의 발행 및 사채권자 보호에 관한 사항을 규정하고 있는 법률로써 담보부사채의 발행과 관련한 신탁증서의 작성, 사채모집, 채권 및 사채원부의 작성, 신탁계약의 효력, 신탁업무의 승계와 종료, 신탁업무의 감독 및 벌칙 등에 대하여 명시하고 있다.
부동산투자회사법	일반국민의 부동산 투자기회를 확대하기 위한 부동산투자회사의 설립 및 업무에 대하여 규정하고 있는 법률로써 부동산투자회사의 자산운용 및 보관과 관련한 신탁회사의 기능을 명시하고 있다.
금융투자업 감독규정	신탁회사에 대한 금융감독원의 감독에 필요한 사항을 정하여 놓은 규정이다. 신탁업무의 종류 및 거래조건, 신탁재산의 운용기준, 신탁회사의 회계처리기준 및 건전경영에 관련한 사항, 투자자 보호를 위한 경영공시 등을 명시하고 있다.
금융투자회사의 영업 및 업무에 관한 규정	「자본시장과금융투자업에관한법률」 및 금융위원회의 「금융투자업규정」에서 한국금융투자협회에 위임한 업무의 수행과 금융투자회사가 영업 및 업무을 위해 필요한 사항을 정해 거래질서의 유지 및 투자자 보호에 기여

① 신탁회사의 현황

2020년 12월 현재 우리나라에는 총 61개의 신탁회사가 있으며, 이 중 대다수를 차지하는 '은행', '증권사', '보험사'들이 신탁업을 함께 수행하는 '신탁겸영회사'의 형태를 취하고 있다.

시중은행, 지방은행, 특수은행을 합하여 19개 은행이 신탁업무를 겸영하고 있으며, 국내 증권사 중 21개사 및 보험사들 중 7개사가 신탁업무를 겸영하고 있고, 부동산신탁만을 영업하는 부동산신탁회사는 현재 14개사가 영업 중에 있다. 부동산신탁회사는 다른 금융업무는 취급하지 않고 전업으로 부동산에 대한 신탁업만을 수행하고 있다.

<table>
<tr><th colspan="2" rowspan="2">구 분</th><th rowspan="2">회사수</th><th rowspan="2">회사명</th><th colspan="3">인가단위</th></tr>
<tr><th>종합</th><th>금전</th><th>부동산</th></tr>
<tr><td colspan="2">부동산신탁사</td><td>14</td><td>하나자산신탁, 한국토지신탁, KB부동산신탁, 대한토지신탁, 교보자산신탁, 한국자산신탁, 코람코자산신탁, 아시아신탁, 우리자산신탁, 무궁화신탁, 코리아신탁, 대신자산신탁, 한국투자부동산신탁, 신영부동산신탁</td><td></td><td></td><td>○</td></tr>
<tr><td rowspan="4">시중은행</td><td rowspan="2">국내은행</td><td rowspan="2">16</td><td>하나은행, SC제일은행, 경남은행, 광주은행, 국민은행, 기업은행, NH농협은행, 대구은행, 부산은행, 산업은행, 수협은행, 신한은행, 씨티은행, 우리은행, 전북은행</td><td>○</td><td></td><td></td></tr>
<tr><td>제주은행</td><td></td><td>○</td><td></td></tr>
<tr><td rowspan="2">외국은행 한국지점</td><td rowspan="2">3</td><td>뉴욕멜론은행</td><td>○</td><td></td><td></td></tr>
<tr><td>도이치뱅크, 홍콩상하이은행</td><td></td><td>○</td><td></td></tr>
<tr><td colspan="2" rowspan="2">증권사</td><td rowspan="2">21</td><td>DB금융투자, IBK투자증권, KB증권, NH투자증권, SK증권, 교보증권, 대신증권, 메리츠증권, 미래에셋대우, 삼성증권, 신영증권, 신한금융투자, 유안타증권, 유진투자증권, 키움증권, 하나금융투자, 한국투자증권, 한화투자증권, 현대차증권</td><td>○</td><td></td><td></td></tr>
<tr><td>하이투자증권, 한국포스증권</td><td></td><td>○</td><td></td></tr>
<tr><td colspan="2" rowspan="2">보험사</td><td rowspan="2">7</td><td>미래에셋생명, 삼성생명, 한화생명, 흥국생명</td><td>○</td><td></td><td></td></tr>
<tr><td>교보생명, 삼성화재, KB손해보험</td><td></td><td>○</td><td></td></tr>
<tr><td colspan="2">합 계</td><td>61</td><td></td><td>39</td><td>8</td><td>14</td></tr>
</table>

※ 금융권역 및 신탁재산별 수탁고 추이 (출처: 금융감독원) (단위: 조원)

구 분			2015말	2016말	2017말	2018말	2019말	2020말
신탁업계	금전신탁	불특정	14.8	15.5	16.2	16.4	16.6	16.6
		특 정	306.9	352.9	379.5	420.9	463.0	486.0
		(퇴직연금)	85.9	99.3	116.7	135.0	156.8	180.2
		소 계	**321.7**	**368.4**	**395.7**	**437.3**	**479.5**	**502.6**
	재산신탁	금전채권	102.2	156.1	160.0	179.8	194.2	191.7
		부동산신탁	171.5	187.5	215.2	251.2	286.3	334.1
		(토지신탁)	38.3	47.1	56.0	64.9	70.7	77.9
		(관리신탁)	15.1	15.7	15.0	15.6	15.7	15.5
		(처분신탁)	7.6	7.3	6.2	6.6	6.3	6.7
		(담보신탁)	110.5	117.4	138.0	163.9	193.6	234.0
		유가증권 등	5.2	3.4	4.2	5.1	4.0	3.4
		소 계	**278.9**	**347.0**	**379.4**	**436.1**	**484.5**	**529.2**
	기타	종합재산신탁 등	0.6	0.2	0.1	0.1	0.2	0.5
	총신탁계		**601.2**	**715.6**	**775.2**	**873.5**	**964.2**	**1,032.3**
은행	금전신탁	불특정	14.7	15.4	16.1	16.3	16.5	16.5
		특 정	152.0	170.2	185.6	221.4	241.5	255.4
		(퇴직연금)	67.7	77.9	90.0	104.8	121.2	139.1
		소 계	**166.7**	**185.6**	**201.7**	**237.7**	**258.0**	**271.9**
	재산신탁	금전채권	90.1	139.4	140.4	156.7	171.5	168.8
		부동산신탁	29.8	29.4	33.7	39.7	50.2	51.1
		(관리신탁)	5.2	3.3	0.7	0.6	0.6	1.0
		(처분신탁)	0.4	0.4	0.2	0.2	0.2	0.2
		(담보신탁)	24.2	25.7	32.8	38.9	49.4	49.9
		유가증권 등	1.1	1.3	1.0	1.0	0.6	0.7
		소 계	**121.0**	**170.1**	**175.1**	**197.4**	**222.3**	**220.6**
	기타	종합재산신탁 등	0.5	0.2	0.1	0.0	0.1	0.2
	은행신탁계		**288.2**	**355.9**	**376.9**	**435.1**	**480.4**	**492.7**
증권	금전신탁	불특정	0.1	0.1	0.1	0.1	0.1	0.1
		특 정	149.5	172.4	179.8	181.7	205.1	216.6
		(퇴직연금)	15.4	17.5	20.9	24.0	28.7	33.5
		소 계	**149.6**	**172.5**	**179.9**	**181.8**	**205.2**	**216.7**
	재산신탁	금전채권	11.9	16.3	18.6	21.8	22.5	22.6
		부동산신탁	1.2	1.0	0.9	1.1	1.5	2.7
		(관리신탁)	0.3	0.8	0.8	1.0	1.5	2.7
		(처분신탁)	1.0	0.2	0.1	0.1	0.0	0.0
		유가증권 등	3.8	1.8	3.0	4.1	3.6	2.0
		소 계	**17.0**	**19.1**	**22.5**	**27.0**	**27.6**	**27.3**
	기타	종합재산신탁 등	0.1	0.0	0.0	0.0	0.1	0.3
	증권신탁계		**166.7**	**191.6**	**202.4**	**208.8**	**232.9**	**244.3**

보험	금전신탁	불특정	0.0	0.0	0.0	0.0	0.0	0.0
		특정	5.4	10.3	14.1	17.8	16.4	14.0
		(퇴직연금)	2.8	3.9	5.8	6.3	6.9	7.7
		소계	**5.4**	**10.3**	**14.1**	**17.8**	**16.4**	**14.0**
	재산신탁		**1.1**	**1.9**	**3.3**	**5.0**	**4.0**	**3.9**
	보험신탁계		**6.5**	**12.2**	**17.4**	**22.8**	**20.4**	**17.9**
부동산신탁사		부동산신탁	139.8	155.9	178.5	206.8	230.5	277.4
		(토지신탁)	38.3	47.1	56.0	64.9	70.7	77.9
		(관리신탁)	9.0	10.3	11.5	10.8	9.5	8.9
		(처분신탁)	6.2	6.8	5.8	6.1	6.1	6.5
		(담보신탁)	86.3	91.7	105.2	125.0	144.2	184.1
		기타	0.0	0.0	0.0	0.0	0.0	0.0
	부동산신탁계		**139.8**	**155.9**	**178.5**	**206.8**	**230.5**	**277.4**

③ 전업 부동산신탁회사

부동산신탁만을 전문적으로 취급하는 전업 부동산신탁회사가 있으며, 대출채권의 담보를 위한 담보신탁의 경우 은행과 증권회사 등 신탁겸영인가를 받은 금융기관들도 취급하고 있다.

분양형 및 임대형 토지신탁(차입형, 관리형, 책임준공보증관리형), 분양관리신탁 등 부동산개발사업을 위한 부동산신탁의 경우 부동산신탁회사가 전담하여 취급하고 있다.

대부분의 부동산신탁회사는 2009년이전 인가받았으며 이후로 추가 인가가 없었다가 2019년 '대신자산신탁', '한국투자부동산신탁', '신영자산신탁' 3개사가 추가로 인가를 받아 총 14개의 신탁회사가 되었으며, 우리나라 4대금융그룹(KB, 신한, 하나, 우리)은 신탁회사를 설립 또는 인수하는 방식으로 모두 보유하고 있다.

은행금융지주계열 신탁회사	KB부동산신탁 : KB금융그룹 하나자산신탁 : 하나금융그룹 아시아신탁 : 신한금융그룹 우리자산신탁 : 우리금융그룹
증권 및 보험계열 신탁회사	대신자산신탁 : 대신증권 한국투자부동산신탁 : 한국투자증권 신영부동산신탁 : 신영·유진투자증권 교보자산신탁 : 교보생명

기 타	한국토지신탁 : MK전자 등 한국자산신탁 : MDM 등 대한토지신탁 : 군인공제회 코람코자산신탁 : LF그룹 등 무궁화신탁, 코리아신탁 : 개인

특이한 점은 거의 모든 신탁회사가 서울 강남 '테헤란로'변에 위치하고 있다는 점이다. 이는 개발사업을 목적으로 하는 시행사와의 영업 접점을 유리하게 하기 위하여 테헤란로변에 위치하고 있다는 의견이다.

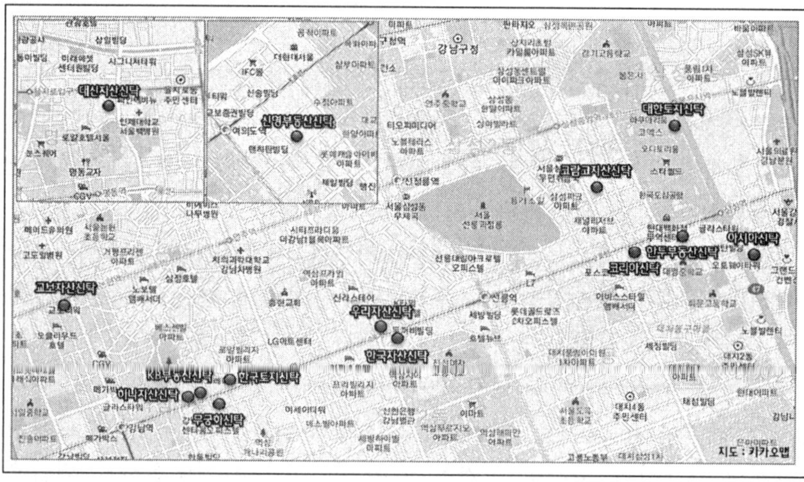

회사명	설립일	소재지	주요주주
(주)한국토지신탁	1996.03	서울시 강남구 테헤란로 137	MK인베스트먼트(주), MK전자(주) 외
한국자산신탁(주)	2001.03	서울시 강남구 테헤란로 306	(주)MDM 외
KB부동산신탁(주)	1996.12	서울시 강남구 테헤란로 129	KB금융지주 100%
대한토지신탁(주)	1997.12	서울시 강남구 영동대로 517	군인공제회 100%
(주)교보자산신탁	1998.12	서울시 강남구 강남대로 465	교보생명보험(주) 100%
(주)코람코자산신탁	2001.10	서울시 강남구 삼성로 511	(주)LF 51%, (주)우리은행 외
(주)하나자산신탁	2004.02	서울시 강남구 테헤란로 127	하나금융지주 100%

아시아신탁(주)	2007.08	서울시 강남구 영동대로 416	신한금융지주 60% 외
우리자산신탁(주)	2007.11	서울시 강남구 테헤란로 301	우리금융지주 44.5% 외
(주)무궁화신탁	2009.08	서울시 강남구 테헤란로 134	개인 외
코리아신탁(주)	2009.12	서울시 강남구 테헤란로 508	개인 외
대신자산신탁(주)	2019.07	서울시 중구 삼일대로 343	대신증권 100%
한국투자부동산신탁(주)	2019.10	서울시 강남구 테헤란로 518	한국투자증권
신영부동산신탁(주)	2019.10	서울시 영등포구 국제금융로 8길16	신영증권, 유진투자증권

(8) 신탁회사의 권리와 의무

신탁은 위임, 도급, 대리 등과 같은 재산관리제도의 일종이지만 소유권의 이전을 전제로 한다는 특징이 있으며, 신탁재산에 대한 재산권이 수탁자에게 이전되더라도 수탁자가 자기 이익을 위하여 그 재산을 임의로 처분할 수 없으며, 신탁법에 따라 수탁자에 대하여 다음과 같이 엄격한 의무와 책임을 부담하게 하여 신탁재산을 보호하고 있다.

선관주의의무	수탁자는 신탁의 본질에 따라 선량한 관리자의 주의로서 신탁재산을 관리 또는 처분하여야 함(신탁법 제32조)
충실의무	수탁자는 누구의 명의로 하든지 신탁재산을 고유의 재산으로 하거나 이에 관하여 권리를 취득하지 못함. 다만, 수익자에게 이익이 되는 것이 명백하거나 기타 정당한 이유가 있는 경우에는 법원의 허가를 얻어 신탁재산을 고유재산으로 할 수 있음(신탁법 제33조)
분별관리의무	신탁재산은 수탁자의 고유재산 또는 다른 신탁재산과 구별하여 관리하여야 하고 신탁재산이 금전인 경우에는 고유재산 또는 다른 타 신탁재산에 속하는 금전과 각각 별도로 그 계산을 명확히 해야 함(신탁법 제37조)
손해배상 신탁재산회복의무	수탁자가 관리를 적절히 하지 못하여 신탁재산을 멸실·감소 기타의 손해를 발생하게 한 경우 또는 신탁의 본실에 위반하여 신탁재산을 처분한 때에는 위탁자, 그 상속인, 수익자 및 다른 수탁자는 그 수탁자에 대하여 손해배상 또는 신탁재산의 회복을 청구할 수 있음(신탁법 제43조)

2. 부동산신탁상품의 종류

부동산신탁의 종류는 신탁목적과 수탁자(신탁회사)의 업무범위에 따라 크게 ① 담보신탁, ② 관리신탁, ③ 처분신탁, ④ 분양관리신탁, ⑤ 토지신탁(차입형, 관리형, 책임준공의무부담부관리형)으로 구분된다.

<table>
<tr><th colspan="2">신탁상품</th><th>상품 내용</th></tr>
<tr><td colspan="2">담보신탁</td><td>○ 부동산을 담보로 대출을 받는 경우 근저당과 함께 대출기관에서 담보권취득을 위하여 자주 활용하는 신탁상품
○ 채무자가 부동산을 신탁회사에 신탁한 후, 신탁회사가 발행한 수익권증서를 담보로 하여 위탁자가 대출기관(우선수익자/금융기관 또는 대출금대여자)으로부터 자금을 차입함
○ 신탁회사는 담보물관리와 우선수익자의 대출금 회수를 위한 담보물 처분업무를 수행함</td></tr>
<tr><td colspan="2">관리신탁</td><td>○ 부동산의 소유권관리, 건물수선 및 유지, 임대차관리 등의 제반 부동산의 관리업무를 신탁회사가 수행함
○ 부동산의 관리방법 및 주체에 따라 갑종관리신탁과 을종관리신탁으로 구분
※ 관리신탁은 현재 사해신탁(채무이행 도피를 위한 명의변경신탁)으로 활용될 경우가 있어 많이 사용되지는 않음)</td></tr>
<tr><td colspan="2">처분신탁</td><td>○ 처분방법이나 절차가 까다로운 부동산에 대한 처분업무 및 처분완료 시까지의 관리업무를 신탁회사가 수행함
※ 통상적으로 담보신탁에 처분행위가 가능한 조항을 약정하여 담보신탁 계약으로 진행되고 있음</td></tr>
<tr><td colspan="2">분양관리신탁</td><td>○ 상가, 오피스, 오피스텔 등의 건축물 (공동주택, 도시형 생활주택, 지식산업센터 등 제외) 의 선분양의 투명성과 거래의 안정성을 확립하여 수분양자를 보호하기 위하여 신탁사에 ① 사업부지를 신탁하고 ② 분양에 따른 자금관리업무를 대리하는 신탁상품
※ 「건축물의 분양에 관한 법률」에 의거하여 진행</td></tr>
<tr><td rowspan="2">토지신탁</td><td>차입형 토지신탁</td><td>○ 위탁자가 보유한 또는 매입한 신탁재산인 토지 등의 부동산을 신탁사가 신탁하고, 신탁회사가 고유계정 또는 신탁사가 차주로 대출받은 자금을 투입하여 개발사업을 시행한 후 이를 분양하거나 임대 운용하여 그 수익(신탁사 투입 사업비 선회수 후)을 수익자에게 교부함</td></tr>
<tr><td>관리형 토지신탁</td><td>○ 신탁회사가 형식적으로 사업의 시행자가 되어서 개발사업을 진행하지만, (시행사의 각종 리스크를 방지하기 위해) 자금조</td></tr>
</table>

		단계 실질적인 사업진행은 위탁자가 책임지는 상품(통상적으로 시공사가 위탁사 의무 이행을 책임짐) o 위탁자의 도산 등 사업상에 또는 위탁자의 도산시에도 신탁회사가 위험부담을 경감하면서 계속 사업을 진행할 수 있는 장점이 있음
토지신탁	책임준공의무부담부관리형토지신탁	○ 관리형토지신탁의 기능에 시공사의 부족한 책임준공에 대한 신뢰도를 신탁회사의 신용도로 보강하는 형태 ○ 시공사의 시공능력과 신용도가 낮을 경우 시공사보다 높은 신용도를 보유한 신탁회사의 책임준공보증(책임준공의무부담부 관리형토지신탁)을 이용한 상품으로, 신탁회사 중에서 신용도가 높은 금융지주계열의 신탁회사가 주로 선호된다. ○ 금융지주계열 신탁회사는 신탁계약 전 금융지주계열 내부지침에 충족하는 심의(분양성, 자금확보, 시공사 등 제반여건)를 통해 사업의 안정성을 미리 검토하고 진행함

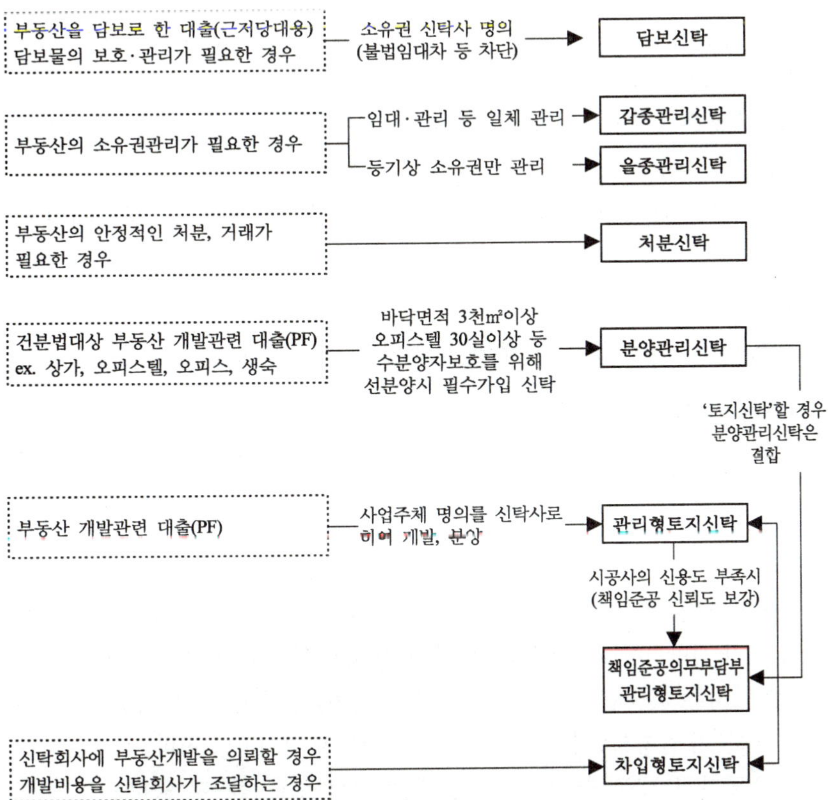

3. 담보신탁

부동산을 담보로 하여 대출을 받거나 거래관계의 이행을 담보하고자 할 경우, 일반적으로 채권자를 지정하여 저당권을 설정하는 방법을 이용하고 있으며, 금융기관으로부터 일정 규모 이상의 대출을 받거나 채권채무관계의 이행을 담보하고자 할 경우에는 신탁회사를 통한 부동산담보신탁이 많이 활용되고 있다.

부동산을 신탁회사에 맡기고(소유권이전) 그 신탁된 부동산의 수익권을 담보로 대출 등을 하게 되면 저당권과 비슷한 효과를 지니면서 채권회수와 담보된 부동산을 환가하는데 유리한 점이 있기 때문에 신탁회사의 부동산 담보신탁을 활용하는 경우가 저당권보다 더 많이 활용되고 있는 추세이다.

담보신탁을 간략하게 정의하자면 부동산소유자("위탁자")가 자기소유의 특정한 부동산에 대한 소유권을 신탁회사("수탁자")에 이전(신탁설정)하여 채권자("우선수익자")에 대한 채무 담보력을 유지·보전시키고, 채무 이행이 완료되면 "위탁자"가 다시 그 부동산을 환원받고, 채무를 불이행할 경우 신탁설정된 신탁재산(부동산)을 신탁회사가 환가하여 채권자("우선수익자")에게 채무를 변제하는 상품이다.

(1) 담보신탁의 필요성

대출금융기관 입장에서는 대출의 안정성을 위해 채권확보 및 담보물 관리의 안정성이 중요한데, 대표적인 담보확보 방법 중 근저당설정의 경우 설정 이후에 근저당권자가 모르는 다른 채권자의 설정과 임대차를 막을 수 없는데, 담보신탁의 경우는 부동산의 소유권 자체가 수탁자(신탁회사)로 이전됨에 따라 소유자인 신탁회사의 동의나 승낙 없이 다른 권리자(또 다른 채권자, 임대차)의 설정이 불가능 하다는 점과 빠른 채권행사 및 회수, 저렴한 대출 부대비용(설정비 등), 수익권증서 유동화시 대출채권의 유동성 등을 장점으로 들 수 있다.

(2) 담보신탁의 구조

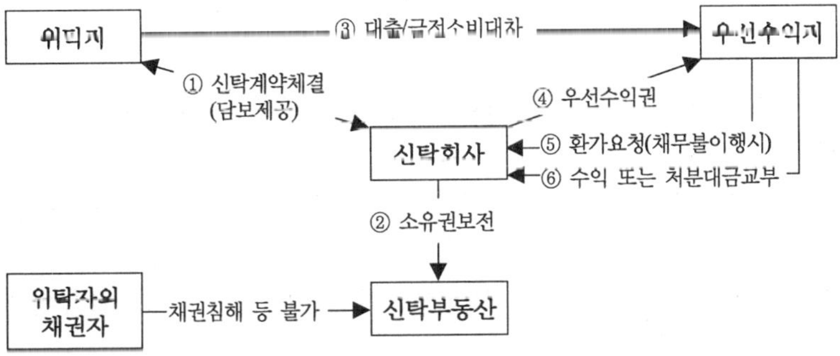

- 부동산을 소유한자("위탁자")가 자신 또는 타인의 채무 내지는 책임의 이행을 보장하기 위하여 자기 소유 부동산을 신탁회사("수탁자")에게 '신탁을 원인으로'하여 소유권을 이전
- 수탁자는 채권자(신탁계약에 있어서는 "우선수익자"라 함)를 위하여 신탁계약에서 정한 일정기간 동안 신탁재산의 담보력이 유지·보전 되도록 관리하다가 채무가 정상적으로 이행되면 신탁재산의 소유권을 위탁자에게 환원하고, 만약, 채무가 불이행되면 신탁재산을 환가처분(신탁회사의 "공매")하여 그 처분대금으로 우선수익자인 채권자에게 채무를 변제한 후 잔여수익은 수익자에게 반환하는 부동산 신탁상품

(3) 담보신탁의 장점

토지 및 건물 등 부동산을 담보로 제공하는 모든 대출에 적용이 가능하다.

① 신규대출 외에도 신탁회사에 담보신탁으로 신탁중인 건의 추가대출 또는 Refinancing시에도 가능하며 수탁중인 신탁사의 변경도 가능하다.

② 특히, 근저당을 담보신탁으로 대체하는 경우, (i) 저당권 설정대비 설정비용의 절감 (ii) 압류 등 제3자의 권리침해 방지 (iii) 신속한 환가 가능 등의 장점을 보유한다.

가. 채권자 측면

채권기관(대출금융기관, 대여자, 보증자) 측면에서는

1) 담보목적물에 대한 임대차관계나 물건하자로 인한 피해 예방가능

2) 지속적인 담보목적물 관리로 인해 담보물의 담보력이 유지되어 채권회수에 유리

3) 채권실행이 신탁회사의 환가처분(공매)로 진행되어 부대비용 절감

4) 위탁자의 부도/파산 시 신탁재산의 독립성으로 제3채권자에 비해 조속한 채권회수 가능

나. 채무자 측면

채무자 또는 환가처분(공매)시 매수자 측면에서는

1) 저당권 설정 시에 비해 부대비용 절감

2) 신탁기간 중 부동산매매시 매수자는 신탁회사와 거래하므로 매매계약의 안정성 확보

3) 채무불이행으로 공매진행시 법원경매 대비 단기간 소요, 지연손해금 증가 예방

4) 신탁기간 중 부동산매매시 원매자는 신탁회사와 거래하므로, 고가의 매각이 가능

(4) 담보신탁의 단점

담보신탁의 단점으로는 부동산의 명의가 신탁회사로 이전됨에 따라 실제 소유자인 위탁자가 임대차를 진행하거나 사용하고자 할 때 우선수익자의 동의를 수반한 신탁회사의 승낙 또는 신탁회사 명의로 진행하여야 함에 따라 다소 불편한 측면이 있으며, 채무불이행에 따른 공매 진행시 '처분금지가처분' 등 법적 제한사항이 발생할 경우 처분에 장애가 될 수 있다.

(5) 실정 시 근저당제도와 담보신탁간 효과 비교

① 재산권보호 : 신탁등기 후 제3자의 권리침해 방지 가능(※ 근저당의 경우 후순위 근저당 또는 압류 등 가능)

② 추가담보 : 필지 추가 등 추가담보 설정이 용이함(※ 근저당의 경우 새로운 설정계약 체결 등 복잡)

구 분	저 당	담보신탁
담보권 확보	등기부 '을구'상 근저당권 설정 (담보제공자로 소유권 유지)	등기부 '갑구'상 소유권 이전(신탁회사로 소유권 신탁등기)
재산권 보호	○선순위 외 제3자 권리설정 추가가능(선순위 채권자가 인지 못하는 후순위 양산 가능) → 후순위자가 선순위이익에 반하여 권리행사 가능	○선순위 동의 없이 제3자의 권리설정 불가(선순위 채권자가 인지 못하는 후순위 양산 불가)
담보부동산 관리	담보가치 저감 행위 가능 (예 : 임대차계약 체결 등)	담보가치 저감 행위 불가(수탁자 및 우선수익자 동의 필요)
소요경비 (세금, 채권 등)	○등록세·교육세 : 채권최고액의 0.24% ○채권 : 채권최고액의 1%	○등록세·교육세 및 채권 매입면제 ○신탁보수 : 수익권증서금액(채권최고액)의 0.3%전후
파산, 회사정리	파산 및 회사정리재산에 속함	속하지 않음
물상대위권	사전 권리 이전 및 압류 필요	필요 없음
소액임차보증금	법원경락대금에서 우선변제	발생하지 않음
임금 채권 등	임금채권 발생	발생하지 않음
채권실행(환가)	법원 경매	신탁회사에서 직접 공매
채권실행비용	상당히 높음(등록세, 경매수수료 등)	현저히 낮음
환가절차기간	복잡, 장기간 소요(6개월이상)	단순, 단기간 소요(2개월)
매각시장	폐쇄적인 경매시장	공개적인 시장
매각활동	소극적	적극적

◈ 환가시 환가대금 정산(배당순위 비교)

순 위	법원경매	담보신탁
1순위	경매 비용(인지대, 감정평가비용, 신문광고 비용, 집행관 현황 조사 비용 등)	신탁계약과 관련된 비용 및 보수 가. 비용 : 전기, 수도, 관리비, 보험료, 감정평가수수료, 신문공고료 등(처분잔대금 수납약정일까지 수탁자 명의로 고지된 재산세 등 조세공과금) 나. 보수 : 수탁자에게 지급하여야 하는 재산처분수수료 및 미지급 재산관리수수료
2순위	소액보증금, 최종3개월분의 임금, 당해세, 최종3년분의 퇴직금	신탁등기전 소액임대차보증금(주택임대차보호법 제8조, 상가임대차보호법 제14조)
3순위	저당권, 확정일자 주택임차권, 전세권, 담보가등기, 당해세 이외의 각종 국세와 지방세	신탁등기전 임대차보증금(임대차보호법 제3조의2), 근저당권(채권최고액 범 위내), 전세권, 등기된 임차권 등의 피담보채권. 단, 이들간의 순위는 민법의 규정에 의한다.
4순위	가압류, 일반채권	수탁자에게 반환의무 있는 임대차보증금중 제2호 및 제3호에 해당하지 않는 것
5순위		우선수익자의 채권
6순위	잉여금은 소유자에게 귀속	순차 변제하고 잔여액이 있을 경우 그 잔여분을 수익자(수익자가 없으면 위탁자)에게 지급

• 국세에 해당하는 당해세 : 증여세, 상속세, 종합부동산세

• 지방세에 해당하는 당해세 : 재산세, 자동차세, 도시계획세, 공동시설세

(6) 담보신탁 업무처리절차

1. 업무상담	2. 수탁승인
• 담보신탁상품 설명 • 대상부동산의 수탁여부 검토(권리관계, 임차인 등)	• 수탁의 적정성 검토 • 수탁가능여부 결정 • 우선수익자(채권자) 결정(우선수익권증서 금액, 채권최고액 등)

3. 신탁계약 및 신탁등기	4. 수익권증서발급 등
• 신탁계약 체결 및 신탁을 원인으로 한 소유권이전등기 • 대출실행 및 대출확인	• 수익권증서 발급·교부

5. 신탁재산관리
• 담보물 유지관리(임대관계사 등의 사전관 임대차, 후순위우선수익권 등 설정승낙)

(채무불이행시) 신탁재산의 처분
• 채무불이행에 따른 환가요청(우선수익자)   • 처분활동(공매감정평가, 공매공고, 공매진행)   • 공매낙찰자와 매매계약 체결, 처분(환가)대금의 수납

6. 신탁사무의 종료
• 신탁계약의 해지   → 대출금상환사실확인   → 확인 후 신탁말소등기 및 위탁자에게 소유권이전   • 처분(환가)에 따른 매수자로의 소유권이전   → 처분(환가)시 수지계산서 작성 및 수익교부

(7) 담보신탁의 계약서(각 신탁회사별로 다소간 차이가 있음)

위탁자 **주식회사 △△물산** (이하 "갑"이라 함)는 별첨1 기재의 부동산(이하 "신탁부동산"이라 함)을 수탁자 **주식회사 ○○자산신탁**(이하 "을"이라 함)에 신탁하고 "을"은 이를 인수함에 있어 다음과 같이 부동산담보신탁계약(이하 "신탁계약"이라 함)을 체결한다.

제1조 (신탁목적)
이 신탁계약은 신탁부동산의 소유권 관리와 "갑"이 이행하여야 할 책임 및 채무자가 부담하여야 할 채무를 보장하기 위하여 "을"이 신탁부동산을 보전·관리하고 채무 불이행시 환가·정산하는데 그 목적이 있다.

제2조 (신탁기간)
① 신탁기간은 별첨 2의1과 같다.
② 제1항의 신탁기간 종료 전에 우선수익자의 요청 등에 의하여 신탁부동산을 처분한 경우에는 매수인에게 소유권이전 등기를 마친 때에 이 신탁계약이 종료되는 것으로 본다.

제3조 (수익자)
① 이 신탁계약에서 수익자는 별첨2의2와 같이한다.
② "갑"은 "을"의 승낙을 얻어 수익자를 추가 지정하거나 변경할 수 있다.

제4조 (신탁의 원본)
신탁의 원본은 신탁부동산 또는 그 물상대위로 취득한 재산, 신탁부동산의 처분대금 및 처분절차와 관련하여 발생되는 위약금 등 신탁재산에 속하는 금전의 운용에 의하여 발생한 이익, 기타 이에 준하는 것으로 한다.

제5조 (신탁의 수익)
신탁의 수익은 신탁부동산으로부터 발생하는 임대료 등 기타 이에 준하는 것으로 한다.

제6조 (수익권증서)
① "을"은 "갑" 또는 우선수익자의 요청이 있는 경우에 이 신탁계약을 증명하기 위한 수익권증서를 발행하여 교부할 수 있다.
② "을"은 신탁부동산에 대한 신탁등기 및 보험가입을 완료한 후에 신탁부동산 가격 내에서 수익권증서를 발행한다.
③ 신탁기간 중 "갑"이 우선수익자를 추가 지정하여 "을"에게 수익권증서의 발급을 요청하는 경우에 "을"은 신탁부동산의 잔존 담보가격내에서 우선수익자가 요구하는 금액으로 수익권증서를 발행할 수 있다. 이때 신탁원부 등 기재내용 변경에 따른 일체의 비용은 "갑"이 부담한다.
④ "갑"이 우선수익자를 변경 지정하고자 하는 경우에는 후순위 우선수익자의 동의가 있는 경우에 한하여 기발행된 수익권증서를 회수하고 변경된 수익권증서를 재발행할 수 있다. 이때 신탁원부 등 기재내용의 변경에 따른 일체의 비용은 "갑"이 부담한다.
⑤ 우선수익자가 다수인 경우의 신탁원본 교부순서는 수익권증서에 기재되어 있는 순위에 의한다.
⑥ "갑"은 수익권증서를 신탁목적에 적합하도록 사용하여야 하며, "을"의 동의 없이는 이를 타인에게 양도하거나 담보의 목적으로 질권설정 등 처분행위를 할 수 없다.

제7조 (우선수익자의 수익권)
① 우선수익자가 갖는 수익권의 범위는 "을"이 발행한 수익권증서를 근거로 한 우선수익자와 채무자(별첨2의3)간의 여신거래로 발생하여 증감 변동된 우선수익자의 원금 및 이자(연체이자 포함)에 한한다.
② 우선수익자는 "을"이 발행하는 수익권증서에 기재된 별첨 2의4 금액을 최고한도로 하여 이 한도 내에서 수익을 얻을 권리가 있다.
③ 신탁원본에 대한 우선수익자의 수익권은 "갑"의 수익권보다 우선한다.
④ 우선수익자가 갖는 수익권의 유효기간은 이 신탁계약에 의한 우선수익자의 채권 발생일로부터 신탁계약 종료일까지로 한다.
⑤ 우선수익자는 "을"의 사전동의 없이는 신탁 기간 중 우선수익자의 지위를 타인에게 양도 또는 명의변경하거나 수익권에 대하여 질권의 설정 등 기타 처분행위를 할 수 없다.
⑥ "갑" 및 그 승계인은 우선수익자의 지위

를 가질 수 없다.

⑦ 신탁부동산의 처분정산시, 선순위 우선수익자의 채권이 소멸한 경우에는 차순위 우선수익자의 순위가 승진한다.

제8조 (신탁부동산의 소유권이전 및 신탁등기)

① "갑"은 신탁계약 체결 후 지체없이 신탁부동산의 소유권이전 및 신탁내용을 공시하기 위하여 신탁등기에 필요한 제반서류를 "을"에게 제공하여야 한다.

② 제1항의 등기에 소요되는 일체의 비용은 "갑"이 부담한다.

제9조 (신탁부동산의 보전관리 등)

① "갑"은 신탁부동산을 사실상 계속 점유·사용하고, 신탁부동산에 대한 보존·유지·수선 등 실질적인 관리행위와 이에 소요되는 일체의 비용을 부담한다.

② "갑"은 "을"의 사전 승낙이 없는 경우에는 신탁부동산에 대하여 임대차, 저당권설정, 전세권설정 등 소유권을 제한하는 행위나 신탁부동산의 현상을 변경하는 등의 방법으로 가치를 저감하는 행위를 하지 못한다.

③ "갑"은 신탁부동산의 멸실·훼손 등 사고가 발생하거나 발생이 예상되는 경우에는 지체 없이 이를 "을"에게 통지하여야 한다.

④ "갑"은 신탁부동산의 가치보전 및 처분에 필요한 "을"의 재산관리 행위를 용인하여야 한다.

⑤ "을"의 재산관리 기간은 이 신탁계약이 존속하는 기간으로 하며, 신탁기간이 연장 또는 단축되는 경우에도 또한 같다.

제10조 (임대차 등)

① 신탁계약 체결 전에 "갑"과 임차인간에 체결한 임대차 계약은 그 상태로 유효하며 "갑"은 임대차계약서 사본을 첨부한 임대차 확인서를 "을"에게 제출하여야 한다. 단, 임대차계약상 임대인의 명의를 "을"로 갱신하고 임대차보증금을 "갑"과 "을"간에 인수·인계하는 경우에는 임대인의 지위를 "을"이 승계하는 것으로 한다.

② 제1항의 경우 임대보증금 외에 임차인이 "갑"에게 지급하는 임료가 있는 때에도 그 임료는 "갑"이 계속 수납하며 신탁 기간 중 임대차계약이 종료되거나 중도에 해지되는 경우의 임대차보증금 반환의무는 "갑"이 부담한다. 그러나 상기 제1항 단서에서 임대인의 지위를 "을"이 승계하는 경우에는 고려하지 아니하다.

③ 신탁 기간 중 임대차계약기간이 만료 또는 임대차계약이 해지 등으로 인하여 임대차계약을 갱신하거나 새로운 임대차계약을 체결하는 경우 "갑"은 제9조 제2항의 규정에 따라 "을"의 사전승낙을 받아 자신의 명의로 계약을 체결하여야 한다.

④ 제3항의 규정에 불구하고 "갑"이 임의로 체결한 임대차계약은 "을"에게 그 효력을 주장할 수 없으며, 그로 인하여 "을"에게 손해가 발생하는 경우 "갑"이 배상하여야 한다.

⑤ 제3항의 규정에 의하여 "갑"의 명의로 새로운 임대차계약을 체결하는 경우로서 임차인의 요구가 있는 경우에는 임대인란에 "갑"과 "을"이 공동 날인할 수 있으며 유효담보가치 감소가 예상되는 다음 각 호의 경우에는 "을"이 직접 임대차계약을 체결할 수 있다.

1. 신탁계약체결 당시 임대차계약이 체결되지 않은 부분의 임대차계약을 신규로 체결하는 경우
2. 임대차계약의 갱신이나 변경으로 임대차보증금을 증액하는 경우

⑥ 제5항 각 호의 경우 임대차보증금은 "을"이 우선수익자와 협의하여 그 결과에 따라 처리하거나 "을"이 관리한다.

제11조 (보험계약)

① 신탁부동산에 대한 보험계약은 "을"이 정하는 종류, 기간, 방법으로 체결하며 신탁계약이 존속하는 동안 계속하기로 한다.

② 이 신탁계약 이전에 체결된 보험계약이 있는 경우에는 보험수익자를 "을"로 변경한다. 이때 소요되는 일체의 비용은 "갑"이 부담한다.

③ 보험계약에 근거하여 "을"이 보험금을 수령하였을 때에는 신탁기간의 만료 전이라도 그 보험금으로 제21조에서 정한 방법에 따라 정산할 수 있다.

제12조 (선관주의의무 및 하자담보책임)

① "을"은 신탁부동산의 보존관리 및 기타 신탁사무에 대하여 선량한 관리자로서 주의의무를 가지며, "갑"은 신탁부동산의 하자에 대한 책임을 부담한다.

② "갑" 또는 수익자에게 손해가 발생되더라도 "을"의 고의 또는 과실에 의하지 아니한 경우에는 "을"은 그 책임을 부담하지 아니한다.

제13조 (신탁재산에 속하는 금전의 운용방법)

① 신탁재산에 속하는 금전은 운용방법을 같이하는 다른 신탁재산과 합동 또는 단독으로 신탁업법 등 관계법령에서 정하는 방법으로 "을"이 운용하기로 한다.

② 제20조 및 제21조 제2항의 신탁부동산 처분과 관련된 계약보증금(계약 해제시 위약금 포함), 중도금 및 잔금 등에 대한 운용은 "을"이 정하는 금융기관에 예치한다.

제14조 (비용의 부담)

① 신탁부동산 및 신탁이익에 대한 제세공과금, 유지관리비 및 금융비용 등과 기타 신탁사무의 처리에 필요한 제비용 및 신탁사무 처리에 있어서의 "을"의 책임 없는 사유로 발생한 손해는 "갑"이 부담한다.

② 신탁재산에 속하는 금전으로 제1항의 제비용 등을 지급함에 부족하고 "갑"으로부터 그 부족금액을 받을 수 없을 경우에는 "을"이 상당하다고 인정하는 방법으로 신탁부동산의 일부 또는 전부를 처분하여 지급에 충당할 수 있다.

③ "갑"이 제1항의 비용 등을 지급시기에 납부하지 않는 경우에는 "을"이 대신 납부할 수 있으며, 이 경우에 "갑"은 그 지급일로부터 상환일까지 별도로 "을"과 합의한 금리를 적용하여 산정한 지연손해금을 원금과 함께 "을"에게 지급하여야 한다.

④ "을"은 제3항의 대지급금과 지연손해금을 "갑" 또는 우선수익자에게 지급할 금전 또는 재산 중에서 우선 취득할 수 있다.

제15조 (신탁의 계산 및 수익의 교부)

① 신탁재산에 관한 계산기일은 매년 12월 31일 및 신탁종료일로 하고, "을"은 당해기의 수지계산서를 작성·비치하여 위탁자, 수익자, 채무자 등이 수시로 열람할 수 있도록 하여야 한다.

② 계산기일이 도래하기 전에 수익자와 "을"이 합의하는 경우에는 신탁재산에 의하여 발생된 수익과 비용 및 신탁보수를 매월 또는 매분기별로 가정산 할 수 있다.

제16조 (신탁보수)

① 신탁보수는 담보관리보수와 환가처분보수로 구분한다.

② 담보관리보수는 별첨 3의1에 의하여 산출된 금액으로 한다. 다만, 신탁 기간 중 수익권증서를 추가 발급하는 경우에는 담보관리보수를 별도로 산정한다.

③ 제2항의 담보관리보수는 수익권증서 발급시에 지체 없이 "갑"이 "을"에게 선납하여야 한다.

④ 환가처분보수는 환가처분시 적용하며 제2항에서 정한 보수 외에 별도로 신탁부동산의 처분가격을 기준으로 별첨 3의2에 의하여 산출한다.

⑤ 제4항에서 정한 환가처분보수는 처분계약보증금 수령시 50%를, 처분대금 완전수령시 나머지 50%를 수납하기로 한다.

⑥ 제4항의 규정에 의한 환가처분시 매매계약체결후 매수자 귀책사유로 인하여 매매계약이 무효, 취소 또는 해제되어 "을"이 위약금으로 계약보증금을 귀속시킨 경우에는 "을"은 매매계약사무보수로서 당해 환가처분보수액의 10% 해당금액을 동 위약금에서 수취하기로 한다. 이 경우 매매계약사무보수는 제1항의 규정에 의한 신탁보수와는 별개의 보수로 본다.

⑦ 신탁계약이 신탁 기간 중 중도해지 되는 경우 신탁보수는 환급하지 아니한다.

⑧ "을"이 신탁부동산의 임대차를 중개한 경우에는 제1항에서 정한 신탁보수와는 별도로 부동산 임대차 중개수수료를 받을 수 있다.

제17조 (신탁부동산의 처분시기)

① 다음 각호의 1에 해당하는 경우에는 신탁기간 종료전이더라도 우선수익자의 요청에 의하여 신탁부동산을 처분할 수 있다. 다만, 제3호의 사유발생으로 "갑"이 우선수익자의 채권을 확보하기에 충분하다고 인정되는 부동산을 추가 제공하는 경우에는 처분할 수 없다.

1. 우선수익자와 채무자간에 체결한 여신거래계약을 불이행할 경우
2. 신탁계약 위반 시
3. 기타 경제사정의 변화 등 상당한 사유로 신탁부동산으로부터 우선수익자의 채권확보가 불가능하다고 판단될 때

② 제1항의 경우 "을"에게 신고된 "갑"의

구고지고 처분예정 사실을 내용증명부배달증명우편에 의하여 발송하면 보통의 우송기간이 경과한 때에 "갑"에게 도달한 것으로 보며, "갑"은 신탁부동산 처분예정 사실을 사전에 인지하지 못한 이유 등으로 "을"의 처분행위에 대하여 이의를 제기하지 못한다.

제18조 (처분방법)

① 공개시장에서 경쟁을 통하여 처분하는 것을 원칙으로 한다. 다만, 유찰시 다음 처분일 공고 전까지 직전 처분시 조건으로 수의계약을 할 수 있다.

② 제19조에서 정한 예정가격 이상을 제시한 매수희망자 중 가장 높은 금액을 제시한 자를 신탁부동산의 매수인으로 결정한다.

제19조 (예정가격)

① 신탁부동산의 처분시 예정가격은 감정평가 전문기관의 감정평가액 이상으로 "을"이 결정하는 것을 원칙으로 한다. 다만, 신탁기간 개시 후 6개월 이내로서 가격변동요인이 발생하지 않은 경우에는 수익권증서상의 신탁부동산가격 이상으로 "을"이 결정할 수 있다.

② 제1항의 예정가격으로 처분되지 않을 경우 다음 처분예정가격은 직전의 처분시 예정가격을 기준으로 10% 해당액을 순차적으로 차감한 금액으로 한다.

제20조 (처분대금 납부기한)

① 신탁부동산 처분대금은 처분계약을 체결한 날로부터 60일 이내에 완납하는 것을 원칙으로 한다.

② 3회 이상 처분을 시도하여도 처분되지 않을 경우 매수예정자를 용이하게 확보하기 위하여 신탁부동산의 이해관계인이 가지는 채권을 만족시킬 수 있는 범위 내에서 처분대금 납부기한을 연장하여 분할납부하게 할 수 있다. 이 경우 예정가격은 직전의 처분예정가격 미만으로 할 수 없다.

제21조 (처분대금 등 정산)

① "을"이 신탁부동산을 환가하여 정산하는 경우의 순위는 다음 각호에 의한다.

1. 신탁계약과 관련된 비용 및 보수
   가. 비용 : 전기, 수도, 관리비, 보험료, 감정평가수수료, 신문공고료 등(처분잔대금 수납약정일까지 수탁자 명의로 고지된 재산세 등 조세공과금)
   나. 보수 : 수탁자에게 지급하여야 하는 재산처분 수수료 및 미지급 재산관리 수수료
2. 신탁등기전 소액임대차보증금(주택임대차보호법 제8조, 상가임대차보호법 제14조)
3. 신탁등기전 임대차보증금(주택임대차보호법 제3조의 2), 근저당권(채권최고액 범 위내), 전세권, 등기된 임차권 등의 피담보채권. 단, 이들간의 순위는 민법의 규정에 의한다.
4. 수탁자에게 반환의무 있는 임대차보증금 중 제2호 및 제3호에 해당하지 않는 것
5. 우선수익자의 채권
6. 순차 변제하고 잔여액이 있을 경우 그 잔여분을 수익자(수익자가 없으면 위탁자)에게 지급

② 신탁부동산 처분과 관련하여 "을"이 받은 계약보증금(계약 해제시 위약금 포함) 중도금, 잔금 등은 이해관계인에게 지급할 때까지 "을"이 관리하며 그 운용수익금은 제1항의 신탁원본에 산입한다.

③ 처분대금 등의 정산은 처분대금을 완전히 수납한 후에 한다. 다만, 처분대금을 분할 납부하는 경우 "을"에게 손해가 없는 때에는 완전수납 전이라도 정산할 수 있다.

④ 제1항 제6호의 금액은 "갑"이 매수인에게 신탁부동산을 명도하고, 매수인의 인수확인서를 "을"에게 제시하였을 때 지급한다.

⑤ 이 신탁계약 전에 발생된 권리의 실행으로 신탁부동산의 환가대금 중 일부를 "을"이 수령한 때의 대금정산도 제1항의 순서에 따른다.

제22조 (명도의무)

신탁부동산에 대한 처분절차가 개시되면 "갑"은 신탁부동산을 자진명도하여야 하며, 임대차 보호대상자 이외의 점유자에 대한 명도에 적극 협조하여야 한다.

제23조 (신탁해지 및 책임부담)

① "갑"은 신탁해지로 인하여 "을"에게 발생되었거나 발생될 비용 및 민형사상 모든 책임을 완료한 경우에 한하여 우선수익자와 연서로써 신탁계약 해지를 요청할 수 있으며, "을"은 이를 확인하고 이의가 없을 경우 "갑"의 신탁계약 해지 요청에 응하기로 한다.

② 제1항의 규정에도 불구하고 경제사정의 변화 등 기타 상당한 사유에 의하여 신탁의 목적달성 또는 신탁사무의 수행이 불가능하거나 현저히 곤란한 때에는 "을"은 "갑"과 협의하여 해지할 수 있으며, 이 경우 "을"은 그 책임을 부담하지 아니한다.
③ 신탁해지와 관련된 일체의 비용과 신탁보수, 기타 손해가 발생된 경우의 손해배상금은 "갑"에게 청구 또는 신탁부동산으로부터 공제한다.

제24조 (신탁종료)
① 이 신탁계약은 신탁기간 만료, 신탁기간 중 "갑"이 우선수익자에 대한 채무를 변제하고 신탁계약을 해지하는 때, "갑"이 수익권증서를 교부받은 후 우선수익자와 여신거래를 하지 아니하고 그 수익권증서를 반환하여 신탁계약을 해지하는 때 및 제23조 제1항·제2항에 의한 신탁해지, 제21조 제5항 및 제17조 제1항 제1호 내지 제3호에 의한 신탁부동산의 처분에 의하여 종료한다.
② 신탁기간 만료 또는 신탁해지로 신탁계약 종료하는 경우에는 "갑"은 "을"에게 수익권증서를 반환하고 "을"은 "갑"에게 신탁부동산을 현상대로 인도한다.
③ 신탁계약이 종료되는 경우 "을"은 수익자에게 최종계산서를 작성·통보한다. 다만, 수익자에게 이미 통보한 사항은 동의한 것으로 간주하고 최종계산서에 이를 생략하며, 수익자가 10일 이내에 최종계산서에 관하여 이의 제기가 없는 경우에는 이를 동의한 것으로 간주한다.
④ 신탁부동산 처분으로 신탁계약이 종료하는 때에는 제3항의 본문을 적용하지 않는다.

제25조 (신고사항)
① "갑" 또는 그 상속인은 다음 각호의 사유가 발생한 경우에는 지체 없이 "을"에게 그 사실을 서면에 의하여 신고하여야 한다.
1. 신탁계약서, 수익권증서 및 신고인감의 분실
2. "갑" 및 그 대리인, 기타 신탁관계인의 사망 또는 주소, 성명, 행위능력 등의 변경 및 신고인감의 변경
3. 기타 신탁계약에 관하여 변경을 요하는 사항의 발생

② 제1항의 신고가 지체됨으로써 발생한 손해에 대하여는 "을"은 그 책임을 지지 아니한다.
③ 제1항의 신고를 게을리하여 "을"에게 손해가 발생한 경우에는 "갑"은 그 손해를 배상하기로 한다.

제26조 (소송수행)
"을"은 "갑"또는 수익자로부터의 소송제기 요청 등을 승낙하여 이에 응하거나, 그 스스로의 판단으로 소송 등의 업무를 할 수 있다. 이 경우에는 "을"은 적당하다고 인정되는 변호사를 선정하여 일체의 사항을 위임할 수 있으며, 변호사의 보수 및 소송에 관련된 일체의 비용은 "갑"이 부담하기로 한다. "을"의 판단으로 소송을 진행할 경우에는 경과사항 및 소송 담당변호사 및 소송에 관련된 비용을 "갑" 및 수익자에게 내용증명으로 통보하기로 하며, 일반적인 우송기간이 지난 때에 도달한 것으로 보아 도달 후 7일 이내에 이의가 없으면 이를 인정한 것으로 본다. 만약 "갑" 및 수익자가 이의를 제기할 경우에는 추후 진행사항에 대하여는 상호 협의하여 처리하기로 한다.

제27조 (관할법원)
이 신탁계약에 관해서 분쟁이 발생한 경우에는 서울중앙지방법원을 합의에 따른 관할법원으로 한다. 다만, 관할법원에 관하여 "갑"과 별도 합의가 있는 때에는 그에 따른다.

제28조 (기타사항)
이 신탁계약에서 정하지 아니한 사항에 대해서는 "갑"과 "을"이 별도 체결하는 계약에 의하기로 한다.

이 신탁계약을 증명하기 위해 계약서를 3부 작성하여 "갑"과 "을"이 각각 1부씩 보관하며, 1부는 신탁등기에 사용하기로 한다.

0000년 00월 00일

갑(위탁자)
주소 : 서울특별시 종로구 삼일대로 OOO
상호 : 주식회사 △△물산
대표이사 : 김봉식 ㊞
법인등록번호 : 100000-0000000
을(수탁자)
주소 : 서울특별시 강남구 테헤란로 OOO
상호 : 주식회사 ㅇㅇ자산신탁

대표이사 · 최유석 ㊞
법인등록번호 : 100000 0000000

별첨 1. 부동산의 표시
2. 계약의 내용
3. 신탁보수
4. 특약사항

<별첨1>

부동산의 표시

1. 경상남도 진주시 상평동 111 대 460㎡
2. 경상남도 진주시 상평동 112 대 500㎡

<별첨2>

계약의 내용

1. 신탁기간 : 20 년 월 일로부터 신탁계약해지일까지

2. 수익자
가. 우선수익자

순위	신탁원본 및 신탁수익의 우선수익자	
1	성명 (상호)	(주)◎◎은행
	법인등록번호	110000-0000000
	사업장소재지	서울특별시 중구 을지로 000

나. 수익자

신탁원본 및 신탁수익의 수익자	
성명 (상호)	(주)△△물산
법인등록번호	100000-0000000
사업장소재지	서울특별시 종로구 삼일대로 000

3. 채무자

신탁원본 및 신탁수익의 수익자	
성명 (상호)	(주)△△물산
법인등록번호	100000-0000000
사업장소재지	서울특별시 종로구 삼일대로 000

4. 증서금액 : 금00억원(0,000,000,000-)

<별첨3>

신탁 보수

1. 담보관리보수
보수액 = 00백만원(00,000,000-)

주1) 기준금액 = 수익권증서금액
2) 신탁보수는 수익권증서 발행시마다 별도로 산정한다.

2. 환가처분보수

처분가격	보수율	
	일시불처분시	할부납처분시
1억원까지	0 / 1,000	0 / 1,000
1억원초과 2억원까지	0 / 1,000	0 / 1,000
2억원초과 5억원까지	0 / 1,000	0 / 1,000
5억원초과 10억원까지	0 / 1,000	0 / 1,000
10억원초과	0 / 1,000	0 / 1,000

주) 환가처분보수는 처분가격의 단계별 보수를 누적 산정한다.

<별첨4>

부동산담보신탁계약서 특약사항

제1조(우선적용)
본 특약사항은 이 신탁계약서 본문에 우선하여 적용하며, 이하 특약사항에서 수익자는 우선수익자를 포함하지 않는 것으로 지칭한다.

제2조(여신거래정의 및 우선수익자의 수익의 범위)
① 신탁계약서 본문에서 "여신거래계약"이라 함은 우선수익자와 채무자간 현재 및 장래의 대출, 보증, 공사도급, 매매, 임대차 또는 구상관계 등으로 인하여 발생한 일체의 채권, 채무관계를 말한다.
② "을"은 우선수익자가 제출한 자료에 의기 채무불이행 여부 및 채권원리금 등을 판단하여 이에 따라 환가, 정산 등의 업무를 수행함으로써 면책된다.
③ 우선수익자가 신탁사무처리와 관련하여 "을"의 요청 또는 동의에 따라 "갑" 또는 수익자를 대신하여 지급한 비용은 "을"이 지급한 신탁사무처리비용으로 보아 이와 동일하게 처리한다.

제3조(우선수익자 변경)
본 계약 제7조 제5항에 따른 우선수익권의 양도양수를 하는 경우 신탁계약상 우선수익자의 지위가 양수인에게 이전된 것으로 보며 우선수익자의 요청에 따라 "갑"의 별

도 동의 없이 "을" 단독으로 신탁원부를 변경할 수 있다.

제4조(신탁부동산 점유, 사용의 제한)
신탁계약서 본문 제14조 및 제17조의 환가사유 발생시 "을"은 우선수익자와 협의하여 신탁계약서 본문 제9조 제1항에서 정한 "갑"의 신탁부동산에 대한 점유·사용권한을 제한하거나 "갑"의 동의 없이 신탁부동산에 대한 임대, 관리업무 등 신탁사무처리비용 회수 및 환가에 필요한 조치를 취할 수 있다.

제5조(추가신탁 및 공동담보)
① 이 신탁계약의 목적을 달성하기 위하여 "갑"은 신탁부동산 상에 신축 또는 증축예정인 공사목적물이 준공되거나 소유권 보존등기가 경료되는 경우 이와 동시에 추가신탁하기로 한다.
② 완성건축물이 대지권이 미부여된 상태로 추가신탁되었을 경우 "을"은 "갑" 또는 우선수익자의 요청에 따라 기신탁된 대지로서 대지권설정 업무를 수행할 수 있다.
③ 이 신탁계약과 동일한 목적으로 완성건축물 등 본인 또는 제3자의 재산을 추가로 신탁하는 경우 이 신탁재산과 추가신탁재산은 우선수익자의 채권보전 및 신탁사무처리비용의 회수를 위하여 공동으로 제공된 것으로 본다.
※ 제3항에 따라 추가신탁이 이루어지는 경우 추가신탁계약서에 원 신탁계약을 표시하며 아래 문장으로 대체
③ 이 신탁부동산은 2000년 00월 00일 "대표부동산"(ex : 서울 ○○구 ○○동 ○○번지외 ○)에 관하여 체결한 신탁계약(변경, 추가 신탁계약을 포함)과 동일한 채권의 보전 및 신탁사무처리비용의 회수를 위하여 제공된 것으로 본다.
④ 이 신탁계약의 '갑'이 다수인 경우 신탁계약상 '갑'의 의무를 연대하여 부담하고 신탁재산 전부는 우선수익자의 채권보전 및 신탁사무처리비용의 회수를 위하여 공동으로 제공된 것으로 보며, 수익자가 다수인 경우에도 이와 동일하다.

제6조(신탁종료)
① 신탁계약서 본문 제2조에도 불구하고 우선수익자가 신탁목적이 달성되지 않았음을 이유로 신탁해지에 동의하지 않거나 신탁사무가 잔존할 경우 신탁은 종료되지 아니한다.
② "갑"은 채무자와 우선수익자간의 여신거래계약에 따른 채무상환 완료 후 즉시 우선수익자의 동의를 얻어 "을"에게 신탁계약 해지를 요청하여야 한다.
③ 신탁종료 후 소송비용, 제세공과금 등 신탁사무처리비용이 발생하는 경우 "을"은 신탁재산 또는 신탁이익을 귀속받거나 향유한 자에게 청구할 수 있다.

제7조(매수자에 대한 소유권이전)
① "갑"은 우선수익자에 대한 채무를 변제하기 위하여 "을" 및 우선수익자의 동의를 얻어 신탁부동산 일부 또는 전부를 분양 등의 방법을 통해 수시로 처분할 수 있다.
② 제1항에 따라 "갑"과 "을"은 매수자가 납부한 처분대금의 수납, 관리 및 집행을 위한 별도의 계약을 체결할 수 있으며 동 계약에 따른 "을"의 보수 및 지출항목은 신탁계약서 본문 제21조 제1항 1호의 신탁계약과 관련한 비용 및 보수로 본다.
③ 처분대금을 완납한 매수자에 대한 소유권이전을 위하여 "갑"의 서면요청 및 우선수익자의 서면동의가 있는 경우 신탁계약을 해지하고 "갑"에게 신탁부동산의 소유권을 귀속시킬 수 있다.
④ 제3항에도 불구하고 "을"은 우선수익자의 서면요청에 따라 매도인으로서의 책임을 부담하지 않는 조건으로 매수자와 매매계약을 체결하는 등의 방법으로 신탁부동산의 소유권을 매수자에게 직접 이전할 수 있으며 이에 대한 환가처분 보수를 수취하기로 한다.
⑤ 환가사유 발생 시 본조 제1항의 매수자가 존재하는 신탁부동산은 매매계약이 해제되고 정산이 완료된 후 환가할 수 있다.
⑥ 환가사유 발생 시 우선수익자는 매수자에 대한 계약해제 및 정산업무 등을 수행할 수 있고, 이 경우 "을"은 우선수익자가 제출한 계약해제 및 정산서에 근거하여 신탁재산을 환가할 수 있으며, "갑", 수익자 및 우선수익자는 매수자들에 대하여 "을"을 면책시키기로 한다.

제8조(비용의 부담)
신탁계약서 본문 제14조 제3항에서 "갑"이 "을"에게 지급할 이자의 금리에 대하여는

상사법정이율로 한다.

제9조(소송수행)

① 신탁계약서 본문 제26조에도 불구하고 “갑”, 수익자 또는 우선수익자가 소송비용을 예치하지 않거나 신탁재산으로부터 소송비용을 회수하기 어렵다고 “을”이 판단하는 경우 “을”은 소송 업무의 수행을 거절할 수 있으며 소송 결과에 대하여 “을”은 면책된다.

② “을”에게 귀책사유가 없는 신탁사무처리에 대하여 갑, 수익자 및 우선수익자 등이 “을”을 상대로 소송 등을 제기하는 경우 “을”이 부담한 소송비용은 신탁사무처리비용으로 본다.

제10조(세무 회계 등)

① 신탁재산과 관련된 세무, 회계 사항은 “갑” 및 수익자의 부담으로 “갑” 및 수익자가 신고, 납부하는 것을 원칙으로 한다.

② 환가정산 시 환가대금은 부가가치세를 제외한 금액을 각 정산순서에 따라 배분하고, 부가가치세 상당액을 그 배분비율에 따라 수익자 또는 우선수익자에게 별도 지급하여 각자의 책임으로 세금계산서 발행 및 신고·납부 하도록 한다. 단, “을”은 필요하다고 판단한 경우 세금계산서 발행을 대행할 수 있으며 본 항에 따라 지급하는 부가가치세는 신탁계약서 본문 제21조 제1항 1호의 신탁계약과 관련된 비용으로 본다.

③ 신탁재산의 운용 등으로 인하여 발생하는 수익 중 원천징수 대상 소득은 “을” 단독으로 원천세 상당액 징수 및 신고, 납부할 수 있다.

제11조(상호사용 등)

“갑” 및 수익자는 “을”의 사전 동의 없이는 “을”의 로고·상호 등을 사용할 수 없다.

제12조(등기사무처리 등)

이 신탁계약과 관련한 일체의 등기사무는 우선수익자 또는 “을”이 지정한 법무사가 수행하기로 한다.

제13조(신탁전 제한사항)

“갑”은 소유권이전 및 신탁등기 전 신탁부동산에 대한 압류, 보전처분, 제한물권 및 임대차 등의 선순위 제한사항을 말소하여야 하며 미이행되거나 지연될 경우 이로 인하여 발생하는 관련업무 지연 및 소유권 변동 등 제반 문제점에 대하여 모든 책임은 “갑”이 부담하기로 하고 “을”은 면책된다.

제14조(신탁행위의 제한 등)

국토의 계획 및 이용에 관한 법률, 부동산등기 특별조치법, 신탁법 등을 위반하여 신탁계약이 무효, 취소 또는 해지되어 “을”이 신탁사무처리비용을 신탁재산으로부터 회수하지 못하는 등 손해가 발생할 경우 “갑”, 수익자 및 우선수익자는 이를 부담하기로 한다.

제15조(수탁자의 해임)

① “갑”, 수익자 및 우선수익자는 “을”이 고의 또는 중대한 과실에 의하여 그 임무에 위반한 행위를 하지 않는 한 정당한 사유 없이 “을”을 해임할 수 없다.

② 제1항에도 불구하고 부득이한 사유로 “을”을 해임하는 경우 “을”에게 지급하여야 할 잔여신탁보수 및 현재 발생하였거나 장래에 발생할 신탁사무처리비용을 선 정산하여야 한다.

제16조(수익자 및 우선수익자간 권리행사의 범위)

① 이 신탁계약서 본문 제6조 제3항에도 불구하고 “갑” 및 수익자는 “을” 및 선순위(우선)수익자의 동의 없이 후순위 (우선)수익자를 추가로 지정할 수 없다.

② 수익자로서의 일반적인 의사는 최선순위 (우선)수익자의 의사에 따르고 최선순위(우선)수익자의 명시적인 의사표시가 없는 경우 차순위 (우선)수익자의 의사에 따른다.

③ 동순위 (우선)수익자가 여럿인 경우 당해순위 (우선)수익자의 의사는 수익권 증서금액의 과반수 또는 (우선)수익권 지분의 과반수의 의사에 따른다.

④ 본조 각 항에도 불구하고 신탁계약서 본문 제17조 제1항의 처분은 우선수익자 중 1인의 요청에 의할 수 있으며, 신탁계약서 본문 제23조 등에 따라 “갑” 및 수익자와 합의에 의해 신탁계약을 해지·해제하고자 할 경우에는 우선수익자 전원의 동의를 득하여야 한다.

제17조(기타 신탁계약 본문에 대한 예외)

① 신탁계약서 본문 제6조 제2항과 제3항에도 불구하고 “갑” 및 수익자와 우선수익자의 요청이 있는 경우에는 신탁재산의 가격을 초과하거나 잔존 담보가격을 초과하여 수익권증서를 발급할 수 있다.
② 신탁계약서 본문 제7조 제3항에도 불구하고 신탁원본 및 신탁수익에 대한 우선수익자의 수익권은 “갑” 및 수익자의 수익권보다 우선한다.
③ 신탁계약서 본문 제11조에도 불구하고 신탁재산에 대한 보험업무는 “갑” 및 수익자와 우선수익자에게 일괄 위임하기로 하며 “을”은 이를 부담하지 않는다.
④ 신탁계약서 본문 제14조 제3항의 규정은 “을”이 부득이한 사유로 신탁사무처리비용을 대지급한 경우 그 회수방법을 규정한 것으로서, “을”은 어떤 경우에도 “갑” 또는 수익자에게 지급의무가 있는 비용을 대지급할 의무를 부담하지 않는다.
⑤ 신탁계약서 본문 제15조에도 불구하고 신탁의 계산 및 수익의 교부는 신탁종료시 실시하기로 한다.
⑥ 신탁계약서 본문 제16조 제6항에도 불구하고 매매계약이 무효, 취소 또는 해제되어 계약보증금이 위약금으로 신탁재산에 귀속되는 경우 위약금을 처분대금으로 보아 산정한 처분보수를 동 위약금에서 수취하기로 한다.
⑦ “을”은 신탁계약서 본문 제18조 및 제19조에도 불구하고 우선수익자의 요청이 있는 경우 우선수익자 또는 우선수익자가 지정하는 자에게 감정평가금액 이상으로 수의계약을 할 수 있다.
⑧ “갑”과 수익자가 다를 경우 신탁계약서 본문에서 “갑”이 부담하기로 하는 비용 또는 손해는 “갑”과 수익자가 연대하여 부담하기로 한다.

제18조(신탁재산에 대한 조세 등)
① “을”은 “을”이 납부의무를 부담하는 신탁재산 관련 조세(납부의무는 성립하였으나 납부기한이 도래하지 않는 조세를 포함하며, 이하 본 조에서 동일함) 또는 체납처분 등에 대하여 “갑” 또는 수익자를 대신하여 “을”의 고유재산으로 이를 납부할 의무를 부담하지 아니한다.
② “을”이 납부의무를 부담하는 신탁재산 관련 조세가 체납되어 해당 신탁재산에 대한 체납처분 등이 발생한 경우에도 “을”은 “을”의 귀책사유가 없는 한 그 책임을 지지 아니한다.
③ 납부의무가 발생한 신탁재산 관련 조세를 신탁재산으로 납부하기 전에 “갑” 또는 수익자가 신탁해지를 요청하는 경우, “을”은 신탁재산에서 해당 조세납부에 필요한 금전을 제외한 잔여 신탁재산을 신탁재산의 귀속 권리자에게 교부한다.
④ “을”은 신탁재산에 속하는 금전으로 “을”을 납부의무자로 하는 신탁재산 관련 조세를 납부할 수 없는 경우, “갑” 또는 수익자가 해당 조세 납부를 위해 필요한 금전을 “을”에게 지급하는 경우에 한하여 관련 신탁재산을 귀속권리자에게 교부한다.
⑤ “을”은 신탁부동산을 처분(공매에 의한 환가를 포함한다)하는 경우, 처분대금에서 신탁재산 관련 조세를 신탁계약서 본문 제21조 제1항 제1호의 비용으로 보아 납부하며, 신탁기간 종료 이후에 납부기한이 도래하는 신탁재산 관련 조세가 존재하는 경우, “을”은 해당 조세 납부를 위해 필요한 금전을 제외한 잔여 신탁재산을 신탁재산의 귀속 권리자에게 교부한다.
⑥ “갑”이 지방세 완납증명서를 제출하지 못하여 신탁등기 설정 지연으로 손해가 발생하는 경우, “을”은 “을”의 귀책사유가 없는 한 그 책임을 지지 아니한다.

제19조(신탁재산에 대한 환가처분)
“을”이 신탁계약서 본문 제17조 등에 따라 신탁재산을 환가 처분하는 경우 ‘을’은 ‘을’의 내부규정에 따라 적절하다고 인정되는 방법으로 처분하기로 한다.

(8) 담보신탁의 종료

① 채무자가 부담하는 우선수익사에 대한 채무의 상환이 완료되면 신탁계약은 종료된다.

채무상환 완료시 우선수익자의 동의(채무완납)를 받아 '신탁계약해지증서'와 '신탁등기말소위임장'을 교부하여 신탁말소등기절차를 진행한다.

② 기타 신탁종료 원인은 신탁회사 변경 등 위탁자 ☞ (우선)수익지 ☞ 채권자의 요청이 있을 경우 종료된다.

③ 채무자가 우선수익자에 대한 채무불이행이 있을 경우 처분(환가)를 통해 신탁 부동산이 매각(매수자명의로 소유권이전)된 후 정산 종료된다.

4. 관리신탁

관리신탁은 현재 사해신탁(채무이행 회피를 위한 명의신탁)으로 활용될 경우가 있어 많이 사용되지는 않고 있는 실정으로, 관리신탁은 ① 신탁회사가 소유권 관리는 물론, 임대차 업무를 포함한 행정관리업무와 기술관리(시설, 경비, 미화관리 포함) 업무 등 실제관리 업무를 수행하는 「갑종관리신탁」과 ② 신탁회사가 등기부상의 소유권만을 관리하는 「을종관리신탁」으로 분류된다.

(1) 관리신탁의 필요성

① '갑종관리신탁'의 경우는 보통 부동산 소유자가 부동산 관리가 어려운 경우, 또는 부동산을 소유하고는 있으나 임대차 업무, 시설의 유지관리, 세무관리, 수익금 관리업무 등 복잡하고 어려운 빌딩관리 업무에 대한 전문적인 지식 결여로 관리업무 수행이 어려운 때 신탁회사에 모든 것을 맡기며 신탁을 이용하게 된다.

② '을종관리신탁'의 경우는 부동산 소유자가 자신의 부동산에 발생할 수 있는 토지 사기 등 예기치 못한 위험으로부터 소유권을 안전하

게 보존하기 원하는 경우 이용된다.

(2) 관리신탁의 구조

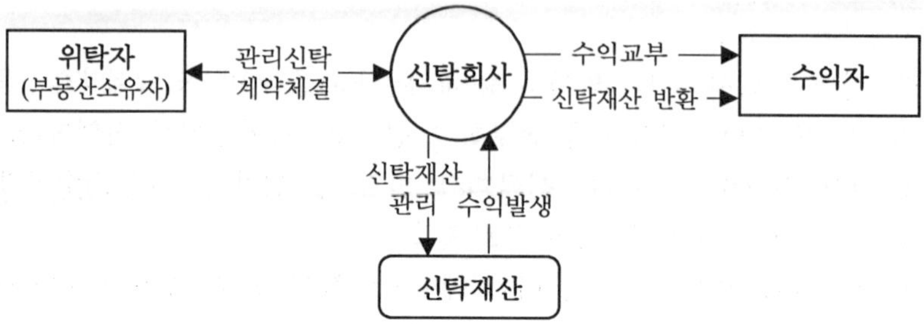

(3) 관리신탁의 유형

① 상품종류에 따른 유형

가. 갑종관리신탁

임차인관리, 건물관리 및 소유권관리 등 일체의 사무를 수행한다.

나. 을종관리신탁

등기부 상 소유권만의 관리업무를 수행한다.

② 업무연관에 따른 유형

가. 독립형 관리신탁

다른 신탁상품과 연계되지 않고 관리신탁의 고유목적만을 수행한다.

나. 부수형 관리신탁

문제해결방안으로 다른 신탁의 수주과정에서 체결되거나 개발 이후 신탁차입금 회수기간 동안 채권확보방안으로 활용한다.

③ 업무수임범위에 따른 유형

가. 포괄수임형 신탁관리

일체의 사무를 신탁회사가 전담하여 수행하는 갑종관리신탁을 말한다.

나. 부분수임형 관리신탁

일부 사무는 위탁자가 수행하고 다른 사무만을 신탁회사가 수행하는 갑종관리신탁을 말한다.

(4) 관리신탁의 업무범위

① 행정관리 업무

목적물의 재산가액과 인근지역 임료수준을 감안, 적정 임대료를 산정하여 임대차 계약을 체결, 수납업무를 포함한 임대차에 관한 제반 업무를 수행한다. 뿐만 아니라 업종간 상호보완을 위한 업종 및 임차인 선별에 각별한 주의를 기울임으로써 임차인간의 분쟁을 사전에 예방하며, 임대료를 점진적으로 상승시킬 수 있는 여건을 조성한다.

② 조세업무

우리나라 조세체계는 물적합산이 아닌 인적합산이므로 신탁회사에서 위탁자에 대한 전반적인 조세업무를 관장하기에는 불합리한 요소가 잔존하므로, 업무의 일부분만 관장한다. 즉, 신탁회사가 지방세법 제37조 규정에 의해 위탁자의 납세관리인으로 지정되어 위탁자의 세무사가 납부 요청한 금액을 납부하고, 사전신고가 필요치 않은 세금은 산정과정의 정확성 여부를 검토한 후 납부한다.

③ 수익금 관리업무

임대차 보증금 및 월차임 적립분은 금융기관의 고수익 상품을 적극 활용, 수익을 늘려 연말에 위탁자 또는 위탁자가 지정하는 제3자에게 교부하는 것을 원칙으로 하나, 위탁자와의 협의하에 분기, 반기별로 수익금 교부시기를 조정할 수 있다.

④ 기술관리 업무

목적물의 규모와 설비정도를 참작, 이에 따른 연구를 진행함으로써 각 분야별로 최적 관리인원수를 확정하고 첨단장비와 고도로 훈련된 전문인이 관리업무를 수행함으로써 효율성제고 및 책임관리를 실현한다.

(5) 관리신탁의 장점

① 공공성

신탁회사는 신탁법에 의해 정부가 인가한 회사로서 공공성과 신뢰성 보장 및 위탁과 동시에 신탁법에 의한 법률적 보호를 받는다.

② 수익성

신탁회사는 전문적인 지식과 풍부한 관리 경험을 토대로 신탁재산에 대한 관리효율성 제고 및 수익의 극대화를 실현한다.

③ 재산가치 상승

건물 초기상태 유지를 위한 지속적인 관리행위를 바탕으로 건물의 감가요인을 최대한 배제하여 임차인들로부터 임차욕구를 유발, 보유기간동안 높은 임대수익은 물론, 처분시 재산가치의 상승을 도모한다.

④ 정확성

임대차관리 프로그램을 자체개발하여 임대차 업무 전반을 전산 처리하므로 고도의 신속성과 정확성을 기할 수 있다.

⑤ 본업에 전념 가능

복잡한 건물관리업무를 신탁회사에 위탁하고 본인은 고유업무에 전념 가능하다.

⑥ 소유권 보호 철저

신탁기간동안 소유권 보호가 완벽함으로 소유권 보호에 위험을 느끼는 사람은 이 제도를 활용할 필요가 있다.

(6) 관리신탁의 업무처리절차

1. 업무상담	2. 수탁승인
• 관리신탁상품 설명 • 대상부동산의 수탁여부 검토(권리관계, 임차인 등)	• 수탁의 적정성 검토 • 수탁가능여부 결정

3. 신탁계약 및 신탁등기	4. 수익권증서발급 등
• 신탁계약 체결 및 신탁을 원인으로 한 소유권이전등기	• 수익권증서 발급·교부

5. 신탁재산관리	6. 업무종료 및 정산
• 관리재산의 수익성 검토·관리 • 관리소요비용 대리집행 및 세무업무 관장	• 사무인수인계 • 신탁보수 정산 및 신탁업무 종료

(7) 관리신탁의 계약서(각 신탁회사별로 다소간 차이가 있음)

① 을종관리신탁계약서

위탁자 **주식회사 △△물산** (이하 "갑"이라 함)는 별첨1 소유부동산(이하 "신탁부동산"이라 함)의 관리 및 보전을 위하여 수탁자 **주식회사 ○○자산신탁**(이하 "을"이라 함)과 다음과 같이 을종부동산관리신탁계약(이하 "신탁계약"이라 함)을 체결하기로 한다.

제1조 (신탁목적)
이 신탁계약은 신탁부동산의 소유권만을 관리·보존하는 것을 목적으로 한다.

제2조 (수익자)
① 신탁계약에 있어서의 수익자는 별첨2와 같이 정한다.
② "갑"은 "을"의 승낙을 얻어 수익자를 새로 지정하거나 변경할 수 있다. 그러나 그 권리는 "갑"에게 전속되며 상속되지 아니한다.
③ "갑"이 본인 이외의 자를 수익자로 지정할 경우 필요한 때에는 수익자의 동의를 얻어야 한다.

제3조 (소유권이전 및 신탁등기)
① "을"은 신탁계약 체결 후 지체없이 소유권이전 및 신탁등기를 하여야 한다.
② "갑"은 소유권이전 및 신탁등기에 필요한 등기필증, 인감증명서, 위임장 등 등기에 필요한 제반서류를 "을"에게 제공하여야 한다.
③ 제1항의 등기에 소요되는 비용은 "갑"이 부담한다.

제4조 (신탁기간)
신탁기간은 20 년 월 일로부터 20 년 월 일까지로 한다.

제5조 (유지관리 및 책임한계)
① 소유권이외의 신탁부동산에 대한 임대

차 및 유지관리행위 일체는 “갑” 또는 수익자의 책임하에 관리한다.
② “갑”과 “을”은 신탁부동산의 관리한계를 명확히 하기 위하여 별첨3과 같이 “부동산 관리책임 주체 및 범위”를 정하여 운용하기로 한다.
③ “갑”은 신탁기간 또는 신탁 종료후 신탁부동산의 하자 및 그 하자를 원인으로 하여 발생한 손실에 대하여 그 책임을 진다.

제6조 (협의사항)
① 이 신탁재산의 전부 또는 일부에 대하여 멸실, 훼손 또는 공용징수 등의 사유에 의하여 보상금 혹은 이에 준하는 금전 및 기타를 수수한 때에는 “을”은 수익자와 협의하여 처리하기로 한다.
② 신탁계약 후 사회정세 또는 경제변동으로 현상유지가 현저하게 불리한 때에는 “을”은 수익자와 이 신탁재산의 처리를 협의하기로 한다.

제7조 (신탁원본 및 신탁의 수익)
① 신탁원본은 신탁부동산과 신탁부동산의 물상대위로 취득한 재산 및 기타 이에 준하는 것으로 한다.
② 신탁의 수익은 신탁부동산으로부터 발생하는 임대료 및 기타 이에 준하는 것으로 한다.

제8조 (수익권증서)
① “을”은 수익자의 청구가 있는 경우에 신탁수익권을 증명하기 위하여 수익권증서를 수익자에게 교부할 수 있으며, 수익자가 여러 사람인 경우에는 지분비율을 표시하여 분할하여 작성할 수 있다.
② 본 계약에 의한 수익권은 “을”의 사전 동의없이는 이를 양도하거나 질권을 설정할 수 없다.

제9조 (비용부담)
① 신탁부동산 및 신탁이익에 대한 제세공과금, 유지관리비 및 금융비용 등과 기타 신탁사무의 처리에 필요한 제비용 및 신탁사무 처리에 있어서의 “을”의 책임 없는 사유로 발생한 손해는 “갑”이 부담한다.
② 신탁재산에 속하는 금전으로 제1항의 제비용 등을 지급함에 부족하고 “갑”으로부터 그 부족금액을 받을 수 없을 경우에는 “을”이 상당하다고 인정하는 방법으로 신탁부동산의 일부 또는 전부를 처분하여 지급에 충당할 수 있다.
③ “갑”이 제1항의 비용 등을 지급시기에 납부하지 않는 경우에는 “을”이 대신 납부할 수 있으며, 이 경우에 “갑”은 그 지급일로부터 상환일까지 별도로 “을”과 합의한 금리를 적용하여 산정한 지연손해금을 원금과 함께 “을”에게 지급하여야 한다.
④ “을”은 제3항의 대지급금과 지연손해금을 “갑” 또는 수익자에게 지급할 금전 또는 재산 중에서 우선 취득할 수 있다.

제10조 (신탁보수)
“을”의 신탁보수는 연단위로 산정하되, 구체적인 금액 및 수납방법 등은 특약사항에서 정하기로 한다.

제11조 (신탁계산 및 수익의 교부)
① 신탁재산에 관한 계산기일은 매년 12월 31일 및 신탁종료일로 한다.
② “을”은 매 계산기일에 그 기(期)의 수지계산서를 작성하여 수익자에게 통보하고, 수지계산결과 신탁수익이 발생된 경우 그 수익은 각 계산기 종료후 2주일 이내에 금전으로 교부한다. 다만, 계산할 내역이 없는 경우에는 이를 생략하기로 한다.
③ 계산기일이 도래하기 전에 수익자와 “을”이 합의하는 경우에는 신탁재산에서 발생된 수익과 비용 및 신탁보수를 매월 또는 매분기별로 가정산할 수 있다.

제12조 (중도해지 및 책임부담)
① 이 신탁계약은 신탁기간 중에는 원칙적으로 중도해지할 수 없다. 다만, “을”은 다음 각호에 해당하는 경우 신탁계약을 해지할 수 있다.
1. “갑” 또는 “을”의 귀책사유 없이 신탁재산의 관리가 불가능 하거나 곤란하다고 판단되는 경우
2. “갑” 또는 수익자가 본계약에서 정한 책임과 의무사항을 이행하지 아니하여 더 이상 신탁계약을 존속시킬 수 없다고 판단하는 경우
3. 신탁부동산에 대한 소유권 분쟁, 제3자의 저당권 실행, 임대차에 기인한 경매실행 등 부득이한 사정으로 “갑” 또는 수익자가 신탁계약 해지청구를 한 경우

② 제1항 제2호 및 제3호의 사유로 “을”이

신탁계약을 중도해지하여야 하는 경우 "을"은 해지로 인하여 발생하는 손해액과 관리기간 동안의 신탁보수를 "갑" 또는 수익자로부터 먼저 수취하거나 신탁재산으로부터 정산 받은 후 계약해지할 수 있다.

③ 제2항에서 손해액이란 실제로 발생한 손해금액 및 신탁사무 처리에 소요된 제비용을 말한다.

제13조 (계약변경)

① 신탁계약은 "갑", "을" 및 수익자의 합의에 의하여 변경할 수 있다.

② 계약 변경에 따른 제반 절차 및 비용부담 등은 이 신탁계약체결시와 같다.

제14조 (계약의 해제 등)

① 다음 각호의 사유가 있음이 확인된 경우 "을"은 본 계약을 해제할 수 있으며, 이 경우 모든 책임은 "갑" 또는 수익자의 책임으로 하고 이에 따른 "을"의 손해액 등에 대해서는 "갑" 또는 수익자가 배상하여야 한다.

1. "갑" 또는 수익자 기타 신탁관계인의 행위능력 또는 권리능력 부재로 계약의 무효 또는 취소가 불가피한 경우
2. "갑"의 신탁목적이 사해행위이거나 제3자와의 채무관계 면탈 또는 소송목적으로 판명된 경우
3. 기타 상기 각호와 유사한 사유로 신탁계약의 무효 또는 취소가 불가피한 경우

② 제1항에 의한 손해액 등이란 계약해제에 따라 실제 발생한 손해금액에 신탁사무처리에 소요된 제비용과 실제 관리기간 동안의 신탁보수를 합산한 것을 말하며, "갑" 또는 수익자가 동 손해배상을 지체하는 경우에는 제9조 제2항의 내용을 준용하여 처리한다.

제15조 (신탁종료 및 신탁재산의 교부)

① 신탁계약은 신탁기간 만료, 중도해지 또는 계약해제에 의하여 종료하며, 신탁종료에 따른 소유권 이전 및 신탁등기말소 신청은 "을"이 수행한다.

② 신탁이 종료된 경우 "갑" 또는 수익자는 다음 각호의 비용 등을 지체없이 지급 또는 정산하고, 소유권이전 및 신탁등기말소 신청서류를 "을"에게 제출하여야 한다.

1. 신탁등기 말소에 따른 비용
2. 신탁보수
3. "을"이 대지급한 비용
4. 계약해지 또는 계약해제에 따른 신탁보수 및 이의 지체된 손해배상

③ "을"은 신탁계약이 종료되었을 때에는 최종계산서를 작성하여 수익자의 동의를 받아야 한다. 단, 제11조에 의하여 수익자에게 이미 통보한 수지계산내용은 수익자가 기 동의한 것으로 간주하여 최종계산시에서 이를 생략할 수 있다.

④ "을"은 수익자로부터 수익권증서를 반환받고 신탁재산을 수익자에게 교부하며, 신탁재산중 부동산은 소유권이전등기 및 신탁종료 시점 현재상태의 현물로 인도하고 기타의 재산은 금전으로 교부한다. "을"이 신탁부동산을 수익자에게 교부할 때에는 임대차계약이나 화재보험계약 등에 대하여 명의변경 등의 조치를 통하여 제반 권리의무가 수익자에게 귀속되도록 하여야 한다.

제16조 (인감의 대조 및 책임)

"을"은 수익자가 제출한 제청구서류에 찍힌 인영(또는 서명)을 기 신고된 인영(또는 서명)과 상당한 주의로서 대조하고 틀림이 없다고 인정되어 신탁원본 또는 신탁수익의 교부 기타 신탁사무를 처리한 때에는 청구서 및 인감에 관한 위조, 변조, 도용 기타 어떠한 사고로 말미암아 손해가 발생하여도 "을"은 그 책임을 지지 아니한다.

제17조 (고지의무)

① "갑" 또는 수익자 및 그 상속인은 수익권증서의 분실, "갑" 또는 수익자의 사망이나 주소변경 등 본 계약에 영향을 미치는 사항이 발생된 경우 지체없이 그 사실을 서면으로 "을"에게 통보하여야 하며, 통보지체에 따라 발생한 손해에 대하여는 "을"은 그 책임을 지지 아니한다.

② 제1항의 통보를 지체하여 "을"에게 손해를 끼친 경우에는 "갑"과 수익자 또는 이들의 상속인이 연대하여 그 손해를 배상하여야 한다.

제18조 (소송)

① "을"은 소송사건이 발생한 때에는 즉시 그 개요를 "갑" 또는 수익자에게 통보하여야 한다. 소송이 취하, 화해 또는 완결된 때에도 또한 같다.

② "을"은 신탁사무처리상 불가피하다고 인정되는 경우에는 "갑" 또는 수익자와 협의하여 소제기 등을 할 수 있다.
③ "을"이 제2항에 의거 소제기 등을 하고자 하는 경우 "을"은 적당하다고 인정되는 변호사를 선임하여 소송수행일체를 위임할 수 있으며, 변호사 보수 등 소송과 관련된 일체의 비용은 "을"의 소요예상액 통보내용에 따라 "갑" 또는 수익자가 소송개시 전에 부담하여야 한다.

제19조 (관할법원)
위탁자, 수익자 또는 수탁자가 이 신탁계약에 관하여 소송을 제기한 때에는 소송을 제기하는 자의 소재지를 관할하는 법원에 제기하기로 한다. 다만, 수익자가 소송을 제기하는 때에는 수익자의 선택에 따라 수익자의 주소지 또는 수익자가 거래하는 영업점 소재지를 관할하는 법원에 제기할 수 있다.

제20조 (계약사항 이외 사항의 처리)
이 신탁계약에서 정하지 아니한 사항에 대하여는 "갑", "을" 및 수익자가 협의하여 처리하기로 한다.

이 신탁계약을 증명하기 위하여 신탁계약서를 3부 작성해서 "갑"과 "을"이 각1부씩 보관하며, 1부는 신탁등기에 사용하기로 한다.

0000년 00월 00일

갑(위탁자)
주소 : 서울특별시 종로구 삼일대로 OOO
상호 : (주)△△물산
대표이사 : 김봉식 ㊞
법인등록번호 : 100000-0000000

을(수탁자)
주소 : 서울특별시 강남구 테헤란로 OOO
상호 : (주)○○자산신탁
대표이사 : 최유석 ㊞
법인등록번호 : 100000-0000000

<수익자 동의>
이 신탁계약에 있어서 수익자 본인은 본 계약서 내용을 충분히 인지·동의하고 수익자의 권리의무를 성실히 이행할 것을 확약합니다.
0000년 00월 00일

원본수익자 (주)△△물산 대표이사 김봉식 ㊞
수익수익자 (주)△△물산 대표이사 김봉식 ㊞

※ 이란은 위탁자와 수익자가 동일인이 아닌 경우만 기재

별첨 1. 신탁부동산 목록 및 수탁재산가격
2. 수익자의 표시
3. 부동산 관리책임 주체 및 범위
4. 특약사항

<별첨1>

부동산의 표시

1. 경상남도 진주시 상평동 111 대 460㎡
2. 경상남도 진주시 상평동 112 대 500㎡

<별첨2>

수익자의 표시

1. 신탁원본의 수익자

성명 (상호)	(주)△△물산
법인등록번호	100000-0000000
사업장소재지	서울특별시 종로구 삼일대로 OOO

2. 신탁수익의 수익자

성명 (상호)	(주)△△물산
법인등록번호	100000-0000000
사업장소재지	서울특별시 종로구 삼일대로 OOO

<별첨3>

부동산 관리책임 주체 및 범위

신탁부동산 관리에 관한 주체 및 그 책임한계의 범위는 다음과 같이 정하기로 한다.

1. "갑"
① 제2호(수익자) 및 제3호("을")의 관리행위를 제외한 일체의 관리행위
② 신탁부동산의 멸실, 훼손 등 사고발생시 또는 발생예상시 "을"에 대한 지체없는 통지의무

2. 수익자
① 시설관리, 청소, 방역, 경비, 수선, 화재보험 가입 등 보존행위
② 임대차계약 및 임대보증금, 임료수납 등 임대차 관리행위

③ 수익금의 운용, 관리행위
④ 신탁재산에 부과되는 제세공과금 등의 납부
⑤ 신탁부동산의 멸실, 훼손 등 사고발생시 또는 발생예상시 "을"에 대한 지체없는 통지의무
⑥ 기타

3. "을"
① 등기부상 소유권보존관리

<별첨 4>

부동산관리신탁계약서 특약사항

제1조(우선적용)
① 특약사항은 본 계약에 우선하여 적용한다.
② 본 계약 및 특약사항의 내용이 신탁관계법령 및 금융감독위원회의 신탁업 감독규정에 위배되는 경우에는 그에 따른다.

제2조(신탁보수)
본 계약 제10조에 따른 을종관리신탁보수는 금00백원정(\00,000,000/부가세 별도)으로 하며, 최초 본 계약 체결시 "갑"이 "을"에게 지급하기로 한다. 이 때 지급하는 보수는 본 계약 제10조에도 불구하고 "연단위"가 아닌 "전체기간에 대한 보수"로 간주하며, 기간 연장 및 중도 해지시에 별도의 추가보수 및 해지보수는 없는 것으로 한다.

제3조(상호사용 등)
"갑"은 "을"의 사전동의 없이는 "을"의 광고·상호 등을 사용할 수 없다.

제4조 (등기사무처리 등)
본 계약 관련 일체의 등기사무는 "을"이 지정하는 법무사가 처리하기로 한다.

제5조(토지사용승낙서 등)
본 계약 체결 이후 "갑"이 "을"에게 토지사용승낙서 등 관련 서류를 요청할 경우, 법적 제한사항이 없는 경우에 한하여 "을"은 "갑"에게 관련 서류를 교부하기로 한다.

제6조(수탁자의 해임)
① 위탁자와 (우선)수익자는 수탁자가 고의 또는 중대한 과실에 의하여 그 임무에 위반한 행위를 하지 않는 한 정당한 사유 없이 수탁자를 해임할 수 없다.
② 제1항에도 불구하고 부득이한 사유로 수탁자를 해임하는 경우 수탁자에게 지급하여야 할 잔여신탁보수 및 현재 발생하였거나 장래에 발생할 신탁사무처리비용을 선정산 하여야 한다.

② 갑종관리신탁계약서

위탁자 **주식회사 △△물산**(이하 "갑"이라 함)는 별첨1 소유부동산(이하 "신탁부동산"이라 함)의 관리 및 보전을 위하여 수탁자 **주식회사 ○○자산신탁**(이하 "을"이라 함)과 다음과 같이 갑종부동산관리신탁계약(이하 "신탁계약"이라 함)을 체결하기로 한다.

제1조 (신탁목적 및 업무범위)
① 신탁계약은 "을"이 신탁부동산의 소유권 보존은 물론, 개량 및 임대 등 신탁부동산을 종합적으로 관리·운용하고, 그 수익을 수익자에게 교부하는 것을 목적으로 한다.
② 제1항의 목적수행을 위한 업무범위는 별첨 "특약사항"에서 정하기로 한다.

제2조 (수익자)
① 신탁계약에 있어서의 수익자는 별첨2와 같이 정한다.
② "갑"은 "을"의 승낙을 얻어 수익자를 새로 지정하거나 변경할 수 있다. 이 권리는 "갑"에게 전속되며 상속되지 아니한다.
③ "갑"이 본인 이외의 자를 수익자로 지정할 경우 필요한 때에는 수익자의 동의를 얻어야 한다.

제3조 (소유권이전 및 신탁등기)
① "을"은 신탁계약 체결후 지체없이 신탁부동산에 대한 소유권이전 및 신탁등기를 하여야 한다.
② "갑"은 소유권이전 및 신탁등기에 필요한 등기권리증, 인감증명, 위임장등 제반서류를 "을"에게 제공하여야 한다.
③ 제1항의 등기에 소요되는 비용은 "갑"이

부담한다.

제4조 (신탁기간)
신탁기간은 이 신탁계약체결일로부터 00년 00월 00일까지로 하되, 신탁종료전에 "갑" 및 수익자와 "을"이 협의하여 그 기간을 연장할 수 있다.

제5조 (현물인도)
"갑"은 신탁계약 체결 즉시 신탁부동산을 "을"에게 현물인도하고, "갑"과 "을"은 연명으로 인계인수서를 작성하여야 한다. 신탁이 종료되어 "을"이 "갑" 또는 수익자에게 신탁부동산을 수익자에게 현물인도하는 경우에도 또한 같다.

제6조 (유지관리)
① "을"은 신탁계약 체결시 신탁부동산에 대한 관리계획서를 작성하여 "갑"에게 제출하기로 한다.
② "을"은 제1조 제2항의 업무범위 내에서 신탁부동산을 적정한 방법과 조건으로 임대, 수선, 보존 및 개량 등의 유지관리사무를 수행자가 직접수행하거나 "을"이 선임한 제3자에게 위탁할 수 있다.
③ 신탁부동산중 건물에 대하여는 "을"은 수익자와 협의하여 화재보험협회에서 정한 건물가액 기준표에 의거 산정한 금액으로 "을" 명의로 화재보험에 가입하거나 기존 보험계약을 승계 갱신하여야 한다. 다만 "갑" 또는 수익자로부터 보험가입불원 신청이 있는 경우에는 그러하지 아니할 수 있다.

제7조 (선관의무 및 하자담보 책임)
① "을"은 신탁재산을 관리함에 있어 선량한 관리자로서의 주의의무를 다하여야 한다.
② "을"이 선량한 관리자의 주의의무를 다하였음에도 불구하고 임대료연체 등 임차인의 고의, 과실 또는 이를 원인으로 수익자에게 손실이 발생되었을 경우에는 "을"은 그 책임을 부담하지 아니한다.
③ "갑"은 신탁기간 또는 신탁종료후 신탁부동산의 하자 및 그 하자를 원인으로 하여 발생한 손실에 대하여 책임을 진다.

제8조 (임대차 관리)
① "갑"은 신탁계약 체결후 "을" 명의로 기존의 임대차계약 승계 및 계약갱신에 협조하여야 한다.
② 임대차관리에 관한 세부사항은 "갑"과 "을"이 협의하여 별첨4로 정한다.

제9조 (협의사항)
① 신탁부동산의 전부 또는 일부에 대하여 멸실, 훼손 또는 공용징수 등의 사유에 의하여 보상금 혹은 이에 준하는 금전 등을 수수한 때에는 "을"은 수익자와 협의하여 처리하기로 한다.
② 신탁계약 체결 후 사회정세 또는 경제변동으로 현상유지가 현저하게 불리한 때에는 "을"은 수익자와 신탁부동산의 처리를 협의하기로 한다.

제10조 (신탁의 원본)
이 신탁의 원본은 신탁부동산과 신탁부동산의 물상대위로 취득한 재산 및 기타 이에 준하는 것으로 한다.

제11조 (신탁의 수익)
이 신탁의 수익은 신탁부동산으로부터 발생하는 임대료 및 신탁재산에 속하는 금전의 운용에 의한 수익, 기타 이에 준하는 것으로 한다.

제12조 (수익권증서의 작성교부)
① "을"은 수익자의 청구가 있는 경우에 신탁수익권을 증명하기 위하여 수익권증서를 수익자에게 교부할 수 있으며, 수익자가 여러 사람인 경우에는 지분비율을 표시하여 분할하여 작성할 수 있다.
② 신탁계약에 의한 수익권은 "을"의 사전동의 없이는 이를 양도하거나 질권설정을 할 수 없다.

제13조 (신탁재산에 속하는 금전의 운용방법)
신탁재산에 속하는 금전은 운용방법을 같이하는 다른 신탁재산과 합동 또는 단독으로 신탁업법 등 관계법령에서 정하는 방법으로 "을"이 운용하기로 한다.

제14조 (비용부담)
① 신탁재산에 관한 제세공과금, 유지관리비, 개량비용 기타 등기비용 등 신탁사무처리에 필요한 제비용은 수익자가 부담하기로 한다.
② "을"은 "을"의 귀책사유 없이 발생한 손실에 대하여는 그 책임을 지지 아니한다.
③ 제1항의 제비용은 신탁재산에 금전수입

이 있는 경우에는 동 금전수입에서 우선 충당하고, 동 금전수입이 부담할 비용에 부족하거나 금전수입이 전혀 없는 경우로서 제세공과금 등 정기적으로 발생되는 비용은 관리계획서에서 구체적인 부담시기, 방법 등을 정하기로 하며, 그 외의 비용은 사유발생시 "을"의 청구에 의거 수익자가 미리 부담예정액을 선납하고 이를 "을"이 정산하기로 한다.

④ "을"이 신탁부동산의 관리와 관련하여 제세공과금, 보험료 등 지급기한이 정해진 비용 등을 대지급한 경우 수익자는 그 대지급일 익일부터 상환일까지 별도로 "을"과 합의한 금리를 적용하여 산정한 지연손해금을 원금과 함께 "을"에게 지급하여야 한다.

⑤ 수익자가 신탁계약에 기인하여 부담할 제 비용 및 "을"이 대지급한 비용 등을 "을"의 청구에도 불구하고 계속 지체 또는 거부하는 경우에는 "을"이 상당하다고 인정하는 방법으로 신탁재산을 처분하여 충당할 수 있다.

제15조 (신탁보수)

① 신탁계약에 대한 신탁보수는 별첨5와 같이 정한다.

② "을"은 일반 경제정세의 심한 변동 또는 신탁사무의 현저한 증감 기타 상당한 사유가 발생한 때에는 수익자와 협의하여 신탁보수를 조정할 수 있다.

③ 신탁보수의 수입시기는 제 16조 제1항의 매계산기일에 수익금 중에서 수취하기로 하고, 수익금이 없는 경우에는 매계산기일을 납부기한으로 정하여 수익자에게 청구하여 받기로 한다.

④ "을"은 수익자로부터 제1항에 의한 신탁보수를 받지 못한 경우에는 제14조 제5항의 내용을 준용하여 처리한다.

제16조 (신탁계산 및 수익의 교부)

① 신탁재산에 관한 계산기일은 매년 12월 31일 및 신탁종료일로 한다.

② "을"은 매 계산기일에 그 기(期)의 수지계산서를 작성하여 수익자에게 통보하고, 수지계산결과 신탁수익이 발생된 경우 그 수익은 각 계산기 종료후 2주일이내에 금전으로 교부한다. 다만, 계산할 내역이 없는 경우에는 이를 생략하기로 한다.

③ 계산기일이 도래하기 전에 수익자와 "을"이 협의하는 경우에는 신탁재산에서 발생된 수익과 비용 및 신탁보수를 매월 또는 매분기별로 가정산할 수 있다.

제17조 (중도해지 및 책임부담)

① 이 신탁계약은 신탁기간 중에는 원칙적으로 중도해지할 수 없다. 다만, "을"은 다음 각호에 해당하는 경우 신탁계약을 해지할 수 있다.

1. "갑" 또는 "을"의 귀책사유 없이 신탁재산의 관리가 불가능 하거나 곤란하다고 판단되는 경우
2. "갑" 또는 수익자가 본계약에서 정한 책임과 의무사항을 이행하지 아니하여 더 이상 신탁계약을 존속시킬 수 없다고 판단하는 경우
3. 신탁부동산에 대한 소유권 분쟁, 제3자의 저당권 실행, 임대차에 기인한 경매실행 등 부득이한 사정으로 "갑" 또는 수익자가 신탁계약 해지청구를 한 경우

② 제1항 제2호 및 제3호의 사유로 "을"이 신탁계약을 중도해지하여야 하는 경우 "을"은 해지로 인하여 발생하는 손해액과 계약해지보수 및 관리기간 동안의 신탁보수를 "갑" 또는 수익자로부터 선 수취하거나 신탁재산으로부터 정산 받은 후 계약해지할 수 있다.

③ 제2항에서 손해액이란 실제로 발생한 손해금액 및 신탁사무 처리에 소요된 제비용을 말하며, 계약해지 보수란 연간 신탁보수의 10%에 해당하는 금액으로 한다.

④ 제3항의 금액을 받지 못하는 경우에는 제14조 제5항의 규정을 준용하여 처리한다.

제18조 (계약변경)

① 신탁계약은 "갑", "을" 및 수익자의 합의에 의하여 변경할 수 있다.

② 계약 변경에 따른 제반 절차 및 비용부담 등은 본 계약체결시와 같다.

제19조 (계약 해제 등)

① 다음 각호의 사유가 있음이 확인된 경우 "을"은 본 계약을 해제할 수 있으며, 이 경우 모든 책임은 "갑" 또는 수익자의 책임으로 하고 이에 따른 "을"의 손해액 등에 대해서는 "갑" 또는 수익자가 배상하여야

힌다.

1. "갑" 또는 수익자 기타 신탁관계인의 행위능력 또는 권리능력 부재로 계약의 무효 또는 취소가 불가피한 경우
2. "갑"의 신탁목적이 사해행위이거나 제3자와의 채무관계 면탈 또는 소송목적으로 판명된 경우
3. 기타 상기 각호와 유사한 사유로 신탁계약의 무효 또는 취소가 불가피한 경우

② 제1항에 의한 손해액 등이란 계약해제에 따라 실제 발생한 손해금액에 신탁사무처리에 소요된 제비용과 제17조 제3항에 의한 계약해지보수 및 실제 관리기간 동안의 신탁보수를 합산한 것을 말하며, "갑" 또는 수익자가 동 손해배상을 지체하는 경우에는 제14조 제5항의 내용을 준용하여 처리한다.

제20조 (신탁종료 및 신탁재산의 교부)

① 신탁계약은 신탁기간 만료, 중도해지 또는 계약해제에 의하여 종료하며, 신탁종료에 따른 소유권 이전 및 신탁등기말소 신청은 "을"이 수행한다.

② 신탁이 종료된 경우 "갑" 또는 수익자는 다음 각호의 비용 등을 지체없이 지급 또는 정산하고, 소유권이전 및 신탁등기말소 신청서류를 "을"에게 제출하여야 한다.

1. 신탁등기 말소에 따른 비용
2. 신탁보수
3. "을"이 대지급한 비용
4. 계약해지 또는 계약해제에 따른 신탁보수 및 이와 관련된 손해액

③ "을"은 신탁계약이 종료되었을 때에는 최종계산서를 작성하여 수익자의 동의를 받아야 한다. 단, 제16조에 의하여 수익자에게 이미 통보한 수지계산내용은 수익자가 기 동의한 것으로 간주하여 최종계산서에서 이를 생략할 수 있다.

④ "을"은 수익자로부터 수익권증서를 반환받고 신탁재산을 수익자에게 교부하며, 신탁재산중 부동산은 소유권이전등기 및 신탁종료 시점 현재상태의 현물로 인도하고 기타의 재산은 금전으로 교부한다. "을"이 신탁부동산을 수익자에게 교부할 때에는 임대차계약이나 화재보험계약 등에 대하여 명의변경 등의 조치를 통하여 제반 권리의무가 수익자에게 귀속되도록 하여야 한다.

제21조 (고지의무)

"갑", 수익자 또는 이들의 상속인은 수익권증서의 분실, "갑" 또는 수익자의 사망이나 주소변경 등 신탁계약에 영향을 미치는 사항이 발생된 경우에는 지체없이 그 사실을 서면으로 "을"에게 통보하여야 하며, 통보지체에 따라 발생한 손해에 대하여는 "을"은 그 책임을 지지 아니한다.

제22조 (등기사무처리 등)

본 계약 관련 일체의 등기사무는 "을"이 지정하는 법무사가 처리하기로 한다.

제23조 (소송)

① 을"은 소송사건이 발생한 때에는 즉시 그 개요를 "갑" 또는 수익자에게 통보하여야 한다. 소송이 취하, 화해 또는 완결된 때에도 또한 같다.

② "을"은 신탁사무처리상 불가피하다고 인정되는 경우에는 "갑" 또는 수익자와 협의하여 소제기 등을 할 수 있다.

③ "을"이 제2항에 의거 소제기 등을 하고자 하는 경우 "을"은 적당하다고 인정되는 변호사를 선임하여 소송수행일체를 위임할 수 있으며, 변호사 보수 등 소송과 관련된 일체의 비용은 "을"의 소요예상액 통보내용에 따라 "갑" 또는 수익자가 소송개시 전에 부담하여야 한다.

제24조 (관할법원)

위탁자, 수익자 또는 수탁자가 이 신탁계약에 관하여 소송을 제기한 때에는 소송을 제기하는 자의 소재지를 관할하는 법원에 제기하기로 한다. 다만, 수익자가 소송을 제기하는 때에는 수익자의 선택에 따라 수익자의 주소지 또는 수익자가 거래하는 영업점 소재지를 관할하는 법원에 제기할 수 있다.

제25조 (계약사항 이외 사항의 처리)

신탁계약에서 정하지 아니한 사항에 대하여는 "갑", "을" 및 수익자가 협의하여 처리하기로 한다.

이 신탁계약을 증명하기 위해 계약서를 3부 작성하여 "갑"과 "을"이 각각 1부씩 보관하며, 1부는 신탁등기에 사용하기로 한다.

0000년 00월 00일

갑(위탁자)
주소 : 서울특별시 종로구 삼일대로 000
상호 : 주식회사 △△물산
대표이사 : 김봉식 ㊞
법인등록번호 : 100000-0000000

을(수탁자)
주소 : 서울특별시 강남구 테헤란로 000
상호 : 주식회사 ○○자산신탁
대표이사 : 최유석 ㊞
법인등록번호 : 100000-0000000

<수익자 동의>
이 신탁계약에 있어서 수익자 본인은 본 계약서 내용을 충분히 인지·동의하고 수익자의 권리의무를 성실히 이행할 것을 확약합니다. 0000년 00월 00일 원본수익자 (주)△△물산 대표이사 김봉식 ㊞ 수익수익자 (주)△△물산 대표이사 김봉식 ㊞

※ 이란은 위탁자와 수익자가 동일인이 아닌 경우만 기재

별첨 1. 신탁부동산 목록 및 수탁재산가격
2. 수익자의 표시
3. 업무범위관련 특약사항
4. 임대차관련 특약사항
5. 신탁보수에 관한 약정

<별첨1>

부동산의 표시

1. 경상남도 진주시 상평동 111 대 460㎡
2. 경상남도 진주시 상평동 112 대 500㎡

<별첨2>

수익자의 표시

1. 신탁원본의 수익자

성명 (상호)	주식회사 △△물산
법인등록번호	100000-0000000
사업장소재지	서울특별시 종로구 삼일대로 000

2. 신탁수익의 수익자

성명 (상호)	주식회사 △△물산
법인등록번호	100000-0000000
사업장소재지	서울특별시 종로구 삼일대로 000

<별첨3>

업무범위관련 특약사항

"갑"과 "을"은 "신탁계약" 제1조 제2항에 의거 "을"의 업무범위를 다음과 같이 정한다.

1. 신탁부동산에 대한 소유권 관리, 시설물에 대한 수선, 청소, 방역, 경비, 보험가입 및 제세공과금의 납부 등의 보존행위
2. "갑" 또는 수익자와 합의된 토지에 대한 분필 또는 합필, 부지조성, 건물에 대한 증·개축 등의 개량행위
3. 임대차계약, 임차인 모집 및 임대료의 수납 등의 이용행위
4. 신탁원본 및 신탁수익의 관리 및 운용행위
5. 신탁재산과 관련된 소송행위

<별첨4>

임대차관련 특약사항

"갑"과 "을"은 "신탁계약" 제8조 제2항에 의한 임대차관리를 다음과 같이 하기로 한다.
1. "갑"은 기존임대차계약서상의 임대인 명의를 "을" 명의(또는 "갑", "을" 공동명의)로 하는데 협조하기로 한다.
2. "갑"이 기존의 임대차계약에 따른 임대보증금 및 임료는 "갑"이 계속 보관·관리하고 그 반환책임도 진다.
3. 신탁계약체결 후의 임대차계약(변경계약 포함)은 "을" 명의(또는 "갑", "을" 공동명의)로 계약체결 한다.
4. 임대료 등 제반 수입은 차기 계산기일까지 "을"이 관리·운용하기로 한다. 다만, 본 계약 체결 이후의 임대보증금의 경우는 임대차종료시까지 "을"이 계속 관리·운용한다.
5. 기타사항은 "갑"과 "을"이 협의하여 처리하기로 한다.

<별첨5>

신탁보수에 관한 약정

"갑"과 "을"은 신탁계약서 제 15조 제①항에 의거 본 계약에 따른 신탁보수를 다음과 같이 정한다.

1. 기본보수
기본보수는 다음 3가지 방식 중 (　　)으로 한다.
① 총수익 기준

년 총수익	보수요율	보전액
5백만원 까지	0 / 100	–
2천만원 까지	0 / 100	0 만원
5천만원 까지	0 / 100	00 만원
1 억원 까지	0 / 100	00 만원
1 억원 초과	0 / 100	000 만원

② 수탁재산 가격기준

수탁재산가	보수요율	보전액
5천만원 까지	년 0/1,000	–
2 억원 까지	년 0/1,000	0 만원
5 억원 까지	년 0/1,000	00 만원
10 억원 까지	년 0/1,000	00 만원
10 억원 초과	년 0/1,000	000 만원

③ 총 수익과 수탁재산가격의 기준
(총수익 기준보수 + 수탁재산가격 기준보수) × 1/2

주1) 년보수산정은 다음산식에 의한다.
년 보수액 = (년총수익 또는 수탁재산가격 × 해당보수액) + 보전액

주2) 신탁부동산이 수필 또는 수동인 경우는 각 건별로 보수액을 산출하되, 일단의 용도로 이용중인 경우는 합산하여 산출한다.

주3) 수탁부동산중 위탁자 또는 수익자의 무상 점유부분은 인근 유사부동산의 임료가격을 산정하여 총 수익에 산정한다.

주4) 총수익을 기준으로 보수를 산정하는 경우 수탁부동산에서 발생된 계약금, 입주보증금 등을 수익자가 수령한 경우에는 이에 대해 년 10%에 해당하는 금액을 수익으로 간주 총수익에 산입한다.

주5) 수탁재산가격을 기준으로 보수를 산정한 경우 당해지역의 평균지가변동율 또는 임대율이 통상 10%를 상회하였을 때에는 재사정한 가액을 다음년도의 보수산정 기준으로 한다.

주6) 수탁재산가격
- 토지 : 당해연도 개별공시지가
- 건물 : 행정자치부 과세시가 표준액

2. 계약해지보수
(가) 위탁자·수익자의 사정으로 인한 경우 : 수탁재산가격 기준 년 보수의 10% 해당액
(나) 수탁자의 사정으로 인한 경우 : 보수면제

(8) 관리신탁의 종료

① 신탁계약은 신탁계약이 종료되거나, 신탁목적이 달성된 경우 위탁자 및 수익자의 요청에 따라 신탁계약을 종료하며 중도 해지하는 경우 해지 시까지 신탁사무처리에 소요된 제비용은 위탁자의 부담으로 하고 신탁회사는 신탁계약을 해지할 수 있다.

신탁계약에 대한 중도해지의 결정이 있을 경우 또는 신탁기간 만료에 의해 신탁재산이 위탁자에게 귀속될 경우에는 신탁계약해지증서를 작성하여 위탁자의 서명 날인을 받은 뒤 신탁회사가 요청하는 서류를 준비하여 신탁말소등기절차를 진행한다. 이때 신탁해지와 관련된 일체의 비용은 위탁자의 부담으로 처리한다.

② 기타 신탁종료원인은 신탁기간이 만료된 경우, 신탁목적의 달성(신탁재산이 처분)된 경우 신탁계약은 종료된다.

③ 신탁계약이 중도해지되거나 기간만료로 인하여 신탁사무가 종료되는 경우에는 신탁회사는 신탁등기의 말소절차를 완료하는 즉시 최종계산서를 작성하여 신탁부동산에 대해서는 현상 그대로 위탁자에게 인도하고 부동산 이외의 자산은 금전으로 교부한다.

5. 처분신탁

신탁회사의 공신력 등을 바탕으로 효율적이며 안정적으로 부동산을 매각하고 그 처분대금을 수익자에게 교부하는 신탁상품을 말하며 ① 일반적인 부동산 등 중개행위로 처분하기에는 안전성과 신뢰성이 요구되는 부동산 ② 매도자와 매수자간 메매계약의 이행의 신뢰 장치가 필요한 부동산 ③ 처분방법이나 절차에 어려움이 있는 부동산 ④ 대형부동산으로서 매수자가 제한되어 있는 부동산 ⑤ 잔금정산까지 장기간이 소요되어 소유권관리에 안전을 요하는 부동산 등을 매도자와 매수자가 아닌 제3자인 신탁회사에 신탁함으로써 안정성을 기할 수 있다.

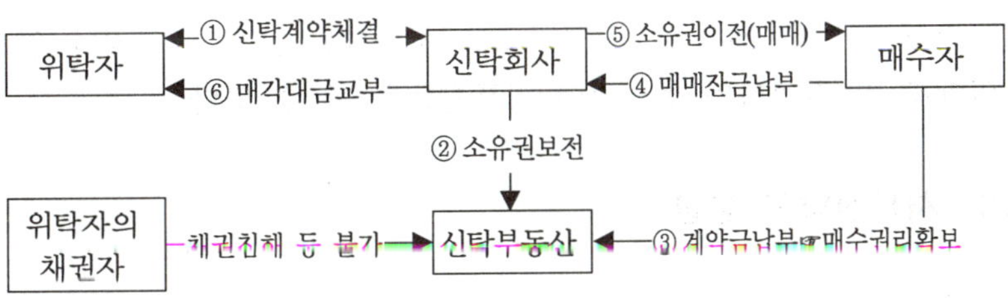

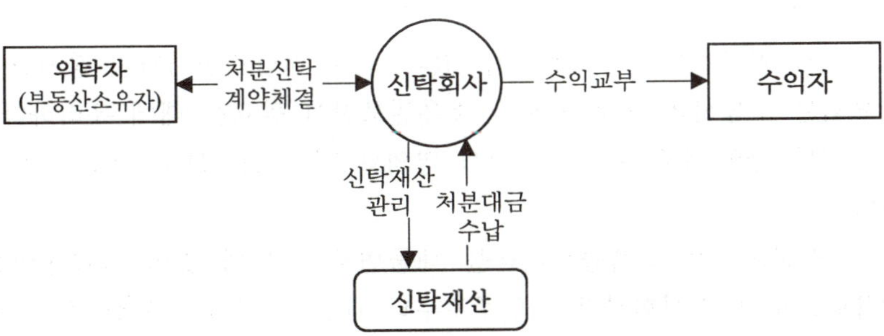

(1) 처분신탁의 필요성

부동산 매각을 원하는 자는 '처분신탁'상품으로 매각대상 부동산의 소유권관리와 매매과정의 일체를 신탁회사에 위임함으로서, 매매와 관련하여 흔하게 발생하는 분쟁(대금지급에도 불구하고 부동산 이전이 안되는 등)을 미연에 예방할 수 있을 뿐만 아니라, 향후 처분신탁 상품의 발전이 이뤄질 경우 전문화된 신탁조직을 이용함으로써 신탁회사의 다양한 고객들을 통해 신속한 처분이 이루어질 수 있으므로 부동산의 처분과 관련된 새로운 제도로서 그 확장성은 다양하다고 할 것이다.

(2) 처분신탁의 유형

① 처분신탁은 '갑종처분신탁'과 '을종처분신탁'으로 구분할 수 있는데

② '갑종처분신탁'의 경우 수익자와 협의하여 정한 신탁계약의 처분방법의 범위내에서 신탁회사가 일체의 처분활동을 할 수 있으며

③ '을종처분신탁'의 경우 원칙적으로 위탁자 또는 수익자가 처분행위를 수행하며 신탁회사는 실질적으로 처분활동을 하지 않지만 필요시 위탁자 및 수익자와 협의하여 처분활동을 할 수 있다.

(3) 처분신탁의 장점

① 처분신탁의 경우 일반중개에 의한 처분과는 달리 대상부동산에 대한 소유권이 신탁회사로 먼저 신탁등기된 상태이므로 매수자 및 매도자 양측이 안심하고 거래할 수 있다. 특히 잔금정산시까지 장기간이 소요되는 부동산의 경우 안전한 소유권보전이 필요할 때에 유리하다.

② 부동산의 소유권이 신탁회사 명의로 되어 있으므로 명도가 신속하다.

③ 건설회사가 건축공사대금을 대물변제 받음에 있어 처분신탁을 이용함으로서 건설회사가 사업주로부터 대물을 직접 취득한 후 다시

매각하는 방식에 비해서 취득세 등 절세효과 및 신속한 처분을 통한 효율적인 채권행사가 가능하다.

④ 신탁회사와의 직접매매계약 및 부동산에 대한 적정한 처분가격 산정으로 매매에 따른 분쟁을 예방할 수 있다.

(4) 처분신탁의 단점

① 일반적인 중개와는 달리 처분신탁계약 및 신탁회사로의 등기라는 하나의 절차가 수반되므로 절차상 다소 번거롭게 여기는 점 등이 있다.

② 처분신탁보수가 일반 중개보수보다 다소 높음으로 인해 비용부담이 크다(다만, 고가의 부동산의 경우 협의에 따라 보수조정이 가능함).

(5) 처분신탁 업무처리절차

1. 업무상담	2. 수탁승인
• 처분신탁상품 설명 • 대상부동산의 수탁여부 검토(권리관계, 임차인 등)	• 수탁의 적정성 검토 • 수탁가능여부 결정

3. 신탁계약 및 신탁등기	4. 수익권증서발급 등
• 신탁계약 체결 및 신탁을 원인으로 한 소유권이전등기	• 수익권증서 발급·교부

5. 신탁재산관리	6. 신탁재산의 처분
• 일반관리 • 특별관리	• 처분활동 • 매매계약의 체결 및 처분대금의 수납

7. 신탁사무의 종료
• 신탁계약의 중도해지 → 신탁말소등기 및 위탁자에 소유권이전 • 처분에 따른 매수자로의 소유권이전 → 처분시 수지계산서 작성 및 수익교부

(6) 처분신탁의 계약서(각 신탁회사별로 다소간 차이가 있음)

위탁자 **주식회사 △△물산** (이하 "갑"이라 함)는 별첨1 소유부동산(이하 "신탁부동산"이라 함)을 처분하기 위하여 수탁자 **주식회사 ○○자산신탁**(이하 "을"이라 함)과 다음과 같이 부동산처분신탁계약(이하 "신탁계약"이라 함)을 체결하기로 한다.

제1조 (신탁목적)
이 신탁계약은 "을"이 신탁부동산의 등기명의를 보존·관리하고 이를 처분하여 그 처분대금을 수익자에게 교부하는 업무를 행하는 것을 목적으로 한다.

제2조 (수익자)
① 신탁계약에 있어서의 수익자는 별첨2와 같이 정한다.
② "갑"은 "을"의 승낙을 얻어 수익자를 새로 지정하거나 변경할 수 있다. 그러나 그 권리는 "갑"에게 전속되며, 상속되지 아니한다.
③ "갑"이 본인 이외의 자를 수익자로 지정할 경우 필요한 때에는 수익자의 동의를 얻어야 한다.

제3조 (소유권이전 및 신탁등기)
① "갑"은 신탁계약 체결 후 지체없이 신탁부동산에 대한 소유권이전 및 신탁등기를 하여야 한다.
② "갑"은 소유권이전 및 신탁등기에 필요한 등기권리증, 인감증명, 위임장 등 제반서류를 "을"에게 제공하여야 한다.
③ 제1항의 등기에 소요되는 제비용은 "갑"이 부담한다.

제4조 (신탁부동산의 인도)
"갑"은 신탁계약체결 즉시 신탁부동산을 "을"에게 인도하고, "갑"과 "을"은 연명으로 인계인수서를 작성하여야 한다. 신탁이 종료되어 "을"이 수익자에게 인도하는 경우에도 또한 같다.

제5조 (신탁기간)
① 신탁계약기간은 이 신탁계약체결일로부터 20 년 월 일까지로 하되, 이 기간 중 신탁부동산을 처분하여 소유권이전등기가 종료된 때에는 동 이전등기 종료일을 신탁계약 만료일로 한다.
② 신탁기간을 연장하고자 할 때에는 "갑"과 "을"이 협의하여 연장할 수 있다.

제6조 (일부종료)
신탁부동산의 일부를 처분한 경우에는 그 부분에 대하여 소유권 이전등기를 종료한 때에 그 부분에 한하여 본 계약이 일부 종료된 것으로 본다.

제7조 (처분가격)
부동산의 처분가격은 금0000원정 이상으로 한다. 다만, "갑"과 "을"은 처분시 필요하다고 인정할 경우 협의하여 처분가격을 조정할 수 있다.

제8조 (처분조건)
① 신탁부동산의 처분에 있어 부동산에 관한 권리의무의 승계, 대금지불방법 및 그 시기 기타 처분에 관한 조건 등은 별첨2와 같이 정한다.
② 신탁부동산의 매수가에 대한 제한은 따로 두지 아니하기로 한다.

제9조 (유지관리)
① "을"은 신탁기간동안 신탁부동산의 등기부상 소유권명의만을 보존(이하 "을종부동산관리신탁"이라 함)하고, 임대차 및 유지관리행위 일체는 "갑"의 책임하에 관리하기로 한다.
② 제1항에 의한 신탁부동산의 관리책임주체와 그 범위는 별첨4와 같이 정하기로 한다.
③ "을"은 신탁부동산에 대하여 제1항에 의한 소유권명의 보존시 선량한 관리자의 주의의무를 다하여야 하며, "갑"과 수익자는 신탁부동산의 하자에 대한 책임을 부담한다.
④ 신탁부동산의 멸실, 훼손 및 하자 등으로 "갑" 또는 수익자에게 손해가 발생하더라도 "을"은 그 책임을 부담하지 아니한다.
⑤ "을"은 "갑"과 별도의 약정으로 신탁부

동산의 유지관리사무를 직접 수행하거나 제3자에게 위탁할 수 있다.

제10조 (신탁원본)
신탁의 원본은 신탁부동산과 신탁부동산의 멸실훼손으로 취득한 재산, 신탁부동산의 매각대금 기타 이에 준하는 것으로 한다.

제11조 (신탁의 수익)
신탁의 수익은 신탁부동산으로부터 발생하는 임대료 및 신탁재산에 속하는 금전의 운용에 의해 발생한 이익, 기타 이에 준하는 것으로 한다.

제12조 (수익권증서)
① "을"은 수익자의 청구가 있는 경우에 신탁수익권을 증명하기 위하여 수익권증서를 수익자에게 교부할 수 있으며, 수익자가 여러사람인 경우에는 지분비율을 표시하여 분할작성할 수 있다.
② 신탁계약에 의한 수익권은 "을"의 사전 동의 없이 이를 양도 또는 질권을 설정할 수 없다.

제13조 (처분활동)
① "을"은 신탁계약 체결이후 바로 신탁부동산의 처분에 관한 일체의 처분활동을 할 수 있으며, 신탁부동산이 조속히 처분될 수 있도록 노력하여야 한다.
② "을"이 제1항의 부동산처분활동을 행함에 있어 항상 수익자의 정당한 이익을 도모하여야 한다.

제14조(협의사항)
① "을"은 신탁부동산의 전부 또는 일부에 대하여 사용, 수용 등의 사유에 의하여 보상금 혹은 이에 준하는 금전 등을 수수한 때에는 수익자와 협의하여 처리하기로 한다.
② 신탁계약 체결 후 사회정세 또는 경제의 변동으로 현상유지가 현저하게 불리한 때에는 "을"은 "갑"과 신탁부동산의 처리를 협의하기로 한다.

제15조 (비용부담)
① 신탁부동산 및 신탁이익에 대한 제세공과금, 유지관리비 및 금융비용 등과 기타 신탁사무의 처리에 필요한 제비용 및 신탁사무 처리에 있어서의 "을"의 책임 없는 사유로 발생한 손해는 "갑"이 부담한다.
② 신탁재산에 속하는 금전으로 제1항의 제비용 등을 지급함에 부족하고 "갑"으로부터 그 부족금액을 받을 수 없는 경우에는 "을"이 상당하다고 인정하는 방법으로 신탁부동산의 일부 또는 전부를 처분하여 지급에 충당할 수 있다.
③ "갑"이 제1항의 비용 등을 지급시기에 납부하지 않는 경우에는 "을"이 대신 납부할 수 있으며, 이 경우에 "갑"은 그 지급일로부터 상환일까지 별도로 "을"과 합의한 금리를 적용하여 산정한 지연손해금을 원금과 함께 "을"에게 지급하여야 한다.
④ "을"은 제3항의 대지급금과 지연손해금을 "갑" 또는 수익자에게 지급할 금전 또는 재산 중에서 우선 취득할 수 있다.

제16조 (신탁보수)
① 신탁보수는 별첨3과 같이 정한다.
② 처분신탁보수의 수입시기는 신탁부동산을 처분하고 그 대금 또는 보상금 등을 수령한 때 수입하는 것을 원칙으로 한다. 다만, 수익자는 "을"의 소유권보존에 따른 제9조 제1항의 을종관리신탁보수를 매1년 단위로 산정(1년미만 단위는 일할계산한다)하여 매계산기일에 "을"에게 지급하기로 한다.
③ 신탁부동산에 대한 매매계약체결 후 매수자 귀책사유로 인하여 매매계약이 무효, 취소 또는 해제되어 "을"이 위약금으로 계약보증금을 귀속시킨 경우에는 "을"은 매매계약사무보수로서 당해 처분신탁보수액의 10% 해당금액을 동위약금에서 수취하기로 한다. 이 경우 매매계약사무보수는 제1항의 규정에 의한 처분신탁보수와는 별개의 보수로 본다.
④ 제6조의 일부종료의 경우에도 제2항에 준하여 처리키로 한다.
⑤ "을"이 입주자의 알선을 행한 때에는 별도로 부동산 임대차 중개수수료 상당액을 받을 수 있다.

제17조 (신탁계산 및 수익의 교부)
① 신탁재산에 관한 계산기일은 매년 12월 31일 및 신탁종료일로 한다.
② "을"은 매 계산기일에 그 기(期)의 수지계산서를 작성하여 수익자에게 통보하고, 수지계산결과 신탁수익이 발생된 경우 그 수익은 각 계산기 종료후 2주일 이내에 금전으로 교부한다. 다만, 계산할 내역이 없는 경우에는 이를 생략하기로 한다.

③ 계산기일이 도래하기 전에 수익자와 "을"이 합의하는 경우에는 신탁재산에서 발생된 수익과 비용 및 신탁보수를 매월 또는 매분기별로 가정산할 수 있다.

제18조 (중도해지 및 책임부담)

① 이 신탁계약은 신탁기간 중에는 원칙적으로 중도해지할 수 없다. 다만, "을"은 다음 각호에 해당하는 경우 신탁계약을 해지할 수 있다.

1. "갑" 또는 "을"의 귀책사유 없이 신탁재산의 관리가 불가능 하거나 곤란하다고 판단되는 경우
2. "갑" 또는 수익자가 본계약에서 정한 책임과 의무사항을 이행하지 아니하여 더 이상 신탁계약을 존속시킬 수 없다고 판단하는 경우
3. 신탁부동산에 대한 소유권 분쟁, 제3자의 저당권 실행, 임대차에 기인한 경매실행 등 부득이한 사정으로 "갑" 또는 수익자가 신탁계약 해지청구를 한 경우

② 제1항 제2호 및 제3호의 사유로 "을"이 신탁계약을 중도해지하여야 하는 경우 "을"은 해지로 인하여 발생하는 손해액과 계약해지보수 및 관리기간 동안의 을종관리신탁보수를 "갑" 또는 수익자로부터 선 수취하거나 신탁재산으로부터 정산받은 후 계약해지할 수 있다.

③ 제2항에서 손해액이란 실제로 발생한 손해금액 및 신탁사무 처리에 소요된 제비용을 말하며, 계약해지 보수란 별첨 3에 언급되어 있는 계약해지보수를 말한다.

④ 제3항의 금액을 받지 못하는 경우에는 제15조 제2항의 규정을 준용하여 처리한다.

제19조 (계약변경)

① 이 신탁계약은 "갑", "을" 및 수익자와 합의에 의하여 변경할 수 있다.

② 계약 변경에 따른 제반절차 및 비용부담 등은 신탁계약 체결시와 같다.

제20조 (계약의 해제 등)

① 다음 각호의 사유가 있음이 확인된 경우 "을"은 본 계약을 해제할 수 있으며, 이 경우 모든 책임은 "갑" 또는 수익자의 책임으로 하고 이에 따른 "을"의 손해액 등에 대해서는 "갑" 또는 수익자가 배상하여야 한다.

1. "갑" 또는 수익자 기타 신탁관계인의 행위능력 또는 권리능력 부재로 계약의 무효 또는 취소가 불가피한 경우
2. "갑"의 신탁목적이 사해행위이거나 제3자와의 채무관계 면탈 또는 소송목적으로 판명된 경우
3. 기타 상기 각호와 유사한 사유로 신탁계약의 무효 또는 취소가 불가피한 경우

② 제1항에 의한 손해액 등이란 계약해제에 따라 실제 발생한 손해금액에 신탁사무처리에 소요된 제비용과 제18조 제2항에 의한 계약해지보수 및 실제 관리기간 동안의 을종관리신탁보수를 합산한 것을 말하며, "갑" 또는 수익자가 동 손해배상을 지체하는 경우에는 제15조 제2항의 내용을 준용하여 처리한다.

제21조 (신탁종료 및 신탁재산의 교부 등)

① 신탁계약은 신탁기간 만료, 중도해지 또는 계약해제에 의하여 종료하며, 신탁종료에 따른 소유권 이전 및 신탁등기말소 신청은 "을"이 수행한다.

② 신탁이 종료된 경우 "갑" 또는 수익자는 다음 각호의 비용 등을 지체없이 지급 또는 정산하고, 소유권이전 및 신탁등기말소 신청서류를 "을"에게 제출하여야 한다.

1. 신탁등기 말소에 따른 비용
2. 신탁보수
3. "을"이 대지급한 비용
4. 계약해지 또는 계약해제에 따른 신탁보수 및 이와 관련된 손해액

③ "을"은 신탁계약이 종료되었을 때에는 최종계산서를 작성하여 수익자의 동의를 받아야 한다. 단, 제16조에 의하여 수익자에게 이미 통보한 수지계산내용은 수익자가 기 동의한 것으로 간주하여 최종계산서에서 이를 생략할 수 있다.

④ "을"은 수익자로부터 수익권증서를 반환받고 신탁재산을 수익자에게 교부하며, 신탁재산중 부동산은 소유권이전등기 및 신탁종료 시점 현재상태의 현물로 인도하고 기타의 재산은 금전으로 교부한다. "을"이 신탁부동산을 수익자에게 교부할 때에는 임대차계약이나 화재보험계약 등에 대하여 명의변경 등의 조치를 통하여 제반 권리의무가 수익자에게 귀속되도록 하여야 한다.

⑥ 제6조의 일부종료의 경우에는 일부종료된 부분에 대해서 제1항 내지 제4항에 준하여 처리하기로 한다.

제22조 (대리인의 선임)
① "갑" 또는 수익자는 이 신탁계약과 관련 귀속되는 일체의 권리, 의무에 관한 사항의 전부 또는 일부에 대하여 대리인을 선임하여 위임할 수 있다.
② "을"이 제1항의 대리인에게 신탁원본 및 신탁수익 기타 신탁사무를 처리한 때에는 이를 "갑" 또는 수익자에게 한 것으로 본다.

제23조 (인감의 대조 및 책임)
"을"은 수익자가 제출한 청구서류에 찍힌 인영(또는 서명)을 기 신고된 인영(또는 서명)과 상당한 주의로서 대조하여 틀림이 없다고 인정하여 신탁원본 또는 신탁수익의 교부 기타 신탁사무를 처리한 때에는 청구서 및 인감에 관한 위조, 변조, 도용 기타 어떠한 사고로 말미암아 손해가 발생하여도 "을"은 그 책임을 지지 아니한다.

제24조 (고지의무)
① "갑", 수익자 또는 이들의 상속인은 수익권증서의 분실, "갑" 또는 수익자의 사망이나 주소가 변경된 경우 등 본 계약에 영향을 미치는 사항이 발생된 경우에는 지체없이 그 사실을 서면으로 "을"에게 통보하여야 하며, 통보지체에 따라 발생한 손해에 대하여는 "을"은 그 책임을 지지 아니한다.
② "갑", 수익자 또는 이들의 상속인이 제1항의 통보를 지체하여 "을"에게 손해를 끼친 경우에는 "갑"과 수익자 또는 이들의 상속인이 연대하여 그 손해를 배상하여야 한다.

제25조 (등기사무처리 등)
이 "신탁계약" 관련 일체의 등기사무는 "을"이 지정하는 법무사가 처리하기로 한다.

제26조 (소송)
① "을"은 소송사건이 발생한 때에는 즉시 그 개요를 "갑" 또는 수익자에게 통보하여야 한다. 소송이 취하, 화해 또는 완결된 때에도 또한 같다.
② "을"은 신탁사무처리상 불가피하다고 인정되는 경우에는 "갑" 또는 수익자와 협의하여 소제기 등을 할 수 있다.
③ "을"이 제2항에 의거 소제기 등을 하고자 하는 경우 "을"은 적당하다고 인정되는 변호사를 선임하여 소송수행일체를 위임할 수 있으며, 변호사 보수 등 소송과 관련된 일체의 비용은 "을"의 소요예상액 통보내용에 따라 "갑" 또는 수익자가 소송개시 전에 부담하여야 한다.

제27조 (관할법원)
위탁자, 수익자 또는 수탁자가 이 신탁계약에 관하여 소송을 제기한 때에는 소송을 제기하는 자의 소재지를 관할하는 법원에 제기하기로 한다. 다만, 수익자가 소송을 제기하는 때에는 수익자의 선택에 따라 수익자의 주소지 또는 수익자가 거래하는 영업점 소재지를 관할하는 법원에 제기할 수 있다.

제28조 (계약사항 이외 사항의 처리)
신탁계약에서 정하지 아니한 사항에 대해서는 "갑", "을" 및 수익자가 합의하여 처리하기로 한다.

이 신탁계약을 증명하기 위해 계약서를 3부 작성하여 "갑"과 "을"이 각각 1부씩 보관하며, 1부는 신탁등기에 사용하기로 한다.

0000년 00월 00일

갑(위탁자)
주소 : 서울특별시 종로구 삼일대로 OOO
상호 : 주식회사 △△물산
대표이사 : 김봉식 ㊞
법인등록번호 : 100000-0000000

을(수탁자)
주소 : 서울특별시 강남구 테헤란로 OOO
상호 : 주식회사 ㅇㅇ자산신탁
대표이사 : 최유석 ㊞
법인등록번호 : 100000-0000000

<수익자 동의>
이 신탁계약에 있어서 수익자 본인은 본 계약서 내용을 충분히 인지·동의하고 수익자의 권리의무를 성실히 이행할 것을 확약합니다.
0000년 00월 00일
원본수익자 (주)△△물산 대표이사 김봉식 ㊞
수익수익자 (주)△△물산 대표이사 김봉식 ㊞

※ 이란은 위탁자와 수익자가 동일인이 아닌 경우만 기재

별첨 1. 신탁부동산 목록 및 처분예정가격
2. 처분계획 및 조건 등에 관한 특약
3. 신탁보수에 관한 약정
4. 관리책임 주체 및 범위

<별첨1>

신탁부동산 목록 및 처분예정가격

번호	소재지	지번	지목	면적	처분예정가

<별첨2>

처분계획 및 조건 등에 관한 특약

신탁계약 제8조 제①항에 의한 처분계획 및 조건 등은 다음과 같이 약정하기로 한다.

1. 처분계획
① "을"의 중개체인망 활용 및 전시업무 수행
② 일간지(개지) 및 에 회이상 광고("갑" 또는 수익자의 비용부담)
③ "을"이 매각촉진을 위해 "갑" 또는 수익자의 동의를 얻어 수행하는 특별한 매각활동
④ 기타

2. 처분조건
① 대금지불방법
- 계약금 : 계약체결일 %수납
- 중도금 : 계약체결일로 부터 월이내 %수납
- 잔대금 : 계약체결일로 부터 월이내 완납
② 제①항을 원칙으로 하되 "을"은 처분시 "갑" 및 수익자와 협의하여 조정할 수 있으며, 일부 처분한 경우에도 또한 같다.

3. 처분시 권리의무의 승계
① 신탁부동산의 처분시 명도책임과 하자 등에 대한 책임은 "갑"에게 있으며, "갑" 또는 수익자 명의로 된 기존의 임대차계약 및 화재보험계약 등은 "갑"의 책임하에 매수인 앞으로 승계하여야 한다.
② "갑"의 신탁부동산 명도책임 해태 및 신탁부동산 하자로 인하여 "을"이 입는 손해는 "갑"이 부담한다.

4. 수익자
① 신탁원본의 수익자

성명 (상호)	주식회사 △△물산
법인등록번호	100000-0000000
사업장소재지	서울특별시 종로구 삼일대로 OOO

② 신탁수익의 수익자

성명 (상호)	주식회사 △△물산
법인등록번호	100000-0000000
사업장소재지	서울특별시 종로구 삼일대로 OOO

<별첨3>

신탁보수에 관한 약정

신탁계약 제16조 제①항에 의한 신탁보수는 아래와 같이 약정한다.

1. 처분신탁보수
보수액 = 기준금액 × /1,000
주1) 기준금액 = 처분금액
주2) 제6조 제②항의 일부종료로 수령한 보수액이 있는 경우 잔여 신탁부동산 처분보수는 일부 종료시 처분가격과 잔여부동산 처분가격을 합산하여 산정한 보수액에서 일부 종료시 수령한 보수액을 차감한 금액으로 한다.

2. 을종관리신탁보수
보수액 = 기준금액 × /10,000
주) 기준금액 = 처분예정가격(별첨1)

3. 계약해지보수
① "갑" 또는 수익자의 사정으로 해지하는 경우
별첨1 처분예정가격을 기준으로 산정한 처분신탁보수의 10% 해당액
② "을"의 사정으로 해지하는 경우
해지보수 면제

<별첨4>

관리책임 주체 및 범위

신탁계약 제9조제2항에 의거 신탁부동산 관리에 관한 주체 및 그 책임한계의 범위는 다음과 같이 정하기로 한다.

1. "갑" 또는 수익자
① 시설관리, 청소, 방역, 경비, 수선, 화재보험가입 등 보존행위
② 임대차계약 및 임대보증금, 임료수납 등 임대차관리행위

③ 수익금의 운용, 관리행위 ④ 신탁부동산에 부과되는 제세공과금 등의 납부 ⑤ 신탁부동산의 멸실, 훼손 등 사고발생시 또는 발생예상시 "을"에 대한 지체 없는 통지의무	⑥ 기타 2. "을" ① [illegible] ② "을"이 처분을 목적으로 "갑"과 수익자의 동의를 얻어 수행하는 관리행위

(7) 신탁재산의 처분

① 신탁재산의 처분원칙

가. 갑종처분신탁

부동산을 처분(매각)하고자 할 경우에는 사전에 처분가격 및 처분방법 등에 대하여 수익자와 협의하여 결정한다. 그러나 수익자의 알선에 의하여 매매가 성립된 것에 대하여는 을종처분신탁물건의 처분에 따른다.

나. 을종처분신탁

위탁자 또는 수익자의 알선에 의하여 매매가 성립되고 매수예정자로부터 소유권이전절차를 신청하여 왔을 경우에는 매매계약서 및 기타 참고서류에 의하여 내용을 검토한 후 매매가격 및 기타 사항에 하자 없다고 인정된 때 신탁회사는 매수자와 매매계약을 체결한다.

② 처분절차

가. 매매계약의 체결

처분활동을 통하여 매수자가 선정되면 매수예정자 및 수익자와 매매가격, 매매대금의 납부방법 및 소유권이전절차 등의 매매조건에 대한 최종확정을 거쳐 매매계약을 체결한다.

매매계약의 체결은 매매가계약의 체결, 토지거래허가·신고, 매매본계약 체결의 절차로 이루어지며 이에 필요한 계약서는 신탁회사의 양식에 따라 작성하고 계약서에 매매계약 당사자(신탁회사와 매수자)의 서명날인을 통해서 계약체결이 완료된다.

나. 처분대금의 수납 및 소유권이전

매매계약이 체결되면 신탁계약서에서 사전에 정해진 방법에 따라 처분대금을 신탁회사에서 직접 수납하여 처분보수, 기타 비용 등을 공제한 후 수익자에게 교부한다. 그러나 사전에 정할 경우 신탁회사가 받을 신탁보수, 관리·처분관련 부대비용 등의 상당액 이외의 금액에 한하여 수익자가 매수인으로부터 직접 수령 할 수도 있다.

처분대금의 수납이 완료되었을 경우에는 매수자 앞으로 신탁회사는 소유권이전등기를 실행하고 신탁사무의 종료절차를 진행한다.

소유권이전절차는 원칙적으로 신탁회사에서 직접 진행하여 등기권리증을 매수자에게 교부하나 매수자의 요청이 있을 경우 처분대금 완납일로부터 7일 이내에 소유권이전등기를 완료하여야 한다는 전제조건아래 소유권이전에 필요한 서류를 매수자에게 교부하여 직접 소유권이전등기절차를 진행하게 할 수 있다.

(8) 처분신탁의 종료

① 신탁계약의 종료 및 해지

신탁계약은 원칙적으로 중도해지 할 수 없으나 신탁회사의 귀책사유에 의하지 않고 신탁재산의 처분이 불가능함이 명백한 경우 해지시까지 신탁사무처리에 소요된 제비용은 위탁자의 부담으로 하고 신탁회사는 신탁계약을 해지할 수 있다.

기타 신탁종료원인은 신탁기간이 만료된 경우, 신탁목적의 달성(신탁재산의 처분)된 경우 신탁계약은 종료된다.

② 신탁종료 절차

신탁계약에 대한 중도해지의 결정이 있을 경우 또는 신탁기간 만료에 의해 신탁재산이 위탁자에게 귀속될 경우에는 신탁계약해지증서를 작성하여 위탁자의 서명 날인을 받은 뒤 신탁회사가 요청하는 서류를 준비하여 신탁말소등기절차를 진행한다. 이때 신탁해지와 관련된 일체의 비용은 위탁자의 부담으로 처리한다.

신탁재산의 처분으로 인해 신탁사무가 종료되는 경우는 처분대금의 수납이 완료되어 매수자에게 소유권 이전 후 처분에 따른 수지계산서를 작성하여 위탁자 및 수익자에게 통지함으로써 완료한다.

③ 신탁재산의 교부

가. 신탁계약 해지시

신탁계약이 중도해지되거나 기간만료로 인하여 신탁사무가 종료되는 경우에는 신탁회사는 신탁등기의 말소절차를 완료하는 즉시 최종계산서를 작성하여 신탁부동산에 대해서는 현상 그대로 위탁자에게 인도하고 부동산 이외의 자산은 금전으로 교부한다.

나. 신탁재산 처분시

신탁재산의 처분으로 신탁사무가 종료되는 경우는 최종계산서를 작성하여 수익자에게 수익을 금전으로 교부한다.

6. 분양관리신탁

건축 및 개발을 위한 대출을 의뢰받았을 때, 먼저 검토해야 하는 것 중 하나가 대출원리금의 안정적인 상환일 것이다. 이때 채무자측의 대출원리금 상환 계획이 해당 건축물을 분양해서 수분양자가 납부하는 분양대금을 통해 상환한다고 하면, 그 건축물(분양상품)이 무엇인지 어떻게 분양을 해야 하는지 부터 알아야 안정적인 상환과 성공적인 사업을 진행할 수 있다.

건축물(분양상품)에는 ① 아파트 등 공동주택, ② 상가, ③ 업무시설(오피스텔, 오피스), ④ 지식산업센터, ⑤ 호텔, ⑥ 콘도미니엄, ⑦ 실버타운 등 노인복지시설, ⑧ 생활형숙박시설 등이 있는데, 일반인들은 이러한 개발사업이 단순히 분양 후 분양대금을 수납받아 공사비 등을 지출하고 나아가 대출금을 상환하면 되는 것 아닌가라고 단순하게 생각할 수 있지만, 현실은 그렇지 않다. 각 상품별로 분양하는 방법과 분양대금을 수납하는 방법, 대출금을 상환하는 방법이 법과 제도적으로 규정되어 있고 그에 따라 사업을 진행하여야만 한다.

대출 및 분양하려는 건축물이 상가, 오피스텔, 오피스, 분양형호텔, 생활형숙박시설 등이며 이를 준공 이전에 분양하고자 할 경우, 반드시 준수해야 하는 것이 「건축물의 분양에 관한 법률」에 따른 분양관리신탁이다.

분양관리신탁은 「건축물의 분양에 관한 법률」에 따라 생성된 공공의 성격을 지닌 신탁상품으로 상가, 오피스텔, 오피스, 생활형숙박시설 등을 분양하고자 할 때 이 신탁 상품을 이용해야 선분양 할 수 있다.

분양관리신탁에서 신탁회사에게 부여된 가장 큰 업무 3가지는 '분양관리', '자금관리', '공정관리'로서 수분양자가 납부한 분양대금을 정확하게 관리하고 이를 해당 사업에만 사용되어 분양계약자들에게 피해가 없도록 하는 신탁상품이다.

건축법을 적용받는 건축물을 준공이전에 선분양 하고자 할 경우 「건축물의 분양에 관한 법률」에 의거 신탁회사와 분양관리신탁과 대리사무계약을 체결하도록 규정되어 있다. 분양관리신탁은 건축물의 바닥면적 3,000㎡(약 907평) 이상인 건물의 분양시 선분양, 허위, 과장광고 및 분양대금의 유용 등으로 인한 피해를 예방하고 수분양자를 보호하기 위한 신탁상품으로 이해하면 되는데, 다른 부동산신탁상품에 비해 공적인 취지에 의해 생겨나게 된 신탁 상품이다.

(1) 분양관리신탁의 구조 및 기능

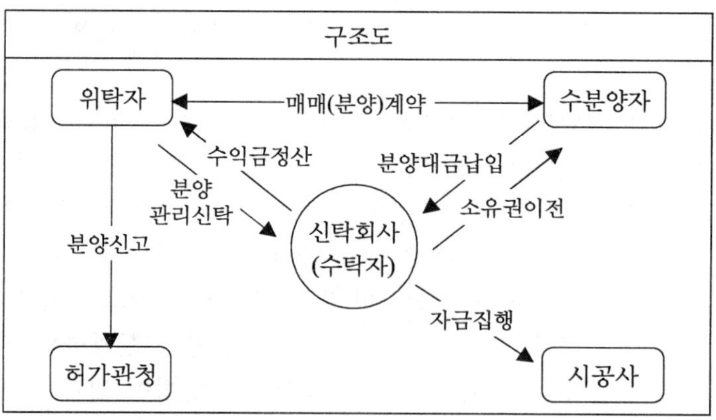

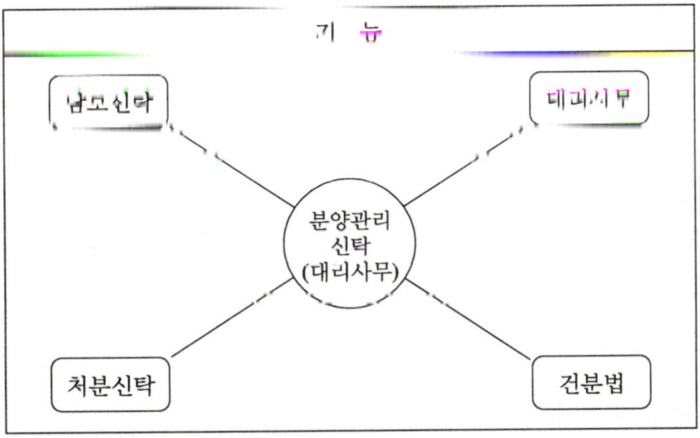

① 담보신탁 기능

「건분법」상 분양사업자(위탁자)는 사업부지에 대한 소유권을 완전히 확보하여야 하고, 소유권에 대하여 제3자에게 권리설정하는 등의 행위를 하여서는 안된다. 그러나 실제로 분양사업자는 사업부지의 소유권을 확보하기 위해 금융기관으로부터 토지취득비와 사업비를 대출받을 수 밖에 없는 바, 이 경우 금융기관으로서는 담보부족의 문제가 발생하며, 이러한 문제를 해결하기 위해 일반적인 개발사업 담보신탁과 같이 수분양자 보호를 위한 분양관리신탁에 있어서도 우선수익권을 금융기관에 제공하여 담보를 확보하는 등 담보신탁으로서의 기능을 동시에 수행한다.

※ 다만, 이 경우 우선수익자는 건물의 준공 및 수분양자에 대한 소유권이전 이전에는 우선수익권에 따른 환가요청을 할 수 없으며, 분양대금에 의한 원리금 상환에도 제한을 받는다.

② 대리사무와 연계

분양관리신탁계약 자체로만으로는 「건분법」에 근거한 신탁회사의 의무를 다할 수 없으므로 분양관리, 자금관리, 시공관리를 별도 규정하고 있는 대리사무계약과는 불가분의 관계를 가지고 있다. 이러한 특징에 비추어 분양관리신탁계약 및 대리사무계약 두 개의 계약만으로는 건설사, 금융기관 등의 이해관계인과 신탁회사 간 관계 설정에 한계가 있어, 상호 분쟁 방지 및 원활한 업무 이행을 위해 위탁자, 건설사, 금융기관 간의 다자간 사업약정을 함께 체결하기도 한다.

③ 처분신탁기능

신탁계약을 통해 위탁자로부터 부동산을 수탁받아 다양한 처분활동을 수행하고, 처분수익을 수분양자 또는 수익자에게 교부하는 신탁업무를 수행한다.

④ 「건분법」상의 기능

건축물의 사전분양을 위하여 「건분법」에서 정한 일정한 조건의 이행을 관리하는 관리업무, 기타 일반 신탁상품의 경우 「신탁법」에 기초하여 그 권리관계의 구성 및 신탁목적을 수행하고 있으나, 분양관리신탁의 경우 「건분법」에 따라 수분양자보호를 위하여 다른 채권자나 수익자의 권리보다도 우선하여 보호받을 수 있다는 상위규정과 이를 수행하기 위하여 대리사무계약에서 기본적 사항을 정하고 있는 등 여타 신탁상품과 달리 「신탁법」과 「건분법」을 근거로 하여 신탁목적과 권리관계를 혼합하여 적용하고 있다.

(2) 분양관리신탁과 분양보증 비교

구 분	분양관리신탁 및 대리사무	분양보증(주택도시보증공사)
사업의 안정성	◦사업부지 소유권의 법적 보호 (강제집행 불가 및 압류 불가) ◦분양대금 관리의 안정성(신탁계정 관리)	◦사업의 안정성 확보 효과 최고 ◦보증기관의 보증사고 발생 대비 채권확보를 위한 중복신탁 불가피 ▸신탁의 효과 동시 발생
사용의 용이성	◦신탁회사와의 계약 체결만으로 가능 ▸시공사의 연대보증 등 불필요	◦보증보험사의 까다로운 내규에 의한 가입 통제 ◦시공사의 연대보증 불가피 ▸일부 메이저 건설사의 연대보증 시에만 가입승인이 이루어지고 있는 실정임

업무분담 조력	○부동산신탁회사라는 부동산 전문기관의 업무분담 및 조력 기능(분양관리 및 공정관리 등) ▶ 감시/통제기관이라기보다는 분양사업자의 조력자로서의 역할 분담 가능	○보증보험사라는 감독/감시기관에 의해 사업기간중 불가피한 일방적 관리/통제 기능 ○보증보험사의 채권확보를 위한 사업부지 신탁회사의 이중적 간섭/규제 ▶ 분양사업자의 조력자라기보다는 감시/통제기관
책임범위	○분양대금통장 잔액범위 및 신탁재산 범위내의 피분양자에 대한 환급 이행 ▶ 보증 대비 책임범위 축소	○분양이행(사용승인 포함)이 원치 ○납입대금 전액 환급 이행(피분양자 희망시) ▶ 보증인의 부담범위가 신탁대비 광범위함으로써 분양사업자의 순차적 부담 증가(구상범위 확대) ▶ 시공사의 연대보증이 필수적이므로 시공사의 부담 또한 증가(구상 불가피)
비　용	○분양매출액의 0.5~1.0%(기간 무관)	○분양매출액의 1.0%(연간 비용) ▶ 사업기간만큼 신탁대비 비용 증가 ○보증사 채권확보를 위한 신탁비용 중복 소요

(3) 분양관리신탁 업무처리절차

1. 업무상담
• 분양관리신탁상품 설명 • 대상분양사업의 분양사업구도 및 사업성 검토 • 참여 사업관계인 적정성 검토(시행사, 시공사, 대출금융기관 등)

2. 수탁승인
• 수탁의 적정성 검토 • 수탁가능여부 결정 • 우선수익자(채권자, 시공사) 결정(우선수익권증서 금액, 채권최고액 등)

3. 신탁계약 및 신탁등기
• 신탁계약 체결 및 신탁을 원인으로 한 소유권이전등기 • 대출실행 및 대출확인

4. 수익권증서발급 등
• 수익권증서 발급·교부

5. 분양	6. 현장관리	7. 자금관리
• 자금관리계좌 개설 - 분양금 수납, 운영계좌 등 • 분양관련 업무처리 - 분양대행사선정 - 분양(청약)공개모집광고 검토 - 분양계약서(안) 검토 - 분양신고서 작성·제출 • 분양관리(전산관리) - 분양계약 체결·분양대금 수납 - 분양사업자 현황통보	• 공사도급계약 체결 확인 • 감리업체 지정 사전 협의 • 공사비 지급청구 기성 확인 • 공사비 지급 • 감리 월간현장관리보고서 접수 • 설계변경 발생시 수분양자 동의 또는 통보 확인	• 자금집행시 지출 적정성 검토 • 자금집행내역관리(전산관리)

8. 소유권보존 및 소유권이전
• 준공건물 소유권보존 및 추가신탁 • 수분양계약자로의 소유권이전 - 분양사업자 → 수분양자 - 신탁회사 → 수분양자

9. 신탁사무의 종료
• 정상종료 → 자금 입출금 내역정산 → 미분양분 수의계약 및 처분완료 • 환가종료 → 수분양계약자 및 우선수익자 협의 → 공매(분양대금환불, 우선수익금교부)

(4) 신탁계약 및 업무처리

① 수주원칙

「건분법」 적용대상 사업을 기준으로 시공사의 적정성(신용등급, 도급순위 등) 및 인·허가 가능성, 사업성 등을 고려하여 수주여부를 결정한다.

② 분양관리신탁계약서(각 신탁회사별로 다소간 차이가 있음)

주식회사 △△불산(이하 "위탁자"라 한다)는 별지1 기재의 부동산(이하 "신탁부동산"이라 한다)을 **주식회사 ○○자산신탁**(이하 "수탁자"라 한다)에게 신탁하고 수탁자는 이를 인수함에 있어 다음과 같이 분양관리신탁계약(이하 "신탁계약"이라 한다)을 체결한다.

제1조 (신탁목적)
이 신탁계약은 "건축물의분양에관한법률(이하 "건분법"이라고 한다)"에 의거하여 위탁자가 신탁부동산상에 별지2와 같이 건물을 신축 또는 증축하여 분양하는 사업(이하 "분양사업"이라 한다)에 있어 수탁자가 신탁부동산(완공된 건축물이 추가 신탁된 경우를 포함한다)의 소유권을 보전·관리하여 피분양자를 보호하고, 위탁자(채무자가 따로 있는 경우에는 이를 포함한다)가 부담하는 채무불이행시 신탁부동산을 환가·처분하여 정산함에 그 목적이 있다.

제2조 (용어의 정의)
이 신탁계약에서 사용되는 용어의 정의는 다음과 같다.

1. 수익자 : 신탁종료시 최종 정산 후 잔여 신탁재산을 현상대로 교부받을 권리자
2. 우선수익자 : 우선수익권의 설정 범위 내에서 이 신탁계약에서 정하는 바에 따라 수익자에 우선하여 수익을 교부받을 권리자
3. 사업약정 및 대리사무계약 : 이 신탁계약과 관련하여 위탁자, 수탁자, 건축물의 시공회사 및 분양사업에 대해 위탁자에게 금전을 대여한 금융기관간에 신탁목적인 사업수행을 위하여 체결하는 약정
4. 피분양자 : 신탁부동산상에 건축되는 건축물에 대하여 위탁자(분양사업자)와 분양계약을 체결한 자
5. 신탁재산 : 신탁의 원본, 신탁의 수익 및 본건 분양사업과 관련하여 위탁자로부터 양수받은 분양대금채권과 분양수입금

제3조 (소유권 이전 및 신탁의 등기)
① 위탁자는 신탁계약 체결 후 지체 없이 신탁부동산을 수탁자 앞으로 소유권이전 및 신탁등기를 경료하여야 한다.
② 위탁자는 신탁부동산상에 별지2와 같은 건물이 완공될 경우 사용검사를 받은 다음 그 완공건물에 대하여 위탁자명의로 소유권보존등기를 실행함과 동시에 수탁자에게 추가 신탁하여야 한다.
③ 제1항의 등기에 소요되는 비용은 위탁자가 부담하며 위탁자는 소유권이전 및 신탁등기에 필요한 등기권리증, 인감증명서, 등기위임장 등 제반서류를 수탁자에게 제공하여야 한다.

제4조 (신탁기간)
① 신탁기간은 이 신탁계약 체결일로부터 0000년 00월 00일까지로 한다. 다만, 수탁자는 신탁기간종료이후에도 분양계약목적물이 피분양자에게 소유권이전등기가 완료되지 아니한 경우에는 그 완료일까지 연장할 수 있다.
② 신탁종료이전 위탁자와 수탁자 및 수익자(우선수익자를 포함한다)간에 협의하여 신탁기간을 연장할 수 있다.

제5조 (신탁의 원본과 수익)
① 신탁의 원본은 신탁부동산 또는 그 물상대위로 취득한 재산 및 임대인으로서 취득·보관하는 임대차보증금, 신탁부동산의 처분대금 및 처분절차와 관련하여 발생되는 위약금, 신탁재산에 속하는 금전의 운용에 의하여 발생한 이익, 기타 이에 준하는 것으로 한다. 단, 임대차보증금은 수탁자가 임대인의 지위를 면하는 때에 신탁원본에 편입한다.
② 신탁의 수익은 신탁부동산으로부터 발생하는 임대료, 기타 이에 준하는 것으로 한다.

제6조 (분양수입금)
수탁자는 분양수입금 관리계좌의 분양수입금을 사업약정 및 대리사무계약에 따라 본건 분양사업에 사용한다.

제7조 (일부종료)
신탁부동산을 분양·처분하여 그 부분에 대

하여 피분양자(매수인을 포함한다)에게 소유권 이전등기를 경료한 때에는 그 부분에 한하여 신탁계약은 일부 종료한 것으로 본다.

제8조 (수익자)

① 이 신탁계약에서 수익자 및 우선수익자는 별지 3과 같이 지정한다.
② 위탁자는 수탁자의 동의를 얻어 수익자를 변경할 수 있다. 다만, 수탁자는 이해관계인의 보호를 위하여 상당한 이유가 있는 때에는 승낙을 거절할 수 있다.
③ 수익자의 수익권은 신탁재산에서 본 건 분양사업과 관련하여 제24조 제1항 제1호 내지 제6호의 각종 비용을 정산후 잔여 신탁재산에 미친다.
④ 우선수익자의 추가지정은 사업약정 및 대리사무계약에 따른다.

제9조 (수익권증서)

① 수탁자는 수익자 또는 우선수익자의 요청이 있는 경우에 신탁부동산에 대한 신탁등기를 완료한 후 수익권증서를 별지 3에 따라 발행하여 교부할 수 있다.
② 신탁기간중 위탁자가 우선수익자를 추가 지정하여 수탁자에게 수익권증서의 발급을 요청하는 경우에 수탁자는 사업약정 및 대리사무계약에 따라 수익권증서를 발급할 수 있다. 이때 신탁원부 등 기재내용 변경에 따른 일체의 비용은 위탁자가 부담한다.
③ 위탁자가 우선수익자를 변경 지정하고자 하는 경우에는 후순위 우선수익자가 동의하는 경우에 한하여 기 발행된 수익권증서와 상환으로 변경된 수익권증서를 재발행할 수 있다. 이때 신탁원부 등 기재내용 변경에 따른 일체의 비용은 위탁자가 부담한다.
④ 우선수익자가 다수 있는 경우에는 신탁수익의 교부순서는 수익권증서에 기재되어 있는 순위에 의한다.
⑤ 수익자는 수익권증서를 신탁목적에 적합하게 사용하여야 하며, 수탁자의 동의 없이 이를 타인에게 양도하거나 담보의 목적으로 질권 설정 등 처분행위를 할 수 없다.

제10조 (우선수익자의 수익권)

① 우선수익자가 갖는 수익권의 범위는 우선수익자와 채무자간의 사업약정 및 대리사무계약에 따른 여신거래로 발생한 우선수익자의 원금, 이자 및 지연손해금채권에 한한다.
② 우선수익자는 수익권증서에 기재된 별지3의 금액을 최고한도로 하여 그 한도내에서 수익을 받을 권리가 있다.
③ 우선수익자의 수익권은 수익자의 수익권보다 우선한다.
④ 우선수익자는 수탁자의 사전 동의 없이는 신탁기간 중 우선수익자의 지위를 타인에게 양도 또는 명의변경하거나 수익권에 대하여 질권의 설정 등 기타 처분행위를 할 수 없다.
⑤ 위탁자 및 그 승계인은 우선수익자의 지위를 가질 수 없다.
⑥ 선순위 우선수익자의 채권이 소멸한 경우에는 차순위 우선수익자의 순위가 승진하며 후순위우선수익자는 선순위우선수익자의 의사에 반하여 신탁부동산에 대하여 환가요청을 할 수 없다.

제11조 (신탁부동산의 보전관리 등)

① 위탁자는 신탁부동산을 사실상 계속 점유·사용하고, 신탁부동산에 대한 보존·유지·수선 등 실질적인 관리행위와 이에 소요되는 일체의 비용을 부담한다.
② 위탁자는 수탁자의 사전 승낙 없이 신탁부동산에 대하여 임대차 등 권리를 설정하거나 훼손함으로써 신탁부동산의 가치를 저감하는 행위를 하지 못한다.
③ 위탁자는 신탁부동산의 멸실·훼손 등 사고가 발생하거나 발생이 예상되는 경우에는 지체 없이 이를 수탁자에게 통지하여야 한다.
④ 위탁자는 신탁부동산의 가치보전 및 처분에 필요한 수탁자의 재산관리 행위를 용인하여야 한다.
⑤ 수탁자의 관리기간은 이 신탁계약이 존속하는 기간으로 하며, 신탁기간이 연장 또는 단축되는 경우에도 또한 같다.

제12조 (피분양자의 보호)

① 위탁자는 신탁계약 이전에 소유권을 확보한 대지에 저당권, 가등기담보권, 전세권 및 등기되어 있는 부동산 임차권 등이 설정되어 있는 경우 분양신고 이전까지 이를 말소하여야 한다.
② 위탁자의 부도, 파산 등으로 사업추진이

불가능한 경우 또는 기타 사유로 중도에 신탁계약을 해지하여 정산하는 경우에는 신탁부동산의 처분대금 등 신탁재산은 수익자 등 타 채권자에 우선하여 피분양자의 분양대금반환에 우선 지급한다.

제13조 (보험계약)

① 신탁부동산에 대한 보험계약은 위탁자의 부담으로 수탁자가 정하는 종류, 기간, 방법으로 체결하며 신탁계약이 존속하는 동안 계속한다.

② 이 신탁계약 체결 이전에 체결된 보험계약이 있는 경우에는 보험수익자를 수탁자로 변경한다. 이때 소요되는 일체의 비용은 위탁자가 부담한다.

③ 보험계약에 근거하여 수탁자가 보험금을 수령하였을 때에는 신탁기간 만료전이라도 그 보험금으로 제24조에서 정한 방법에 따라 정산할 수 있다.

제14조 (선관주의의무 및 하자담보책임)

① 수탁자는 신탁부동산의 소유권관리 및 기타 신탁사무에 대하여 선량한 관리자로서 주의의무를 가지며, 위탁자는 신탁부동산의 관리 및 하자에 대한 책임을 부담한다.

② 본 신탁과정에서 위탁자 또는 수익자에게 손해가 발생되더라도 수탁자의 고의 또는 과실에 의하지 아니한 경우에는 수탁자는 그 책임을 부담하지 아니한다.

제15조 (신탁재산에 속하는 금전의 운용방법)

신탁재산에 속하는 금전은 관계법령에서 정하는 방법으로 수탁자가 운용한다.

제16조 (비용의 부담)

① 신탁재산에 대한 제세공과금, 등기·소송비 등 법적절차비용, 유지관리비 및 금융비용 등과 기타 신탁사무의 처리에 필요한 제비용 및 신탁사무 처리에 있어서 수탁자의 책임 없는 사유로 발생한 손해는 위탁자가 부담한다.

② 신탁재산에 속하는 금전으로 제1항의 제비용 등을 지급함에 부족하고 위탁자 또는 수익자로부터 그 부족금액을 받을 수 없을 경우에는 수탁자가 상당하다고 인정하는 방법으로 신탁부동산의 일부 또는 전부를 처분하여 지급에 충당할 수 있다.

③ 위탁자가 제1항의 비용 등을 지급시기에 납부하지 않는 경우에는 수탁자가 대신 지급할 수 있으며, 이 경우에 위탁자는 그 지급일로부터 상환일까지 수탁자가 정하는 신탁계정대 이자율을 적용하여 수탁자에게 상환하여야 한다.

④ 수탁자는 제3항의 대지급금과 그 이자는 신탁재산 중에서 우선 취득할 수 있다.

제17조 (신탁의 계산 및 수익의 교부)

① 신탁재산에 관한 계산기일은 매년 12월 31일 및 신탁종료일로 하고, 수탁자는 당해 기의 수지계산서를 작성해서 수익자에게 통보한다.

② 수지계산서 및 최종계산승인서는 수익자에게 직접 교부 또는 등기우편으로 발송하며, 그 수령일로부터 10일이내에 이의제기가 없는 경우에는 신탁의 최종계산에 관하여 승인한 것으로 본다.

③ 수익자가 교부받을 수익은 신탁종료시 정산하여 교부하고 신탁기간 중 가정산할 수 없다.

제18조 (신탁보수)

① 위탁자는 이 신탁계약체결일과 매년 그 정해진 날에 별지 4 기재 관리보수를 수탁자에게 지급한다. 다만, 제4조 제1항 단서 규정에 따라 신탁기간연장이 되는 경우에는 연장일수에 비례하여 지급한다.

② 위탁자가 신탁기간 중 수익권증서를 발급받는 경우에는 별지 4 기재 담보보수를 수익권증서 발급시에 별도로 수탁자에게 지급한다.

③ 위탁자는 신탁부동산 및 그 지상건물이 환가 처분된 경우에는 환가처분가격을 기준으로 하여 별지 4 기재 처분보수를 별도로 수탁자에게 지급한다.

④ 제3항의 환가처분에 따른 처분보수는 처분대금의 계약금 수령시 50%, 잔금 수령시 50%를 지급한다.

⑤ 신탁계약이 신탁계약기간 만료전에 중도해지 되는 경우 수탁자가 이미 수취한 신탁보수는 환급하지 아니한다.

⑥ 수탁자가 신탁부동산의 임대차를 중개한 경우에는 부동산중개업법에 의한 중개수수료를 받을 수 있다.

⑦ 수탁자는 위의 신탁보수를 위탁자 또는 수익자로부터 지급받거나 신탁재산으로 충당할 수 있다.

제19조 (신탁부동산의 처분)

① 최초 분양계약을 체결한 이후에는 신탁부동산을 처분할 수 없다. 다만, 다음 각 호의 1에 해당하는 경우에는 신탁기간 종료전이더라도 처분할 수 있다.

1. 위탁자의 부도, 파산 등으로 사업약정 및 대리사무계약에 따라 시행자의 사업시행권을 양수받을 자가 없어 사업추진이 더 이상 불가능할 경우
2. 천재지변 등 불가항력적인 사유로 신탁의 목적달성이 어렵다고 판단되는 경우
3. 피분양자들의 집단 민원이나 분양수입금 납부 거부 등으로 사업약정 및 대리사무계약의 이행이 어렵거나 장기간 지연되어 분양사업의 추진이 불가능하다고 판단되는 경우
4. 사업수행과 관련하여 해당 관청 등의 인·허가 및 동의 또는 승인을 득하지 못하는 경우
5. 기타의 사유로 사업의 진행이 불가능하다고 객관적으로 인정되는 경우

② 전항의 경우 수탁자에게 신고된 위탁자의 주소지로 처분예정사실을 '내용증명부배달증명우편'에 의하여 통지함으로써 위탁자에게 도달한 것으로 보며, 위탁자는 신탁부동산 처분예정사실을 사전에
사전에 인지하지 못한 이유 등으로 수탁자의 처분행위에 대하여 이의하지 못한다.

제20조 (사업의 양도)

① 위탁자의 부도, 파산 등으로 사업약정 및 대리사무계약에 의하여 위탁자의 사업시행권 및 권리의무 일체를 피분양자가 동의한 바에 따라 양도하는 경우에는 그 양수인에게 신탁부동산을 처분한다.

② 전항의 경우 수탁자는 신탁부동산을 사업양수인에게 수의계약으로 처분할 수 있다. 이 경우 처분대금의 정산 및 시기는 사업양수인과 협의하여 정한다.

제21조 (예정가격)

신탁부동산의 처분시 예정가격은 감정평가전문기관의 감정평가액 이상으로 수탁자가 결정하는 것을 원칙으로 한다. 다만, 신탁기간 개시 후 6개월 이내로서 가격변동 요인이 발생하지 않은 경우에는 수익권증서상의 가액이상으로 수탁자가 결정할 수 있다.

제22조 (처분방법)

① 공개시장에서 경쟁을 통하여 처분하는 것을 원칙으로 한다. 다만, 유찰시 다음 처분일 공고 전까지 직전 처분조건 이상의 조건으로 수의계약 할 수 있다.

② 신탁부동산의 매수인은 예정가격 이상을 제시한 매수희망자 중 가장 높은 금액을 제시한 자로 한다.

③ 제21조의 예정가격으로 처분되지 않을 경우 다음 처분예정가격은 직전의 처분시 예정가격을 기준으로 10% 해당액을 순차적으로 차감한 금액으로 한다.

④ 기타 처분에 관한 사항은 수탁자의 내부규정에 의한다.

제23조 (처분대금 납부기한)

① 신탁부동산 처분대금은 처분계약을 체결한 날로부터 60일 이내에 완납하는 것을 원칙으로 한다.

② 3회 이상 처분을 시도하여도 처분되지 않을 경우 매수예정자를 용이하게 확보하기 위하여 처분대금 납부기한을 연장하여 분할납부하게 할 수 있다. 이 경우 예정가격은 직전의 처분예정가격 미만으로 할 수 없다.

제24조 (처분대금 등 정산)

① 수탁자가 신탁부동산을 처분, 환가하여 정산하는 경우의 순위는 다음 각호에 의한다.

1. 법령에 의한 각종 제세공과금 및 부담금, 신탁사무처리와 관련하여 발생된 제비용 및 신탁보수, 임대차보증금
2. 수분양자가 분양대금의 반환을 요구하는 경우 수분양자가 사업약정 및 대리사무계약에 따라 기납부한 분양대금
3. 잔존 대리사무보수
4. 우선수익자의 피담보채권
5. 시공사의 공사대금채권 및 본 분양사업과 관련한 제반비용
6. 기타 수익자의 권리에 우선하는 채권
7. 정산 후 잔액은 수익자에게 교부

② 신탁부동산 처분과 관련하여 수탁자가 받은 처분대금 등은 이해관계인에게 지급할 때까지 수탁자가 관리하며 그 운용수익금은 제1항의 처분대금에 산입한다.

③ 이 신탁계약 전에 발생된 권리의 실행으로 인하여 신탁부동산이 환가되는 경우

그 대금 중 일부를 수탁자가 수령한 때의 대금정산도 제1항의 순서에 따른다.

제25조 (명도의무)
신탁부동산에 대한 처분절차가 개시되면 위탁자는 신탁부동산을 명도하여야 하며, 점유자에 대한 명도에 적극 협조하여야 한다.

제26조 (신탁해지 및 책임부담)
① 본 신탁계약은 위탁자, 수탁자 및 우선수익자 전원의 합의로 중도해지 할 수 있다. 그러나 최초의 분양계약 체결 이후에는 해지할 수 없다.
② 전항의 경우 신탁해지와 관련된 일체의 비용과 신탁보수, 기타 손해는 위탁자에게 청구하거나 신탁재산으로부터 공제한다.

제27조 (추가신탁 및 소유권이전)
① 신탁부동산에 신축 또는 증축되는 건물이 준공되면 위탁자는 보존등기와 동시에 동 건물을 수탁자에게 추가신탁 한다.
② 위탁자가 피분양자에게 소유권을 이전하기 위하여 신탁해지를 요청하는 경우 수탁자는 신탁해지와 동시에 피분양자에게 소유권이전등기가 되도록 하거나 피분양자에게 직접 소유권이전등기를 할 수 있다.
③ 위탁자는 제2항의 소유권이전에 대하여 이의하지 않는다.

제28조 (사해신탁에 대한 면책)
① 수탁자는 신탁법 제8조(사해신탁)에 정한 채권자취소권 행사에 의하여 신탁계약이 취소되거나, 신탁법 제21조(강제집행의 금지)에 정한 신탁전의 원인으로 발생된 권리의 실행으로 소유권 변동이 있는 경우에는 신탁에 따른 소유권관리책임을 부담하지 아니한다.
② 신탁기간 중 제1항이 사해신탁을 이유로 수탁자를 상대로 소송이 제기되는 경우 수탁자는 신탁계약을 해지할 수 있다.

제29조 (신탁종료)
① 이 신탁계약은 다음 각 호의 사유가 발생한 때 종료한다.
1. 신탁계약기간이 만료한 때
2. 신탁의 목적이 달성되었거나 달성이 불가능한 때
3. 신탁재산이 모두 처분되었거나 권리자에게 귀속된 때
4. 제19조, 제20조에 따른 신탁부동산의 처분
5. 제26조에 따른 신탁해지

② 제1항의 사유 발생에도 불구하고 신탁부동산에 대해서 분양이 이루어져 피분양자를 보호할 필요가 있는 경우에는 수탁자는 신탁을 종료하지 아니 하거나 신탁재산의 권리자에 대한 귀속을 유보할 수 있다.
③ 신탁기간 만료, 신탁해지 등으로 신탁계약이 종료하는 경우에는 위탁자는 수탁자에게 수익권증서를 반환하고 수탁자는 위탁자에게 신탁재산을 현상대로 인도한다.
④ 신탁이 종료하는 경우 수탁자는 최종계산을 작성하여 수익자에게 통보한다. 다만 수익자에게 이미 통보한 사항은 동의한 것으로 간주하여 최종 계산서에서 이를 생략한다.

제30조 (신고사항)
① 위탁자 또는 수익자와 그 상속인은 다음 각호의 사유가 발생한 경우에는 지체없이 수탁자에게 그 사실을 서면에 의하여 신고하여야 한다.
1. 신탁계약서, 수익권증서 및 신고인감의 분실
2. 위탁자 및 수익자와 그 대리인, 기타 신탁관계인의 사망 또는 주소, 성명, 행위능력 등의 변경 및 신고인감의 변경
3. 기타 신탁계약에 관하여 변경을 요하는 사항의 발생

② 전항의 신고가 지체됨으로써 발생한 손해에 대하여는 수탁자는 그 책임을 지지 아니한다.

제31조 (소송수행)
① 수탁자는 위탁자, 우선수익자로부터 소송 제기요청이 있는 경우 이를 검토하여 소제기 및 응소를 한다. 단, 위탁자의 부도 등 협의가 어려운 경우에는 신탁부동산에 관하여 소를 제기하거나 응소할 수 있다.
② 위탁자는 수탁자가 보조참가, 소송수계 또는 증인출석을 요청하거나 소송수행에 필요한 자료를 요청하는 경우 이에 적극 응하여야 한다.
③ 소송에 필요한 변호사의 보수 및 소송과 관련한 일체의 비용은 위탁자의 부담으로 한다.

제32조 (인감의 대조 및 책임)

수탁사는 수익자가 제출한 청구서류에 찍힌 인영(또는 서명)을 기 신고된 인영(또는 서명)과 상당한 주의로서 대조하여 확인하고, 신탁원본 또는 신탁수익의 교부 기타 신탁사무를 처리한 때에는 청구서 및 인감에 관한 위조, 변조, 도용 기타 어떠한 사고로 말미암아 손해가 발생하여도 그 책임을 지지 아니한다.

제33조 (관할법원)
이 신탁계약에 관해서 분쟁이 발생한 경우에 관할법원은 민사소송법에 따른다.

제34조 (기타사항)
① 이 신탁계약의 효력은 본건 분양사업과 관련하여 체결된 사업약정 및 대리사무계약과 상호 보완관계에 있다.
② 이 신탁계약 내용 중 건축물의분양에관한법률 및 신탁관련법규 중 강행규정에 반하는 내용은 위 법령에 따른다.

제35조 (신탁계약서)
이 신탁계약을 증명하기 위해 계약서를 3부 작성하여 위탁자와 수탁자가 각 1부씩 보관하며, 1부는 신탁등기에 사용하기로 한다.

0000년 00월 00일

위탁자
주소 : 광주광역시 단서구 OO로OO길 OO
성명 및 상호 : 주식회사 △△물산
대표이사 : 박창원 ㊞
법인등록번호 : 000000-0000000
[사업자등록번호 : 000-00-00000]

수탁자
주소 : 서울특별시 연수구 테헤란로 OOO
성명 및 상호 : 주식회사 ㅇㅇ자산신탁
대표이사 : 성동진 ㊞
법인등록번호 : 000000-0000000
[사업자등록번호 : 000-00-00000]

<수익자 동의>
이 신탁계약에 있어서 수익자 본인은 다음과 같이 수익자로 지정됨에 동의하며, 신탁계약서 내용을 충분히 인지하고 수익자로서 권리의무를 성실히 이행할 것을 확약합니다.

수익자
주소 : 광주광역시 달서구 OO로OO길 OO
성명 및 상호 : 주식회사 △△물산
대표이사 : 박창원 ㊞
법인등록번호 : 000000-0000000
[사업자등록번호 : 000-00-00000]
※ 본란은 위탁자와 수익자가 동일인이 아닌 경우에만 기재

※ 첨부서류
별지1 신탁부동산목록
별지2 분양대상 건축물의 내용
별지3 우선수익자 및 수익자
별지4 신탁보수내역

<별지1>

신탁부동산 목록

1. 경상남도 진주시 상평동 111 대 460㎡
2. 경상남도 진주시 상평동 112 대 500㎡

<별지2>

분양대상 건축물의 내용

(단위 : ㎡)

사 업 명	
사업부지	
부지면적	
규 모	
연 면 적	
개발용도	
공사기간	
기 타	

<별지3>

우선수익자 및 수익자

1. 우선수익자

제1순위	성명 및 상호	
	법인등록번호	
	주 소	
	우선수익금한도액	
제2순위	성명 및 상호	
	법인등록번호	
	주 소	
	우선수익금한도액	

2. 수익자

성명 및 상호	
법인등록번호	
주 소	

3. 채무자

성명 및 상호	
법인등록번호	
주 소	

<별지4>

신탁보수 내역

1 관리보수

보수액 = 기준금액 × ○○/10,000 (보수율)

주1) 기준금액 = 신탁재산가액

주2) 관리보수는 1년 단위로 지급하기로 한다.

주3) 최저보수한도액은 연 ○○만원으로 한다.

주4) 수탁재산가액은 토지의 경우에는 당해연도 주무관청에서 고시한 개별공시지가, 건물의 경우에는 주무관청에서 고시한 과세시가표준액으로 하되, 그 가액이 불합리하다고 인정될 경우에는 위탁자와 수탁자가 협의하여 결정한 가격 또는 감정평가업자의 감정평가액으로 한다.

2. 담보보수

보수액 = 기준금액 × ○○/10,000 (보수율)

주1) 기준금액 = 우선수익금 한도액

주2) 보수는 수익권증서 발행시마다 별도로 산정한다.

주3) 보수는 신탁기간의 증감(기간연장, 중도해지)에 관계없이 일시에 선납한다.

3. 환가처분보수

처 분 가 격	보 수 율	
	일시불처분시	할부불처분시
1억원까지	00 / 1,000	00 / 1,000
1억원초과 2억원까지	00 / 1,000	00 / 1,000
2억원초과 5억원까지	00 / 1,000	00 / 1,000
5억원초과 10억원까지	00 / 1,000	00 / 1,000
10억원초과	00 / 1,000	00 / 1,000

주1) 처분보수액은 처분가격의 단계별 보수를 누적 산정한다.

주2) 보수최저 한도액은 00만원으로 한다.

분양관리신탁계약 특약사항

주식회사 △△물산(이하 "위탁자"라 한다)와 주식회사 ○○자산신탁(이하 "수탁자"라 한다)은 0000. 00. 00.자로 위탁자가 신탁부동산을 수탁자에게 신탁하고 수탁자는 이를 신탁하는 내용의 분양관리신탁계약(이하 "신탁계약"이라 한다)을 체결하였는바, 이와 관련하여 당사자 간에 다음과 같은 특약사항을 합의한다.

제1조 (소유권 이전 및 신탁의 등기 관련)
신탁계약 제3조 제2항의 등기에 소요되는 비용도 위탁자가 부담하며 위탁자는 소유권이전 및 신탁등기에 필요한 등기권리증, 인감증명서, 등기위임장 등 제반서류를 수탁자에게 제출하여야 한다.

제2조 (신탁기간 관련)
신탁계약 제4조 제2항에 따라 신탁기간을 연장하기 위해서는 신탁계약종료이전 위탁자와 수탁자 및 수익자(우선수익자를 포함한다)간에 합의가 성립되어야 한다.

제3조 (신탁부동산의 보전관리 관련)
위탁자가 신탁계약 제11조의 의무에 위반하여 수탁자에게 손해가 발생한 경우, 위탁자는 수탁자에게 이로 인한 모든 손해를 배상하여야 한다.

제4조 (신탁재산에 속하는 금전의 운용방법)
신탁계약 제15조와 관련하여 신탁재산에 속하는 금전은 관계법령과 사업약정 및 대리사무계약에서 정하는 방법으로 수탁자가 운용한다.

제5조 (예정가격)
신탁계약 제20조와 관련하여 사업양수인과 수의계약시 신탁부동산의 매매예정가격은 수익권증서상 신탁재산가액으로 결정하기로 한다.

제6조 (처분방법 관련)
수탁자는 신탁계약 제22조에 따른 처분 및 그 결과에 대하여 일체의 책임을 지지 아니하고, 위탁자는 피분양자와 분양계약의 체결시 이러한 점을 분양계약서에 명시하여야 한다.

제7조 (처분대금 등 정산 관련)

① 신탁계약 제24조 제1항 제1호의 '신탁사무처리와 관련하여 발생된 제비용 및 신탁보수'에 신탁사무처리와 관련하여 수탁자가 부담하게 된 손해배상액이 포함된다. 다만 수탁자의 고의에 의한 손해배상액은 제외한다.

② 신탁계약 제24조 제1항 제2호와 관련하여, 수탁자가 신탁부동산을 처분, 환가하고 피분양자에게 이를 배분함에 있어 재원이 부족할 경우 피분양자에게 당해 피분양자가 납부한 분양대금에 따라 안분비례하되, 안분비례되는 부분은 분양대금의 원금 부분에 한하며 이자 부분은 제외하고, 위탁자는 분양계약서에 이를 명기해야 한다.

③ 신탁계약 제24조 제1항 제3호의 '잔존대리사무보수'에 대리사무처리와 관련하여 수탁자가 부담하게 된 손해배상액이 포함된다. 다만 수탁자의 고의에 의한 손해배상액은 제외한다.

제8조 (사해신탁에 대한 면책 관련)

위탁자는 신탁계약 제28조 제1항의 취지를 분양계약서에 명시하여야 한다.

제9조 (등기사무처리 등)

이 "신탁계약" 관련 일체의 등기사무는 수탁자가 지정하는 법무사가 처리하기로 한다.

제10조 (수탁자의 해임)

① 위탁자와 (우선)수익자는 수탁자가 고의 또는 중대한 과실에 의하여 그 임무에 위반한 행위를 하지 않는 한 정당한 사유 없이 수탁자를 해임할 수 없다.

② 제1항에도 불구하고 부득이한 사유로 수탁자를 해임하는 경우 수탁자에게 지급하여야 할 잔여신탁보수 및 현재 발생하였거나 장래에 발생할 신탁사무처리비용을 선정산하여야 한다.

제11조 (수익자간 권리행사의 범위)

① 신탁계약서 본문 제9조 제2항에도 불구하고 위탁자는 수탁자 및 선순위 (우선)수익자의 동의 없이 후순위 (우선)수익자를 추가로 지정할 수 없다.

② 수익자로서의 일반적인 의사는 최선순위 (우선)수익자의 의사에 따르고 최선순위 (우선)수익자의 명시적인 의사표시가 없는 경우 차순위 (우선)수익자의 의사에 따른다.

③ 동순위 (우선)수익자가 여럿인 경우 당해순위 (우선)수익자의 의사는 수익권 증서 금액의 과반수의 의사에 따른다.

④ 본조 각 항에도 불구하고 신탁계약서 본문 제19조 제1항의 처분은 우선수익자 중 1인의 요청에 의하여 할 수 있으며, 신탁계약서 본문 제26조 등에 따라 위탁자와 합의에 의해 신탁계약을 해지·해제하고자 할 경우에는 우선수익자 전원의 동의를 득하여야 한다.

제12조 (기타사항)

① 이 특약사항과 신탁계약의 내용이 서로 배치되는 경우 이 특약사항이 우선하며, 이 특약 사항으로 신탁계약이 변경된 것으로 본다.

② 이 특약사항 내용 중 건축물의분양에관한법률, 동법 시행령, 동법 시행규칙 및 신탁관련법규 중 강행규정에 반하는 내용은 위 법령에 따른다.

③ 신탁계약 제33조에도 불구하고 신탁계약 및 특약사항에 관해서 분쟁이 발생한 경우에 서울중앙지방법원을 관할법원으로 한다.

④ 위탁자와 수익자가 다른 경우 신탁계약과 관련하여 발생하는 일체의 비용은 수익자가 부담하기로 한다.

제13조 (특약사항 계약서)

이 특약사항을 증명하기 위해 계약서를 3부 작성하여 위탁자와 수탁자가 각 1부씩 보관하며, 1부는 신탁등기에 사용하기로 한다.

0000년 00월 00일

위탁자

주소 : 광주광역시 달서구 OO로OO길 OO
성명 및 상호 : 주식회사 △△물산
대표이사 : 박창원 ㊞
법인등록번호 : 000000-0000000
[사업자등록번호 : 000-00-00000]

수탁자

주소 : 서울특별시 연수구 테헤란로 OOO
성명 및 상호 : 주식회사 ○○자산신탁

대표이사 : 성동진 ㊞
법인등록번호 : 000000-0000000
[사업자등록번호 : 000-00-00000]

<수익자 동의>
이 신탁계약에 있어서 수익자 본인은 다음과 같이 수익자로 지정됨에 동의하며, 신탁계약서 내용을 충분히 인지하고 수익자로서 권리 의무를 성실히 이행할 것을 확약합니다.

수익자
주소 : 광주광역시 달서구 OO로OO길 OO
성명 및 상호 : 주식회사 △△물산
대표이사 : 박상민 ㊞
법인등록번호 : 000000-0000000
[사업자등록번호 : 000-00-00000]

※ 본란은 위탁자와 수익자가 동일인이 아닌 경우에만 기재

③ 사업약정 및 대리사무계약서(각 신탁회사별로 다소간 차이가 있음)

시행사(분양사업자) 주식회사 △△물산(이하 "갑"이라 한다), 시공사 **주식회사 ▽▽종합건설**(이하 "을"이라 한다), 대리사무 신탁사 **주식회사** ○○자산신탁(이하 "병"이라 한다) 및 대출금융기관 **주식회사 ◎◎은행**[(이하"정"이라고 한다)은 **시 **구 **동 **번지외 *필지(이하 "사업부지"라 한다) 지상에 건축하는 **신축사업(이하 "본 사업"이라 한다)과 관련하여 상호 신의와 성실을 바탕으로 아래와 같이 사업약정 및 대리사무계약(이하 "본 계약"이라 한다)을 체결한다.

제1조(목적)
"본 계약"은 '건축물의분양에관한법률(이하 "건분법"이라고 한다)'에 의거하여 "본 사업"에 대한 "갑", "을", "병" 및 "정"(이하 "계약당사자"라 한다)간의 업무범위와 책임을 명확히 하고 신탁재산 및 분양수입금을 효율적으로 관리함으로써 피분양자를 보호하고 "본 사업"을 원활하게 진행하는 것을 목적으로 한다.

제2조(사업개요)
① 본 사업의 내용은 다음과 같다.
1. 사 업 명 :
2. 사업부지 :
3. 부지면적 :
4. 연 면 적 :
5. 규 모 :
6. 개발용도 :
7. 공사기간 :
8. 사업기간 :
② "본 사업"의 내용은 건축과 관련한 인허가, 설계변경 등으로 "본 계약" 당사자간의 합의에 따라 변경될 수 있다. 다만, 설계변경을 하는 경우에는 제13조에 따른다.

제3조 (역할 및 업무)
"갑", "을", "병" 및 "정"은 다음 각 항에 해당하는 업무를 수행하며 그에 대하여 책임을 부담한다.
① "갑"은 "본 사업"의 시행자로서 다음 각 호의 업무를 수행한다.
1. 사업부지에 대한 소유권 확보, 제한물권("사업부지"상에 설정된 저당권, 가등기담보권, 전세권, 지상권 및 등기된 임차권 등 제3자의 제반 권리)의 말소
2. "사업부지"의 점유자로부터 토지 및 건물의 인도, 명도 및 기존 건물의 철거
3. 건축허가 및 변경 등 각종 인·허가 업무 및 인·허가조건 이행
4. "본 사업"과 관련한 민원의 해결
5. "본 사업"에 필요한 자금조달 및 "정"에 대한 대출원리금 상환
6. "병"의 사업자금 및 분양수입금등의 수납, 관리, 집행에 대한 업무지원
7. 피분양자에 대한 중도금 대출 및 관련 업무수행
8. 본 "사업부지" 전체에 대하여 "병"에게 분양관리신탁할 의무
9. 건축물의 완공시 소유권보존 등기후 "병"에게 분양관리신탁할 의무
10. "을"과 공사도급계약 체결 및 설계, 감

리, 분양대행 등 제반 용역 계약 체결(단, 감리업체는 "병"과 사전 합의하여 선정한 업체와 계약)
11. "본 사업"과 관련하여 체결하는 모든 계약을 "병"에게 통보
12. "본 사업"과 관련하여 "을"의 공사범위가 아닌 부대공사일체(각종 인입공사, 부지정리 및 기부체납공사 등)
13. 분양계약의 체결, 분양광고, 홍보업무 등 분양에 대한 책임
14. 분양신고, 수의계약신고 등 "건분법"에 따른 분양사업자의 의무이행
15. 모델하우스의 건립, 운영 및 관리
16. 분양계약 현황 일일자료를 "병"에게 제출
17. "본 사업"과 관련한 제세공과금 납부 및 세무관련 제반 신고
18. 준공이후 소유권 보존에 관한 등기사무 및 피분양자에 대한 등기이전을 "병"에게 위임하고 등기관련 제반 서류 제출
19. 임대, 입주에 따른 사후 관리 업무 및 준공 건축물의 관리 및 운영
20. "병"이 요구하는 일체의 자료제출 의무
21. "본 사업"과 관련된 일체의 분양대금 채권을 "병"에게 양도할 의무
22. "을"로부터 제출받은 계약이행보증서를 "병"에게 제출
23. 분양신고 관련 서류 일체를 사전에 "병"에게 제출 및 분양신고 완료후 분양신고 수리통지서 사본을 "병"에게 제출
24. 기타 "본 계약"에서 정한 업무 및 본 사업의 시행에 필요한 업무 일체

② "을"은 "본 사업"의 시공사로서 다음 각 호의 업무를 수행한다.
1. 공사기성금의 지급과 관계없이 건축기한 내 책임준공
2. "갑"과 함께 공사관련 인·허가 조건의 이행 및 시행사의 인·허가 조건사항 이행 협조
3. "갑"과 함께 대관청 행정 업무, 시공관련 민원 업무 처리 및 이에 따른 비용 부담
4. 분양계약서상 책임준공 확인명기 및 날인
5. "본 사업" 관련 분양계약 체결 및 피분양자관리에 따른 업무협조
6. 관계 법령에서 정하는 사항을 이행하기 위한 "병"의 요구에 대한 이행(자료의 제출 등)
7. 중도금대출 알선 및 업무 협조
8. 건축물의 사용승인후 법령에 따른 하자보수 의무
9. "정"에 대한 "갑"의 채무 보증과 피분양자에 대한 중도금대출시 연대보증
10. "갑"의 사업추진 불가시 시행자의 지위 인수
11. 분양 및 광고 홍보 업무 지원
12. "갑"에게 건설공제조합 또는 서울보증보험이 발급한 계약이행보증서 제출
13. 피분양자를 위하여 정기적 공사 진척사항의 게시
14. 기타 "본 계약"에서 정한 업무 및 본 사업의 시공을 위하여 필요한 업무 일체

③ "병"은 "본 계약" 당사자들의 위임에 따른 대리사무 신탁사로서 다음 각 호의 업무를 수행한다.
1. 사업부지 전체에 대한 분양관리신탁 계약의 체결
2. 건축물의 신축후 보존등기된 건물에 대한 분양관리신탁을 수탁
3. 분양수입금 관리계좌 개설 및 분양대금의 수납, 관리
4. "본 사업" 관련한 대출금, 분양수입금등 사업자금의 관리 및 집행
5. 건축공사의 공정에 따른 공사비 등 제반 비용을 자금관리계좌에서 지급
6. "갑"의 분양계약에 따른 분양계약서보관 및 분양현황에 대한 전산관리
7. 분양개시일부터 준공시까지 3개월마다 분양현황을 "갑"에게 통지
8. "본 계약"에서 따른 등기관련 업무수행
9. "본 계약" 관련 제 계약 체결시 검토 또는 자문 제공
10. "본 사업"의 원활한 진행을 위하여 "갑"과 "을"에 대한 "본 사업" 관련 자료제출 및 시정요구
11. 기타 "본 계약"에서 대리사무수임자로서 정한 업무

④ "정"은 "본 사업" 관련 대출금융기관으로서 다음 각 호의 업무를 수행한다.
1. 토지매입비 및 사업비 대출
2. 기타 "본 계약"에서 정한 업무

제4조 (계약의 효력 및 개별계약체결)

① "본 계약"은 "갑"과 "병"간에 체결되는 분양관리신탁계약과 상호보완적 효력을 가

지며, “건분법”과 동법 시행령, 시행규칙 등 관계법령에 위배된 바 없고 위배시에는 위 법령에 따른다.

② “본 계약”은 계약 체결 이후 다음 각 호에서 정한 “갑”, “을”, “병” 및 “정”의 상호간에 체결하는 제 계약 및 사업진행을 위해 각 당사자가 체결하는 개별계약에 우선하여 적용된다.

1. 공사수행을 위한 공사도급계약
2. 사업자금의 대출 약정 및 수수료 약정
3. 기타 설계, 감리계약 및 분양대행계약
4. 건설공사관련 보험, 보증 계약
5. 중도금대출과 관련한 약정

③ “갑”과 “을”은 공사도급계약 및 감리계약을 체결함에 있어 공사도급계약의 경우에는 “병”의 사전협의, 감리계약의 경우에는 “병”의 사전 서면동의를 받아야 하며, “갑”, “을”, “병” 및 “정”은 공사도급계약 및 감리계약을 제외한 제2항에 따른 각종 계약을 체결함에 있어 그 내용이 “본 계약” 당사자에게 효력을 미치는 경우에는 당사자간에 사전협의를 거친 후 계약을 체결하여야 하며 전항의 계약이외 “갑”이 체결하는 개별계약은 “본 계약”을 위배할 수 없다. 또한 “갑”은 “본 사업”과 관련하여 체결하는 모든 계약에 대하여 그 사본을 “병”에게 송부하기로 한다.

④ “본 계약”을 변경하고자 하는 경우에는 서면에 의하여 당사자 전원의 동의로 변경하여야 한다.

제5조 (사업비 대출 및 상환)

① 사업비 대출 관련 주요내용은 다음과 같다. 동 “대출”의 세부적인 사항은 “갑” 및 “정”간에 별도로 체결하는 대출약정에 따른다.

1. 채 무 자 :
2. 채 권 자 :
3. 연대보증자(보증인) :
4. 자금용도 :
5. 대출한도 :
6. 대출금리 :
7. 연체이율 :
8. 대출기간 :
9. 수 수 료 :
10. 조기상환 수수료 :
11. 대출실행일 : (“본 계약” 체결일로부터 00일 이내)
12. 대출실행의 전제조건 :

② 대출금 상환방법은 다음과 같다.

1. 대출 원리금은 사업정산 후 “갑”이 변제하나, 다만, 사업정산 전 신탁수익금에서 “병”이 지급할 수 있고 “본 사업” 준공과 피분양자에게 소유권이전등기에 지장이 없다고 “병”이 판단할 경우, 계약당사자의 동의를 득하고 사업정산이전이더라도 신탁수익금에서 지급할 수 있다.
2. “본 사업”진행 중 “갑”의 부도·파산 등으로 사업추진이 불가한 경우와 기타사유로 신탁을 중도에 해지하는 경우에는 제34조 제3항의 정산순서에 따른다.

③ “정”의 대출금액에서 “정”의 인지세 및 대출수수료를 우선지급하고 잔여 금액은 토지매입비와 “본 사업”의 초기 사업비로 사용하며 사용 후 잔여 대출금은 “병”이 사업비로 관리한다.

④ “갑”은 본조의 대출금 채무 이외에 “본 사업”의 사업진행기간중 “병”, “정”의 동의 없이 제3자에 대하여 채무 또는 보증채무를 부담하지 않기로 한다.

제6조 (신탁등기 및 수익권증서의 발행)

① “갑”은 “정”의 대출실행과 동시에 “본 사업”의 사업부지(건물이 있는 경우건물 포함)에 대해 “병”을 수탁자로 하는 분양관리 신탁계약을 체결하고 소유권이전등기 및 신탁등기를 경료하여야 한다.

② “병”은 제1항의 신탁계약 체결과 동시에 “정”을 우선수익자로 하는 수익권증서를 발급한다. 다만, 후순위 우선수익자 지정 및 수익권증서를 발행하는 경우에는 “본 계약” 당사자 전원의 동의에 의한다.

③ 우선수익권의 채권최고액은 “정”이 “갑”에게 대출한 금액의 000%로 한다. 다만, “갑”과 “정”이 따로 정하는 경우에는 그에 따르기로 한다.

④ “갑”은 신탁등기와 관련한 제반등기서류를 “병”에게 제출하며 등기관련 비용은 “갑”이 부담한다. 다만, 신탁등기는 “갑”과 “병”이 협의하여 선정한 법무사가 주관하도록 한다.

제7조 (본사업의 인·허가)

① “본 사업”의 모든 건축물의 인·허가(변경허가 포함)는 “갑”이 수행하되 사전에 “을”과 합의하여 진행한다.

② 인·허가 조건에 부가되는 제비용은 “갑”

이 부담한다.

제8조 (사업시행권 및 채무의 인수)

① "갑"은 "본 계약"에 정한 경우나 "을", "병", "정"이 동의하는 경우 외에는 사업부지 등 일체의 사업자산을 제3자에게 처분하거나 담보로 제공하지 못한다.

② "갑"에게 다음 각 호의 사유가 발생하는 경우 "갑"은 "본 사업"의 시행권, 사업부지(건물이 있는 경우 건물 포함)의 소유권 및 "정"에 대한 "본 사업" 관련한 "갑"의 권리·의무 일체를 "을" 또는 "을"과 "정"이 합의하여 지정하는 제3자(이하 "양수인"이라 한다)에게 양도(이전)하기로 하며, "을" 또는 "양수인"은 조건 없이 양수하여야 한다.

1. "갑"이 회생절차, 화의절차, 파산절차의 개시 신청등 기타 유사한 신청 및 이를 위한 보전처분, 어음교환소의 거래정지처분, 회사의 해산결의 등이 있는 경우
2. "갑"이 "본 계약" 및 "본 계약"에 의하여 체결된 개별계약의 내용을 이행하지 아니하거나 위반하고 그것이 치유될 수 없는 경우
3. "갑"이 "본 사업"의 대출을 위하여 제출한 자료가 "본 사업" 수행의 중요한 점에 있어 사실과 다르거나 허위인 것이 판명된 경우
4. 분양수입금관리계좌 등 "본 사업"의 수행을 위해 개설한 관리계좌나 "갑"이 "본 사업"과 관련하여 제공한 담보재산에 대하여 강제집행이 개시되어 사업의 계속 진행이 현저히 곤란하다고 "을" 및 "정"이 판단할 경우
5. 사업부지내의 타권리자의 민원이나 관련 인허가를 받지 못하여 사업수행이 어렵거나 장기간의 사업지연으로 "본 사업" 추진이 불가능하게 된 경우
6. "갑"이 "병"과 "정"의 동의 없이 "본 사업"의 시행권을 제3자에게 양도하거나 실질적인 경영권을 양도한 경우
7. "갑"이 분양업무로 인한 분양사고로 피분양자의 민원을 야기하거나 "을"과 "병"의 사회적 신인도에 현격한 손상을 입힌 경우
8. "갑"이 "본 사업"의 자금 또는 분양수입금을 유용하여 "갑"을 시행자로 "본 사업"을 진행하는 것이 현저히 곤란하다고 "을" 및 "정"이 판단하는 경우

③ 제2항에 따라 "병"이 "양수인"과 매매계약을 체결하는 경우, "병"은 사업부지(건물이 있는 경우 건물 포함)에 대해 감정평가기관에서 평가한 평가금액을 기준으로, "양수인"이 "갑"의 대출약정서에 따른 대출원리금, 수분양자에 대한 "갑"의 권리·의무 및 "병"에 대한 신탁사무처리 비용 등 "갑"의 본 사업과 관련한 모든 권리·의무를 인수(이하 "인수비용"이라 한다)하는 것을 조건으로 신탁계약서 제19조 내지 제23조의 절차에 따라 매각할 수 있다. 이 경우 실제 처분대금과 인수비용의 차액이 존재할 경우 이를 "갑"이 지급받을 신탁수익으로 할 수 있으며, "병"의 이러한 시행권 및 신탁재산 처분으로 본조 제2항의 처분절차는 이행된 것으로 본다.

④ 제2항에 의한 "본 사업"의 시행권 양도로 "갑"이 보유하는 다음 각 호의 일체의 권리는 "을" 또는 "양수인"에게 이전하고 "갑"의 의무는 "을" 또는 "양수인"에게 중첩적으로 인수된다. 이 경우 "갑"은 "본 사업"과 관련된 모든 권리를 상실하며, 민·형사상의 이의, 소제기, 기타 민원 등 "본 사업" 시행에 직·간접적으로 영향을 줄 수 있는 일체의 행위를 할 수 없다.

1. 본 사업부지(건물이 있는 경우 건물 포함)의 소유권 및 그에 관련된 일체의 권리
2. 본 사업부지 지상 및 지하의 모든 건축물(건축중인 건축물 포함)의 소유권 및 기타 그에 관련된 일체의 권리
3. "본 계약"에 따라 계약당사자간 체결한 개별계약과 피분양자 및 제3자와 체결한 계약상에 따른 일체의 권리·의무

⑤ "갑"은 "병"에게 제2항의 시행권 양도사유가 발생할 때에 대비하여 제반절차이행에 필요한 다음 각호의 서류를 제출하여야 한다.

1. 건축주 명의변경 신고서 및 동의서
2. 분양신고상의 분양사업자의 변경신고서 및 동의서
3. 분양계약상 분양자지위의 양도각서 및 그에 대한 양도통지서(또는 양도통지권을 수여하는 위임장)
4. 사업시행권 및 신탁부동산(건축 중인 건축물 포함), 신탁수익, 자금관리계좌, 대출금관리계좌에 대한 권리 등 "본 사업"에 관한 일체의 권리에 대한 포기 및 양

도각서

4. 사업시행권 및 신탁부동산(건축 중인 건축물 포함), 신탁수익, 자금관리계좌, 대출금관리계좌에 대한 권리 등 "본 사업"에 관한 일체의 권리에 대한 포기 및 양도각서
5. 위 '1'호 내지 '4'호의 서류에 대한 "갑"의 이사회 결의서 및 주주총회 의사록
6. 대표이사의 주민등록증 사본(대표이사 변경시 즉시 교체)
7. 상기 서류에 각 법인인감을 날인하고 그 날인한 수만큼의 인감증명서를 제출("본 계약" 체결일로부터 변경사항 발생시 다시 제출)

⑥ 제2항 중 "을"이 "본 사업" 시행권을 양수할 경우에는 "을"과 "병"이 "갑"에 대하여 서면통지로써 이전을 요구하거나, "병"과 "정"이 "갑"과 "을"에 대한 서면통지로써 이전을 요구하기로 하며, "양수인"이 "본 사업"의 시행권을 양수하는 경우에는 "을"과 "정"이 "갑"에게 서면통지로써 이전을 요청하기로 한다.

⑦ "을", "병", "정"이 제6항에 따른 서면통지로써 사업시행권의 이전을 요청하는 경우 다른 당사자들의 동의 내지 별도의 약정이 없더라도 그 서면통지가 발송된 시점에 즉시 "갑"의 사업시행권은 "을" 또는 "양수인"에게 조건 없이 양도된다.

⑧ "갑"은 제6항의 서면통지가 있는 경우 그 통지일로부터 3주내에 건축허가서상의 건축주변경, 분양사업자지위의 양도·양수, 자금관리계좌 및 날인변경 등 "본 사업"의 시행권 양도 양수와 관련된 모든 절차가 종료되도록 하고, 이와 관련된 제반의무를 성실히 이행하여야 한다.

⑨ "을"과 "병"이 "갑"에게 사업시행권 양도를 통지하는 경우, "병"과 "정"이 "갑"과 "을"에게 사업시행권 양수를 통지하는 경우, "을"과 "정"이 "갑"에게 양수인에 대한 사업시행권 양도를 통지하는 각 경우에는 서면통지 발송시점부터 "을" 또는 "양수인"은 "본 계약" 및 "갑"과 "정" 사이의 대출약정에 따른 "갑"의 "정"에 대한 대출금 원금상환 및 이자지급 채무를 이행할 의무를 부담한다. 단, "양수인"이 "갑"의 사업시행권을 양수받는 경우에도 "을"은 "정"에 대한 대출원금 상환 및 이자지급의 보증채무를 동일하게 이행할 의무가 있다.

⑩ 본 조상 "갑"의 의무이행을 담보하기 위하여 "갑"은 자신의 법인주식 전부에 대하여 또는 "정"을 질권자로 하여 질권을 설정한다.

제9조 (공사도급계약의 체결)

① "갑"과 "을"은 "본 계약" 체결 및 사업인·허가 후 즉시 허가면적을 기준으로 공사도급계약을 체결하며 도급공사금액은 평당 금 0,000원(부가세별도)을 건축연면적에 곱한 금액으로 한다. 단, 물가변동에 따른 공사도급금액의 변경은 없기로 하며 평당 공사도급금액을 증액하는 경우에는 "본 계약" 당사자 전원의 서면합의로 정한다.

② "을"은 건축허가 및 사업부지에 대한 명도 완료 후 3개월 이내에 "본 사업" 목적물의 건축에 착공하여야 한다.

③ "을"은 사용승인 후 관계법령에 따라 하자보수책임을 부담한다.

④ 공사도급범위외의 사업인·허가 조건으로 부가되는 공사 및 각종 인입관련 분담금(상하수도, 전기, 가스, 지역난방 등) 등은 "갑"이 부담한다.

⑤ 공사도급계약과 관련한 세부사항은 "갑"과 "을"간에 체결하는 공사도급계약에서 정하기로 한다.

⑥ "갑"과 "을"은 공사도급계약 체결 전 "병"이 공사도급계약서를 사전검토할 수 있도록 하고 그 검토내용을 공사도급계약에 반영하여 "병"이 관계법령에서 정한 업무를 원활히 수행할 수 있도록 하여야 한다.

제10조(책임준공)

① "본 사업"의 공사기간은 착공일로부터 00개월로 한다. 다만, 천재지변 및 이에 준하는 경제상황의 급격한 변동 등으로 인하여 공사지연이 불가피하다고 인정되는 경우 "갑", "을", "병", "정"이 합의하여 공사기간을 연장할 수 있다.

② "을"은 약정된 공사기간내에 건축물을 책임준공 하여야 하며 공사비지급의 지연, 민원 등을 이유로 공사를 중단할 수 없다. 단, 시공권이 "을" 이외의 자에게 이전되거나, "본 계약"의 해지로 인해 본 사업의 정상추진이 불가능한 경우는 예외로 한다.

③ "을"은 "본 사업"의 준공에 필요함에도 불구하고 "을"의 도급 및 업무범위에서 제

외된 추가공사에 대하여는 “갑”과 협의하여 공사를 진행하되, “본 사업”의 준공에 지장이 없도록 조치하여야 한다.
④ “을”은 자신의 귀책사유로 공사가 지연되거나 시공을 포기함으로써 “갑”, “병” 및 “정”에게 손해가 발생하는 경우에는 이를 배상하여야 한다.
⑤ “을”이 본조의 책임준공 의무 또는 본 약정상의 의무 내지 공사도급계약상의 의무를 이행하지 않을 경우 “갑”은 독자적으로 또는 “병”의 요청을 받는 즉시 기 제출받은 계약이행보증서를 근거로 보증서 발급기관에 보증채무 이행을 청구하여야 한다.
⑥ “갑”은 제5항의 보증채무 이행청구에 의하여 보증기관으로부터 수령한 계약이행보증금은 “본 사업”의 사업비 및 피분양자에 대한 분양대금환불재원으로 사용하기로 하며, 이를 위하여 “병”이 요구하는 모든 조치를 이행하기로 한다.

제11조 (공사기성금의 확정 및 공사대금 지급)
① 당해 공사와 관련한 선급금은 지급하지 않는다.
② 공사비는 매 00개월마다 “병”의 공사기성금검토 및 최종확정을 거쳐 지급하기로 한다.
③ 공사비의 지급절차는 “을”이 아래 각호의 서류를 “갑”에게 제출하여 “갑”이 “병”에게 기성검사를 요청한 후 “병”이 요청받은 날로부터 00일 이내에 제출받은 자료를 검토하여 공사기성금을 확정하고 그 내용을 “갑”과 “을”에게 통보한다. 단, “병”은 미비된 서류의 보완을 요청할 수 있으며, 이 경우 보완대상 서류가 “병”에 접수된 날로부터 00일 이내에 공사기성금을 확정하도록 한다.
1. 공사비 지급검토 요청서
2. 층별, 공종별 진행 물량 산출서
3. 실시 내역서, 실시 공정표
4. 감리자 공사기성 확인서 및 의견서
5. 공사진행 사진대장
6. (최초 기성청구 또는 설계변경시) 도급내역서, 설계도서, 예정공정표
7. 별도의 절차에 따라 신탁사가 요청한 서류

④ 전항 절차에 의해 확정된 공사기성금에 대하여 이의가 없을 경우, “을”은 “갑”에게 확정된 공사기성금을 청구하고 “갑”이 “병”에게 공사비 지급요청을 하면, “병”은 요청받은 날부터 00일 이내에 “을”에게 직접 지급하기로 한다.
⑤ 공사비는 자금집행순서 및 “자금관리계좌”의 자금범위내에서 지급한다.
⑥ 공사비 기성지급기일에 “본 사업”의 “자금관리계좌”의 잔고부족으로 공사비를 지급하지 못할 경우에는 차회 공사비 지급기일에 공사도급계약상 지연손해금을 더하여 지급한다.
⑦ “을”은 공사대금의 미지급을 이유로 이 사건 신축건물에 대하여 유치권을 행사할 수 없으며 “을”의 하수급인이 유치권을 행사하는 경우 “을”의 책임으로 해제하여야 한다.

제12조 (감리업체 지정 및 감리계약의 체결)
① “갑”은 “본 사업”의 객관적인 기성률 점검 및 공사의 진행상황 파악 등 “병”이 관계법령에서 정한 업무를 원활히 수행할 수 있도록 하기 위하여 “병”과 합의하여 정한 감리업체와 감리계약을 체결하여야하며, 감리계약 체결 전 “병”이 감리계약서를 사전검토할 수 있도록 하고 그 검토내용을 감리계약에 반영하여야 한다.
② “갑”은 “병”과 합의하여 정한 감리업체 및 감리원이 업무상 중대한 과실을 범하거나 또는 손실을 입혔을 경우를 제외하고는 감리계약을 해지하거나 감리원을 변경할 수 없으며, 그 경우에는 사전에 “병”의 동의를 득하여야 한다.
③ “병”은 정당한 사유가 있는 경우 감리업체와 감리원의 변경을 “갑”에게 요구할 수 있으며, “갑”은 1개월 이내에 변경에 대한 조치를 하여야 한다.
④ “갑”이 체결하는 감리계약에는 아래 각호의 내용을 감리업체 및 감리원의업무범위에 명시 하여야 한다.
1. 공사비산출내역 및 설계도서(도면, 시방서, 계산서 등)의 검토의견서 제출
2. 예정공정계획(공정표, 공정보할)의 타당성 검토
3. 월간공사현황보고(공정, 품질, 안전, 민원, 하도급관리, 종합의견)
4. 설계변경시 감리 의견 사전보고 및 처리결과보고
5. 공사진척현황 파악 및 보고
6. 기성(준공포함)검사

제13조(설계변경)

① "본 사업" 건축물에 대한 설계변경은 "갑"이 "을"과 합의하여 수행한다.

② "갑"이 분양신고를 하고 분양한 이후 해당 건축물에 대하여 설계변경을 할 때에는 '건분법'에 정해진 요건과 절차에 따라야 한다.

③ 설계변경에 대한 책임은 "갑"과 "을"이 부담한다.

④ 설계변경과 관련하여 "갑"과 "을"은 반드시 "건분법" 제7조에 따른 피분양자 전원의 동의를 득하였거나 피분양자 전원에게 사전 통지를 하였음을 입증하는 사료 및 "병"이 요구하는 자료를 "병"에게 제출하여야 한다.

⑤ 적법한 절차의 설계변경으로 인하여 공사비의 증감요인이 발생한 경우, 공사비의 변동부분은 사업정산과 대출원금상환이 완료된 후, "갑"과 "을"이 정산하도록 한다.

제14조(민원의 해결)

① "을"은 본 공사의 시공과 관련하여 발생한 제반 민원(안전사고 포함) 및 제3자에게 발생한 손해에 대하여 책임진다.

② 사업시행과 관련하여 발생한 민원은 원칙적으로 "갑"의 책임하에 처리한다.

③ 책임원인이 불명한 민원을 포함하여 "본 사업"과 관련하여 발생하는 각종 민원은 "갑"과 "을"이 상호 협력하여 처리한다.

제15조(사업 시공권 양도)

① "을"에게 다음 각호의 사유가 발행할 경우 "을"은 "본 사업"의 시공권을 포함한 모든 권리를 포기하고, 아무런 이의 제기 없이 "갑", "병" 및 "정"이 지정하는 자(이하 "시공양수인"이라 함)에게 이를 양도하여야 한다.

1. "을"이 회생절차, 화의절차, 파산절차의 개시 신청 및 이를 위한 보전처분, 어음교환소의 거래정지처분, 회사의 해산결의 등이 있는 경우
2. 특별한 사유 없이 "을"이 3개월 이상 공사착공을 지연하거나 공사를 중단하는 경우
3. 기타 "을"이 "본 계약"상의 의무를 위반하여 사업수행에 중대한 차질을 야기하는 경우

② 제1항에 의하여 "을"이 "시공양수인"에게 양도하거나 포기하여야 하는 권리는 다음 각호와 같으며, "을"은 이와 관련하여 민·형사상 이의, 소제기, 기타 민원 등 "본 사업" 진행에 직·간접적으로 영향을 줄 수 있는 일체의 행위를 할 수 없다.

1. "본 사업"의 시공권("을"이 "본 사업"과 관련하여 가지는 모든 권리 포함)
2. "본 사업" 관련 공정에 따라 건축된 구축물에 대한 일체의 권리
3. "본 사업"과 관련하여 "을"이 보유하는 유치권
4. "을"이 제8조에 따라 사업시행권 일체를 양수하였을 경우에는 동 사업시행권 일체(단, 이 경우 시행권양도의 구체적인 내용 및 절차는 제8조를 준용한다.)

③ 제2항의 시공권 양도와 관련하여 "을"의 시공권 양도시점은 "갑", "병" 및 "정"이 시공권 양도요구를 서면으로 "을"에게 발송한 시점부터 "시공권양수인"에게 양도되는 것으로 한다. 이 경우 "을"은 시공권 양도에 대하여 어떠한 이의도 제기치 아니한다.

④ 위 시공권 양도에도 불구하고 "을"의 채무불이행 기타 손해배상 책임은 면제되지 아니한다.

⑤ 시공권 양도가 있는 경우 "을"의 공사비는 이전되는 시점의 기성고를 기준으로 정산하되, 미지급된 정산금은 "본 사업"의 종료 후 사업정산시에 지급한다. 다만, "본 사업"의 정산시까지 분양 부진으로 인하여 정산금을 지급할 수 없는 경우에는 "갑"은 미분양물건으로 대물지급할 수 있다.

⑥ "을"은 "본 계약" 체결과 동시에 공사포기 각서를 포함한 시공권 포기 및 양도에 관련된 모든 서류를 "병"에게 제출하여야 한다.

제16조 (공사진행 상황 공시)

"을"(또는 "병")은 "본 사업"의 공사진행 상황을 피분양자들이 알 수 있도록 "을"(또는 "병")의 홈페이지 등 적당한 방법으로 공사 기성률 및 현장사진을 게시한다.

제17조 (분양업무 수행 등)

① "본 사업"에 따른 분양(임대포함)업무(분양광고, 분양계약체결, 분양대행사선정 등)

는 "갑"의 책임과 부담으로 수행하되 "을" 및 "병"과 협의하여 진행한다. "을" 및 "병"은 "갑"의 분양업무 수행이 적법하지 않은 경우 이의 시정을 요구할 수 있으며, "갑"이 "을" 및 "병"과의 협의 없이 행한 분양업무 수행에 대하여 "을" 및 "병"은 일체의 책임을 지지 아니한다.
② "갑"은 분양대행사를 선정하여 분양업무를 수행토록 할 수 있으며, 분양대행사의 선정은 "을" 및 "병"과 사전협의토록 한다.
③ 분양대행사의 사고에 대한 책임은 "갑"이 부담한다. "병"은 분양대금유용, 과장광고 등의 사유가 있는 경우 "갑"에게 분양대행업체의 변경을 요구할 수 있고 "갑"은 분양대행사를 변경하여야 한다.
④ 분양수입금의 수납 및 관리는 "병"이 수행한다.
⑤ 분양광고는 "갑"이 주관하여 시행하되 "건분법" 상의 규정에 따라야 한다.
⑥ "본 사업"과 관련하여 "갑"은 분양과 관련한 홍보물 제작, 광고의 내용 등의 일체의 광고행위에 대하여 "을", "병", "정"의 상호 및 로고를 사용하는 경우에는 해당 당사자의 사전 동의를 얻어야 한다.
⑦ "갑"이 제1항, 제3항 내지 제4항의 의무이행을 해태할 경우 "병"은 "갑"의 관련 자금집행요청을 거부할 수 있으며, 이로 인해 발생하는 일체의 책임은 "갑"이 부담하기로 한다.

제18조 (분양계약서 관리 등)
① "갑"은 "을" 및 "병"과 사전에 합의하여 분양계약서를 제작하되 "병"의 권고안을 기준으로 하고, 분양계약서의 내용은 "건분법"상의 규정을 위반할 수 없다.
② 분양계약서에는 "갑"을 매도인으로, "을"을 책임준공사로, "병"을 '대리사무신탁회사'로 기재하여 날인하기로 한다.
③ 분양계약서는 "갑", "을" 및 "병"이 다음 각호의 방법으로 관리한다.
1. 최초 인쇄된 신규분양계약서는 "병"이 관리·보관한다.
2. 분양계약을 위하여 "갑"이 신규분양계약서의 교부를 서면으로 요청할 경우 "병"은 관리번호를 부여한 후 "갑"에게 교부한다.
3. 분양계약은 "을"의 확인 아래 "갑"이 체결한다.
4. 분양계약을 체결한 경우 "갑"은 계약체결된 사본을 보관하고, 하루단위로 체결된 계약서 사본을 분양업무 종료후 "병"에게 우선 FAX로 송부하며, 분양계약서 원본은 매일매일 확정일자를 받아 주간단위로 매주 월요일까지 "병"에게 송부하여 "병"이 보관한다. 또한 "갑"은 "병" 및 "정"에게 매주 월요일 주간단위로 분양현황표를 제출하여야 한다.
5. 분양계약업무 수행과정에서 분양계약서의 분실, 폐기 기타사유 발생시 "병"의 확인절차를 거쳐야 하며 실질적인 책임은 "갑"이 부담한다.

④ 분양수입금은 "병"의 분양수입금관리계좌로만 수납하며, 분양계약서에는 분양수입금관리계좌를 명시하고 피분양자 보호 및 "병"의 분양대금 수납에 따른 업무범위를 명확히 밝히기 위하여 아래와 같은 취지의 조항을 명시한다.
1. 분양대금은 지정된 분양수입금 계좌외의 입금에 대하여는 입금을 인정하지 않는다.
2. "병"은 분양수입금등의 자금관리를 담당하며 그 외에 매도인으로서의 책임을 지지 않는다("병"이 피분양자에게 직접 이전등기하여 주는 경우에도 같다). 또한 "병"이 선량한 관리자의 주의로써 분양수입금 등을 관리하면 "병"은 자금관리와 관계된 모든 책임이 면제된다.
3. 매도인인 "갑"이 "본 사업"을 진행할 수 없는 경우 사업시행자가 "을" 등으로 변경될 수 있으며 그에 대하여 피분양자는 이의하지 않는다.
4. "갑"의 피분양자에 대한 분양대금채권을 "병"에게 양도하고 피분양자는 이를 승낙한다.
5. "병"이 감리단의 공정율 및 공사기성확인서에 따라 공사기성금을 지급한 경우, "병"에게 고의 또는 중과실이 없는 한 "병"은 면책된다.
6. "병"이 신탁재산을 처분, 환가하고 피분양자에게 이를 배분함에 있어 재원이 부족할 경우 피분양자에게 당해 피분양자가 납부한 분양대금에 따라 안분비례한다. 단 안분비례되는 부분은 분양대금의

원금 부분에 한하며 이자는 제외한다.
7. "병"은 신탁법 제8조(사해신탁)에 정한 채권자취소권 행사에 의하여 신탁계약이 취소되거나, 신탁법 제21조(강제집행의 금지)에 정한 신탁전의 원인으로 발생된 권리의 실행으로 소유권 변동이 있는 경우에는 신탁에 따른 소유권관리책임을 부담하지 아니한다.

제19조 (분양대금 등)
① 분양대금은 "건분법"의 규정에 따라 수납하여야 한다.
② "갑"은 피분양자에 대한 분양대금채권을 "병"에게 양도하며 "병"은 이를 양수한다.
③ 미수분양대금에 대한 추심업무는 "갑"이 수행한다.
④ 피분양자에 대한 중도금대출이 필요한 경우 "갑"의 주관하에 실행하고, 이때 "을"은 중도금대출채무에 연대보증하며 "병", "정"도 적극 협조한다. 중도금무이자 분양의 경우 "병"은 분양수입금관리계좌에서 중도금의 이자 상당액을 지급한다.

제20조(자금관리계좌의 개설)
① "병"은 본 사업과 관련한 분양수입금의 수납을 위하여 "병" 명의의 "분양수입금관리계좌"를 개설키로 한다.
② 분양대금은 위 분양수입금관리계좌에 무통장 입금하는 방식으로 수납하고 현금 수납은 인정하지 않는다.
③ "병"은 적정한 자금관리를 위하여 별도 관리계좌를 개설하여 이를 운용할 수 있다.
④ "병"은 "자금관리계좌"의 자금을 본 사업의 용도이외에 사용할 수 없으며 제3자에게 질권을 설정하거나 양도할 수 없다.

제21조(자금의 조달 및 관리운용)
① 다음 각호의 자금은 제20조의 자금관리계좌에 입금, 관리하여야 한다.
1. 분양수입금
2. "갑"이 "정"으로부터 차입한 대출금중 미사용 금액
3. 부가세환급금등
4. 연체료, 위약금, 이자수입, 각종 보험금 및 보증금 등 사업수행과정에서 발생하는 각종 수입금
② 분양수입금 등으로 공사비 및 제비용을 충당하지 못하는 경우에 "갑"은 자체적으로 기금을 조달하여 "본 사업"의 사업비에 충당하여야 한다.
③ "본 사업"과 관련하여 발생하는 부가세 환급금을 자금관리계좌로 입금하기 위하여 "갑"은 "본 계약" 체결시 "병"이 요구하는 국세환급금 양도요구서 및 인감증명서를 제출한다.
④ "갑"은 자금관리 및 운용에 관한 일체를 "병"에게 위임하며, "갑", "을", "정"은 이에 대하여 이의를 제기하지 아니한다.
⑤ "본 계약" 당사자들은 협의하여 "병"의 자금집행에 대하여 별도의 자금집행기준표를 만들 수 있다.

제22조(자금의 집행방법)
① 자금관리계좌에서 자금을 인출하고자 할 경우에는 "갑"은 자금집행을 위한 인출요청 공문을 "병"에게 서면으로 요청한다.
② 분양수입금은 "본 계약" 제23조에서 정한 본 사업과 관련된 용도로만 사용할 수 있으며, "갑"의 자금인출 요청시 동 자금이 사업자금으로 사용될 것임을 입증하는 자료 및 자금집행과 관련하여 "병"이 합리적으로 요구하는 서류를 첨부하여 요청한다.
③ "병"은 "갑"의 자금인출요청이 상당하다고 판단되는 경우에는 "병"은 "갑"에게 지급하거나 또는 "갑"이 집행하고자 하는 제3자에게 직접 지급할 수 있다. 단, "병"은 증빙서류가 미흡하거나 지급의 타당성이 결여된다고 판단하는 경우 서류의 보완을 요청하거나 그 지급을 보류할 수 있다.

제23조(자금의 집행순서)
① "병"은 제22조에 의하여 자금을 집행함에 있어 자금청구의 경합이 있는 경우 다음 각호의 우선순위에 따라 지급한다.
1. 신탁재산의 제세공과금, 등기 및 소송비용, 사업추진비(설계비, 감리비, 분양대행수수료 및 모델하우스 등 분양 관련 제경비, 광고홍보비등)와 대리사무보수 및 신탁보수, 분양대금 환불금
2. "을"의 공사비
3. "정"의 대출 이자
4. 위 항목외의 기타 사업비
② 제22조 및 본조 제1항에도 불구하고 다음 각호의 비용은 필요시 "병" 단독으로 집행할 수 있으며, 이에 대하여 "갑", "을", "정"은

어떠한 이의제기도 하지 않기로 한다.

1. "본 사업" 관련 소송 및 채권보전조치에 대한 소송대리인 선임비용 및 소송비용
2. "본 사업" 관련 가압류, 가처분 등 채권보전조치에 대한 해방공탁금 등
3. "병"을 제3채무자로 하여 "갑", "을" 또는 "정"의 채권자들이 행한 추심명령 및 전부명령 등의 강제집행에 대한 채무변제 비용
4. 제세공과금
5. "정"의 대출 이자

③ 제1항의 집행순위는 "본 사업"의 진행상의 필요에 따라 분양율, 사업의 필요성 등을 고려하여 "갑", "을", "병" 및 "정"이 합의하여 조정할 수 있다.

④ 제1항의 규정에도 불구하고 "병"은 향후 현금수지의 부족분이 예상되거나 차기 집행될 선순위 자금의 집행에 영향이 있다고 판단하는 경우에는 "갑"이 요청한 자금의 집행을 보류할 수 있다. 다만, "갑", "을", "정"이 전원 합의하여 자금집행을 요청하는 경우에는 예외로 한다.

제24조("갑"의 부도·파산시 등의 조치)

① 제8조 제2항 각호의 사유로 본 사업추진이 중단될 가능성이 발생하는 경우 "병"은 제23조에 따른 자금집행을 중단할 수 있다.

② 제1항에도 불구하고 제8조에 따라 "을" 및 '사업양수인'이 시행자의 지위를 인수하여 정상적으로 수행하는 경우 제22조 및 제23조에 따라 자금집행을 계속한다.

제25조 (준공후 이전등기 등)

① 준공된 건물은 준공 즉시 "갑"과 "을"의 협조를 받아 "병"의 주관으로 보존등기를 완료하고 준공된 건물에 대하여 "병"을 수탁자로 하는 추가신탁계약을 체결한다. 준공후 이전등기가 지체되어 발생한 모든 손해는 "갑"이 부담한다.

② 피분양자에게 소유권을 이전하기 위하여 "갑"이 신탁해지를 요청하는 경우 "병"은 신탁해지와 동시에 피분양자에게 소유권이전등기가 되도록 하거나 "병"이 피분양자에게 직접 소유권이전등기 할 수 있다.

③ 제2항에 따라 신탁을 해지하거나 소유권이전등기를 경료하는 경우 "을"과 "정"은 이에 이의하지 않기로 한다.

④ 미분양 물건에 대하여는 "정" 및 "을"의 채권확보를 위하여 "병"이 소유권을 보전관리하며 준공후 3개월까지 신탁수익금으로 "정"의 대출원리금 및 "을"의 미지급 공사대금을 지급함이 부족할 경우에는 미분양물건을 할인분양, 임대, 담보대출, 처분 등의 방법으로 미지급된 대출 원리금 및 공사대금에 충당하기로 하며, 미분양 물건의 처분방법 및 가격, 절차 등에 대하여는 "을", "병", "정"이 협의하여 정하기로 한다. 이에 대하여 "갑"은 일체의 이의제기를 하지 않고 필요시 동 처분행위에 적극적으로 협조하여야 한다. 단, "정"과 "을"의 요구에 따라 미분양물건에 대하여 "정"(1순위)과 "을"(2순위)을 우선수익자로 지정할 수 있다.

⑤ "병"이 미분양물건을 처분, 환가하는 경우 "을"은 미지급공사비 또는 "갑"을 위한 대지급 채권을 원인으로 미분양물건에 대한 유치권 및 동시이행의 항변권을 행사할 수 없다.

⑥ 준공 후 미분양물건의 처분, 임대, (할인)분양 등으로 수납한 수입금은 제23조의 자금집행순서에서 정한 바에 따라 집행한다.

⑦ "갑"은 추가신탁 및 본 사업부동산(토지 및 건물)의 소유권이전에 필요한 서류를 사전에 "병"에게 제출한다.

제26조 (사업의 정산)

① "갑", "을", "병", "정"은 준공 후 3개월 이내에 "본 사업"에 대하여 정산키로 한다.

② 정산시 발생한 사업손익은 "갑"에게 귀속되며 "을", "병", "정"은 "본 사업" 정산 후의 손익에 대하여는 일체의 책임이 없다. "갑"은 정산시 발생한 일체의 사업손익에 대하여 "병"에게 손해배상 등을 청구할 수 없다.

③ "본 사업"에 관한 회계처리, 세금계산 및 납부의 책임은 "갑"이 부담한다.

④ 정산시까지 입금되지 않은 분양대금에 대한 권리는 수익자에게 귀속한다.

제27조 (신탁계약)

"갑"과 "병"은 "본 계약"과 별도로 분양관리신탁계약을 체결하기로 하며, 그에 대한 신탁보수는 신탁계약에서 별도로 정한다.

제28조 (권리 의무의 귀속)

"본 계약"에 의거 "병"이 수행한 제반행위의 법률효과는 "갑", "을", "정"에게 귀속되며, "갑", "을" 및 "정"은 "병"에게 권리를 주장하거나 의무이행을 청구하지 아니한다.

제29조 (대리사무 기간)
① “병”의 대리사무기간은 “본 계약” 체결일로부터 “본 사업” 준공 후 0개월까지(예정기간 00개월)로 한다.
② 제1항의 규정에도 불구하고 “병”의 대리사무기간의 조정이 필요한 경우에는 “갑”, “을”, “병” 및 “정”이 협의하여 조정할 수 있다.

제30조(대리사무의 보수지급)
① “갑”이 “병”에게 지급하는 대리사무보수의 금액과 지급시기는 아래와 같다.

구 분	금 액	지급시기
1차	금 원	0000. 00. 00.
2차	금 원	0000. 00. 00.
3차	금 원	0000. 00. 00.
4차	금 원	0000. 00. 00.
5차	금 원	0000. 00. 00.
합계	금 원	0000. 00. 00.

② “본 사업”의 분양개시 전에 “갑”이 “본 계약”을 해지하는 경우에는 “갑”은 “병”에게 기 지급한 대리사무보수의 반환을 청구할 수 없으며 향후 지급할 대리사무보수의 00%를 위약금으로 지급하여야 한다.
③ “병”의 대리사무기간이 제29조 제1항의 예정기간을 초과하는 경우에는 제1항의 대리사무 보수를 예정기간으로 나눈 금액에 대하여 동 사업기간의 초과월수를 곱한 금액을 추가로 지급하기로 한다. 다만, 월 단위 미만의 일수가 15일 이상이면 1개월에 해당하는 보수를 지급하고 15일 미만이면 지급하지 않는다.

제31조 (면책조항)
① “본 사업”과 관련하여 피분양자가 “병”을 상대로 소송을 제기하거나 또는 “갑” 또는 “을”의 이해관계인이 “병”을 상대로 소송을 제기하는 등 “병”이 소송의 주체가 될 경우에는 소송비용(소송대리인 선임비 및 판결원리금 등 포함)은 “갑” 또는 “을”이 부담하며, 그렇지 아니할 경우 “병”은 “자금관리계좌”의 자금으로 이를 충당할 수 있다.
② “갑” 또는 “갑”이 선정한 분양대행사가 제18조에서 정하지 않은 방법으로 분양하거나 분양대금 유용, 본 사업과 관련한 “건분법”불이행 등 일체의 위반행위에 대하여는 “갑”이 모든 책임을 부담한다.
③ “자금관리”와 관련하여 “병”의 귀책사유가 아닌 권리의 제한, 소송 등의 사유로 인하여 사업자금의 적기 지출이 이루어지지 않을 경우 “병”은 그에 대하여 책임을 부담하지 아니한다.
④ 제1항의 경우 소송대리인의 선임은 “갑”과 “병”이 협의하여 결정하며, 협의가 이루어지지 않은 경우 “병”이 결정한다.

제32조 (사용인감의 신고)
“갑”은 “본 계약” 체결 이후 “병”이 관리하는 각종 문서의 발송에 사용할 사용인감(명판 포함)을 소정의 양식으로 신고하여야 하며, 신고된 인감을 사용하여야만 효력이 발생한다.

제33조 (통지의무)
① “본 계약”상의 최고 또는 통지는 서면으로 작성하여 다음의 주소지에 등기우편, 인편 또는 팩스를 통해 발송하도록 하고, 그 사실을 상대방에게 사전에 전화로 통보한다.

구분	“갑”	“을”	“병”	“정”
상호	(주)△△물산	▽▽종합건설	○○자산신탁	(주)○○은행
주소				
전화				
팩스				

② 각 당사자는 각각 그의 연락처가 변경된 경우 즉시 상대방에게 통지하여야 하며, 통지하지 아니함으로써 발생된 통지받을 자의 불이익은 통지하지 아니한 자가 책임지기로 한다.

제34조 (계약의 해지 및 정산 등)
① “본 계약”은 “본 사업”의 계약 당사자 전원의 합의로 중도 해지할 수 있다. 그러나 “본 사업”의 최초 분양계약 체결 후 후에는 중도해지 또는 해제할 수 없다
② 제1항에도 불구하고 “병”은 다음 각호의 경우에 “갑”, “을” 및 “정”과의 협의하여 “본 계약”을 해지할 수 있다. 다만, “본 계약”상의 의무불이행에 책임있는 당사자의 경우에는 협의하지 않는다.

1. “갑”에게 제8조에서 정한 사업시행권양도 사유가 발생하였으나 “을” 등 사업시행권을 양수받을 자가 없어 사업추진이 더 이상 불가능할 경우
2. 천재지변 등 불가항력적인 사유로 “본 계

약"의 목적달성이 어렵다고 판단되는 경우
3. 피분양자들의 집단 민원이나 분양수입금 납부 거부 등으로 합의사항의 이행이 어렵거나 장기간 지연되어 "본 사업"의 추진이 불가능하다고 판단되는 경우
4. 사업수행과 관련하여 인·허가 관청 등의 동의 또는 승인을 득하지 못하는 경우
5. 기타의 사유로 사업의 진행이 불가능하다고 객관적으로 인정되는 경우

③ 제2항에 의한 "본 계약" 해지시 "본 사업"자금의 정산순서는 아래와 같으며, 정신자금은 "병"의 "자금관리계좌"에 잔존하는 예금잔액으로 우선 지급하며, 만일 동 예금잔액으로도 부족할 때에는 본 사업부지(건축물이 있는 경우 건물 포함)를 매각하여 동 매각대금으로 정산한다. 본 사업부지의 매각방법은 "갑"과 "병" 사이의 신탁계약 및 그에 대한 특약에 의하여 정하며, "병"은 이에 따른 매각 추진 및 그 결과에 대하여 일체의 책임을 지지 아니한다.

1. 법령에 의한 각종 제세공과금, 부담금, 신탁계약상 발생한 제반비용 및 신탁보수(신탁사무처리와 관련하여 "병"이 부담하게 된 손해배상액을 포함한다. 다만 "병"의 고의에 의한 손해배상액은 제외한다), 임대차보증금
2. 피분양자가 분양대금의 반환을 요구하는 경우 피분양자가 분양계약에 따라 기납부한 분양대금
3. "병"의 잔존대리사무보수(대리사무처리와 관련하여 "병"이 부담하게 된 손해배상액을 포함한다. 다만 "병"의 고의에 의한 손해배상액은 제외한다)
4. "정"의 대출원리금
5. "을"의 미지급 공사비
6. 기타 "본 사업" 관련 제반 비용

④ "본 사업" 수행으로 건축된 건축물은 본 사업부지와 함께 매각하며, 그 매각대금은 제3항의 정산에 포함한다. 그에 대하여 "갑", "을" 및 "정"은 이의하지 않으며 어떠한 우선권도 주장할 수 없다.

⑤ 제2항에 의한 계약해지시 "갑" 또는 "을"은 모든 피분양자에게 "본 계약"의 해지 및 분양계약의 종료사실을 내용증명 우편으로 통보하여야 한다.

⑥ 계약당사자 중 일부 당사자가 "본 계약"을 위반하여 사업수행이 불가능하다고 인정되는 경우에 나머지 계약당사자는 귀책사유가 있는 당사자에게 그 시정을 요구할 수 있고, 동 위반내용이 시정되지 않을 경우 나머지 계약당사자는 귀책사유가 있는 당사자에게 "본 계약" 위반에 따른 손해배상을 청구할 수 있다.

제35조 (계약의 효력발생 시기)

"본 계약"은 체결과 동시에 그 효력이 발생한다. 다만, "병"의 자금관리는 자금관리계좌가 개설되어 동 계좌에 금원이 입금된 시점부터 발생한다.

제36조 (분쟁해결 및 관할법원)

① "본 계약"에 관하여 분쟁이 발생할 경우에는 "본 계약" 당사자간에 협의하여 해결한다. 다만, 분쟁이 일부 당사자들 간에 국한된 경우에는 해당 당사자들이 합의하여 해결하기로 한다.

② "본 계약"과 관련하여 계약 당사자간에 소송이 제기되는 경우 소송의 관할은 00지방법원을 관할법원으로 한다.

제37조 (기타)

"본 계약"서는 4부를 작성하여 날인 후 "갑", "을", "병", "정" 각자가 1부씩 보관하기로 한다.

0000. 00. 00.

"갑" (시행사)
주소 : 광주광역시 달서구 OO로OO길 OO
성명 및 상호 : 주식회사 △△물산
대표이사 : 박창원 ㊞
법인등록번호 : 000000-0000000

"을" (시공사)
성명 및 상호 : 주식회사 ▽▽종합건설
대표이사 : 이창연 ㊞
법인등록번호 : 000000-0000000

"병" (대리사무신탁사)
성명 및 상호 : 주식회사 ㅇㅇ자산신탁
대표이사 : 성동진 ㊞
법인등록번호 : 000000-0000000

"정" (대출금융기관)
성명 및 상호 : 주식회사 ◎◎은행
대표이사 : 최창현 ㊞
법인등록번호 : 000000-0000000

④ 준공 후 추가신탁

1) 분양관리신탁은 건축물의 분양과 관련된 신탁으로 분양대상목적물을 수분양자에게 이전하기 위해서는 준공 후 건축물의 추가신탁이 필수적이다.

2) 신탁된 부동산의 건축물이 신축(증축)을 완료하면 준공과 동시에 건축물의 전부 또는 일부를 추가 신탁한다.

3) 준공된 건축을 추가 신탁함과 동시에 기존 우선수익권자에게 교부한 기존수익권증서를 추가 신탁한 부동산을 포함하여 교체하여 교부한다.

(5) 분양관리

① 분양관리의 업무범위

「건축물의분양에관한법률」상 신탁회사에 부여되는 분양관리업무는 '분양계약의 관리'와 '분양업무의 통제'로 구분할 수 있는데, 실제 관리측면에서는 크게 '분양신고서류의 관리', '분양계약서 관리', '분양계약(현황) 관리', '분양대금 관리', '분양업무의 통제(분양신고, 분양광고)' 등 5가지 업무범위로 구성된다.

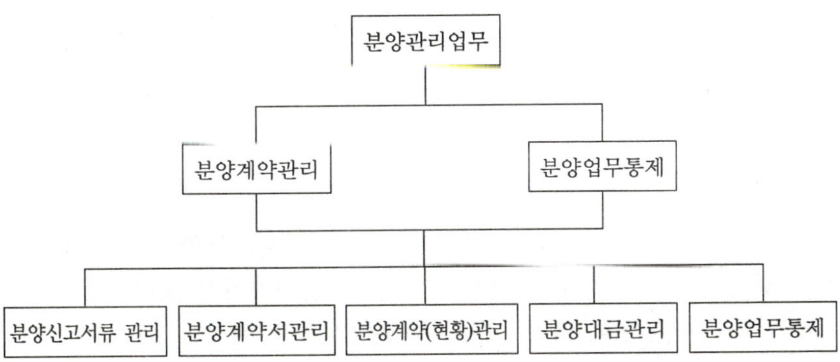

② 분양신고서류의 관리

1) 시행사가 착공 후 분양신고를 진행하고자 하는 경우 신탁회사는 분양신고와 관련한 일체의 자료를 제출받아 분양사실과의 일치여부 및 허위과장광고 여부에 대하여 확인한다.

2) 관련 인·허가관청에 신탁회사 원본대조필을 받아 '분양관리신탁계약서' 및 '대리사무계약서(사업약정서)'를 제출, 분양신고 절차를 진행한다.

③ 분양계약서 관리

1) 분양계약서는 시행사, 시공사, 신탁사가 협의하여 제작하며, 이중분양 및 분양사고를 방지하기 위하여 신탁회사가 제작전량을 관리·보관하고 시행사의 요청에 따라 계약체결분 만큼만 교부한다(관리번호 부여).

2) 분양계약서상 계약당사자 표시는 다음과 같이 기재한다.

ㅁ시행사 : 매도인　　ㅁ시공사 : 책임준공사　　ㅁ신탁사 : 분양관리신탁 및 대리사무신탁회사

3) 분양계약서에는 시행사, 시공사, 신탁사가 협의하여 다음 조항을 명시하여야 한다.

○ 분양대금은 지정된 신탁사명의의 분양수입금 계좌외의 입금에 대하여는 인정하지 않음 ○ 신탁사는 신탁재산을 처분, 환가하고 피분양자에게 이를 배분함에 있어 재원이 부족할 경우 피분양자에게 당해 피분양자가 납부한 분양대금의 원금에 따라 안분배분함

④ 분양계약(현황) 관리

1) 분양계약은 공개모집, 공개추첨이 원칙이며, 분양계약이 체결되면, 계약내용을 신탁회사는 전산으로 등록·관리하여야 한다.

2) 최초 공개추첨에 의한 모집 후 수의계약을 체결할 수 있는 시기는 다음와 같으며, 각 항에 해당되어 수의계약을 체결하고자 하는 경우에는 허가권자에게 수의계약을 하고자 하는 대상물량을 신고한다(분

양사업자의 의무사항으로 신탁사는 건분법 이행 여부를 확인하여야 한다)

수의계약이 가능한 경우	수의계약물량신고 내용
1. 최초 분양신고면적의 50%를 초과하여 분양된 경우 2. 분양신고면적 중 분양되지 않은 부분의 면적이 3,000㎡ 미만인 경우 3. 공개모집 회수가 3회이상인 경우	1. 건축허가를 받은 연면적 및 용도별 바닥면적의 합계 2. 분양신고시 분양물량 3. 분양신청 물량 및 분양계약 체결 후 잔여물량 4. 수의계약방법 및 기간

3) 우선공급가능 구분소유권에 대하여는 청약자격을 제한하여 우선적으로 공개모집할 수 있으나, 자격제한 요건이 청약가능한 자를 1인이 되게 할 수 없다.

※ 우선공급 가능 구분소유권 : 바닥면적의 합계가 1,000㎡이상인 구분소유권, 연면적의 20%이상인 구분소유권

⑤ 분양대금 관리

1) 수분양자가 납입하여야 하는 분양대금은 신탁회사 명의의 '분양대금관리계좌'로만 입금받는 것을 원칙으로 하고, 위탁자 등의 명의로 수납받거나 현장에서 현금입금 등은 인정하지 않는다.

2) 분양대금의 구분 및 납부시기

구 분	비 율	납부시기
계약금	20%이하	계약체결시
중도금	70%이하	공정확인서(공사감리자)에 의하여 건축공사비의 30%이상 투입이 확인된 때를 기준으로 2회 이상으로 구분하되, 최초 중도금은 계약일로부터 1개월 이상 경과한 날로부터 수납받을 수 있다.
잔 금	10%이상	사용승인일 이후. 단, 임시사용승인을 얻어 입주하는 경우에는 잔금 중 50%는 입주일에, 잔여 50%는 사용승인일 이후에 수납받을 수 있다.

(6) 공정관리 및 공사비관리

① 공정관리

기성율의 확인은 시공사의 공사기성청구에 따른 감리자의 기성검사 및 신탁회사 기술부서의 기성확인에 따라 확정되며, 「건분법」상 공정현황을 공시하도록 하고 있는 바 공정현황은 시공사에서 공시하는 것을 원칙으로 한다. 다만, 시공사의 공시현황이 실제 공정진행상황을 적절히 반영하지 못하고 있거나, 공정현황 공시를 이행하지 않을 경우 신탁회사에는 시정조치를 요구한다.

② 공사비집행

1) 시공사로부터 공사기성금 지급 요청이 있고, 감리자의 기성검사 및 신탁회사 기술팀의 기성확인 절차가 완료되었을 경우 신탁회사는 '신탁계약' 및 '공사도급계약서'상 공사비 지급 조건 및 공사비 지급 관련 제반 사항을 점검하여 지급할 해당회차 공사비를 확정한다.

2) 「건분법」 대상사업은 선급금 지급을 원칙적으로 불허하고 있으며, 과기성 방지를 위해 유보금 제도(직전 기성의 5% 수준)를 운영하거나, 전회차 기성수령 확인서를 징구하므로써 과기성을 예방하고, 과기성 발생시 즉시 치유할 수 있는 방안을 확보하여야 한다.

3) 시공사 교체 등의 사유가 발생되어 타절이 불가피할 경우, 공사비 이중지급을 가능한 한 방어하기 위해 시공사의 신용도를 고려하여 시공사의 협력업체로부터 이전기성의 수령확인서를 징구토록 한다.

(7) 토지비지급

① 지급근거

건축물의 분양에 관한 법률 시행령에 따라 분양관리신탁된 사업의 토지비를 지급할 수 있다.

□ 제3조(신탁계약 및 대리사무계약 등) 제2항

법 제4조 제4항에 따라 분양사업자가 신탁업자와 체결하는 법 제4조 제1항 제1호의 규정에 의한 대리사무계약(이하 "대리사무계약"이라 한다)에는 다음 각 호의 사항이 포함되어야 한다.

1. 피분양자 보호를 위한 분양수입금 관리계좌의 개설에 관한 사항
2. 분양사업자는 분양수입금 총액을 신탁업자에게 양도하여야 한다는 사항

2의2. 분양대금은 신탁계약 및 대리사무계약에서 정한 토지매입비, 공사비, 설계비, 감리비, 그 밖의 부대사업비 등 해당 분양사업과 관련된 용도로만 사용할 수 있다는 사항

3. 그 밖에 신탁계약의 목적달성을 위하여 국토해양부령이 정하는 사항

② 지급전제조건

토지매입비 요건	분양사업자가 (고유자금 또는 금융기관으로부터의 차입금으로) 지출한 사업부지의 매입대금 및 부대비용으로서 대출약정서, 토지 매매계약서 등으로 증빙이 가능한 금액
신탁부동산 요건	1. 신탁대상 부동산에 대하여 수탁자 명의로 소유권 확보할 것 2. 신탁대상 부동산이 택지개발사업지구, 도시개발사업지구(토지구획정리사업지구 포함) 등 지적미정리 택지인 경우 위탁자, 택지사업자, 수탁자 사이의 권리의무 승계계약 등 수탁자의 소유권확보 방안이 마련될 것
안정적 사업추진 요건	1. 토지매입비 지급시점에 보전처분(강제집행 포함) 및 사업비의 대폭 상승이 예상되는 소송이나 민원 등이 없을 것 2. 시공사가 공사진행에 차질이 없을 것으로 신탁회사가 판단될 경우 3. 시공사가 공사목적물을 책임준공하도록 계약상의 의무를 부담하여야 함. 4. 신탁계약에서 자금집행시 대출금융기관, 시공사 등 사업관계인의 동의를 받도록 되어 있는 경우 토지매입비 지급 전 이들의 사전동의를 득하여야 함.

③ 지급방법

<table>
<tr><td>토지매입비
대출금의 대출이자</td><td>토지매입비 대출이자(금융기관으로부터 대출시에 한함)는 사업약정 체결 등 사업구도가 확정되고 지급전제조건이 충족된 경우 대출이자 지급여부를 확정한 후, 매 변제기에 이자 해당액을 지급함</td></tr>
<tr><td>토지매입비</td><td>1. 토지매입비는 토지매입비를 지급하고자 하는 시점에 위 '가'항의 요건 충족여부 외에 아래 산식의 분양률을 달성한 사업장에 한하여 지급함

준공분양률 = 분양계약고 ÷ (총사업비 − 토지매입비) ≧ 1.3
최소분양율 ≧ 60%
※ 분양계약고 : 분양계약 체결된 약정금액 총액
※ 최소분양율 : 분양계약고 ÷ 총매출액(부가가치세 포함)

2. 사용(지급)가능금액은 아래의 산식을 통하여 산출된 금액으로 하며, 토지매입비 지급비율(지급금/토지매입비)이 공정율을 초과하거나 누적 지급금이 토지매입비의 80%를 초과할 수 없음

지급가능금액 = 계좌잔액 + 준공전 수납예정 분양대금 − 준공전 집행 예정 사업비 × 110%
※ 준공전 수납예정 분양대금 : 토지매입비 지급시점까지의 분양계약고에서 기 수납된 분양대금 및 전금을 제외한 금액
※ 준공전 집행 예정 사업비 : 총사업비에서 기집행된 사업비 및 토지매입비, 토지매입비 부대비용, 준공이후 지출사업비(공사비 잔금 등) 제외한 금액</td></tr>
</table>

④ 적용예외

1) 공사비 등 준공에 필요한 사업재원이 금융기관의 대출 등을 통해 별도로 확보되어 있고, 사업약정 등에 의하여 분양대금을 통해 토지매입비를 사용(지급)할 수 있도록 약정되어 있는 경우에는 기준을 완화하여 달리 적용할 수 있다.

2) 위 '①'항에 의하여 본 기준을 완화하여 달리 적용하고자 하는 경우에는 해당 사업장의 전 사업기간 동안 일률적으로 적용할 수 있는 기준을 마련하여 사전에 확정한 후 토지매입비를 사용(지급)하여야 한다.

3) 위 '①'항 이외에 사업의 구조, 사업이 진행상황, 원만한 준공 가능성, 사업관계인의 동의 등 정황상 토지매입비를 사용(지급)함이 타당하다고 판단되는 경우에는 본 기준에 불구하고 토지매입비를 사용(지급)할 수 있다.

4) 건축물의 준공(사용승인을 포함한다)일 이후에는 본 기준의 적용 없이 토지매입비를 사용(지급)할 수 있다.

7. 토지신탁

토지소유자(위탁자)가 토지를 신탁회사(수탁자)에 신탁하고, 신탁회사는 신탁계약 등에서 정한 바에 따라 개발사업을 수행하여 최종 신탁수익을 수익자에게 교부하는 부동산 신탁 상품으로, 부동산개발 경험 또는 노하우가 부족한 부동산소유자가 부동산(토지)을 효율적으로 개발하고 그 수익을 획득하기 위하여, 전문적인 경험을 보유한 신탁회사에 부동산(토지)을 신탁하고 신탁회사는 부동산소유자(위탁자)와 신탁계약에서 정한 바에 따라 대신 사업주체(시행사, 건축주)가 되어 부동산개발 사업을 진행하고 그로 인해 발생한 수익(신탁수익)을 부동산소유자(위탁자) 또는 수익자에게 교부하는 부동산신탁 상품을 말한다.

신탁재산은 법에 의하여 독립성이 보장된 재산으로 부동산의 원소유자인 위탁자 또는 신탁회사의 부도/파산 등의 사유가 발생하더라도 진행중인 사업에는 직접 영향을 미치지 아니하고 안정적으로 사업을 영위할 수 있다.

이에 따라 대출금융기관과 시공사 입장에서는 PF대출 및 사업의 안정적인 진행과 시행사의 리스크를 사업으로부터 절연하기 위하여 토지신탁을 적극 이용하고 있는 추세이다.

토지신탁은 그 안에서 세분화하여 부동산개발 사업에 소요되는 자금 조달주체에 따라 ① 차입형토지신탁, ② 관리형토지신탁, ③ 책임준공확약부관리형토지신탁으로 구분되며, 또 이들 상품내에서도 분양을 통해 수익을 실현하는 ① 분양형토지신탁, 임대를 통해 수익을 실현하는 ② 임대형토지신탁으로 또다시 세분화 하여 구분할 수 있다.

여기서 이해의 혼란을 줄 수 있는 것은 토지신탁분류가 총 5가지가 아니라 3가지 토지신탁(차입형, 관리형, 책임준공확약부관리형) 내에서 처분하여 수익을 발생하는 방식에 따라 분양형이냐 임대형이냐가 존재한다는 것이다. 차입형토지신탁 내에서 분양형토지신탁과 임대형토지신탁, 관리형토지신탁내에서도 분양형토지신탁과 임대형토지신탁으로 분류된다.

(1) 토지신탁의 유형

① 사업비조달 책임 주체에 따른 분류

차입형토지신탁 (속칭, 개발신탁)	부동산신탁회사가 사업주체가 되어 신탁받은 토지를 개발하면서, 소요되는 건설자금 등 사업비를 신탁회사가 직접 조달(투입)하여 사업을 진행하는 적극적인 토지신탁상품
관리형토지신탁	부동산신탁회사가 사업주체가 되는 것은 동일하나 차입형토지신탁과 달리 신탁회사의 역할 중 사업비 조달 책임(사업비 차입)을 면하고, 단순히 사업주체(시행사, 건축주) 업무 중 전부 또는 일부만을 수행하는 소극적 토지신탁상품으로 주로 PF대출금융기관과 시공사의 필요에 따라 적극이용하고 있음
책임준공확약부 관리형토지신탁	관리형토지신탁상품에서 파생된 상품으로 사업비를 조달(대출)해주는 대출금융기관 입장에서 대출기간내 대상목적물을 준공하고 담보를 획득해야 하는데, 참여 시공사의 책임준공 이행능력이 의문시 되는 경우 신탁회사가 책임준공을 확약 해주는 관리형토지신탁상품

※ 관리형 토지신탁의 명칭 : 신탁회사에 따라 관리형 토지신탁을 관리수탁형 토지신탁, 수탁관리형 토지신탁으로 부름. 본 저에서는 관리형 토지신탁이라 부름.

※ 기타 : 한도차입형토지신탁(하이브리드관리형토지신탁) - 사업비 조달은 위탁자 또는 시공사가 책임을 지지만, 사업비 부족에 대비하여 신탁회사가 한도를 미리 정하고 그 한도내에서 필요한 자금을 조달하는 관리형토지신탁

② 수익실현(처분) 방식에 따른 유형

분양형토지신탁	부동산소유자(위탁자)가 위탁한 토지상에 신탁회사가 부동산을 개발하고, 이를 분양(처분)의 방법으로 개발의 이익을 실현하는 토지신탁상품. 분양(처분)을 통해 수납한 분양대금으로 개발에 소요된 자금(대출, 신탁회사조달 등) 상환 및 개발비용을 충당하며, 최종적인 개발수익은 금전 또는 미분양 잔존부동산을 수익자에게 교부함.
임대형토지신탁	부동산소유자(위탁자)가 위탁한 토지상에 신탁회사가 부동산을 개발하고, 이를 임대함으로써 장기적으로 부동산 임대수익을 실현하는 토지신탁상품. 임대사업을 통해 발생하는 임대수입에서 개발에 소요된 자금(대출, 신탁회사조달 등) 상환 및 개발·운용비용을 충당하고, 최종적인 임대수익은 수익자에게 교부함. 신탁종료시 부동산의 현상 그대로를 수익자에게 반환하므로 부동산소유자(위탁자)는 임대소득과 장래의 자본소득을 기대할 수 있음.

(2) 토지신탁의 구조

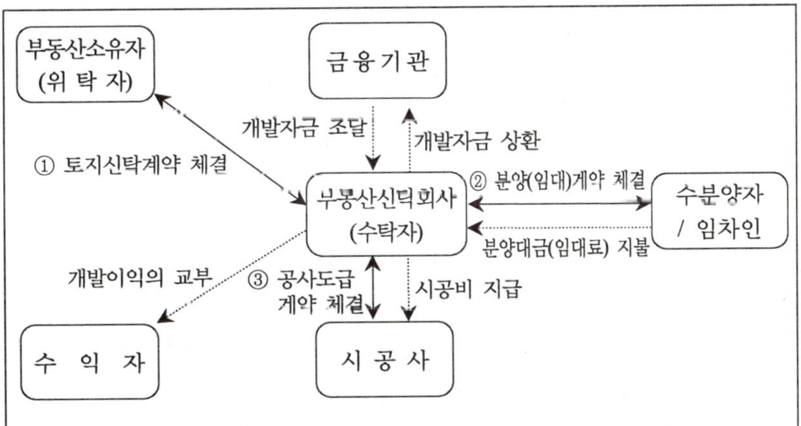

① 토지신탁계약 체결

- 수탁자인 부동산신탁회사는 사업주체(시행사, 건축주)로써의 지위 유지

- 수탁자는 (우선)수익자에게 수익권증서 발급
- 사업종료 후 수익자에게 수익금 배분

※ 별도로 토지신탁계약과 함께 부동산소유자(위탁자) 및 시공사(사전에 선정된 경우)와 사업약정서를 체결하기도 함

※ 부동산소유자(위탁자)는 토지비 일부를 금융기관으로부터 PF대출 등을 통해 조달할 경우 수익권에 질권을 설정하는 것이 일반적

② 분양(임대)계약 체결

- 부동산소유자(위탁자)와 부동산신탁회사(수탁자)간 분양(임대)에 대하여 협의 후 사업주체(시행사, 건축주)인 부동산신탁회사(수탁자)가 수분양자(또는 임차인)과 분양계약(또는 임대차계약)을 체결

③ 공사도급계약의 체결

- 부동산소유자(위탁자)와 협의하여 부동산신탁회사(수탁자)의 내부기준에 적합한 시공사를 선정
- 시공사는 부동산신탁회사(수탁자)에 계약이행보증금 또는 계약이행보증서, 준공확약서, 현장명도각서 등을 제출

(3) 토지신탁의 특징

① 차입형토지신탁

가. 부동산신탁회사(수탁자)가 부동산소유자(위탁자)를 대신해서 부동산의 최유효 활용방안을 모색, 건축에 필요한 재원을 부동산신탁회사(수탁자)가 조달, 부동산신탁회사의 공신력을 바탕으로 분양업무, 건물의 유지·관리업무 등 을 대행함으로써 부동산소유자(위탁자)는 경험이 부족하더라도 부동산개발(또는 임대)사업을 진행할 수 있다.

나. 수익자는 신탁된 사업기간 중 자금이 필요한 경우 신탁수익권의 전부 또는 일부를 양도하거나 질권을 설정하여 자금을 조달할 수 있다.

다. 신탁재산은 신탁법상 독립된 재산으로 취급받음으로써 신탁설정 후의 부동산소유자(위탁자)의 상속, 파산 등이 직접적으로 개발사업에 영향을 미치지 아니하므로 사업운영 자체의 안정성이 보장된다.

라. 부동산소유자(위탁자)가 다수일 경우 다수간의 권리조정을 요하

는 공동개발사업에 있어서는 수탁자의 선관주의의무(공평·중립)를 통하여 사업의 원활한 운영을 추진할 수 있다.

마. 신탁이 종료되면 임대채무의 채무 부지와 건물 모두가 토지소유자에게 반환되며, 부동산소유자(위탁자)가 시행경험, 자금, 시간 부족 등으로 인하여 각종 세금만 납부하면서 유휴상태이거나 저효율적인 상태인 부동산을 전문적인 노하우를 보유한 신탁회사에 신탁함으로써 부동산의 유효이용과 함께 안정적인 수익을 기대할 수 있다.

② 관리형토지신탁

가. 차입형 토지신탁과 다른 점은 사업관계자간 약정에 따라 신탁회사는 사업비 조달의무를 부담하지 않으며, 부족한 사업비는 부동산소유자(위탁자) 또는 시공사가 조달하고, 시공사가 책임준공 및 위탁자의 의무이행을 연대하여 부담한다. 모든 사업형태는 차입형토지신탁과 유사하나 사업비에 소요되는 자금의 조달의무가 신탁사에게 없다.

나. 관리형토지신탁의 탄생배경은 시공사 및 금융기관의 주요 PF사업참여 조건이 i) 토지소유권 확보, ii) 사업승인 또는 건축허가, iii) 적정사업수익의 확보, iv) 기존 사업주체로부터 사업을 분리하여 독립성을 유지할 것으로, 이중 기존 사업주체로부터 사업을 분리하여 독립성을 유지하는 방법 중의 하나로 만들어지게 된다.

◈ 관리형토지신탁 관계자간 역할

부동산소유자(위탁자)	인·허가 및 허가조건 이행, 사업비 조달(토지비 및 사업비), 시행관련 민원의 처리, 분양·홍보
시공사	책임준공(미이행시 채무인수 등), 사업비 조달협조(필요시 지급보증 또는 대여), 분양·홍보협조
신탁회사	자금관리, 사업주체(시행사, 건축주) 권한 관리

다. 부동산소유자(위탁자)가 아닌 부동산신탁회사(수탁자)가 사업주체(시행사, 건축주)이므로 신탁회사명의로 사업을 진행함에 따라 사업 전 과정에서 신탁재산으로 보호를 받으며 안정적으로 사업을 이끌어 나갈 수 있다. 부동산소유자(위탁자)의 부도/파산 등의 사유가 발생하더

라도 대출금융기관, 시공사, 수분양사측면에서 안정적으로 사업을 진행할 수 있다.

◈ 관리형토지신탁 미적용시 발생문제점

1. 시행사의 채권자들이 사업부지에 대한 권리침해 우려(강제집행 등) 2. 시행사가 고의로 사업부지에 대한 제한물권 설정 및 추가 대출 우려 3. 시행사가 분양수입금을 비롯한 자금집행 비협조시 사업진행 불편 발생 4. 시행사가 미분양 부동산에 대한 담보제공 및 대출행위 방지 불가 5. 시행사의 이중분양 등 불법행위 진행시 방지 불가 6. 시행사가 사업수익에 대한 불만으로 보존등기 절차 고의지연 우려 7. 시행사 부도시 사업진행 저해 우려

라. 사업관계자간 신탁계약에 따라 사업진행 중간에 부동산소유자(위탁자)로 인해 발생할 수 있는 사업위험을 최소화하기 위하여 사업주체(시행사, 건축주)로서 명의만을 신탁회사가 보유하는 상품이다.

마. 대출금융기관 입장에서 보면 PF사업의 취지에 맞게 대상사업을 채무자로부터 독립시켜 사업의 독립성을 확보 할 수 있고, 대상사업의 수입금(현금흐름)을 공정 관리하여 대출금을 안전하게 회수할 수 있으며, 신탁재산 특성에 따라 제3자로부터 대출금 채권에 대한 침해를 방지할 수 있다.

바. 신탁사가 사업주체(시행사, 건축주)가 됨에 따라 사업진행 기간 중 안정성·신뢰성 확보가 가능하며, 중·소시행사의 약정위반 및 불법, 부당행위를 원천 예방할 수 있다.

사. 그러나 신탁회사는 당사자간 신탁계약에도 불구하고 대외적으로는 신탁회사가 수분양자 등에 대하여 사업준공 및 입주책임을 부담하게 되므로 위탁자 또는 연대보증 책임이 있는 시공사가 약정위반(또는 의무이행 불능)의 경우에는 그 사업위험을 부담해야 하는 상품이다.

③ 책임준공확약부 관리형토지신탁

가. 관리형토지신탁에서 변형된 신탁상품으로 시공사의 책임준공이행에 대한 불안감을 해소하기 위하여 시공사가 이행하지 못할 경우

신탁회사로 하여금 책임준공에 대한 확약을 부담시키는 관리형토지신탁상품이다.

나. 대출금융기관은 PF대출을 실행할 때 안전한 담보를 확보하기 위하여 시공사의 책임준공보증을 요구하는데, 책임준공이 PF대출에서 필수적인 이유는 PF대출(Project Financing) 자체가 앞으로 준공되어 담보로 제공될 건축물과 그 건축물을 분양(임대)하여 납부되는 분양(임대)금을 통해 상환받는 것으로, 대출금융기관 입장에서는 PF대출은 실행하였으나 준공이 되지 않으면 담보와 분양(임대)금을 제공받지 못하기 때문에 책임준공 여부를 중요하게 생각한다.

다. 시공사가 각종 사유를 원인으로 준공을 하지 못하게 되면 사업자체의 진행중단과 대출금상환이 불가능해지기 때문에 대출금융기관은 시공사에게 사전에 책임준공확약을 요구하며, 시공사가 책임준공을 미이행하게 되면 시공사는 대출금융기관의 대출금을 시공사가 모두 책임을 지고 상환하여야 한다(채무인수).

○ 책임준공의무 : 시공사가 천재지변, 내란, 전쟁 등 불가항력적인 경우를 제외하고는, 시행사 및/또는 시공사의 부도사유 발생, 공사비의 미지급·지급지연, 분양률의 저조, 민원, 설계변경, 사업부지 확보여부, 명도지연, 인허가의 취소 또는 불비, PF대출의 기한의 이익 상실여부 등을 포함한 어떠한 이유로도 공사를 중단할 수 없고, 건축물을 준공하는 것을 말한다.

라. 문제는 이러한 시공사의 책임준공을 신뢰할 수 있는가인데, 최상위급을 제외하고는 대부분의 시공사들이 책임준공미이행시 채무인수 또는 상환에 대한 신뢰를 대출금융기관에 주기에는 부족하다는 것이다. '책임준공확약부 관리형토지신탁'은 시공사의 부족한 책임준공에 대한 확신을 신탁사가 보완해주는 'Credit Default Swap'형태의 상품으로 생겨났으며, 시공사가 책임준공을 이행 못하면 신탁사가 시공사를 교체하여 책임준공을 완료하거나 대출금융기관에게 피해가 발생하게 되면 그 손해를 배상해주는 상품이다.

마. 최근 PF트렌드는 최상위급에 매우 신용도가 높은 시공사를 제외하고는 대부분의 시공사가 참여하는 사업에 신탁사의 책임준공확약을 필수적으로 반영하는 추세이며, 대출금융기관 입장에서는 책임준공

에 내한 보험처럼 여기기 시작한다.

바. 모든 신탁사의 책임준공확약을 대출금융기관이 신뢰하는 것은 아니며, 시공사의 부족한 신용을 보완하기 위하여 신탁사로 하여금 책임준공확약을 하는 상품이다 보니, 신용도가 부족한 일부 신탁사보다는 금융지주계열 신탁사의 책임준공확약만을 선별적으로 대출금융기관이 인정하는 추세이다.

사. 신탁사의 책임준공확약기간은 통상 시공사의 책임준공기간에 추가 6개월 수준으로 확약한다.

(4) 토지신탁방식 비교

항 목		차입형토지신탁	관리형토지신탁	책임준공확약부관리형토지신탁	담보, 대리사무
사업시행자		신탁사			위탁자
사업비 분담	토지소유권 (PF, ABL 등)	위탁자			
	사업자금조달 (토지비제외)	신탁사	위탁자, 시공사	위탁자, 시공사 (신탁사*)	
시행사의 권한 및 책임	사업주체(건축주)	신탁사			위탁자
	인허가조건이행	신탁사(위탁자,시공사)			위탁자
	용역업체선정	신탁사	위탁자, 시공사	위탁, 시공, 신탁사	위탁자
	분양업무 (광고,M/H 등)	신탁사	위탁자, 시공사	위탁자, 시공사	위탁자
신탁보수		고율 (매출액의 4%이내)	저율 (매출액의 1%이내)	중율 (매출액의 2%이내)	협의
신탁사 업무기여도		높음	낮음	보통	매우낮음
시공사 책임준공 이행능력		보통	중요	중요	보통
사업관련 중요사항 결정권한		신탁사	시행사, 시공사	위탁, 시공, 신탁사	시행사, 시공사
신탁사 신용도		보통	보통	중요	낮음
사업규모		중형	중대형	중대형	소형

* 책임준공확약부관리형토지신탁에서는 사업자금조달은 위탁자와 시공사가 조달하나, 책임준공 시공사가 이행하지 못할 경우 신탁회사가 이행함.

(5) 토지신탁의 업무처리절차

진행단계	주요업무
① 조사 사업타당성 분석	현장조사, 시장조사, 권리관계, 공부 등 조사 인허가 검토, 설계도서 검토, 분양성 검토, Cash-Flow 작성
② 사업 인·허가 완료	주택사업계획(건축허가) 승인
③ 시공사 등 사업관계인 선정	금융기관, 시공사, 설계사 등 핵심사업관계인 선정
④ 수주심의	핵심사업관계인 및 신탁사 수주심의
⑤ 토지신탁계약 및 신탁등기	신탁계약 체결, 신탁등기, 사업주체 변경(사업인·허가) 수익권증서 발행, 수익권질권 설정
⑥ 사업관련 용역계약 체결	공사도급계약, 설계용역승계계약, 감리계약 등
⑦ 분양착수	분양가 확정, 분양보증서 발급(대상시), 입주자모집공고 승인(시·군·구), 분양계약 체결
⑧ 사업 및 공사 진행	용역비용 지급 및 공사기성금 지급
⑨ 공사준공 및 입주	입주자사전점검 실시, 입주안내문 발송, 공사준공, 입주
⑩ 사업종료	고유계정차입금 상환, 질권금액 배당, 신탁수익 배당, 신탁해지 및 해지등기

(6) 토지신탁의 계약서(각 신탁회사별로 다소간 차이가 있음)

분양상품이 대다수를 차지하는 관계로 '분양형토지신탁' 계약서를 서술한다.

위탁자 주식회사 △△물산(이하 "갑"이라 한다)과 수탁자 주식회사 ㅇㅇ자산신탁(이하 "을"이라 한다)은 아래와 같이 신탁계약을 체결한다.

제1조(신탁목적)
① "갑"은 별지(1) 기재의 토지(이하 "토지"라 한다)를 "을"에게 신탁하고, "을"은 이를 인수한다.
② 이 신탁의 목적은 토지 위에 별지(2) 기재의 건물(이하 "건물"이라 한다)을 건축하고 토지와 건물(토지와 건물을 총칭하여 이하 "신탁부동산"이라 한다)을 신탁재산으로 하여 이를 분양(처분)하는 사업(이하 "본 사업"이라 한다)을 수행하는 데에 있다.

제2조(신탁의 공시 및 효력)
① "갑"은 신탁계약 체결 후 지체없이 토지에 대해서 "을"명의로 신탁을 원인으로 하는 소유권이전등기를 이행하여야 하며, 신탁계약의 효력은 신탁등기를 한 날로부터 발생한다. 이 경우 등기비용은 "갑"이 부담한다.
② "갑"은 제1항의 신탁등기 이전에 토지에 대해 지상권, 저당권, 가등기담보권, 전세권 등의 제한물권(등기되어 있는 임차권 포함)이 설정되어 있을 경우 이를 자신의 책임 및 비용으로 말소하여야 하며, 기타 제1조의 신탁목적을 수행하는데 있어 "을"의 권리행사를 방해하거나 제한할 수 있는 이해관계인이 있거나 제3자의 권리가 설정되어 있을 경우, 자신의 책임 및 비용으로 이를 해결하여야 한다.

제3조(건물건축)
① "을"은 건물의 시공을 담당할 건설회사(이하 "건설회사"라 한다)를 선정하여 그와 건축공사 도급계약을 체결한다.
② "을"은 제1항의 건축공사 도급계약에 관하여 도급금액, 공사비 지급방법, 공사기간 및 기타 중요사항에 대하여 사전에 "갑"과 협의한다.
③ 제1항에도 불구하고 "갑"의 요구가 있거나 신탁계약 전 "갑"과 기 체결된 계약이 있을 경우 "을"은 기술인력, 시공능력, 계약금액 등을 종합적으로 고려하여 해당 업체와의 계약체결여부를 결정할 수 있다.

제4조(자금차입)
① "을"은 건물건축 및 신탁사무 수행에 필요한 자금을 신탁재산으로 충당하거나, "갑" 및 수익자의 부담으로 하여 차입할 수 있다. 이 경우 자금차입은 "갑" 또는 "을" 명의의 차입과 "을"의 고유계정으로부터의 차입을 포함한다.
② "을"은 제1항의 차입금 또는 사업종료시까지의 신탁사무 처리비용 일체를 회수하기 위하여 수익자의 부담으로 신탁재산(토지와 건물 등)을 담보로 제공하여 금융기관 등으로부터 자금을 차입할 수 있으며, "갑" 및 수익자는 이에 대해 협조하여야 한다.
③ 제1항 및 제2항의 차입금은 사업약정서에 따라 "을"명의로 개설되는 자금관리계좌에 입금시킨다.
④ 본 사업의 사업비는 신탁계정에서만 집행하며, "을"의 고유계정에서는 어떠한 경우에도 집행하지 않는다.
⑤ 차입계약상의 책임 등 본 조의 차입에 따른 "을"의 채무 또는 책임의 한도는 신탁재산의 범위에 한하며, 어떠한 경우에도 "을"의 고유계정에서 그 책임을 지지 않는다. 만약, 신탁재산만으로 위 차입에 따른 채무 또는 책임을 이행하기에 부족한 경우, 그 부족분에 대해서는 "갑"이 이행책임을 지며, 위 부족분으로 인하여 "을"이 손해를 입게 되는 경우 "갑"은 이를 배상하여야 한다.

제5조(설계·감리)
① "을"은 본 사업의 설계·감리자를 선임하

여 설계·감리업무를 위임한다. 다만, "을"은 구체적인 설계·감리업무 위임계약의 내용 및 조건에 관하여 사전에 "갑"과 협의한다.

② 제1항에도 불구하고 "갑"의 요구가 있거나 신탁계약 전 "갑"과 기 체결된 계약이 있을 경우 "을"은 기술인력, 설계·감리능력, 계약금액 등을 종합적으로 고려하여 해당 업체와의 계약체결여부를 결정할 수 있다.

제6조(하자담보 및 책임 등)

① "갑"은 신탁기간 중 또는 신탁종료 후 그 신탁한 토지의 하자 및 하자가 있음을 원인으로 하여 발생된 손해 등에 대하여 책임을 진다.

② "을"은 선량한 관리자의 주의로써 신탁부동산을 관리한 경우에는 신탁기간 중 또는 신탁종료 후 신탁부동산에 대하여 발생된 하자 및 하자가 있음을 원인으로 "을"의 고의 또는 과실없이 "갑" 또는 수익자와 제3자에게 발생된 손해 등에 대하여 책임을 지지 아니한다.

제7조(건물의 인도 및 신탁공시)

① "을"은 건물의 준공검사 후 지체 없이 건설회사로부터 건물을 인도받아 그 건물에 관하여 "을"명의의 소유권 보존등기 및 신탁등기를 한다.

② 제1항의 등기절차를 이행하는데 소요되는 일체의 비용은 "갑"이 부담하여야 한다.

제8조(신탁부동산의 처분 및 관리·운용방법)

① "을"은 다음 각호의 방법에 의하여 신탁부동산을 분양(처분) 및 관리·운용한다.

1. "을"은 신탁부동산에 대하여 사업계획에서 정한 분양금액 및 조건으로 분양(처분)할 수 있다.
2. "을"은 신탁부동산에 대하여 적정한 방법 및 시기, 범위 등을 정하여 수선·보존·개량을 위한 필요행위를 할 수 있다.
3. "을"은 건물에 대하여 적정가액의 손해보험에 가입한다. 이 경우 보험료 등 보험가입에 필요한 일체의 비용은 "갑"이 부담하거나 또는 "을"이 신탁재산에서 지급할 수 있다.
4. "을"은 신탁부동산의 수선·보존·개량 등의 관리사무를 "을"이 선정하는 제3자에게 위임할 수 있으며, 이 경우"갑"에게 위임사실을 통보한다.
5. "을" 또는 제4호의 관리사무 수임자는 관리사무를 수행하기 위하여 필요한 경우에 신탁부동산의 일부를 무상으로 사용할 수 있다. 이 경우 관리사무 수임자는 사전에 "을"의 승낙을 받아야 한다.
6. "을"은 차입금리의 상승 및 급격한 금융여건 변화시 "갑"과 협의하여 제1호의 금액 및 조건을 변경할 수 있으며, 신탁부동산의 일부 또는 전부를 분양에서 임대로 전환할 수 있다.

② "을"이 신탁재산을 임대하는 경우 신탁종료 후 임대보증금 반환 등 임대인의 채무는 별도의 절차 없이 "갑" 및 수익자가 승계하기로 하며, 임대계약 체결시 이를 계약서에 명시하기로 한다.

③ 분양수입금의 수납 및 관리는 "을"이 담당하며, 그에 관한 구체적인 사항은 "갑"과 "을"사이에 체결될 사업약정서에서 정한다.

제9조(선관주의 의무)

"을"은 건물 건축공사, 신탁부동산의 관리·운용, 기타 신탁사무에 대하여 선량한 관리자의 주의로써 처리한 경우에는 "갑" 또는 수익자에게 손해가 발생하더라도 그 책임을 지지 아니한다.

제10조(소송의무의 면책)

"을"은 수익자의 요청에 의하여 이를 승낙한 경우를 제외하고는 신탁재산에 관한 소송행위를 할 의무를 지지 아니한다. 다만, "을"이 신탁계약 수행과 관련하여 소송을 할 필요가 있다고 판단하여 수익자와 합의한 경우에는 그러하지 아니하다.

제11조(신탁재산)

신탁재산은 다음 각호와 같다.

1. 신탁부동산(제7조에 의하여 신탁되는 건물 포함) 및 신탁금
2. 신탁부동산 분양대금(위약금 포함)
3. 신탁부동산의 물상대위로 취득한 재산
4. 신탁부동산의 임대에 따른 임대보증금 및 임료
5. 제4조에 의한 차입금
6. 신탁부동산의 분양(처분) 및 임대와 관련하여 취득한 분양대금(임대보증금) 등의 반환채무
7. 제1호 내지 제5호에 속하는 금전의 운용수익

8. 기타 신탁사무처리에서 발생한 자산 및 채권, 채무

제12조(신탁수익)
신탁종료시 제11조에 의한 신탁재산에서 신탁사무 처리상 발생하는 제비용 및 신탁보수를 차감한 것을 신탁수익으로 한다.

제13조(수익자와 수익권)
① 이 신탁의 수익자는 "갑" 또는 "갑" 및 "을"의 합의에 의해 지정된 자로 한다.
② 수익자는 제12조에 따른 신탁수익을 취득한다.
③ 수익자는 신탁계약 종료시 그 정한 방법에 따라 신탁수익을 교부받는다.

제14조(수익권증서)
"을"은 신탁계약의 수익을 표시하기 위하여 별지(3) 기재의 수익권증서를 작성하여 수익자에게 교부한다. 그러나 수익권증서를 발행하지 아니하기로 합의한 경우에는 그러하지 아니하다.

제15조(수익권의 양도, 승계, 질권설정)
① 수익자는 "을"의 승낙없이 수익권을 양도, 승계, 질권설정 등을 할 수 없다.
② 수익권을 양수하거나 승계한 자는 그 지분비율에 해당하는 수익자의 권리·의무를 승계한다.
③ 수익자의 변경에 필요한 비용은 수익자가 부담한다.

제16조(신탁재산에 속하는 금전 운용방법)
① 신탁재산에 속하는 금전은 다른 신탁재산에 속하는 금전과 합동으로 운영하지 않기로 하며 단독으로 금융기관에의 예치 등 관계법령에서 정하는 방법으로 "을"이 운용하기로 한다.
② 제1항의 운용에 의하여 취득한 신탁재산에 대하여는 신탁등기·등록 또는 신탁재산의 표시나 기재를 생략할 수 있다.
③ 신탁부동산의 분양(처분)과 관련하여 취득한 분양대금(계약금 및 중도금 포함), 보증금 등은 제1항에 규정된 운용방법 외에 공사대금, 차입원리금 또는 분양대금(임대보증금)반환채무, 기타 신탁사무처리와 관련하여 발생된 채무이행 및 사업비의 지급에 충당할 수 있다.
④ 제3항의 경우 "을"은 그 처리결과를 수익자에게 통보한다.

제17조(제비용의 지급)
① 다음 각호의 비용은 "갑" 및 수익자의 부담으로 한다.
1. 신탁재산에 대한 조세, 공과금 및 등기비용
2. 설계, 감리비용 및 공사대금
3. 차입금, 임대보증금 등의 상환금 및 그 이자
4. 신탁부동산의 수선, 보존, 개량비용 및 화재보험료
5. 분양(처분) 및 임대사무처리에 필요한 비용
6. 기타 전 각호에 준하는 비용
② "을"은 제1항의 비용을 신탁재산에서 지급하고, 지급할 수 없는 경우에는 갑 및 수익자에게 청구·수령하여 지급할 수 있으며, 필요한 경우에는 미리 "갑" 및 수익자에게 상당한 금액을 예치하게 할 수 있다.
③ "을"이 신탁사무 처리과정에서 과실 없이 받은 손해에 대하여도 비용으로 간주하여 제2항과 같이 처리한다.
④ "을"은 전 각항의 제비용을 대지급한 경우에는 당해 대지급금 및 이에 대한 이자를 "갑" 및 수익자에게 청구하거나 신탁재산에서 충당한다.
⑤ 본 사업의 추진에 따라 부과되는 제세공과금(종합토지세, 사업소득세 또는 양도소득세, 건물의 보존등기에 따른 취득세·등록세 등 사업종료시까지 본 사업과 관련하여 발생하는 제세금 및 공과금)은 "을"의 명의로 부과되는 것이라도 "갑" 및 수익자의 부담으로 하고 제2항에 따라 처리한다.

제18조(신탁재산 환가처분에 의한 제비용 충당)
신탁재산에 속하는 금전으로 신탁사무 처리상 "을"의 과실 없이 받은 손해, 차입원리금 상환 기타 신탁사무 처리를 위한 제비용과 "을"의 대지급금을 충당하기에 부족한 경우에는 그 부족금액을 "갑" 및 수익자에게 청구하되, "갑" 및 수익자가 이를 거부하거나 그 부담으로도 위 부족금액을 충족시킬 수 없는 경우에는 신탁부동산의 일부 또는 전부를 환가처분하여 그 지급에 충당할 수 있으며, 그 구체적인 매각방법은 제24조에 의한다.

제19조(신탁계산)

① 신탁재산에 대한 계산기일은 매년 12월 말일과 신탁종료시로 하고, "을"은 당해 계산기간의 수지계산서를 작성하여 수익자에게 제출한다.

② 제1항의 수지계산에 있어서는 신탁부동산에서 발생한 분양대금, 각종 보증금, 임료 등 신탁재산에 속하는 금전 및 그 금전의 운용수익과 이에 준하는 것을 『수입』으로 하고, 제17조의 제비용을 『지출』로 하며, 『수입』에서 『지출』을 차감한 잔액을 순수익(또는 순손실)으로 한다.

제20조(신탁보수)

① 신탁업무에 따른 "을"의 신탁보수는 기본보수와 성과보수로 구분하고, 기본보수는 이를 건설비 기준보수와 분양(임대)가 기준보수로 구분하여 다음 기준에 따라 정한다.

구 분		신탁보수 산출기준
기본보수	건설비 기준보수	예정 건설비×0/100
	분양(임대)가 기준보수	분양(임대)예정금액총액×0/100
성과보수		기본보수×0/100

1. 이 경우 건설비는 건축공사비, 설계비, 감리비, 인입비(인입부담금 포함), 모델하우스건축비, 철거비, 미술장식비의 합계액
2. 분양(임대)가는 실제 분양대금(임대보증금)에 불구하고 예정 분양대금(임대보증금)총액을 말하며, 임대료를 임대보증금으로 환산하기 위한 기준율을 임대료 결정시 적용한 이자율로 하여 환산된 임대료를 임대보증금 총액에 포함한다.
3. 경제사정의 급격한 변동이 발생하거나 신탁사무 처리에 현저한 노력이 필요한 경우, 기타 상당한 사유가 발생한 경우에는 "을"은 수익자와 협의하여 신탁보수를 조정할 수 있다.

② 제1항의 기준에 따라 정한 "을"의 보수 및 수납방법은 다음과 같다.

1. "을"의 기본보수는
   건설비 기준보수 금 원정(₩) 및
   분양(임대)가 기준보수 금 원정(₩)
   의 합계 금 원정(₩)으로 한다.
2. 제1호의 기본보수[건설비 기준보수와 분양(임대)가 기준보수의 합계액]는 공사착공일로부터 준공(예정)일까지의 기간 동안 월단위로 안분하여 배분기비니 수납하기로 한다.
3. 성과보수는 분양착수 후 00개월까지의 분양율이 00%에 달하는 경우 분양(임대)율 00%달성일이 속하는 달의 말일에 전액 수납하기로 한다.
4. 제1호의 기본보수는 예정건설비 증감, 분양예정금액총액의 증감에 영향을 받지 아니한다.

③ 신탁계약기간 종료후 처분시까지 신탁재산을 관리하는 경우 "갑"은 "을"과 관리내역 및 신탁보수 등 세부내역을 정하여 별도의 관리신탁계약을 체결하기로 하며, 이에 대한 합의가 이루어지지 않는 경우 "을"의 내부보수규정상의 관리신탁보수 한도액을 적용한 보수를 관리보수로 지급하기로 한다.

④ "을"은 위 제1항 내지 제3항의 각 보수를 "갑" 및 수익자로부터 지급받거나 또는 신탁부동산의 일부 또는 전부를 환가처분하여 그 대금에서 충당할 수 있으며, 그 구체적인 매각방법은 제24조에 의한다.

제21조(신탁기간)

신탁기간은 0000년 00월 00일부터 0000년 00월 00일까지로 하되, 부득이한 사유가 있는 경우 "을"은 "갑" 및 수익자와 협의하여 이 기간을 연장할 수 있다.

제22조(신탁의 일부 종료)

"을"이 신탁부동산을 분양(또는 처분)하여 그 부분에 대하여 피분양자(매수인을 포함)에게 소유권이전등기가 경료된 경우 그 부분에 한하여 신탁계약이 일부 종료된 것으로 본다.

제23조(신탁계약의 해지)

① 본 계약은 원칙적으로 해지할 수 없다.

② 제1항의 규정에 불구하고, "갑" 및 수익자와 "을"의 합의로 본 계약을 해지할 수 있다. 이 경우 "갑" 및 수익자는 "을"에게 해지에 따른 위약벌로써 위약금을 지급하기로 하며, 그 위약금은 예정신탁보수의 100분의 00로 한다.

③ 제1항의 규정에 불구하고 "을"은 신탁목적을 달성할 수 없거나 신탁사무수행이 불가능하거나 또는 현저히 곤란한 다음 각호

의 경우에는 본 신탁사무의 수행을 상당기간 중단하거나, 본 계약을 해지할 수 있다.

1. "갑"이 본 계약상의 중대한 의무를 이행하지 아니하거나 위반하여 사실상 사업수행이 어려운 경우(신탁등기 미이행, 인·허가 불가, 소유권이외의 제권리 미말소, 점유자 이주 등 명도불이행, 기타 이에 준하는 의무위반 또는 불이행 등)
2. 인·허가 등으로 인한 사업계획의 변경이나 인·허가 조건상의 이행에 과다한 비용의 소요 또는 추가적 비용부담요인의 발생으로 당초 예상 사업수익의 현저한 감소가 예상되는 경우
3. 본 계약체결시점의 신탁계정대여금의 금리보다 2배 이상의 금리상승 등 경제여건 변동이나 기타 부득이한 사유가 발생한 경우
4. "갑"이 부도, 회사정리절차의 신청, 파산 등으로 인하여 본 계약상의 의무를 이행하기 어려운 경우
5. 천재지변 등 불가항력적인 사유로 신탁의 목적달성이 어렵다고 판단되는 경우
6. 피분양자들의 집단 민원이나 분양수입금 납부 거부 등으로 사업약정의 이행이 어렵거나 장기간 지연되어 분양사업의 추진이 불가능하다고 판단되는 경우
7. 기타의 사유로 본 사업의 진행이 불가능하나고 객관적으로 인정되는 경우

④ "갑" 및 수익자는 "을"의 귀책이 아닌 사유로 신탁계약 해지시 직전계산기일 이후 계약해지시까지 발생된 신탁보수에 대하여는 제2항의 위약금과 별도로 정산하여야 한다.

제24조(신탁부동산의 환가처분 등)

① "을"이 제18조, 제20조 제4항, 제26조 제1항 제3호 등에 따라 신탁부동산의 전부 또는 일부를 환가처분할 경우 신탁부동산의 처분예정가격은 감정평가 전문기관의 감정평가액을 참고하여 "을"이 결정하되, 신탁개시후 6개월 이내로서 가격변동 요인이 발생하지 않는 경우에는 수익권증서상의 가액을 참고한 가격이나 최초 신탁계약 체결시 처분대가에 준하여 "을"이 결정할 수 있다.

② 신탁부동산의 처분방법은 공개시장에서 경쟁을 통하여 처분하는 것을 원칙으로 한다. 다만, 유찰시 다음 처분일 공고 전까지 직전 처분조건 이상의 조건으로 수의계약할 수 있다.

③ 신탁부동산의 매수인은 예정가격 이상을 제시한 매수희망자 중 가장 높은 금액을 제시한 자로 한다.

④ 제1항의 예정가격으로 처분되지 않을 경우 다음 처분예정가격은 직전의 처분시 예정가격을 기준으로 10% 상당액을 순차적으로 차감한 금액으로 한다.

⑤ 기타 처분에 관한 사항은 "을"의 내부규정에 의한다.

제25조(신탁종료)

① 신탁계약은 다음 각호의 경우에 종료한다.

1. 신탁의 목적을 달성한 경우
2. 신탁기간이 만료한 경우(단, "갑" 또는 수익자가 신탁보수의 지급을 완료하지 못한 경우는 제외)
3. 제23조에 의하여 신탁계약이 해지된 경우
4. 제24조에 의하여 신탁부동산이 처분되는 경우

② 위 제1항에 의하여 본 계약이 종료될 경우, "갑"및 수익자는 본 사업과 관련된 "을"의 일체의 권리, 의무를 면책적으로 승계한다.

제26조(신탁종료시 신탁수익의 교부 등)

① 신탁계약이 종료된 경우에는 "을"은 최종계산에 관하여 수익자의 승인을 얻은 후 미분양된 신탁부동산 등 신탁수익을 수익권증서와 상환으로 다음 각호의 방법에 따라 수익자에게 교부한다.

1. 신탁부동산은 "을"이 신탁등기의 말소 및 수익자에게 소유권이전등기를 행한 후 현존하는 상태대로 수익자에게 인도한다. 단, 수익자의 요청이 있는 경우 이를 처분, 관리 또는 담보신탁으로 전환할 수 있다.
2. 신탁부동산이외의 신탁수익중 금전의 경우에는 금전으로 교부를 하고 금전 및 신탁부동산을 제외한 신탁수익은 "을"이 정하는 방법에 의하여 금전으로 환가하여 교부한다. 다만, "을"이 상당하다고 인정하는 경우에는 그 수익의 일부 또는 전부를 현존하는 상태대로 교부할 수 있다.
3. 차입금 및 분양(임대보증금)대금 등의 반환채무, 기타 신탁사무를 처리하면서 발

생된 채무(공사비, 감리비, 설계비 등 사업비를 의미하나 이에 한정되지 아니함)에 대하여는 아래 각목과 같이 처리한다.

가. 분양(임대보증금)대금 등의 반환채무는 분양(임대)계약서에 명시하거나 수분양자(임차인)의 동의를 얻어 "갑" 및 수익자가 별도의 절차 없이 승계하고 "을"은 그 책임을 면한다.

나. "을"은 차입금, 기타 신탁사무를 처리하면서 발생된 채무의 변제에 충당하기 위한 자금을 확보하기 위하여 신탁재산에 속하는 금전의 교부를 유보할 수 있으며, 이 유보금으로도 부족할 경우에는 "갑" 및 수익자는 그 부족금액을 "을"에게 예치하여야 한다. 그러나 "을"은 채권자의 동의를 얻어 "갑" 및 수익자에게 차입금 및 기타 신탁사무를 처리하면서 발생된 채무를 승계시키고 자기 책임을 면할 수 있다.

다. 상기 나목에서 "갑" 및 수익자가 부족금액을 예치하지 않거나 동 채무가 "갑" 및 수익자에게로 승계되지 않을 경우에는 "을"은 신탁재산의 일부 또는 전부를 환가처분하여 동 처분대금으로 그 채무의 변제에 사용하기로 하며, 신탁재산의 처분방법은 제24조에 따른다.

② 신탁수익은 신탁이 종료된 경우에 한하여만 교부할 수 있으며, 신탁기간 중 가정산할 수 없다.

제27조(단수처리)
본 계약에 의한 수지계산, 신탁종료시 교부할 신탁재산의 계산, 기타 각종 계산에 있어서 10원 미만의 단수가 발생한 경우에는 그 단수금액은 절사한다.

제28조(인감의 신고)
① "갑"과 수익자는 그 대리인 기타 본 계약 관계자의 인감을 미리 "을"에게 신고하여야 한다.
② "을"이 영수증 기타 서류에 날인한 인영을 상당한 주의를 기울여 제1항의 신고인감과 대조 후 틀림없다고 인정하여 신탁재산을 교부하거나 기타 업무를 처리한 경우에는 "을"은 인장 도용, 위조, 기타 일체의 사정을 불문하고 이로 인하여 발생된 손해에 대하여 그 책임을 지지 아니한다.

제29조(통지사항)
"갑"과 수익자 또는 그 상속인은 다음 각호의 경우 지체 없이 그 사유를 서면으로 "을"에게 제출하고 소정의 절차를 취한다. 이 절차가 지체되어 발생된 손해에 대하여 "을"은 그 책임을 지지 아니한다.

1. 신탁계약서 및 이에 관련된 문서, 수익권증서 또는 신고된 인장의 훼손 및 분실
2. "갑"과 수익자 또는 그 대표자나 대리인, 기타 신탁계약 관계자의 주소, 성명, 명칭, 조직, 행위능력의 변경 또는 사망
3. "갑"과 수익자 또는 그 대표자나 대리인, 기타 신탁계약 관계자의 부도, 파산, 화의신청, 주요 재산의 압류 등
4. 대표자, 대리인 또는 수익자의 변경
5. 기타 신탁계약에 관하여 통지를 필요로 하는 사항이 발생된 경우

제30조(계약의 변경)
"을"은 "갑" 및 수익자의 동의를 얻어 신탁계약의 일부를 변경할 수 있다.

제31조(계약외 사항의 처리)
신탁계약에서 정하지 아니한 사항에 대하여는 사업약정서 등 본 사업과 관련하여 "갑" 및 "을"이 체결하거나 체결할 계약 또는 약정에 의하고, 그 외의 사항에 대하여는 "갑", "을" 및 수익자가 협의하여 처리한다.

제32조(사해신탁의 금지)
① 본건 신탁은 신탁법 제6조 및 제8조에 위반하는 신탁이어서는 아니되며 이로 인하여 신탁계약이 취소, 해지 기타 신탁에 영향을 미치는 경우, 또는 신탁법 제21조(강제집행의 금지)에 정한 신탁전의 원인으로 발생된 권리의 실행으로 소유권 변동이 있는 경우에는 "갑" 및 수익자가 책임을 지며, "을"은 신탁에 따른 소유권관리책임 등 어떠한 책임도 지지 아니한다.
② 제1항에 의하여 신탁이 취소, 해지된 경우에도 제23조 제2항을 준용하며, 신탁기간 중 제1항을 이유로 "을"을 상대로 소송이 제기되는 경우 "을"은 신탁계약을 해지할 수 있다.

제33조(기타)
① 본 계약 체결 전후에 "갑", "을", 건설회사

가 체결하는 각종 계약 및 약정은 관련법령에 위반되지 아니하는 범위 내에서만 유효하고, 본 계약과 상충되는 부분이 있을 경우 본 계약이 우선하며 나머지 계약 및 약정간에는 상호 보충적 효력이 있는 것으로 한다.
② 신탁계약 체결에 소요되는 비용은 "갑"과 수익자가 부담한다.

제34조(책임의 한도 등)
① 본 계약 및 그에 따라 "갑", "을"사이에 체결되는 계약 또는 약정에 기하여 "을"이 "갑"에 대해 부담하는 일체의 의무 또는 채무 및 책임(불법행위에 기한 손해배상책임 포함)은 신탁재산을 그 한도로 하며, 어떠한 경우에도 "갑"은 "을"의 고유재산에 대해 권리를 주장할 수 없다.
② 본 계약상 "갑"의 의무 또는 채무 및 책임사항은 수익자가 합의한 경우 수익자도 동일하게 부담한다.

제35조(본 사업의 인·허가)
① "갑"은 본 사업과 관련된 제반 인·허가(변경허가 포함)를 받은 후 그 명의를 "을"에게 이전하거나, 또는 "을"명의로 인·허가를 취득하도록 하여야 하며, 그와 관련하여 사전에 "을"과 협의하여야 한다. 만약, 본 항에 따른 인·허가를 받지 못하거나 상당한 기간 내에 그 취득이 불가능함이 객관적으로 명백한 경우, "을"은 본 사업을 종료할 수 있으며, 그에 대해서는 제23조 등 본 계약 해지와 관련된 조항이 적용된다.
② 제1항에 의한 인·허가의 취득 및 이전 비용, 인·허가에 부가된 조건이행에 드는 비용 등 인·허가와 관련된 일체의 비용은 "갑" 및 수익자가 부담한다.

제36조(기 분양계약분의 승계)
본 계약 체결 전 "갑"이 이미 분양을 하였을 경우 기 분양분에 대해 "갑"은 신탁계약 체결과 동시에 "을"과 승계계약이 체결될 수 있도록 조치하고 "갑"이 기 수납한 대금은 "을"의 신탁계좌에 환입하기로 한다.

제37조(사업자등록 등)
① 이 계약의 체결과 동시에 "갑"은 신탁부동산 소재지 관할세무서에 관련 세법에 따라 사업자등록을 하여야 한다.
② 제1항의 규정에 의한 사업자에게 환급되는 부가가치세 등은 "을"이 포괄적으로 양도받기로 한다.
③ "을"이 부가가치세법 제33조 제2항 및 동법 시행령 제84조 제1항의 규정에 의거 "을"을 납세관리인으로 정하여 관할세무서장에게 신고할 것을 "갑"에게 요청하는 경우 "갑"은 이에 따라야 하며, "을"은 세무업무를 대행할 세무사를 정하여 부가가치세의 신고·납부·환급 기타 필요한 업무처리를 하게 할 수 있으며 그에 따른 비용은 본 사업의 신탁재산에서 집행하기로 한다.

제38조(관할법원)
이 신탁계약에 관하여 분쟁이 발생한 경우 관할법원은 민사소송법에 따른다.
이 계약을 증명하기 위하여 본 계약서 3부를 작성 후 "갑"과 "을"이 각 1부씩 보관하고 등기소의 등록원부용 1부를 해당기관에 제출한다.

0000년 00월 00일

위탁자
주소 : 광주광역시 달서구 OO로OO길 OO
성명 및 상호 : 주식회사 △△물산
대표이사 : 박창원 ㊞
법인등록번호 : 000000-0000000
[사업자등록번호 : 000-00-00000]

수탁자
주소 : 서울특별시 연수구 테헤란로 OOO
성명 및 상호 : 주식회사 ㅇㅇ자산신탁
대표이사 : 성동진 ㊞
법인등록번호 : 000000-0000000
[사업자등록번호 : 000-00-00000]

<수익자 동의>
수익자 본인은 이 신탁계약의 내용을 충분히 숙지하고 있으며 이 신탁계약의 내용에 따라 아무런 이의없이 수익자로서의 책임과 의무뿐만 아니라 위탁자의 책임과 의무도 위탁자와 연대하여 충실히 이행할 것을 확인합니다.

수익자
주소 : 광주광역시 달서구 OO로OO길 OO
성명 및 상호 : 주식회사 △△물산
대표이사 : 박창원 ㊞
법인등록번호 : 000000-0000000
[사업자등록번호 : 000-00-00000]

※ 본란은 위탁자와 수익자가 동일인이 아닌 경우에만 기재

※ 첨부서류
별지1 신탁부동산목록
별지2 신탁건물의 건축개요
별지3 수익권증서

<별지1>

신탁부동산 목록

1. 경상남도 신주시 상평동 111 대 460m²
2. 경상남도 신주시 상평동 112 대 500m²

<별지2>

신탁건물의 건축개요

(단위 : m²)

사 업 명	
사업부지	
부지면적	
규 모	
연 면 적	
개발용도	
공사기간	
기 타	

<별지3>

[전면]
증서번호 : 0000-00-000

수 익 권 증 서

수익자 귀 하(중)

이 증서는 0000. 00. 00.자에 다음과 같이 위탁자와 당사 사이에 체결한 분양형토지신탁계약 등에 의하여 수익권을 표시하는 증명으로서 발행합니다.

1. 토지신탁사업의 개요

<table>
<tr><td rowspan="3">위탁자</td><td colspan="2">성 명</td><td colspan="4"></td></tr>
<tr><td colspan="2">법인등록번호</td><td colspan="4"></td></tr>
<tr><td colspan="2">주 소</td><td colspan="4"></td></tr>
<tr><td rowspan="3">신탁재산의 표시</td><td rowspan="2">토지</td><td>소재지</td><td colspan="4"></td></tr>
<tr><td>지목</td><td></td><td>면적</td><td>m²</td></tr>
<tr><td>건물</td><td>구조</td><td></td><td>연면적</td><td>m²</td></tr>
<tr><td colspan="3">신탁등기</td><td colspan="4">등기일자</td></tr>
<tr><td colspan="3">신탁목적</td><td colspan="4">○○○○ 시설 신축·분양</td></tr>
<tr><td colspan="3">신탁기간</td><td colspan="4">0000년 00월 00일 - 0000년 00월 00일</td></tr>
</table>

2. 수익권내용

<table>
<tr><td>순위</td><td>지분</td><td>수익자</td><td>수익권의 표시</td><td>수익권의 내용</td></tr>
<tr><td></td><td></td><td></td><td></td><td>신탁계약서 제12조에 의거한 수익</td></tr>
<tr><td colspan="3">수익권의 교부일</td><td colspan="2">신탁사업의 종료·정산일의 영업익일</td></tr>
</table>

※ 기타 상세사항은 후면 약관참조 바랍니다.

0000년 00월 00일

주식회사 ㅇㅇ자산신탁
대표이사 성동진 ㊞

[후면]

약 관

1. [발행 및 효력] ① 이 수익권증서(이하 " 증서"라 합니다.)는 위탁자와 (주)ㅇㅇ자산신탁(이하"수탁자"라 합니다)이 체결한 토지신탁계약에 의거 수익권의 내용 및 교부순위를 증명하기 위하여 발행합니다.
② 수익권증서 원본은 수탁자, 정본은 수익자가 보관하되 원본과 정본의 내용은 동일하여야 하며, 내용이 상이한 증서는 수탁자 발행증서로서의 효력을 갖지 아니합니다.

2. [수익권의 정의 및 범위] 이 증서의 수익권은 토지신탁계약서상의 수익권으로서 **신탁의 종료 또는 해지시 신탁부동산, 신탁금, 분양대금, 임대보증금과 임료 등의 신탁재산에서 신탁관련 채무 및 제비용과 신탁보수를 차감한 신탁수익을 교부받을 수 있는 권리**를 말하며 후순위 수익권은 선순위 수익권 행사 후 잔여 신탁수익의 범위내에서 계약조건이 정하는 바에 따라 지급받을 수 있는 권리입니다.

3. [수익자의 변경] 이 증서상의 수익자를 변경할 경우 수탁자의 승낙을 얻어 추가 지정하거나 변경할 수 있습니다.

4. [신탁수익의 교부] ① 신탁수익은 신탁종료(해지)일의 영업익일에 교부하는 것을 원칙으로 합니다.

5. [양도 등] ① 이 증서는 수탁자의 사전

동의 없이 타인에게 양도되거나 질권설정 등 처분행위의 대상이 될 수 없습니다.

② 이 증서만을 별도의 거래의 목적으로 삼거나 담보로 제공할 수 없습니다.

6. [재발행] 이 증서의 기재내용 변경, 훼손 및 분실 등의 경우에는 지체없이 수탁자에게 통지한 후 소정의 절차를 받아야 합니다.

7. [기 타] 이 약관에 기재되지 아니한 사항은 신탁계약에 의합니다.

- 이 상 -

분양형 토지신탁 계약 특약사항

제1조(우선적용)
본 특약사항은 이 신탁계약서 본문에 우선하여 적용한다.

제2조(미매입부지 확보)
① "갑"은 분양형토지신탁 등기 전까지 미매입토지(사업부지, 도로부지, 어린이 공원 등 포함) 중 사유지는 신탁등기 전까지 취득을 완료하고, 국공유지는 [신탁계약 체결 후 00개월(사업특성에 맞도록 변형하여 기재)]까지 취득을 완료하여 "을"에게 신탁하여야 한다. 다만, "갑"은 국·공유지에 관하여 "을"이 산정한 국공유지 예상취득가액을 예치하여야 하고, "을"은 동 자금으로 미매입부지를 직접 매입하여 추가로 신탁할 수 있으며, 이 경우 소유권이전등기 및 신탁등기(신탁재산 처분에 의한 신탁)가 완료되면 이 신탁계약에 의한 신탁재산으로 본다.
② "갑"은 매입일정에 대한 확약서를 신탁계약 체결 시에 제출하기로 한다.
③ "갑"은 '공익사업을 위한 토지 등의 취득 및 보상에 관한 법률'에 의거 본 사업상 도로, 하천 등의 기부채납으로 대토 가능한 국공유지를 사용승인(준공) 이전까지 취득하여 신탁등기를 완료하기로 한다.

제3조(인허가 완료 전 금지사항)
"갑"은 인허가 완료 및 사업주체 변경 이전까지 "을"의 승인 없이 제3자 명의로의 사업주체변경, 각종 용역업체 선정 등 본 사업과 관련한 일체의 계약행위를 할 수 없다.

제4조(자금차입 및 관리)
① 본 사업과 관련하여 분양수입금으로 본 사업에 필요한 비용을 충당하기에 부족한 경우, "을"이 조달하는 최대 차입금 한도는 [ ]억 원 이내로 제한하며, "을"은 한도를 초과하여 자금을 조달할 책임을 부담하지 않는다. 다만, "을"이 사업진행을 위하여 불가피하다고 판단할 경우 추가 조달할 수 있다.
② "을"은 신탁재산을 관리, 운용함에 있어 중대한 과실이 없는 한 만기불일치, 차입금리와 운용 금리 차이 등으로 인한 금리 손실에 대하여 책임을 부담하지 않는다.

제5조(건물에 대한 하자담보책임 등)
① 신탁계약 제8조에 의해 분양된 건물에 대하여 주택법 등 관련법령에 따른 하자보수 또는 담보책임은 분양계약상의 책임주체와는 상관없이 "갑" 및 수익자가 부담한다.
② "갑" 및 수익자는 피분양자의 하자보수 등의 요청이 있을 경우, 자신의 책임 및 비용으로 이를 해결하여야 하며, 만약, "을"이 피분양자와의 사이에서 직접 하자보수 등의 책임을 부담하게 됨으로써 손해를 입게 될 경우 "갑" 및 수익자는 이를 배상하여야 한다.

제6조(분양)
① 분양은 "갑", "을"이 협력하여 수행하고, 분양광고, 분양방법 및 분양에 따른 분양수입금 등의 자금수납 및 관리 등은 "을"이 주관한다.
② 분양가격, 용역업체 선정 등은 경제여건, 분양전망 등을 감안하여 "갑", "을"이 협의하여 결정하되, 협의가 어려울 경우 "을"이 결정한다.
③ 제2항에도 불구하고 아래 각호의 사유에 해당하는 경우 "을"은 "갑"에게 그 사유를 통보하고 미분양물건의 할인분양 또는 임대전환 등 다각적인 방법으로 분양을 촉진할 수 있으며, 이에 소요되는 비용은 "갑" 또는 신탁재산의 부담으로 한다.
1. 사업약정서 제16조 제3항 각호의 사유 중 어느 하나에 해당하는 경우
2. 차입금리 상승 및 급격한 금융여건 변화로 차입금 조달이 어려울 것으로 예상되는 경우

제7조(위탁자 및 수익자의 책임)
① 신탁계약서 본문 제2조 제2항에 따른 제

한물권(강제집행 및 보전처분 포함)이나 이해관계인 등으로 인하여 "을"에게 손해가 발생할 경우 "갑" 및 수익자는 이를 배상하여야 한다.

② 신탁계약 체결 전 발생한 "갑"의 법률행위, 사실관계로 인한 채무 및 계약관계, 분쟁 등의 사항에 관하여 "을"이 명시적으로 승계하지 아니한 사항에 대한 책임 및 비용은 "갑" 및 수익자가 부담하기로 한다.

③ "을"이 신탁계약과 관련하여 선량한 관리자의 주의로써 신탁재산을 관리하였음에도 불구하고 신탁기간 중 또는 신탁 종료 후 "을"과 제3자와의 사이에 분쟁이 발생하는 경우, "갑" 및 수익자는 자신의 책임 및 비용으로 이를 해결하여야 하며, 그 분쟁으로 인하여 "을"이 입은 일체의 손해를 배상하여야 한다.

제8조(소송 등 면책사항)

① "을"이 본 사업을 원활하게 수행하기 위하여 처리하는 모든 업무 및 그 결과는 "갑" 및 수익자에게 귀속되고, "갑" 및 수익자는 이에 대하여 일체의 이의를 제기할 수 없다.

② 신탁계약서 본문 제10조에도 불구하고 "갑"의 이해관계인 또는 피분양자, 시공사 등 본 사업과 관련된 자가 "을"을 상대로 소송을 제기할 경우 및 신탁재산 또는 "을"의 고유재산 보호를 위하여 "을"은 "갑" 및 수익자와의 합의 없이 단독으로 소송을 진행할 수 있으며, 이 경우 소송비용(소송대리인 선임비 및 판결원리금 등 포함)은 "갑" 및 수익자가 부담하되, "을"은 신탁재산에서 이를 충당할 수 있다.

제9조(우선수익자의 수익권)

① 이 신탁의 우선수익자 및 채무자는 별지4와 같다.

② 우선수익자는 신탁 종료 시 "을"이 발행하는 수익권증서금액을 최고한도로 본 사업과 관련하여 우선수익자가 채무자에 대하여 가지는 일체의 채권금액(대여금, 구상금 등) 만큼 수익자에 우선하여 수익을 교부받을 권리를 가진다.

③ 우선수익자는 "을"의 사전 동의 없이는 신탁 기간 중 우선수익자의 지위를 타인에게 양도 또는 명의변경하거나 수익권에 대하여 질권의 설정 등 기타 처분행위를 할 수 없다.

④ 만약 위 우선수익자의 채권이 소멸된 경우에는 차순위 우선수익자의 순위가 승진한다.

⑤ "갑" 및 수익자는 우선수익자와 같이, 협의하여 본 사업과 관련한 세금계산서를 수익자 명의로 발급·수령할 것을 "을"에게 위임하며 "을"은 이에 대하여 책임을 부담하지 않는다.

제10조(수익자간 권리행사의 범위)

① 수익자로서의 일반적인 의사는 최선순위 수익자의 의사에 따르고 최선순위 수익자의 명시적인 의사표시가 없는 경우 차순위 수익자의 의사에 따르기로 한다.

② 동순위 수익자가 다수인 경우 당해순위 수익자의 의사는 수익권에 대한 지분의 과반수의 의사에 따르기로 한다.

③ 신탁계약서 본문 제23조 등에 따라 위탁자와 합의에 의하여 신탁계약을 해시·해제하고자 할 경우에는 수익자 및 우선수익자 전원의 동의를 득하기로 한다.

제11조(신탁수익의 선지급)

신탁계약서 본문 제13조 제3항 및 특약사항 제9조 제2항에도 불구하고 "본 사업"의 순조로운 분양으로 공사기성금 등 사업비를 충당하고도 수익의 발생이 확실시되고 신탁계정의 현금흐름이 원활할 것으로 판단되는 경우에는 「금융투자회사의 영업 및 업무에 관한 규정」상 「토지신탁수익의 신탁종료 전 지급기준」에서 정한 범위 내에서 ("을" 및 수익자는 합의하여 가정산하고 우선수익자 또는 수익권의 질권자인 대출금융기관에게 토지비 원리금을 선지급할 수 있다 "을"은 단독으로 우선수익자 또는 수익권의 질권자인 대출금융기관과 협의하여 토지비 대출원리금을 예상수익에서 선지급할 수 있으며, "갑" 및 수익자는 본 신탁계약서 체결로 이에 사전 동의한 것으로 보고, 이와 관련한 어떠한 이의도 제기하지 않기로 한다) 다만, 대출금융기관보다 우선하는 우선수익자 또는 수익권의 질권자가 있는 경우 그의 사전 동의를 받아야 한다.

제12조(신탁의 계산)

신탁계약서 본문 제19조에도 불구하고 수지계산은 사업 종료일에 "을"이 일괄 정산하기로 한다.

제13조(신탁기간)
신탁계약서 본문 제21조에도 불구하고 "갑" 또는 수익자가 "을"에 대한 신탁보수, 차입금 또는 신탁사무처리비용 등을 상환하지 않거나 신탁재산 및 신탁사무가 잔존하는 경우 그 기간 동안 신탁기간은 자동연장된다.

제14조(신탁보수)
① "을"의 신탁보수는 금 원(₩)으로 하며 신탁 계약 시 금 원(\ ), 이후 매 [ ]개월 마다 [ ]원씩 지급한다.
② 신탁본문 제20조 제3항에도 불구하고 "갑" 및 수익자가 신탁기간 연장에 협의하거나 특약 제13조에 따라 신탁기간이 연장될 경우 건물 사용승인일로부터 3개월 까지는 제1항을 준용하여 연장되는 기간의 비율에 따라 추가신탁보수를 지급하기로 하고, 사용승인 3개월 초과 시부터 신탁기간 종료 시까지 잔존신탁가액(최초분양가기준)을 기준으로 연 1000분의 6의 관리보수를 연 단위로 선 수취하되 당해 기간 중 신탁 종료 시 이를 반환하지 않기로 한다.
③ 신탁계약서 본문 제23조에도 불구하고 신탁계약 해지 시 "갑"의 귀책사유가 없는 경우에는 직전 보수 지급일로부터 해지시까지의 기간보수를 일할 정산하고, "갑"의 귀책사유로 인하여 신탁계약이 해지될 경우 잔여기간동안 신탁보수의 100분의 00을 신탁재산 귀속 전에 위약금으로 지급하기로 한다.

제15조(신탁계약의 해지에 따른 손해배상 등)
① 신탁계약서 본문 제23조에 따라 신탁계약의 중단 또는 해지로 인하여 발생하는 수분양자(또는 임차인) 및 시공사 등 사업관련자에 대한 손해배상과 투입된 사업비 및 "을"에 대한 손해배상은 신탁재산에서 우선 부담하고 신탁재산이 부족한 경우에는 "갑" 및 수익자가 부담한다.
② 제1항의 비용부담과 관련하여 "갑"은 "을"에 대하여 일체의 손해배상을 청구하지 아니하기로 한다. 다만, 신탁계약 해지가 "을"의 귀책사유에 의한 것일 때에는 그러하지 아니한다.

제16조(부가가치세 등)
① 본 사업과 관련한 부가가치세 납부액은 신탁재산에서 사업비로 "을"이 납부하거나 수익자에게 교부하여 납부하도록 하는 것을 원칙으로 한다. 단, 다른 사업비의 지출에 부족하거나 차입금 상환이 어려울 경우 및 제2항 내지 제3항의 환급금 신탁재산 편입이 이행되지 않거나 이행되지 아니할 우려가 있는 경우 이를 신탁재산에서 집행하지 아니하고 수익자의 부담으로 할 수 있다.
② 신탁계약서 본문 제37조 제2항과 더불어 "갑" 또는 수익자는 매 부가가치세 신고시 관할세무서에 다음 각 호의 서류를 첨부하여 "을" 명의의 자금관리계좌로 부가가치세 환급금 양도를 확정일자 있는 증서로 신청하여야 한다.
1. 국세환급금 양도요구서(인감증명서 포함)
2. 수익자의 동의서(인감증명서 첨부)
③ 부가가치세 외에도 본 사업과 관련하여 국세, 지방세 기타 제세공과금의 환급청구권이 "갑" 또는 수익자에게 귀속되는 경우에도, 신탁계약서 본문 제37조 제2항 및 본조 제2항을 준용한다.

제17조 (위탁자의 부도, 파산 등)
위탁자의 부도, 파산신청, 회생절차개시신청 또는 이러한 절차를 위한 보전처분이나 기타 이와 유사한 절차의 신청 내지 이와 유사한 절차의 신청 내지 이에 준하는 상황이 발생하거나 이러한 상황이 발생될 위험에 직면하여 신탁계약상 의무를 이행하기 어렵다고 "을"이 판단하여 "갑"에게 통지한 경우 "을"은 "갑"의 협의, 동의여부에 불문하고 신탁재산의 관리 및 처분과 관련한 일체의 권리를 행사하며 "갑"은 이에 대해 일체의 이의를 제기하지 아니한다.

제18조 (시공사의 부도, 파산 등)
① 시공사에게 다음 각 호의 어느 하나 이상에 해당하는 사유가 발생하여 예정공기에 공사를 완공하기 어렵다고 "을"이 판단하는 경우 "을"은 공사도급계약을 해지할 수 있으며, 이 경우 "을"은 직접 또는 제3 시공사를 선정하여 공사를 완료할 수 있다.
1. 시공사의 부도, 파산신청, 회생절차개시신청, 기업구조조정촉진법에 의한 채권금융기관 공동관리절차의 신청 또는 이러한 절차를 위한 보전처분의 신청 또는 이와 유사한 절차의 신청으로 "본 사업"을 진행하기 곤란한 경우

2. 시공사가 정당한 사유 없이 1개월 이상 공사착공을 지연하거나 공사중단(실제 예정공정진행률의 25%미만인 경우) 또는 예정공정표상 공정율에 25% 이상 미달하는 경우
3. 시공사를 채무자로 하여 집행된 보전처분, 강제집행 등의 채권금액 합계가 10억 원 이상인 채로 3개월 이상 지속되는 경우
4. 시공사가 사업약정을 위반하거나 "을", "병" 사이에 본 사업의 공사수행을 위하여 체결하는 도급계약상 계약해제(해지) 조항에 해당하는 의무를 위반하는 경우

② 제1항과 관련하여 "을"의 시공사 변경 또는 본 사업의 원활한 추진을 위한 일체의 행위에 대하여 "갑" 및 수익자는 이의를 제기하지 않기로 한다.

③ 시공사의 책임있는 사유 또는 부도 등으로 인해 추가 사업비(우발비용 포함)가 발생할 경우 "을"은 신탁재산으로 이를 충당할 수 있다.

제19조(관할법원)
신탁계약 제38조에도 불구하고 신탁계약 및 이 특약사항에 관하여 분쟁이 발생하였을 경우에는 서울중앙지방법원을 전속적 관할법원으로 한다.

제20조(수탁자의 해임)
① "갑"과 수익자는 "을"의 고의 또는 중대한 과실에 의하여 그 임무에 위반한 행위를 하지 않는 한 정당한 사유 없이 "을"을 해임할 수 없다.

② 제1항에도 불구하고 부득이한 사유로 "을"을 해임하는 경우 "을"에게 지급하여야 될 신탁보수 및 현재 발생하였거나 장래에 발생할 신탁사무처리비용과 수탁자의 손해 등을 우선 정산하여야 한다.

(7) 관리형토지신탁 사업약정서(각 신탁회사별로 다소간 차이가 있음)

분양상품이 대다수를 차지하는 관계로 '분양형토지신탁' 사업약정서를 서술한다.

위탁자 [ ](이하 갑이라 한다)와 시공사 [ ](이하 을이라 한다), 수탁자 [ ]자산신탁(이하 병이라 한다), 대출금융기관(이하 정이라 한다)은 별지 기재 토지(사업부지, 사면보강용 토지를 포함한 진입로, 기부채납 대상 토지 일체를 포함하여, 이하 본건 토지라 한다)상에 관리형 토지신탁 방식으로 건물을 신축 및 분양하는 사업(이하 "본 사업"이라 한다)의 추진을 위하여 본 사업 추진에 관한 기본사항을 합의하고 위 각 당사자의 업무 범위를 정하고자 토지신탁 사업약정(이하 본 약정이라 한다)한다.

제 1 장 총 칙

제1조 (목적)
본 약정은 갑, 을, 병, 정이 본 사업을 진행함에 있어 각 당사자의 기본적인 권리 및 의무관계를 규정하여 상호 신의성실로 본 사업을 원활히 수행하는데 그 목적이 있다.

제2조(사업개요)
본 사업의 개요는 다음과 같다.
1. 사업명 : 시 구 동 "OO아파트" 신축공사
2. 사업지 : 시 구 동 번지
3. 대지면적 : ㎡(평)
4. 규모 : 지하 층, 지상 층(연면적 : ㎡)
5. 용도 :

※ 본 사업개요는 사업계획승인 또는 건축인·허가 과정이나 설계변경 등의 사정으로 변경될 수 있음

제3조(용어의 정의)
본 약정에서 사용하는 용어는 아래에서 정의하는 의미를 갖는다.

1. 본 약정에서 사업비라 함은 공사비, 광고비, 분양경비 등 부동산 개발 사업에 드는 모든 비용에서 부동산 자체의 취득가액과 등기비용, 그 밖에 부동산 취득에 관련된 부대비용을 제외한 금액을 말한다.
2. 본 약정에서 공사관련 민원이라 함은 본 사업의 공사(철거, 부지조성공사를 포함)로 인하여 사업지 내·외에서 발생하는 직·간접적인 피해(인접건물·토지의 피해, 안전사고 포함)나 피해호소를 말한다.
3. 본 약정에서 공사중단이라 함은 공사감리원의 공정보고서상 실행공정률이 예정공정률보다 25퍼센트포인트(percent point) 이상 미달하는 경우를 말한다.
4. 본 약정에서 책임준공이라 함은 천재지변, 내란, 전쟁 등 불가항력적인 경우를 제외하고 시공사가 부도, 파산신청, 회생절차개시신청 또는 이러한 절차를 위한 보전처분이나 기타 이와 유사한 절차의 신청 내지 이에 준하는 상황이 발생하거나 이러한 상황이 발생될 위험에 직면하는 등의 사유, 공사성 민원 등 여하한 이유로도 공사를 중단하거나 지연할 수 없고 예정된 기간(본 사업과 관련한 공사도급계약에 의하여 정하여지는 공사기간) 내에 건축물을 완공하여 준공승인 또는 이와 동일시되는 승인(임시사용승인 제외)을 얻는 것을 말한다.

제4조(업무분담 및 협력의무)

갑, 을, 병, 정은 본 사업의 목적달성을 위하여 다음과 같이 업무를 분담하고 상호 협력한다.

① 갑은 본 사업의 위탁자로서 다음 각 호의 업무를 수행한다.

1. 본건 토지에 관한 소유권 취득 및 완전한 소유권행사에 제한을 가하는 각종 법적, 사실상 장애사유의 해소 및 발생방지
2. 본건 토지에 관한 인도(퇴거 및 철거가 필요한 경우에는 해당 절차의 완료를 포함) 및 병 명의로의 소유권이전과 신탁등기절차의 이행
3. 본 사업에 관한 사업주체 명의를 병으로 변경
4. 교통영향평가, 건축심의, 사업계획승인(변경승인 포함) 또는 건축 인·허가(건축 인·허가 변경 포함) 및 입주자모집공고 승인(분양신고를 포함하며 이하 분양승인이라 함) 등 대관청 인·허가의 취득
5. 분양업무 지원 및 부동산 거래신고 등에 관한 법률에 따른 신고업무 지원
6. 본 사업의 수행에 필요한 취득세, 등록세, 종합부동산세, 개발사업 관련부담금 및 인허가 관련 제세공과금과 부담금 등 제반 경비의 부담
7. 금융기관 등으로부터 프로젝트 파이낸싱 등을 통해 사업비를 차입하여 신탁재산에 출연
8. 병이 요청하는 경우 준공건축물의 관리 및 운영
9. 사업시행에 따른 민원의 최종적인 처리 및 비용부담(일조권, 조망권 등 포함)
10. 사업주체 명의를 병으로 변경하기 전까지 설계 및 감리와 관련한 업무
11. 인·허가 조건사항의 최종적인 이행 책임. 단, 공사관련 사항은 제외
12. 본 사업 종료 후 분양자의 지위 등 본 사업의 시행자로서 부담하는 일체의 권리·의무를 병으로부터 면책적으로 포괄승계
13. 본 사업 관련 회계처리 및 제세공과금의 신고, 납부
14. 기타 본 사업과 관련한 제반 계약서 및 약정서 등에서 위탁자의 의무로 정한 사항의 이행
15. 기타 시행사로서의 일반적인 업무

② 을은 본 사업의 건축공사 시공자로서 다음 각 호의 업무를 수행한다.

1. 교통영향평가, 건축심의, 사업계획승인(변경승인 포함) 또는 건축 인·허가(건축 인·허가 변경 포함) 및 입주자모집공고 승인(분양신고를 포함) 등 대관청 인·허가 업무 지원
2. 을과 병 사이의 공사도급계약에 의한 공사착공 및 진행, 공사비지급여부와 관련 없이 공사기간 내 책임준공
3. 본 사업에 관한 분양, 광고, 홍보업무 및 부동산 거래신고 등에 관한 법률에 따른 신고업무
4. 분양대행사 선정 및 분양대행사와의 분양대행계약 체결
5. 본 사업 분양업무 수행 중 취득하게 되는 일체의 개인정보(분양대행사 등이 취

득하는 개인정보 포함)에 관한 처리업무 수행 및 「개인정보보호법」 등 관계법령에 따른 개인정보 보호의무 등 준수
6. 견본주택건립·운영 및 견본주택부지 임차
7. 갑이 금융기관 등으로부터 프로젝트 파이낸싱 등을 통하여 사업비 차입시 지급보증(또는 자금대여)
8. 공사 관련 인·허가 조건의 최종적인 이행책임
9. 시공 관련 대관청 행정업무, 민원업무 처리 및 비용부담(안전사고 포함)
10. 준공 후 하자보수(하자보수보증금 예치, 하자이행보증수수료 납부 포함)의 책임
11. 갑의 본 사업 관련 의무사항 또는 이행사항에 대하여 연대이행 책임
12. 건축물이 하자사항(미시공, 오시공, 변경시공, 부실시공에 따른 하자를 포함하며, 이하 동일함)에 대한 보수 및 보완
13. 병이 요청할 경우 준공 후 미분양 물건의 열쇠 관리 등 미분양물건에 대한 유지 및 보존
14. 중도금 대출시 필요할 경우 신용제공
15. 기타 본 사업과 관련한 제반 계약서 및 약정서 등에서 시공사의 의무로 정한 사항의 이행
16. 기타 시공사로서의 일반적인 업무

③ 병은 본 사업의 수탁자이자 시행자로서 갑과 을 등과 협력하여 다음 각 호의 업무를 수행한다.

1. 교통영향평가, 건축심의, 사업계획승인(변경승인 포함) 또는 건축 인·허가(건축 인·허가 변경 포함) 및 분양승인 등 대관청 인·허가의 취득 업무의 주체가 되고, 갑이 위와 같은 인·허가를 득하는 것에 협소.
2. 신탁사무 처리
3. 분양대금 등 신탁재산에 속하는 금전의 수납 및 관리, 집행

④ 정은 본 사업에 대한 갑의 토지매입비 대출금융기관으로서 다음 각 호의 업무를 수행한다.

1. 대출약정(본 사업과 관련하여 0000. 00. 00. 갑과 정 사이에 체결한 대출약정)에 대한 대출원리금의 관리 및 추심
2. 기타 본 약정에서 정한 업무

제5조(사업의 진행)

① 갑은 본 약정체결일로부터 00개월 이내에 사업계획승인(건축허가)을 득하고, 사업계획승인(건축허가)일로부터 00개월 이내에 본 사업의 사업주체를 갑에서 병으로 변경하는 내용의 사업주체변경승인 및 분양승인을 득하여야 한다.

② 갑은 토지신탁계약 체결 전까지 본건 토지의 소유권을 확보하여야 하며 제한물권, 보전처분, 강제집행 등 소유권 이외의 제 권리 말소 및 지장물 철거, 점유자 이주, 민원처리 등을 완료하여 을에게 명도하는 등 을의 공사착공에 지장이 없도록 조치하여야 하고 병은 이에 관하여 을에게 별도의 책임을 지지 않는다. 다만, 병이 부득이 하다고 인정하는 경우에는 그 기간을 연장할 수 있다.

③ 갑은 사업부지 외 도로부지, 공원부지, 학교부지 등과 관련된 설계 및 인·허가를 분양승인 전까지 완료하여야 한다.

④ 을은 착공계 제출일로부터 00개월 이내에 본건 토지 외 공사를 포함하여 모든 공사(이하 본 공사라 한다)를 완료하고 본 공사의 공기가 중도금 및 잔금 수납에 지장이 없도록 하여야 한다.

⑤ 갑은 단지 외 도로개설과 사업계획승인 조건으로 부가된 제반 사항들을 갑의 비용과 책임으로 공사 기한 내에 이행완료 하여야 한다.

제 2 장 토지신탁

제6조(건축 인·허가 및 신탁계약체결 등)

① 토지신탁계약은 갑이 본 사업을 위한 사업계획승인(변경승인 포함) 또는 건축 인·허가(건축 인·허가 변경사항 포함)를 득한 후 체결하기로 한다. 다만, 사업여건 등을 고려하여 사업계획승인 또는 건축 인·허가 전에 토지신탁계약이 필요하다고 인정되는 경우에는 건축 인·허가 전이라도 체결할 수 있다.

② 갑과 병은 사업계획승인 또는 건축 인·허가 전이라도 본 사업의 진행상 필요한 경우에는 관리, 처분 또는 담보신탁 계약을 체결할 수 있으며, 사업계획승인 또는 건축 인·허가를 득한 후에는 토지신탁 계약으로 전환하기로 한다.

③ 병의 요청이 있는 경우 갑은 본 사업에 대한 인·허가를 득한 사항 또는 추진 중에 있는 사항에 대하여 관련 제반서류를 병에게 즉시 제출하여야 한다.
④ 본조의 신탁계약이 종료된 경우 병이 본 사업의 시행자 및 사업주체로서 체결한 일체의 계약 등에 의하여 부담하는 모든 권리와 의무는 별도의 절차 없이 자동으로 갑에게 면책적으로 포괄승계되며, 이를 위해 필요한 서류의 작성 등을 병이 사전에 요구하는 경우 갑은 이에 협력하여야 한다.

제7조 (사업부지 이외의 부동산에 대한 신탁등기 등)
① 본건 토지 중 본 사업에 직접 소요되지 않아 매각이 가능한 부지(이하 매각가능부지라 한다)는 갑, 을, 병, 정이 협의, 매각하여 그 매각대금을 분양수입금과 동일하게 신탁재산으로 수납 및 자금집행 함으로써 사업수지를 보전하기로 한다. 만약 협의가 이루어지지 않을 경우, 병은 본 사업의 사업비 보전을 위하여 필요하다고 판단되는 경우 을의 요청 또는 단독으로 매각가능부지를 매각하여 사업수지를 보전할 수 있다.
② 공사 준공 시까지 을이 지급 보증한 금원 또는 공사비 전액이 변제되지 않을 경우 을의 요청으로 매각가능부지를 병이 임의 매각할 수 있다.
③ 병은 매각가능부지의 형식적인 매각주체가 되나, 매각의 책임은 제1항의 경우에는 갑과 을이 연대하여, 제2항의 경우에는 을이 부담한다.

제8조 (수익권 증서의 발행)
본 사업과 관련된 신탁에 따른 수익권증서는 갑, 을, 병의 별도 합의에 따라 발행하기로 한다.

제9조 (신탁보수)
① 병의 신탁보수는 총00,000천원으로 하며 지급시기와 지급금액은 아래와 같다.

회차	지급시기	금액
1	본 계약 체결시	
2	0000. 00. 00.	
3	0000. 00. 00.	
4	0000. 00. 00.	
합계		

② 매각가능부지를 매각하는 경우 그 매각대금 잔금입금완료시 매각대금의 0%를 병의 신탁보수로 지급한다.
③ 제1항 및 제2항의 규정에도 불구하고 본 약정 제31조 제1항 제2호에서 정한 을의 사유로 을이 공사를 계속할 수 없거나 제4조 제2항 제7호 및 제11호의 갑에 대한 지급보증 및 병에 대한 연대이행 책임이 불가하여 병의 책임으로 시공사 재선정 또는 사업비의 조달 등 사업진행을 하게 되는 경우 병은 그 사유를 갑 및 을에게 통지함으로써 병의 신탁보수를 총 분양금액(부가가치세 제외)의 0%로 신탁 계약 시부터 소급하여 변경·적용하기로 한다.
④ 신탁기간의 연장이 필요할 경우 제1항의 신탁보수를 연장되는 신탁기간의 비율에 따라 조정하기로 한다.
⑤ 기타의 사유로 제1항에서 정한 신탁보수 조정이 필요한 경우 갑과 병이 협의하여 변경할 수 있다.
⑥ 신탁계약이 중도 해제 또는 해지되는 경우 갑은 잔여 신탁보수 전액의 1/2에 해당하는 금액을 위약금으로 병에게 지급하여야 하며, 병은 해당 금원을 신탁재산에서 단독으로 수취할 수 있다.

제10조(사해신탁 금지)
① 갑이 병과 체결하는 본 사업 관련 신탁은 신탁법 제6조 내지 제8조에 위반하는 신탁이어서는 아니되며 이로 인하여 신탁계약이 무효, 취소, 해제, 해지 기타 신탁에 영향을 미치는 경우, 또는 신탁법 제22조(강제집행의 금지)에 정한 사유로 소유권 변동이 있는 경우에 갑이 일체의 책임을 부담하고, 병은 신탁에 따른 소유권 관리책임 등 어떠한 책임도 부담하지 아니한다.
② 제1항에 의하여 신탁계약이 실효된 경우에 본 약정도 해지되며, 그에 따라 병에게 손해가 발생된 경우 갑과 을은 연대하여 병의 손해를 배상하여야 한다.

제3장 시 공

제11조(공사도급)
① 갑과 병 사이의 토지신탁계약 체결 후 병은 을과 공사도급계약을 체결하기로 하며, 기존에 갑과 을 사이에 체결한 공사도

급계약을 승계할 수 있다.

② 예정공사비는 [제2조 제5호의 건축연면적(㎡) × 000만원(VAT 제외)]으로 한다.

제12조(도급공사의 범위)

① 제11조 제2항에 의한 예정공사비는 착공 실시 도면에 의한 기초공사부터 토목공사(흙막이 및 치수공사 포함)를 포함한 건축물 준공까지의 일체의 공사비 및 다음 각 호의 사항을 포함하기로 하며, 내역별로 분리하여 계약을 체결할 수 있다.

1. 인·허가된 모든 시설 시공 및 준공을 위해 필요한 비용
2. 사업기간 중 발생할 수 있는 물가상승에 따른 비용
3. 부지내의 철거공사비 및 지장물이설비
4. 사업부지의 토질이 지질조사서와 상이함으로 인하여 발생하는 비용
5. 준공을 위한 대관청 인·허가를 위한 일체의 비용 및 인·허가 조건사항의 이행을 위한 공사 관련 비용
6. 현장 내 평형별 샘플하우스 설치비용
7. 지하매설물(쓰레기 및 폐기물 포함)이 발생되는 경우 그 처리비용
8. 본건 토지 내외 지장물 철거 및 이설비
9. 오·우수관 단지외부 연결공사비
10. 건설공사보험(제3자 배상책임담보, 잔재물 처리비용, 진동, 지지대의 철거 손해담보 등 포함) 가입
11. 발코니 확장공사비
12. 미술장식품설치를 위한 구조보강, 좌대설치, 주위마감
13. 전기·통신·소방 공사비, 데크층 및 필로티 공사비, 건물 및 지장물 철거비, 사면보강공사비, 진출입로 개설공사비, 도시계획도로 개설공사비, 도로개설에 따른 가로등·신호등·교통시설물 등 제반 시설물의 설치공사비, 주민공동시설(운동시설 포함) 내 기구 및 가구 등의 설치공사비(도서·문구·비치 등 포함), 도시계획공원 및 방음벽 설치공사비
14. 기타 공사 관계법령 및 공사도급계약에 따라 공사의 발주자가 공사비에 계상하여야 하는 제반 비용

② 다음 각호의 공사 및 업무처리는 을이 수행하되 갑이 별도의 비용을 지급하기로 한다. 단, 해당 시행청 또는 해당 공급사업자의 영수증상의 금액에 한해 갑이 지급한다

1. 상·하수도, 가스, 전기, 지역난방 등의 인입공사
2. 미술장식품 설치(미술장식품설치를 위한 구조보강, 좌대설치, 주위마감은 을의 비용으로 수행한다)
3. 모델하우스 공사비 및 광고·홍보에 대한 투입 비용

③ 을은 본 사업의 준공 및 수분양자의 입주에 필요함에도 불구하고 을의 도급범위에서 제외된 공사 및 본조에 따라 갑이 지급하거나 정산하여야 할 공사에 대하여는 갑 및 병과 협의를 하여 공사를 진행하되, 합의 불성립 또는 갑의 공사비 미지급 등을 이유 로 공사를 거부할 수 없고 본 사업의 준공 및 수분양자의 정상적인 입주에 지장이 없도록 조치를 하여야 한다.

제13조(마감수준 등)

갑과 을이 수행할 본 사업의 단지 내 시설물 설치수준, 건축물의 내외장재, 세대내부 및 공용공간 마감수준, 내외부설비, 가구 및 가전제품 제공범위, 조경 등의 종류와 품질은 OOO(현장명) 유사평형의 마감수준으로 하여야 하며, 최종마감기준은 갑, 을, 병이 협의하여 정한다. 또한 분양 건축물의 명칭은 OOO으로 하기로 한다.

제14조(공사기성 지급방법)

① 을의 공사기성금은 분양수입금 범위 내에서 착공 후 매 3개월(말일기준) 단위로 기성율에 따라 현금으로 지급한다.

② 분양부진 등의 사유로 공사비를 지급하지 못하는 경우에도 을은 자신의 부담으로 도급계약에서 정한 준공기일까지 책임준공하여야 한다.

③ 최종 사업정산 결과 분양수입금 등으로 을의 공사비를 충당하기에 부족한 경우에는 갑이 지급하기로 하고, 공사도급계약서 등 다른 어떠한 약정에도 불구하고 병은 미지급 공사비를 지급할 의무가 없다.

제15조(공사지체 손해배상금 등)

① 을은 병과의 도급계약에서 정한 기일까지 공사를 준공하고 사용승인을 득하여야 하며 을의 귀책사유로 인한 공사지연으로 수분양자의 입주지연시 발생되는 지체상금 등의 손해배상은 을이 최종적으로 책임지기

로 한다. 이 경우 병은 지체상금 해당액을 공사비에서 공제할 수 있다.
② 을은 본 사업의 공사를 시행함에 있어 공사의 부실로 인하여 갑, 병, 수분양(임차)자 및 기타 제3자 등에게 발생하는 제반손해(안전사고 포함)에 대하여 최종적으로 책임을 부담한다.

제16조(설계변경 및 사업계획 변경)
① 본 사업을 진행함에 있어 설계변경 또는 사업계획 변경은 갑과 을이 협의하여 진행하기로 한다.
② 갑과 을은 제1항의 설계변경 또는 사업계획 변경 사항이 수분양자 또는 사업수지에 영향을 미치는 사안일 경우에는 사전에 병의 동의를 득하여야 하며, 동 설계변경 및 사업계획 변경으로 인해 병이 수분양자 및 갑의 채권자 등에게 매도인의 하자담보책임 또는 손해배상책임 등을 부담할 경우 연대하여 이를 해결하거나 동 손해를 배상하여야 한다.

제17조(하자보수 책임)
① 본 사업 목적 건축물에 대한 하자보증책임은 갑과 을이 연대하여 책임지며, 병은 하자와 관련한 보증서 발급 및 입주자의 입주 후 실제 하자보수이행 등을 포함한 일체의 하자보증책임을 부담하지 아니한다.
② 하자보증서 발급과 관련하여 사업계획승인서상 사업비와 시공사가 발급하는 하자보증금액과의 차액이 발생될 경우 그 보증책임은 갑과 을이 연대하여 부담한다.

제18조(용역계약의 승계)
병은 본 사업의 진행과 관련하여 갑이 체결한 각종 용역계약을 동일조건으로 승계할 수 있다. 다만, 당해 업체가 병의 내규에 의하여 요구되는 일정 기준에 미달하는 경우나 계약조건이 병이 요구하는 조건을 충족하지 못한 경우에는 병은 시정을 요구할 수 있으며 갑이 이에 응하지 않는 경우 용역계약의 승계를 거부하고 다른 업체와 용역계약을 체결할 수 있고 이에 대한 모든 책임은 갑이 부담한다.

제 4 장 자금의 조달 및 집행

제19조(신탁자금의 관리)
① 분양대금 등 신탁자금은 병이 단독명의, 단독날인으로 개설한 신탁재산수납계좌(이하 "신탁재산수납계좌"라 한다)로 수령하기로 한다.
② 병은 신탁재산수납계좌에 있는 신탁자금을 일주일 단위로 병 단독 명의로 개설하고 병 단독으로 날인하여 관리하는 사업비관리계좌(이하 "사업비관리계좌"라 한다)로 이체하기로 한다. 단, 필요한 경우 수시로 이체할 수 있다.
③ 갑과 을은 사업비 지출 등 자금의 인출이 필요한 경우 인출자금의 용도, 지급처(계좌)를 지정하여 병에게 공동으로 자금지출을 요청하여야 한다.
④ 병은 제3항의 자금지출 요청을 받은 경우 본 약정에서 정한 내용을 확인한 후 사업비관리계좌에서 지급처에 직접 지급(계좌이체)하는 방법으로 지출하기로 한다.
⑤ 갑과 을은 제4항의 자금지출을 전·후하여 신탁재산의 회계 및 세무처리에 필요한 증빙서류를 병에게 제출하여야 한다.
⑥ 병은 다음 각호의 어느 하나에 해당하는 사유가 발생한 경우 해당 사안이 해소될 때까지 제4항의 신탁자금 전부 또는 일부의 지출을 유보할 수 있다.
1. 을에게 부도, 파산신청, 회생절차개시신청 또는 이러한 절차를 위한 보전처분이나 기타 이와 유사한 절차의 신청 내지 이에 준하는 상황이 발생하거나, 이러한 상황이 발생될 위험에 직면하여 본 사업을 진행하기 곤란한 경우
2. 갑이 병에 대하여 가지고 있는 수익권 등 권리가 보전처분 또는 강제집행의 대상이 된 경우
3. 갑, 갑의 채권자, 을, 을의 채권자가 병을 상대로 소송 등 법적 분쟁을 야기한 경우
4. 을이 제5항의 내용을 위반한 경우
5. 기타 갑 또는 을이 본 약정 또는 신탁계약의 내용을 위반하여 병에게 손실이 발생할 우려가 있는 경우

⑦ 갑 또는 을이 자금지출을 요청하지 않거나 요청할 수 없는 경우 제3항 및 제4항에도 불구하고 병은 다음 각호의 비용을 갑 또는 을의 단독 요청이나 병 단독으로 "신탁재산수납계좌" 또는 "사업비관리계좌"에서 자금을 집행할 수 있다.
1. 갑 또는 을의 채권자들이 병을 상대로 소

를 제기하거나 보전처분 및 강제집행을 함에 따라 발생된 소송비용, 가지급금, 판결원리금 등

2. 수분양자들의 분양계약 무효, 취소, 해지 등에 따른 반환대금 및 손해배상금
3. 제세공과금 및 각종 분담금 및 부담금
4. 기타 병이 본 사업의 진행을 위하여 필요하다고 판단하는 비용 및 본 사업과 관련하여 병에게 지급의무가 있는 제비용

⑧ 제7항 제1호와 관련하여 병은 자체판단으로 직접 소송대리인의 선임 및 소송에 필요한 일체의 행위를 단독으로 진행할 수 있다.

제20조(사업비의 조달)

① 본 사업에 필요한 자금은 다음 각호의 방법으로 조달한다.

1. 분양수입금(근생시설 및 상가의 분양대금을 포함한다)
2. 갑의 출연금
3. 갑이 PF 등을 통해 금융기관 등으로부터 조달한 자금
4. 을이 갑에게 대여한 자금 또는 지급 보증으로 조달한 자금
5. 매각가능부지의 매각대금

② 본 사업에 소요되는 일체의 자금은 甲과 乙의 책임과 비용으로 조달한다.

제21조(자금집행순서)

① 조달자금은 다음 각호의 순서에 따라 집행함을 원칙으로 한다.

1. 신탁사업과 관련한 제세·공과금(단, 사업소득세 및 법인세 제외), 부담금 및 분양해약 환불금
2. 설계·감리, 분양대행, 등기 및 신탁보수 등 사업비
3. 사업비 대출이자 기타 지급이 시급한 사무처리비용
4. 기성도급공사비
5. 수익자에 대한 수익배당

② 제1항에도 불구하고 사업의 원활한 진행을 위하여 필요한 경우에는 갑과 을이 체결한 도급계약서상의 자금집행순서를 적용할 수 있다.

③ 제1항의 자금집행 순서가 신탁감독당국의 신탁관련법규 및 관련지침과 지도 등에 위배되는 경우 등에는 그에 따르기로 한다.

제22조(비용부담의 원칙)

① 본 사업에 소요되는 모든 사업비는 본 약정상의 다른 규정에도 불구하고 신탁재산에서 우선 충당하고 신탁재산이 부족한 경우 갑이 부담하기로 한다.

② 갑이 제1항에 따라 비용을 부담할 수 없거나 부담하지 아니하여 을 또는 병이 그 비용을 부담한 경우 신탁재산에서 이를 지급받기로 하거나 신탁재산이 부족한 경우에는 갑으로부터 상환받기로 하며, 병이 고유자금으로 사업비 보충을 위한 차입을 한 경우 병의 차입금 회수는 제21조의 자금집행순서에도 불구하고 최선순위로 집행하기로 한다.

③ 병은 계약상대방과 협의하여 제1항의 내용을 공사도급계약서 및 용역계약서에 반영할 수 있다.

제23조(수익의 교부)

① 수익의 교부는 토지신탁계약의 종료 및 신탁사업 정산 시까지 유보함을 원칙으로 한다.

② 본 사업의 순조로운 분양으로 공사기성금 등 사업비를 충당하고도 수익의 발생이 확실시되고 신탁계정의 현금흐름이 원활할 것으로 판단되는 경우에는 「금융투자회사의 영업 및 업무에 관한 규정」상 「토지신탁수익의 신탁종료 전 지급기준」에 따라 갑, 을, 병, 정은 합의하여 가정산하고 수익자 및 우선수익자에게 예상수익의 일부를 교부할 수 있다. 다만 수익권 또는 우선수익권에 병이 승낙한 질권이 설정되어 있거나 기타 우선하는 권리자가 있을 경우 이들의 사전 동의를 받아야 한다.

③ 제2항 본문에도 불구하고 갑에 대한 토지비를 대여한 우선수익자 또는 수익의 질권자에 대하여 병은 단독으로 「금융투자회사의 영업 및 업무에 관한 규정」상 「토지신탁수익의 신탁종료 전 지급기준」에서 정한 범위 내에서 당해 우선수익자 또는 수익의 질권자와 협의하여 토지비 대출원리금을 선지급 상환할 수 있다.

④ 본 사업과 관련하여 신탁종료 시점에 장래 집행이 예정되어 있거나 발생이 예상되는 신탁사무처리비용(제세·공과금, 등기비용, 부담금, 소송비용, 민원처리비용 등 포함)에 대해서 병은 이에 상응하는 금액을

신탁재산에서 유보하고 수익을 지급할 수 있으며, 갑, 을, 정은 이에 대하여 이의를 제기하지 않기로 한다.

제5장 분 양 등

제24조(분양업무수행 등)

① 본 사업의 분양광고, 홍보, 분양방법 등을 포함한 실질적인 분양업무는 을이 수행한다. 다만, 을은 분양(광고포함) 업무진행 시 병이 시행자로서 부담하는 책임과 의무의 이행 사항에 대해서는 사전에 병과 서면합의하여야 한다.

② 본 사업과 관련한 모든 분양, 부동산매각, 임대 등의 처분에 따른 대금의 수납은 제19조 제1항에 따라 개설한 신탁재산수납계좌로만 하여야 하며, 이를 위하여 분양계약서 및 매매계약서 등에 신탁재산수납계좌를 명시하고 '해당 예금계좌로 입금하지 아니한 어떠한 다른 형태의 입금 및 납부도 이를 정당한 납부로 인정하지 않는다.' 라는 문구를 명기하기로 한다.

③ 제1항의 분양업무 수행과 관련하여 을은 병과 당해 업체의 업무수행 능력 및 계약조건 등을 협의하여 광고대행업체 및 분양대행업체를 선정할 수 있으며, 이 경우 을은 당해 업체의 업무 수행에 대하여 감독 책임를 부담한다.

④ 을은 분양 업무를 수행함에 있어 병의 로고 및 회사명 등을 사용할 경우 사용여부 및 디자인과 문구 등에 대하여 사전에 병과 서면합의하여야 한다.

제25조(분양가격 및 분양시기)

① 본 사업의 분양가격은 아래 표에서 정하기로 한다.

1. 공동주택

평형	평당가격	비고

2. 근생시설

평형	평당가격	비고

② 제1항의 분양가격은 분양총액을 변경하지 않는 범위 내에서 갑과 을이 협의하여 동별, 층별, 향별로 조정할 수 있다.

③ 공동주택의 분양시기는 제5조 제1항의 분양승인을 득하는 즉시 분양하는 것을 원칙으로 하며, 갑과 을이 협의하여 분양시기를 조정할 수 있다. 또한 근생시설의 분양시기는 갑과 을이 협의하여 정하기로 한다.

④ 갑과 을은 본 사업의 분양촉진을 위하여 공동주택 중도금(분양대금의 00%)에 대하여 금융기관의 대출을 알선하며, 필요할 경우 근생시설에 대해서도 금융기관의 대출을 알선하기로 한다.

⑤ 경제상황, 분양부진 등 분양여건의 변화로 분양가격 조정이 필요한 경우 제1항의 가격을 기준으로 갑, 을, 병이 협의하여 분양가격의 조정을 결정할 수 있다.

제26조(미분양 건축물의 처분 등)

① 건축물 사용승인(임시사용승인 등 포함) 일로부터 00개월 후에도 분양여건 등의 변화로 을의 공사비 등 사업비 미지급금, 을의 지급보증채무액 등이 잔존할 경우, 병은 을과 협의하여 미분양물건에 대한 담보대출 등을 실행하거나 공매방식에 의한 처분(본 약정 제34조 제2호에 의한 방식을 준용함) 내지 최초 분양가격의 00% 수준으로 할인분양(임대전환 포함)를 실시한 후, 상기 자금을 제21조 제1항의 규정에 따라 집행할 수 있으며 갑은 일체의 이의를 제기하지 않고 이에 적극 협조하기로 한다.

② 제1항에 따라 조달하는 자금의 집행순서는 제21조에 따르기로 한다.

③ 제1항의 할인분양으로 인하여 발생하는 민원은 갑이 단독으로 해결하며, 을과 병은 민원해결에 필요한 비용을 본 사업의 사업비로 신탁재산에서 집행할 수 있다.

제6장 기 타

제27조(부가가치세 환급청구권 양도)

① 갑은 병과 토지신탁계약 체결과 동시에 본 사업과 관련한 부가가치세 환급청구권 일체를 병에게 양도하고 즉시 관할세무서에 확정일자 있는 증서로 채권양도통지를 하여야 한다.

② 갑은 제1항의 부가가치세 환급청구권 양도와 별도로 매 부가가치세 신고시 다음

각호의 서류를 첨부하여 관할세무서에 제출하여야 한다.

1. 국세환급금 양도요구서
2. 갑의 동의서(인감증명서 첨부)

③ 병은 본조 제1항의 세금환급금이 발생할 경우 제19조 제1항의 "신탁재산수납계좌"에 입금하기로 한다.

제28조 (신탁사무에 따른 협조의무 등)

① 병이 본 사업의 신탁사무 처리에 필요한 자료의 제출을 갑 또는 을에게 요청하는 경우 갑과 을은 정당한 사유 없이 이를 거절할 수 없다.

② 을은 본 사업의 대외적인 광고·홍보업무(견본주택 포함)를 표시·광고의 공정화에 관한 법률 및 관계법령에 따라 수행하여야 하며, 병의 요청사항이 있는 경우에는 이를 반영하여야 한다. 또한 을은 병의 회사명을 을과 대등하게 표시하여야 하며, "병은 수분양자에 대하여 광고·홍보에 따른 책임이 없음"을 적당한 방법으로 표시하여야 한다.

제29조 (사업시행자의 권한)

① 본 사업의 진행과정에서 갑과 을의 의견이 서로 다른 경우 "병"이 이를 중재할 수 있으며 갑과 을은 이에 협조하기로 한다.

② 병은 본 약정에도 불구하고 사업시행자로서 관련법령, 제반 인·허가 조건의 이행, 각종 용역계약 및 소송(보전처분 및 강제집행 등 포함), 민원발생 등으로 인하여 비용을 부담하거나 대외적으로 그 책임을 직접 부담하는 경우 단독으로 신탁재산에서 해당 비용을 집행하거나 필요한 모든 의사결정 권한을 행사할 수 있다.

제30조(위탁자 의무이행의 보증 등)

① 본 사업은 갑과 을이 모든 책임과 의무를 부담하고 본 사업 관련 업무를 실질적으로 진행하며 병은 사업시행자 명의만을 보유한 채 책임을 지지 않는 방식의 토지신탁사업이므로, 신탁종료를 불문하고 을은 본 약정 및 토지신탁계약에 따른 갑의 업무 및 의무(비용부담의무 및 손해배상의무 포함)를 갑과 연대하여 병에게 책임을 부담하며, 갑의 공사비 미지급, 갑 등 신탁 관계인과의 분쟁 등 기타 어떠한 사유에도 불구하고 병에게 유치권 등 권리주장을 하거나 위탁자의 의무이행 보증을 거부할 수 없다.

② 제1항의 규정은 갑과 을 사이의 권리의무에는 영향을 미치지 아니하며, 을이 갑의 업무를 대신하는 경우 그 업무에 소요된 비용은 갑의 별도 동의 없이 제7조 제1항 제5호에 따른 갑의 수익금 한도 내에서 병에게 청구할 수 있다.

③ 을이 제1항을 위반하는 경우 병은 자금집행을 유보할 수 있고, 이로 인하여 병에게 손해가 발생한 경우 을은 그 손해를 배상하여야 한다.

제31조(약정의 해지·해제)

① 본 약정은 갑, 을, 병 전원의 합의로 해제 또는 해지할 수 있다. 다만 다음 각호의 어느 하나에 해당하는 경우에는 귀책사유 있는 당사자와의 합의를 거치지 아니하고 나머지 당사자의 합의 및 귀책사유 있는 당사자에 대한 통지로써 본 약정을 해제 또는 해지할 수 있다.

1. 갑이 제5조에서 정한 기한 내 제반 인·허가 승인(변경승인포함)을 득하지 못하거나 "본 사업부지"를 명도하지 못한 경우
2. 갑, 을, 병에게 부도, 파산신청, 회생절차 개시신청 또는 이러한 절차를 위한 보전처분이나 기타 이와 유사한 절차의 신청 내지 이에 준하는 상황이 발생하거나, 이러한 상황이 발생될 위험에 직면하여 "본 사업"을 진행하기 곤란한 경우
3. 갑 또는 을이 본 약정을 위반하여 병이 갑 또는 을에게 1개 월 간의 기간을 두고 시정을 요구하였음에도 불구하고 이에 응하지 아니하는 경우
4. 갑 또는 을이 정당한 사유 없이 본 사업을 지연하거나 병의 동의 없이 제3자와 본 사업에 대한 합의 또는 약정을 체결하려고 하거나 체결하는 경우
5. 본 사업이 장기간 지연되어 더 이상의 추진이 불가능하다고 을 및 병이 판단할 경우
6. 기타의 사유로 본 사업의 진행이 불가능하다고 객관적으로 판단될 경우

② 본 사업의 분양이 개시되어 수분양자가 있는 경우 분양계약 해제 및 분양대금 환불 또는 수분양자의 동의 등의 방법으로 이를 정리한 후에 본 약정을 해제 또는 해지할 수 있다.

③ 갑, 을, 병은 자신의 귀책사유로 인하여

제1항에 따라 본 약정이 해제 또는 해지되는 경우에 책임 없는 당사자에게 발생하는 모든 손해를 배상하여야 한다.

④ 본 약정이 해제 또는 해지되는 경우 갑은 즉시 을이 지급 보증한 금액을 상환하고 을의 투입비용이 있는 경우에는 이를 정산(갑이 대출 원리금 상환을 지연하여 을이 이를 대납한 경우에는 대납금을 포함)하여 지급하여야 한다. 만약 갑이 이를 지연할 경우 본 약정의 해제 또는 해지일 다음 날부터 지급일까지 3개월 CD 변동금리 +0%의 연체이자율을 적용한 지연이자를 가산하여 지급하여야 한다.

제32조(시공사의 부도, 파산 등)

① 본 사업의 분양승인 후 을의 부도, 파산신청, 회생절차개시신청 또는 이러한 절차를 위한 보전처분이나 기타 이와 유사한 절차의 신청 내지 이에 준하는 상황이 발생하거나, 이러한 상황이 발생될 위험에 직면하여 을이 공사를 중단하거나 원활하게 공사를 진행하지 못할 경우를 대비하여 을은 다음 각호의 서류를 병에게 공사도급계약 체결과 동시에 제출하기로 한다.

1. 공사포기확약서
2. 공사현장명도확약서
3. 유치권포기각서

② 제1항의 사유로 을이 원활하게 공사를 진행하기 어렵다고 병이 판단하는 경우, 병은 본 약정 및 공사도급계약을 해제 또는 해지하고 병의 내부규정에서 정하는 방법 및 절차에 따라 갑과 협의하여 시공사를 재선정할 수 있다.

③ 제2항에 의한 시공사 재선정시 도급계약금액 및 계약조건 등은 당초 을과 체결한 계약에 영향을 받지 아니한다.

④ 제1항의 사유로 병이 본 약정의 해제 또는 해지를 을에게 통보하면 을은 병에게 즉시 현장을 명도하여야 하고, 을은 본 사업과 관련된 채권·채무 일체를 갑과 별도로 정산하며, 병의 본 사업 진행에 있어서 일체의 법률적·사실적 장애를 주지 않아야 한다.

제33조(갑의 권한 위임)

① 본 사업의 분양승인 이후 다음 각호의 어느 하나에 해당하는 사유가 발생할 경우 갑은 본 약정 및 토지신탁계약상의 모든 권한을 을에게 위임하기로 한다.

1. 갑에게 부도, 파산신청, 회생절차개시신청 또는 이러한 절차를 위한 보전처분이나 기타 이와 유사한 절차의 신청 내지 이에 준하는 상황이 발생하거나, 이러한 상황이 발생될 위험에 직면하여 본 약정을 진행하기 곤란한 경우
2. 갑이 본 약정을 위반하여 을 또는 병이 갑에게 1개월간의 기간을 두고 시정을 요구하였음에도 불구하고 이에 응하지 아니하는 경우
3. 갑이 정당한 사유 없이 본 사업을 지연하거나 을 또는 병의 동의 없이 제3자와 본 사업에 대한 합의 또는 약정을 체결하고자 하는 경우

② 제1항에 따라 갑이 본 사업과 관련된 일체의 권한을 을에게 위임할 경우 갑은 본 사업 종료 시까지 본 사업과 관련된 일체의 권한을 행사하지 못하며, 토지신탁계약의 수익자로서 본 사업 종료 시 별도의 제한이 없는 경우에 한하여 수익금만을 배당받기로 한다.

③ 제1항에 따른 갑의 위임은 제1항 각호의 어느 하나에 해당하는 사유가 발생할 경우, 을이 갑과 병에게 이를 통보함으로써 자동으로 위임의 효력이 발생하며, 갑이 고의 또는 과실로 상기 통보를 수령하지 못하거나 또는 수령을 거부할 경우에는 을이 상기 통보를 발송한 시점부터 갑의 권한이 위임된 것으로 본다.

④ 갑은 제1항에 따른 위임을 본 사업 종료 및 신탁사업 정산 시까지 철회할 수 없으며, 본조에 따른 을과 병의 행위에 일체의 이의를 제기할 수 없다.

제34조(해지·해제에 따른 신탁계약의 처리)

제31조에 따라 본 약정이 해제 또는 해지되는 경우 갑과 병간에 체결한 토지신탁계약은 다음 각 호에서 정하는 바에 따라 처리하기로 한다.

1. 갑은 을의 지급 보증액 및 사업투입비용, 병의 신탁보수 및 신탁사무처리비용 등을 즉시 상환한 후, 을과 병의 동의를 얻어 토지신탁계약을 해지하기로 하며, 병은 상기 금액을 상환하기 위하여 신탁재산수납계좌 또는 사업비 관리계좌의 금원으로 이를 우선 정산할 수 있다. 다만 을의 갑에 대한 채권이 존속하는 경

우 갑은 채권 금액의 120%를 채권최고액(증서금액)으로 하는 근저당권 또는 우선수익권을 설정하여 주는 것을 조건으로 을과 병의 동의를 얻어 토지신탁계약을 해지할 수 있다.

2. 제1호 본문에도 불구하고 을과 병이 정한 기한까지 갑이 제1호의 금액을 상환하지 못할 경우, 병은 감정평가액을 기준으로 토지신탁계약에서 정한 절차에 따라 공개매각을 하거나 을 또는 을이 지정하는 자에게 수의매매계약의 방법으로 환가처분을 하여 그 대금으로 제1호의 금액을 정산할 수 있다.
3. 제2호에 따라 병이 신탁부동산을 환가 처분하여 정산하는 경우, 병은 갑에게 1주일 간격으로 2회 이상 제1호의 금액에 대한 즉시 변제를 독촉하는 문서를 통보하기로 하며, 갑이 고의 또는 과실로 상기 통보를 수령하지 못하거나 수령을 거부하였을 경우에는 병이 상기 통보를 발송함으로써 갑이 수령한 것으로 갈음한다.

제35조(주주의 변동에 관한 통지 등)
"갑"은 "갑"의 주주 또는 등기임원이 변경되는 경우 사전에 "을"과 "병"에게 그 사유 및 내용을 통보하기로 한다.

제36조(개인정보 처리업무 등)
① 을은 본 사업의 분양 업무를 수행하는 주체로서 분양 업무 중 취득하는 일체의 개인정보(개인정보보호법상의 개인정보를 의미하여 이하 동일함)에 관한 처리업무를 수행하기로 한다.
② 제1항 개인정보에 관한 처리업무와 관련하여 을은 「개인정보보호법」 등 관계법령에 따른 제반 규정을 준수하여야 한다.
③ 을(을의 임☞직원 및 을로부터 위임을 받은 분양대행사와 분양대행사의 임☞직원 등을 포함)이 제1항 및 제2항의 의무를 위반할 경우 이에 관한 일체의 책임은 을이 부담하기로 하며, 이로 인하여 병 또는 제3자에게 손해가 발생한 경우 을은 그 손해를 배상하여야 한다.

제37조 (민원에 대한 책임)
① 을은 본 사업의 시공과 관련하여 을의 고의 또는 과실로 인하여 발생하는 민원(공사로 인한 인근파손, 지반침하, 소음, 분진, 진동 등)에 대하여 을의 책임과 비용으로 이를 해결하여야 한다.
② 제1항의 민원 이외에 일조권 또는 조망권 침해, 영업권 방해, 사생활 침해, 기타 을의 고의 및 과실 없이 발생하는 민원에 대해서는 갑의 책임으로 이를 해결하여야 하며, 그 비용은 제22조에 따라 처리하기로 한다.

제38조 (효력)
본 약정은 토지신탁계약 및 공사도급계약과 상호보완적인 효력을 가지며, 다만 그 내용이 불분명하거나 서로 상충되는 경우에는 다음 각 호의 순위에 따라 계약을 해석하기로 한다.
1. 토지신탁 사업약정서
2. 토지신탁계약서
3. 공사도급계약서

제39조(분쟁의 해결)
① 본 약정의 해석에 관하여 당사자 사이에 이견이 있거나 본 약정에서 정해지지 아니한 사항에 관하여는 상호 합의하여 결정하기로 한다.
② 본 약정과 관련하여 당사자 사이에 소송이 제기되는 경우 그 소송은 서울중앙지방법원을 전속적 관할법원으로 한다.

제40조(주소변경 등 통지의무)
① 본 약정에 따른 통지를 함에 있어 갑, 을, 병은 본 약정에 기재된 주소지로 내용증명 우편을 발송한 때 그 통지가 도달된 것으로 본다.
② 본 약정에 기재된 주소가 변경된 경우, 갑, 을, 병은 상호간에 변경된 주소를 고지하기로 하고, 이를 위반하여 각 당사자의 중대한 과실 없이 송달장소를 알 수 없는 경우에는 종전 주소지로 내용증명 우편을 발송한 때 그 통지가 도달된 것으로 본다.

(8) 차입형토지신탁 사업약정서(각 신탁회사별로 다소간 차이가 있음)

분양상품이 대다수를 차지하는 관계로 '분양형토지신탁' 사업약정서를 서술한다.

위탁자 [ ](이하 "갑"이라 한다)와 수탁자 [ ]자산신탁(이하 "을"이라 한다), 시공사 [ ](이하 "병"이라 한다)은 별지 기재 토지(사업부지, 사면보강용 토지를 포함한 진입로, 기부채납 대상 토지 일체를 포함하여, 이하 "본건 토지"라 한다)상에 (00형)토지신탁 방식으로 건물을 신축 및 분양하는 사업(이하 "본 사업"이라 한다)의 추진을 위하여 본 사업 추진에 관한 기본사항을 합의하고 위 각 당사자의 업무 범위를 정하고자 토지신탁 사업약정(이하 "본 약정"이라 한다)을 체결한다.

제1장 총 칙

제1조 (목적)

본 약정은 "갑", "을", "병"이 본 사업을 진행함에 있어 각 당사자의 기본적인 권리 및 의무관계를 규정하고 상호 신의성실에 입각하여 본 사업을 원활히 수행하는 것을 목적으로 한다.

제2조(사업개요)

본 사업의 개요는 다음과 같다.

1. 사업명 : 시 구 동 "OO아파트" 신축공사
2. 사업지 : 시 구 동 번지
3. 대지면적 : ㎡(평)
4. 규모 : 지하 층, 지상 층(연면적 : ㎡)
5. 용도 :

※ 본 사업개요는 사업계획승인 또는 건축인·허가 과정이나 설계변경 등의 사정으로 변경될 수 있음

제3조 (용어의 정의)

본 약정에서 사용하는 용어는 아래에서 정의하는 의미를 갖는다.

1. 본 약정에서 "사업비"라 함은 공사비, 광고비, 분양경비 등 부동산 개발 사업에 드는 모든 비용에서 부동산 자체의 취득가액과 등기비용, 그 밖에 부동산 취득에 관련된 부대비용을 제외한 금액을 말한다.
2. 본 약정에서 "예상 사업수지 분석표"라 함은 본 약정의 당사자가 협의한 예상 사업개요, 예상 분석항목, 예상 분양면적 및 금액, 예상 대금수납방법 및 입주율, 예상 사업비 투입계획, 예상 분양률 등을 적용하여 본 약정 체결 시점의 본 사업 수지를 전망한 표로서, 본 사업 수행에 참작하기 위하여 작성한 자료를 말한다.
3. 본 약정에서 "공사관련 민원"이라 함은 본 사업의 공사(철거, 부지조성공사를 포함)로 인하여 사업지 내·외에서 발생하는 직·간접적인 피해(인접건물·토지의 피해, 안전사고 포함)나 피해호소를 말한다.
4. 본 약정에서 "공사중단"이라 함은 공사감리원의 공정보고서상 실행공정률이 예정공정률보다 25퍼센트포인트(percent point) 이상 미달하는 경우를 말한다.
5. 본 약정에서 "책임준공"이라 함은 천재지변, 내란, 전쟁 등 불가항력적인 경우를 제외하고 시공사가 부도, 파산신청, 회생절차개시신청 또는 이러한 절차를 위한 보전처분이나 기타 이와 유사한 절차의 신청 내지 이에 준하는 상황이 발생하거나 이러한 상황이 발생될 위험에 직면하는 등의 사유, 공사성 민원 등 여하한 이유로도 공사를 중단하거나 지연할 수 없고 예정된 기간(본 사업과 관련한 공사도급계약에 의하여 정하여지는 공사기간) 내에 건축물을 완공하여 준공승인 또는 이와 동일시되는 승인(시공사의 귀책사유가 없는 임시사용승인 포함)을 얻는 것을 말한다.

제1조 (업무분담 및 협력의무)

"갑", "을", "병" 은 본 사업의 목적달성을 위하여 다음과 같이 업무를 분담하고 상호 협력한다.

① "갑"은 "본 사업"의 위탁자 겸 수익자로서 다음 각 호의 업무를 수행한다.

1. 본건 토지에 관한 소유권 취득 및 완전한 소유권행사에 제한을 가하는 각종 법적, 사실상 장애사유의 해소 및 발생방지
2. 본건 토지에 관한 인도(되거 및 철거가 필요한 경우에는 해당 절차의 완료를 포함) 및 "을" 명의로의 소유권이전 및 신탁등기절차의 이행
3. 본 사업에 관한 사업주체 명의를 "을"로 변경
4. 교통영향평가, 환경영향평가, 건축심의, 사업계획승인(변경승인 포함) 또는 건축인·허가(건축 인·허가 변경 포함) 및 입주자모집공고 승인(분양신고를 포함하며 이하 "분양승인"이라 함) 등 일체의 대관청 인·허가의 취득
5. 분양업무 지원
6. 본 사업과 관련하여 "갑" 명의로 부과되는 취·등록세, 재산세, 종합부동산세, 부가가치세 등 관련 제세공과금 및 부담금의 납부, 부가가치세 환급금의 "을" 명의 자금관리계좌로의 입금
7. "을"이 요청하는 경우 본 사업과 관련한 "을"의 자금차입에 관한 보증과 "갑" 명의의 자금차입·출연
8. "을"이 요청하는 경우 준공건축물의 관리 및 운영
9. 사업시행에 따른 민원의 최종적인 처리 및 비용부담(일조권, 조망권 등 포함)
10. 사업주체 명의를 "을"로 변경하기 전까지 설계 및 감리와 관련한 업무
11. 인·허가 조건사항의 최종적인 이행 책임. 단, 공사관련 사항은 제외
12. 신탁계약 종료 시 "을"이 본 사업을 위해 체결한 각종 계약상의 지위(분양계약상 지위 등) 및 본 사업의 시행자로서 부담하는 일체의 권리·의무를 "을"로부터 면책적·포괄적으로 승계(일부 종료 시는 그 종료된 부분에 대하여 승계)
13. 본 사업의 수행에 필요한 제비용의 부담
14. 기타 "본 사업"과 관련한 제반 계약서 및 약정서 등에서 위탁자의 의무로 정한 사항의 이행

② "을"은 "본 사업"의 수탁자이자 시행자로서 "갑" 및 "병"과 협력하여 다음 각 호의 업무를 수행한다.

1. 교통영향평가, 환경영향평가, 건축심의, 사업계획승인(변경승인 포함) 또는 건축인·허가(건축 인·허가 변경 포함) 및 분양승인 등 일체의 대관청 인·허가의 취득 업무의 주체가 되고, "갑"이 위와 같은 인·허가를 득하는 것에 협조. 단, "을"이 필요하다고 판단하는 경우 직접 수행
2. 공사도급계약에 의한 도급자로서 공사관리, 대관청 행정업무 지원
3. 신탁사무
4. 분양업무 수행 및 분양금 등 자금수납
5. 필요시 자본시장과 금융투자에 관한 법률 및 금융투자업규정 [illegible] 지급 및 차입("을"의 고유계정으로부터의 차입을 포함, 이하 같다)
6. 공사대금의 지출 등 자금의 집행·관리

③ "병"은 "본 사업"의 건축공사 시공자로서 다음 각 호의 업무를 수행한다.

1. 교통영향평가, 환경영향평가, 건축심의, 사업계획승인(변경승인 포함) 또는 건축인·허가(건축 인·허가 변경 포함) 및 입주자모집공고 승인(분양신고를 포함) 등 일체의 대관청 인·허가 업무 지원
2. "을"과 "병" 사이의 공사도급계약에 의한 공사착공, 진행 및 책임준공
3. 본 사업에 관한 분양, 광고, 홍보업무 지원
4. 공사 관련 인·허가 조건의 최종적인 이행책임
5. 시공 관련 대관청 행정업무, 민원업무 처리 및 비용부담(안전사고 포함)
6. 준공 후 하자보수(법령이 요구하는 하자보수보증금 예치, 하자이행보증수수료 납부 포함)의 책임
7. "을"이 요구하는 경우 준공건축물 관리
8. 시공 전 분양홍보물, 견본건축물, 설계도서 상호간 일치, 법률적·기술적 적합여부 확인 및 설계도서대로 시공
9. 건축물의 하자사항(미시공, 오시공, 변경시공, 부실시공에 따른 하자를 포함하며, 이하 동일함)에 대한 보수 및 보완
10. '을'이 요청할 경우 준공 후 미분양 물건의 열쇠 관리 등 미분양물건에 대한 유지 및 보존

11. 중도금 대출 시 필요할 경우 신용제공
12. 기타 "본 사업"과 관련한 제반 계약서 및 약정서 등에서 시공사의 의무로 정한 사항의 이행

제5조 (사업의 진행)

① "갑"은 본 약정체결일로부터 [ ]개월 이내에 사업계획승인(건축 허가)을 득하고, 사업계획승인(건축 허가)일로부터 [ ]개월 이내에 본 사업의 사업주체를 "갑"에서 "을"로 변경하는 내용의 사업주체변경승인을 득하여야 한다.

② "갑"은 토지신탁계약 체결 전까지 "본건 토지"의 소유권을 확보하여야 하며 제한물권, 보전처분, 강제집행 등 소유권 이외의 제 권리 말소 및 지장물 철거, 점유자 이주, 민원처리 등을 완료하여 "병"에게 명도하는 등 "병"의 공사착공에 지장이 없도록 조치하여야 하고 "을"은 이에 관하여 "병"에게 별도의 책임을 지지 않는다. 다만, "갑"이 아래 각호에 해당하는 조치를 모두 취한 후, "을"이 본 사업 진행에 지장이 없다고 판단하는 경우에 한해 "을"은 본문의 기간을 연장하여 줄 수 있다.

1. 소유권미확보 토지에 대한 소유권확보의무 이행을 담보하기 위하여 원(\000)을 "을"이 지정하는 계좌에 예치
2. 소유권 미확보토지에 대한 각종 부담사항(건물의 명도, 지장물의 처리, 제한물권의 해소 등)의 해소의무 이행을 담보하기 위하여 원(\000)을 "을"이 지정하는 계좌에 예치 또는 "을"이 인정하는 보증서 제출
3. 소유권 미확보 토지에 대한 소유권 확보일정 및 각종 부담사항의 해소일정에 대한 확약서를 "을"에게 제출(사유지의 경우 공사착공계 제출일로부터 2월 이내, 국공유지의 경우 1년 이내이며, 교육청 소유 학교용지와 농어촌공사 등의 공공기관 소유 토지는 사유지에 준하여 처리함)

③ "갑"은 제2항의 사업부지 외 도로부지, 공원부지, 학교부지 확보 및 이와 관련된 설계 및 인·허가를 분양승인 전까지 완료하여야 한다.

④ "병"은 착공계 제출일로부터 00개월 이내에 본건 토지 외 공사를 포함하여 모든 공사(이하 '본 공사'라 한다)를 완료하고 본 공사의 공기가 중도금 및 잔금 수납에 지장이 없도록 하여야 한다. 또한, "병"의 착공계 제출은 "병"이 현장여건(철거미완료 등)과 설계도서상태(실시설계 도서 미완성 등)와 관계없이 공기내 공사를 완료하여 사용승인을 득할 수 있음을 확인한 것을 의미하며, "병"은 착공시점의 현장여건과 설계도서상태를 이유로 공기의 연장을 요구할 수 없다.

⑤ "갑"이 제2항의 의무를 이행하지 못하는 경우, "을"은 수용전문업체 등 제3자와의 업무위탁을 통해 소유권 확보 등의 조치를 취할 수 있으며, 이에 소요되는 비용은 제2항 제1호 및 제2호의 예치금으로 처리하되, 그 비용이 상기 예치금을 초과할 경우 "갑"은 초과비용을 추가로 예치하여야 한다.

⑥ 제2항 제1호 및 제2호의 예치금은 "갑"이 의무를 이행한 경우 갑에게 반환하고, "갑"이 기간 내 의무를 이행하지 못한 경우 "갑"이 소유권 확보 및 부담사항 해소를 위하여 "을"에게 신탁한 재산으로 보아 신탁재산에 환입하고, 잔여액이 있는 경우 "갑"에게 반환하기로 하되 부족분은 "갑"이 추가로 신탁하여야 한다.

⑦ "을"은 신탁목적을 달성할 수 없거나 신탁사무 수행이 현저히 곤란한 경우, 토지신탁계약에 따른 대지급 및 사업 등의 신탁사무 처리를 상당기간 중단할 수 있고, 시공사에게 공사 중단을 요청할 수 있다. 이 경우 "갑"과 "병"은 일체의 이의를 제기하지 않기로 한다.

⑧ "본 사업"에 대한 참고자료인 예상 사업수지 분석표는 "본 약정" 체결 시점을 기준으로 작성된 것으로 향후 사업진행경과 등에 따라 변동될 수 있으며, 그 사업성 검토 내용이 "본 사업"의 실제 결과를 보장하지 아니한다.

제6조 (건축 인·허가 및 신탁계약체결 등)

① 토지신탁계약은 "갑"이 본 사업을 위한 사업계획승인(변경승인 포함) 또는 건축 인·허가(건축 인·허가 변경사항 포함)를 득한 후 "갑"과 "을" 사이에 체결하기로 한다. 다만, 사업여건 등을 고려하여 사업계획승인 또는 건축 인·허가 전에 토지신탁계약이 필요하다고 인정되는 경우에는 사업계획승인 또는 건축 인·허가 전이라도 체결

할 수 있다.
② "갑"과 "을"은 사업계획승인 또는 건축의 허가 전이라도 사업의 진행상 필요한 경우에는 관리, 처분 또는 담보신탁 계약을 체결할 수 있으며, 건축 인·허가를 득한 후에는 토지신탁으로 전환하기로 한다.
③ "을"의 요청이 있는 경우 "갑"은 본 사업에 대한 인·허가를 득한 사항 또는 추진 중에 있는 사항에 대하여 관련 제반서류를 "을"에게 제출하여야 한다.
④ 토지신탁계약이 전부 또는 일부 종료된 경우 그 범위 안에서 "을"이 본 사업의 시행자 및 사업주체로서 체결한 일체의 계약 등에 의하여 부담하는 모든 권리와 의무는 별도의 절차 없이 자동으로 "갑"에게 면책적으로 포괄승계되며, 이를 위해 필요한 서류의 작성 등을 "을"이 사전에 요구하는 경우 "갑"은 이에 협력하여야 한다.

제7조 (건설사업관리 용역계약)
① "을"은 "본 사업"의 적정한 품질확보를 위해 전문용역업체에 기술자문용역 (설계도서, 준공도서 검토 등 포함)을 의뢰할 수 있으며, "갑"과 "병"은 이에 협조하기로 한다.
② "을"은 설계, 공정, 품질관리(설계도서, 준공도서 검토 업무 포함) 등 공사업무 전반에 관해 효율적인 업무수행을 위하여 건설사업관리(CM) 용역계약을 체결하거나 감리계약에 포함하여 상기 용역계약을 체결할 수 있으며, "갑"과 "병"은 건설사업 관리자가 해당 용역업무를 원활하게 수행할 수 있도록 적극 협조하여야 한다.
③ 건설사업관리자가 "본 공사"가 설계도서 대로 시공되지 아니하거나 관계법령이나 행정처분에 위반되는 사항을 발견하여 "병"에게 시정 또는 재시공을 요청한 경우, "을"이 인정하는 특별한 사정이 없는 한 "병"은 건설사업관리자의 요청을 이행하고 그 결과를 "을"에게 즉시 통지하여야 한다.

제8조 (용역계약의 체결 및 승계 등)
① 본 사업의 원활한 추진을 위해 "을"은 용역계약(설계, 감리, 분양, 광고 등)을 체결할 수 있으며, 용역업체의 선정은 "을"의 내규에서 정하는 바에 따르기로 한다. 다만, "갑"의 요청이 있을 경우에 "을"은 이를 고려하여 용역계약을 체결할 수 있다.
② 본 약정 체결 이전 "갑"이 기체결한 용역계약이 존재하는 경우, "을"은 이를 승계할 수 있으나, "을"이 용역업체 내지 용역계약이 부적합하다고 판단하는 경우에는 제1항에 따라 용역업체를 재선정하거나 내용을 변경하여 용역계약을 체결할 수 있으며, "갑"과 "병"은 이에 대해 일체 이의를 제기하지 않기로 한다.
③ 제1항 및 제2항에 규정된 용역(승계)계약과 관련하여, "을"은 신탁재산 범위 내에서만 대금 지급의무를 부담하고, 어떠한 경우에도 "을"은 그 고유계정에 속하는 재산으로 용역비 지급 등의 일체의 의무를 부담하지 않으며, 위 용역계약에 의해 발생하는 신탁재산 범위를 초과하는 대금지급의무, 소송, 민원 등은 "갑"이 부담하는 것으로 용역(승계)계약에 반영하기로 한다.
④ "을"은 부동산시장이나 건설경기 등 경제상황 등의 변동이 생기거나 기타 신탁사업을 진행함에 있어 필요한 경우 시공사, 설계자, 감리자, 분양대행업체 등 용역업체 등간에 체결한 용역계약상의 계약조건을 변경하거나 용역금액을 조정할 수 있다.

제9조 (입주관리용역계약)
① "을"은 수분양자 등에 대한 효율적인 입주관리를 위하여 입주관리용역업체를 사용할 수 있으며, 입주관리용역업체로 하여금 다음 각 호의 업무를 수행하게 한다.
1. 입주자에 대한 입주 안내 및 지원
2. 입주자에 대한 열쇠 교부 등 물건의 인도
3. 미분양물건의 열쇠 관리 등 미분양물건에 대한 유지·보존
4. 미입주자에 대한 입주 독촉
5. 기타 입주와 관련하여 "을"이 요청하는 업무

② 용역수수료 등 해당 비용은 신탁사무처리 비용으로서 신탁재산에서 부담하기로 한다

제10조 (매각가능부지)
① "본건 토지" 중 "본 사업"에 직접 소요되지 않아 매각이 가능한 부지(이하 "매각가능부지"라 한다)는 신탁등기를 경료한 후 "갑", "을", "병"이 협의, 매각하여 그 매각대금을 분양수입금과 동일하게 신탁재산으로 수납 및 자금집행 함으로써 사업수지를 보전하기로 한다. 만약 협의가 이루어지지 않을 경우, "을"은 "본 사업"의 사업비 보전을 위하여 필요하다고 판단되는 경우 단

독으로 매각가능부지를 매각하여 사업수지를 보전할 수 있다.

② "을"은 "매각가능부지"의 형식적인 매각주체가 될 뿐, 하자담보책임 등 실질적인 소유자로서의 매각책임은 "갑"이 부담하며, 이를 매매계약서에 반영하기로 한다.

제11조 (경계측량 등)

① "병"은 "을"의 분양승인신청 또는 분양신고 전에 한국국토정보공사 등 공인된 외부측량기관을 통하여 "본 사업"과 관련한 경계측량을 실시하여야 한다.

② 제1항에 의한 측량결과에 따라 사업계획에서 정한 경계와 실제 경계의 차이 등으로 인하여 본건 토지에 편입되어야 할 토지의 소유권을 추가로 확보해야 할 경우, "갑"은 "을"이 정한 기간까지 상기 토지 소유권의 추가 확보 및 각종 부담사항의 해소를 완료하여 "을" 앞으로 소유권이전 및 신탁 등기를 완료하여야 한다.

③ 제1항에 의한 측량결과로 인하여 인·허가 관청으로부터 승인 받은 사업 계획 또는 설계 도서에 변경사항이 발생할 경우, "갑"은 상기 변경사항을 반영하여 새로운 승인을 받아야 하며, "을"과 "병"은 필요한 절차에 협조하여 주기로 한다.

제 2 장 시 공

제12조 (공사도급)

① "을"과 "병"간의 공사도급계약은 "갑", "을"간의 토지신탁계약 체결 후 체결키로 한다.

② 공사도급 계약금액(이하 "도급 공사비"라 한다)은 "병"의 책임으로 조사된 지질조사 내용을 반영하여 정한 아래 각호의 금액의 합으로 한다. 다만, "을"이 필요하다고 인정하는 경우에는 건축실시설계도면 및 예산내역서, 수분양자의 기본선택 품목 제외 등을 근거로 "을"이 작성한 예정가격 이내로 조정할 수 있다.

1. 공사비: 제2조의 연면적(㎡) × 00만원= ₩
2. 발코니확장공사비: APT의 연면적(㎡) × 00만원= ₩
3. 기부채납공사비(도로, 공원, 방음벽 등) : ₩
4. 철거공사비 : ₩

③ 전기·통신·소방공사는 분리발주를 원칙으로 하되 "병"이 적정업체를 추천하는 경우에 "을"의 내부규정에 따라 허용되는 경우 수용할 수 있다. 단, "병"이 전기·통신·소방공사 면허를 소지한 경우에는 도급내역서를 분리하여 계약 체결할 수 있다.

제13조 (도급공사의 범위)

① 제12조 제2항의 도급공사비에는 토목공사(흙막이 및 차수공사 등 포함)를 포함한 기초공사부터 건축물 준공까지의 일체의 공사비 및 부대공사비와 다음 각 호의 사항을 포함하기로 하며, 내역별로 분리하여 계약을 체결할 수 있다.

1. 인·허가된 모든 시설 시공 및 준공을 위해 필요한 비용
2. 사업기간 중 발생할 수 있는 물가상승에 따른 비용
3. 사업부지 토질이 지질조사서와 상이함으로 인하여 발생하는 비용
4. 준공을 위한 대관청 인·허가를 위한 일체의 비용 및 인·허가 조건사항의 이행을 위한 공사 관련 비용
5. 현장 내 평형별 샘플하우스의 설치비용
6. 지하매설물(쓰레기 및 폐기물 포함)이 발생되는 경우 그 처리비용
7. 본건 토지 내외 지장물 철거 및 이설비
8. 오·우수관 단지외부 연결공사비
9. 건설공사보험(제3자 배상책임담보, 잔재물 처리비용, 진동, 지지대의 철거 손해담보 등 포함) 가입
10. 발코니 확장공사비
11. 미술장식품설치를 위한 구조보강, 좌대설치, 주위마감
12. 전기·통신·소방 공사비, 데크층 및 필로티 공사비, 건물 및 지장물 철거비, 사면보강공사비, 진출입로 개설공사비, 도시계획도로 개설공사비, 도로개설에 따른 가로등·신호등·교통시설물 등 제반 시설물의 설치공사비, 주민공동시설(운동시설 포함) 내 기구 및 가구 등의 설치공사비(도서·문구·비치 등 포함), 도시계획공원 및 방음벽 설치공사비
13. 기타 공사 관계법령 및 공사도급계약에 따라 공사의 발주자가 공사비에 계상하여야 하는 제반 비용

② 다음 각호의 공사 및 업무처리 비용은 예정공사비에서 제외하기로 한다.

1. 상·하수도, 가스, 전기, 지역난방 등의 인입공사
2. 미술장식품 설치(미술장식품설치를 위한 구조보강, 지대설치, 주위마감은 "병"의 비용으로 수행한다)
3. 인허가 조건사항 이행에 따른 비용(공사 관련 조건 제외)

③ "병"은 "본 사업"의 준공 및 수분양자의 입주에 필요함에도 불구하고 "병"의 도급범위에서 제외된 공사에 대하여 "갑" 및 "을"과 협의를 하여 공사를 진행함으로써 "본 사업"의 준공 및 수분양자의 정상적인 입주에 지장이 없도록 조치를 하여야 한다.

④ 공사에 대한 실시설계는 사업계획승인(건축 인·허가) 도서와 분양홍보물 및 견본건축물에서 제시된 사항을 반영하여 "갑", "을", "병"이 협의하여 정하기로 하되, 협의에 도달하지 못하는 경우 "을"이 결정하기로 한다. 이 경우 "병"은 사업계획승인(건축 인·허가)도서 및 실시설계도서에 따라 공사를 진행하는 것이 가능한지 여부와 공사가 효율적이고 경제적으로 진행될 수 있는지 여부, 분양홍보물, 견본건축물과 실시설계도서가 상호 일치하는지 여부 등을 면밀히 검토하여 설계도서의 적정성에 대한 의견서를 "을"에게 제출하여야 하며, "을"은 "병"의 의견에 따라 설계를 변경할 수 있다.

⑤ 본 사업의 적정한 품질확보를 위해 "을"은 전문용역업체에 기술자문용역 (설계도서, 준공도서 검토 등 포함)을 의뢰할 수 있으며 "갑"과 "병"은 이에 협조하기로 한다. 또한 해당비용은 신탁사무처리비용으로서 신탁재산에서 부담하기로 한다.

⑥ "을"은 "병"에게 공사 현상 및 시공현황 등을 실시간으로 확인할 수 있는 시스템(CCTV 설치 및 인터넷을 통한 실시간 영상제공 시스템 등)의 구축을 요청할 수 있으며 "병"은 그에 따라 "을"이 요구하는 수준의 시스템을 구축하여야 한다. 이에 소요되는 비용은 신탁사무 처리비용으로 처리하기로 한다.

제14조 (마감수준 및 분양홍보물 확인 등)

① "병"이 수행할 본 사업의 시설물 설치수준, 건축물의 내·외장재, 세대내부 및 공용공간 마감수준, 내·외부설비, 가구 및 가전제품 제공범위, 조경 등의 종류와 품질은 사업계획승인(건축 인·허가)도서와 별지 2 건축물 품질기준을 토대로 하여 "갑", "을", "병"이 협의하여 정하되, "을"이 최종 결정토록 한다. 또한 분양신청금액 변경은 ○○ ○○으로 하기로 한다.

② "갑", "을", "병"은 모델하우스 OPEN전에 모델하우스, 분양 팜플렛 및 홍보물, 광고전단지, 분양계약서의 내용을 확인하여야 하며, 모델하우스 OPEN후에는 이로 인한 상호간의 도급공사비 변경은 할 수 없다.

제15조 (공사기성 지급방법)

① 도급 공사비는 신탁자금 범위 내에서 도급공사비의 0%까지 매 0개월 단위로 "병"의 공사 기성 근거자료를 첨부한 기성검사 요청에 대하여 "을"이 기성검사를 실시하고 검사결과 확정된 기성금을 지급하되 잔여공사대금은 제22조의 자금집행 순서에 따라 지급한다.

② 분양부진 등의 사유로 "을"이 공사비를 적기에 지급하지 못하는 경우에도 "병"은 도급계약에서 정한 준공기일까지 "병"의 책임으로 공사를 완성, 입주에 차질이 없도록 책임준공하여야 하며, 미지급 공사비에 대하여는 연 0%의 이자를 가산하여 지급하기로 한다. 이 경우 이자 계산은 "을"의 기성(준공)검사 확정 후 "병"이 "을"에게 대가지급을 청구한 날로부터 14일이 되는 날의 익일부터 산정하기로 한다.

③ 본 사업의 진행과 관련하여 "병"은 공사비 미지급을 이유로 "을"에게 어떠한 권리(유치권 포함)도 주장할 수 없다.

④ "을"은 "병"의 재무상황 및 공사의 적기 준공가능성 등을 파악하기 위하여 "병"에게 필요한 자료(재무상태에 관한 자료, 공정률 현황 및 물량투입 내역 등 공사진행에 관한 자료, 공사준공시의 예상소요자금 및 부족자금에 관한 자료 등)의 제공을 요청할 수 있으며, "을"의 자료제공 요청이 있는 경우 "병"은 동 자료를 신속하게 제출하여야 한다.

제16조 (하도급 대금의 관리 등)

① "을"이 요청할 경우 "병"은 하수급 업체에 대한 기성금 지급내역(전회차 기성금과 관련한 지급내역 및 각 하도급업체별 누계 지급 내역) 및 이에 대한 증빙자료(하수급

업체의 영수확인서 및 인감증명서 포함)를 첨부한 문서로 기성금의 지급을 청구하여야 한다.
② 본 사업의 원활한 공사진행을 위하여 시공사에게 부도징후, 신용등급 하락 등 재무상태가 급격히 부실해 졌다고 “을”이 판단하는 경우 “을”은 “병”에게 서면으로 통지함으로써 “병”의 하수급 업체에 대한 공사대금의 직불을 결정할 수 있고, “병”은 이를 거절하지 못한다. 이 경우 그에 상응하는 “병”의 공사비 채권은 하수급업체에 대한 공사대금 직불시 소멸된 것으로 본다. 단, “을”, “병” 및 하수급인 사이에 직불합의를 체결한 경우에는 그에 상응하는 “병”의 공사비 채권은 직불합의 체결시 하수급업체로 양도된 것으로 본다.

제17조 (공사지체 손해배상금 등)
① “병”은 “을”과의 도급계약에서 정한 기일까지 공사를 준공하고 사용승인을 득하여야 하며 “병”의 공사지연으로 수분양자의 입주지연 시 발생되는 지체상금 등의 손해배상은 “병”이 책임지기로 한다. 이 경우 “을”은 지체상금 해당액을 공사비에서 공제할 수 있다.
② “병”은 본 사업의 공사를 시행함에 있어 미시공, 변경시공, 부실시공, 하자로 인하여 “갑”, “을”, 수분양(임차)자 및 기타 제3자 등이 입는 제반손해(안전사고 포함)를 책임지기로 한다.

제18조 (하자담보책임 등)
① 본 사업 건물에 대한 일체의 하자담보책임(오시공, 미시공, 사용승인 전에 발생한 하자 및 하자보증서 발급 의무를 포함)은 “갑” 및 “병”이 책임지며, “을”은 하자담보책임 및 하자와 관련한 보증서 발급 또는 보증책임을 부담하지 않는다.
② 신탁건물의 하자보증기간 및 요율은 관련 법령을 따르기로 한다.
③ 하자담보책임과 관련하여 분양계약서에는 계약자(입주예정자)가 수탁자를 상대로 하자보수를 청구할 수 없음과 모든 하자담보에 대한 책임은 위탁자와 시공사에게 있다는 내용을 포함시키기로 한다.
④ 신탁기간 중 또는 신탁종료 후에 수분양자 등이 “을”을 피고로 하여 본 사업과 관련한 하자소송(하자보수청구소송, 하자보수금 청구소송, 손해배상청구소송 등)을 제기할 경우 “갑” 및 “병”은 신탁종료여부와 관계없이 “을”의 소송비용(패소시 상대방 소송비용 포함) 및 판결금원을 지급하기로 한다.
⑤ “갑” 및 “병”이 제4항의 금액을 부담할 수 없는 경우 “을”은 신탁재산에서 부담하기로 하며, 본 약정 제22조 제1항 제3호의 비용에 준하여 처리한다. 단, 신탁 종료에 따른 신탁재산의 교부가 완료되었거나, 신탁재산이 부족한 경우에는 “갑” 및 “병”이 “을”에게 우선 지급한 후 상호간에 정산하여야 한다.

제19조 (설계변경 및 도급 공사비 조정)
① “병”이 조사하여 기 도급 공사비에 반영된 지질조사 내용과 사업지의 실제 지질이 다르더라도 도급 공사비를 조정하지 않기로 하며, 물가상승에 의한 도급 공사비 조정도 하지 않기로 한다.
② 주요 구조부의 변경, 연면적의 증감, “갑”의 설계변경 요구 등의 경우에는 “갑”, “을”, “병”이 협의하여 설계변경을 할 수 있다.
③ 연면적의 증감 또는 “을”의 요구에 의한 설계변경의 경우에는 도급 공사비를 조정할 수 있다.
④ 제3항의 경우 이외의 공사비 조정 요인이 발생하는 경우, 도급공사비의 5% 범위 내에서는 도급공사비 조정을 하지 않기로 하며, 5%를 초과한 증감분에 대하여만 도급공사비를 조정할 수 있다.

제20조 (공사계약이행보증금)
① “병”은 공사도급계약의 이행보증을 위하여 계약금액의 10/100에 해당하는 계약이행보증금을 “을”에게 납부하여야 한다.
② 제1항에 의한 계약이행보증금에 해당하는 금액은 현금(체신관서 또는 은행법의 적용을 받는 금융기관이 발행한 자기앞수표 포함) 또는 국가를 당사자로 하는 계약에 관한 법률 시행령 제37조 제2항 제1호 내지 제5호의 보증서 등으로 납부할 수 있다.
③ “을”은 제2항에 의하여 수령한 현금(예치금 포함), 보증서를 공사 준공 후 15일 이내에 “병”에게 반환하되, 이에 대한 이자는 지급하지 아니한다.

제 3 장 자금의 조달 및 집행

제21조 (소요자금의 조달)
① 다음 각 호의 방법으로 소요자금을 조달한다.
1. 분양수입금
2. “매각가능부지”의 매각대금
3. “갑”의 출연금(금융기관 등으로부터 차입·출연 포함)
4. “을”의 대지급금 또는 “을”의 차입금

② “본 약정” 제4조 제2항 제5호 한도 관련 사업비는 토지신탁계약 체결 시점에 별지 1의 예상 사업수지 분석표상 금액으로 하되, 제19조 제3항에 등에 의해 사업비 변경 사유가 발생한 경우에는 이를 반영하여 조정하기로 한다.

③ 제1항 제4호의 “을”의 고유계정으로부터의 대지급금 또는 차입금에 대한 이자율은 연 이율 00%(또는 기준금리+α)를 적용하되 자금수지운용현황 및 자금집행업무의 효율성 등을 감안하여 주(週)이상 단위로 대지급 또는 차입된 금액의 잔액을 기준으로 이자액을 산정한 후 비용, 이자, 원금의 순서로 수취하기로 한다. 단, “을”은 “갑”에게 불이익이 발생하지 않는 범위 내에서 지급순서를 달리 조정할 수 있다. 상환방식과 절차 등 세부적인 기준은 “을”의 내부규정에 의하며, “갑”, “병”은 이에 따른 대지급 및 차입금 운영 원칙에 대하여 이의를 제기하지 않기로 한다.

제22조 (자금집행순서)
① 자금 집행 순서의 경합이 있는 경우 자금은 다음 각 호의 순서에 따라 집행함을 원칙으로 한다.
1. “본 사업과 관련한 제세·공과금”(단, 사업소득세 및 법인세 제외), 등기비용, 부담금 및 분양해약 환불금
2. 설계·감리비용, 분양대행 수수료 등 필수사업비
3. “을”의 대지급금 및 차입금 이자, 신탁보수(지연이자를 포함하며, 이자율은 제21조 제3항에 따름), 본 사업과 관련하여 대한주택건설협회(또는 한국주택협회) 등 유관기관에 납부하여야 하는 회비, “을”이 본 사업과 관련하여 부담하는 변호사 보수 등 소송비용과 판결 금원 및 기타 신탁사무처리비용
4. 공사대금(제15조 제1항에 따른 도급공사비 지급비율 (안분)
5. “을”의 대지급금 및 차입금 원금 상환
6. 신탁 정산대금
7. “갑”의 사업이익

② 제1항의 자금집행순서에 따른 자금집행은 지급시기가 도래한 당해 채무 또는 비용에 대하여 적용하는 것으로 하되(선순위 자금이 전액 집행되어야 비로소 후순위의 자금을 집행할 수 있다는 것을 의미하는 것은 아님), 후순위 항목의 지급시기가 먼저 도래하고 당해 후순위 항목을 변제 또는 지급하는 경우 나중에 지급기일이 도래하는 선순위 자금집행항목의 집행이 어려울 것으로 예측되는 경우 “을”은 당해 후순위 자금집행을 보류할 수 있다.

③ 신탁계약 본문 제4조 제1항 및 특약사항 제4조 제1, 2항에 따라 “을”이 “을”의 고유계정에서 직접 대지급하거나 “을”의 고유계정에서 신탁계정으로 자금을 차입하여 신탁사업에 투입하는 경우 본 조 각 조항에도 불구하고, “을”은 “갑” 및 “병”의 요청이나 동의 없이 신탁재산에서 최우선적으로 투입한 자금의 원리금을 회수할 수 있는 비용상환청구권을 가진다. 이에 대하여 “갑” 및 “병”은 일체의 이의를 제기하지 아니한다.

④ “을”은 제1항에도 불구하고 사업 안정성 또는 긴급자금의 지출 등 필요하다고 판단하는 경우 제1항의 집행순서를 조정하거나 집행을 유보할 수 있다.

⑤ 본건 사업의 효율적인 추진을 위하여 다음 각 호의 방법으로 자금을 조달한 경우, 위탁자와 수탁자 그리고 시공사는 상호 합의 하에 해당 자금의 원리금 상환과 관련한 사항 등을 반영하여 제1항 각호의 자금집행순서를 변경할 수 있다.
1. 프로젝트파이낸싱 또는 부동산투자신탁(본 사업의 수익권을 담보로 위탁자 의 채무명의로 사업비를 조달하는 경우를 말한다)
2. 신탁비용상환청구권 및 분양수입금 등의 양도 및 자산유동화를 통한 자금조달

제 4 장 분양 등

제23조 (분양방법)
① 분양은 “갑”, “을”이 상호 협력하여 수

행하고, 분양광고, 분양방법 및 분양에 따른 분양수입금 등의 자금수납 및 관리 등은 "을"이 주관한다.

② 분양가격은 예상사업수지 분석표상 분양가격을 기준으로 경제여건, 분양전망 등을 감안하여 "갑", "을"이 협의하여 결정하기로 하되, 합의에 도달하지 못하는 경우 "을"이 결정하기로 한다.

③ 제2항에도 불구하고 아래 각호의 어느 하나의 사유에 해당하는 경우 "을"은 "갑"에게 그 사유를 통보하고 미분양물건의 할인분양 또는 임대 전환 등 아래 범위내에서 "을"이 적정하다고 판단하는 방법으로 분양촉진책을 시행할 수 있으며, 이에 소요되는 비용(기 분양분의 민원사항 처리비용 포함)은 "갑" 또는 신탁재산의 부담으로 한다.

1. 최초 입주자모집공고일로부터 0개월까지 분양률이 00%에 미달할 경우 최초 분양가격의 00%의 할인율 이내의 범위에서 할인분양 또는 분양촉진책 등 실시
2. 최초 입주자모집공고일로부터 0개월까지 분양률이 00%에 미달할 경우 최초 분양가격의 00%의 할인율 이내의 범위에서 추가적으로 할인분양 또는 분양촉진책 등 실시
3. 준공시점의 분양률이 00%에 미달할 경우 최초 분양가격의 00%의 할인율 이내의 범위에서 추가적으로 할인분양 또는 분양촉진책 등 실시
4. 준공 후 0개월까지 "을"의 대지급원리금 또는 차입원리금 등이 회수되지 않는 경우 회수시점까지 금액범위의 제한 없이 할인분양 또는 분양촉진책 등 실시
5. 제4호의 할인분양에도 불구하고 "을"의 대지급원리금 또는 차입원리금 등이 회수되지 않는 경우에는 신탁계약 본문 제18조 및 제24조에 따라 환가처분 할 수 있다. 단, 시작가격은 감정평가금액으로 하지 않고 최종 분양가를 시작가격으로 하며 회차별로 10% 범위내에서 저감하여 진행하는 것으로 한다.
6. 제1호 내지 제3호와 관련하여, 총 할인금액범위를 초과하지 않는 범위 내에서 각 세대별 할인금액을 달리 정할 수 있고, 그에 따라 일부 세대에 대해서는 금액 범위의 제한 없이 할인분양 또는 분양촉진책 등 을 실시할 수 있음

④ 제3항에 따른 분양율 산정과 관련하여 분양계약을 체결하고 수분양자가 분양대금 00%이상 납입한 경우에 한하여 분양된 것으로 보며, 분양율을 분양금액 기준으로 산정(분양된 금액 / 총 분양예정금액 × 100%)하기로 한다. 이 경우 계약이 해제된 세대는 분양되지 아니한 것으로 본다.

⑤ "을"은 "을"의 분양관리프로그램을 통해 수분양자를 전산 관리하고, 분양계약서의 원본을 보관, 관리토록 한다. 단, "을"은 필요시 "갑" 또는 "병"에게 관련 업무를 요청할 수 있다.

⑥ 분양계약은 "갑"은 위탁자 겸 수익자로서, "을"은 수탁자로서, "병"은 시공사로서 날인하여 체결하기로 하며, 분양계약서 상에는 다음 각 호의 내용을 반영하기로 한다.

1. 「본 사업은 시행자인 0000가 수탁자인 [ ]자산신탁에 시행을 위탁하여 진행하는 분양형 토지신탁사업으로서, 실질적인 사업주체는 위탁자인 0000이며, 0000는 시공사로서 책임준공의 의무를 부담하며, [ ]자산신탁은 분양형 토지신탁계약의 수탁자로서 의무를 부담한다」는 내용
2. "을" 명의의 분양대금 수납계좌를 명시하고 「[ ]자산신탁이 지정한 분양수입금관리계좌로 입금되지 않는 어떠한 형태의 입금 및 납부로 이를 유효한 납부로 인정하지 않는다」는 내용
3. 「수분양자는 수탁자인 [ ]자산신탁을 상대로 하자보수를 청구할 수 없고 모든 하자담보책임(오시공, 미시공, 사용승인 전에 발생한 하자 포함)은 위탁자인 000 및 시공사인 000에게 있다」는 내용
4. 「본 사업은 토지신탁사업으로서 신탁해제나 해지(개별 수분양자에게로의 소유권 이전 포함), 등의 사유로 위탁자 000와 수탁자 [ ]자산신탁이 체결한 신탁계약이 종료되는 경우에는 수탁자의 모든 권리·의무는 수익자에게 면책적으로 포괄 승계되며, 분양계약상 매도인의 지위에서 가지는 수탁자의 수분양자들에 대한 모든 권리·의무도 계약변경이나 통보 등 별도의 조치없이 수익자에게 면책적·포괄적으로 승계된다」는 내용
5. 「매수인이 납부한 분양대금은 토지비, 공사비, 대지급금 및 대출금의 상환 등

이 기금을 위해 사용될 수 있다」

6. 「본 건 공급대상 오피스텔 및 근린생활 시설에 대한 설계 및 시공은 분양계약체결일 이후 내장 및 외장 재료의 수급 여건, 현장 시공 여건, 입주자의 편의성 제고, 관련 법규의 변동 등으로 인하여 수분양자에 대한 사전 통보 없이 불가피하게 변경될 수 있으며, 경미한 사항의 변경으로서 건축법 등 관련 법령상 인허가권자의 승인·통보 등 절차를 거치고 그 변경으로 인하여 기능적·객관적 하자가 발생하지 않는 경우, 수분양자는 위 변경내용에 동의한 것으로 보며 이에 대하여 일체의 이의를 제기할 수 없다」
7. 「[ ]자산신탁이 이 계약과 관련하여 수분양자에게 부담하는 모든 채무 및 의무는 신탁재산의 범위 내에서 부담하며, 어떠한 경우에도 수분양자는 [ ]자산신탁의 고유재산에 대하여 권리를 주장할 수 없다」

⑦ 매수인이 제6항 각 호의 내용을 “충분히 숙지하였음”을 확인 후 날인케 한다.

⑧ 신탁건물에 대한 사용승인을 득한 이후에도 분양부진 등의 사유로 차입금 상환 및 공사비 등의 사업비를 지급할 수 없는 경우 “을”은 “갑”의 부담으로 하여 미분양 물건에 대한 담보대출을 실행하여 부족한 사업비를 충당할 수 있다.

제24조 (분양광고 등)

① “갑”과 “병”은 “을”의 사전승인 없이 분양광고를 작성하여 광고 할 수 없으며, 불법 분양행위, 불법 분양광고행위 및 이에 준하는 내용이 포함된 별도의 이행약정에 따라 “을”에게 손해 등 비용이 발생한 경우 해당 당사자는 “을”이 입은 손해 등 비용을 배상하여야 하며, 위 손해 등 비용은 본 약정 제22조 제1항 제3호의 비용에 준하여 처리한다.

② 분양대행업체의 임직원, 기타 고용인 등 관련된 자의 불법분양행위 및 불법광고행위로 인하여 “을”이 책임을 부담하게 되는 경우, “을”은 고유재산으로서 위 책임을 부담할 의무가 없으며, 위 책임에 관한 비용은 본 약정 제22조 제1항 제3호의 비용에 준하여 처리한다.

③ “갑”, “을”, “병” 및 분양대행업체(“갑”, “을”, “병” 및 분양대행업체의 임직원 포함)는 본 사업 분양업무 중 취득하는 일체의 개인정보와 관련하여 「개인정보보호법」 등 관계 법령에 따른 제반 의무를 준수하여야 한다.

제 5 장 기 타

제25조 (수익의 교부)

① 수익의 교부는 신탁사업의 종료 및 정산시기까지 유보함을 원칙으로 한다.

② 본 사업의 순조로운 분양으로 공사기성금 등 사업비를 충당하고도 수익의 발생이 확실시되고 신탁계정의 현금흐름이 원활할 것으로 판단되는 경우에는 「금융투자회사의 영업 및 업무에 관한 규정」상 「토지신탁수익의 신탁종료 전 지급기준」에 따라 “갑”, “을”, “병”은 합의하여 가정산하고 수익자에게 예상수익의 일부를 교부할 수 있다. 다만, 수익권증서상에 “乙”이 승낙한 질권(또는 우선수익권)이 설정되었을 경우 질권자(우선수익권자)의 사전 동의를 받기로 한다.

③ “본 사업”과 관련하여 신탁종료 시점에 장래 집행이 예정되어 있거나 발생이 예상되는 신탁사무처리비용(제세·공과금, 등기비용, 부담금, 소송비용, 민원처리비용 등 포함)에 대해서 ‘을’은 이에 상응하는 금액을 신탁재산에서 유보하고 수익을 지급할 수 있으며, “갑”과 “병”은 이에 대하여 이의를 제기하지 않기로 한다.

제26조 (제세공과금의 처리)

① “본 사업”의 추진에 따라 부과되는 제세·공과금(개발부담금 등 분·부담금, 재산세, 종합부동산세, 사업소득세 또는 양도소득세, 건물의 보존등기에 따른 취·등록세 등 사업종료 시까지 “본 사업”과 관련하여 발생하는 제세·공과금)은 “을”의 명의로 부과되는 것이라도 “갑”의 부담으로 한다.

② 제1항의 비용이 발생한 경우 “을”의 청구에 따라 “갑”이 납부하거나 신탁 재산에서 납부할 수 있다.

③ “본 사업”과 관련한 부가가치세 납부액은 신탁재산에서 사업비로 “을”이 납부하거나 수익자에게 교부하여 납부하도록 하는 것을 원칙으로 한다. 다만, 다른 사업비의 지출에 부족하거나 대지급금 및 차입금 상환이 어려울 경우 또는 부가가치세 환급금

의 신탁재산 편입이 이행되지 않거나 이행되지 아니할 우려가 있는 경우 이를 신탁재산에서 집행하지 아니하고 수익자의 부담으로 할 수 있다.

제27조 (약정의 해지 또는 해제)

① 본 약정은 "갑", "을", "병" 전원의 합의에 의하여 해지·해제할 수 있다.

② 제1항의 규정에도 불구하고 다음 각호의 경우에 "을"은 "본 약정"을 해지 또는 해제할 수 있다.

1. "갑" 또는 "병"이 "본 약정"상의 중대한 의무를 이행하지 아니하거나 위반하여 사실상 사업수행이 어려운 경우(신탁등기 미이행, 사업계획승인 또는 건축 인·허가 불가, 소유권이외의 제권리 미말소, 점유자 이주 등 명도 불이행, 공사착공일 이후 30일이 도과하도록 공사에 착공하지 아니하는 경우 등 기타 이에 준하는 의무위반 또는 불이행 등)
2. 사업계획승인 또는 건축 인·허가 등으로 인한 사업계획의 변경이나 인·허가 조건상의 이행에 과다한 비용의 소요 또는 추가적 비용부담요인의 발생으로 당초 예상 사업수익의 현저한 감소가 예상되는 경우
3. "갑", "을", "병"에게 부도, 파산신청, 회생절차개시신청 또는 이러한 절차를 위한 보전처분이나 기타 이와 유사한 절차의 신청 내지 이에 준하는 상황이 발생하거나, 이러한 상황이 발생될 위험에 직면하여 "본 사업"을 진행하기 곤란한 경우
4. 본 약정 체결이후 금리상승 및 금융여건의 변화로 대지급 및 차입이 어려울 것으로 예상되거나, 예상 분양율 대비 현저히 저조한 분양율, 분양시장 등 경제여건의 변동이나 천재지변 등 기타 부득이한 사유의 발생으로 본 사업의 수행이 현저히 곤란한 경우
5. 수분양자들 또는 인근 주민의 집단민원 등으로 "본 약정"의 이행이 어렵거나 장기간 지연되어 본 사업의 추진이 불가능하다고 판단되는 경우
6. "갑"과 "을"간에 본 사업과 관련하여 체결한 토지신탁계약이 해지 또는 해제되는 경우
7. 기타의 사유로 본 사업의 진행이 불가능하다고 객관적으로 인정되는 경우

③ "본 사업"의 분양이 개시되어 수분양자가 있을 경우 분양계약 해제 및 분양대금 환불 또는 수분양자의 동의 등의 방법으로 이를 정리한 후에 본 약정을 해지·해제할 수 있다.

④ "갑", "을", "병"은 자신의 귀책사유로 인하여 제1항에 따라 본 약정이 해지 또는 해제되는 경우에는 책임 없는 당사자에게 발생하는 모든 손해를 배상하여야 한다.

제28조 (사업 시공권 포기 및 현장인도 등)

① "병"에게 다음 각 호의 1 이상의 사유가 발생하고 "을"이 상당한 기간을 정하여 최고한 후 그 기간이 경과하여도 그 사유가 지속되는 경우(단, 제1호의 경우에는 최고절차를 생략할 수 있다) "병"은 본 사업의 시공권을 포함한 모든 권리를 포기하고, "을"이 지정하는 자(이하 "대체시공사"라 함)에게 현장을 인도 하는 등 필요한 조치를 취하여야 한다.

1. "병"이 부도, 파산신청, 회생절차개시신청, 기업구조조정촉진법에 의한 채권금융기관 공동관리절차의 신청 또는 이러한 절차를 위한 보전처분의 신청 또는 이와 유사한 절차의 신청으로 "본 사업"을 진행하기 곤란한 경우
2. "병"이 정당한 사유 없이 1개월 이상 공사착공을 지연하거나 공사중단하는 경우
3. "병"을 채무자로 하여 집행된 보전처분, 강제집행 등의 채권금액 합계가 10억 원 이상인 채로 3개월 이상 지속되는 경우

② 제1항에 의하여 "병"이 포기하는 권리는 다음 각 호와 같다.

1. 본 사업의 시공권("병"이 본 사업과 관련하여 가지는 모든 권리 포함)
2. 본 사업 관련 공정에 따라 건축된 구축물에 대한 일체의 권리
3. 본 사업과 관련하여 "병"이 보유하는 유치권

③ "을"이 "병"에게 시공권을 포기하고 대체시공사에게 현장 인도 등의 조치를 취해줄 것을 서면으로 통지한 때, "병"은 시공권을 포기한 것으로 간주한다.

④ 제3항에 따른 시공권 포기에도 불구하고 "병"의 채무불이행 기타 손해배상 책임은 면제되지 아니한다.

⑤ 제3항의 통지가 있을 때 "병"의 도급 공사비는 시공권이 상실되는 시점의 기성고를 기준으로 정산하되, 미지급된 정산금은 대체시공사가 공사재개를 할 수 있는 준비가 완료("병"과 "병"의 하도급업자의 공사현장 인도 포함)된 이후 정산할 수 있으며 이를 위하여 "을"은 별도의 기성검사를 실시할 수 있다.

⑥ "병"은 제1항의 사유로 본 사업의 진행이 어려울 경우 본 사업의 신속한 재개와 원활한 진행을 위하여 공사도급계약 체결시까지 "을"에게 공사포기확약서, 공사현장명도확약서, 유치권 포기각서를 포함한 시공권 포기 및 현장인도에 관련된 모든 서류를 제출하여야 한다.

⑦ "을"은 "갑"과 협의한 도급 공사비 및 계약조건을 제시하여 "을"의 내부규정에서 정하는 방법 및 절차에 따라 대체시공사를 정하기로 한다. 다만, "갑"의 요구가 있을 경우 "을"은 기술인력, 시공능력, 계약금액 등을 종합적으로 고려하여 "갑"의 추천업체를 대체시공사로 선정할 수 있다.

⑧ 대체시공사 선정 시 도급 공사비 및 계약조건 등은 당초 "병"과의 계약사항에 영향을 받지 아니한다.

제29조 (예비비 등)
본 사업의 품질확보 및 수분양자의 민원해소 등을 위하여 품질개선비 등의 예비비를 도급 공사비(부가가치세 포함)의 0% 범위 내에서 책정하고, "을"의 주관 하에 신탁재산으로 관련 비용을 집행한다.

제30조 (효력)
본 약정은 토지신탁계약과는 상호 보완적 효력을 가지며 본 약정 당사자중 일부가 체결한 계약에는 우선하여 적용된다.

제31조 (수익자 변경)
토지신탁계약의 수익자가 위탁자에서 제3자로 변경되는 경우 위탁자는 본건 사업과 관련한 모든 권리를 포기하며 변경된 수익자는 본건 사업과 관련한 위탁자의 권리 및 의무를 포괄승계하고 수탁자와 시공사에 대한 책임에 관하여는 위탁자의 책임에 관한 규정(해지·해제사유와 그로 인한 손해배상 등을 포함)을 포괄승계하기로 한다. 이 경우 위탁자는 수익자 변경 이전에 위탁자 자신이 부담하고 있거나 부담할 일체의 의무에 대한 이행책임을 여전히 부담하여야 한다.

제32조 (합의관할)
"본 약정"과 관련하여 당사자간에 소송이 제기되는 경우 그 소송은 서울중앙지방법원을 전속적 관할법원으로 한다.

제33조 (주소변경 등 통지의무)
① "본 약정"에 따른 통지를 함에 있어 "갑", "을", "병"은 "본 약정"상에 기재된 주소지로 내용증명 우편을 발송하기로 한다.

② "본 약정"상에 기재된 주소가 변경되거나 송달 가능하지 않게 된 경우, "갑", "을", "병"은 상호간에 변경된 주소 또는 송달 가능한 주소를 고지하기로 하고, 이를 위반하여 각 당사자의 중대한 과실 없이 송달장소를 알 수 없거나 송달되지 않는 경우에는 최종 주소지로 내용증명 우편을 발송한 2일 후 그 통지가 도달된 것으로 본다.

제34조 (사업비의 추가사용)
① "본 사업"의 원활한 수행을 위하여 "을"은 예정된 사업비를 합리적인 범위에서 증액하여 사용할 수 있으며, 신탁재산에서 집행하고자 하는 사업비가 예상 사업수지 분석표의 사업비 항목에 예정되어 있지 않거나 사업비 예정금액을 초과하는 경우에도 신탁사업 진행을 위하여 필요하다고 판단하는 경우 갑 및 수익자의 동의가 없더라도 선량한 관리자의 주의로써 이를 집행할 수 있다.

② "을"은 다음 각 호의 비용을 본 약정 제22조 제1항 제3호의 비용에 준하여 사용할 수 있다.

1. 인·허가 관청에서 부과하는 의무사항의 이행 등 "을"이 사업시행자 또는 건축주 명의를 보유하게 됨에 따라 부담하는 의무 내지 책임(관계 법령 등에 따른 법률상의 책임, 민원 해소 및 인·허가 관청의 요구사항 이행 등 사실상의 책임을 모두 포함)의 이행에 소요되는 비용
2. 일조권·조망권 침해, 입주, 할인분양 등 사업시행 관련 민원 또는 소송 해소를 위하여 소요되는 비용
3. 기타 "본 사업"의 목적달성을 위하여 필요하다고 "을"이 판단하는 비용

(9) 토지신탁수익의 신탁종료 전 지급기준

① 선지급 적용기준

가. 토지신탁(관리형, 차입형, 책임준공확약부관리형)은 위탁자가 자신의 재원을 통해 토지를 취득하고 토지신탁이 종료된 이후 신탁수익을 지급받는 것이 원칙이며, 위탁자가 토지취득에 소요되는 자금을 PF대출을 통해 취득하고 이러한 PF대출원리금의 사업정산 이전에 상환하는 것도 신탁수익의 지급으로 보고 있다.

나. 토지신탁을 진행하면서 수분양자가 납부한 분양대금으로 분양목적물의 준공을 위해 사용하여야 하는데, PF대출원리금의 상환에 우선적으로 사용하다보면 준공에 차질이 발생할 우려가 있고 이로 인해 수분양자의 피해가 발생할 수 있음에 따라 관련 감독당국에서는 「금융투자회사의 영업 및 업무에 관한 규정」을 통해 PF대출원리금의 상환에 대한 규정을 두고 있다. 즉, 분양대금이 많이 수납되었다고 하여도 사업의 안정적인 준공에 집중하도록 하고 PF대출원금을 사업비보다 우선하여 상환할 수 없다.

다. 하지만 PF대출을 수반하지 않고 사업이 진행될 수 없고 이를 준공이전에 약정된 기일에 따라 중도상환하여야 함에 따라, 수분양자가 납부한 분양대금을 통해 위탁자가 토지취득에 소요된 PF대출원리금을 상환(신탁수익 선지급)하고자 할 경우에는 상기 「금융투자회사의 영업및업무에관한규정」의 '토지신탁수익의신탁종료전지급기준'에 따라 선지급하여야 한다.

- ○ 토지신탁 수익의 신탁종료전 지급기준의 목적 : 토지신탁에서 토지비 대출원리금의 상환을 목적으로 신탁수익을 신탁종료 전에 선지급 할 경우 안정적인 사업관리가 가능한 선지급 범위를 정함
- ○ 분양율이 양호(일괄매각확정)하고 향후 안정적 사업관리가 가능할 경우 분양수입금으로 토지비 대출원리금의 상환 등을 목적으로 신탁수익을 신탁종료 전에 선지급 가능
- ○ 유의할 것은 토지비(부동산 자체의 취득비용, 등기비용, 그 밖에 부동산 취득에 관련된 부대비용)에 한하여 대출원리금의 상환에만 적용됨

※ 전체 대출금 중 사업비에 해당하는 대출금은 상시 상환가능
○ 매입 토지비대출에 관련된 이자 및 취급수수료도 부동산 취득과 관련된 비용으로 분류되어 토지비에 포함시켜 신탁등도 선 지급기준에 적용받음
○ 리파이낸싱(대환)을 통해 다른 대출로 상환하는 것은 선지급에 해당하지 않음
○ 수분양자의 보호를 위해 분양대금이 토지비, 공사비 등의 지급에 사용될 수 있음을 분양계약서에 명기하여야 함

라. 선지급기준에 적용되는 신용등급은 「신용정보의 이용 및 보호에 관한 법률」에 따라 '금융위원회'로부터 신용평가업 허가를 받은 신용평가업자가 평가한 기업신용평가만 인정한다

※ '한국기업평가(주)'(법인등록번호110111-0362808), '한국신용평가(주)'(법인등록번호110111-1576458), '나이스신용평가(주)'(법인등록번호110111-3783142)만 인정

② 관리형토지신탁(책임준공확약부 관리형토지신탁도 동일) 선지급 조건

가. 시공사(지급시점 기준 회사채 신용등급 BBB0 이상)의 책임준공약정이 필요하다.

1. 회사채 미발행 : CP등급 A3이상이거나 기업신용평가가 BBB0이상
2. 신용등급 BBB－이하 시공사인 경우 BBB+이상 시공사가 자금보충약정 또는 책임준공 연대보증
3. 당해 사업의 공사도급금액 이상의 시공능력평가액도 함께 보유
4. 시공사 신용등급 기준 미충족시 토지비에 해당하는 대출원리금의 상환 등 수익 선지급 불가
   ※ 통상적으로 이러한 경우 대출금융기관을 위해 대출상환유보계좌를 별도로 개설하여 지급가능시점까지 예치

나. 선지급 금액의 산정

1	선지급금액 ≦ 분양수입금 × [토지비 / (토지비 + 사업비)] ※ 지급시점의 분양분에 대한 기 수납된 분양수입금 중 토지비 비율만큼만 수익선지급이 가능함
2	시공사의 회사채 신용등급이 BBB+ 이상이며, 예상 분양수입금이 사업비의 110%를 초과 하고, 전체 공사비(부지매입비 제외)의 50% 이상 투입이 확인된 경우(다만, 아파트의 경우 동별 건축공정이 30% 이상이어야 함)로서 직전 회차 중도금이 완납된 때에는 다음의 기준을 적용할 수 있음 - 선지급금액 ≦ (분양수입금* - 사업비**) * 지급시점의 분양분에 대한 기 수납 및 장래수납예정 분양수입금 총액 ** 지급시점 까지 지급된 사업비 및 향후 지급 예상되는 사업비
3	총 선지급 금액은 예상 신탁수익금액을 초과할 수 없으며, 지급기준 2의 적용 이후에는 1의 기준에 의한 지급 불가

다. 적용예외(지급기준 적용없이 선지급가능)

1. 사용승인일 이후
2. 대출금융기관이 자금보충약정을 한 경우 ※사업비 부족분에 대한 자금조달 부담의무를 지기로 하는 약정
3. 시공사(선지급조건의 시공사 요건을 갖춘 시공사)의 관계회사인 시공사(회사채 신용등급 BBB+이상)가 자금보충약정 및 책임준공 연대보증을 한 경우
4. 기관투자자나 펀드 등이 단독 또는 공동으로 분양물건을 일괄매수한 경우로서 매수자가 확정되고 시공사(회사채 신용등급 BBB0이상)의 책임준공 약정이 체결 되었으며 위탁자 및 시공사의 요청과 매수자 전원의 서면동의가 있는 경우. 다만, 매수자가 중도금을 납입한 이후 또는 사용승인일까지 계약해제를 금지한 경우에 한함

③ 차입형토지신탁 선지급조건

가. 선지급 금액의 산정

1	선지급금액 ≦ 분양수입금* - 사업비** * 지급시점의 분양분에 대한 기 수납 및 장래 수납예정 분양수입금총액 ** 지급시점까지 지급된 사업비 및 향후 지급 예상되는 사업비
2	총 선지급 금액은 예상 신탁수익금액을 초과할 수 없음

나. 적용예외(지급기순 적용없이 선지급가능) ; 사용승인일 이후

④ 금지사항

가. 대출약정의 효력이 신탁계약의 효력과 동등하거나 우선하게 하는 내용의 신탁계약 체결을 금지한다.

나. 신탁회사는 「토지신탁수익의신탁종료전지급기준」에 반하는 금융기관과의 임의인출 약정, 금융기관과의 자금집행순서 및 방법에 대한 임의변경약정 등 체결을 금지한다.

다. 신탁회사가 당사자가 되는 토지비 대출약정 체결을 금지한다.

라. 신탁재산(분양대금계좌, 운영계좌, 보험금 및 건축중인 건축물 등)에 대한 대출금융기관의 질권설정 또는 대출금융기관에 대한 양도담보 제공 등을 금지한다.

마. 신탁회사의 분양수입금 관리계좌에서 선지급 및 사업비 집행을 위한 이체 외에 시공사 등 제3자의 계좌로 이체를 금지한다.

8. 신탁업무처리실무

신탁회사와 부동산신탁계약에 있어 실제 진행되는 프로세스를 살펴보고, 신탁사무 처리절차에 대한 이해를 위하여 진행 단계별 필요서류와 이에 대하여 설명하고자 한다.

(1) 신탁계약

신탁계약의 당사자는 '위탁자'와 수탁자'신탁회사'이며, 신탁상품에 따라 또는 필요에 따라 우선수익자 등 신탁관계인이 신탁계약의 당사자로 참여하여 날인하기도 한다.

① 계약체결 시 징구서류

가. 신탁계약 시 신탁관계인이 신탁회사에 제출하는 서류

신탁계약 시 신탁관계인이 신탁회사에 제출하는 서류는 다음과 같으며, 해당 서류를 징구하는 사유는 신탁계약을 자신의 의사로 적법하게 체결하였음을 증빙하고, 신탁부동산의 가치와 신탁이전의 제한사항을 확인하기 위함이다.

구 분		사업자 등록증 (사본)	등록사항 전부증명서	법인정관 (사본)	이사회or 주총의사록 (사본)	신분증(사본) 주민등록표 (초본)	인감증명서	(국세) 납세증명서	지방세 납세증명서
위탁자	법인*	○	○	○	○		○	○	○
	개인	○ (해당시)				○	○	○	○
수익자	법인*	○	○				○		
	개인	○ (해당시)				○	○		
우선 수익자	법인*	○	○				○		
	개인	○ (해당시)				○	○		
발급기관		세무서	법원등기소	-	-	읍·면·동사무소	읍·면·동사무소	세무서	시·군·구청

구 분		부동산 등기권리증	신탁재산원본 가액신고서	투자자 체크리스트	일반투자자 투자정보 및 투자사확인서	법인/단체의 실소유자 확인서	고객거래 확인서	개인정보수집·이용·제공·조회 동의시
위탁자	법인*	○	○	○	○	○	○	
	개인	○	○	○	○		○	○
수익자	법인*			○	○	○	○	
	개인			○	○		○	○
우선 수익자	법인*			○	○	○	○	
	개인			○	○		○	○
발급기관		법원등기소		관련법령에 따라 신탁회사가 양식을 작성하여 제공				

* 법인 : 법인 및 단체를 말함

※ 사본징구서류의 경우 원본대조확인 인감날인

나. 위탁사 및 수익자로부터 청구하는 서류

<table>
<tr><th>구 분</th><th>공 통</th></tr>
<tr><td rowspan="2">부동산등기권리증</td><td>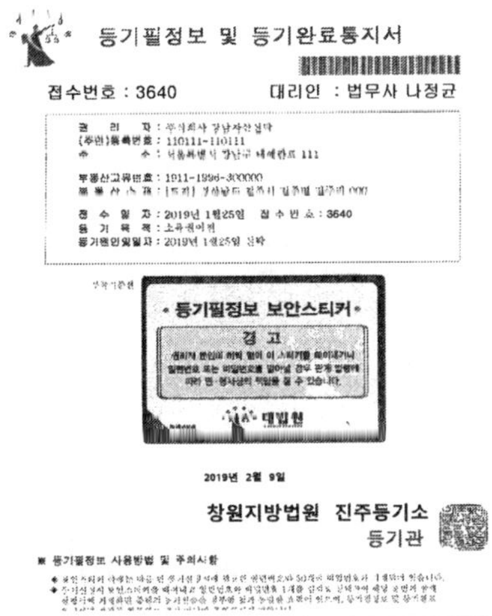

등기필정보 및 등기완료통지서

접수번호 : 3640 대리인 : 법무사 나정균

권리자 : 주식회사 강남자산신탁
(주민)등록번호 : 110111-110111
주소 : 서울특별시 강남구 테헤란로 111

부동산고유번호 : 1911-1996-300000
부동산소재 : [토지] 경상남도 진주시 [illegible] 000

접수일자 : 2019년 1월25일 접수번호 : 3640
등기목적 : 소유권이전
등기원인및일자 : 2019년 1월25일 신탁

등기필정보 보안스티커
경고
대법원

2019년 2월 9일

창원지방법원 진주등기소
등기관

■ 등기필정보 사용방법 및 주의사항</td></tr>
<tr><td>'등기필정보 및 등기완료통지서'라고 하며, 앞면 '등기필정보 보안스티커'로 정보가 보호되어 있음</td></tr>
<tr><td rowspan="2">사업자등록증
(사본)</td><td>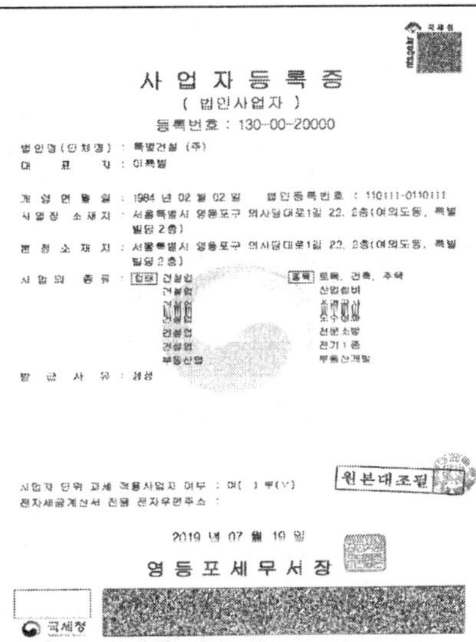

사 업 자 등 록 증
(법인사업자)
등록번호 : 130-00-20000

법인명(단체명) : 특별건설 (주)
대표자 : 이특별

개업연월일 : 1984 년 02 월 02 일 법인등록번호 : 110111-0110111
사업장 소재지 : 서울특별시 영등포구 의사당대로1길 22, 2층(여의도동, 특별빌딩 2층)
본점 소재지 : 서울특별시 영등포구 의사당대로1길 22, 2층(여의도동, 특별빌딩 2층)
사업의 종류 : 업태 건설업 … 부동산업 종목 토목, 건축, 주택 … 부동산개발
발급사유 : 정정

사업자 단위 과세 적용사업자 여부 : 여( ) 부(V)
전자세금계산서 전용 전자우편주소 :

원본대조필

2019 년 07 월 19 일
영 등 포 세 무 서 장

국세청</td></tr>
<tr><td>사업자일 경우에 한함</td></tr>
</table>

신탁재산원본 가액신고서	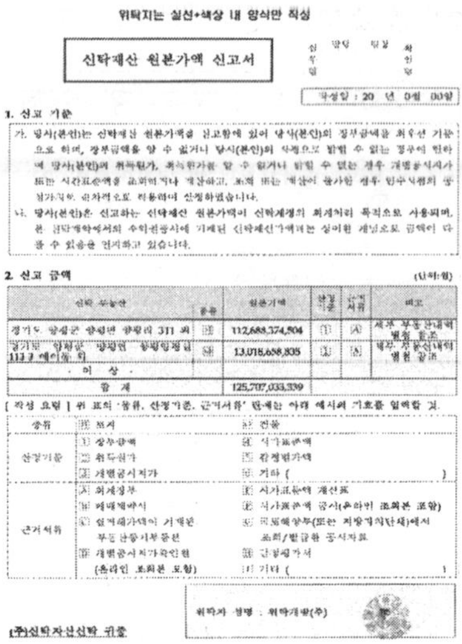
	신탁부동산의 가격을 확인할 수 있는 자료로 장부가격, 취득원가, 공시지가, 감정평가서 등 해당

위탁자는 실선+색상 내 양식만 작성

신탁재산 원본가액 신고서

작성일 : 20 년 0월 00일

1. 신고 기준

2. 신고 금액 (단위:원)

신탁 부동산	종류	원본가액	산정기준	근거서류	비고
경기도 양평군 양평면 양평리 311 외		112,688,374,504			
경기도 양평군 양평면 양평평길 113 7 에이동 외		13,018,658,835			
- 이 상 -					
합 계		125,707,033,339			

구 분	공 통	
(국세)납세증명서	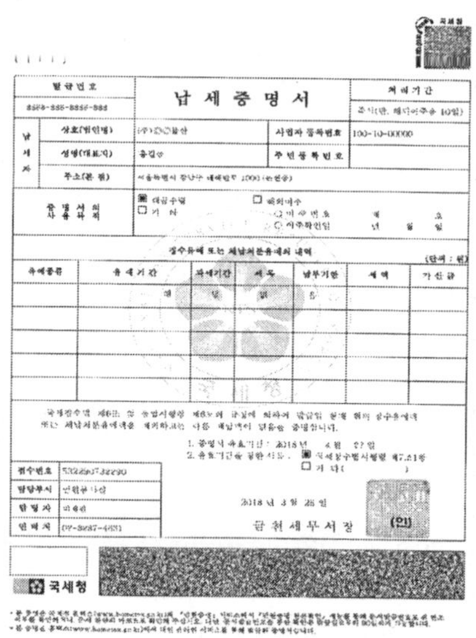	신탁이전에 세금체납이 있을 경우 체납된 세금이 신탁보다 우선하며, 체납된 세금으로 인해 체결된 신탁에 위해발생

납 세 증 명 서

사업자 등록번호 100-10-00000

2018 년 3 월 26 일

금 천 세 무 서 장 (인)

국세청

<table>
<tr>
<td>지방세납세증명서</td>
<td>
지방세 납세증명서(신청서)
Local Tax Payment Certificate(Application)
납세자 Taxpayer
Phone number(Cellular phone number)
증명서의 사용 목적 Purpose of Certificate
[ ] Receipt of payment / Payer
[ ] Emigration / Emigration No / Date of the Report yyyy mm dd
[V] Registration for real estate trust / Information of real estate trust (Location, Building name and number)
[ ] Others
Copies of Certificate Needed
I request to certify that I have no delinquent taxes except for the above-mentioned suspension of tax collection or suspension of disposition of delinquent tax as of the issued date at this certificate, in accordance with the provision of the Article 5 of Collection Act for Local Taxes and Article 6(1) of the Enforcement Decree of Collection Act for Local Taxes
Applicant(Taxpayer) (Signature or Stamp)
Suspension of Tax Collection or Suspension of Disposition of Delinquent Tax
Type of taxes suspended / Period of taxes suspended / Tax Year / Tax Items / Due date for payment / Tax Amount / Penalties
- 해당 사항 없음(None) -
I hereby certify that I have no delinquent taxes except for the above-mentioned suspension of tax collection or suspension of disposition of delinquent tax as of the issued date on this certificate, in accordance with the provision of the Article 5 of Collection Act for Local Taxes and Article 6(2) of the Enforcement Decree of Collection Act for Local Taxes
Period of Validity
Reason for determining the validity date
서울특별시 송파구청장
The Chief of Songpa-gu district SEOUL</td>
<td>※ [illegible]
아니라 신탁 등기 시 법원등기소에서도 납세관련 증명서를 요구</td>
</tr>
<tr>
<td>지방세납세증명서</td>
<td>지방세납세증명서를 발급받을 때 ‘증명서의 사용목적’란에 ‘부동산신탁등기’ 또는 그 밖의 목적에 ‘신탁사 제출용’으로 하여 발급

증명서의 사용 목적 Purpose of Certificate
[ ] 대금수령 Receipt of payment | 대금 지급자 Payer
[ ] 해외이주 Emigration | 이주번호 Emigration No.
[V] 부동산 신탁등기 Registration for real estate trust | 신탁 부동산의 Information of
[ ] 그 밖의 목적 Others

증명서의 사용 목적 Purpose of Certificate
[ ] 대금수령 Receipt of payment | 대금 지급자 Payer
[ ] 해외이주 Emigration | 이주번호 Emigration No.
[ ] 부동산 신탁등기 Registration for real estate trust | 신탁 부동산의 Information of
[V] 그 밖의 목적 Others | 신탁사 제출용</td>
<td></td>
</tr>
</table>

<table>
<tr><th>구 분</th><th colspan="2">공 통</th></tr>
<tr><td>투자자체크리스트</td><td>

투 자 자 체 크 리 스 트

[투자자 체크리스트]는 부동산신탁계약 체결에 있어 위탁자가 최소한 점검해야 할 사항을 요약한 자료입니다. 또한 신탁회사로부터 신탁계약에 대한 설명을 충실히 들었음을 확인하는 용도로도 확인되므로 신중한 답변 바랍니다.

다음 사항에 대해 신탁회사 임직원으로부터 설명 들었는지 확인하여 주십시오.
(확인란에 ○ 또는 V로 표시하여 주시기 바랍니다. 잘 이해되지 않는 부분이 있으시면 직원에게 다시 설명해 줄 것을 요구하시기 바랍니다.

☐ 계약 예정인 신탁계약의 유형이 무엇인지 설명 들었고, 상품설명서를 받았습니다.
(담보신탁, 토지신탁(관리형/차입형), 관리신탁, 처분신탁, 분양관리신탁, PFV, 대리사무 등)

☐ 신탁의 개념 및 구조, 운용방법 등에 대한 설명을 들었습니다.

☐ 수탁자(신탁회사)는 신탁사무의 처리에 관하여 필요한 비용을 신탁재산에서 지출할 수 있는 비용상환청구권이 있으며 위탁자 및 수익자는 신탁재산 관리에 필요한 비용을 부담하여야 함을 설명 들었습니다.

☐ 위탁자가 부담하는 각종 보수, 수수료, 비용, 과세(종합부동산세, 재산세, 각종 부담금)에 대하여 설명 들었습니다.

☐ 위탁자의 채무불이행 시 신탁회사가 수탁부동산을 환가하여 그 처분대금으로 채무자의 채무를 변제하고, 채무 변제 후 잔여처분대금은 수익자에게 교부할 수 있음을 설명들었습니다.

☐ 신탁법 98조, 99조, 100조에 의해 "신탁의 목적을 달성하였거나 달성할 수 없게 된 경우", "위탁자와 수익자의 합의에 의한 경우", "법원의 명령에 의한 경우" 등에 신탁을 종료할 수 있음을 설명들었습니다.

※ 본인은 신탁계약과 관련하여 상기 내용에 대해 충분한 설명을 들었고, 이해하였음을 확인합니다.

20 년 월 일

• 위탁자 성명 : (인)	• OO자산신탁 직원 성명 :

</td><td rowspan="2">「자본시장법」 제9조 제5항에 따른 징구서류로 일반투자자로 전환할 수 있다는 사실과 신탁상품에 대한 주요설명·확인 서류(신탁회사가 양식 제공)</td></tr>
<tr><td>일반투자자
투자정보 및
투자확인서</td><td>

▣ 표준투자권유준칙 (주)OO자산신탁

<별지 제1호>

일반투자자 투자정보 및 투자자확인서

■귀하는 「자본시장 및 금융투자업에 관한 법률」 제9조 제5항 및 동법 시행령 제10조에 의거 전문투자자의 범위에 해당하지 않음에 따라 일반고객으로 분류되었음을 알려드립니다
■일반투자자 투자정보 및 투자자확인서는 동법 제50조 제1항에 근거하여 회사가 고객에게 적합한 투자권유를 하고, 투자설명에 대한 확인을 위하여 징구받는 서류로서 귀하의 동의없이 다른 목적으로 사용하지 않습니다.
■정보를 제공하지 아니하거나 일부만 제공하는 경우에는 적합한 투자권유가 이루어지지 않을 수 있으며, 이로 인하여 투자위험도가 증가할 수 있으니 고객님의 상황에 맞거나 가장 가까운 항목을 선택하여 주시기 바랍니다.

1. [illegible]
□투자권유를 희망함 □투자권유를 희망하지 않음

2. 투자정보 작성(투자권유 희망 고객)

자산부채현황(개인)	총자산	부동산	□5억원 이하 □10억원 이하 □50억원 이하 □100억원 이하 □100억원 초과 □기타( )
		동산	□5억원 이하 □10억원 이하 □50억원 이하 □100억원 이하 □100억원 초과 □기타( )
	총부채	백만원	
자산부채현황(법인)	총자산	백만원	매출액 백만원
	총부채	백만원	당기순이익 백만원
신탁거래목적	□처분신탁 □담보신탁 □토지신탁 □대리사무 □관리신탁 □분양관리신탁 □기 타 ( )		
신탁거래경험	신탁거래상품 : 신탁거래기간 :	신탁상품 이해도	□상 □중 □하
위험에 대한 태도	□가장 비중있게 고려하는 것은 원본보장이다. □신탁목적의 달성을 위해서는 원본 손실도 감내할 수 있다.		

■본인은 사업담당자가 본인과의 면담을 통해 본인의 투자 성향을 파악하였으며, 본인이 선택한 신탁상품이 투자성향에 비해 위험도가 높을 수 있음에도 불구하고 본인의 판단으로 본 신탁상품을 선택하는 것이므로 이와 관련된 위험은 본인이 부담함을 약정합니다.
■ 본인은 금융투자상품의 내용, 투자에 따르는 위험, 기타 금융투자상품의 구조와 성격, 수수료에 관한 사항, 기타 계약의 해지·해제에 관한 사항에 대하여 충분히 설명 듣고 이해하였음을 확인합니다.
■본인은 ㈜OO자산신탁과의 신탁계약에 있어 해당계약서의 중요 내용, 투자에 따르는 위험, 금융투자상품의 구조와 성격 등에 대하여 충분히 설명을 들었으며, 약관 및 관계법규가 적용됨을 승인하고 상기 거래를 신청합니다.

고객명 : (주)○○○ (인 또는 서명) | 대리인 : 성 명 (인 또는 서명)

3. 투자정보 미제공 확인(투자권유 불원 고객)

■본인은 귀사의 투자권유를 받지 않고, 본인이 지정하는 신탁계약을 체결하고자 하며, 이 경우 자본시장 및 금융투자업에 관한 법률 제46조 제2항(투자자정보 파악) 및 제3항(적합성 원칙)에 따른 의무를 귀사가 부담하지 않는다는 사실을 확인합니다. 또한 본인은 본인이 지정한 신탁상품의 원본손실가능성을 인식하며, 이와 관련한 모든 위험을 본인이 감수할 것임을 확인합니다.
■ 본인은 금융투자상품의 내용, 투자에 따르는 위험, 기타 금융투자상품의 구조와 성격, 수수료에 관한 사항, 기타 계약의 해지·해제에 관한 사항에 대하여 충분히 설명 듣고 이해하였음을 확인합니다.
■본인은 ㈜OO자산신탁과의 신탁계약에 있어 해당계약서의 중요 내용, 투자에 따르는 위험, 금융투자상품의 구조와 성격 등에 대하여 충분히 설명을 들었으며, 약관 및 관계법규가 적용됨을 승인하고 상기 거래를 신청합니다.

고객명 : (인 또는 서명) | 대리인 : (인 또는 서명)

4. 대리인 위임장 및 정보 (대리인에 의한 작성시 필수작성)

대리인 성명		본인과의 관계	
대리인 연락처			

본인은 상기 대리인에게 투자정보 작성 및 제출에 관한 일체의 행위를 위임합니다.
위임인(고객명) : 성 명 (인 또는 서명)

</td></tr>
</table>

개인정보 수집·이용·제공·조회동의서	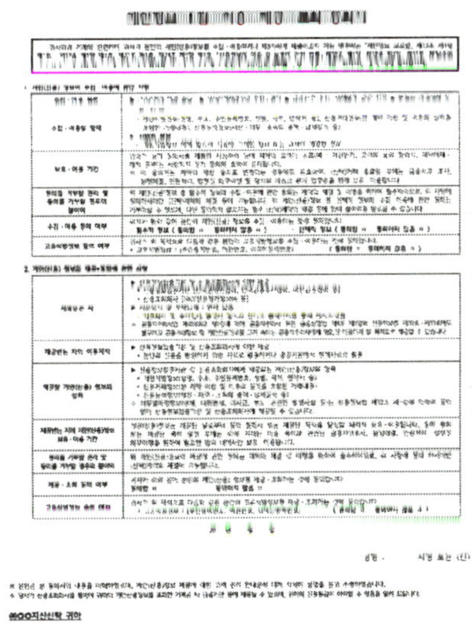	개인만 징구. 「개인정보보호법」, 「신용정보의이용및보호에관한법률」에 따른 징구서류(신탁회사가 양식제공)

구 분	법인 또는 단체
등록사항 전부증명서	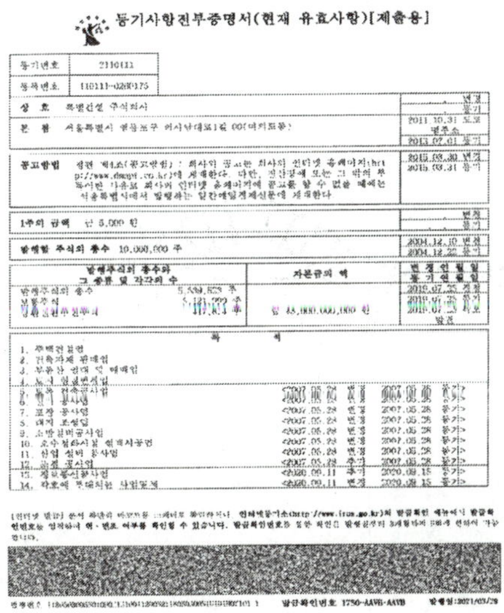

등기사항전부증명서(현재 유효사항)[제출용]

등기번호	210111
등록번호	110111-0280175

1주의 금액	금 5,000 원	
발행할 주식의 총수	10,000,000 주	2004.12.10 변경 2004.12.22 등기

발행주식의 총수와 그 종류 및 각각의 수	자본금의 액	변경연월일 등기연월일
발행주식의 총수 5,539,529 주 보통주식 5,121,999 주	금 45,000,000,000 원	2019.07.25 경정 2019.07.25 등기

발급확인번호 1750-AAVB-AAVB 발행일:2021/03/29

<table>
<tr>
<td>인감증명서</td>
<td>
인 감 증 명 서
법인등록번호 : 100000-0000000
상 호 : 신탁건설 주식회사
본 점 : 서울특별시 영등포구 의사당대로1길 00(여의도동)
대표이사 성동권
(100000-0000000)
관할등기소 : 서울중앙지방법원 등기국 / 발행등기소 : 서울서부지방법원 등기국
이 인감은 등기소(과)에 제출되어 있는 인감과 틀림없음을 증명합니다.
2021년 03월 04일
법원행정처 등기정보중앙관리소 전산운영책임관
수수료 1,000원 영수함.
1. 문서 하단의 바코드를 스캐너로 확인하거나, 인터넷등기소(http://www.iros.go.kr)의 인감증명서 발급확인 메뉴에서 발급확인번호를 입력하여 위·변조 여부를 확인할 수 있습니다.
2. 법인인감증명서 발급사실 등 문자전송 서비스를 신청하면, 발급사실을 휴대폰 문자로 통보받을 수 있습니다. (전국 등기소 및 인터넷등기소에서 신청 가능)
- 1/1 -
</td>
</tr>
<tr>
<td>법인정관(사본)</td>
<td>
정 관
제 1장 총 칙
제 1조 (상 호)
당 회사는 주식회사 홀딩스홀딩스 (이)라 부른다.
제 2조 (목 적)
당 회사는 다음 사업을 경영함을 목적으로 한다.
1. 건설시행업
2. 부동산 임대업
3. 부동산 관리 및 관리대행업
4. 부동산 취득, 관리, 개량 및 처분
5. 부동산 개발 및 자문용역
6. 분양 및 분양대행업
7. 시장조사 및 사업전략수립
8. 부동산 매매 및 매매컨설팅
9. 위 각호에 관련된 부대사업 일체
제 3조 (본점의 소재지 및 지점등의 설치)
① 당 회사의 본점은 서울특별시에 둔다.
② 당 회사는 필요에 따라 이사회의 결의로 국내외에 지점, 출장소, 사무소 및 현지법인을 둘 수 있다.
제 4조 (공고 방법)
당회사의 공고는 서울특별시에서 발행하는 일간 한국경제신문에 게재한다.
제 2장 주 식
제 5조 (회사가 발행할 주식의 총수)
당 회사가 발행할 주식의 총수는 100,000주로 한다.
</td>
</tr>
</table>

<table>
<tr><th>구 분</th><th colspan="2">법인 또는 단체</th></tr>
<tr><td>이사회결의서</td><td>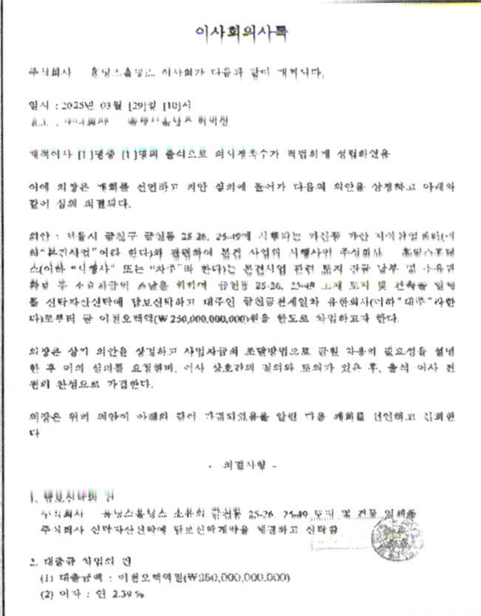

이사회의사록

주식회사 [illegible] 이사회가 다음과 같이 개최되다.

일시 : 2025년 03월 [29]일 [10]시
장소 : [illegible]

재적이사 [1]명중 [1]명의 출석으로 의사정족수가 적법하게 성립하였음

이에 의장은 개회를 선언하고 의안 심의에 들어가 다음의 의안을 상정하고 아래와 같이 심의 의결되다.

의안 : 서울시 [illegible] 25-26, 25-49에 시행되는 [illegible](이하 "본건사업"이라 한다)와 관련하여 본건 사업의 시행사인 주식회사 [illegible](이하 "시행사" 또는 "차주"라 한다)는 본건사업 관련 [illegible] 25-26, 25-49 소재 토지 및 건축물 일체를 신탁자산신탁에 담보신탁하고 대주인 [illegible] 유한회사(이하 "대주"라 한다)로부터 금 이천오백억(₩250,000,000,000)원을 한도로 차입하고자 한다.

의장은 상기 의안을 상정하고 사업자금의 조달방법으로 금원 차용의 필요성을 설명한 후 이의 심의를 요청하매, 이사 상호간의 질의와 토의가 있은 후, 출석 이사 전원의 찬성으로 가결한다.

의장은 위의 의안이 아래와 같이 가결되었음을 알린 다음 폐회를 선언하고 산회한다

- 의결사항 -

1. 담보신탁의 건
주식회사 [illegible] 소유의 [illegible] 25-26, 25-49 토지 및 건물 일체를 주식회사 신탁자산신탁에 담보신탁계약을 체결하고 신탁함

2. 대출금 차입의 건
(1) 대출금액 : 이천오백억원(₩250,000,000,000)
(2) 이자 : 연 2.39 %</td><td rowspan="2">법인의 적합한 의사결정인지 여부확인을 위해 징구하며, 법인정관에 따라 신탁계약체결행위가 이사회결의 사항인지 주주총회 결인사항인지에 따라 이사회 또는 주주총회결의(주주명부반영)를 득하여야 함(의사록사본 제출)</td></tr>
<tr><td>주주총회결의서</td><td>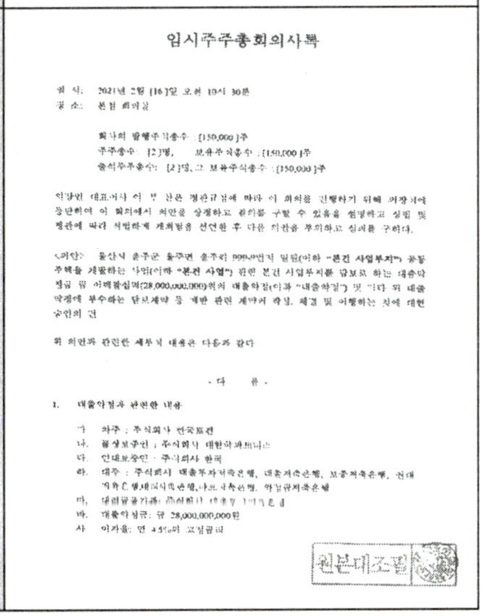

임시주주총회의사록

일 시: 2021년 2월 [16]일 오전 10시 30분
장 소: 본점 회의실

회사의 발행주식총수 : [150,000]주
주주총수 : [2]명, 보유주식총수 : [150,000]주
출석주주총수: [2]명, 그 보유주식총수 : [150,000]주

의장인 대표이사 [illegible] 은 정관규정에 따라 이 회의를 진행하기 위해 의장석에 등단하여 이 회의에서 의안을 상정하고 결의를 구할 수 있음을 설명하고 상법 및 정관에 따라 적법하게 개최됨을 선언한 후 다음 의안을 부의하고 심의를 구하다.

<의안> 울산시 울주군 [illegible] 999-0번지 일원(이하 "본건 사업부지") 공동주택을 개발하는 사업(이하 "본건 사업") 관련 본건 사업부지를 담보로 하는 대출약정금 금 이백팔십억(28,000,000,000)원의 대출약정(이하 "대출약정") 및 기타 위 대출약정에 부수하는 담보계약 등 제반 관련 계약서 작성, 체결 및 이행하는 것에 대한 승인의 건

위 의안과 관련한 세부적 내용은 다음과 같다

- 다 음 -

1. 대출약정과 관련한 내용

가. 차주 : 주식회사 [illegible]
나. [illegible] : 주식회사 [illegible]
다. [illegible] : 주식회사 [illegible]
라. 대주 : 주식회사 [illegible]저축은행, [illegible]저축은행, [illegible]저축은행, [illegible]
마. [illegible]
바. 대출약정금: 금 28,000,000,000원
사. 이자율: 연 4.5%의 고정금리

원본대조필</td></tr>
</table>

주주명부

주주명부

(2021년 2월 16일 현재)

상 호 [illegible] (단위:원)

주주명	주민등록번호	지분율	주식수	주당액면가액	금액
[illegible]	641215-1718414	93.33%	140,000	10,000	1,400,000,000
[illegible]	[illegible]-2164314	6.67%	10,000	10,000	100,000,000
계		100%	150,000		1,500,000,000

원본대조필

구 분	법인 또는 단체	
(법인/단체) 고객거래확인서	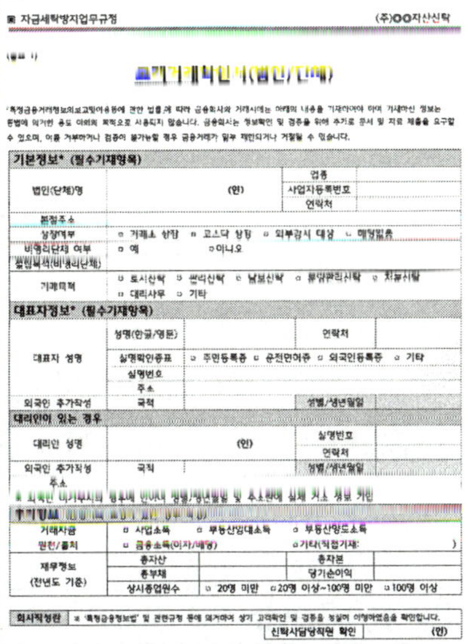	자금세탁방지를 위해 「특정금융거래정보의보고및이용등에관한법률」에 따른 징구서류(신탁회사가 양식제공)
실소유자확인서	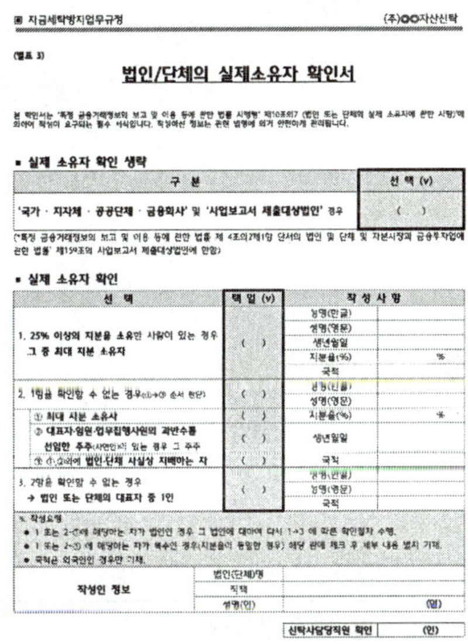	

▣ 자금세탁방지업무규정 (주)OO자산신탁

(별표 1)

고객거래확인서(법인/단체)

「특정금융거래정보의보고및이용등에 관한 법률」에 따라 금융회사와 거래시에는 아래의 내용을 기재하여야 하며 기재하신 정보는 동법에 의거한 용도 이외의 목적으로 사용되지 않습니다. 금융회사는 정보확인 및 검증을 위해 추가로 문서 및 자료 제출을 요구할 수 있으며, 이를 거부하거나 검증이 불가능할 경우 금융거래가 일부 제한되거나 거절될 수 있습니다.

기본정보* (필수기재항목)				
법인(단체)명	(인)		업종	
			사업자등록번호	
			연락처	
본점주소				
상장여부	□ 거래소 상장 □ 코스닥 상장 □ 외부감사 대상 □ 해당없음			
비영리단체 여부	□ 예 □ 아니오			
설립목적(비영리단체)				
거래목적	□ 토지신탁 □ 관리신탁 □ 담보신탁 □ 분양관리신탁 □ 처분신탁 □ 대리사무 □ 기타			
대표자정보* (필수기재항목)				
대표자 성명	성명(한글/영문)		연락처	
	실명확인증표	□ 주민등록증 □ 운전면허증 □ 외국인등록증 □ 기타		
	실명번호			
	주소			
외국인 추가작성	국적		성별/생년월일	
대리인이 있는 경우				
대리인 성명	(인)		실명번호	
			연락처	
외국인 추가작성 주소	국적		성별/생년월일	

※ 외국인 비거주자의 경우에 한하여 성별/생년월일 및 주소란에 실제 거소 정보 기입

추가정보				
거래자금 원천/출처	□ 사업소득 □ 부동산임대소득 □ 부동산양도소득 □ 금융소득(이자/배당) □기타(직접기재:)			
재무정보 (전년도 기준)	총자산		총자본	
	총부채		당기순이익	
	상시종업원수	□ 20명 미만 □20명 이상~100명 미만 □100명 이상		

회사작성란	※ '특정금융정보법' 및 관련규정 등에 의거하여 상기 고객확인 및 검증을 성실히 이행하였음을 확인합니다.
신탁사담당직원 확인	(인)

▣ 자금세탁방지업무규정 (주)OO자산신탁

(별표 3)

법인/단체의 실제소유자 확인서

본 확인서는 '특정 금융거래정보의 보고 및 이용 등에 관한 법률 시행령' 제10조의7 (법인 또는 단체의 실제 소유자에 관한 사항)'에 의하여 작성이 요구되는 필수 서식입니다. 작성하신 정보는 관련 법령에 의거 안전하게 관리됩니다.

■ 실제 소유자 확인 생략

구 분	선 택 (v)
'국가 · 지자체 · 공공단체 · 금융회사' 및 '사업보고서 제출대상법인' 경우	( )

(*특정 금융거래정보의 보고 및 이용 등에 관한 법률 제 4조의2제1항 단서의 법인 및 단체 및 자본시장과 금융투자업에 관한 법률' 제159조의 사업보고서 제출대상법인에 한함)

■ 실제 소유자 확인

선 택	택 일 (v)	작 성 사 항	
1. 25% 이상의 지분을 소유한 사람이 있는 경우 그 중 최대 지분 소유자	( )	성명(한글)	
		성명(영문)	
		생년월일	
		지분율(%)	%
		국적	
2. 1항을 확인할 수 없는 경우(①→③ 순서 판단)	( )	성명(한글)	
① 최대 지분 소유자	( )	성명(영문)	
② 대표자·임원·업무집행사원의 과반수를 선임한 주주(자연인)가 있는 경우 그 주주	( )	지분율(%)	%
		생년월일	
③ ①,②외에 법인·단체 사실상 지배하는 자	( )	국적	
3. 2항을 확인할 수 없는 경우 → 법인 또는 단체의 대표자 중 1인	( )	성명(한글)	
		성명(영문)	
		국적	

※ 작성요령
- 1 또는 2-①에 해당하는 자가 법인인 경우 그 법인에 대하여 다시 1→3 에 따른 확인절차 수행.
- 1 또는 2-① 에 해당하는 자가 복수인 경우(지분율이 동일한 경우) 해당 란에 체크 후 세부 내용 별지 기재.
- 국적은 외국인인 경우만 기재.

작성인 정보	법인(단체)명	
	직책	
	성명(인)	(인)

신탁사담당직원 확인	(인)

구 분	개 인
(개인) 주민등록초본	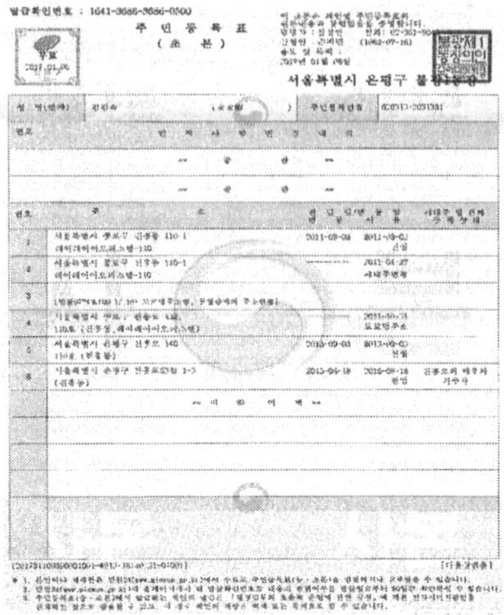 주 민 등 록 표 (초 본)
	신분증(사본)포함
(개인) 인감증명서	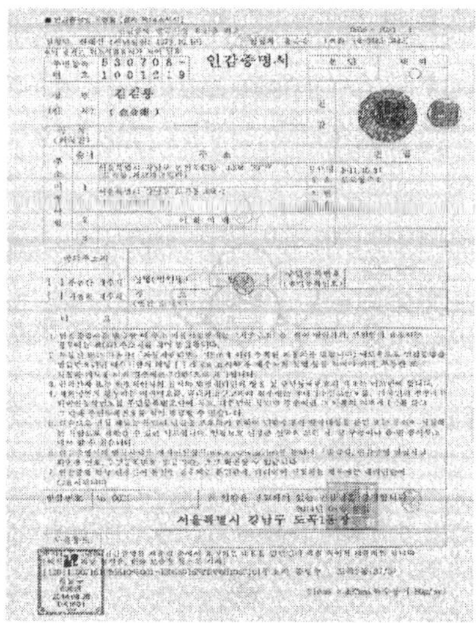 인감증명서
	사업자일 경우에 한함

(개인) 고객거래확인서	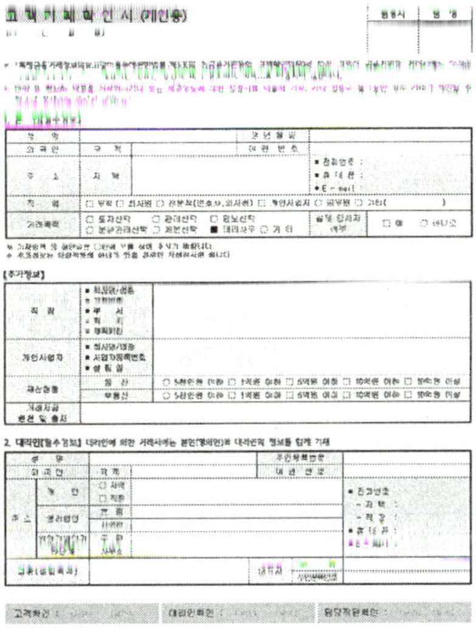 「특정금융거래정보의보고및이용등에관한법률」에 따른 징구서류(신탁회사가 양식제공)

다. 우선수익자 및 수익자

구분	사업자 등록증 (사본)	등록사항 전부 증명서	신분증 (사본) 주민등록표 (초본)	인감 증명서	투자자 체크 리스트	일반투자자 투자정보 및 투자자 확인서	법인/단체의 실소유자 확인서	고객거래 확인서	개인정보수집·이용·제공·조회동의서
법인*	○	○		○	○	○	○	○	
개인	○ (해당시)		○	○	○	○		○	○

라. 분양관리신탁 및 토지신탁일 경우 추가 제출서류

- 공사도급계약서(도급내역서 등 포함)
- 설계도서, 인·허가관련서류
- 분양계획서(분양면적, 분양가격현황 등)

② **계약체결**

가. 담보신탁, 관리신탁, 처분신탁은 신탁계약서만 체결하고, 분양관

리신탁은 신탁계약서 및 대리사무계약서를 체결한다.

나. 토지신탁은 토지신탁계약서만 체결하고 토지신탁계약서에 특약사항으로 세부내용을 적시하는 방식이 있고, 별도로 세부내용을 반영한 사업약정서를 체결하기도 한다.

※ 신탁종류별로 계약서 내용이 상이함에 따라 세부 내용은 전술한 각 신탁상품의 계약서를 참조한다.

신탁상품	담보신탁	관리신탁	처분신탁	분양관리신탁	토지신탁
계약서	신탁계약서	신탁계약서	신탁계약서	신탁계약서 및 대리사무계약서	신탁계약서 (필요시) 사업약정서

다. 신탁계약서는 날인당사자간에 각 1부씩 보유하고 추가로 1부를 더 날인하여 등기시 사용한다.

라. 신탁신청 및 수익권증서발급의뢰서는 수탁받는 신탁회사에 해당 신탁의 계약체결과 신탁을 신청하고 수익권증서의 발급을 요청하는 서류로, 통상적으로 우선수익자는 담보신탁, 관리신탁, 처분신탁의 경우 신탁계약서의 날인당사자로 참여하지 않고 이 '신탁신청 및 수익권증서발급의뢰서'만을 날인한다. 단, 분양관리신탁 및 토지신탁은 신탁계약서에 날인 당사자로 참여한다.

①[ ]신탁신청 및 수익권증서 발급의뢰서	② 조사분석서 [ ]포함 [ ]생략

구분				
③ 위탁자	상 호	(주)○○물산	대표자	김봉식
	법인등록번호	110000-0000000	사업자등록번호	000-00-00000
	주 소	서울특별시 강남구 율곡로 000-00		
③ 채무자	상 호	(주)○○물산	대표자	김봉식
	법인등록번호	110000-0000000	사업자등록번호	000-00-00000
	주 소	서울특별시 강남구 율곡로 000-00		
③ 수익자	상 호	(주)○○물산	대표자	김봉식
	법인등록번호	110000-0000000	사업자등록번호	000-00-00000
	주 소	서울특별시 강남구 율곡로 000-00		

신탁부동산		
	④ 부동산의 표시	경상남도 진주시 진주면 진주리 000 대 1,460㎡
	⑤ 신탁부동산가격	금00억원(₩0,000,000,000-)
	⑤ 신탁부동산 가격산정방법	
	⑥ 임대차 등 선순위	

⑦ 우선수익권 내역	순위	우선수익자	법인등록번호	수익권증서금액
	제1순위	(주)△△은행	110000-0000000	금00억원(₩0,000,000,000-)

⑧ 신탁기간	
⑨ 의뢰자의견 또는 특이사항	

위와 같이 ①[ ]신탁 신청 및 수익권증서 발급을 의뢰합니다.

20 . 00. 00.

위탁자 (주)○○물산 ㊞ 채무자 (주)○○물산 ㊞ 수익자 (주)○○물산 ㊞

제1순위 우선수익자 (주)△△은행 ㊞

(주)◎◎자산신탁 귀중

① 신탁하는 신탁상품의 명칭을 명기
② 신탁하려는 부동산의 조사분석으로 통상적으로 '조사분석서'는 생략함
③ 위탁자, 채무자, 수익자에 대한 인적사항으로, 동일인일 경우 '위탁자 겸 채무자' 형태로 합쳐서 표기하기도 함

④ 신탁하려는 부동산에 대한 표시로, 부동산이 여러개일 경우 '별첨'으로 첨부하기도 함
⑤ 신탁하려는 부동산의 가격으로, 장부가격, 취득원가, 공시지가, 감정평가서 등 해당가격 산정근거를 명기함
⑥ 신탁이전에 임대차, 근저당 등 신탁보다 선순위로 인정되는 사항을 기입함
⑦ 우선수익자의 인적과 수익권증서금액을 명기하며, 순위별로 명기하되 동일 순위에 공동순위 우선수익자가 있을 경우 공동○순위로 표기함
⑧ 신탁기간을 명기하되, 통상적으로 담보신탁은 '신탁체결일로부터 신탁해지일까지', 관리신탁과 처분신탁은 기간을 일자로 명확히 명기, 분양관리신탁과 토지신탁은 개발기간과 사업정산기간을 계산하여 명기함
⑨ 신탁을 의뢰함에 있어 신탁계약에 반영되어야 할 특이사항(신탁회계처리, 화재보험, 법무사 등)을 명기함

③ 신탁등기

가. 등기업무를 맡은 법무사는 해당 '신탁계약서'를 바탕으로 신탁원부를 작성, 등기업무를 위임받아 관할 등기소에 신탁등기 접수하고 등기완료 이후에 '등기필정보 및 등기완료통지서'를 신탁회사에서 수령·보관한다.

등기위임장

위 임 장	
부동산의 표시	경상남도 진주시 상평동 111 대 460㎡
등기원인과 그 년월일	20 년 월 일 신탁
등기의 목적	소유권이전 및 신탁
등기의무자 (주)○○물산 대표이사 김봉식 ㊞ 등기권리자 (주)◎◎자산신탁 대표이사 최유석 ㊞	법무사 나 정 균 서울특별시 서초구 서초동 000-00 위 사람을 대리인으로 정하고 위 부동산 등기신청 및 취하에 관한 모든 행위를 위임한다. 또한 복대리인 선임권을 허락한다. 20 년 월 일

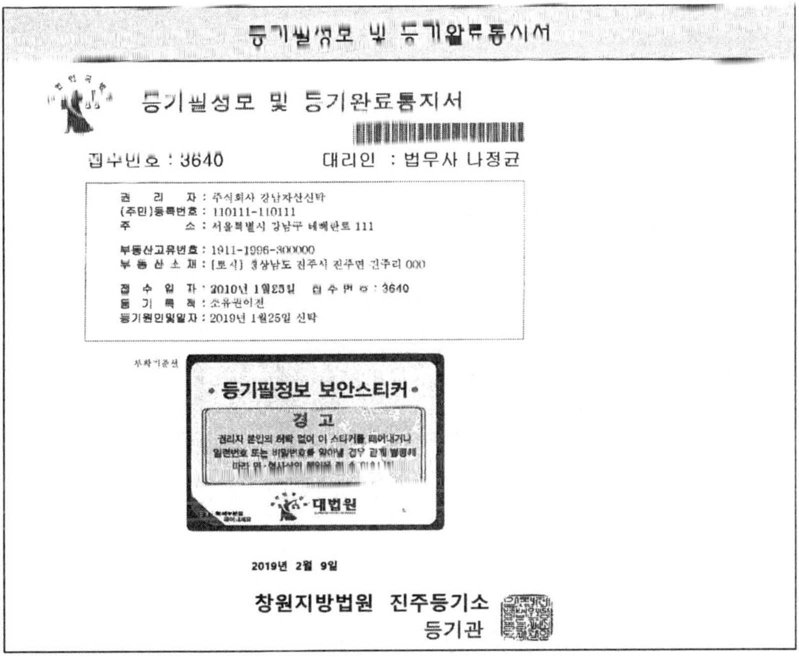

등기필정보 및 등기완료통지서

접수번호 : 3640　　대리인 : 법무사 나정균

권 리 자 : 주식회사 강남자산신탁
(주민)등록번호 : 110111-110111
주 소 : 서울특별시 강남구 테헤란로 111

부동산고유번호 : 1911-1996-300000
부 동 산 소 재 : [토지] 경상남도 진주시 진주면 진주리 000

접 수 일 자 : 2010년 1월25일　접 수 번 호 : 3640
등 기 목 적 : 소유권이전
등기원인및일자 : 2019년 1월25일 신탁

2019년 2월 9일

창원지방법원 진주등기소
등기관

나. 신탁등기를 통해 해당 부동산이 신탁재산이라는 공시를 하며, 등기가 완료되면 등기부상의 등기원인에 '신탁'으로 기재되고, 권리자 및 기타 사항란에 권리자가 수탁자(신탁회사)로 기재된다. 또한 「부동산등기법」에서 정한 신탁계약의 내용을 기록한 신탁원부를 작성하고, 등기기록에는 그 신탁원부의 번호를 기록(신탁원부도 등기기록의 일부로 보아 등기와 동일한 효력을 인정, 부동산이 여러 개인 경우에는 부동산의 수만큼 신탁원부를 작성)한다. 등기소에서 해당 신탁원부를 '부동산 등기사항증명서 반급신청서'로 신청하여 발급받아 보면 신탁의 종류(담보신탁, 분양관리신탁, 관리형토지신탁 등) 및 신탁계약의 내용을 확인할 수 있다.

신탁시 등기부표기

등기사항전부증명서(말소사항 포함)
- 토지 -

고유번호 1911-1996-300000

[토지] 경상남도 진주시 상평동 111

【 표 제 부 】 (토지의 표시)					
표시번호	접 수	소 재 지 번	지 목	면 적	등기원인 및 기타사항
1	2020년11월20일	경상남도 진주시 상평동 111	대	460㎡	분할로 인하여 대 32㎡를 경상남도 진주시 상평동 110에 이기

【 갑 구 】 (소유권에 관한 사항)				
순위번호	등 기 목 적	접 수	등 기 원 인	권리자 및 기타사항
1	소유권이전	1999년9월9일 제25423호	1999년8월5일 매매	소유자 나금융 ~~금산군 금산면 금산리 545~~ 법률 제3094호에 의하여 등기
				부동산등기법 제177조의 6 제1항의 규정에 의하여 2000년 11월 06일 전산이기
2	소유권이전	2018년12월11일 제55340호	2018년11월7일 매매	소유자 권이전 810217-******* 경상남도 진주시 진주로 12, 100동 401호 (상평동) 매매목록 제2018-1792호
3	소유권이전	2019년1월25일 제3640호	2019년1월25일 신탁	수탁자 주식회사강남자산신탁 110111-110111 서울특별시 강남구 테헤란로 111
	~~신탁~~			~~신탁원부 제2019-85호~~
4	소유권이전	2020년7월31일 제35379호	2020년7월31일 신탁재산의귀속	소유자 권이전 810217-******* 경상남도 진주시 진주로 12, 100동 401호 (상평동)
	3번신탁등기말소		신탁재산의 귀속	

신탁원부

신탁원부

신탁원부 제 호

위 탁 자 주식회사 제이피
수 탁 자 주식회사 신탁자산신탁

제	호

신청대리인 구구구 법무사법인
법무사 구명한·사범죽·장범우
서울특별시 서초구 반포대로 200, 7층(서초동, 서초빌딩)

신청서접수	2019년 월 일
	제 호

1	위탁자 성명 및 주소	주식회사 제이피(110111-1101113) 서울특별시 강남구 강남로 212, 712호(논현동, 강남프빌) 대표이사 최 제이피
2	수탁자 성명 및 주소	주식회사 신탁자산신탁(110111-1101118) 서울특별시 강남구 테헤란로 157, 55층 (역삼동,테헤란로빌) 대표이사 이 신 탁
3	수익자 성명 및 주소	별첨2와 같음
4	신탁관리인 성명 및 주소	없음
5	신탁조항	별지와 같음

부동산 등기사항증명서 발급신청서

부동산의 표시(증명서 발급을 원하는 부동산 소재지 주소 기재)			
통 수	집합건물 : 통	토 지 : 통	건 물 : 통
수수료	원	※ 발급 수수료는 현금, 카드로 납부하며, 1통당 20장까지 1,000원, 매 1장 초과시 1장당 50원씩 추가됩니다.	

※ 발급받을 증명서 및 영구보존문서, 기타 사항이 누락되지 않도록 정확히 체크(√)하여 주시기 바랍니다.

증명서	( ) 전부사항(말소사항 포함)	( ) 전부사항(유효사항)
	( ) 일부사항 (□ 현재 소유현황) (□ 특정인 지분 :) (□ 지분취득이력 :)	
	( ) 전산폐쇄 (건물 멸실, 토지의 합필, 전산화 후 과다등기로 인한 폐쇄 등)	
	( ) 폐쇄등기부 (전산화 이전 타자로 된 등본) ( ) 구등기부 (수기 및 한글·한문 혼용 등본) ※ 폐쇄등기부 및 구등기부의 주소는 현 주소와 다른 경우가 있음	
영구보존문서	( ) 신탁원부 (□ 전부 □ 최근) ※신탁원부는 [illegible] 발급 가능	( ) 공장저당목록
	( ) 공동담보(전세)목록	( ) 매매목록
	( ) 도면	
기타	( ) [illegible]	
	( ) 주민등록번호 뒷자리 공개를 원할 경우 소유자 주민등록번호 모두 기재 성명 : 주민등록번호 :	

신청인 : 연락처 :

☞ 접수증은 작성하지 않습니다.

	접 수 증	
	신청인 :	신청통수 :
	예납수수료 :	
	예상수령일 :	

※ 등기완료된 신탁원부(신탁계약서) 발급 및 확인방법

'등기사항전부증명서'상의 신탁원부번호 확인하여

신탁			신탁원부 제2019-85호

등기소 내방하여 '부동산 등기사항증명서 발급신청서'로 신탁원부 신청 및 발급

④ 수익권증서(각 신탁회사별로 양식이 상이함)

수익권증서에는 기본적인 위탁자, 채무자, 우선수익자(우선수익권 표

시·순위) 등이 기재되어 있으며, 금융기관에서는 통상 수익권증서를 받으면 담보가 정상적으로 취득되었다고 판단하지만, 등기상의 신탁원부가 대출실행 전 검토한 신탁계약서와 동일한지 등을 확인하여야 한다. 또한 수익권증서의 뒷면의 내용을 정확히 숙지하고 있어야 한다.

※ 수익권증서 양식은 각 신탁회사마다 상이하며 첨부된 자료는 참고용으로만 이해해 주기를 바란다.

담보신탁 샘플1	담보신탁 샘플2
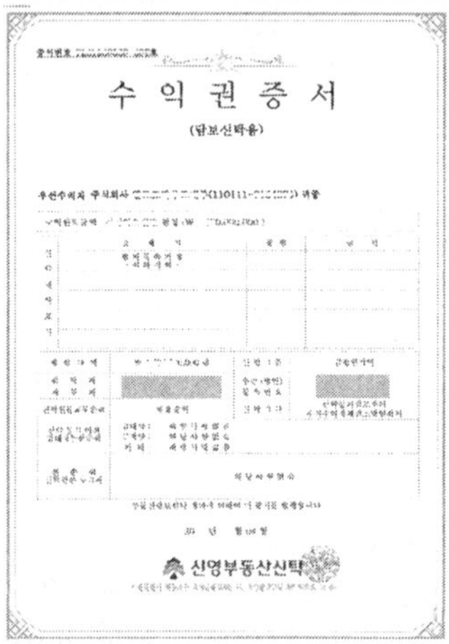	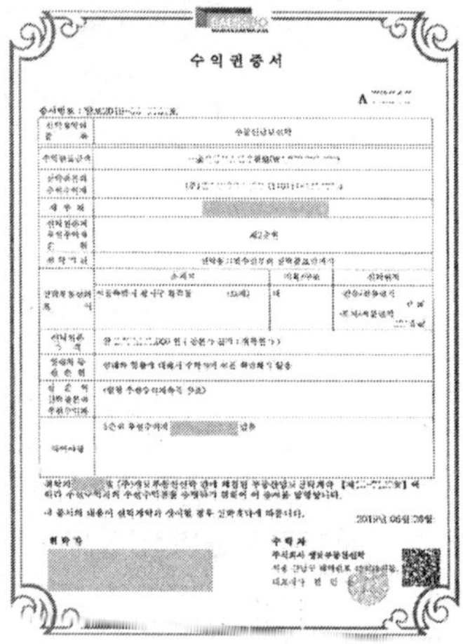
분양관리신탁 샘플	
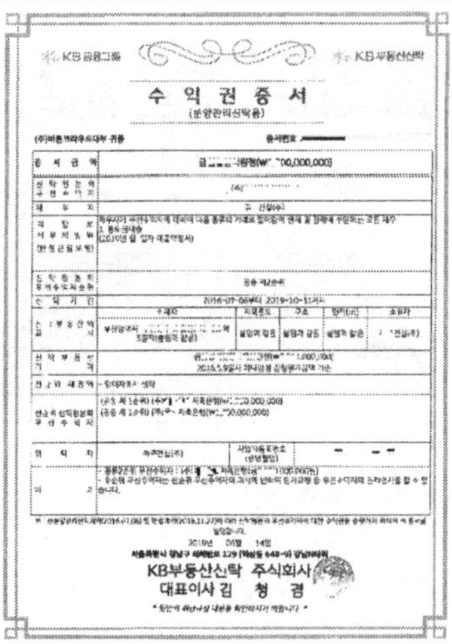	

(※ 부동산담보신탁, 분양관리신탁용)

[앞면] 수 익 권 증 서

① 증서번호 제 호

② 우선수익자 (주)◎◎은행 귀중

③ 수익권증서금액	금 (₩)

※ 이 금액은 신탁재산의 신탁원본수익을 교부받을 수 있는 최고 한도액입니다.

② 신탁원본의 우선수익자	(주)◎◎은행 (000000-000000)
④ 위탁자	(주)☆☆산업 (000000-000000)
⑤ 채무자	(주)☆☆산업 (000000-000000)
⑥ 신탁원본의 우선수익자순위	[ ]순위
⑦ 신탁기간	신탁계약체결일~[ ]
⑧ 신탁부동산(재산)의 표시	
⑧ 신탁부동산가격	
⑨ 임대차 등 선순위	
⑩ 선순위우선수익자	
⑪ 비고	

부동산담보신탁계약(20 . . .)에 따라 신탁원본의 우선수익자에 대한 수익권을 증명하기 위하여 이 증서를 발행합니다.

년 월 일

주식회사 OO자산신탁 대표이사

---

① 발행한 신탁회사의 관리를 위한 수익권증서 발급번호(통상 발급순으로 년도별, 부서별 일련번호). 만약 신탁계약의 일부 변경으로 인해 수익권증서를 재발급하는 경우에는 기존의 발급번호에 재발행 순서별로 '-1', '-2'를 부기한다.
예) 1-97-1, 1-97-2

② 신탁의 우선수익권을 보유한 우선수익자의 명칭과 법인(주민)등록번호((주)◎◎은행 (법인등록번호 :))

③ 설정된 수익권증서금액(통상 대출금(채권)의 120~130%를 최고액으로 설정함)

④ 신탁한 위탁자의 명칭과 법인(주민)등록번호((주)☆☆산업 (법인등록번호 :))

⑤ 신탁계약에서 채무를 부담하는 채무자의 명칭
⑥ 수익권증서를 받는 해당 우선수익자의 신탁상 신탁원본 교부순위
⑦ 신탁계약서상의 신탁기간을 기재한다. 통상 '우선수익자의 채권변제시까지' 또는 '신탁계약종료일까지'로 명기
⑧ 신탁재산의 소재지번, 지목, 면적 등을 기재한다. 신탁재산의 분량이 많아 당란에 기재 불가능시 "별지참조"라고 기재한 후 별지 양식에 따라 신탁재산 내역을 기재
⑧ 신탁 부동산가격(재산가액)과 가격산정기준(감정평가, 취득가액 등)을 기재
⑨ 신탁등기 이전의 임대차 등 선순위 권리를 기재
⑩ 수익권증서를 교부받는 우선수익자보다 선순위신탁원본(우신)수익자가 있을 경우 기재
⑪ 질권 등 특이사항이 있을 경우 기재

[후면] **약 관**

1. **[발행근거]** ① 이 수익권증서는 위탁자와의 부동산담보신탁계약에 의하여 작성·발행되는 것이며 동 계약에 따라 취급됩니다.

2. **[목적]** ② 이 증서는 우선수익자의 신탁원본수익 한도액 및 수령순위를 증명하기 위하여 발행되는 것으로 유가증권이 아니며, 당사는 증서금액과 관련하여 손실을 보전하거나 지급을 보장하지 않습니다.

3. **[증서의 수익권 한도]** ③ 이 증서에 표시된 증서금액은 신탁재산 환가대금 등으로부터 우선수익자가 원리금 등을 변제받을 수 있는 최고 한도액이며, 확정수익을 의미하지는 않습니다.

4. **[분실, 도난]** ④ 이 증서를 분실, 도난 또는 멸실한 경우에는 즉시 당사에 통보하고 당사 소정의 수속절차를 밟아 주십시오.

5. **[양도 등]** ⑤ 이 증서는 당사의 사전 동의 없이는 타인에게 양도 또는 질권설정 등 처분행위를 할 수 없습니다.

6. **[신탁원본수익 교부 순서]** ⑥ 이 증서의 수익 향수 순서는 이 증서에 기재된 신탁원본 우선수익자간 수익권 순위에 따릅니다.

7. **[환가요구]** ⑦ 우선수익자는 채권의 변제를 받기 위하여 신탁계약에서 정한 바에 따라 당사에 앞면의 신탁재산에 대한 환가정산을 요구할 수 있습니다.

8. **[정산]** ⑧ 이 증서에 의하여 환가대금을 정산할 때에는 당사에 본 수익권증서를 제출하여야 합니다.

9. **[유효기간]** ⑨ 이 증서의 유효기간은 이 증서에 의한 우선수익자의 채권소멸시까지입니다.

10. **[임대차 등 선순위 금액]** ⑩ 이 증서에 표시된 선순위 채권액은 이 증서

발행일자를 기준한 것이며, 향후 임대차계약 변경·해지 또는 신규계약 등으로 증감될 수 있습니다.

11. [정산금액] ⑪ 수탁자의 책임없는 사유로 인하여 본 수익권증서에 기재된 신탁재산 부동산이 수탁자명의로 소유권이전등기 및 신탁등기가 완료되지 않을 경우 신탁계약 상 수익자 및 우선수익자의 권리는 제한될 수 있습니다.

12. [정산] ⑫ 본 증서의 사본은 수익권증서로서의 효력이 없음을 유의하시기 바랍니다.

---

① 이 증서는 부동산담보신탁계약에 의해 작성☞발행되는 것이라는 의미(신탁계약 즉 신탁원부에 따라 증서를 발행)

② 우선수익자의 수익권한도액(대출금액의 약 120%~130%) 및 수령순위를 증명하는 것이지, 손실을 보전하거나 지급을 보장하지 않는다는 의미(신탁사는 신탁재산 범위 내에서만 책임이 있어, 재산가치의 하락 또는 공매가 등에 따라 우선수익자가 손실을 볼 가능성도 있다는 의미)

③ 신탁재산 환가(공매)로 우선수익자가 원리금 등을 변제 받을 수 있는 최고 한도액이며, 금액을 확정보장하여 확정수익을 지급하지 않음을 의미

④ 이 증서의 분실, 도난, 멸실에 대해서는 신탁사의 절차에 따라 재발급 등들을 받으라는 의미

⑤ 신탁사의 사전동의에 의해 타인에게 양도 또는 질권 설정을 할 수 있다는 의미로 사전에 우선수익권자의 동의를 받고 신탁계약 등에 근거하여 문제가 없다고 신탁사가 판단될 경우 채권양도에 따른 우선수익자 변경, 우선수익권의 질권 설정, 수익권의 질권 설정 등을 할 수 있다는 의미

⑥ 수익 향수 순위는 근저당의 순위와 같이 신탁원본의 우선수익자간 순위에 따른다는 의미임

⑦ 기한이익상실 등에 따른 우선수익권자의 공매권한에 대한 내용으로 신탁계약 상 단독공매권 여부, 대주단 2/3의 동의에 따른 공매 등 계약 내용에 따라 환가 요청시 환가 후 정산을 할 수 있다는 의미

⑧ 대출금 전액 상환 또는 공매를 통한 환가대금 정산시 수익권 증서 원본을 반환하라는 의미

⑨ 이 증서 유효기간은 우선수익자의 채권소멸 시까지로 되어있어 대출금의 기한이 만료되거나 기한이익이 상실되더라도 채권소멸 시까지는 유효하다는 의미

⑩ 우선수익자의 동의 등에 따른 선순위 인정금액 변경 등에 따라 증감될 수 있다는 것으로 신탁계약서에 자세히 설명되어 있음

⑪ 수탁자(신탁사) 명의로 소유권이전 및 신탁등기 시에 수익권증서가 효력을 가진다는 뜻으로 수탁사의 책임 없는 사유로 발생한 권리제한은 수익자 및 우선수익자의 책임이라는 의미

⑫ 본 증서의 사본으로 증서의 효력을 주장할 수 없다는 의미

관리형토지신탁 샘플1	관리형토지신탁 샘플2

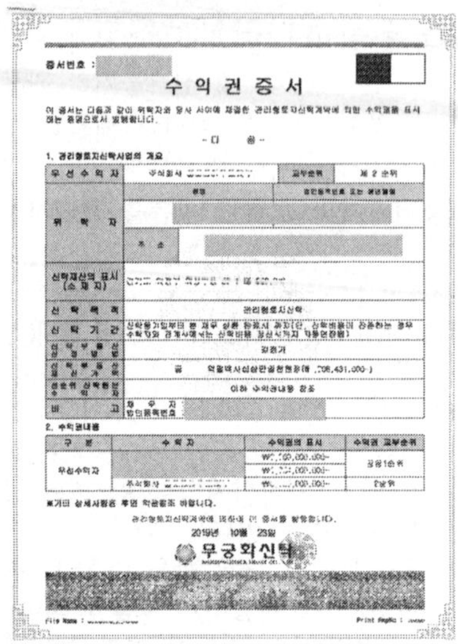

증서번호 :

수 익 권 증 서

이 증서는 다음과 같이 위탁자와 당사 사이에 체결한 관리형토지신탁계약에 의한 수익권을 표시하는 증권으로서 발행합니다.

-다 음-

1. 관리형토지신탁사업의 개요

우 선 수 익 자	주식회사	교부순위	제 2 순위
위 탁 자	성명	주민등록번호 또는 생년월일	
	주 소		
신탁재산의 표시 (소 재 지)			
신 탁 목 적	관리형토지신탁		
신 탁 기 간	신탁등기일부터 본 채무 상환 완료시 까지(단, 신탁비용이 잔존하는 경우 수탁자와 경제사에서는 신탁비용 정산시까지 자동연장됨)		
비 고	채 무 자 / 법인등록번호 :		

2. 수익권내용

구 분	수 익 자	수익권의 표시	수익권 교부순위
우선수익자		W	공동1순위
		W	
	주식회사	W	2순위

※기타 상세사항은 후면 약관참조 바랍니다.

관리형토지신탁계약에 의하여 이 증서를 발행합니다.

2019년 10월 23일

무궁화신탁

수 익 권 증 서

【관 리 형 토 지 신 탁 용】

우선수익자 주식회사 귀하(중)

1. 토지신탁사업의 개요

2. 수익권 내용

코리아신탁주식회사

관리형토지신탁 샘플3

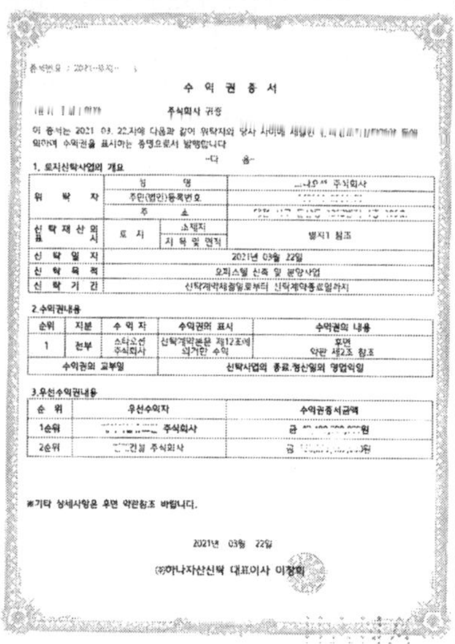

증서번호 : 2021-

수 익 권 증 서

주식회사 귀중

이 증서는 2021. 03. 22.자에 다음과 같이 위탁자와 당사 사이에 체결한 에 의하여 수익권을 표시하는 증명으로서 발행합니다

-다 음-

1. 토지신탁사업의 개요

위 탁 자	성 명		주식회사
	주민(법인)등록번호		
	주 소		
신 탁 재 산 의 표 시	토 지	소재지	별지1 참조
		지 목 및 면적	
신 탁 일 자	2021년 03월 22일		
신 탁 목 적	오피스텔 신축 및 분양사업		
신 탁 기 간	신탁계약체결일로부터 신탁계약종료일까지		

2. 수익권내용

순위	지분	수 익 자	수익권의 표시	수익권의 내용
1	전부	스타오션 주식회사	신탁계약본문 제12조에 의거한 수익	후면 약관 제2조 참조
수익권의 교부일			신탁사업의 종료.청산일의 영업익일	

3. 우선수익권내용

순 위	우선수익자	수익권증서금액
1순위	주식회사	금 원
2순위	건설 주식회사	금 원

※기타 상세사항은 후면 약관참조 바랍니다.

2021년 03월 22일

㈜하나자산신탁 대표이사 이창희

(※ 관리형토지신탁용)

[앞면] 수 익 권 증 서

부동산담보신탁계약(20 . . .)에 따라 신탁원본의 우선수익자에 대한 수익권을 증명하기 위하여 이 증서를 발행합니다.

이 증서는 20 . . .자에 다음과 같이 위탁자와 당사 사이에 체결한 관리형토지신탁계약 등에 의하여 수익권을 표시하는 증명으로서 발행합니다.

- 다 음 -

1. 토지신탁사업의 개요

③ 위탁자	(주)☆☆산업 (000000-000000)
④ 신탁부동산(재산)의 표시	
⑤ 신탁일자	20 년 월 일
⑥ 신탁목적	[ ]신축 및 분양사업
⑤ 신탁기간	신탁계약체결일~[ ]

2. ⑦ 수익권내용

순위	지분	수익자	수익권의 표시	수익권의 내용
			신탁계약본문 제[ ]조에 의거한 수익	후면 약관참조
수익권의 교부일			신탁사업의 종료. 정산일의 영업익일	

3. ⑧ 우선수익권내용

순위	우선수익자	수익권증서금액
1	(주)◎◎은행	금00,000,000,000원
2	(주)△△선설	금00,000,000,000원

※ 기타 상세사항은 후면 약관참조 바랍니다.

년 월 일

주식회사 OO자산신탁 대표이사

---

① 발행한 신탁회사의 관리를 위한 수익권증서 발급번호(통상 발급순으로 년도별, 부서별 일련번호). 만약 신탁계약의 일부 변경으로 인해 수익권증서를 재발급하는 경우에는 기존의 발급번호에 재발행 순서별로 '-1',

'-2'를 부기한다.
예) 1-97-1, 1-97-2

② 신탁의 우선수익권을 보유한 우선수익자의 명칭과 법인(주민)등록번호 ((주)◎◎은행 (법인등록번호 :))

③ 신탁한 위탁자의 명칭과 법인(주민)등록번호((주)☆☆산업 (법인등록번호 :))

④ 신탁재산의 소재지번, 지목, 면적 등을 기재한다. 신탁재산의 분량이 많아 당란에 기재 불가능시 "별지참조"라고 기재한 후 별지 양식에 따라 신탁재산 내역을 기재

⑤ 신탁계약서상의 신탁일자와 기간을 기재한다. 통상 '신탁계약종료일까지'로 명기

⑦ 토지신탁의 수익자의 명칭과 수익자별 순위, 지분을 표시하고, 해당 신탁의 수익권이 신탁계약서에 근거한 수익임을 명시함

⑧ 토지신탁의 수익자보다 우선하여 수익을 교부받는 우선수익자(PF금융기관, 시공사 등)의 명칭과 설정된 수익권증서금액(1, 2..순위)

[후면] **약 관**

1. [발행 및 효력] ① 이 수익권증서(이하 " 증서"라 합니다)는 위탁자와 (주)○○자산신탁(이하"수탁자"라 합니다)이 체결한 [ ]신탁계약에 의거 수익권의 내용 및 교부순위를 증명하기 위하여 발행합니다.
② 수익권증서 원본은 수탁자, 정본은 수익자가 보관하되 원본과 정본의 내용은 동일하여야 하며, 내용이 상이한 증서는 수탁자 발행증서로서의 효력을 갖지 아니합니다.

2. [수익권의 정의 및 범위] ③ 이 증서의 수익권은 [ ]신탁계약서상의 수익권으로서 신탁의 종료 또는 해지시 신탁부동산, 신탁금, 분양대금, 임대보증금과 임료 등의 신탁재산에서 신탁관련 채무 및 제비용과 신탁보수를 차감한 신탁수익을 교부받을 수 있는 권리를 말하며 후순위 수익권은 선순위 수익권 행사 후 잔여 신탁수익의 범위내에서 계약조건이 정하는 바에 따라 지급받을 수 있는 권리입니다.

3. [수익자의 변경] ④이 증서상의 수익자를 변경할 경우 수탁자의 승낙을 얻어 추가 지정하거나 변경할 수 있습니다.

4. [신탁수익의 교부] ⑤ 신탁수익은 신탁종료(해지)일의 영업익일에 교부하는 것을 원칙으로 합니다.
⑥ 신탁수익을 교부 받을 경우 이 증서를 제출하여야 합니다.

5. [양도 등] ⑦ 이 증서는 수탁자의 사전 동의 없이 타인에게 양도되거나

질권설정 등 처분행위의 대상이 될 수 없습니다
⑧ 이 증서만을 별도의 거래의 목적으로 삼거나 담보로 제공할 수 없습니다.

6. **[재발행]** ⑨ 이 증서의 기재내용 변경, 훼손 및 분실 등의 경우에는 지체 없이 수탁자에게 통지한 후 소정의 절차를 밟아야 합니다.

7. **[기 타]** ⑩ 이 약관에 기재되지 아니한 사항은 신탁계약에 의합니다.

---

① 이 증서는 [ ]신탁계약에 의해 작성·발행되는 것이라는 의미(신탁계약 즉 신탁원부에 따라 증서를 발행)
② 발행되는 수익권증서의 보관은 우선수익자가 하되, 임의 변조되어 내용이 상이할 경우 효력이 없음을 의미
③ [ ]신탁의 수익권은 개발 및 분양사업임에 따라 신탁의 종료(해지)이후에 관련한 각종 지출, 신탁사무처리에 소요된 비용이 선 차감된 후 잔존 수익에서 교부받을 수 있는 권리임을 뜻함. 후순위의 경우 선순위자가 교부받은 이후 잔여 수익내에서 후순위에게 교부된다는 의미
④ 신탁사의 사전동의에 의해 우선수익자, 수익자를 변경하거나 추가로 지정할 수 있다는 의미로 신탁계약 등에 근거하여 문제가 없다고 신탁사가 판단될 경우 변경, 질권 등을 할 수 있다는 의미
⑤ 개발 및 분양사업임에 따라 신탁의 종료(해지)이후에 당일 교부는 물리적으로 어려울 수 있어, 휴일이 아닌 영업일로 익일에 교부하는 것이 원칙임을 의미
⑥ 수익정산에 따라 수익교부시 수익권증서 원본을 반환하라는 의미
⑦ 신탁회사의 사전동의 없이 수익권을 양도하거나 질권 설정하는 것은 효력이 인정되지 않음을 의미
⑧ 신탁회사의 사전동의 없이 수익권 증서만을 거래하는 행위나 수익권증서를 담보로 제3자에게 제공하는 행위는 효력이 인정되지 않음을 의미
⑨ 이 증서의 내용을 변경할 필요가 있거나, 훼손, 분실, 도난 등실에 대해서는 신탁사의 절차에 따라 재발급 등을 받으라는 의미
⑩ 약관에 담지 않은 부분은 신탁계약에 따른다는 의미

⑤ 변경계약

가. 신탁기간 중 추가대출, 증액대출, 대환대출, 대출채권양수도, 우선수익자변경 등 사유가 발생하여 신탁계약의 내용 변경이 필요한 경우, 변경된 내용으로 신탁 변경계약을 체결하고 이미 신탁등기 되어 있는 신탁원부의 변경을 진행한다.

나. 각 사례별 변경계약서는 다음과 같은 형식으로 체결한다.

타순위 추가대출시

[ ]신탁 변경계약서

■ **부동산의 표시** : 경남 진주시 진주면 진주리 000 대 000㎡

상기 신탁부동산에 대하여 위탁자 (주)○○물산와 수탁자 (주)◎◎자산신탁은 기 체결한 [ ]신탁계약과 관련하여 다음과 같이 변경계약을 체결하고 이를 증명하기 위하여 본 변경계약서 3부를 작성하여 위탁자 및 수탁자가 각각 1부씩 보관하고 1부는 신탁원부 변경등기에 사용하기로 한다.

- 다 음 -

1. 신탁계약 변경(추가) 내용

가. [ ]신탁계약서 <별첨0> 계약의 내용을 아래와 같이 변경한다.

<table>
<tr><th>변경 전</th><th>변경 후</th></tr>
<tr>
<td>
2. 수익자
가. 우선수익자
<table>
<tr><th>순위</th><th colspan="2">신탁원본 및
신탁수익의 우선수익자</th></tr>
<tr><td rowspan="3">1</td><td>상호</td><td>(주)◎◎은행</td></tr>
<tr><td>법인
등록번호</td><td>000000-000000</td></tr>
<tr><td>주 소</td><td>서울시 서초구
언주로 000길0</td></tr>
</table>
</td>
<td>
2. 수익자
가. 우선수익자
<table>
<tr><th>순위</th><th colspan="2">신탁원본 및
신탁수익의 우선수익자</th></tr>
<tr><td rowspan="3">1</td><td>상호</td><td>(주)◎◎은행</td></tr>
<tr><td>법인
등록번호</td><td>000000-000000</td></tr>
<tr><td>주 소</td><td>서울시 서초구
언주로 000길0</td></tr>
<tr><td rowspan="3">2</td><td>상호</td><td>(주)△△은행</td></tr>
<tr><td>법인
등록번호</td><td>000000-000000</td></tr>
<tr><td>주 소</td><td>부산시 동래구
온천로 000길0</td></tr>
</table>
</td>
</tr>
<tr>
<td>
4. 증서금액
<table>
<tr><th>순위</th><th>우선수익자</th><th>수익권증서금액</th></tr>
<tr><td>1</td><td>(주)◎◎은행</td><td>₩000</td></tr>
</table>
</td>
<td>
4. 증서금액
<table>
<tr><th>순위</th><th>우선수익자</th><th>수익권증서금액</th></tr>
<tr><td>1</td><td>(주)◎◎은행</td><td>₩000</td></tr>
<tr><td>2</td><td>(주)△△은행</td><td>₩000</td></tr>
</table>
</td>
</tr>
</table>

2. 기타 사항

상기 [ ]신탁계약서에서 정하지 아니한 사항은 20 년 월 일자 체결한 [ ]신탁계약서의 내용을 그대로 적용한다.

20 . . .

갑(위탁자) (주)○○물산 대표이사 김봉식 ㊞

을(수탁자) (주)◎◎자산신탁 대표이사 최유석 ㊞

대환 대출, 대출채권양수도 시

[ ]신탁 변경계약서

■ **부동산의 표시** ; 경남 진주시 진구면 신수리 000 대 000㎡

상기 신탁부동산에 대하여 위탁자 (주)○○물산와 수탁자 (주)◎◎자산신탁은 기 체결한 [ ]신탁계약과 관련하여 다음과 같이 변경계약을 체결하고 이를 증명하기 위하여 본 변경계약서 3부를 작성하여 위탁자 및 수탁자가 각각 1부씩 보관하고 1부는 신탁원부 변경등기에 사용하기로 한다.

- 다 음 -

1. 신탁계약 변경(추가) 내용

가. [ ]신탁계약서 <별첨0> 계약의 내용을 아래와 같이 변경한다.

변경 전

2. 수익자

가. 우선수익자

순위	신탁원본 및 신탁수익의 우선수익자	
1	상호	(주)◎◎은행
	법인 등록번호	000000-000000
	주 소	서울시 서초구 언주로 000길0

4. 증서금액

순위	우선수익자	수익권증서금액
1	(주)◎◎은행	₩000

변경 후

2. 수익자

가. 우선수익자

순위	신탁원본 및 신탁수익의 우선수익자	
1	상호	(주)△△은행
	법인 등록번호	000000-000000
	주 소	부산시 동래구 온천로 000길0

4. 증서금액

순위	우선수익자	수익권증서금액
1	(주)△△은행	₩000

2. 기타 사항

상기 [ ]신탁계약서에서 정하지 아니한 사항은 20 년 월 일자 체결한 [ ]신탁계약서의 내용을 그대로 적용한다.

20 . . .

갑(위탁자) (주)○○물산 대표이사 김봉식 ㊞

을(수탁자) (주)◎◎자산신탁 대표이사 최유석 ㊞

다. 이러한 신탁 변경계약을 위해서는 기존 신탁관계인의 동의(변경요청(동의)서)가 필요하고, 변경된 내용을 '신탁원부기록변경등기신청'을 통해 이미 신탁등기 되어있는 신탁원부의 변경을 진행한다.

라. 이때 이미 신탁회사명의로 소유권이 이전되어 있음에 따라 위탁자의 날인은 필요치 아니하고, 수탁자(신탁회사)의 단독 신청으로 진행된다. 원부변경 등기업무를 맡은 법무사는 해당 '신탁변경계약서'를 바탕으로 신탁원부를 작성, 신탁회사로부터 등기업무를 위임받아 관할등기소에 신탁등기 접수한다.

마. 신탁원부기록변경등기가 완료되면 신탁원부상에 변경내역표로 변경사항이 표기된다.

타순위 추가대출, 내외대출시

[ ]신탁 변경 요청(동의)서

(주)◎◎자산신탁 귀중

■ 부동산의 표시 : 성남 진주시 진주면 진주리 000 대 000㎡

20 년 월 일자 상기 신탁부동산에 대하여 위탁자 (주)○○물산과 수탁자 (주)◎◎자산신탁은 기 체결한 [ ]신탁계약과 관련하여 다음과 같이 변경계약을 체결함에 요청 및 동의합니다.

- 다 음 -

1. 신탁계약 변경(추가) 내용

가. [ ]신탁계약서 <별첨0> 계약의 내용을 아래와 같이 변경한다.

변경 전

2. 수익자

가. 우선수익자

순위	신탁원본 및 신탁수익의 우선수익자	
1	상호	(주)◎◎은행
	법인 등록번호	000000-000000
	주 소	서울시 서초구 언주로 000길0

4. 증서금액

순위	우선수익자	수익권증서금액
1	(주)◎◎은행	₩000

변경 후

2. 수익자

가. 우선수익자

순위	신탁원본 및 신탁수익의 우선수익자	
1	상호	(주)◎◎은행
	법인 등록번호	000000-000000
	주 소	서울시 서초구 언주로 000길0
2	상호	(주)△△은행
	법인 등록번호	000000-000000
	주 소	부산시 동래구 온천로 000길0

4. 증서금액

순위	우선수익자	수익권증서금액
1	(주)◎◎은행	₩000
2	(주)△△은행	₩000

2. 기타 사항

상기 [ ]신탁계약서에서 정하지 아니한 사항은 20 년 월 일자 체결한 [ ]신탁계약서의 내용을 그대로 적용한다.

20 . . .

요청자 위탁자 (주)○○물산 대표이사 김봉식 ㊞

요청자 채무자 (주)○○물산 대표이사 김봉식 ㊞

동의자 제1순위 우선수익자 (주)◎◎은행 대표이사 최 형 ㊞

신탁원부기록변경등기신청

즉시접수	당일접수
제출자	
총　건	

신탁원부기록변경등기신청

접 수	년 월 일	처 리 인	등기관 확인	각종 통지
	제 호			

부동산의 표시

등기원인과 그 연월일	년 월 일	
등기의 목적		
변경사항		

구분	성명 (상호·명칭)	주민등록번호 (등기용등록번호)	주소(소재지)
신청인			

등 록 면 허 세	금 원
지 방 교 육 세	금 원
세 액 합 계	금 원

첨 부 서 면	
• 신탁수인권양도계약서 통 • 등록면허세영수필확인서 통 • 법인등기사항전부(일부)증명서 통 • 변경목록 통 • 위임장 통	<기타>

년 월 일

위 신청인 ㉑ (전화:)

(또는)위 대리인 (전화:)

지방법원 귀중

신탁원부변경 위임장

위 임 장

부동산의 표시	경남 거주시 신수면 신수리 000 대 1,460㎡
등기원인과 그 년월일	20 년 월 일 변경계약
등기의 목적	신탁원부기록의 변경
변경할 사항	별지 기재와 같음 신탁원부 제2019-85호

(주)◎◎자산신탁 대표이사 최유석 ㊞	법무사 나정균 서울특별시 서초구 서초동 000-00 위 사람을 대리인으로 정하고 위 부동산 등기신청 및 취하에 관한 모든 행위를 위임한다. 또한 복대리인 선임권을 허락한다. 20 년 월 일

신탁원부 변경등기

신탁원부 제2018-85호 변경내역표

일련번호	접수일자	접수번호	변 경 내 역
1	2018년10월15일	3640	신탁원부 제2019-85호
2	2019년1월31일	4405	별지와 같이 신탁원부 기재사항의 변경

(2) 신탁사무처리

신탁상품을 활용하는 가장 큰 이유가 신탁된 부동산에 대한 철저한 관리임에 따라, 신탁회사는 우선수익자인 대출금융기관, 시공사, 채권자의 권리보호를 위해 우선수익자의 사전 동의·의견 없이 신탁부동산에 제한을 가하는 임대차, 토지사용승낙, 인·허가 등을 진행하지 않는다.

따라서 신탁된 부동산의 활용과 개발을 위해 임대차, 토지사용승낙, 인·허가 등 진행하고자 할 경우 우선수익자 등 신탁관계인의 동의를 받아 신탁사무를 처리하는데 동의와 승낙은 다음과 같이 서면동의를 받아 진행한다.

① 임대차

신탁이후에는 해당부동산의 임대차 계약을 진행하고자할 경우 소유자가 신탁회사임에 따라 임차인은 신탁회사와 임대차계약을 체결하여야 하며, 사전에 위탁자의 요청과 우선수익자의 동의를 아래 형태의 서식으로 신탁회사에 제출한 이후 임차인에게 확약을 받아 진행한다.

임대차계약 동의서 발급 요청동의서

임대차계약 동의서 발급 요청 및 동의서

(주)◎◎자산신탁 귀중

임대차목적물	진주시 진주면 진주리 000 대 1,460㎡
위탁자	(주)○○물산
임대차계약 내용	- 임대인 : (주)○○물산 - 임차인 : 최창현 - 임대차보증금 : 금오백만원(₩5,000,000-) - 월임대료 : 금일백만원(₩1,000,000-) - 임대차보증금 및 월임대료 수납 계좌 　: △△은행 000-000-0000 (주)○○물산 - 임대차계약기간 : 2021.12.11.~2022.12.11
임대차계약 동의조건	- 임대차보증금 및 월임대료는 임차인과 임대인인 위탁자 간 지급·수납함. 이에 따라 당해 임대차보증금 및 월임대료는 신탁재산에서 제외됨. - 임대차계약서 체결, 대금수납(임대보증금 및 월임대료, 관리비 등), 임대차보증금 반환 채무 등 임대차계약에 따른 임대인의 지위 및 권리·의무는 상기 임대차계약의 임대인인 (주)○○물산에게 있으며 귀사는 이에 관한 어떠한 의무도 부담하지 않음. 이와 같은 내용의 확약서를 임차인에게 징구하여 귀사에 교부함. - 향후, 상기 임대차계약 승계조건으로 임대차목적물인 신탁부동산을 신탁해지 또는 환가처분함에 대하여 아무런 이의 없이 동의함.

상기와 같은 내용으로 상기 신탁부동산에 대한 임대차계약 동의서 발급을 요청합니다.

첨부 : 1. 임대차계약서(안) 1부.
　　　2. 임차인확약서 1부.　끝.

2021. 02.　　.

요청자 위탁자 (주)○○물산　대표이사 김봉식 ㊞
요청자 채무자 (주)○○물산　대표이사 김봉식 ㊞
동의자 제1순위우선수익자 (주)◎◎은행 대표이사 최　형 ㊞

임대차계약 관련 임차인 확약서

임대차계약 관련 임차인 확약서

(주)◎◎자산신탁 귀중

임대차목적물	진주시 진주면 진주리 000 대 1,460㎡
임대차계약 내용	- 임대인 : (주)○○물산 - 임차인 : 최창현 - 임대차보증금 : 금오백만원(₩5,000,000-) - 월임대료 : 금일백만원(₩1,000,000-) - 임대차보증금 및 월임대료 수납 계좌 : △△은행 000-000-0000 (주)○○물산 - 임대차계약기간 : 2021.12.11.~2022.12.11

본인은 임대인 (주)○○물산과 상기와 같은 조건을 주요 내용으로 임대차계약을 체결할 예정으로서(또는 체결하였는 바) 다음의 사항을 확약합니다.

- 다　　음 -

1. 임대차계약과 관련하여 임대차계약서 체결, 대금수납(임대보증금 및 월임대료, 관리비 등), 임대차보증금 반환 채무 등 임대차계약에 따른 임대인의 지위 및 권리·의무는 임대차계약의 임대인인 (주)○○물산에게 있음을 확인합니다.
2. (주)◎◎자산신탁이 상기 임대차계약의 승계를 조건으로, 임대차목적물인 신탁부동산을 신탁해지하거나 환가처분할 수 있음을 충분히 인지하고 있습니다.
3. 임대차목적물에 대한 신탁계약이 유지되는 경우 또는 신탁계약의 해지에 따라 임대차목적물인 신탁부동산의 소유권이 (주)○○물산에게 귀속되는 경우 또는 신탁부동산의 환가처분에 따라 임대차목적물인 신탁부동산의 소유권이 제3자에게 이전되는 경우 등 그 어떠한 경우에도 본인은 (주)○○물산 또는 제3자에게 임차인으로서의 권리를 청구하여야 하며 수탁자인 (주)◎◎자산신탁에는 그 어떠한 청구도 하지 않을 것을 확약합니다.

2021. 02.　　.

임차인　최창현 ㊞

첨부 : 임차인 인감증명서 1부.　끝.

(2) 토지사용승낙

신탁부동산의 인·허가, 개발, 사업진행을 할 경우에도 사전에 위탁자의 요청과 우선수익자의 동의를 아래 형태의 서식으로 신탁회사에 제출한 이후 신탁회사는 승낙과 업무를 진행한다.

<table>
<tr><th>임대차계약 동의서 발급 요청동의서</th></tr>
<tr><td>
경남 진주시 진주면 [ ]신탁관련 업무진행 요청서

<u>(주)◎◎자산신탁 귀중</u>

부동산의 표시 : 경상남도 진주시 진주면 진주리 000

상기 부동산을 신탁목적물로 하여 체결한 [ ]신탁과 관련하여 다음의 업무에 대한 진행을 요청하오니 검토 후 처리하여 주시기 바랍니다.

- 다 음 -

ㅁ 업무진행 내역
가. 요청사항 : 토지사용승낙서 날인
나. 주요내용 : 건축허가 접수를 위한 토지사용승낙서 날인
다. 공문제출자 :
라. 제출처 : 경상남도 진주시청
마. 특이사항 :

별첨 : 토지사용승낙서 양식 1부. 끝.

20 . .

업무진행 요청자 겸 위탁자
요청자 위탁자 (주)○○불산 대표이사 김봉식 ㊞
동의자 제1순위우선수익자 (주)◎◎은행 대표이사 이 형 ㊞
</td></tr>
</table>

<table>
<tr><th>토지사용승낙서</th></tr>
<tr><td>
토지사용승낙서

<u>(주)◎◎자산신탁 귀중</u>

1. 대상토지 : 경상남도 진주시 진주면 진주리 000
</td></tr>
</table>

2. 토지사용승낙용도 : 건축허가 신청

3. 토지사용신청자

주소 : 서울특별시 강남구 율곡로 000-00

상호 : (주)○○물산

대표이사 : 김봉식

위 대상토지를 토지사용신청자에게 건축허가신청용으로 사용하는 것을 승낙합니다.

20 . . .

토지사용승낙자(토지소유자)

주소 : 서울특별시 연수구 테헤란로 000

상호 : 주식회사 ○○자산신탁

대표이사 : 성동진 ㊞

법인등록번호 : 000000-0000000

③ 추가신탁

1) 신탁된 부동산에 건축물이 신축 또는 증축을 완료하면 준공과 동시에 건축물의 전부 또는 일부를 추가신탁하여 우선수익자에게 우선수익권을 부여한다.

2) 준공된 건축을 추가신탁함과 동시에 기존 우선수익권자에게 교부한 기존수익권증서를 추가신탁한 부동산을 포함하여 교체 교부한다.

(3) 신탁해지

신탁부동산의 해지를 하고자 할 경우에는 각각의 신탁계약에 따라 해당 요건이 성립된 이후 신탁해지를 진행하며, 우선수익자의 동의가 필요한 경우 아래 형태의 서식으로 신탁회사에 제출한 이후 신탁회사는 신탁해지를 진행한다. 신탁해지시 원부번호에 빨간색 삭제선이 표시되고 소유자에게 등기원인을 '신탁재산의 귀속'으로 하는 소유권이 이전된다.

신탁 해지 동의서

[ ]신탁 전체해지 동의서

(주)◎◎자산신탁 귀중

부동산의 표시 : 경상남도 진주시 진주면 진주리 000

위탁자 겸 수익자	(주)☆☆산업 (000000-000000)		
채무자	(주)☆☆산업 (000000-000000)		
우선수익자	순위	우선수익자	수익권증서금액
	1	(주)◎◎은행	

상기와 같은 내용으로 귀하와 당사 간에 20 년 월 일 체결한 [ ] 신탁계약의 위탁자 및 우선수익자로서 상기 신탁해지 대상 부동산에 대한 [ ]신탁계약 해지를 요청(동의)하오니 처리하여 주시기 바랍니다.

첨부 : 법인인감증명서 1부
수익권증서 1부. 끝.

20 . . .

요청자 위탁자 (주)☆☆산업 대표이사 김봉식 ㊞
동의자 제1순위우선수익자 (주)◎◎은행 대표이사 이 형 ㊞

신탁계약 해지증서

신탁계약 해지증서

부동산의 표시 : 경상남도 진주시 진주면 진주리 000

상기 부동산에 대하여 수탁자 (주)ㅇㅇ자산신탁(이하"갑"이라 한다)과 위탁자 (주)☆☆산업(이하"을"이라 한다) 간 20 년 월 일 체결한 [ ]신탁계약을 다음과 같이 해지하기로 한다.

제1조 "을"이 "갑"에게 신탁한 부동산을 "을"명의로 소유권이전등기를 회복하는데 그 목적이 있다.

제2조 "갑"은 신탁에 의한 소유권을 "을"에게 반환하며, "갑"은 부동산을 현상태로 "을"에게 이전한다.

제3조 부동산에 대하여 이미 발생한 제세공과금(신탁해지 후 신탁으로 인하여 발생한 제세공과금 포함) 등은 "을"이 부담한다.

이 약정을 증명하기 위하여 해지증서 3부를 작성하여 "갑", "을"이 각각 1부씩 보관하고 1부는 신탁말소등기시 사용하기로 한다.

20 . . .

수탁자(갑) (주)◎◎자산신탁 대표이사 : 성동진 ㊞
위탁자(을) 위탁자 (주)☆☆산업 대표이사 김봉식 ㊞

해지 위임장

위 임 장		
부동산의 표시	경상남도 진주시 진주면 진주리 000 대 1,460㎡	
등기원인과 그 년월일	20 년 월 일 신탁재산의 귀속	
등기의 목적	소유권이전 및 신탁등기말소	
말소할 사항	20 년 월 일 접수 제0000호로서 경료한 신탁등기 (신탁원부 제2019-85호)	
등기의무자 (주)◎◎자산신탁 대표이사 성동진 ㊞ 등기권리자 (주)○○물산 대표이사 김봉식 ㊞		법무사 나정규 서울특별시 서초구 서초동 000-00 위 사람을 대리인으로 정하고 위 부동산 등기신청 및 취하에 관한 모든 행위를 위임한다. 또한 복대리인 선임권을 허락한다. 20 년 월 일

신탁 해지이후 등기부 표시

등기사항전부증명서(말소사항 포함)

- 토지 -

고유번호 1911-1996-300000

[토지] 경상남도 진주시 진주면 진주리 000

【 표 제 부 】 (토지의 표시)					
표시번호	접 수	소 재 지 번	지 목	면 적	등기원인 및 기타사항
1	2020년11월20일	경상남도 진주시 진주면 진주리 000	대	1460㎡	분할로 인하여 대 32㎡를 경상남도 진주시 진주면 진주리 000-3에 이기

【 갑 구 】 (소유권에 관한 사항)				
순위번호	등 기 목 적	접 수	등 기 원 인	권리자 및 기타사항
1	소유권이전	1999년9월9일 제25423호	1999년8월5일 매매	소유자 나균용 ~~금산군 금산면 금산리 545~~ 법률 제3094호에 의하여 등기
				부동산등기법 제177조의 6 제1항의 규정에 의하여 2000년 11월 06일 전산이기
2	소유권이전	2018년11월11일 제55340호	2018년11월7일 매매	소유자 권이전 810217-******* 경상남도 진주시 진주로 12,100동 401호 (상평동) 매매목록 제2018-1792호
3	소유권이전	2019년1월25일 제3640호	2019년1월25일 신탁	수탁자 주식회사강남자산신탁 110111-110111 서울특별시 강남구 테헤란로 111
	~~신탁~~			~~신탁원부 제2019-65호~~
4	소유권이전	2020년7월31일 제35379호	2020년7월31일 신탁재산의귀속	소유자 권이전 810217-******* 경상남도 진주시 진주로 12.100동 401호 (상평동)
	3번신탁등기말소		신탁재산의 귀속	

(4) 신탁재산의 처분(환가) 및 공매

① 환가

가. 신탁에 있어서 '환가'는 수탁자(신탁회사)가 신탁계약에서 정한 바에 따라 신탁부동산을 매가 등의 방법으로 금전으로 바꾸는 행위를 말한다.

나. 통상 환가와 공매를 같은 의미로 해석하는 경우가 많으나 공매는 환가의 방법 중 하나이다.

다. 신탁부동산의 환가는 크게 신탁목적 달성을 위한 '일반적 처분행위', 신탁목적 달성 불가능에 따른 '강제적 처분행위'로 구분한다.

라. '일반적 처분행위'라 함은 '처분신탁'의 신탁부동산 매각행위와

'토지신탁' 및 '분양관리신탁'의 신탁목적 달성을 위한 분양행위를 말한다.

마. '강제적 처분행위'라 함은 '담보신탁'과 '분양관리신탁'의 공매에 의한 처분행위를 말한다. 단, 처분신탁, 토지신탁, 분양관리신탁에서도 위탁자(또는 수익자)가 신탁계약을 이행하지 않아 신탁의 목적을 달성할 수 없다고 판단되어, 신탁계약기간 중에 신탁을 해지하여야 하는데 위탁자(또는 수익자)가 수탁자의 손실을 배상하지 않을 경우에 강제 처분행위를 진행할 수도 있다.

바. '강제적 처분행위'를 진행할 경우 필요에 따라 임의처분이 가능하도록 하고 있으나, 처분금액 및 매수자 선정과 관련한 분쟁이 발생될 가능성이 매우 높아, 일반적으로 공개시장에 내놓아 매각하는 공매의 방법을 적용한다.

② 공매의 정의 및 목적

1. 신탁에 있어서 공매라고 함은 공개된 시장에 내놓아 경쟁입찰을 진행하는 매각을 의미함 2. 민법상 매매계약에 해당하며, 민사집행법에 의한 경매와 국세징수법에 따른 공매와는 다른 형태임 ※ 민사집행법 제1조, 국세징수법 제61조 참조

가. 수탁자(신탁회사)는 신탁부동산의 처분행위 시 그 업무처리에 있어서 선관주의의무(선량한 관리자의 주의의무)를 다하여야 하며, 신탁부동산의 처분행위 시 신탁관계인(위탁자, 수익자, 우선수익자 등)을 보호하였는지, 처분책정금액이 객관성과 공정성을 유지하였는지, 특정인을 매수인으로 정함에 특혜가 부여되지 않았는지 등에 대한 분쟁으로부터 문제가 없어야 한다.

나. 신탁부동산의 강제처분 시 공정함과 객관성에 중점을 두고, 분쟁을 미연에 방지하기 위하여 다음 사항 등을 신탁관계인 간에 사전 협의하여야 한다.

1. 처분 개시요건
2. 처분 사전통보의 방법 및 회수, 사전통보 후 응납소요기간
3. 처분 금액의 결정 방법
4. 처분 시기
5. 매수자 모집 및 선정방식
6. 처분 후 처분대금의 정산순위
7. 정산잔여금의 처리방법

다. 또한, 처분에 있어서 공정성 유지와 분쟁발생을 최소화한 방법이 공공기관에서 실시하는 공매(법원경매 등)인 바, 상기 사항들을 고지하고 이행함에 있어 이를 인용한 것이 바로 신탁부동산의 공매(공개경쟁입찰 방식에 의한 시장매각)인 것이다.

용 어	정 의
환가(換價)	ㅁ 신탁부동산을 매각 등의 방법으로 금전으로 바꾸는 행위 또는 금전으로 치러지는 값
공매(公賣)	ㅁ 부동산신탁회사는 공공기관이 아님으로 부동산신탁회사에서 수행하는 환가방식으로써 공매라 함은 공개경쟁입찰에 의한 매각행위로 정의함이 타당함 ㅁ 법률에 의하여 공공기관이 강제적으로 물건을 처분하여 돈으로 바꾸는 일 ㅁ 민사집행법에서는 강제집행으로서의 경매를 말하고, 국세징수법에서는 국세체납처분의 최종 단계로서 압류재산을 강제로 처분하는 것을 말한다
명도(明渡)	ㅁ 매도인이 부동산의 완전한 소유권 및 실물을 매수인에게 전달하는 법적인 행위 ㅁ 매도인으로부터 완전한 소유권 및 실물이 인도되지 못할 경우 명도의 법적인 책임이 매도인, 매수인 중 누구에게 있는가 하는 문제가 발생될 수 있음 ㅁ 원칙적으로는 매수인이 완전한 소유권 및 실물을 전달받기로 하고 정당한 대가를 지급하였다면, 매도인에게 명도의 책임이 있음

③ 공매업무 처리 절차

환가요인 발생 → **환가 요청** → **환가 처분** → **정산 및 신탁종료**

환가요인 발생	환가 요청	환가 처분	정산 및 신탁종료
• 채무불이행 등 환가개시에 필요한 요인발생	• 채권기관의 환가요청 • 채무이행최고 및 환가개시 통보 (신탁회사→위탁자, 채무자)	• 공매공고 • 공개시장 경쟁입찰 • 처분대금 수납	• 매수자에게 소유권이전 • 계산서 교부 (신탁회사→채권기관) • 정산순서에 따른 정산절차 진행 • 정산결과통지 및 잔여액 위탁자에 교부

가. 환가사유

구분	내용
담보신탁	표준 부동산담보신탁계약서 제17조(신탁부동산의 처분시기) 1. 우선수익자와 채무자간에 체결한 여신거래계약을 불이행할 경우 2. 신탁계약 위반 시 3. 기타 경제사정의 변화 등 상당한 사유로 신탁부동산으로부터 우선수익자의 채권확보가 불가능하다고 판단될 때
분양관리신탁	표준 분양관리신탁계약서 제19조(신탁부동산의 처분), 제20조(사업의 양도) 1. 위탁자의 부도, 파산 등으로 사업약정 및 대리사무계약에 따라 시행자의 사업시행권을 양수받을 자가 없어 사업추진이 더 이상 불가능할 경우 2. 천재지변 등 불가항력적인 사유로 신탁의 목적달성이 어렵다고 판단되는 경우 3. 피분양자들의 집단 민원이나 분양수입금 납부 거부 등으로 사업약정 및 대리사무계약의 이행이 어렵거나 장기간 지연되어 분양사업의 추진이 불가능하다고 판단되는 경우 4. 사업수행과 관련하여 해당 관청 등의 인·허가 및 동의 또는 승인을 득하지 못하는 경우 5. 기타의 사유로 사업의 진행이 불가능하다고 객관적으로 인정되는 경우

나. 환가요청 접수 및 환가개시여부 결정

담보신탁	ㅁ 부동산담보신탁의 경우 우선수익자의 환가요청에 의하여 환가 개시함이 일반적인 바, 우선수익자로부터 환가사유가 기재된 환가요청문을 접수하면, 동 접수사실을 위탁자, 수익자, 채무자, 우선수익자에게 즉시 통보하여야 함. ㅁ접수사실을 통보할 경우 배달증명부 내용증명으로 하여, 우선수익자의 환가요청문 사본을 반드시 첨부함으로써, 내용 진달 과정의 오해 및 누락의 소지를 제거하여야 함. ㅁ 실제 채무자(위탁자)가 환가개시에 관한 중대한 사유를 유발하지 않았음에도 불구하고 우선수익자만의 의견을 존중하는 경우 선관주의에 위배될 수 있는 바, 접수사실 통보 후에는 위탁자(채무자) 또는 수익자가 실제 여신거래계약 위반 등 환가개시요건을 충족한 상태인지 명확히 파악하여야 함 (환가사유 입증서류 징구 등). ㅁ 환가개시요건이 충족됨이 확인되는 경우 신탁회사는 우선수익자와 협의하여 공매일정, 최초공매금액 산정방식, 공매차수 등 기타 중요 공매조건에 관한 협의를 통하여 환가원칙을 정함.
분양관리신탁	ㅁ 분양관리신탁은 부동산담보신탁과 달리 우선수익자의 일방적인 채권회수로 인한 수분양자계약자의 피해를 방지하기 위해 우선수익자가 진행중인 사업부지에 대해 일방적으로 환가요청을 할 수 없도록 하고 있음. ㅁ 환가사유발생시 신탁회사는 선관주의 입장에서 환가개시 여부를 경정하여야 함으로서, 우선수익자 및 시공사 뿐만 아니라 환가사유에 따라서 수분양계약자와도 협의를 진행하여야 함. ㅁ 수분양계약자와의 협의가 필요한 경우 수분양계약자 전원의 위임을 받은 수분양계약자 대표단체가 있다면 위와 같은 협의를 진행함이 수월할 수 있으나, 그렇지 않다면 개별 수분양계약자 모두와 접촉하여야 함으로, 환가개시사유가 발생되었음을 전 수분양계약자에게 통지하여야 하는데 이러한 통지는 오히려 수분양계약자에게 혼란을 가중할 수 있으므로 그 실시여부와 내용의 결정에 있어 상당한 신중함을 기울여야 하고, 환가개시 동의율 정도와 미동의자 처리방안, 환가개시이후의 상황 등을 사전에 면밀히 검토하고 대책방안을 수립한 상태에서 통지하여야 함.

다. 채무이행최고

최고의 목적 및 시기	□ 환가개시요건이 발생하면 그 즉시 위탁자, 수익자, 채무자에게 환가개시요건을 해소하여 줄 것을 최고하여야 함. □ 이는 환가의 실행전에 위탁자, 수익자, 채무자에게 진행상황을 정확히 전달함으로써 선관주의에 따른 고지의무를 다하고, 위탁자, 수익자, 채무자의 의사를 판단하면서 환가개시요건을 해소할 수 있는 기회를 제공하기 위함.
최고의 방법	□ 환가개시요건이 발생하면 그 즉시 이행최고를 진행하여야 함으로 통상적으로 7일 이내로 정의함. □ 이행최고는 1차, 2차, 3차 최고의 순으로 최소 15일 간격으로 3회 실시를 원칙(최소45일이 소요)으로 하나 우선수익자와 협의하여 조정함. ※ 최소 15일의 기간을 부여하는 것은 최고문이 상대편에 도달하는 시간 7일, 상대편의 대응문이 도달하는 시간 7일로 판단하여 15일의 기간을 정하는 것으로 상대방이 상황을 인지하고 의사결정하여 대응조치 할 수 있는 최소한의 시간을 부여하였는가 하는 측면에서 소송을 유리하게 진행하기 위한 조치임. □ 반드시 배달증명부 내용증명의 방법으로 발송함.

④ 공매원칙과 공매준비

가. 공매의 기본원칙

1) 누구에게나 개방(공개)된 시장에 최저공매가액, 대금납부방법, 입찰보증금율 등을 공개하고 불특정다수의 매수희망자로 하여금 매매가액을 경쟁시켜 공매예정가액 이상의 최고가액 입찰자에게 낙찰시키는 방법을 원칙으로 한다.

2) 공매진행 시 신탁부동산 일체를 공매대상으로 하는 것이 통상적이나, 우선수익자의 요청, 수분양자의 계약관계, 법적절차 등으로 인하여 신탁재산의 일부만을 대상으로 진행할 수 있다.

3) 신탁부동산에 비해 우선수익자의 채권금액이 소액인 경우에는 일부만을 환가하여도 채권 상환이 충분하다고 판단되면 일부 부동산

에 대해서만 공매대상을 확정하여 위탁자 및 수익자의 권리를 보호하고 있다.

4) 공매예정가격은 감정평가기관의 감정평가액 이상으로 시작하는 것을 원칙으로 한다.

① 감정평가기관은 신탁회사가 지정하는 것을 원칙으로 하되, 신탁 후 6개월 이내로서 가격변동요인이 발생하지 않은 경우에는 수익권증서상의 신탁재산가격 이상으로 공매예정가격을 결정할 수 있다.

① 우선수익자 등이 감정평가를 희망하지 않는 경우 신탁계약일로부터 환가개시일까지 현저한 가격변동 요인이 발생하지 않은 경우에는 수익권증서상 재산가액의 130%~150% 수준의 금액으로 최초 공매가격으로 책정할 수 있으나, 감정평가를 실시하지 않았을 경우 신탁부동산의 현황(점유, 부동산 변동 내역, 인·허가 사항)에 대하여 파악하기 어려워 부동산의 환가과정에서 신탁관계인이나 매수인과의 분쟁가능성이 증가할 우려가 커 가급적 감정평가를 실시하도록 유도하고 있으며, 신탁회사에 따라서는 신탁계약일로부터 6개월이 경과한 경우에는 내부규정 상 감정평가를 받아 공매가격을 책정하도록 규정화되어 있다.

5) 공매예정가액으로 처분되지 않을 경우 다음 처분 시에는 직전 처분 시 예정가액의 10%이내 해당액을 순차적으로 차감한 금액을 차수별 예정가액으로 한다.

나. 공매의 준비

1) 처분(환가)가 결정되면 최저공매가격의 결정을 위하여 감정평가기관의 '공매감정평가'를 실시하며 감정평가 완료 후 감정평가서를 기초로 신탁재산에 대한 부동산의 현황, 임대차관계 및 기타 필요한 사항을 조사하여 현장조사 보고서를 작성한다.

2) 감정평가가 완료되면 처분(환가)을 요청한 우선수익자와 협의하여 공매기일을 정한다.

3) 공매기일이 결정되면 공매기일 10일 전까지 일간신문과 신탁회사 게시판(인터넷 홈페이지 포함)에 공고한다(공매대상 목적물, 공매일시

및 장소, 공매방법, 대금납부방법, 최저 공매가격, 명도 책임 등).

다. 공매공고 샘플

신탁부동산 공매(입찰) 공고

1 공매목적부동산 (호수별 개별 입찰 가능)

2 차수별 입찰일시 및 최저 입찰가격 (호수별 개별 입찰 가능)

3 입찰에 관한 사항

4 위탁사유

5 입찰보증금

6 계약체결 및 대금납부

7 공매참가조건

8 유의사항

자산신탁

⑤ 공매실시

가. 신탁회사의 공매집행자는 입찰참가예정자에게 입찰참가자준수 규칙과 기타 필요한 사항을 설명하고 입찰등록과 개시선언으로 공매를 시행한다.

나. 1인의 입찰도 유효하며 입찰서에 관계사항을 기입하고 서명날인하여 입찰보증금을 동봉제출케 한다. 입찰보증금은 입찰자의 입찰가격의 10%이상을 현금 또는 금융기관·우체국이 발행한 자기앞수표로 납부하여야 하며 낙찰시에는 계약보증금으로 대체된다.

다. 입찰이 종료되는 즉시 공매집행자는 입찰자의 면전에서 개찰하고, 개찰결과 공매예정가액 이상인 최고액의 입찰자를 낙찰자로 결정하며 당일 영업시간내에 매매계약을 체결한다.

라. 동일물건에 대하여 2인 이상이 동일조건으로 낙찰되었을 경우에는 즉석에서 재입찰하여 그 중 1인을 결정한다.

마. 낙찰자 이외 입찰자의 입찰보증금은 공매종료 후 입찰자에게 반환하며 낙찰자가 매매계약을 체결하지 아니한 때에는 입찰보증금은 귀속되어 정산대상 재산에 포함된다.

바. 공매결과 입찰자 또는 낙찰자가 없거나 낙찰자가 매매계약을 체결하지 아니하는 경우에는 재공고하여 공매를 실시한다. 이 경우 제반 사전조치 및 그 절차 등은 최초 공매에 준하여 실시한다.

사. 낙찰자가 매매계약을 체결하지 아니하거나 매매계약의 해지로 재공고 공매하는 경우의 예정가액은 낙찰당시의 공매예정가액으로 한다.

아. 공매 낙찰자 소유권이전 등기사항 전부증명서(예)

[토지] 대전광역시 유성구 봉명동 442-4

[표 제 부] (토지의 표시)					
표시번호	접수	소재지번	지목	면적	등기원인 및 기타사항
1 (전 4)	1989년1월1일	대전광역시 유성구 봉명동 442-4	대	337.9㎡	 부동산등기법 제177조의 6 제1항의 규정에 의하여 2000년01월06일 전산이기

[갑 구] (소유권에 관한 사항)				
순위번호	등기목적	접수	등기원인	권리자 및 기타사항
1 (전3)	소유권이전	1990년7월30일 제54333호	1990년7월24일 매매	소유자 우리온천개발주식회사 160***-1****** 대전 유성구 봉명동 123 부동산등기법 제177조의 6 제1항의 규정에 의하여 2000년01월06일 전산이기

2	소유권이전	2018년6월22일 제50887호	2018년5월1일 매매	소유자 주식회사 대신건설 110***-1****** 서울특별시 동작구 사당동 105 매매목록 제2018-1371
3	소유권이전	2018년6월22일 제50890호	2018년6월19일	수탁자 주식회사 대신자산신탁 110***-1****** 서울특별시 중구 삼일대로 343
	신탁			신탁원부 제2018-3249
4	소유권이전	2019년5월28일 제43153호	2019년4월29일 매매	소유자 대신주택건설주식회사 200***-1****** 서울특별시 여의도동 100 매매목록 제2019-1115호
	3번신탁등기의 말소		신탁재산의 처분	

1) 갑구 순위번호 4를 보면 등기원인일 2019년4월29일은 4월23일 입찰하여 4월24일 개찰 후 공매낙찰일로부터 3일 이내(공휴일 제외) 계약을 체결한 날짜로 계약일이 등기원인일이 되며 소유권이전일 2019년5월28일은 잔금일(입찰 후 계약일로부터 30 일 이내)로 소유권이전 접수일이 된다. 갑구 순위번호 4번 등기목적의 소유권이전 아래 "3번 신탁등기말소"로 되어 있고 등기원인이 "신탁재산의 처분"으로 되어있는 것은 신탁재산이 정상적으로 위탁자로 귀속된 것이 아니라 신탁재산의 처분에 의해 신탁등기가 말소되었다는 사실을 표시하고 있다.

2) 공매에 의한 신탁재산의 처분이 아닌 경우에는 신탁사가 위탁자에게 소유권을 귀속시키고 위탁자가 매수인에게 소유권을 이전하는 방식으로 소유권이 이전된다.

⑥ 기타 공매업무 원칙

가. 계약체결후의 관리비 등 부담은 매매계약 후 신탁부동산에 대한 제반 관리유지비 및 제세공과금 등에 대한 지급의무는 처분대금 완납 전에 발생한 것에 대해서는 위탁자가 부담하고 처분대금 완납 후에 발생한 것에 대해서는 공매 매수인이 부담한다.

나. 신탁재산의 처분으로 인한 소유권이전에 따르는 신탁재산의 명도책임은 신탁회사가 부담하지 아니한다.

다. 위험부담의 이전시기는 처분대금의 전액을 납부한 때로 한다. 따라서 신탁재산의 매수인으로부터 처분대금의 전액을 납부받기 전에 발생한 위험은 위탁자가 부담하고 처분대금의 완납 후에 발생한 위험은 그 재산의 등기 및 현실의 인도유무에 불구하고 매수인이 부담한다. 다만, 처분대금의 완납후에도 위탁자의 귀책사유로 발생한 위험은 위탁자가 부담한다.

라. 처분대금 등의 정산시기는 처분대금을 완전수납한 후에 한다. 다만, 처분대금을 분할 납부하는 경우 수탁자에게 손해가 없는 때에는 완전수납 전이라도 정산할 수 있다.

마. 처분대금 등의 정산순서는 다음 각호에 의한다.

1) 신탁계약 및 처분절차와 관련하여 발생된 비용과 신탁보수
2) 주택(상가)임대차보호법에 의하여 보호되는 우선변제 임대차보증금, 선순위 임대차보증금 및 선순위 (근)저당권자의 채권(채권최고액 한도내)
3) 수탁자가 발행한 수익권증서상 우선수익자의 원금, 이자 및 지연손해금(수익권증서금액 한도 내)
4) 상기의 채무를 변제한 후 잔여액이 있을 경우 위탁자에게 지급(정산 후 위탁자에 지급할 잔여금은 위탁자가 매수인에게 신탁재산을 명도한 후에 매수인의 인수확인서를 수탁자에게 제시하였을 때 지급한다)

제 8 장 국토의 계획 및 이용에 관한 법률

국토의 이용·개발과 보전을 위한 계획수립 및 집행 등에 관해 필요한 사항을 정함으로써 공공복리를 증진하고 국민의 삶의 질을 향상시키기 위해 제정한 법으로 토지의 이용실태와 특성, 장래의 토지이용 방향 등을 고려하여 국토를 도시지역·관리지역·농림지역·자연환경보전지역의 4가지 용도지역으로 구분하고 토지이용의 특성 및 주변환경 등을 종합적으로 고려하여 국토를 계획하고 이용하기 위한 법률이다.

1. 법률 상 체계도

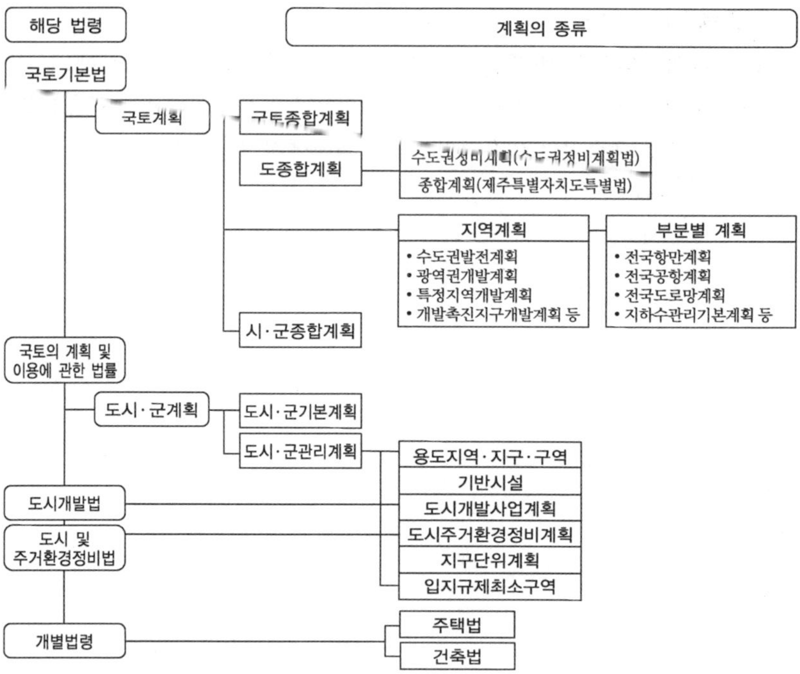

3. 국토의 계획 및 이용에 관한 법률과 도시·군계획

(1) 국토의 계획 및 이용에 관한 법률의 제정 목적은 국토의 이용·개발과 보전을 위한 계획의 수립 및 집행 등에 필요한 사항을 정하여 공공복리를 증진시키고 국민의 삶의 질을 향상시키는 것을 목적으로 한다.

(2) 국토의 계획 및 이용에 관한 법률 상 광역도시계획과 도시·군계획으로 분류할 수 있으며, 기본적으로 부동산 개발과 관련된 사항에 대해서는 도시·군기본계획을 중심으로 이 법률에 대한 이해도를 높이고자 하며 일반적으로 도시·군 기본계획을 도시기본계획, 도시·군 관리계획을 도시관리계획이라고 말한다.

(3) 도시·군 계획

"도시·군 계획"이란 특별시·광역시·특별자치시·특별자치도·시 또는 군(광역시의 관할 구역 안에 있는 군은 제외)의 관할 구역에 대하여 수립하는 공간구조와 발전방향에 대한 계획으로서 도시·군 기본계획과 도시·군 관리계획으로 구분한다.

(4) 도시·군 계획 등의 명칭

① 행정구역의 명칭이 특별시·광역시·특별자치시·특별자치도·시인 경우에는 군이라는 말을 생략하고 도시계획, 도시기본계획, 도시관리계획, 도시계획시설 등으로 칭한다.

② 행정구역의명칭이 군인 경우에는 도시·군계획, 도시·군기본계획, 도시·군관리계획 등으로 계획 앞에 군이라는 말을 붙여 칭한다.

(5) 도시·군기본계획

① "도시·군기본계획"이란 특별시·광역시·특별자치시·특별자치도·

시 또는 군의 관할 구역에 대하여 기본적인 공간구조와 장기발전방향을 제시하는 종합계획으로서 도시·군관리계획 수립의 지침이 되는 계획을 말한다.

② 특별시장·광역시장·특별자치시장·특별자치도지사·시장·군수는 5년마다 관할 구역의 도시·기본계획에 대하여 타당성을 전반적으로 재검토하여 정비하여야 한다.

③ 도시·군기본계획은 수립지침에 의거 특별시장, 광역시장, 시장, 군수(광역시 안에 있는 군은 제외)가 관할 구역에 대해 계획수립시점으로부터 20년을 기준으로 수립하고, 연도의 끝자리는 0년 또는 5년으로 기본계획 앞에 도시의 이름을 붙여 2020, 2030 서울 도시기본계획, 2025 청주도시기본계획, 2030 수원시 도시기본계획, 2030 안성시 도시기본계획 등 지자체별로 도시·군기본계획을 수립하고 있다.

④ 도시의 개발·정비 및 보전을 위하여 수립하는 계획으로서 용도지역·용도지구·용도구역, 기반시설, 도시개발사업 및 정비계획, 지구단위계획 등을 일괄된 체계로 종합하여 단계적으로 집행토록 하는 계획이다.

3. 도시·군관리계획

(1) 도시·군관리계획의 정의

① "도시·군관리계획"이란 특별시·광역시·특별자치시·특별자치도·시 또는 군의 개발정비 및 보전을 위하여 수립하는 토지 이용, 교통, 환경, 경관, 안전, 산업, 정보통신, 보건, 복지, 안보, 문화 등에 관한 계획을 말한다.

② 광역도시계획이나 도시·군기본계획 상의 각종 계획을 구체적으로 실행하는 계획이다.

③ 도시·군 관리계획은 시·도지사가 직접 또는 시장·군수의 신청에 따라 결정한다. 다만, 지방자치법에 따라 서울특별시와 광역시 및 특별자치시를 제외한 인구 50만이상의 대도시의 경우 해당 시장이 직

접 결정한다.

④ 도시·군관리계획의 목표년도는 계획수립 기준년도로부터 장래 10년을 기준으로 하며, 연도의 끝자리는 0년 또는 5년으로 한다.

⑤ 도시·군관리계획의 결정이 효력은 지형도면을 고시한 날부터 발생한다.

(2) 도시·군관리계획의 범위

① 용도지역, 용도지구의 지정 또는 변경에 관한 계획

② 개발제한구역, 도시자연공원구역, 시가화조정구역, 수산자원보호구역의 지정 또는 변경에 관한 계획

③ 기반시설의 설치·정비 또는 개량에 관한 계획

④ 도시개발사업이나 정비사업에 관한 계획

1) 도시개발사업계획은 도시개발법을 적용한다.

2) 도시주거환경정비계획은 도시 및 주거환경정비법(도정법)을 적용하는 사업으로 주거환경개선사업, 주택재건축사업, 도시환경정비사업, 가로주택정비사업, 주거환경관리사업 등이 있다.

⑤ 지구단위계획구역의 지정 또는 변경에 관한 계획과 지구단위계획

⑥ 입지규제최소구역의 지정 또는 변경에 관한 계획과 입지규제최소구역계획

4. 개별법령

(1) 주택법은 주택건설사업(공동주택, 주택조합, 임대주택 등)으로 사업계획승인대상인 주택을 대상으로 적용하는 법률이다.

(2) 건축법은 주택법에 의한 사업계획승인 대상이 아닌 단독주택, 도시형생활주택, 오피스텔, 오피스, 상가 등에 적용하는 법률이다.

5. 용도지역·지구·구역

(1) 용도지역

"용도지역"이란 토지의 이용 및 건축물의 용도, 건폐율, 용적률, 높이 등을 제한함으로써 토지를 경제적·효율적으로 이용하고 공공복리의 증진을 도모하기 위하여 서로 중복되지 아니하게 도시·군관리계획으로 결정하는 지역을 말한다.

① 용도지역의 종류(국토의 계획 및 이용에 관한 법률)

구분	세분	내용
도시지역		인구와 산업이 밀집되어 있거나 밀집이 예상되어 그 지역에 대하여 체계적인 개발·정비·관리·보전 등이 필요한 지역
	주거지역	거주의 안녕과 건전한 생활환경의 보호를 위하여 필요한 지역
	상업지역	상업이나 그 밖의 업무의 편익을 증진하기 위하여 필요한 지역
	공업지역	공업의 편익을 증진하기 위하여 필요한 지역
	녹지지역	자연환경·농지 및 산림의 보호, 보건위생, 보안과 도시의 무질서한 확산을 방지하기 위하여 녹지의 보전이 필요한 지역
관리지역		도시지역의 인구와 산업을 수용하기 위하여 도시지역에 준하여 체계적으로 관리하거나 농림업의 진흥, 자연환경 또는 산림의 보전을 위하여 농림지역 또는 자연환경보전지역에 준하여 관리할 필요가 있는 지역
	보전관리지역	자연환경보호, 산림보호, 수질오염방지, 녹지공간 확보 및 생태계 보전 등을 위하여 보전이 필요하나, 주변 용도지역과의 관계 등을 고려할 때 자연환경보전지역으로 지정하여 관리하기 곤란한 지역
	생산관리지역	농업·임업·어업 생산 등을 위하여 관리가 필요하나, 주변 용도지역과의 관계 등을 고려할 때 농림지역으로 지정하여 관리하기가 곤란한 지역
	계획관리지역	도시지역으로의 편입이 예상되는 지역이나 자연환경을 고려하여 제한적인 이용·개발을 하려는 지역으로서 계획적·체계적인 관리가 필요한 지역

농림지역	도시지역에 속하지 아니하는 『농지법』에 따른 농업진흥지역 또는 『산지관리법』에 따른 보전산지 등으로서 농림업을 진흥시키고 산림을 보전하기 위하여 필요한 지역
자연환경보전지역	자연환경·수자원·해안·생태계·상수원 및 문화재의 보전과 수산자원의 보호·육성 등을 위하여 필요한 지역

② 용도지역(도시지역)의 세분

국토의 계획 및 이용에 관한 법률 시행령제 30조(용도지역의 세분)에 따라 국토교통부 장관, 시·도지사 또는 대도시의 시장은 도시·군관리계획 결정으로 주거지역·상업지역·공업지역 및 녹지지역을 다음과 같이 세분하여 지정할 수 있다.

주거지역	전용주거지역	양호한 주거환경을 보호하기 위하여 필요한 지역
	제1종전용주거지역	단독주택 중심의 양호한 주거환경을 보호하기 위하여 필요한 지역
	제2종전용주거지역	공동주택 중심의 양호한 주거환경을 보호하기 위하여 필요한 지역
	일반주거지역	편리한 주거환경을 조성하기 위하여 필요한 지역
	제1종일반주거지역	저층주택을 중심으로 주거환경을 조성하기 위하여 필요한 지역
	제2종일반주거지역	중층주택을 중심으로 주거환경을 조성하기 위하여 필요한 지역
	제3종일반주거지역	중고층주택을 중심으로 주거환경을 조성하기 위하여 필요한 지역
	준주거지역	주거기능을 위주로 이를 지원하는 일부 상업기능 및 업무기능을 보완하기 위하여 필요한 지역
상업지역	중심상업지역	도심·부도심의 상업기능 및 업무기능의 확충을 위하여 필요한 지역
	일반상업지역	일반적인 상업기능 및 업무기능의 확충을 위하여 필요한 지역
	근린상업지역	근린지역에서의 일용품 및 서비스의 공급을 위하여 필요한 지역
	유통상업지역	도시내 및 지역간 유통기능의 증진을 위하여 필요한 지역

공업지역	전용공업지역	주로 중화학공업, 공해성 공업 등을 수용하기 위하여 필요한 지역
	일반공업지역	환경을 저해하지 아니하는 공업의 배치를 위하여 필요한 지역
	준공업지역	경공업 그 밖의 공업을 수용하되, 주거기능·상업기능 및 업무기능의 보완이 필요한 지역
녹지지역	보전녹지지역	도시의 자연환경·경관·산림 및 녹지공간을 보전할 필요가 있는 지역
	생산녹지지역	주로 농업적 생산을 위하여 개발을 유보할 필요가 있는 지역
	자연녹지지역	고시의 녹지공간의 확보, 도시확산의 방지, 장래 도시용지의 공급 등을 위하여 보전할 필요가 있는 지역으로서 불가피한 경우에 한하여 제한적인 개발이 허용되는 지역

③ 건폐율

"건폐율"이란 대지면적에 대한 건축면적(대지에 건축물이 둘 이상 있는 경우에는 이들 건축면적의 합계)의 비율을 말한다.

가. 건축물의 건폐율을 규제하는 목적은 대지 안에서 건축물의 수평적 확대를 제한함으로써 건축물의 사용이나 건축물의 화재 등의 재난 발생시 소화·피난 등을 위한 공지를 확보하는 데에 규제의 목적이 있다.

나. 대지면적 : 대지면적은 대지의 수평투영면적으로 한다(『건축법시행령 제119조제1항』).

다. 건축면적 : 건축면적은 건축물의 외벽(외벽이 없는 경우에는 외곽 부분의 기둥을 말한다)의 중심선으로 둘러싸인 부분의 수평투영면적으로 한다(『건축법시행령 제119조제1항』).

④ 용도지역의 건폐율(국토의 계획 및 이용에 관한 법률 제77조)

가. 건폐율의 최대한도는 관할 구역의 면적과 인구규모, 용도지역의 특성을 고려하여 아래의 범위에서 대통령령으로 정하는 기준에 따라 특별시·광역시·특별자치시·특별자치도·시 또는 군의 조례로 정한다.

나. 용도지역의 건폐율 기준에도 불구하고 개발진흥지구, 산업단지,

지구단위계획구역, 수산자원보호구역 등 대통령령으로 건폐율을 강화 또는 완화할 필요가 있는 경우에는 지자체의 조례로 건폐율을 따로 정할 수 있다.

용도지역	법률한도	세부지역	시행령한도
도시지역	주거 지역 70% 이하	제1종전용주거지역	50% 이하
		제2종전용주거지역	50% 이하
		제1종일반주거지역	60% 이하
		제2종일반주거지역	60% 이하
		제3종일반주거지역	50% 이하
		준주거지역	70% 이하
	상업 지역 90% 이하	중심상업지역	90% 이하
		일반상업지역	80% 이하
		근린상업지역	70% 이하
		유통상업지역	80% 이하
	공업 지역 70% 이하	전용공업지역	70% 이하
		일반공업지역	70% 이하
		준공업지역	70% 이하
	녹지 지역 20% 이하	보전녹지지역	20% 이하
		생산녹지지역	20% 이하
		자연녹지지역	20% 이하
관리지역	관리 지역 40% 이하	보전관리지역	20% 이하
		생산관리지역	20% 이하
		계획관리지역	40% 이하
농림지역			20% 이하
자연환경보전지역			20% 이하

⑤ 용적률

"용적률"이란 대지면적에 대한 건축연면적(대지에 건축물이 둘 이상 있는 경우에는 이들 건축연면적의 합계)의 비율을 말한다.

가. 건축물의 용적률을 규제하는 목적은 대지 안에서 건축물의 수직적 확대를 제한함으로써 건축물의 총 규모를 규제하는 것이다.

나. 대지면적 : 대지면적은 대지의 수평투영면적으로 한다(『건축법시

행령 제119조제1항』).

다. 건축연면적 : 연면적은 하나의 건축물 각 층의 바닥면적의 합계로 하되, 용적률을 산정할 때에는 다음에 각 목에 해당하는 면적은 제외한다(『건축법시행령 제119조제1항』).

1) 지하층의 면적

2) 지하층의 주차용(해당 건축물의 부속용도인 경우만 해당한다)으로 쓰는 면적

3) 초고층 건축물과 준초고층 건축물에 설치하는 피난안전구역의 면적

4) 건축물의 경사지붕 아래에 설치하는 대피공간의 면적

⑥ 용도지역의 용적률

가. 용적률의 최대한도는 관할 구역의 면적과 인구규모, 용도지역의 특성을 고려하여 아래의 범위에서 대통령령으로 정하는 기준에 따라 특별시·광역시·특별자치시·특별자치도·시 또는 군의 조례로 정한다.

나. 용도지역의 용적률은 국토의 계획 및 이용에 관한 법률에서 정하고, 세분화된 용적율은 국토의 계획 및 이용에 관한 법률 시행령에서 정하고 있다.

다. 용도지역의 용적률 기준에도 불구하고 개발진흥지구, 산업단지, 지구단위계획구역, 수산자원보호구역 등 대통령령으로 용적률을 강화 또는 완화할 필요가 있는 경우에는 지자체의 조례로 용적률을 따로 정할 수 있다.

용도지역	법률한도	세부지역	시행령한도
도시지역	주거지역 500% 이하	제1종전용주거지역	50% 이상 100% 이하
		제2종전용주거지역	50% 이상 150% 이하
		제1종일반주거지역	100% 이상 200% 이하
		제2종일반주거지역	100% 이상 250% 이하
		제3종일반주거지역	100% 이상 300% 이하
		준주거지역	200% 이상 500% 이하

	상업지역 1,500% 이하	중심상업지역	200% 이상 1,500% 이하
		일반상업지역	200% 이상 1,300% 이하
		근린상업지역	200% 이상 900% 이하
		유통상업지역	200% 이상 1,100% 이하
	공업지역 400% 이하	전용공업지역	150% 이상 300% 이하
		일반공업지역	150% 이상 350% 이하
		준공업지역	150% 이상 400% 이하
	녹지지역 100% 이하	보전녹지지역	50% 이상 80% 이하
		생산녹지지역	50% 이상 100% 이하
		자연녹지지역	50% 이상 100% 이하
관리지역	관리지역 100% 이하	보전관리지역	50% 이상 80% 이하
		생산관리지역	50% 이상 80% 이하
		계획관리지역	50% 이상 100% 이하
농림지역			50% 이상 80% 이하
자연환경보전지역			50% 이상 80% 이하

(2) 용도지구

"용도지구"란 토지의 이용 및 건축물의 용도·건폐율·용적률·높이 등에 대한 용도지역의 제한을 강화하거나 완화하여 적용함으로써 용도지역의 기능을 증진시키고 경관·안전 등을 도모하기 위하여 도시·군관리계획으로 결정하는 지역을 말한다.

용도지구	내 용
경관지구	경관을 보전·관리·형성하기 위하여 필요한 지구
고도지구	쾌적한 환경조성 및 토지의 효율적 이용을 위하여 건축물 높이의 최고한도를 규제할 필요가 있는 지구
방화지구	화재의 위험을 예방하기 위하여 필요한 지구
방재지구	풍수해, 산사태, 지반의 붕괴, 그 밖의 재해를 예방하기 위하여 필요한 지구
보호지구	문화재, 중요 시설물(항만, 공항 등 대통령령으로정하는 시설물을 말한다) 및 문화적·생태적으로 보존가치가 큰 지역의 보호와 보존을 위하여 필요한 지구

취락지구	녹지지역·관리지역·농림지역·자연환경보전지역·개발제한구역 또는 도시자연공원구역의 취락을 정비하기 위한 지구
개발진흥지구	주거기능·상업기능·공업기능·유통물류기능·관광기능·휴양기능 등을 집중적으로 개발·정비할 필요가 있는 지구
특정용도제한지구	주거 및 교육환경 보호나 청소년 보호 등의 목적으로 오염물질 배출시설, 청소년 유해시설 등 특정시설의 입지를 제한할 필요가 있는 지구
복합용도지구	지역의 토지이용 상황, 개발 수요 및 주변 여건 등을 고려하여 효율적이고 복합적인 토지이용을 도모하기 위하여 특정시설의 입지를 완화할 필요가 있는 지구

(3) 용도구역

"용도구역"이란 토지의 이용 및 건축물의 용도·건폐율·용적율·높이 등에 대한 용도지역 및 용도지구의 제한을 강화하거나 완화하여 따로 정함으로써 시가지의 무질서한 확산방지, 계획적이고 단계적인 토지이용의 도모, 토지이용의 종합적 조정·관리 등을 위하여 도시·군관리계획으로 결정하는 지역을 말한다.

용도구역	내 용
개발제한구역	① 국토교통부 장관은 도시의 무질서한 확산을 방지하고 도시 주변의 자연환경을 보전하여 도시민의 건전한 생활환경을 확보하기 위하여 도시개발을 제한할 필요가 있거나 국방부장관의 요청이 있어 보안상 도시의 개발을 제한할 필요가 있다고 인정되면 개발제한 구역의 지정 또는 변경을 도시·군관리계획으로 결정할 수 있다. ② 개발제한구역의 지정 또는 변경에 필요한 사항은 따로 법률로 정한다.
도시자연공원구역	① 시·도지사 또는 대도시 시장은 도시의 자연환경 및 경관을 보호하고 도시민에게 건전한 여가·휴식공간을 제공하기 위하여 도시지역 안에서 식생이 양호한 산지의 개발을 제한할 필요가 있다고 인정되면 개발제한 구역의 지정 또는 변경을 도시·군관리계획으로 결정할 수 있다. ② 도시자연공원구역 안에서의 건축제한에 관하여는 『도시공원 및 녹지 등에 관한 법률』이 정하는 바에 의한다.

시가화조정구역	시·도지사는 직접 또는 관계 행정기관의 장의 요청을 받아 도시지역과 그 주변지역의 무질서한 시가화를 방지하고 계획적·단계적인 개발을 도모하기 위하여 대통령령으로 정하는 기간(5년 이상 20년 이내) 동안 시가화를 유보할 필요가 있다고 인정되면 시가화조정구역의 지정 또는 변경을 도시·군관리계획으로 결정할 수 있다.
수자원보호구역	해양수산부장관은 직접 또는 관계 행정기관의 장의 요청을 받아 수산자원을 보호·육성하기 위하여 필요한 공유수면이나 그에 인접한 토지에 대한 수산자원보호구역의 지정 또는 변경을 도시·군관리계획으로 결정할 수 있다.
입지규제최소구역	도시지역에서 복합적인 토지이용을 증진시켜 도시 정비를 촉진하고 지역거점을 육성할 필요가 있다고 인정되면 해당지역과 그 주변지역의 전부 또는 일부를 입지규제최소구역으로 지정할 수 있다. 국토의 계획 및 이용에 관한 법률 제40조의 2 (입지규제최소구역의 지정 등)

제 9 장 지역주택조합

지역주택조합이란 일정한 자격조건을 갖춘 지역주민이 조합을 구성하여 공동으로 토지를 매입하고 공동주택 등 건축물을 짓는 제도를 말한다. 그 동안 일반분양을 통해 내집 마련을 하지 못한 사람들이 지역주택조합을 통해 일반분양가 보다 싸게 아파트를 취득할 수 있다는 소문이 떠돌면서 다양한 업무대행업체들이 지역주민들의 조합원이 되고자 하는 심리를 이용하여 지역주택조합사업에 착수하였고, 대형 시공사 및 중소 시공사들 또한 지역주택사업의 공사를 수주하기 위해 발빠르게 뛰어들었다. 시공사들이 주택조합의 설립 전부터 공사 수주를 위해 총력을 기울이고 있는 이유는 일반분양은 분양율이 사업의 성공여부를 좌우하지만 주택조합은 조합원 모집율이 곧 일반분양의 분양율이므로 조합원 모집만 잘되면 분양리스크를 최소화 할 수 있고 공사비 확보에 대한 리스크가 없어 안정적인 사업장을 확보할 수 있기 때문이다.

지역주택조합의 정상적인 사업진행으로 조합원들이 내집 마련을 한 사례도 적지 않지만, 지역주택조합사업에 대한 기초적인 지식도 없이 조합원만 되면 무조건 내집이 생긴다는 생각으로 조합원이 되려고 하는 것은 조심해야 한다. 지역주택조합은 사업부지가 확보되어야 인허가를 진행할 수 있는데 사업부지의 확보가 언제 될지 예측하기가 힘들고, 사업부지 확보의 지연으로 사업은 전혀 진행되지 않고 소송에 시달리면서 내집 마련의 꿈은 멀어지고 대출이자조차 납부하지 못하며 살아가고 있는 사람들이 얼마나 많은지에 대해서도 반드시 고민해 봐야 할 것이다. 지역주택조합의 사업주체는 조합원들이기 때문에 조합원들이 자기자금으로 자신의 주택을 건축한다는 개념이 있어야 하며, 사업이 정상적으로 진행되지 못하면 조합원 모두가 연석으로 책임을 지는 구조임을 반드시 알아야 한다.

본장은 지역주택 조합원이 되고자 하는 사람들, 지역주택 조합원, 부동산과 관련된 금융기관, 증권사 등이 꼭 알아야 하는 필수사항에 대해 설명하고자 한다.

1. 주택조합의 정의

다수의 구성원(조합원)이 주택을 마련하기 위하여 결성하는 조합을 말하며, 개인이 본인의 주택을 마련하기 위하여 결성하는 조합으로서 내집 마련을 위해 일정한 자격요건을 갖춘 조합원에게 청약통장 가입 여부와 관계없이 주택을 공급하는 제도이다.

2. 조합원의 자격(주택법시행령 제21조)

(1) 조합설립인가 신청일(해당 주택건설대지가 투기과열지구 안에 있는 경우에는 조합설립인가 신청일 1년 전의 날)부터 해당 조합주택의 입주가능일까지 주택을 소유(주택의 유형, 입주자 선정방법 등을 고려)하는지에 대하여 다음의 어느 하나에 해당할 것

① 국토교통부령으로 정하는 기준에 따라 세대주를 포함한 세대원[세대주와 동일한 세대별주민등록표에 등재되어 있지 아니한 세대주의 배우자 및 그 배우자와 동일한 세대를 이루고 있는 사람을 포함한다] 전원이 주택을 소유하고 있지 아니한 세대의 세대주일 것

② 국토교통부령으로 정하는 기준에 따라 세대주를 포함한 세대원 중 1명에 한정하여 주거전용면적 85제곱미터 이하의 주택 1채를 소유한 세대의 세대주일 것

(2) 조합설립인가 신청일 현재 해당 지역에 6개월 이상 계속 거주하여온 사람일 것

(3) 본인 또는 본인과 같은 세대별 주민등록표에 등재되어 있지 않

은 배우자가 같은 또는 다른 지역조합의 조합원이거나 직장주택조합의 조합원이 아닐 것

3. 조합원의 교체 및 신규가입

주택조합은 주택법시행령 제22조에 의거 설립인가를 받은 후에는 해당 조합원을 교체하거나 신규로 가입하게 할 수 없지만 아래에 해당하는 경우 예외로 한다. 또한 조합원으로 추가 모집되거나 충원되는 자의 자격요건은 조합설립인가 신청일 기준으로 하며, 조합원 추가모집 승인과 추가모집에 따른 주택조합의 변경인가 신청은 사업계획승인신청일까지 하여야 한다.

① 조합원 수가 주택건설 예정 세대수를 초과하지 아니하는 범위에서 시장·군수·구청장으로부터 국토교통부령으로 정하는 바에 따라 조합원 추가모집의 승인을 받은 경우

② 조합원의 사망

③ 사업계획승인이후에 입주자로 선정된 지위가 양도·증여 또는 판결 등으로 변경된 경우

④ 조합원의 탈퇴 등으로 조합원 수가 주택건설 예정세대수의 50% 미만이 되는 경우

⑤ 조합원이 무자격자로 판명되어 자격을 상실하는 경우

⑥ 사업계획승인 과정에서 주택건설 예정 세대수가 변경되어 조합원 수가 변경세대수의 50% 미만이 되는 경우(50% 미만인 경우 조합설립인가 조건 위배)

4. 조합사업시행절차

토지물색 → 주택조합추진위원회(가칭) → 주택조합규약 작성 → 주택조합창립총회 → 주택조합설립인가 → 추가조합원 모집 → 등록사업자(시공사)와 협약체결 → 사업계획승인 → 등록사업자(시공사)와 공사계약 →

착공신고→사용검사 및 인수→청산 및 주택조합 해산

5. 주택조합 업무대행 등(주택법 제11조의 2)

지역·직장조합의 경우 책임이 없는 무자격 대행업체의 난립으로 사업의 지연 또는 실패로 인한 피해가 발생하는 것을 방지하기 위하여 다음 각호의 자에게 주택조합의 업무를 대행하게 할 수 있다.

① 공동사업주체인 등록사업자, 등록사업자

② 공인중개사

③ 도시 및 주거환경정비법에 따른 정비사업전문관리업자

④ 부동산개발업의 관리 및 육성에 관한 법률에 따른 등록사업자

⑤ 자본시장과 금융투자업에 관한 법률에 따른 신탁업자

⑥ 그 밖에 다른 법률에 다라 등록한 자로서 대통령령으로 정하는 자

6. 주택조합 업무대행자의 요건

① 법인인 경우 : 5억원 이상의 자본금을 보유한 자

② 개인인 경우 : 10억원 이상의 자산평가액을 보유한 사람

7. 주택조합설립

(1) 설립인가 신청

주택조합의 설립·변경 또는 해산의 인가를 받기 위해서는 인가신청서를 첨부하여 주택조합의 주택건설대지를 관할하는 시장·군수·구청장에게 인가 신청한다.

(2) 시·군·구는 주택조합의 설립, 변경 또는 해산을 인가한 때에는 주택조합설립인가대장에 이를 기록하고 주택조합(설립·변경·해산)인

가필증을 신청인에게 교부하여야 하며, 주택조합이 해산하거나 주택조합의 설립인가를 취소한 때에는 주택조합설립인가대장에 그 내용을 기재하고, 주택조합설립인가필증을 회수하여야 한다.

(3) 지역주택조합사업은 주택법 제15조에 따른 사업계획승인대상만 가능하므로, 건축허가대상은 지역주택조합사업으로 추진할 수 없다.

(4) 주택조합은 주택법 11조(주택조합의 설립 등)에 따른 주택조합설립인가를 받은 날로부터 사용검사를 받는 날까지 다음 각 호의 요건을 모두 충족해야 한다.

① 주택건설 예정세대수(설립인가 당시의 사업계획서상 주택건설 예정세대수)의 50퍼센트 이상의 조합원으로 구성할 것. 다만, 주택법 15조(사업계획의 승인)에 따른 사업계획승인 등의 과정에서 세대수가 변경된 경우에는 변경된 세대수를 기준으로 한다.

② 조합원은 20명 이상일 것

(5) 조합설립인가신청시 필요서류

① 창립총회의사록

② 조합장선출동의서

③ 조합원 전원이 자필로 연명한 조합규약

④ 조합원 명부

⑤ 사업계획서

⑥ 해당 주택건설대지의 80% 이상의 토지사용권원을 확보하였음을 증명하는 서류[주택법 제11조(주택조합의 설립 등) ②항]

⑦ 해당 건설대지의 15% 이상에 해당하는 토지의 소유권을 확보하였음을 증명하는 서류[주택법 제11조 주택조합의 설립 등 ②항(개정 : 2020.01.13일 시행일 : 2020.07.24.일)]

⑧ 그 밖에 국토교통부령으로 정한 서류(조합원 자격이 있는 자임을 확인하는 서류)

(6) 주택조합 설립인가 공고

시·군·구청장은 주택조합의 설립인가를 한 경우 다음 각 호의 사항을 해당 지방자치단체 인터넷 홈페이지 공고해야 한다.

① 조합의 명칭 및 사무소의 소재지

② 조합설립 인가일

③ 주택건설대지의 위치

④ 조합원 수

⑤ 토지의 사용권원 또는 소유권을 확보한 면적과 비율

8. 사업부지의 소유권이전 등기(주택조합으로 소유권이전 등기)

(1) 사업부지 매입시 주택조합명의로 소유권 이전 등기한다.

(2) 주택조합으로의 소유권이전은 조합원 소유로 되어있는 대상토지를 일정기간 동안 주택조합에 관리·처분을 맡기는 것이다(주택조합으로 이전하는 것을 조합에 신탁한다고도 한다).

(3) 주택조합설립인가 후 지역주택조합이 해당 주택건설사업대지를 부동산신탁회사에 담보신탁 한 후 사업계획승인을 신청하는 경우에 위탁자인 해당 지역주택조합이 주택건설사업대지의 소유권을 확보한 것으로 볼 수 있는가에 대해서는 「주택법」 제21조(대지의 소유권 확보 등)에 따라 사업부지 확보는 주택건설사업계획의 승인 요건으로서 해당 주택건설대지의 소유권을 확보한 것으로 볼 수 없다라고 규정하고 있다. 사업계획승인권자인 지자체별로 차이는 있으나 주택조합사업의 사업주체는 주택조합이기 때문에 담보신탁인 경우 사업부지의 소유권이 부동산신탁사에 있다고 판단하여 소유권을 주택조합으로 변경(담보신탁을 해지하고 근저당권으로 변경)하여 다시 접수하라고 하는 사례가 많아 주택조합인 경우 사업부지를 담보신탁하는 것은 지양하는 것이 좋다.

9. 사업계획 승인 신청

(1) 주택조합은 설립인가를 받은 날부터 2년 이내에 주택법 제15조에 따른 사업계획승인을 신청하여야 한다.

(2) 사업계획승인 신청 시 주택건설대지의 소유권을 95%이상 확보하여야 한다.

사업부지에 국·공유지가 포함되는 경우에는 이를 포함하여 주택건설대지의 95% 이상의 소유권을 확보하여야 한다.

(3) 주택건설대지 중 국·공유지가 포함된 경우에는 해당 토지의 관리청이 해당 사업주체에게 매각하거나 양여할 것을 확인한 서류를 사업계획승인권자에게 제출하는 경우에는 그 소유권을 확보한 것으로 본다.

(4) 지역조합사업에서는 사업계획승인 신청 시 해당 주택건설대지면적의 95% 이상에 대한 토지소유권을 확보하도록 하고 사업계획승인 후 잔여 5%에 대한 소유권은 매도청구소송을 통해 확보가능하다.

(5) 주택법 제22조(매도청구 등) 주택건설사업의 해당 대지 면적의 95%이상 소유권을 취득하고 사업계획승인을 받은 사업주체는 해당 주택건설대지 중 사용할 수 있는 권원을 확보하지 못한 대지의 소유자에게 그 대지를 시가로 매도할 것을 청구할 수 있다. 이 경우 매도청구대상이 되는 대지의 소유자와 매도청구를 하기 전에 3개월 이상 협의를 하여야 한다.

10. 사업계획승인

(1) 사업계획승인권자는 주택법 제15조(사업계획의 승인)에 따른 사업계획승인의 신청을 받았을 때 정당한 사유가 없는 한 60일 이내에 사업주체에게 승인여부를 통보하여야 한다.

(2) 사업계획승인권자는 사업계획승인의 고시를 할 때 다음 각 사항

을 포함하여야 한다

① 사업의 명칭

② 사업주체의 성명·주소

③ 사업시행지의 위치·면적 및 건설주택의 규모

④ 사업시행기간

11. 착공(주택법 제13조 사업계획의 이행 및 취소 등)

(1) 사업계획승인을 받은 날부터 5년 이내에 공사를 시작하여야 한다. 다만, 사업계획승인권자는 대통령령으로 정하는 정당한 사유가 있다고 인정되는 경우에는 사업주체의 신청을 받아 그 사유가 없어진 날부터 1년의 범위에서 그 공사의 착수기간을 연장할 수 있다.

(2) 공사를 시작하려는 경우 사업계획승인권자에게 신고하여야 한다.

12. 시공보증과 분양보증

(1) 주택조합으로 주택을 건설할 경우 조합원을 100% 모집하여 조합원수와 건설 예정 세대수가 정확히 일치하는 경우가 거의 없으며 조합원에게 분양하고 남는 잔여세대에 대해서는 일반인에게 분양하고 있다. 분양세대가 30호(세대) 이상일 경우에는 입주자모집공고 승인을 얻어 일반분양을 하여야 하며, 30호(세대) 미만인 경우에는 임의 분양 할 수 있다.

(2) 주택조합사업은 조합원을 위한 시공보증과 일반분양자를 위한 분양보증의 2가지 형태의 보증방식이 있다.

① 조합주택 시공보증 : 주택조합이 공동사업주체인 시공자를 선정한 경우 그 시공사는 공사의 시공보증[시공자가 건축공사의 계약상 의무를 이행하지 못하거나 의무이행을 하지 아니할 경우 보증기관에서 시공자를 대신하여 계약이행의무를 부담하거나 총 공사금액의 50%이하에서 대통령령으로 정하는 비율(총 공사금액의 30%)이상의 범위에서

주택조합이 정하는 금액을 납부할 것을 보증하는 것]을 위하여 국토교통부령으로 정하는 기관의 시공보증서를 조합에 제출하여야 하며, 사업계획승인권자는 착공신고를 받는 경우에 시공보증서 제출 여부를 확인하여야 한다.

② 주택 분양보증 : 당해 주택의 분양의 이행 또는 납부한 입주금(계약금 및 중도금)의 환급 이행을 책임지는 보증으로 일반분양방식일 경우 분양승인 신청시 주택분양보증서를 제출하여야 한다.

13. 주택조합의 공급 방법 등

(1) 주택조합은 주택법 제11조(주택조합의 설립 등)에 의거 그 구성원을 위하여 건설하는 주택을 그 조합원에게 우선 공급할 수 있으며, 주택법 시행령 제46조(주택의 규모별 건설비율)에 의거 국토교통부 장관은 적정한 주택수급을 위하여 필요하다고 인정하는 경우 사업주체가 건설하는 주택의 75퍼센트(주택법 제5조제2항 및 제3항에 따른 주택조합이나 고용자가 건설하는 주택은 100퍼센트)이하의 범위에서 일정 비율 이상을 국민주택규모로 건설하게 할 수 있다. 즉 주택조합은 조합원의 자격요건을 감안하여 일반적으로 건설예정 세대수의 75%이상을 국민주택규모 이하로 건설하여 조합원들에게 공급한다.

(2) 전매제한

주택조합원의 경우 설립인가를 받은 이후에는 원칙적으로 조합원 교체가 불가능하며, 투기과열지구인 경우 일정기간 전매를 제한하고 있다. 다만, 근무 또는 생업상의 사정이나 질병치료, 취학, 결혼으로 인하여 세대원 전원이 다른 광역시 특별자치도, 시 또는 군으로 이전하는 경우(수도권으로 이전하는 경우는 제외) 또는 상속에 따라 취득한 주택으로 세대원 전원이 이전하는 경우 또는 세대원 전원이 해외로 이주하거나 2년 이상의 기간 동안 해외에 체류하려는 경우에는 주택조합의 동의를 얻어 조합원 지위를 전매할 수 있다

14. 소유권 보존등기 및 이전등기

주택조합사업으로 주택이 준공되면 각 조합원으로 소유권보존등기가 이루어진다. 주택조합의 조합원이 아닌 일반 분양된 주택은 주택조합 명의로 소유권보존등기 완료 후 수분양자에게 소유권 이전된다. 주택조합은 사업주체가 주택조합이므로 당연히 주택조합 또는 조합원으로 소유권보존등기가 이루어지며 일반 분양사업의 사업주체는 시행사 또는 신탁사이므로 사업주체인 시행사 또는 신탁사로 소유권 보존등기 된 후 수분양자에게 소유권 이전된다. 보존등기의 주체는 사업주체이므로 사업주체로 보존등기된 후 수분양자에게 소유권이 이전된다고 생각하면 이해하기 쉽다.

15. 조합회계·해산

(1) 주택조합은 회계감사를 받아야 하고, 그 감사결과를 관할 시장·군수·구청장에게 보고하여야 한다. 주택조합의 임원 또는 발기인은 계약금 등(해당 주택조합사업에 관한 모든 수입에 따른 금전)의 징수보관 예치집행 등 모든 거래행위에 관하여 장부를 월별로 작성하여 그 증빙서류와 함께 주택조합 해산인가를 받는 날까지 보관하여야 한다 주택조합 설립인가를 받은 날로부터 3개월이 지난 날, 사업계획승인을 받은 날부터 3개월이 지난 날로부터 30일 이내에 「주식회사의 외부감사에 관한 법률」 제2조제7호에 따른 감사인의 회계감사를 받아야 한다.

(2) 회계감사 종료일로부터 15일 이내에 회계감사 결과를 관할 시장·군수·구청장과 해당 주택조합에 각각 통보하여야 한다.

(3) 주택조합 해산 또는 종결 여부 결정을 위해서는 다음 각호의 구분에 따른 날부터 3개월 이내에 총회를 개최해야 한다.

① 주택조합설립인가를 받은 날로부터 3년이 되는 날까지 사업계획

승인을 받지 못하는 경우에 해당 설립인가를 받은 날부터 3년이 되는 날

② 조합원 모집 신고가 수리된 날부터 2년이 되는 날

(4) 해산을 결의하거나 사업의 종결을 결의하는 경우 청산인을 선임하여야 한다.

(5) 주택조합의 발기인은 총회의 결과를 총회 개최일부터 10일 이내에 시장·군수·구청장에게 통지해야 한다.

16. 주택법 개정사항(신설 2020.01.23일/시행일 2020.12.11일)

(1) 주택법 제11조의6(조합 가입 철회 및 가입비 등의 반환)

① 모집주체는 주택조합의 가입을 신청한 자가 주택조합 가입을 신청하는 때에 납부하여야 하는 일체의 금전(이하 "가입비등"이라 한다)을 대통령령으로 정하는 기관(이하 "예치기관"이라 한다)에 예치하도록 하여야 한다.

② 주택조합의 가입을 신청한 자는 가입비등을 예치한 날부터 30일 이내에 주택조합 가입에 관한 청약을 철회할 수 있다.

③ 청약 철회를 서면으로 하는 경우에는 청약 철회의 의사를 표시한 서면을 발송한 날에 그 효력이 발생한다.

④ 모집주체는 주택조합의 가입을 신청한 자가 청약 철회를 한 경우 청약 철회 의사가 도달한 날부터 7일 이내에 예치기관의 장에게 가입비등의 반환을 요청하여야 한다.

⑤ 예치기관의 장은 제4항에 따른 가입비등의 반환 요청을 받은 경우 요청일부터 10일 이내에 그 가입비등을 예치한 자에게 반환하여야 한다.

⑥ 모집주체는 주택조합의 가입을 신청한 자에게 청약 철회를 이유로 위약금 또는 손해배상을 청구할 수 없다.

⑦ 제1항에 따라 예치된 가입비등의 관리, 지급 및 반환과 제2항에 따

른 청약 철회의 절차 및 방법 등에 관한 사항은 대통령령으로 정한다.

17. 주택법 시행령 개정사항(신설 2020.07.24.일/시행일 2020.12.11일)

(1) 주택법 시행령 제24조의5(가입비등의 예치)

① 법 제11조의6제1항에서 "대통령령으로 정하는 기관"이란 다음 각 호의 기관을 말한다.

> 1. 「은행법」 제2조제1항제2호에 따른 은행
> 2. 「우체국예금·보험에 관한 법률」에 따른 체신관서
> 3. 「보험업법」 제2조제6호에 따른 보험회사
> 4. 「자본시장과 금융투자업에 관한 법률」 제8조제7항에 따른 신탁업자

② 모집주체는 제1항 각 호의 어느 하나에 해당하는 기관과 가입비등의 예치에 관한 계약을 체결해야 한다.

③ 주택조합의 가입을 신청한 자는 주택조합 가입 계약을 체결하면 제2항에 따라 예치에 관한 계약을 체결한 기관(이하 "예치기관"이라 한다)에 국토교통부령으로 정하는 가입비등 예치신청서를 제출해야 한다.

④ 예치기관은 제3항에 따른 신청서를 제출받은 경우 가입비등을 예치기관의 명의로 예치해야 하고, 이를 다른 금융자산과 분리하여 관리해야 한다.

⑤ 예치기관의 장은 제4항에 따라 가입비등을 예치한 경우에는 모집주체와 주택조합 가입 신청자에게 국토교통부령으로 정하는 증서를 내주어야 한다. [본조신설 2020. 7. 24.]

(2) 주택법 시행령 제24조의6(주택조합 가입에 관한 청약의 철회)

① 주택조합 가입 신청자는 법 제11조의6제2항에 따라 주택조합 가입에 관한 청약을 철회하는 경우 국토교통부령으로 정하는 청약 철회 요청서를 모집주체에게 제출해야 한다.

② 모집주체는 제1항에 따른 요청서를 제출받은 경우 이를 즉시 접수하고 접수일자가 적힌 접수증을 해당 주택조합 가입 신청자에게 발급해야 한다. [본조신설 2020. 7. 24.]

(3) 주택법 시행령 제24조의7(가입비등의 지급 및 반환)

① 모집주체는 법 제11조의6제4항에 따라 가입비등의 반환을 요청하는 경우 국토교통부령으로 정하는 요청서를 예치기관의 장에게 제출해야 한다.

② 모집주체는 가입비등을 예치한 날부터 30일이 지난 경우 예치기관의 장에게 가입비등의 지급을 요청할 수 있다. 이 경우 모집주체는 국토교통부령으로 정하는 요청서를 예치기관의 장에게 제출해야 한다.

③ 예치기관의 장은 제2항에 따라 요청서를 받은 경우 요청일부터 10일 이내에 가입비등을 법 제11조의2제3항에 따라 계약금 등 자금의 보관 업무를 대행하는 신탁업자에게 지급해야 한다.

④ 법 제11조의2제3항에 따라 계약금 등 자금의 보관 업무를 대행하는 신탁업자는 제3항에 따라 지급받은 가입비등을 신탁업자의 명의로 예치해야 하고, 이를 다른 금융자산과 분리하여 관리해야 한다.

⑤ 예치기관의 장은 정보통신망을 이용하여 가입비등의 예치·지급 및 반환 등에 필요한 업무를 수행할 수 있다. 이 경우 예치기관의 장은 「전자서명법」 제2조제2호 및 제6호에 따른 전자서명 및 인증서(서명자의 실제 이름을 확인할 수 있는 것을 말한다)로 신청인의 본인 여부를 확인해야 한다. [본조신설 2020. 7. 24.]

이 영은 2020년 7월 24일부터 시행한다. 다만, 제24조의5부터 제24조의7까지의 개정규정은 2020년 12월 11일부터 시행한다.

제 10 장 도시형 생활주택과 건축물의 종류

1. 도시형 생활주택

도시형 생활주택은 최근 1~2인 가구 증가와 서민의 주거안정을 위해 소규모 주택을 신속하고 저렴하게 공급할 수 있도록 정부가 도입한 주택 유형으로 건축법 상 건축물의 용도로는 일반 공동주택과 동일하게 공동주택에 해당하며 각종 주택건설 기준과 부대시설 등의 설치기준을 적용하지 않거나 완화한 도시지역에 건설하는 공동주택이다.

(1) 정의

「도시형 생활주택」이란 300세대 미만의 국민주택규모(주거전용면적 85㎡ 이하)에 해당하는 주택으로서 대통령령으로 정하는 주택을 말한다(주택법 제2조 20호).

주택법 제2조 20호의 "대통령령으로 정하는 주택이란" 「국토의 계획 및 이용에 관한 법률」 제 36조 제1항1호 에 따른 도시지역에 건설하는 주택을 말한다.

국토의 계획 및 이용에 관한 법률 36조(용도지역의 지정) 제1항 1호 도시지역이란 다음 각 목의 어느 하나로 구분하여 지정한다.

1. 주거지역 : 거주의 안녕과 건전한 생활환경의 보호를 위하여 필요한 지역 2. 상업지역 : 상업이나 그 밖의 업무의 편익을 증진하기 위하여 필요한 지역 3. 공업지역 : 공업의 편익을 증진하기 위하여 필요한 지역 4. 녹지지역 : 자연환경농지 및 산림의 보호, 보건위생, 보안과 도시의 무질서한 확산을 방지하기 위하여 녹지의 보전이 필요한 지역

(2) 도시형 생활주택의 분류

① 단지형 연립

세대당 주거전용면적 85㎡ 이하의 연립주택으로 1개동 바닥면적이 660㎡ 초과하고 층수가 4개층 이하로 원룸형 주택을 제외한 주택이다. 단, 건축위원회 심의시 주택으로 쓰이는 층수 5층까지 완화(건축위원회 심의를 거쳐 1개층 추가가능) 할 수 있다.

② 단지형 다세대

세대당 주거전용면적 85㎡ 이하의 다세대 주택으로 1개동 바닥면적이 660㎡ 이하이고 층수가 4개층 이하로 원룸형 주택을 제외한 주택이다. 단, 건축위원회 심의시 주택으로 쓰이는 층수 5층까지 완화(건축위원회 심의를 거쳐 1개층 추가가능) 할 수 있다.

③ 원룸형

1) 세대별 주거전용면적은 50㎡ 이하일 것

2) 세대별로 독립된 주거가 가능하도록 욕실 및 부엌을 설치할 것

3) 욕실 및 보일러실을 제외한 부분을 하나의 공간으로 구성할 것 다만, 주거전용면적이 30㎡ 이상인 경우에는 두개의 공간으로 구성할 수 있다.

4) 지하층에는 세대를 설치하지 아니할 것

◈ 주택법 시행령 개정안(2021.12월 시행)

'원룸형 주택'을 '소형주택'으로 용어를 변경하고, 소형주택의 세대별 주거전용면적 상한을 일반 소형 아파트 수준인 60제곱미터* 이하로 확대한다. 1. 60㎡는 주택법령·건축법령 등에서 서민들이 주로 거주하는 소형 주택에 대해 주차장 설치기준 등을 완화해주기 위한 면적 기준으로 활용 중 2. 소형주택도 일반 아파트와 같이 다양한 평면계획(예: 침실3, 거실1)이 가능하도록 세대별 주거전용면적이 30제곱미터 이상인 세대는 거실과 분리된 침실 3개까지 둘 수 있도록 하였다.

※ 다만, 주차장 등 부대시설 및 기반시설의 과부하 방지를 위해 침실이 2개 이상인 세대는 전체 소형주택 세대수의 1/3 이내로 제한

(3) 일반 공동주택과 도시형 생활주택의 비교

도시형 생활주택은 「건축법」상 건축물의 용도로는 공동주택에 해당되어 30세대 이상은 주택법에 의한 사업계획승인대상이며, 30세대 미만은 건축법에 의한 건축허가 대상이다.

① 건축허가대상(30세대 미만, 상업·준주거 지역 300세대 미만 주상복합)은 건축법을 준용한다.

② 주택건설기준 완화 적용 : 필요성이 낮은 부대복리시설은 의무설치대상에서 제외(관리사무소, 조경시설 등 부대시설, 놀이터, 경로당 등)한다.

③ 공동주택과 도시형 생활주택

구 분	공동주택 (아파트, 연립, 다세대)	도시형 생활주택 (단지형 연립·다세대, 원룸형)
입지지역	도시·비도시지역 중 허용지역	도시지역 중 허용지역
분양가상한제	적용 공동주택 분양시 분양가 상한제한	미적용
감 리	주택법 감리 사업계획승인권자가 감리업체의 지정을 통하여 일정수준 이상의 감리원을 의무배치하여 감리	건축법 감리 건축규모에 따라 비상주 또는 건축감리원 1인 이상 상주
주거 전용면적	제한없음	단지형 연립·다세대 : 85m²이하 원룸형 : 50m²이하
공급규칙	주택공급에 관한 규칙 적용	일부만 적용(분양보증, 공개모집)
주차기준	세대당 1대 이상 (단, 60m²이하 0.7대)	단지형 다세대 : 일반공동주택과 동일 원룸형 : 0.5대/세대(30m²미만) 0.6대/세대(30m²이상)

④ 원룸형 도시형생활주택(원룸형주택) 주택법 시행령 개정안 비교표

〈현 행〉

구분	전용면적	공간구성
원룸형 주택	30㎡ 미만	(거실+침실)1
	30~50㎡ 이하	거실1, 침실1

⇨

〈개 선〉

구분	전용면적	공간구성
소형 주택	30㎡ 미만	(거실+침실)1
	30~60㎡ 이하	거실1, 침실1~3 (전체 세대수의 1/3)

2. 건축법에 근거한 용도별 건축물의 종류

건축법 상의 건축물에 따른 용도별 건축물의 종류를 알고 바르게 사용하도록 하자.

(1) 단독주택

단독주택의 형태를 갖춘 가정어린이집·공동생활가정·지역아동센터·공동육아나눔터·작은도서관 및 노인복지시설(노인복지주택은 제외) 등을 말한다.

① 단독주택

② 다중주택 : 다음의 요건 모두를 갖춘 주택을 말한다.

1. 학생 또는 직장인 등 여러 사람이 장기간 거주할 수 있는 구조로 되어 있는 것
2. 독립된 주거의 형태가 아닐 것 (각 실별로 욕실은 설치할 수 있으나, 취사시설은 설치하지 아니한 것을 말한다)
3. 1개동의 주택으로 쓰이는 바닥면적의 합계가 330㎡ 이하이고 주택으로 쓰는 층수(지하층은 제외)가 3층 이하일 것

③ 다가구주택 : 다음의 요건 모두를 갖춘 주택으로서 공동주택에 해당하지 아니하는 것을 말한다.

1. 주택으로 쓰이는 층수(지하층을 제외)가 3개층 이하일 것
   다만, 1층 전부를 필로티 구조로 하여 주차장으로 사용하고 나머지 부

부를 주택외의 용도로 쓰는 경우에는 해당 층을 주택의 층수에서 제외한다
2. 1개 동의 주택으로 쓰이는 바닥면적(지하주차장 면적을 제외)의 합계가 660㎡ 이하일 것
3. 19세대(대지 내 동별 세대수를 합한 세대) 이하가 거주할 수 있을 것

④ 공관(公館)

(2) 공동주택

공동주택의 형태를 갖춘 가정어린이집·공동생활가정·지역아동센터·공동육아나눔터·작은도서관 및 노인복지시설(노인복지주택은 제외) 및 원룸형 주택을 포함한다.

구 분	정 의
아파트	주택으로 쓰이는 층수가 5개층 이상인 주택
연립주택	주택으로 쓰이는 1개 동의 바닥면적(2개 이상의 동을 지하주차장으로 연결하는 경우에는 각각의 동으로 본다) 합계가 660㎡를 초과하고, 층수가 4개층 이하인 주택
다세대주택	주택으로 쓰이는 1개 동의 바닥면적 합계가 660㎡ 이하이고, 층수가 4개층 이하인 주택(2개 이상의 동을 지하주차장으로 연결하는 경우에는 각각의 동으로 본다)
기숙사	학교 또는 공장 등의 학생 또는 종업원 등을 위하여 쓰는 것으로서 1개 동의 공동취사시설 이용 세대수가 전체의 50퍼센트 이상인 것

(3) 제1종 근린생활시설

① 식품·잡화·의류·완구·시적·건축자재·의약품·의료기기 등 일용품을 판매하는 소매점으로서 같은 건축물에 해당 용도로 쓰는 바닥면적의 합계가 1천 제곱미터 미만인 것

② 휴게음식점, 제과점등 음료(茶)·음식·빵·떡·과자 등을 조리하거나 제조하여 판매하는 시설로서 같은 건축물에 해당 용도로 쓰는 바

닥면적의 합계가 300제곱미터 미만인 것

③ 이용원, 미용원, 목욕장, 세탁소 등 사람의 위생관리나 의류 등을 세탁·수선하는 시설

④ 의원, 치과의원, 한의원, 침술원, 접골원, 조산원, 안마원, 산후조리원 등 주민의 진료·치료 등을 위한 시설

⑤ 탁구장, 체육도장으로서 같은 건축물에 해당 용도로 쓰는 바닥면적의 합계가 500제곱미터 미만인 것

⑥ 지역자치센터, 파출소, 지구대, 소방서, 우체국, 방송국, 보건소, 공공도서관, 건강보험공단 사무소 등 주민의 편의를 위하여 공공업무를 수행하는 시설로서 건축물에 해당 용도로 쓰는 바닥면적의 합계가 1천 제곱미터 미만인 것

⑦ 마을회관, 마을공동작업소, 마을공동구판장, 공중화장실, 대피소, 지역아동센터(단독주택과 공동주택에 해당하는 것은 제외) 등 주민이 공동으로 이용하는 시설

⑧ 변전소, 도시가스배관시설, 통신용 시설, 정수장, 양수장 등 주민의 생활에 필요한 에너지 공급 통신서비스 제공이나 급수배수와 관련된 시설

⑨ 금융업소, 사무소, 부동산중개사무소, 결혼상담소 등 소개업소, 출판사 등 일반업무시설로서 같은 건축물에 해당 용도로 쓰는 바닥면적의 합계가 30제곱미터 미만인 것

(4) 제2종 근린생활시설

① 공연장(극장, 영화관, 연예장, 음악당, 서커스장, 비디오물감상실, 비디오물소극장, 그 밖에 이와 비슷한 것)으로서 같은 건축물에 해당 용도로 쓰는 바닥면적의 합계가 500제곱미터 미만인 것

② 종교집회장(교회, 성당, 사찰, 기도원, 수도원, 수녀원, 제실, 사당, 그 밖에 이와 비슷한 것)으로서 같은 건축물에 해당 용도로 쓰는 바닥면적의 합계가 500제곱미터 미만인 것

③ 자동차영업소로서 같은 건축물에 해당 용도로 쓰는 바닥면적의

합계가 1천 제곱미터 미만인 것

④ 서점(제1종 근린생활시설에 해당하지 않는 것)

⑤ 총포판매소, 사진관, 표구점

⑥ 청소년게임제공업소, 복합유통게임제공업소, 인터넷컴퓨터게임시설제공업소, 그 밖에 이와 비슷한 게임관련시설로서 같은 건축물에 해당 용도로 쓰는 바닥면적의 합계가 500제곱미터 미만인 것

⑦ 휴게음식점, 제과점 등 음료(茶)·음식·빵·떡·과자 등을 조리하거나 제조하여 판매하는 시설로서 같은 건축물에 해당 용도로 쓰는 바닥면적의 합계가 300제곱미터 이상인 것

⑧ 일반음식점

⑨ 장의사, 동물병원, 동물미용실, 「동물보호법」에 따른 동물위탁관리업을 위한 시설, 그 밖에 이와 유사한 것

⑩ 학원(자동차학원·무도학원 및 정보통신기술을 활용하여 원격으로 교습하는 것 제외), 교습소(자동차교습·무도교습 및 정보통신기술을 활용하여 원격으로 교습하는 것 제외), 직업훈련소(운전·정비관련 직업훈련소는 제외)로서 같은 건축물에 해당 용도로 쓰는 바닥면적의 합계가 500제곱미터 미만인 것

⑪ 독서실, 기원, 안마시술소, 노래연습장

⑫ 테니스장, 체력단련장, 에어로빅장, 볼링장, 당구장, 실내낚시터, 골프연습장, 놀이형 시설 등 주민의 체육활동을 위한 시설로서 같은 건축물에 해당 용도로 쓰는 바닥면적의 합계가 500제곱미터 미만인 것

⑬ 금융업소, 사무소, 부동산중개사무소, 결혼상담소 등 소개업소, 출판사 등 일반업무시설로서 같은 건축물에 해당 용도로 쓰는 바닥면적의 합계가 500제곱미터 미만인 것

⑭ 다중생활시설(「다중이용업소의 안전관리에 관한 특별법」에 따른 다중이용업 중 고시원업의 시설)로서 같은 건축물에 해당 용도로 쓰는 바닥면적의 합계가 500제곱미터 미만인 것

⑮ 단란주점으로서 같은 건축물에 해당 용도로 쓰는 바닥면적의 합계가 150제곱미터 미만인 것

(5) 문화 및 집회시설

① 공연장으로서 제2종 근린생활시설에 해당하지 아니하는 것

② 집회장(예식장, 공회당, 회의장, 마권 장외 발매소, 마권 전화투표소 그 밖에 이와 비슷한 것)으로서 제2종 근린생활시설에 해당하지 아니하는 것

③ 관람장(경마장, 경륜장, 경정장, 자동차 경기장 그 밖에 이와 비슷한 것)과 체육관 및 운동장으로서 관람석의 바닥면적의 합계가 1천 제곱미터 이상인 것

④ 전시장(박물관, 미술관, 과학관, 문화관, 체험관, 기념관, 산업전시장, 박람회장, 그 밖에 이와 비슷한 것)

⑤ 동·식물원(동물원, 식물원, 수족관, 그 밖에 이와 비슷한 것)

(6) 종교시설

① 종교집회장으로서 제2종 근린생활시설에 해당하지 아니하는 것

② 종교집회장에서 설치하는 봉안당

(7) 판매시설

① 도매시장(「농수산물유통 및 가격안정에 관한 법률」에 따른 농수산물시장, 농수산물공판장, 그 밖에 이와 비슷한 것을 말하며, 그 안에 있는 근린생활시설을 포함한다)

② 소매시장(「유통상업발전법」에 따른 대규모 점포 그 밖에 이와 비슷한 것을 말하며, 그 안에 있는 근린생활시설을 포함한다)

③ 상점

(8) 운수시설

① 여객자동차터미널

② 철도시설

③ 공항시설

(4) 위비시설

(9) 의료시설

① 병원(종합병원, 병원, 치과병원, 한방병원, 정신병원 및 요양병원을 말한다)

② 격리병원(전염병원, 마약진료소, 그 밖에 이와 비슷한 것을 말한다)

(10) 교육연구시설(제2종 근린생활시설에 해당하는 것은 제외)

① 학교(유치원, 초등학교, 중학교, 고등학교, 전문대학, 대학, 대학교, 그 밖에 이에 준하는 각종학교)

② 교육원(연수원, 그 밖에 이와 비슷한 것을 포함)

③ 직업훈련소(운전 및 정비 관련 직업훈련소는 제외한다)

④ 학원(자동차학원·무도학원 및 정보통신기술을 활용하여 원격으로 교습하는 것은 제외), 교습소(자동차교습무도교습 및 정보통신기술을 활용하여 원격으로 교습하는 것 제외)

⑤ 연구소(연구소에 준하는 시험소와 계측계량소를 포함)

⑥ 도서관

(11) 노유자시설

① 아동 관련 시설(어린이집, 아동복지시설, 그 밖에 이와 비슷한 것으로서 단독주택, 공동주택 및 제1종 근린생활시설에 해당하지 아니하는 것)

② 노인복지시설(단독주택과 공동주택에 해당하지 아니하는 것)

③ 그 밖에 다른 용도로 분류되지 아니한 사회복지시설 및 근로복지시설

(12) 수련시설

① 생활권 수련시설(「청소년활동진흥법」에 따른 청소년수련관, 청소년문화의 집, 청소년특화시설, 그 밖에 이와 비슷한 것)

② 자연권 수련시설(「청소년활동 진흥법」에 따른 청소년수련원, 청소년야영장, 그 밖에 이와 비슷한 것)

③ 「청소년활동진흥법」에 따른 유스호스텔

④ 「관광진흥법」에 따른 야영장 시설

(13) 운동시설

① 탁구장, 체육도장, 테니스장, 체력단련장, 에어로빅장, 볼링장, 당구장, 실내낚시터, 골프연습장, 놀이형시설, 그 밖에 이와 비슷한 것으로서 제1종 근린생활시설 및 제2종 근린생활시설에 해당하지 아니하는 것

② 체육관으로서 관람석이 없거나 관람석의 바닥면적이 1천 제곱미터 미만인 것

③ 운동장(육상장, 구기장, 볼링장, 수영장, 스케이트장, 롤러스케이트장, 승마장, 사격장, 궁도장, 골프장 등과 이에 딸린 건축물)으로서 관람석이 없거나 관람석의 바닥면적이 1천 제곱미터 미만인 것

(14) 업무시설

① 공공업무시설 : 국가 또는 지방자치단체의 청사와 외국공관의 건축물로서 제1종 근린생활시설 에 해당하지 아니하는 것

② 일반업무시설 : 다음 요건을 갖춘 업무시설을 말한다.

1) 금융업소, 사무소, 결혼상담소 등 소개업소, 출판사, 신문사, 그 밖에 이와 비슷한 것으로서 제1종 근린생활시설 및 제2종 근린생활시설에 해당하지 아니하는 것
2) 오피스텔(업무를 주로하며, 분양하거나 임대하는 구획 중 일부 구획에서 숙식을 할 수 있도록 한 건축물로서 국토교통부장관이 고시하는 기준에 적합한 것을 말한다)

(15) 숙박시설

① 일반숙박시설 및 생활숙박시설

② 관광숙박시설(관광호텔, 수상관광호텔, 한국전통호텔, 가족호텔, 호스텔, 소형호텔, 의료관광호텔 및 휴양 콘도미니엄)

③ 다중생활시설(제2종 근린생활시설에 해당하지 아니하는 것)

(16) 위락시설

① 단란주점으로서 제2종 근린생활시설에 해당하지 아니하는 것

② 유흥주점이나 그 밖에 이와 비슷한 것

③ 「관광진흥법」에 다른 유원시설업의 시설, 그 밖에 이와 비슷한 시설(제2종 근린생활시설과 운동시설에 해당하는 것은 제외)

④ 무도장, 무도학원

⑤ 카지노영업소

(17) 공장

물품의 제조·가공(염색·도장·표백·재봉·건조·인쇄 등을 포함) 또는 수리에 계속적으로 이용되는 건축물로서 제1종 근린생활시설, 제2종 근린생활시설, 위험물저장 및 처리시설, 자동차 관련시설, 자원순환 관련시설 등으로 따로 분류되지 아니한 것

(18) 창고시설(위험물 저장 및 처리 시설 또는 그 부속용도에 해당하는 것은 제외)

① 창고(물품저장시설로서 「물류정책기본법」에 다른 일반창고와 냉장 및 냉동창고를 포함한다)

② 하역장

③ 「물류시설의 개발 및 운영에 관한 법률」에 따른 물류터미널

④ 집배송시설

(19) 위험물 저장 및 처리 시설

「위험물안전관리법」, 「석유 및 석유대체연료 사업법」, 「도시가스사

업법」, 「고압가스 안전관리법」, 「액화석유가스의 안전관리 및 사업법」, 「총포·도검·화약류 등 단속법」, 「화학물질 관리법」 등에 따라 설치 또는 영업의 허가를 받아야 하는 건축물로서 다음 각목의 어느 하나에 해당하는 것. 다만, 자가난방, 자가발전, 그 밖에 이와 비슷한 목적으로 쓰는 저장시설은 제외한다.

① 주유소(기계식 세차설비를 포함한다) 및 석유판매소
② 액화석유가스 충전소·판매소·저장소(기계식 세차설비 포함)
③ 위험물 제조소·저장소·취급소
④ 액화가스 취급소·판매소
⑤ 유독물 보관·저장·판매시설
⑥ 고압가스 충전소·판매소·저장소
⑦ 도료류 판매소
⑧ 도시가스 제조시설
⑨ 화약류 저장소

(20) 자동차 관련시설(건설기계 관련시설 포함)

① 주차장
② 세차장
③ 폐차장
④ 검사장
⑤ 매매장
⑥ 정비공장
⑦ 운전학원 및 정비학원(운전 및 정비 관련 직업훈련시설을 포함한다)
⑧ 「여객자동차 운수사업법」, 「화물자동차 운수사업법」 및 「건설기계관리법」에 따른 차고 및 주기장

(21) 동물 및 식물 관련시설

① 축사(양잠·양봉·양어·양돈·양계·곤충사육시설 및 부화장 등을 포함한다)
② 가축시설(가축용 운동시설, 인공수정센터, 관리사(管理舍), 가축용 창고,

가축시장, 동물검역소, 실험동물 사육시설, 그 밖에 이와 비슷한 것을 말한다)

③ 도축장

④ 도계장

⑤ 작물 재배사

⑥ 종묘배양시설

⑦ 화초 및 분재 등의 온실

(22) 자원순환 관련시설

① 하수 등 처리시설

② 고물상

③ 폐기물재활용시설

④ 폐기물 처분시설

⑤ 폐기물 감량화시설

(23) 교정 및 군사시설(제1종 근린생활시설에 해당하는 것은 제외)

① 교정시설(보호감호소, 구치소 및 교도소를 말한다)

② 갱생보호시설, 그 밖에 범죄자의 갱생·보육·교육·보건 등의 용도로 쓰는 시설

③ 소년원 및 소년분류심사원

④ 국방·군사시설

(24) 방송통신시설(제1종 근린생활시설에 해당하는 것은 제외)

① 방송국(방송프로그램 제작시설 및 송신·수신 중계시설을 포함한다)

② 전신전화국

③ 촬영소

④ 통신용 시설

⑤ 데이터센터

(25) 발전시설

발전소(집단에너지 공급시설을 포함한다)로 사용되는 건축물로서 제1종 근린생활시설에 해당하지 하니 하는 것

(26) 묘지 관련 시설

① 화장시설
② 봉안당(종교시설에 해당하는 것은 제외)
③ 묘지와 자연장지에 부수되는 건축물
④ 동물화장시설, 동물건조장 시설 및 동물 전용의 납골시설

(27) 관광휴게시설

① 야외음악당
② 야외극장
③ 어린이회관
④ 관망탑
⑤ 휴게소
⑥ 공원·유원지 또는 관광지에 부수되는 시설

(28) 장례시설

① 장례식장
② 동물 전용의 장례식장

(29) 야영장 시설

「관광진흥법」에 따른 야영장 시설로서 관리동, 화장실, 샤워실, 대피소, 취사시설 등의 용도로 쓰는 바닥면적의 합계가 300제곱미터 미만인 것.

[저자 약력]

이 영 석

1997년01월 주택은행(現 KB은행)
2005년08월 솔로몬저축은행
2011년05월 OSB 저축은행
2014년07월 ~ 현재
대신저축은행 기업금융본부장

김 종 필

2005년08월 ~ 현재
하나자산신탁 신탁사업본부 본부상

부동산 개발금융 실무 길잡이

- 금융기관 종사자라면 이 정도는 알아야 하지 않을까? -

2022년 1월 20일 초판1쇄발행
2022년 10월 10일 초판2쇄발행

저 자 이영석 · 김종필
발 행 인 고 호 균
발 행 처 **법 영 사**

06302 서울시 강남구 논현로 130
전화 (501)8898(대) Fax (501)8895
등록 1987. 5. 11. 제3-125호(윤)
Homepage : www.bubyoungsa.co.kr
E-mail : bys1986@hanmail.net

저자와의 협의하에 인지첩부를 생략함

※ 파본은 교환해 드립니다. **정가 45,000원**

ISBN 978-89-7032-330-5